«The Qur'an Dilemma»

by

TheQuran.com®

2010 © Copyright USA

ISBN 978-1-935577-01-0

TheQ Print Code: 201004-01-10000

« معضلة القرآن »

TheQuran.com®

www.thequran.com

dilemma@thequran.com

Printed on 10% post consumer recycled paper.

Printed in Canada

ابن سينا

الفهرست

كيف تقرأ هذا الكتاب

وَكَذَلِكَ نُصَرِّفُ الآيَاتِ وَلِيَقُولُواْ ❶ دَرَسْتَ وَلِنُبَيِّنَهُ لِقَوْمٍ يَعْلَمُونَ (١٠٥) اتَّبِعْ مَا أُوحِيَ إِلَيْكَ مِن رَّبِّكَ لا إِلَهَ إِلاَّ هُوَ وَأَعْرِضْ عَنِ الْمُشْرِكِينَ (١٠٦) وَلَوْ شَاءَ اللّهُ مَا أَشْرَكُواْ وَمَا جَعَلْنَاكَ عَلَيْهِمْ حَفِيظاً وَمَا أَنتَ

أ ٦ : ١٠٥

الكلام في هذه الآية منسوب لخصوم محمد، الذين قالوا له: ❶ ‹دَرَسْتَ›، ومعنى الآية أنهم قالوا: يا محمد أنت دَرَسْت «في الكتب ... تعلمنا به». ويعتبر الطبري أن هذه

- «دَرَسَ»: أي درسَ محمد الكتب السابقة (العكبري ١: ٥٠٦).
- «دَرَسَتْ»: وقرأ بها ابن مسعود وعبد الله بن الزبير وآخرون: «أي دَرَسَت الآياتُ، أي ترددت على أسماعهم حتى بليت ...

أ ٦ : ١٠٥

القراءات المختلفة

أشرنا إلى الكلمات التي بها إختلاف في القراءات باللون الأزرق (اللبني) ❶ في النص القرآني وأيضاً في شرح القراءات، ووضعنا حول رقم الآية التي بها قراءة مختلفة أو أكثر الشكل المشار إليه باللون الأزرق أ . رقم ٦ أعلاه يشير إلى السورة ٦ (الأنعام)، أما الرقم ١٠٥ فيشير إلى الآية ١٠٥.

جدول الاختصارات المستخدمة بالكتاب	
د. ت.	دون تاريخ
م	ميلادي
هـ	هجري
ق. م.	قبل الميلاد
ق. هـ.	قبل الهجرة من مكة للمدينة
ت.	توفي

عَلَيْهِم بِوَكِيلٍ (١٠٧)
وَلَا تَسُبُّواْ ٱلَّذِينَ يَدْعُونَ مِن دُونِ
ٱللَّهِ فَيَسُبُّواْ ٱللَّهَ عَدْوًا بِغَيْرِ عِلْمٍ ❷

كَذَٰلِكَ زَيَّنَّا لِكُلِّ أُمَّةٍ عَمَلَهُمْ ثُمَّ إِلَىٰ ❸
رَبِّهِم مَّرْجِعُهُمْ فَيُنَبِّئُهُم بِمَا كَانُواْ
يَعْمَلُونَ (١٠٨)

ب ١٠٨:٦

نُسخت هذه الآية بآية السيف: ‹فَاقْتُلُواْ الْمُشْرِكِينَ حَيْثُ وَجَدتُّمُوهُمْ› (التوبة ٩: ٥) (ابن الجوزي ٣٢٩، ابن حزم ٣٨، ابن سلامة ٤٦).

ج ١٠٨:٦

تقول الآية إن الله يزين للناس أعمالهم السيئة.

فإذا كان الله يُحسّن في عيون الناس

ب ١٠٨:٦

الناسخ والمنسوخ

وقد أشرنا إلى الآيات المنسوخة بوضع خط تحتها باللون الأخضر في النص القرآني ❷ ، ووضعنا حول رقم الآية المنسوخة الشكل اعلاه باللون الأخضر ب . رقم ٦ أعلاه يشير إلى السورة ٦ (الأنعام)، أما الرقم ١٠٨ فيشير إلى الآية ١٠٨ بحسب قراءة حفص.

ج ١٠٨:٦

التحليل النقدي

أيضاً أشرنا إلى الآيات (التي يتم تناولها بالتحليل النقدي) بكتابتها باللون الأحمر في النص القرآني ❸ ، وقد وضعنا حول رقم الآية الشكل الموضح أعلاه باللون الأحمر ج .
رقم ٦ أعلاه يشير إلى السورة ٦ (الأنعام)، أما الرقم ١٠٨ فيشير إلى الآية ١٠٨ بحسب قراءة حفص.

تقديم

مقدمة

في المعتقد الإسلامي: محمد رسول الله (البقرة ٢: ١٠١ و٢٧٩، آل عمران ٣: ٣٢...)، و‹خَاتَمَ النَّبِيِّينَ› (الأحزاب ٣٣: ٤٠)، أُنزل عليه القرآن عبر وسيط سماوي، سُمّي أحياناً ‹الرُّوحُ› (الشعراء ٢٦: ١٩٣)، وأحياناً أخرى ‹رُوحُ الْقُدُسِ› (النحل ١٦: ١٠٢)، ثم دُعي بعد الهجرة، في المدينة، «جِبْرِيل» (البقرة ٢: ٩٧ - ٩٨) [راجع «جبريل محمد»، صفحة ٢١]. أُوحي القرآن لمحمد بلغة عربية (يوسف ١٢: ٢، الرعد ١٣: ٣٧، طه ٢٠: ١١٣). وكان على محمد أن يبلّغه لقوم ليس لهم كتب سماوية ولم يُرسل لهم نبيّ قطّ (سبأ ٣٤: ٤٤). ويؤكد القرآن في آياته أنه مندرج في سلسلة الكتب المقدسة (البقرة ٢: ٤١، ٩١، ٩٧، آل عمران ٣: ٣، ٥٠).

استغرقت عملية الوحي ثلاث وعشرين سنة (٦١٠ - ٦٣٢ م)، أي سنوات إعلان محمد النبوة. وبعد وفاة محمد قام أصحابه بجمعه في مصحف [راجع «جمع القرآن»، صفحة ٢٩].

أولاً: أسماء القرآن

أ. القرآن

الاسم الشائع لهذا الكتاب هو «القرآن» (البقرة ٢: ١٨٥)، ووردت هذه اللفظة حوالي سبعين مرة في القرآن. وتتباين آراء المفسرين المسلمين بشأن الكلمة، فقالوا:

١. القرآن: مصدر من «قرأ»: بمعنى «تلى». وقال أصحاب هذا الرأي إن لفظة «القرآن» وردت بهذا المعنى في سورة القيامة (٧٥: ١٧-١٨): ﴿إِنَّ عَلَيْنَا جَمْعَهُ وَقُرْآنَهُ فَإِذَا قَرَأْنَاهُ فَاتَّبِعْ قُرْآنَهُ﴾ (أبو شهبة: ١٧).

٢. القرآن: وصف على وزن «فُعْلان، مشتقٌ من القَرْءِ بمعنى الجَمْع»، فجملة: «قَرَأْت الماءَ في الحوضِ»، أي: جَمَعْته (الإتّقان ٣٤١، أبو شهبة: ١٧).

٣. القرآن: «مشتقٌ مِن قَرَنْتُ الشيءَ بالشيء، إذا ضَمَمْتَ أحدَهما إلى الآخر، وسُمِّي به لقران السورِ والآيات والحروفِ فيه» (الإتّقان ٣٤٠).

٤. القرآن: «مشتقٌ من القرائنِ، لأن الآياتِ منه يُصَدِّق بعضَها بعضاً ويشابِهُ بعضُها بعضاً، وهي قرائنُ» (الإتّقان ٣٤٠).

٥. إنه اسم علم غير منقول، وُضع علماً على الكلام الموحى لمحمد (الإتّقان ٣٣٩، أبو شهبة: ١٨).

أغفل الشارحون المسلمون الجذر السامي للفظة «القرآن». فالجذر هو من קרא (أي: تلى)، والمرجح أنه وارد من المنطقة الكنعانية الآرامية. وهذه المفردة موجودة في العبرية والفينيقية والآرامية والسريانية (The Foreign Vocabulary of the Qur'an 233).

ثمة من رأى أن المفردة صيغت بتأثير اللفظة العبرية מִקְרָא، والتي صارت تعني لاحقاً «قراءة»، حسبما ورد في العهد القديم، سِفر نَحَمْيا (٨: ٨)، وتتكرر מִקְרָא في الكتابات الحبرية، إلا أن أكثر الباحثين يميلون للقول إن المفردة مأخوذة من السريانية ܩܪܝܢܐ، التي تعني «قراءة» وهي لفظة متعلقة بدراسة الكتاب المقدس. والتشابه بين كلمتي قُرآن و ܩܪܝܢܐ السريانية واضح: إذْ سمَّى السرّيان الفصول التي تُقرأ من الكتاب المقدس في الكنائس ܩܪܝܢܐ. كما أن محمداً قد تخيّر لكتابه التسمية التي كانت مألوفةً له آنذاك. وبدون شك، فإن المفردة وصلت محمداً من مصادر مسيحية (The Foreign Vocabulary of the Qur'an 234، قارن: نولدكه: ٢٩-٣٢).

يرد فعل «قرأ»، في القرآن عندما يُشار إلى ما يُوحى لمحمد. ويستثنى من ذلك أربعة مواضع: اثنان من هذين الاستثنائين أشارا إلى الكتب المقدسة الأخرى (يونس ١٠: ٩٤، الإسراء ١٧: ٩٣)؛ والاثنان الآخران إلى كتب الأعمال التي تُعطى للناس يوم الحساب (الإسراء ١٧: ٧١، الحاقة ٦٩: ١٩). أيْ إن ذكر «قرأ» في القرآن يقترن دائماً بالكتب السماوية (The Foreign Vocabulary of the Qur'an 233).

ب. المصحف

ثمة تسمية شائعة للقرآن هي «المصحف»، وجمعها «مصاحف». ويبدو أن الجذر من «صحف». وحسب إحدى الروايات الإسلامية، فإن الكلمة ذات جذر حبشي، فبعد أنْ جمع الخليفة أبو بكر القرآن -في عهده- ناقش وأصحابه مسألة تسمية هذا الكتاب المجموع للتو، فقال بعضهم سموه «إنجيلاً»، لكن الاقتراح رفض، فاقترح آخرون تسميته «السِّفْر»، ورفضت الفكرة أيضاً، فقال ابن مسعود إنه سمع من الأحباش اسم «المصحف» فأُخذ بهذا الاقتراح (الزركشي ١: ٢٨١-٢٨٢).

ج. الفرقان

لدينا تسمية مشهورة وكثيرة التداول إلا أنها أقل انتشاراً من «القرآن» و«المصحف»، هي: ‹الْفُرْقَانَ›، ووردت كذلك في (البقرة ٢: ١٨٥، آل عمران ٣: ٤، الفرقان ٢٥: ١).

لا تقتصر لفظة «الفرقان» على القرآن، بل ترد عند تناول الكتب المقدسة، إذ أُطلقت لفظة «الفرقان» على كتب موسى (البقرة ٢: ٥٣، الأنبياء ٢١: ٤٨). كما وُصِف التوراة والإنجيل بالفرقان (آل عمران ٣: ٤). وجاء في القرآن أنه إن كان المرء يؤمن بالله فسوف يجعله له ‹فُرْقَاناً› (الأنفال ٨: ٢٩)، وسمي نصر بدر: ‹يَوْمَ الْفُرْقَانِ› (الأنفال ٨: ٤١) (The Foreign Vocabulary of the Qur'an 226).

إن هذه التسميات تحيلنا إلى جذرها السامي؛ فالمفردة موجودة في الأدب الحبري פֻּרְקָן، وهي تعني: إنقاذ، إعتاق (Geiger: 41-42). وقد استعرض جفري في كتابه (The Foreign Vocabulary of the Qur'an)، تاريخ هذه اللفظة، ثم خلص في نهاية استعراضه للقول:

«بكل تأكيد اقتبس محمدٌ لفظة «فرقان» بنفسه لتكون مصطلحاً تقنياً، وأعطى لها تفسيره الخاص. إن مصدر الاقتباس، كان ولا شك، معجم المسيحيين الناطقين بالآرامية» (The Foreign Vocabulary of the Qur'an 228-229).

د. أسماء أخرى

هنالك تسميات شائعة أخرى مثل: «الكتاب» (البقرة ٢: ٢)، «الوحي» (الأنبياء ٢١: ٤٥)، «الذِكر» (الحجر ١٥: ٩). ويرد في كتب علوم القرآن خمسة وخمسون اسماً للقرآن، مثل: «نور» (النساء ٤: ١٧٤)، «شِفَاء» (الإسراء ١٧: ٨٢، فصلت ٤١: ٤٤)، «مَوْعِظَة» (آل عمران ٣: ١٣٨، يونس ١٠: ٥٧، ...) (انظر الإتّقان ٣٣٦-٣٣٨، الزركشي ١: ٢٧٣-٢٧٦).

ثانياً: بنية القرآن

- القرآن: هو الكتاب.
- السورة: هي الفصل منه، وتعادل القصيدة.
- الآية: كبيت الشعر.
- الفاصلة: آخر الآية، وهي بمثابة القافية (الإتّقان ٣٣٦).

أ. السورة

السورة: فصل القرآن، جمعها «سور»، ووردت مفردة «سورة» في القرآن (البقرة ٢: ٢٣، يونس ١٠: ٣٨، هود ١١: ١٣).

أغلب الآيات التي ذكرت لفظة «سورة» تعود إلى الحقبة المتأخرة من نشاط محمد، وأكثرها جاءت في المدينة. ولا نجد في المراجع الإسلامية ما يشير إلى أصل اللفظة. ويرى المستشرقون أنها من العبرية שׁוּרָה، المستعملة في «الميشناه» بمعنى: صف أو سلسلة. وثمة إشكالية برأي نولدكه ألا وهي أن שׁוּרָה لا تتصل بالكتب المقدسة، بينما لفظة السورة القرآنية مرتبطة بالكتب المقدسة حصراً، وهذا ما دفع هيرشفلد (Hirschfeld) للظن أن المفردة تعادل لفظة סדרה اليهودية، وهي مصطلح معروف لعلامات الأجزاء في الكتب العبرية. أما جفري فيرى أن المفردة من السريانية ܣܘܪܬܐ والتي تعني كتابة (The Foreign Vocabulary of the Qur'an 181-182).

وفقاً للنص المعياري (مصحف عثمان) الأكثر تداولاً، فإن عدد سور القرآن مئة وأربع عشرة سورةً. ولكن بعضهم اعتبر سورة الأنفال (٨) وسورة التوبة (٩) سورة واحدةً، ولدى هؤلاء يبلغ العدد مئة وثلاث عشرة سورة (الإتقان ٤٢٢). وعدد السور في مصحف ابن مسعود: مئة واثنتا عشرة سورةً، لأنه يحذف المُعوِّذتين (١١٣ و١١٤)، وفي مصحف أبيّ بن كعب: مئة وستة عشرةً لأنه يضيف سورتَي الحَفْدِ والخَلْع (الإتّقان ٤٢٣). وبعضهم قال إن في مصحف أُبي بن كعب: مئة وخمس عشرة سورة لأنه يدمج سورة الفيل (١٠٥) وسورة قريش (١٠٦) في سورة واحدةٍ (الإتّقان ٤٢٧). [راجع «جمع القرآن»، صفحة ٢٩]. وكثيراً ما نلقى للسورة أكثر من اسم، فمثلاً: سورة محمد (٤٧) تُسمّى «سورة القتال» (الإتّقان ٣٦٢)، وسورة الطلاق (٦٥) تُسمى «سورة النساءِ القُصْرَى» (الإتّقان ٣٦٣).

ب. آية

جمعها «آيّ» و«آيات». ترد مراراً في القرآن. ومعناها في العربية العلامة. ووردت في الشعر القديم، مثلاً في شعر امرئ القيس:

قِفَا نَبْكِ مِنْ ذِكْرَى حَبِيْبٍ وعِرْفَانِ
وَرَسْمٍ عَفَتْ آياتُه مُنْذُ أَزْمَانٍ

(The Foreign Vocabulary of the Qur'an 73).

[عِرْفان: ما عُرِف من علامات الدار، فدعاه إلى الوقوف والبكاءْ. عَفَتْ آياتُه: تغير ودرست علامتُه. ديوان امرئ القيس ٨٩].

وفيما بعد صارت اللفظة تعني آية القرآن. ورغم تواتر تكرارها في القرآن، إلاّ أنّ المفردة نادراً ما ترد في الآيات المكية (The Foreign Vocabulary of the Qur'an 72).

ليس للفظة «آية» جذر في العربية، واقتباسها من السريانية أو الآرامية ظاهر. ونجد اللفظة في العبرية אוח، من الفعل אוה وتعني: يشير، يعّلم، وهو ما ورد لدى الإشارة إلى علامات الطقس (تكوين ١: ١٤)، وللراية العسكرية (العدد ٢: ٢)، وللعلامات التذكارية (يَشوع ٤: ٦)، وللعجائب والمعجزات التي تُظهر الحضور الإلهي (التثنية ٤: ٣٤، المزامير ٧٨: ٤٣)، وإلى العلامات أو النُذر التي تصاحب وتشهد على عمل الأنبياء (الخروج ٣: ١٢، ١ صموئيل ١٠: ٧ و٩). ونلاحظ

أن استخدامات אות قريبة من المدلول القرآني للكلمة (The Foreign Vocabulary of the Qur'an 72-73) .

من المحتمل أن العرب قد أخذوا الكلمة من اليهود، وإن كانت قد وصلتهم على الأرجح عن طريق المسيحيين الناطقين بالسريانية. فالكلمة السريانية ܐܬܐ، تُستعمل تماماً مثل العبرية אות (The Foreign Vocabulary of the Qur'an 73) .

ثمة اختلافات في عدد آيات القرآن. وإذا أخذنا النص المعياري (مصحف عثمان)، نجد أن أشهر المدارس قد قسمّت الآيات على النحو التالي:

- المدني الأول: (حسب رواية الكوفيين: ٦٢١٧ آية. وحسب رواية البصريين: ٦٢١٤ آية).
- المدني الأخير: ٦٢١٤ آية.
- المكي: ٦٢١٠ آية.
- البصري: ٦٢٠٤ آية.
- الدمشقي: ٦٢٢٧ آية. وقيل: ٦٢٢٦ آية.
- الحمصي: ٦٢٣٢ آية.
- الكوفي: ٦٢٣٦ آية (مقدمة المحقق لكتاب البيان، الصفحات: حـ ـ ط).

فمثلاً، سورة الإخلاص (١١٢) عددها خمس آيات في المكي والشامي، وأربع لدى الباقين (البيان ٢٩٦).

ج. الفاصلة

هي آخر كلمة في الآية، والفواصل في آيات سور القرآن كالقوافي في أبيات قصائد الديوان.

وكثيراً ما وجب مراعاة الفاصلة في نظم القرآن حفاظاً على شعرية الجملة، مما أدى إلى تخلخل بنية العبارات في بعض الأحيان، وهذه أمثلة من (الرصافي ٥٦١ ـ ٥٦٢):

- ‹وَلَقَدْ جَاءَ آلَ فِرْعَوْنَ النُّذُرُ› (القمر ٥٤: ٤١): قدم المفعول وأخّر الفاعل مراعاة للفاصلة.
- ‹فَلِلَّهِ الآخِرَةُ وَالأُولَى› (النجم ٥٣: ٢٥): قدم ما هو متأخر في الزمان، ولولا مراعاة الفاصلة لقدمت ‹الأُولَى› مثل: ‹لَهُ الْحَمْدُ فِي الأُولَى وَالآخِرَةِ› (القصص ٢٨: ٧٠).
- ‹فَكَيْفَ كَانَ عِقَابِ› (غافر ٤٠: ٥): والأصل «كيف كان عقابي» فحذف ياء الإضافة مراعاة للفاصلة.
- في سورة الأحزاب (٣٣: ٦٦ ـ ٦٧): ‹وَأَطَعْنَا الرَّسُولا . فَأَضَلُّونَا السَّبِيلا› حيث زيدت الألف مراعاة للفاصلة، وهذه زيادة ما لا يلزم.
- ‹وَهُوَ الَّذِي خَلَقَ اللَّيْلَ وَالنَّهَارَ وَالشَّمْسَ وَالْقَمَرَ كُلٌّ فِي فَلَكٍ يَسْبَحُونَ› (الأنبياء ٢١: ٣٣): وفي هذه الآيات أجرى غير العاقل مجرى العاقل، وعبر عن الإثنين بالجمع لأن الضمير ‹يَسْبَحُون› يعود إلى الشمس والقمر، فالسياق يقتضي أن يقول «يسبحان»، ولكنه جمعه، وأجراه مجرى العقلاء مراعاة للفاصلة.

انظر أمثلة كثيرة في كتاب الرّصافي «كتاب الشخصية المحمدية أو حل اللغز المقدس» (٥٦١ ـ ٥٧٠). وقارن تحليل الفاصلة في (نولدكه ٣٤ ـ ٣٨، Sketches 33-34) .

ثالثاً: تحدي الإتيان بمثل القرآن

يعتقد المسلمون استحالة الإتيان بمثل القرآن، مستندين في ذلك إلى أنه تحدى ‹الإِنسُ وَالْجِنُّ عَلَى أَن يَأْتُواْ بِمِثْلِ هَذَا الْقُرْآنِ› (الإسراء ١٧: ٨٨)، وأنه تحدى الإتيان ‹بِعَشْرِ سُوَرٍ مِّثْلِهِ› (هود ١١: ١٣)، لا بل حتى ‹بِسُورَةٍ مِثْلِهِ› (يونس ١٠: ٣٨).

إن نصوصاً مثل التي نظمها محمد، لا يمكن لقرشي وثني أن يأتي بها إلا إذا جعل نفسه أضحوكة (Sketches: 36)، فلكل امرئ مخزون ثقافي خاص، ولا يمكن لغير محمد أن ينظم نصاً مثل القرآن، لأنه صادر عن تجربة نفسية ولغة فردية، دعْ عنك أن الوثني الذي سيقلد القرآن سيكون تقليده مجرد محاكاة هزيلة. ويقول الشاعر معروف الرّصافي:

> «إن إتيان المعارض بمثل ما عارضه من الكلام متعذر، وأن محمداً يعلم هذا حق العلم فلذا تراه بكل سكينة واطمئنان وبكل جراءة واستبسال يتحدى قومه قائلاً: ‹فَأْتُواْ بِسُورَةٍ مِّن مِّثْلِهِ وَادْعُواْ شُهَدَاءكُم مِّن دُونِ اللّهِ إِنْ كُنْتُمْ صَادِقِينَ› (البقرة ٢: ٢٣)، ولم يبلغنا أن أحداً منهم قصد معارضة القرآن [...] ولو أن أحدهم قصد ذلك لما كان إلا مغلوباً، لأن الذي يعارض القرآن يجب قبل كل شيء أن يكون ذا روحانية كروحانية محمد، وذا ذكاء كذكائه وخيال كخياله [...] فلا يستطيع أن يعارض القرآن ويأتي مثله إلا محمد نفسه».
>
> (الرصافي ٦٠٤ - ٦٠٥)

من جانب آخر، يسلّم المسلمون بدعوى جمال لغة القرآن، ويتغاضون عن حقيقة أن القرآن يختلف نظماً من مرحلة إلى أخرى؛ ففي القرآن المكي نصوص متوقدة مشتعلة، في حين أن نصوص المدينة نثرية جافة [راجع «الترتيب التاريخي للقرآن»، صفحة ٤٧]. والقارئ المتحرر من أي تأثير يمل من قراءته، فها هو ستانلي لِن پول Stanley Lane-Poole يقول: «لولا بلاغة اللّغة العربيّة القديمة، التي منحت شيئاً من السّحر لبعض الجُمَل الصعبة والقصص المملّة، فإنَّ قراءة القُرْآن غير ممكنة، إذْ نشعر أنّنا انحدرنا من الشّعر إلى النّثر، وليس في المادة النّثريّة ما يستحق القراءة، بحيث تعوضنا عن فقدان شعرية النصوص الأولى وتلاشي جملها الموسيقيّة» (Lane, pp. cv-cvi).

ويشاطر هذا الرأي أديب عربي كبير، هو الرّصافي:

> «مما اختص به القرآن أو امتاز به عن غيره من الكتب السماوية والأرضية: التكرار. خُذْ القرآن واقرأْ سورة منه (من السور الكبار طبعاً)، ثم انتقل إلى ثانية بعد إتمامك الأولى مستمراً في القراءة، ثم انتقل إلى ثالثة، ثم إلى رابعة، فإنك بالنظر إلى الموضوع لا تشعر بأنك انتقلت من سورة إلى سورة، لأنك تجد هذه المكررات في الأكثر تشتمل على ذكر الأنبياء وما جرى لهم مع أقوامهم الكفار، وعلى ذكر الجنة والنار والبعث والنشور، وعلى تقريع الكفار وتضليلهم بالشرك [...] ومن العجيب الذي فوقه عجيب أن

القرآن بتأثيره على نفوس قارئيه وسامعيه مدين لهذا التكرار، **فليس من السهل ولا من المتعارف عند أولي البيان أن يكرر كتاب هذا التكرار فيخرج سليماً غير معيب إلا في القرآن**، فبالنظر إلى هذا يجوز أن نسمي القرآن «كتاب التأثير بالتكرير»».
(الرصافي ٥٥٤، التشديد لنا)

ماذا كان رأي قريش بالقرآن وبلغته؟

قال أهل قريش عن القرآن:

- ‹إِنْ هَذَا إِلاَّ أَسَاطِيرُ الأَوَّلِينَ› (الأنعام ٦: ٢٥، الأنفال ٨: ٣١، المؤمنون ٢٣: ٨٣، النمل ٢٧: ٦٨).
- واعتبروه صادراً عن «شاعر» (الأنبياء ٢١: ٥، الصافات ٣٧: ٣٦، الطور ٥٢: ٣٠، الحاقة ٦٩: ٤١).
- وقالوا عن محمد إنه «ساحر» (يونس ١٠: ٢، ص ٣٨: ٤).
- و«كاهن» (الطور ٥٢: ٢٩، الحاقة ٦٩: ٤٢).
- و«مجنون» (الحجر ١٥: ٦، الصافات ٣٧: ٣٦، الدخان ٤٤: ١٤، الطور ٥٢: ٢٩، القلم ٦٨: ٢ و٥١، التكوير ٨١: ٢٢).
- و«مسحور» (الإسراء ١٧: ٤٧، الفرقان ٢٥: ٨).

ولعل ذلك ما دفع الرصافي للقول:

«إنهم يهولون بإعجاز القرآن كل التهويل، ولكنهم لا يستطيعون أن يذكروا لهذه المعجزة أثراً بيناً في نجاح الدعوة الإسلامية، إذْ لا مرية في أن الدعوة الإسلامية إنما نجحت بالسيف لا بمعجزة القرآن». (الرصافي ٦٠٨)

رابعاً: أهمية دراسة القرآن

أ. القرآن مصدر لدراسة تاريخ محمد والإسلام المبكر

القرآنُ سِجّلُ الدعوة المحمدية، الذي يساعدنا على فهم شخصية محمد، فعلى سبيل المثال، نجد فيه زفرات قلق محمد (سورة الشرح [الإنشراح] ٩٤)، أو نيران غضبه على عمه أبي لهب (سورة المسد ١١١)، أو أحكام تغيرت وفقاً لتقلّب قراراته الإنسانية كموقفه تجاه زينب بنت جحش زوجة ابنه بالتبني ليتمكن من الزواج بها (الأحزاب ٣٣: ٤، ٣٦، ٣٧، ٥٣). وأيضاً، نكت شف عبر القرآن كيف تصوّر محمد محيطه وكيف تعامل معه وأنتج عقيدته تجاه الموالين والمعارضين [راجع «القرآنُ و أتباع الديانات الآخرى»، صفحة ٣٨٥].

ب. لفهم الواقع الإسلامي

القرآن، وفقاً للنظرية الإسلامية، خطاب الله للمسلمين، والأساس الذي تقوم عليه تعاليم الإسلام، وهو مصدر التشريع. إنه كتاب الثقافة الذي يغذي العقل الإسلامي، ويحدد للمسلم فلسفة الحياة، وكيفية فهم الذات والآخر. إنه بالنسبة للمسلمين الأداة التي تكّون نظرتهم للعالم (Weltanschauung).

ختاماً: هذا الكتاب

رغم مركزية القرآن في حياة المسلمين، لكن المفارقة أن المسلم وحتى المسلم العربي، لا يملك من المعرفة عن القرآن إلا النذر اليسير،

وهذه المعرفة مشوبة بالغموض والنواقص، ومسيجة بالمحرمات المتوارثة. ولهذا رأينا أن نقدم إضاءات على القرآن، تعتمد بشكل أساسي على المصادر الإسلامية المختلفة: التفسيرية والحديثية والتاريخية، كما استفدنا من الإنتاج الثقافي المعاصر المنشور باللغة العربية وبلغات أخرى، بحيث يخرج القارئ من مطالعته وهو مزود بمعرفة متكاملة عن القرآن.

يشتمل الكتاب على أبحاثٍ تخص مسائل تاريخية، مثل: «جمع القرآن»، صفحة ٢٩، وأخرى تتناول قضايا فكرية، مثل: «المرأة في القرآن»، صفحة ٢١٩، وكذلك بعض المسائل الاجتماعية، مثل: «القرآن وأتباع الديانات الأخرى»، صفحة ٣٨٥. ويتناول الكتاب سور القرآن وفق ترتيبها في المصحف. وهو يعالج ثلاثة جوانب في الآيات: «التحليل النقدي» و«النسخ» و«القراءات»؛ والهدف من ذلك فتح حوارات جادة وعقلانية بصدد القرآن.

متفرقات

- أطول كلمة: ﴿فَأَسْقَيْنَاكُمُوهُ﴾ (الحجر ١٥: ٢٢).
- أطول آية: «آية الدَّين» (البقرة ٢: ٢٨٢).
- أقصر آية: ﴿وَالضُّحَى﴾ (الضحى ٩٣: ١).
- أطول سورةٍ في القرآن هي سورة البقرة (٢)، وأقصرُها: سورة الكوثر (١٠٨).
- سور تزيد على مئة آية ليس فيها ذكر جنة ولا نار: سورة يوسف (١٢) (الزركشي ١: ٢٥٥).

ثمة نسختان للقرآن متداولتان اليوم بين المسلمين

١. المصحف وفق قراءة عاصم برواية حفص، والذي صدر بإشراف الأزهر في القاهرة سنة (١٩٢٤)

٢. المصحف وفق قراءة نافع برواية ورش، والذي صدر في الجزائر سنة (١٩٠٥)

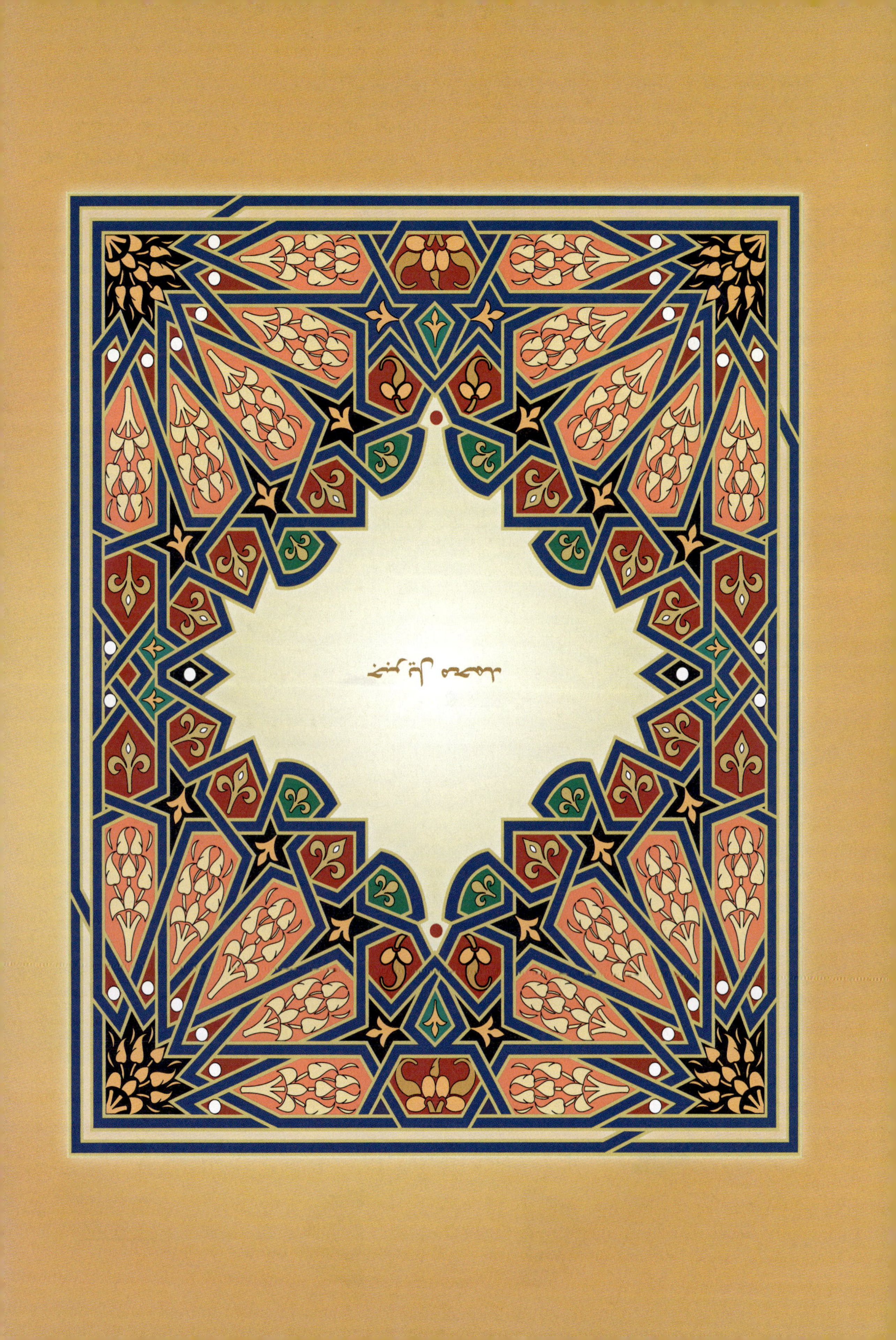

[illegible]

جبريل محمدٍ

جبريل في الروايات الإسلامية هو الرسول الذي كان ينقل الوحي لمحمدٍ، ومع ذلك التزم محمد الصمت بشأنه لسنوات؛ فلم يذكره في القرآن المكي، أيْ على مدار ثلاث عشرة سنة، أو حوالي ست وثمانين (٨٦) سورة. في حين أن اسمه ورد في القرآن لأول مرة في سورة البقرة، حينما اتهم محمد اليهود أنهم أعداء جبريل (البقرة ٢ : ٩٧ - ٩٨). وفيما بعد ذكر محمد اسمه مرة واحدة في (التحريم ٦٦ : ٤) لينذر زوجاته العاصيات أن الله وجبريل معه في مواجهتهن. على أن ثمة آيات أُعتبر ما فيها إشارات إلى جبريل مثل: ‹شَدِيدُ الْقُوَى› (النجم ٥٣ : ٥)، و‹الرُّوحُ الأَمِينُ› (الشعراء ٢٦ : ١٩٣).

إذاً سنوات مضت، ومحمد يعلن أنه يُوحى له، قبل أن يذكر اسم جبريل صراحةً. وهذه قصة الوحي:

الغشية

تسجل كتب السيرة أن محمداً كان يعاني من نوبات غريبة، وصفها أحد شهود العيان بقوله: «فَنَظَرْتُ اِلَيهِ، لَهُ غَطِيطٌ [...] كَغَطِيطِ الْبَكْر [أي مثل شخير الصغير من الإبل]» (البخاري، كتاب العمرة ١: ٥٤٢). وهذا ما جعل محمداً يشك أنه أُصيب بمس من الجنون (ابن سعد ١: ١٦٥). وقد بقيت هذه الأعراض تلازمه حتى بعد إعلانه النبوة، إذ ظل يعاني من نوبات من الإغماء، وتصبب العرق، وتهيؤ سماع أصوات؛ ولكنها باتت تُفسّر على أنها ظواهر مرتبطة بنزول الوحي بعد أن كانت علامات مرضية. ويصف لنا محمد حاله أثناء عملية تلقيه الوحي كالآتي:

«أَحْيَانًا يَأْتِينِي مِثْلَ صَلْصَلَةِ الْجَرَسِ [طنينه] وَهُوَ أَشَدُّهُ عَلَيَّ فَيُفْصَمُ عَنِّي [يقلع وينجلي] وَقَدْ وَعَيْتُ عَنْهُ مَا قَالَ، وَأَحْيَانًا يَتَمَثَّلُ لِيَ الْمَلَكُ رَجُلاً فَيُكَلِّمُنِي فَأَعِي مَا يَقُولُ. قَالَتْ عَائِشَةُ رضى الله عنها: «وَلَقَدْ رَأَيْتُهُ يَنْزِلُ عَلَيْهِ الْوَحْيُ فِي الْيَوْمِ الشَّدِيدِ الْبَرْدِ، فَيَفْصِمُ عَنْهُ وَإِنَّ جَبِينَهُ لَيَتَفَصَّدُ عَرَقًا»». (البخاري، كتاب بدء الوحي ١: ١٣-١٤، وتكررت الرواية في: البخاري، كتاب بدء الخلق ٢: ٤٢٥).

حينما نقرأ التاريخ، نجد أن هذه الأعراض تماثل حال كهان العرب قبل الإسلام:

«ويكون الكاهن في أثناء تكهنه في غيبوبة أو في شبه غيبوبة في الغالب، ذلك بأنه متصل في هذه الأثناء بعالم مجهد صعب لا يتحمله كلّ إنسانٍ، ولاتصال الروح فيه، واتصال الروح بجسم الكاهن شيء جد عسير، يتصبب العرق منه. خاصة إذا كان المتكلم الكاهن نفسه». (المفصل ٦: ٧٦١)

ونلاحظ أن محمداً قد صرّح أنه كان يسمع صوتاً مثل صَلْصَلَة الْجَرَسِ، في حين أنه قال: «الْجَرَسُ مَزَامِيرُ الشَّيْطَانِ» (مسلم، كتاب اللباس والزينة ٣: ٤١٥). ومع ذلك لم يُطرح السؤال قط: إن كان «الْجَرَسُ مَزَامِيرُ الشَّيْطَانِ»، فلماذا يسمع محمد طنينها؟

مهما تكن الإجابة، فإن محمداً كان يعالج هذه الأعراض بالرقي وكان ينصح المسلمين بالرقية (البخاري، كتاب الطب ٤: ٤٣-٤٦).

محمد والكهانة الجاهلية

عندما بدأت الأعراض المذكورة أعلاه تظهر على محمد، فإن قلقاً كبيراً قد اعتراه وسيطر عليه. وحين قارن ما يعاني منه مع حال الكهان العرب، ظن أنه بات كاهناً، كما قال لخديجة: «وإنّي لأَخْشَى أنْ أكُون كَاهِناً» (ابن سعد ١: ١٦٥).

كانت الْكَهَانَة شكلاً دينياً معروفاً في الجزيرة العربية إلى جانب ممارسات سحرية مختلفة، مثل: الرقية والتنجيم، وغالباً ما كان رجال الدين ينتمون لهذه الفئة: الكاهن، الرّاقي، المنجّم (المفصل ٦: ٧٥٥).

كان الكاهن يتواصل مع القوى الخفية، فكان يقيم في بيته، ويأتيه السائلون ليطرحوا عليه أسئلتهم، إذْ كان «قاصدوه يرون أن فيه

قوة خارقة وقابلية لتلقي الوحي من تلك القوة التي يتصورونها على هيأة شخص غير منظور يلقي إلى الكاهن الوحي، فينطق بما يناسب المقام وبما يكون جواباً على الأسئلة التي توجه إليه» (المفصل ٦ : ٧٥٧). وهذا ما أقر به محمد، حيث يقول: «وَيَتَمَثَّلُ لِي الْمَلَكُ أَحْيَانًا رَجُلاً، فَيُكَلِّمُنِي فَأَعِي مَا يَقُولُ» (البخاري، كتاب بدء الخلق، باب ذِكْرِ الْمَلاَئِكَةِ ٢ : ٤٢٥).

ونلاحظ في القرآن ذات الفكرة حينما يستهل محمد الجواب على أسئلة السائلين بتعبير «يسألونك»، مثلاً: ‹يَسْأَلُونَكَ عَنِ الرُّوحِ› (الإسراء ١٧ : ٨٥)؛ و‹يَسْأَلُونَكَ عَنِ الْجِبَالِ› (طه ٢٠ : ١٠٥)؛ و‹يَسْأَلُونَكَ عَنِ السَّاعَةِ› (النازعات ٧٩ : ٤٢).

أيضاً، «كان للكهان أسلوب خاص في كلامهم عند التنبؤ والتكهن هو أسلوب السجع. ولذلك عُرف بـ «سجع الكهان». وقد امتاز سجعهم هذا باستعمال الكلام الغامض، والتعابير العامة الغامضة التي يمكن تفسيرها تفاسير متناقضة ومختلفة» (المفصل ٦ : ٧٥٩).

وقد وسم السجع وقصر العبارات آيات القرآن في سنوات الدعوة الأولى. نقرأ مثلاً:

أَلْهَاكُمُ التَّكَاثُرُ حَتَّى زُرْتُمُ الْمَقَابِرَ،
كَلاَّ سَوْفَ تَعْلَمُونَ، ثُمَّ كَلاَّ سَوْفَ تَعْلَمُونَ.
كَلاَّ لَوْ تَعْلَمُونَ عِلْمَ الْيَقِينِ، لَتَرَوُنَّ الْجَحِيمَ،
ثُمَّ لَتَرَوُنَّهَا عَيْنَ الْيَقِينِ، ثُمَّ لَتُسْأَلُنَّ يَوْمَئِذٍ عَنِ النَّعِيمِ. (التكاثر ١٠٢ : ١ - ٨)

لهذا بالضبط وصفه معاصروه أنه منخرط بالْكَهَانَة، بيد أنه أنكر الاتهام بشدة، وقال لقريش إنه ليس ‹بِكَاهِنٍ وَلا مَجْنُونٍ› (الطور ٥٢ : ٢٩).

كذلك، كان يُنظر إلى الكاهن على أنه يستلهم الوحي من ««شيطان الكاهن»، إذ كان العرب يعتقدون أن هذا الشيطان يسترق السمع «من السماء، فيأتي به إلى الكاهن ويلقى ما استرقه منه، فيلقي الكاهن ما ألقى عليه شيطانه إلى الناس» (المفصل ٦ : ٧٥٨).

وبناء على هذا التصور، اعتقد محمد أن لكل إنسان قريناً شيطاناً، فقال ذات مرة: «مَا مِنْكُمْ مِنْ أَحَدٍ إِلاَّ وَقَدْ وُكِّلَ بِهِ قَرِينُهُ مِنَ الْجِنِّ»، فسأله المسلمون، وحتى أنت، فقال: «وَإِيَّايَ، الاَّ أَنَّ اللهَ أَعَانَنِي عَلَيْهِ فَأَسْلَمَ فَلاَ يَأْمُرُنِي الاَّ بِخَيْرٍ» (مسلم ٤ : ٣١١). كما قال لعائشة إن لكل إنسان شيطاناً، فسألت عائشة بدورها مندهشةً إنْ كان له شيطانٌ هو أيضاً، فرد عليها: «نَعَمْ، وَلَكِنْ رَبِّي أَعَانَنِي عَلَيْهِ حَتَّى أَسْلَمَ» (مسلم ٤ : ٣١٢).

خديجة تصدر الحكم

في خضم هذه الخيالات والأصوات، والشك من أنّ الجنون قد ألّم به، أو أنه قد صار كاهناً، تقدمت خديجة لتخليص محمد من حالته ومعاناته، ولنقرأ:

«عَنْ خَدِيجَةَ رَضِيَ اللهُ عَنْهَا أَنَّهَا قَالَتْ لِرَسُولِ اللهِ صَلَّى اللهُ عَلَيْهِ وَسَلَّمَ: «أَيْ ابْنَ عَمّ أَتَسْتَطِيعُ أَنْ تُخْبِرَنِي بِصَاحِبِكَ هَذَا الَّذِي يَأْتِيكَ إِذَا

جَاءَكَ؟» قَالَ: «نَعَمْ». قَالَتْ: «فَإِذَا جَاءَكَ فَأَخْبِرْنِي بِهِ». فَجَاءَهُ جِبْرِيلُ عَلَيْهِ السَّلامُ، كَمَا كَانَ يَصْنَعُ، فَقَالَ رَسُولُ اللّٰهِ صَلّى اللّٰهُ عَلَيْهِ وَسَلّمَ لِخَدِيجَةَ: «يَا خَدِيجَةُ هَذَا جِبْرِيلُ قَدْ جَاءَنِي»، قَالَتْ: «قُمْ يَا ابْنَ عَمّ فَاجْلِسْ عَلَى فَخذِي الْيُسْرَى»، [...] فَقَامَ رَسُولُ اللّٰهِ صَلّى اللّٰهُ عَلَيْهِ وَسَلّمَ فَجَلَسَ عَلَيْهَا، قَالَتْ: «هَلْ تَرَاهُ؟» قَالَ «نَعَمْ»، قَالَتْ: «فَتَحَوّلْ فَاجْلِسْ عَلَى فَخذِي الْيُمْنَى»، قَالَتْ فَتَحَوّلَ رَسُولُ اللّٰهِ صَلّى اللّٰهُ عَلَيْهِ وَسَلّمَ فَجَلَسَ عَلَى فَخذِهَا الْيُمْنَى، فَقَالَتْ: «هَلْ تَرَاهُ؟» قَالَ «نَعَمْ»، قَالَتْ: «فَتَحَوّلْ فَاجْلِسْ فِي حِجْرِي»، قَالَتْ فَتَحَوّلَ رَسُولُ اللّٰهِ صَلّى اللّٰهُ عَلَيْهِ وَسَلّمَ فَجَلَسَ فِي حِجْرِهَا، قَالَتْ: «هَلْ تَرَاهُ؟» قَالَ «نَعَمْ»، قَالَت فَتَحَسّرَتْ وَأَلْقَتْ خِمَارَهَا وَرَسُولُ اللّٰهِ صَلّى اللّٰهُ عَلَيْهِ وَسَلّمَ جَالِسٌ فِي حِجْرِهَا ثُمّ قَالَتْ لَهُ: «هَلْ تَرَاهُ؟» قَالَ: «لا»، قَالَتْ: «يَا ابْنَ عَمّ اُثْبُتْ وَأَبْشِرْ فَوَاللّٰهِ إنّهُ لَمَلَكٌ وَمَا هَذَا بِشَيْطَانٍ».

[وتقول رواية أخرى: إنّ خَدِيجة] أَدْخَلْت رَسُولَ اللّٰهِ صَلّى اللّٰهُ عَلَيْهِ وَسَلّمَ بَيْنَهَا وَبَيْنَ دِرْعِهَا، فَذَهَبَ عِنْدَ ذَلِكَ جِبْرِيلُ، فَقَالَتْ لِرَسُولِ اللّٰهِ صَلّى اللّٰهُ عَلَيْهِ وَسَلّمَ: «إنّ هَذَا لَمَلَكٌ وَمَا هُوَ بِشَيْطَانٍ»» (السهيلي ١: ٤٠٨-٤٠٩).

نلاحظ من الرواية:

١. لم تكن خديجة ترى شيئاً مما يحدثها به محمد، ومع ذلك تقرر طبيعة هذا الكائن، في حين أن محمداً ورغم أنه كان يعاين حضور هذا الظهور وسمّاه جبريل، إلاّ أنه لم يكن قادراً على تحديد ماهيته.

٢. قالت خديجة لمحمد: «إِنَّهُ لَمَلَكٌ وَمَا هَذَا بِشَيْطَانٍ»، وهذا يشير إلى أن محمداً كان يؤمن أن الشيطان هو الذي يظهر له (وليس جبريل) كما ورد في متن الرواية، فلو كان محمد يعتقد أن جبريل هو الذي يظهر له، لقالت زوجته مثلاً: إنك على حق، إنه جبريل، لكنها نفت صفة الشيطان دون ذكر جبريل، أي أن ذكر اسم جبريل مُقحم على الرواية الأصلية.

٣. يُطرح في هذا الصدد سؤال: كيف أن الملاك تغاضى عن جلوس محمدٍ على فخذ خديجة، ولكنه غادر ما أن أسفرت عن وجهها؟

٤. ذهبت خديجة بعيداً في اختبارها الذي أجرته، إذ أجلست محمداً مرة على فخذها اليسرى، ومرة ثانية على فخذها اليمنى، وثالثةً في حجرها، وأخيراً، وفقاً للرواية الثانية، أدخلت محمداً تحت ملابسها، كما قرأنا: «أَدخَلْت [محمداً] بَيْنَهَا وَبَيْنَ دِرْعِهَا»؛ لتحكم أنه لو كان شيطاناً لبقي حتى يشاهد هذه المناظر الجنسية.

والواضح أن خديجة كانت تغدق عطفاً وحنواً على محمد لتهدئة روعه، بحيث يسهل عليها إقناعه أن ما يراه ملاكاً وليس شيطاناً.

ختاماً

على مدى سنوات طويلة كان محمد يعاني أعراضاً مختلفة، فكان يُخيل إليه أن به جنوناً، كما قال لخديجة: «إنّي أسْمعُ صَوتاً وأرَى ضَوْءاً وإنّي أخْشَى أنْ يَكُون فيّ جُنُنٌ» (ابن سعد ١: ١٦٥). وفي أحيان أخرى كان يعتقد أنه غدا كاهناً مثله مثل الكهان الذين «يرون تابعهم، وقد يتجلى لهم في صورة إنسان» (المفصل ٦: ٧٦٠). وقد أنقذته خديجة من هذه الحالة لأنها كانت ذات بصيرة نافذة في نفسية محمد، فأجرت اختباراً للتعرف على ماهية ما يظهر لزوجها، ولتشهد بعد ذلك أنه ملاك لا شيطان، أي أن محمداً اكتشف ماهية ما يرى من خلال إمرأة «ناقصة عقل ودين» (حسب نظرة الإسلام للمرأة)، وعلى أساس شهادتها أقام محمد برهانه على من يأتيه هو ملاك. ويستند المسلمون بدورهم على هذه الشهادة المفردة من إمرأة واحدة!

على أية حال، إن شهادة خديجة لم تشفِ محمداً من ظواهر لازمته طيلة حياته: سماع الأصوات ورؤية الخيالات. وهذه الأعراض تنطبق على حالة هلوسة تُعرف بالهالة السمعية auditory aura، وهي هلوسات سمعية تقترن مع هلوسات حسية أخرى، ويمكن أن تحدث في سياق مرض الصرع. فإن لم يكن محمد مصاباً بالهالة السمعية، فالمؤكد أنه كانت لديه مشكلة أقل شأناً هي الأكوازيتية (Akoasm) وهي هلوسة سمعية تظهر أعراضها في سماع أصوات الطنين والقرع والحفيف، وما شابه.

وجراء هذه الأصوات، ظل محمد يعتقد أن له شيطاناً قريناً، كما أخبر عائشة.

بعدما أقنعت خديجة محمداً أن ما يتراءى له هو مبلّغ الوحي، أشار إليه باسم ‹رُوحُ الْقُدُسِ› (النحل ١٦: ١٠٢)، وقال عنه إنه: ‹رَسُولٍ كَرِيمٍ› (التكوير ٨١: ١٩). ولم يذكر اسم جبريل على أنه مبلغ الوحي إلا بعدما انتقل إلى المدينة.

لماذا أطلق اسم جبريل في المدينة فحسب؟

لا بد أن هذا الإعلان ارتبط تحديداً باحتكاك محمد باليهود؛ فاسم جبريل عبري גַּבְרִיאֵל ورد في سِفْر دَانيال (٨: ١٦، ٩: ٢١). فهل تعلم محمد من اليهود اسم جبريل أو تلقنه قبل ذلك بقليل؟

لا يوجد لدينا ما يساعد على تحديد الفترة الزمنية التي تناهى فيها هذا الاسم إلى محمد، فإن كان محمد التقط هذا الاسم من اليهود، فقد يفسر ذلك لنا لماذا لم يرد اسمه إلا في المدينة، أما إذا قبلنا ترجيح أ. جِفري من أن المصدر يعود إلى الصيغة السريانية للاسم ܓܒܪܝܠ (The Foreign Vocabulary of the Quran 100-101)، فمن المحتمل أن محمداً قد سمع الاسم في مكة، لكنه في المدينة رأى ضرورة ربط كل نصوص القرآن بالوحي الواصل عبر جبريل.

إذاً، جبريل محمد، في حقيقته، هو تلك الأصوات والصور التي كانت تتراءى له، فتحولت بفضل قوة إيحاء خديجة إلى ملاكٍ،

وبعد ذلك صار هذا الملاك جبريل، بتأثير معارف يهود أو مسيحيين.

ملاحظة

يوجد خلط بين الروح وجبريل لدى محمد فيما يتعلق بقصة مريم العذراء. فقد وصلته معلومات مشوهة عن قصة البشارة في الإنجيل (لوقا ١: ١٩-٣١)، فقال عن مريم: ‹فَأَرْسَلْنَا إِلَيْهَا رُوحَنَا› (مريم ١٩: ١٧) و‹رَسُولُ› الرب (مريم ١٩: ١٩) (دائرة المعارف ٢٦٥٢)، حيث جعل روح الله ورسول الله واحداً. وربما أيضاً كان هذا هو السبب في أن القرآن يذكر ‹الْمَلائِكَةُ وَالرُّوحُ› (المعارج ٧٠: ٤، القدر ٩٧: ٤)، مميزاً بين الملائكة والروح وغير منتبه لحقيقة أن جبريل ملاك. ولكن قد نجم عن هذا التمييز إشكال آخر: فمن هي الروح هنا؟ قال المفسرون، رداً على ذلك، إن جبريل هو الروح (الطبري ٢٣: ٢٥١، ٢٤: ٥٤٧). ولكن جبريل من الملائكة، فلماذا هذا التمييز؟ [قارن التعليق على البقرة ٢: ٩٧، صفحة ١٢٣].

قراءة مقترحة عن الهلوسات السمعية والبصرية

Jan Dirk Blom. *A Dictionary of Hallucinations.* Springer New York Dordrecht Heidelberg London. 2010. Akoasm. Auditory Aura. Auditory Hallucination. Visual Hallucination.

جمع القرآن

جمع القرآن

اعتاد مُحَمَّد أن يطلب من الكتبة إضافة بعض الآيات المستجدة إلى هذا النص أو ذاك (الإتّقان ٣٧٨)، ولكن ذلك الإجراء لم يشمل كل النصوص القرآنية، وما تركه قبيل وفاته (١١ هـ/ ٦٣٢ م) كان مجرد قطع متناثرة من سور مدونة على مواد الكتابة البدائية، مثل الجلود والخزف وأوراق النخيل. ولم تكن تلك القطع محفوظة لدى مُحَمَّد، أو لدى شخص بعينه، فحينما شُرع فى جمع القرآن، لم تلجأ لجنة الجمع لشخصٍ محدد، بل طلبت من كلّ مَن يملك شيئاً من القرآن أن يأتي به. عملياً، لم يسعَ مُحَمَّد لجمع القرآن قطّ، وعلّل أحد علماء المسلمين ذلك بقوله: «إنّما لم يجْمَعْ [مُحَمَّد] القرآنَ في المصحفِ لِما كان يترقَّبُه منْ ورودِ ناسخٍ لبعضِ أحكامه أو تلاوتِه» (الإتّقان ٣٧٧).

في المدينة قام محمد بتدوين جزئي للقرآن، مما يعني أن القسم المكي من القرآن والذي يشكل حوالي ثِلْثَي المادة القرآنية لم يدون مطلقاً، وعلى فرض أن محمداً كان قد دوّن بعض النصوص في مكة، فإنها فُقدت، لأن الحوليات التاريخية لا تذكر اصطحاب المسلمين لمدونات قرآنية أثناء ترحالهم للهجرة، إضافةً لذلك، لا نجد في المصادر التاريخية أي حديث عن كتبة للقرآن في مكة، والإشارة الوحيدة التي يُفهم منها وجود كاتب تتصل بعبد الله بن أبي سَرْح، الذي رُوي أنه كتب القرآن لمُحَمَّد في مكة (جبل ١٦٢-١٦٣)، ولكنه انشق عنه، وانضم للقرشيين بعد أن تبين له عدم صدق دعاوي مُحَمَّد النبوية (الزمخشري ٢: ٣٧٢، الطبري ٩: ٤٠٥-٤٠٦).

يورد ابن سعد قائمة «من جمع القرآن» في عهد مُحَمَّد، فيذكر: أُبيّ بن كَعب، ومُعاذ بن جَبل، وأبو الدَّرداء، وزَيد بن ثابت، وسعد بنُ عُبيد، وأبو زَيْد بن عُبيد، ومجمِّع بن جارية، ويُقال أن ابن مسعود تعلم جزءاً من القرآن من مجمَّع. ويضيف خبرٌ ثانٍ أورده ابنُ سعد أسماءً أخرى: عثمان بن عفّان، وتميم الدّاريّ، ومعاذ بن جبل، وعُبادة بن الصامت، وأبا أيّوب (ابن سعد ٢: ٣٠٦-٣٠٧). ويبدو أن معنى «جمع» هنا هو الحفظ، لأن الإجماع معقود بين المؤرخين المسلمين أن أول جمع بمعنى التدوين جرى بإشراف زيد بن ثابت. ولا شك أن هؤلاء الذين «جمعوا» القرآن (حفظاً أو كتابةً)، جمعوه جزئياً، لا كلياً، لأنه لم يكن هناك نص مكتوب بعد، وكان مُحَمَّد ما يزال يضيف على القرآن، وينسخ فيه، ويحذف هنا وهناك.

نلاحظ أنّ الشّخصيات التي قيل أنّها جمعت القرآن في عهد مُحَمَّد، ليست ذات ثقل اجتماعي، ويلوح لنا أنهم كانوا أناساً مخلصين لدعوة الإسلام، إلا أن هذه الشخصيات كانت بعيدةً عن دائرة القرار، ويُستثنى من هذه القائمة: عُثمان بن عفّان، الذي ربما أُضيف اسمه إلى هذه القائمة لإسباغ نوع من القداسة عليه، سيما أنه كان محل انتقاد مسلمين كثيرين إبّان حكمه.

إذاً، على طول المرحلة المكية، وكذلك أثناء بعض الفترات المدنية كانت الذاكرة هي الأداة الرئيسية في تسجيل نصوص القرآن، ولكن الذاكرة أداة لا يُعتمد عليها، بل كانت تخون مُحَمَّداً نفسه «لهذا تراه في سورة البقرة (٢: ١٠٦) يعزّي المؤمنين بقوله إن الله سوف يمنحهم بدل كلّ آيةٍ ذهبت ضحيّة النسيان آيةً أفضل» (نلدكه ٣٩).

أولاً: الجمع البكري/ العمري

[جمع زيد الأول]

أوّل جمع للقرآن قام به أبو بكر (السجستاني ١١-١٢، الدّاني ١٣)، فبعد أن خلف مُحَمَّداً في قيادة المسلمين (١١-١٣ هـ/ ٦٣٢-٦٣٤ م)، خاض سلسلة من المعارك ضد القبائل التي رفضت الخضوع لسلطة المسلمين، وقد عُرفت هذه الحروب في المصادر الإسلامية بـ«حروب الردّة»، والتي انتهت بالمعركة الدموية ضد مُسيلمة في الْيَمَامَة (١٢ هـ/ ٦٣٣ م)، حيث حقق

المسلمون نصراً ساحقاً، ولكن بتكلفة بشرية عالية.

حسب الروايات، فإن بعضاً ممن قُتلَ في هذه المعركة الفاصلة كان من حفظة القرآن، ومن ثم اقترح عمر بن الخطاب على أبي بكر جمع القرآن، وقد سأله أبو بكر كيف يفعل شيئاً لم يقم به مُحَمَّد، لكنّ عُمرَ دافع عن رأيه بأن حروباً آتيةً لا محالة بعد معركة الْيَمامَة، وأنّ تعرض القرّاء للقتل يؤدي إلى ضياع كثير من القرآن (السجستاني ١٣، الدّاني ١٥)، فخاف «أبو بكر على القرآن أنْ يضيعَ»، فكلّف عمر بن الخطاب وزيد بن ثابت بمهمة جمع القرآن (السجستاني ١٢).

تطرقت بعض الروايات لخشية أبي بكر من ضياع القرآن، بدون ذكر مشورة عمر، بل توجز القول: «لما أصيب المسلمون بالْيَمامَة فَزع أبو بكرٍ، وخافَ أن يَهْلِك من القرّاء طائفةٌ، فأقبل النّاسُ بما كان معهم وعندهم حتى جُمِعَ على عهدِ أبي بكرٍ في الورق، فكان أبو بكر أولَ مَنْ جمع القرآن في الصّحف» (الإتّقان ٣٧٨). [يكشف ذكر الورق في الرّواية التلاعب الذى تعرضت له كثير من الروايات في المراجع الإسلامية، لأن العرب استعملوا أوراق البردى بعد احتلال مصر، أيْ في عهد عُمرَ بن الخطّاب، ولم ينتج الورق إلاّ بعد قرنٍ ونصف القرن، في سمرقند، وبدأ إنتاجه في بغداد في نهاية القرن الثامن الميلادي بمساعدة الصينيين (ستيبتشفيتش ١: ٢١٩ - ٢٢٠، قارن: Déroche: 173)].

جاء تكليف أبي بكر لزيد بالمهمة، لأنه كان يكتب القرآن لمُحَمَّد، كما أعلنه في طلب التكليف: «أنتَ شابٌ عاقلٌ، لا نَتَّهِمُك، قد كنْتَ تكتبُ الوحي للنبيّ، فتَّتبع القرآن فتجمعه» (الدّاني ١٦، الزركشي ١: ٢٣٣، الإتّقان ٣٧٩). ولم تكن المهمة يسيرة على الإطلاق، ويشرحها زيد كالآتي:

«لو كلفوني نقل الجبال كان أيسر عليّ من الذي كلفوني، فجعلت أتتبع القرآن من صُدورِ الرِّجالِ، ومن العُسُبِ [جريدة النخل]، ومن الرّقاع [قطعة جلد]، ومن الأضلاع، واللِّخاف [الحجارة الرقاق والخزف]».

(الزركشي ١: ٢٣٣، السجستاني ١٤، ١٥، ٢٨، قارن الدّاني ١٣ - ١٤)

وجرت عملية الجمع على النحو التالي:

استدعى أبو بكر الأشخاص المعروفين بجودة حفظهم، وطلب منهم العمل تحت إمرة زيد، فجرى الاجتماع في منزل عمرَ بنِ الخطّابِ ليتشاوروا في كيفية جمعه، ولتقاسم المهمات (جار الله ٢٦). وطلبوا من بلال الحبشي أن يوجه نداءً بالمدينة إلى الذين لديهم مدونات أن يسلموها إلى لجنة التدوين (جار الله ٢٧). كان مطلوباً لتثبيت أي قطعة قرآنية شهادة اثنين (الإتّقان ٣٨٣). ومن الطريف ما يروى أن عُمرَ أتى إلى اللجنة بآية الرَّجْم، فلم يكتبها زيد، لأنه لم يشهد غيره عليها (الإتّقان ٣٨٥).

استغرقت عملية الجمع حوالي السنة (جبل ١٨٧). وبعد أن أنجز زيد المهمة، سلم الصحّف إلى أبي بكر، ثم تسلمها عمر حينما أصبح خليفةً، وبعد وفاته آلت الصحف إلى ابنته

حفصة (السجستاني ١٥).

ثانياً: جمع عثمان [جمع زيد الثاني]

ثمة رواية تقول إن عثمان بن عفّان جمع القرآن أثناء خلافة عمر بن الخطاب (ابن سعد ٢: ٣٠٧)، ولا يُفهم من هذه الرواية إنْ كان عثمان قد جمع القرآن بمفرده أم أنه شارك في عمل لجنة زيد، ولكن إن كان المقصود أنه شارك في اللجنة، فهي رواية مقبولة.

في حوالي سنة خمس وعشرين للهجرة (وقيل في حدود سنة ثلاثين)، اتخذ عثمان بن عفّان قرار جمع القرآن (الإتقان ٣٨٩)، وذلك بعد أنْ دبّت خلافات بين المسلمين بشأن القراءات القرآنية. كان افتراق الكلمة منتشراً على نطاق واسع:

العراق: كانت الجيوش الإسلامية تضم قبائل وعصبيات متنافسة، وعلى أساس هذا الانقسام العصبوي نشأت تعارضات بين المسلمين حول قضايا متنوعة، بما في ذلك القرآن، وقد حدث انقسام بين أهل البصرة الذين يقرؤون بقراءة أبي موسى وأهل الكوفة الذين يقرؤون بقراءة ابن مسعود (السجستاني ٢٠).

العراق/الشام: انتشر الخلاف إلى خارج العراق، إذ حصلت مشاجرات بين المقاتلين من أهل العراق ومن أهل الشام، المتواجدين على تخوم إرْمينيّة وأذربيجان (السجستاني ٢٦ - ٢٨). كان أهل حمص يعتبرون مصحف المقداد بن الأسود أوثق المصاحف، بينما تمسك بقية أهل الشام بمصحف أُبَيّ بن كعب. أما أهل الكوفة، فاعتبروا قراءة ابن مسعود هي القراءة المرجعية، فيما رأى أهل البصرة أن نص أبي موسى هو النص الأوثق (نلدكه ٢٧٩). ووصلت هذه الأخبار إلى عثمان (السجستاني ١٨).

في المدينة: كان الخلاف بشأن القراءات متفشياً أيضاً في المدينة، قلب الإسلام آنذاك، فكان معلمو الصّبيان يتنازعون، «حتى كفّر بعضهم بقراءة بعض، فبلغ ذلك عثمان، فقام خطيباً، فقال: «أنتم عندي تختلفون فيه، فتلحنون، فمن نأى عنّي من الأمصار أشدّ فيه اختلافاً وأشدّ لحناً. اجتمعوا يا أصحاب مُحَمَّد، واكتبوا للناس إماماً!»» (السجستاني ٢٩، الدّاني ١٧). وقال أيضاً: «إنّما قبض نبيّكم منذ خمس عشرة سنة، وقد اختلفتم في القرآن!؟» (السجستاني ٣٢).

علاوة على ذلك، أدى توسع المسلمين واختلاطهم بشعوب أخرى إلى اختلاط اللغات، فبدا أنّ عملية التطور اللغوي ستجعل القرآنَ «في خَطَرِ التّحريفِ والتّصحيفِ والزّيادةِ والنّقصان» (عالم المعجزات ١٦٩).

أ. الاعتماد على نسخة حفصة

لا شك أن وجود مئات النسخ القرآنية بين أيدي المسلمين قد غذى الانقسام بشأن المصحف المرجعي في مختلف المدن (الكوفة والبصرة والمدينة)، والأقاليم (العراق والشام). ويقدّر أحد المؤرخين أن عدد المصاحف في نهاية حكم عمر بن الخطاب (١٣-٢٣ هـ/ ٦٣٤-٦٤٤ م) كان يربو على مئة ألف مصحف، منتشرة في العراق والشام ومصر (جار الله ٢٨). ونحن لا نوافق

على هذا التقدير الذي لا يستند إلى معطيات تاريخية، بل يعتمد على التخمين، وإن كان من غير المستبعد وجود عدد كبير من النسخ آنذاك في كل مدينة إلا أنها قد تصل لبضع عشرات فحسب، ولو كان العدد يزيد على المئة ألف لبقيت لنا على أقل تقدير العشرات من هذه النسخ. والمؤكد أن كلها كانت نسخاً لا تحتوي على القرآن بأكمله، فربما كان لدى أحدهم بضع سور، وربما كان لدى آخرين أجزاءٌ كبيرة من القرآن، ولكن أن يكون ثمة مئة ألف نسخة من المصحف الكامل آنذاك، فهذا أمر مستبعد تماماً، لأن عملية الجمع الأولى كشفت أن المدونات القرآنية موزعة بين مسلمين عديدين، فضلاً عن أن أجزاءً من القرآن كانت محفوظة في الذاكرة فحسب، والنسخة الوحيدة التي أنجزتها لجنة زيد الأولى وعلى مدى سنة كاملة أُستودعت في نهاية المطاف لدى حفصة، وهي النسخة الوحيدة التي اعتبرت كاملة نسبياً. ولم يُنسخ عنها وقتذاك أي نسخة للتداول.

لما كانت النسخة الفريدة الجامعة هي النسخة المُستودعة لدى حفصة، فإن عثمان طلبها منها كي تكون أساساً للعمل المزمع القيام به، وعيّن لجنةَ تحرير مؤلَّفة من: زيد بن ثابت، وسعيد بن العاص، وعبد الرحمن بن الحارث بن هشام، وعبد الله بن الزبير، وفي رواية أخرى: زيد بن ثابت، وعبد اللهِ بن عمرو بن العاص، وعبد الله بن الزبير، وابن عباس، وعبد الرحمن بن الحارث بن هشام (الدّاني ١٤)، وفي خبر آخر أن عثمان عين لجنة من اثني عشر رجلاً من المهاجرين والأنصار (السجستاني ٣٣-٣٤).

طلب عثمان من لجنةِ التدوين كتابةَ القرآنِ بلغة قريش، ويُعزى هذا الشرط إلى عمر بن الخطاب، الذي شرط على أعضاء لجنة زيد الأولى أن يتم التدوين «بلغة مضر» (السجستاني ١٧-١٨).

بعد أن أنجزت اللجنة المهمة المنوطة بها، أعدت بضع نسخ لتوزيعها على الحواضر، وأرسل عثمان النسخ إلى مراكز الحكم الإسلامية، آمراً حُكَّامها أن يتلفوا المصاحف التي بحوزتهم (السجستاني ٢٦، الدّاني ١٦)، إذْ بعث بنسخة إلى كل من: الكوفة، والبصرة، والشّام، واحتفظ بنسخة لديه. وقيل أن عدد النسخ كان سبعاً وأرسلها إلى: مكّة، والشّام، واليمن، والبحرين، والبصرة، والكوفة، وترك نسخة بالمدينة. وإن كان الرأي الإسلامي يميل لرواية أنه أرسل أربع نسخ (الدّاني ١٩).

بعد ذلك، أعاد عثمان إلى حفصة نسختها، حيث بقيت لديها إلى أيام حكم مروان بن الحكم (السجستاني ١٦)، إذْ بعد وفاتها، طلب مروان من عبد الله بن عمر (أخي حفصة) إرسال النسخة إليه (السجستاني ٣٢)، فبعثها ابن عمر إلى مروان الذي قام بحرقها «مخافةً أن يكون في شيء من ذلك اختلاف لما نسخ عثمان» (السجستاني ٢٨).

لم يُسجّل أي اعتراض على إجراء عثمان، باستثناء اعتراض ابن مسعود (الدّاني ١٨). في حين أن الشخصيات المعتبرة في المدينة أيّدت قرار توحيد المصحف، وتواترت الأخبار أن عليَّ بن أبي طالب أقرّ لعثمان بفضل جمع القرآن، وقال:

« يا أيها الناس لا تغلّوا في عثمان، ولا تقولوا له إلاّ خيراً في المصاحف وإحراق المصاحف، فوالله ما فعلَ الذي فعل في المصاحف إلاّ عن ملإٍ منا جميعاً » (السجستاني ٣٠، قارن: الإتّقان ٣٩١). وأعلن بأنه لو كان تسلّم زمام الحكم، لقام بما قام به عثمان بهذا الخصوص (الدّاني ١٨، قارن: الإتّقان ٣٩٣).

ب. رفض ابن مسعود

رفض ابن مسعود الاعتراف بالنسخة العثمانية لأسباب شخصية، إذْ امتلأ قلبه حقداً إثر استبعاده من لجنة الجمع، وقال: « يا معشر المسلمين أُعزَل عن نسخ المصاحف وتولاّها رجل [أيْ: زيد]، والله لقد أسلمت، وأنه لفي صلب أبيه كافراً » (السجستاني ٢٤-٢٥).

كان ابن مسعود يرى أنه صاحب الحق في الإشراف على التدوين، فرفض الاعتراف بالنسخة التي أنجزها زيد، وكان يردد بمرارة: « لقد قرأتُ من فِيِّ [مُحَمَّد] سبعين سورة، وأنّ لزيد بن ثابت ذؤابتيْن يلعب مع الصّبيان » (السجستاني ٢١-٢٢). وقد دفع ابن مسعود الكوفيين لرفض قرار عثمان بشأن فرض المصحف الرسمي عليهم (نلدكه ٢٨٠ و٣٣٩)، وظل الكوفيون متمسكين بمصحف ابن مسعود حتى تسلم الحجاج بن يوسف الثقفي زمام الأمور (Encyclopaedia of the Qur'ān 1: 348).

ج. الفرق بين الجمع البكري والجمع العثماني

لا يمكن قبول الرواية التي تقول إن قرار أبي بكر بشأن جمع القرآن يعود إلى نتائج معركة الْيَمَامَة، لأن الذين سقطوا في هذه المعركة ممن لديهم معرفة بالقرآن قلائل، و« في الواقع لا نجد [...] إلاّ اثنين ممّن سقطوا، من الذين يُشهد لهم بوضوح بمعرفتهم للقرآن. وهما عبد الله بن حفص بن غانم، وسَالم، من أتباع أبي حُذَيْفَة » (نلدكه ٢٥٣). الواضح، أنّ قرار أبي بكر وعمر كان يهدف إلى تأمين نسخة جامعة للنصوص القرآنية في موضع واحد، أي بمعنى آخر، حفظ (أرشفة) القرآن مخافة الضياع، في حين كان جمع عثمان يهدف إلى معالجة الاختلافات في القراءات، فبعد توسع الإسلام في الجزيرة العربية، صار العرب يقرؤون القرآن حسب لغاتهم القبلية، فرأى عثمان أن ذلك قد قاد « بعضَهم إلى تخطئة بعضٍ، فخَشِي مِنْ تفاقم الأمر في ذلك، فنسخ تلك الصحفَ في مصحفٍ واحدٍ مُرَتِّباً لسوره، واقتصرَ مِنْ سائر اللّغات على لغة قريشٍ، محتجّاً بأنّه نَزَل بلغتهم، وإنْ كان قد وُسِّع في قراءته بلغة غيرهم رَفعاً للحجرِ والمَشقّة في ابتداءِ الأمرِ، فرأى أنَّ الحاجةَ إلى ذلك قد انتَهتْ فاقتصر على لغةٍ واحدةٍ » (الإتّقان ٣٩١). ويشرح الحارثُ المحاسِبيُّ:

> « المشهورُ عند الناس أنَّ جامعَ القرآنِ عثمانُ وليس كذلك، إنما حَمَلَ عثمانُ الناسَ على القراءة بوجهٍ واحدٍ على اختيارٍ وَقعَ بينه وبين من شهده من المهاجرين والأنصارِ ».
> (الإتّقان ٣٩٢)

إن مسعى التوحيد الذي قام به عثمان كان مبنياً على بواعث سياسية، فالمسلمون

كانوا بحاجة لرابطة تجمعهم، وكان الإسلام المحرك المشترك. ثم إنّ القرآن هو كتاب الإسلام المقدس، والخلاف بشأنه كان سيؤدي إلى إضعاف الرابطة بين المسلمين. أيْ إنّ فرض القراءة الواحدة يتصل بالحاجة إلى تعزيز الوحدة السياسية بين المسلمين. وكانت الخشية من وهن الرابطة أكبر من الحفاظ على التنوع في القرآن، فمُحَمَّد حينما سمح للمسلمين بالقراءة وفق لغاتهم القبلية، وأجاز تعدد القراءات، كان وقتها قائداً لتَجَمُّع سياسي ديني محصور بالمدينة ودوائرها، ولكن في عهد عثمان، فإنّ الوضع السياسي والاجتماعي بات معقداً، وتأتّى على عثمان أن يعالج النص القرآني وفق حاجات مجتمع في طور النمو والتوسع العسكري.

على أن إنجاز المصحف العثماني لم يكن خالياً من العيوب:

أولاً: بعد أنْ عُرض المصحف على عثمان قال: «إنّ فيه لحناً وستقيمه العرب بألسنتها» (السجستاني ٤١)، وقال بأنه لو كان «الكاتب من ثقيفٍ لم يوجد فيه هذا» (السجستاني ٤٢). وقد طالبه البعضُ بإجراء التنقحيات المطلوبة، فحينما تُلي بمحضر منه (الآية ٦٣) من سورة طه (٢٠) اُقترح عليه تصحيحها، فرفضَ، وقال: «دَعُوه فإنّه لا يحرّم حلالاً، ولا يحلّل حرماً» (القُرْطُبيّ ١٤: ٩٠).

ثانياً: كان يوجد خللٌ آخر في المصحف، إذْ كان خالياً من علامات التنقيط والتشكيل، مثله في ذلك مثل كل المصاحف الأخرى، «فكان على القارئ نفسه أن ينقّط ويشكّل هذا النص على مقتضى معاني الآيات، ومثال ذلك كلمة «بعلمه» كان يقرؤها الواحد «يُعَلِّمُهُ» والآخر «نُعَلِّمُهُ» أو «تُعْلِمُهُ» أو «بِعِلْمِهِ» الخ على حسب تأويله للآية، فكان حينئذٍ لكل قارئ اختيار في الحروف وكذلك اختيار في الشكل أيضاً، وفضلاً عن ذلك فقد وقع اختيار بعض القراء، كما يتبين ذلك من كتب القراءات، على كثير مما كان في المصاحف التي منع عثمان استعمالها» (مقدمة جفري ٧-٨). وغياب التنقيط أبقى على حالة تعدد القراءات، مما استدعى تدخلاً جديداً من السلطة السياسية، وذلك حينما نقّح الحجاج بن يوسف الثقفي بعض المقاطع القرآنية (السجستاني ٥٩، ١٣٠).

ثالثاً: المصاحف

عندما تحرّك عثمان لتوحيد القراءات القرآنية، اعتمد على نسخة حفصة، لكنه لم يستنسخها بحذافيرها، إذ قامت لجنته بعملية مراجعة وتنقيح لهذا المصحف، ورتّبت السور. ثم لما فرض عثمان قراءة واحدة، ترك هامشاً للمصاحف الفردية؛ فهو لم يتلف نسخة حفصة، بل أعادها إليها. ولم يطارد أصحابها، كما أن لدينا في المصادر قائمة بمصاحف أخرى تزامن وجودها مع نسخة لجنة عثمان:

١. مصحفُ سَالِم بن معقل.
٢. مصحفُ عبد الله بن عبّاس.
٣. مصحف عقبة بن عامر، وقد حَكَم مصرَ فيما بعد. له مصحَفٌ وجِدَ سنة ٣١٣ هـ/

٩٢٥ م، ولكنه مفقود الآن.

٤. مصحف المقداد بن الأسود.

٥. مصحف أبي موسى الأشعريّ. انتشر مصحفه في البصرة، وكان شبيهاً إلى حدٍّ بعيد بمصحَفَي ابنِ مسعود وأُبَيّ ابن كعب. عُرِفَ بمخالفته لمصحفِ عثمان.

٦. مصحف أُبّيّ بن كعب.

٧. مصحف عبد اللهِ بن مسعود.

٨. مصحف عائشة.

٩. مصحف علي بن أبي طالب.

١٠. مصحف عبد الله بن الزبير.

١١. مصحف عبد الله بن عمر.

١٢. مصحف أم سلمة زوج مُحَمَّدٍ (عالم المعجزات ١٦٤ - ١٦٦، قارن: نلدكه ٢٥٩ - ٢٦١. حيث يورد قائمة أقل عدداً، وقارن أيضاً مع السجستاني ٩٢ - ٩٨).

وأوردت المصادر أسماء شخصيات من الجيل الثاني من المسلمين (التابعين) الذين كان لديهم مصاحف خاصة بهم، وهم: عبيد بن عمير الليثي، عطاء بن أبي رباح، عكرمة، مجاهد، سعيد بن جبير، الأسود بن يزيد، علقمة بن قيس، مُحَمَّد بن أبي موسى، حطان بن عبد الله الرقاشي، صالح بن كيسان، طلحة بن مصرف (السجستاني ٩٨ - ١٠٢).

سُورة الخلع

بسم الله الرَّحمٰن الرَّحيم (١)
اللَّهُمَّ إِنَّا نَسْتَعِينُكَ، وَنَسْتَغْفِرُكَ، وَنُثْنِي عَلَيْكَ، وَلَا نَكْفُرُكَ وَنَخْلَعُ وَنَتْرُكُ مَنْ يَفْجُرُكَ (٢)

وسنتطرق فيما يلي لمصحفَيْن، نظراً لما فيهما من زيادة عن المصحف المتداول.

أ. مصحف أُبّي بن كعب

تحدثت بعض الروايات أنّ أُبيَّ بن كعب شارك في لجنة الجمع الأولى (جبل ١٧٦)، ويبدو أن ذلك ساعده على إعداد مصحفه الخاص، والذي يختلف عن المصحف العثماني في ترتيب السور. ولكن أبرز ما يميز نسخة أُبّي أنها تحتوي على سورتيْن، نشرهما بشكل محقق هامِر (Ham-mer)، وفيما بعد أعاد نلدكه تحقيقهما ونشرهما (نلدكه ٢٦٦-٢٦٧): سورة الخُلع و سورة الحفد.

ب. مصحف علي

لعلي بن أبي طالب مصحف خاص به، وتقول المصادر إنّ عليّاً جمع القرآن بعد وفاة مُحَمَّد مباشرة، حينما أقسم أن لا يخرج من بيته «إلاّ لجمعة حتى يجمع القرآن في مصحفٍ»، وهذه دعوى لا تستند لأساس متين، وقد ناقشنا هذه الإشكالية في الدراسة المنشورة في هذا الكتاب، تحت عنوان: «التّرتيب التّاريخي للقرآن». ولهذا أوّل صاحب «كتاب المصاحف» أن المقصود بعبارة «أجمع القرآن»: أيْ أحفظه (كتاب المصاحف ١٦).

إن كان لدى عليّ نسخة خاصة به، فلا بدّ أنه دونها في عهد أبي بكر أو في عهد عمر. ولكن بعد عدة عقود، حينما اتسع الانقسام السياسي بين المسلمين، وانتشر في بنيان الدولة الإسلامية، فإن الخلاف طال حتّى القرآن، فقال الشيعة إنّ القرآن قد ناله التّحريف:

> «[قالوا:] «إننا وجدنا الأمةَ مختلفةً في نقله اختلافاً شديداً بشيعاً، حتى صرنا لعظيم اختلافهم لا نقف على صحيحه من فاسده، ولا نعرفُ الزائدُ منه ولا الناقص، ولا نعرفُ موضع كل شيء منه الذي أُنزل فيه وما قبلَه وما يليه»، وقال قومٌ منهم: «إنّه لا يعرفُ الناقص

سُورة الحفد

بسم الله الرَّحمَن الرَّحيم (١) نَـرْجُـو رَحْـمَـتـك، وَنَـخْـشى
اللّهُمَّ إيَّاكَ نَعْبُدُ، وَلَكَ نُصَلِّي، عَـذَابَـكَ، إنَّ عَـذَابَـكَ بـالْـكُفَّار
وَنَسْجُدُ، وَإلَيْكَ نَسْعى وَنَحْفِدُ، مُلْحَقٌ (٢)

منه إلا الإمامُ الذي أُودع علمَه وشيعتُه »، وهذا قول من أنكر الزيادة فيه وأقر بنقصانه، قالوا: « لأنّ أبا بكرٍ وشيعتهُ هم الذين تولّوا نظمه وترتيبه وجعله سوراً أو كثير منه وقدّموا منه المؤخّر، وأخّروا المقدّم، ووضعوا كثيراً منه في غير حقه، وأزالوه عن موضعه الذي هو أولى به »». (الباقلاني ٧١)

اتهم الشيعة أبا بكر وعثمان بالتلاعب بالقرآن، وقالوا إنهما قد حذفا كل الفقرات التي تشير إلى عليّ وأسرته، كما قالوا إنّ النسخة الحالية حُذفتٍ منها الآيات التي وجهت نقداً إلى « الأنصار والمهاجرين على تصرفات معيبة قاموا بها » (نلدكه ٣٢٢-٣٢٣). وفي القرن الرّابع الهجري أشارت كتب الشيعة إلى أن التحريف وقع على حوالي خمسمئة موضع في القرآن (نلدكه ٣٢٤). وعلى الرغم من ذلك، يعتبر الشيعة المصحف المتداول حالياً كتاباً مقدساً ويستعملونه إلى حين مجيء المهدي الذى يعتقدون أنه سيأتي بالقرآن غير المحرّف (نلدكه ٣٢٣).

ومنذ القرن الرابع الهجري، والمدرسة الشيعية تشكك فى حقيقة أن القرآن الحالي هو قرآن مُحمَّد، وبقيت على رأيها بأن القرآن تعرض لتحريفات مختلفة: تقديم وتأخير، حذف وزيادة. وقد انتشرت بين دوائر رجال الدين الشيعية نسخ من القرآن وفيها إضافتان: سُورة النُّوريْن، وسورة الولاية. ونشر غارسيان دي تاسي (Garcin de Tassy) سنة ١٨٤٢ سُورة النُّوريْن وشكّك ميرزا كاظم بيك (Mirza Kazem Beg) فى أصالتها، في حين أن تيسدل (Tisdall) قد قَبلَ احتمال أصالتها، ونشر سنة (١٩١٣) سورة الولاية بعد أن عثر عليها في مخطوطة شيعية، حيث ذُكر فيها صراحةً اسم عليّ (Leaman 31)، والبصمة الشيعية في سورة الولاية لا مجال للشك فيها، لكن سُورة النُّوريْن توحي بأصالة معينة، ومن المفيد ذكرها (وقد أفردناها في الصفحات

سُورة النُّورَيْن

بسم الله الرحمَنِ الرَّحيْم

يا أَيُّها الَّذينَ آمَنُوا آمنوا بالنُّورَيْن أَنْزَلْنَاهُمَا
يَتْلوان عَلَيْكُمْ آياتي وَيُحَذِّرَانكم عَذْابَ
يَوْم عظيْم (١)
نُورَان بَعْضُهُمَا مِنْ بَعْض. وَإِنا لَسميع
عَليم (٢)
إِنَّ الَّذينَ يُوفُونَ بِعَهْدِ الله وَرَسُوْلِه في
آيَات لَهُمْ جَنَّاتُ نَعيْم (٣)
وَالَّذينَ كَفَرُوا مِنْ بَعْد مَا آمنوا بنَقْضهمْ
ميثَاقهُمْ وَمَا عَاهَدَهُمُ الرَّسُولُ عَلَيْه
يُقْذَفُونَ في الجَحيْم (٤)
ظَلَمُوْا أَنْفُسَهُمْ وَعَصَوْا لِوَصِيِّ الرَّسُوْل،
أُولَئكَ يُسقَونَ مِنْ حَميْم (٥)
إِنَّ الله الَّذي نَوَّرَ السَّمَوات وَالأَرْضَ بِمَا
شَاءَ وَاصْطَفَى مِن المَلائكَةِ وَالرُّسُل
وَجَعَلَ مِنَ المُؤْمنيْن (٦)
أُولَئكَ مِنْ خَلْقه يَفْعَلُ الله ما يَشَاءُ لا إِلهَ
إلاَّ هُوَ الرَّحْمَنُ الرَّحيم (٧)
قَدْ مَكر الَّذينَ مِنْ قَبْلهِم برُسُلهمْ فأَخَذْتُهُمْ
بمَكرهِمْ إِنَّ أَخذي شَديْدُ أَليْم (٨)
إن اللَه قَدْ أَهْلَكَ عَاداً وَثمود بمَا كسَبوا
وَجعَلهُمْ لكُم تَذْكِرَةً فلا تَتَّقُون (٩)

وَفِرْعَونَ بمَا طَغَى عَلى مُوسَى وأَخِيْه
هَرُونَ أَغْرقتُه وَمَنْ تَبعَه أَجْمَعيْنَ لِيَكونَ
لكُم آيَةً وَإِنَّ أَكْثَرَكُمْ فاسِقون (١٠)
إِنَّ اللَه يَجْمَعُهُمْ يَوْمَ الحَشَر فَلا
يسْتَطيْعُونَ الجَوابَ حيْنَ يُسأَلُوْنَ (١١)
إِنَّ الْجَحيْمَ مأواهُمْ وَإِنَّ الله عَليْمُ
حَكيْمُ (١٢)
يَا أَيُّهَا الرَّسُولُ بَلِّغْ إِنذاري فسَوفَ
يَعْلَمُون (١٣)
قَدْ خَسِرَ الَّذينَ كَانُوا عَنْ آيَاتي
وحُكمي مُعْرضُونَ (١٤)
مَثَّلُ الَّذينَ يُوْفُونَ بِعَهْدِكَ إِنِّي جَزَيْتُهُم
جَنَّات النَّعيم (١٥)
إِنَّ اللَهَ لَذوْ مَغْفِرة وأَجْر عَظيم (١٦)
وَإِنَّ عَليّاً لَمِنَ المُتَّقِي (١٧)
وَإِنَّا لَنُوَفيه حَقَّهُ يَوْمَ الدَّين (١٨)
وَما نَحْنُ عَنْ ظُلْمه بِغَافلي (١٩)
وَكَرَّمنَاهُ عَلَى أَهْلِكَ أَجْمَعيْنَ (٢٠)
وَإِنَّه وَذُرِّيَتُهُ لصَابِرُون (٢١)
وَإِنَّ عَدُوَّهُمْ إِمَامُ المُجْرمي (٢٢)
قلْ لِلذَّينَ كَفروا بَعْدمَا آمَنُوا طلَبْتُم زِينة

سُورة النُّوريْن

الْحَيوةِ الدُّنْيا وَاسْتَعْجَلْتُم بها وَنَسيتُمْ ما
وَعدكم الله وَرسُولُهُ وَنقضْتُم الْعُهُودَ مِنْ
بَعْد توكيدها وَقَدْ ضَرَبْنا لكمُ الأمْثالَ
لَعلَّكُمْ تَهْتَدُونَ (٢٣)
يا أيُّها الرَّسُولُ قدْ أَنْزلنا إليكَ آيات
بَيِّنات فِيهَا مَنْ يَتَوَفَّه مُؤمِناً وَمَنْ يَتَولَّه
مِنْ بَعْدك يُظْهِرُونْ (٢٤)
فاعْرِضْ عَنْهُمْ إنَّهُم مُعْرِضُونَ (٢٥)
إنَّا لَهُم مُحْضَرُونَ في يَوْم لا يُغني عَنْهم
شَيءٌ وَلا هُمْ يُرْحَمُونَ (٢٦)
إنَّ لَهُم في جَهَنَّم مَقاماً عَنْهُ لا
يَعْدلُونَ (٢٧)
فَسَبِّح باسْم رَبِّكَ وَكُنْ مِن السَّاجدينَ (٢٨)
وَلَقَدْ أرْسَلْنا مُوسى وَهرُون بما
اسْتُخْلفَ فَبَغَوْا هرُونَ فَصَبْرٌ جَميلٌ
فجعَلْنا مِنْهُمُ الْقِردَةَ والخَنازِيْر ولَعنَّاهُمْ
إلى يَوْم يُبْعثُونَ (٢٩)
فاصْبرْ فَسَوفَ يُبْلَونَ (٣٠)
وَلَقَدْ آتَيْنا بِكَ الحُكم كالَّذينَ مِنْ قَبْلِك
مِنَ الْمُرْسَلِيْنَ (٣١)
وَجَعلْنا لكَ مِنْهُمْ وَصيّاً لَعلَّهُمْ
يَرْجِعُونَ (٣٢)
وَمَنْ يَتَوَلَّ عَنْ أمْري فَإنِّي مَرْجِعُهُ
فَلْيَتَمَتَّعُوا بكُفْرِهِم قَليْلاً فَلا تَسْألْ عَن
النَّاكثِين (٣٣)
يا أيُّها الرَّسُولُ قَدْ جَعَلْنا لَكَ في
أعْناق الَّذين آمَنُوا عَهْداً فَخُذْهُ وَكُنْ
مِنْ الشَّاكِرِيْنَ (٣٤)
إنَّ عَلِيّاً قانِتاً باللَّيْل ساجِداً يَحْذر الآخرة
وَيَرْجُو ثَوابَ رَبِّه قل هَلْ يَسْتَوي الَّذين
ظَلَموا وَهُمْ بعَذابي يَعْلَمُونَ (٣٥)
سَيُجْعَلُ الأغْلالَ في أعْناقِهِمْ وَهُمْ
على أعْمالِهِمْ يَنْدَمُونَ (٣٦)
إنَّا بَشَّرْناكَ بِذُرِّيَّة الصَّالِحِيْنَ (٣٧)
وإنَّهُمْ لأمْرِنا لا يَخْلِفُونَ (٣٨)
فَعَلَيْهِمْ مِنِّي صَلوة وَرَحْمَةٌ أحْياءً
وَأمْواتاً وَيَوْمَ يُبْعَثُونَ (٣٩)
على الَّذين يَبْغُونَ عَلَيْهِم مِنْ بَعْدِكَ
غَضَبِي إنَّهُمْ قَومُ سُوءٍ خاسِرينَ (٤٠)
على الَّذينَ سَلَكُوا مَسْلَكَهُمْ مِنِّي
رَحْمَةٌ وَهُمْ في الْغُرُفات آمِنُونَ (٤١)
وَالحَمْدُ لله رَبِّ الْعالَمِيْنَ آمين. (٤٢)

التالية)، حيث أثارت قضية أصالتها الجدل بين الباحثين كما وردت في نولدكه (نلدكه ٢٢٩ - ٢٣١، قارن: The Recensions 22-24).

الخاتمة

فرضت المعطيات السياسية جمع القرآن، وجاءت المبادرة من عمر بن الخطاب، وُشرع بالعمل في عهد أبي بكر، وربما لم يُنجز الجمع في عهد أبي بكر، فتابع عمر بن الخطاب المهمة، ولهذا قال بعضهم إن عُمرَ هو أول من جمع المصحف (السجستاني ١٦). وتقول إحدى الروايات إن عُمرَ أمر بجمع النصوص القرآنية، ولكنه قُتل بينما كان العمل جارياً، فتابع عثمان المهمة (السجستاني ١٧).

في كل هذه الروايات، كان زيد بن ثابت دائماً رئيس لجنة الجمع، رغم أنه لم يكن قد بلغ العاشرة من عمره حينما وصل مُحَمَّد المدينة، إلاّ أن أبا بكر اختاره، لعدة أسباب، يكشفها قوله لزيد: «أنتَ شابٌ عاقلٌ، لا نَتَّهمُك، قد كنْتَ تكتبُ الوحي»:

أولاً: لم يكن لدي زيد طموحات شخصية تضعه على عداء مع أبي بكر وعمر لصغر سنّه.

ثانياً: إن زيداً كان يكتب القرآن لمُحَمَّد، ويُقال أنه تعلم لغة اليهود.

ولكن بعد سنوات من تسلم عثمان مقاليد الحكم، صار المسلمون يتقاتلون بشأن القراءات: الكوفيون / البصريون، والعراقيون / الشاميون، ودبّت الصراعات داخل المدينة، فقرر عثمان إصدار نسخة رسمية، ووقع اختياره على زيد لنفس الاعتبارات التي جعلت أبا بكر يختاره، إضافة لذلك، صار زيد ذا خبرة في مسألة التدوين، وكان على عثمان أن يقصي عن اللجنة الشخصيات المثيرة للمتاعب، مثل عبد الله بن مسعود.

كان جمع عثمان يهدف إلى توحيد القراءات القرآنية، وإزالة أسباب الفرقة بين المسلمين، فجمعهم على نسخة واحدة، كي يوفر قاعدة إجماع، ويقال أن ما قام به عثمان كان مجرد «ترتيب السورِ» (الإتّقان ٣٧٨). ولا شك أن هذا الجمع أفاد السياسة ولكنه جاء على حساب التاريخ، إذْ فقدنا قراءات تلك الفترة، فخسرنا جزءاً من التراث القرآني، وإنْ كانت بعض القراءات قد حُفظت متناثرة في كتب التفسير، وفي أعمال نادرة، أبرزها: «كِتَابُ المَصَاحِف» لابن أبي داود السجستاني (القرن الثالث الهجري)، و«المُحْتَسبُ» لأبي الفَتح عُثمان بن جِني (القرن الرابع هجري).

مع ذلك، فإن إجراء عثمان لم ينجح بالقدر الكافي، إذ أن عثمان نفسه أبقى على مصحف حفصة، كذلك بقيت المصاحف الشخصية لدى الجيل الأول من المسلمين، كما امتلك بعض التابعين مصاحف خاصة. ولم تمضِ سنوات حتى تجددت الخلافات حول القراءات، لأن النسخة «العثمانية الرسمية» كانت بدون تنقيط، والنص غير المنقط يحتاج إلى قارئ له إلمام سابق بالمادة المقروءة، وكثيراً ما كانت الآيات تُقرأ حسب فهم القارئ. وستمضى ثلاثة قرون على جمع عثمان قبل أنْ تظهر النسخة النهائية

من القرآن المنقط في القرن الرابع الهجري / العاشر ميلادي (Encyclopaedia of the Qur'ān 1: 331-332) .

وفي العصر الحديث، ما زال المسلمون يقرؤون بقراءتين: الأولى، قراءة حفص (ت ١٩٠ / ٨٠٥) عن عاصم (ت ١٢٧ / ٧٤٤)، التي صادق عليها الأزهر في طبعته للقرآن سنة (١٩٢٤) والمتداولة في القسم الأكبر من العالم الإسلامي، والثانية، قراءة ورش (ت ١٩٧ / ٨١٢) عن نافع (ت ١٦٩ / ٧٨٥)، المتبعة في شمال إفريقيا (Encyclopaedia of the Qur'ān 1: 334، قارن: مقدمة جفري ٩٨)، أي إن القرآن المتداول اليوم بين المسلمين بقراءتيْه ليس إلاّ نسخة منقحة مراراً وتكراراً، استغرقت عملية تنقحيها ثلاثة قرون.

من حسن الحظ أن جاء اكتشاف مخطوطة صنعاء سنة (١٩٧٢) أثناء ترميم مسجد قديم كان آيلاً للسقوط، وهي أقدم مخطوطة قرآنية متوفرة حتى الآن، وتحتوي هذه المخطوطة على قراءات مجهولة (Leaman 31) . وقد أجرى المستشرق الألماني پيون (G. Puin) أبحاثاً على هذه المخطوطة، وتبيّن له أن تغييرات كبيرة جرت على القرآن، بمعنى أن القرآن الحالي ليس هو قرآن مُحَمَّد. وبسبب هذه النتائج الخطيرة، منعت السلطات اليمنية پيون من مقاربة المخطوطات (Lester, cf. Guardian, 8, 2000) . وإلى يومنا هذا، ما زال موضوع تاريخ النص القرآني يخضع للبحث، ومن أكثر الفرضيات إثارة للجدل ما أعلنه باحث هو جون وانسبراو (J. Wansbrough) أن القرآن لم يجمع إلاّ بعد مرور قرنين إلى ثلاثة قرون من موت مُحَمَّد (Encyclopaedia of the Qur'ān 1: 334; Böwering 74) . ويضيف أن القرآن بصياغته النهائية ظهر خارج الجزيرة العربية، في المجتمعات التوحيدية، وبالتحديد في العراق وفلسطين. ولم يتحمس الباحثون الآخرون لهذه الأطروحة لأنهم يرون أن نظرية وانسبراو لا تلقى تأييداً من البنية الداخلية للقرآن، التي تكشف أنه جُمع قبل (٤١ هـ/ ٦٦١ م) (Donner 33) .

إن اكتشاف المزيد من المخطوطات، وتطور الأساليب العلمية في البحث والتحقيق والتوثيق سيسمح لنا بتحديد واكتشاف الطبقات المضافة إلى القرآن أثناء عمليات جمعه وتدوينه وتنقيحه المتكررة، وربما يتمكن العلم من الوصول إلى الطبقة الأولى من القرآن، أيْ القرآن الذي أعلنه مُحَمَّد للمسلمين.

خلاصة ما سبق

١. محمد يترك أجزاءً من القرآن على مواد الكتابة البدائية، وأخرى محفوظة في الذاكرة.

٢. أبو بكر وعمرُ بن الخطّاب يتحركان لأرشفة المادة القرآنية مخافة ضياعها.

٣. عثمان يقوم بتنقيح المصحف الذي أعده فريق الجمع الأول، ويسعى لاتلاف النسخ الأخرى.

٤. مسألة القراءات تبقى قائمة لغياب علامات التنقيط والتشكيل.

٥. السلطات الدينية والسياسية تنقح المصحف مراراً وتكراراً لحين ظهور المصحف المنقط.

قراءات إضافية

• A. Jeffery. *Materials for the History of the Text of the Qur'ān. The Kitāb al-Masāhif of Ibn Abī Dāwūd together with a collection of the variant readings from the codices of Ibn Mas'ūd. etc.*. Leiden 1937.

• Rev. Canon Sell. *the Recensions of the Qur'an*. Christian Literature Society. Madras. 1909. p. 26.

• Claude Gilliot. *'Reconsidering the authorship of the Qur'ān: is the Qur'ān partly the fruit of a progressive and collective work'*. in The Qur'ān in Its Historical Context. pp. 88-108.

الإضافات الشيعية للقرآن، ولا سيما سورة الولاية:

• Tisdall. William St. Clair. *Shi'ah Additions to the Koran. In: The Moslem World*. Vol. III. No. 3. July. 1913. pp. 227-241.

مخطوطات صنعاء:

• Toby Lester. *What Is the Koran?* The Atlantic Monthly. January 1999: <http://www.theatlantic.com/doc/199901/koran>

• *Querying the Koran. Guardian.* Tuesday August 8. 2000: <http://www.guardian.co.uk/Archive/Article/0.4273.4048586.00.html>

• Also the following entries in Wikipedia: Gerd R. Puin; John Wansbrough; *Sana'a manuscripts.*

الترتيب التاريخي للقرآن

الترتيب التاريخي للقرآن

من الصعوبات التي تواجه دارس القرآن أن ترتيبه لا يقوم على مبدأ التعاقب التاريخي. وكان العلماء المسلمون قد أولوا اهتماماً لمسألة ترتيب نصوص القرآن لأنها تتصل بمسائل لاهوتية، فعلى سبيل المثال، بدون تحديد الترتيب التاريخي لا يمكن التمييز بين الناسخ والمنسوخ. وتُنسب أولى محاولات الترتيب التاريخي إلى ابن عباس (ت ٦٨ هـ/ ٦٨٨ م)، الأب التقليدي للتفسير، كما قدم البيضاوي (ت ٧١٦ هـ/ ١٣١٦ م) في تفسيره بعض الأضواء حول هذه النقطة. ثم إن البحث الإسلامي في القرآن وصل إلى ذروة تطوره على يد السيوطي (ت ٩١١ هـ/ ١٥٠٥ م) في كتابه «الإتقان في علوم القرآن». وصار هذا الكتاب نقطة انطلاق للبحوث الغربية بصدد الترتيب القرآني (Encyclopaedia of the Qur'ān 1: 321-322). وفي العصر الحديث، تناول عالم مسلم هو محمد الطاهر بن عاشور في تفسيره «التّحرير والتّنوير» إشكالية ترتيب النصوص القرآنية، فعالج في مطلع كل سورة مسألة ترتيبها التاريخي.

تقع دراسة ترتيب النصوص القرآنية ضمن مبحث في علوم القرآن يُسمّى «معرفة المكّي والمدنيّ». وقد نحت علماء القرآن المسلمون مصطلحيْ المكيّ والمدنيّ، وأعطوا ثلاثة تعريفات لكل منهما:

١. **المكيّ**: ما أُوحي بمكة قبل الهجرة أو بعدها **والمدنيّ**: ما أُوحي بالمدينة.
٢. **المكيّ**: كل خطاب موجه لأهل مكة **والمدنيّ**: كل خطاب لأهل المدينة.
٣. **المكيّ**: ما أُوحي به في مكة قبل الهجرةِ **والمدنيّ**: ما أُوحي به بعد الهجرة في المدينة أو بمكة أو في أي مكان آخر أثناء غزوات محمد (الإتّقان ٤٥، الزركشي ١: ١٨٧).

وهذا التعريف هو الأشهر والذي يأخذ به أغلب علماء القرآن المسلمين، وكذلك المستشرقون، ونحن سنأخذ به بدورنا لأنه يساعد على تحديد التعاقب التاريخي، على عكس التّعريفيْن الأولين، اللذين يفقدانا الترتيب التاريخي، إذْ أن الأول يتصل بالوحي جغرافياً، والثاني يتعلق

بماهية المخاطب.

أولاً: ترتيب السور

حسب رواية لابن عباس، فإنّ الجزء المكي من القرآن يتضمن خمساً وثمانين سورةً، والجزء المدنى يضم ثماني وعشرين سورة (الفهرست ٢٨)، ويلاحظ أن المجموع (مئة وثلاث عشرة سورة)، ولعل صاحب الرواية يسقط من حسبانه سورة الفاتحة (١)، أو ربما كان الراوي يستند في تعداده إلى نسخة معينة تدمج بين سورتين، ففي بعض المصاحف ثمة من وضع سورة الضُّحى (٩٣) وسورة الشّرح (٩٤) في سورة واحدةٌ (الإتقان ٤٢٨). ولدينا قائمة من ١٧ سورة موضع خلاف (Encyclopaedia of the Qur'ān 1: 322) بشأن مكيتها أومدنيتها:

- الرعد ١٣
- محمد ٤٧
- الرحمن ٥٥
- الحديد ٥٧
- الصّف ٦١
- التَّغابن ٦٤
- المطفِّفين ٨٣
- التّين ٩٥
- القَدْر ٩٧
- البَيِّنَة ٩٨
- الزّلزلة ٩٩
- العاديات ١٠٠
- التّكاثر ١٠٢
- المَاعون ١٠٧
- الإخلاص ١١٢
- الفَلَق ١١٣
- النَّاس ١١٤

ولقد طرح العلماء المسلمون رأييْن بشأن ترتيب القرآن:

الأول: إن ترتيب القرآن «توقيفي»، أي بأمر من محمد وإرشاده.

الثاني: إنه «توفيقي»، أي باجتهاد لجان الجمع.

وقال فريق من العلماء إن ترتيب معظم السور توقيفي (أسرار الترتيب ٦٨-٧٢).

لكن الفحص المنهجي يكشف أن القرآن قد خضع لمنهجية بسيطة في الترتيب، فبعد أن جُمعت الآيات في سور مستقلة، ارتأى فريق الجمع أن يضعوا ترتيباً بسيطاً قائماً على أساس كمي، أي من الأطول إلى الأقصر، ويتوزع القرآن الحالي على ترتيب رباعي:

١. **الطُّوَل**: السُّور الطُّولَى (ما فوق المئة آية).

٢. **المئون**: بعد السّبع الطُّوَل (ذات المئة آية تقريباً).

٣. **المثاني**: بعد المئين (دون المئة).

٤. **المفصّل**: ما يلي المثاني أي قصار السّور. وقال الشارحون إن هذا الجزء سُمّى مفصّلاً لكثرة الفصول التي بين السور، وقال آخرون لقلة المنسوخ فيه (الزركشي ١: ٢٤٤-٢٤٥).

أ. ترتيب المصحف الحالي ليس الترتيب الوحيد

علاوة على النص المعتمد، الذي رتبته لجنة عثمان، فإن المراجع نقلت إلينا قائمة بترتيبات أخرى، ونقدم فيما يلي ترتيب الخمس عشرة سورة الأولى لدى ابن مسعود وابن كعب:

الترتيب	مصحف ابن مسعود (الفهرست ٢٩)	مصحف أُبي ابن كعب (الفهرست ٢٩-٣٠)
١	البقرة ٢	الفاتحة ١
٢	النساء ٤	البقرة ٢
٣	آل عمران ٣	النساء ٤
٤	الأعراف ٧	آل عمران ٣
٥	الأنعام ٦	الأنعام ٦
٦	المائدة ٥	الأعراف ٧
٧	يونس ١٠	المائدة ٥
٨	التوبة ٩	يونس ١٠
٩	النحل ١٦	الأنفال ٨
١٠	هود ١١	التوبة ٩
١١	يوسف ١٢	هود ١١
١٢	الإسراء ١٧	مريم ١٩
١٣	الأنبياء ٢١	الشعراء ٢٦
١٤	المؤمنون ٢٣	الحج ٢٢
١٥	الشعراء ٢٦	يوسف ١٢
آخر سورة	الإخلاص ١١٢	الناس ١١٤

أسقط ابن مسعود المُعوِّذتين السورتين ١١٣ و١١٤ من مصحفه، ولهذا يقول السيوطي إن في مصحفه ١١٢ سورةً. والواقع أنه كان يجب أن يصل عدد سور مصحفه ١١١ سورةً، لأنه لا يدوّن الفاتحة ١. في حين نجد في مصحف ابن كعب ١١٦ سورةً، لأنه دوَّن في نسخته سورتَيْ الحَفْدِ والخَلْعِ (الإتقان ٤٢٣. قارن: الزركشي ١: ٢٥١، فنون الأفنان ٢٣٥ - ٢٣٦). ويقول السيوطي إن مصحف ابن كعب يضم ١١٥ سورة فحسب، لأنه جمع في مصحفه سورة الفيل ١٠٥ وسورة قريش ١٠٦ في سورة واحدة (الإتقان ٤٢٧).

ب. ترتيب مصحف علي بن أبي طالب

حسب ما نقله اليعقوبي، فإن علي بن أبي طالب قسم مصحفه إلى سبعة أجزاء، وتقول الرواية إن ترتيب مصحفه كان على الشكل التالي (اليعقوبي ٢: ١٣٥):

الجزء الأول	الثاني	الثالث	الرابع	الخامس	السادس	السابع
البقرة ٢	آل عمران ٣	النساء ٤	المائدة ٥	الأنعام ٦	الأعراف ٧	الأنفال ٨
يوسف ١٢	هود ١١	النحل ١٦	يونس ١٠	الإسراء ١٧	إبراهيم ١٤	التوبة ٩
العنكبوت ٢٩	الحج ٢٢	المؤمنون ٢٣	مريم ١٩	الأنبياء ٢١	الكهف ١٨	طه ٢٠
الروم ٣٠	الحجر ١٥	يس ٣٦	الشعراء ٢٦	الفرقان ٢٥	النور ٢٤	الصّافات ٣٧
لقمان ٣١	الأحزاب ٣٣	الشورى ٤٢	الزخرف ٤٣	القصص ٢٨	ص ٣٨	الأحقاف ٤٦
فصّلت ٤١	الدخان ٤٤	الواقعة ٥٦	الحجرات ٤٩	غافر ٤٠	الزمر ٣٩	الفتح ٤٨
الذاريات ٥١	الرحمن ٥٥	الملك ٦٧	ق ٥٠	المجادلة ٥٨	الجاثية ٤٥	الطور ٥٢
الإنسان ٧٦	الحاقة ٦٩	المدثر ٧٤	القمر ٥٤	الحشر ٥٩	البينة ٩٨	النجم ٥٣
السجدة ٣٢	المعارج ٧٠	الماعون ١٠٧	الممتحنة ٦٠	الجمعة ٦٢	الحديد ٥٧	الصف ٦١
النازعات ٧٩	عبس ٨٠	السمد ١١١	الطارق ٨٦	المنافقون ٦٣	المزمل ٧٣	التغابن ٦٤
التكوير ٨١	الشمس ٩١	الإخلاص ١١٢	البلد ٩٠	القلم ٦٨	القيامة ٧٥	الطلاق ٦٥
الانفطار ٨٢	القدر ٩٧	العصر ١٠٣	العاديات ١٠٠	نوح ٧١	النبأ ٧٨	المطففين ٨٣
الانشقاق ٨٤	الزلزلة ٩٩	القارعة ١٠١	الكوثر ١٠٨	الجن ٧٢	الغاشية ٨٨	الفلق ١١٣
الأعلى ٨٧	الهمزة ١٠٤	البروج ٨٥	الكافرون ١٠٩	المرسلات ٧٧	الفجر ٨٩	الناس ١١٤
البيّنة ٩٨	الفيل ١٠٥	التين ٩٥		الضحى ٩٣	الليل ٩٢	
	قريش ١٠٦	النمل ٢٧		التكاثر ١٠٢	النصر ١١٠	

يلاحظ أن الترتيب الذي ذكره اليعقوبي لا يحتوي على:

- الفاتحة ١
- الرّعد ١٣
- سبأ ٣٤
- محمد ٤٧

ولكن هل دّون علي بن أبي طالب مصحفاً؟

في معرض سرد قصة جمع علي للقرآن، تقول المصادر إن علياً قام بجمع القرآن وفق تاريخ الوحي، فما أن تُوفّي محمد، حتى اعتزل في بيته «ثلاثة أيام حتى جمع القرآن، فهو أول مصحف جمع فيه القرآن من قلبه، وكان المصحف عند أهل جعفر» (الفهرست ٣٠). لكن إخضاع الرواية للفحص يكشف أنها لا تتمتع بموثوقية وذلك للاعتبارات التالية، كلها مجتمعة أو بعضها:

١. نشأت الحاجة لتدوين القرآن بعد توسع جيوش المسلمين خارج الجزيرة العربية، حين بدأ الجنود يتشاجرون بشأن صحة مصاحفهم، مما فرض على عثمان التدخل لتوحيد النص القرآني، وهذا ما لم يكن المجتمع الإسلامي في المدينة يحتاج إليه في حياة محمد وبعد موت محمد مباشرةً.
٢. كان علي بن أبي طالب مشغولاً بصراعات سياسية على الحكم منذ وفاة محمد، ولم يكن متفرغاً لمهمة جمع القرآن.
٣. احتاج تدوين المصحف إلى لجنة مكونة من عدة أفراد، عملوا بكد واجتهاد لفحص النصوص المتوفرة وسماع شهادات حفظة القرآن، فكيف لعلي أن ينجز بمفرده ما أحتاج إلى عمل لجنة؟ ثم كيف تمكن من تدوين القرآن في أيام معدودة؟
٤. تسلم علي بن أبي طالب زمام الحكم بعد مقتل عثمان، فلماذا لم يفرض مصحفه على مناطق سلطانه بعدما صار خليفةً؟ ولنفرض أن الظروف السياسية لم تسمح له بنشر مصحفه بسبب القلاقل والفوضى السائدة إبان حكمه، فلماذا لم يتداول شيعته هذا المصحف؟

أيضاً، إن أخذنا القائمة التي يوردها اليعقوبي، فإننا نجد أن ترتيب مصحف عليٍّ لا يقوم على أساس التعاقب التاريخي، بل يقترب بعض الشيء من الترتيب الكمي، ولكن وفق قاعدة مغايرة، فالسور الطوال السبع موزعة على الأجزاء السبعة، وكذلك الأقصر على الأجزاء السبعة وهكذا. من الواضح أن هذا الترتيب اعتمد «على تنقيح عثمان» (نلدكه ٢٤٥)، وبالتالي فهو نص ما بعد عثماني؛ مما يعني أن الزعم بأن عليّاً جمع القرآن، فضلاً عن ترتيبه، هو دعاية تهدف للتقليل من اعتبار المصحف العثماني، روّجت لها المعارضة للأمويين.

ج. ترتيب القرآن هو ترتيب الممكن

إن تدوين القرآن وفق قاعدة الطول، وليس حسب ترتيبه التاريخي إنما يتصل بشكل النص الذي وصل إلى المسلمين، فمحمد لم يبدِ اهتماماً بتدوين المصحف، بل كان يدوّن أجزاءً متفرقة في فترات مختلفة، وكان يضيف آيات لهذه السورة أو تلك بدون منهجية واضحة. وفي بعض الأحيان ظهر محمد كمن لا يبالي بدقة نص القرآن، وهذا أمر كشفه عبد اللهِ بن سعدِ بن أبي سَرْحٍ، الذى كان كاتباً لمحمد، ويبدو أن الشك بدأ يعتمل في نفسه، عندما تلا محمد: ﴿وَلَقَدْ خَلَقْنَا الإِنسَانَ مِن سُلالَةٍ

مِّن طِينٍ...› (المؤمنون ٢٣: ١٢ - ١٤)، فقال له ابن أَبي سَرْح: «تَبَارَكَ اللّهُ أَحْسَنُ الْخَالِقِينَ»، فقال له محمد: «اكتبها! فكذلك نزلت»، وبالفعل أُضيفت العبارة إلى متن الآيات، فشك ابن أَبي سَرْح في دعوى محمدٍ (الزمخشري ٢: ٣٧٢)، وقرر أن يختبر صدق صلة محمد بالسماء، وذات مرة أملى محمدٌ عليه: «عزيزٌ حكيمٌ»، فكتب: «غفورٌ رحيمٌ»، ثم لمّا قرأ التعديل على محمد، قال له: «نعم سَواءٌ». وفي رواية أخرى نقرأ أن ابن أبي سَرْح أجرى تلاعباً صغيراً بالوحي، إذ أملى عليه محمد: «سميعاً عليماً»، فكتب هو: «عليماً حكيماً»، ولما أملى عليه محمد: «عليماً حكيماً»، كتبَ: «سميعاً عليماً» (الطبري ٩: ٤٠٦). وهذا ما دفعه للارتداد عن الإسلام والرجوع لقريش، فأعلن لهم زيف نبوة محمد (الطبري ٩: ٤٠٥)، فكان نصيبه التقريع من محمد بالآية (٩٣) من سورة الأنعام (٦).

إضافةً لذلك، لم يكن محمد متمسكاً بحرفية النص القرآني، بل تساهل في القراءات. ولدينا الكثير من الأخبار عن تفريط محمد فى دقة القرآن، ففي إحدى الروايات، نقرأ أنّ عُمَرَ بن الخطّاب سمعَ هشامَ بنَ حكيم يقرأ سُوْرَةَ الفُرْقَانِ (٢٥)، فلاحظ أنَّه يقرؤها على «حروف كثيرة» لم يسمعها من مُحَمَّدٍ، فلمَّا انتهى هشامٌ من صلاته، أمسكه عُمَرُ من تلابيبه، وسأله عمن أقرأه السُّورة، فقال له مُحَمَّدٌ، فكذَّبه عُمَرُ، فقررا أن يحتكما إلى مُحَمَّد، الَّذي قال بعد أنْ سمعَ قراءة هشام: «هكذا أُنزِلَت»، ثم أضاف: «إنَّ هذا الْقُرْآنَ أُنزل على سبعة أحرفٍ. فاقرؤوا ما تيَّسر منه» (فنون الأفنان ١٩٧ - ١٩٨). ونقلت إلينا رواية أخرى أن رجلاً جاء إلى محمد فقال: «أقرأَني عبدُ اللّهُ بن مسعود سورةً، أقرأَنيها زيدٌ، وأَقرأَنيها أُبيَّ بن كعب، فاختلفتْ قراءتهم. فبقراءةِ أيِّهم آخذ؟»، فسكت محمد، وكان عليّ بن أبي طالبٍ إلى جواره، فقال له عَلِيٌّ: «لِيَقْرَأْ كلُ انسانٍ كما عُلِّمَ! كلٌّ حَسَنٌ جَمِيْل!» (عالم المعجزات ١٤٠).

إذاً، لم يرَ محمدٌ أن هناك حاجةً إلى دقة التدوين، ولهذا لم يتبع أي منهجية، فكان على أتباعه إنجاز هذه المهمة ووضع القواعد الضرورية لها. وبعد أن جمعت اللجنة العثمانية القرآن، اعتمدت الترتيب الكمي (من الأطول إلى الأقصر)، إلاّ أن الترتيب حسب الطول اعتمد على تقدير العين لحجم الصفحات، وليس على عدد الآيات؛ فالسورة الرابعة (النساء) مؤلَّفة من (١٧٦) آية، في حين أن السورة السادسة (الأعراف) مكوَّنة من (٢٠١) آية، مما يدل على أن هذا التقسيم لم يتسم بالدقة، وقد يكون مرد ذلك إلى أن لجنة التحرير كانت تتعامل مع صحف مختلفة الأحجام والخطوط، مما أخفى عليها طول السور الحقيقي، «لكن هذا لا يفسِّر الخروقات الأبرز والأقوى ضد المبدإ المذكور. فلا يمكننا على سبيل المثال أن نوضح لم وُضِعت سور الرعد (١٣) وإبراهيم (١٤) والحجر (١٥)، التي لا يتعدى طولها أكثر من ثلاث صفحات أو ثلاث صفحات ونصف، بين سور، يبلغ طول كل منها سبع صفحات. ولا يتضح لنا أيضاً لماذا وضعت سورة الأنفال

(٨) (المؤلفة من خمس صفحات) قبل سورة التوبة (٩) المؤلّفة من عشر صفحات، أو سورة السجدة (٣٢)، المؤلفة من صفحة ونصف، قبل الأحزاب (٣٣)، المؤلَّفة من خمس صفحات وثلث » (نلدكه ٢٩٧ - ٢٩٨). ويطرح نلدكه سبباً لهذه العشوائية بقوله: « ولعل الدافع إلى هذه الطريقة الجديرة بالانتباه كان الخشية من إنجاز العمل على نحو كامل، فيثير كماله قوى الشر المخيفة. وهذه خرافة ما تزال منتشرة لدى الشعوب البدائية » (نلدكه ٢٩٨).

ثانياً : ترتيب الآيات

أ . عدم ترتيب الآيات في السورة الواحدة

في حالات كثيرة، نجد أن ترتيب آيات السورة يفتقد للتعاقب التاريخي، حيث نجد في السورة الواحدة أن الآيات الأولى للسورة موضوعة بعيداً عن مستهل السورة، فمثلاً الآيتان (١٥ - ١٦) أول ما أُوحيت من سورة المائدة (ابن عاشور ٦ : ٧١)، وبالتالي وفق الترتيب التاريخي، كان يجب أن توضعا في مطلع السورة، أيْ: (١ و٢).

ب . التداخل بين آيات مختلف العهود

ثمة إشكالية أخرى في ترتيب الآيات، ففي داخل السور المكية، نجد آيات مدنية، وبالعكس. وتذكر المصادر الإسلامية نفسها السور المتبعضة [أيْ: ذات الآيات المكية والمدنية] (الزركشي ١ : ١٩٩ - ٢٠٣):

فتقول إن السور المكية التي تحتوي على الآيات المدنية هي :

- الأنعام ٦
- الأعراف ٧
- إبراهيم ١٤
- النحل ١٦
- الإسراء ١٧
- الكهف ١٨
- القصص ٢٨
- الزمر ٣٩
- الأحقاف ٤٦

والسور المدنية التي تحتوي على آيات مكية، هي :

- الأنفال ٨
- التوبة ٩
- الرعد ١٣
- الحج ٢٢
- الماعون ١٠٧

الواقع، إن ما ورد أعلاه لا يستغرق كل السور المتداخلة الآيات، فالدراسة المنهجية تكشف تداخلاً يحتاج معه الباحث للصبر والتدقيق؛ فالبنية الداخلية للسور المتبعضة تفتقد للانسجام، وطريقة ترتيب الآيات تشير إلى أنها رُتبت حتى في السورة الواحدة بدون منهجية، مثلاً آية الربا، التي رُوي أنها آخر الآيات وحياً ‹يَا أَيُّهَا الَّذِينَ آمَنُواْ اتَّقُواْ اللّهَ وَذَرُواْ مَا بَقِيَ مِنَ الرِّبَا إِن كُنتُم مُّؤْمِنِينَ› (البقرة ٢ : ٢٧٨) (الإتقان ١٧٧، ابن الضُّريس ٣٦) موضوعة في نهاية

سورة البقرة (٢)، وهي السورة التي يرجع عهدها إلى السنتين الأوليين من الهجرة. وتقول بعض الروايات إن آخر آية هي: ‹يَسْتَفْتُونَكَ قُلِ اللهُ يُفْتِيكُمْ فِي الْكَلاَلَةِ...› (النساء ٤: ١٧٦) (الإتقان ١٧٦، ابن الضُّريس ٣٥) وهي موضوعة في سورة النساء (٤)، وهي سورة تنتمي للفترة ما بين السنة الثالثة والخامسة هجرية.

ج. ملاحظات شيعية

إضافة للملاحظات الواردة في الفقرتين (أ) و(ب)، فإن علماء شيعة قد دفعوا بعدم تناسق الآيات، واعتبروا أن ذلك إنما يدل على حدوث تهاون في ترتيب الآيات في المصحف العثماني، وعلى وجود تقطّع وتشوّه في النص، و« أنّ التتالي الطبيعي لآية من الآيات لا يوجد في الآية التي تليها، لكنه ضلّ طريقه في مكان متأخر كثيراً. بل كذلك في نفس الآية الواحدة يسود انقطاع في صلة السياق، وأنّ الترتيب الطبيعي إنما يعاد أولاً إذا بحثنا عن تمام نصف الآية في مكان بعيد عنها، وضممنا ما يتصل بعضه ببعض من الأجزاء البعيدة التشعب » (جولدتسهر ٣١٠). وهذه بعض ملاحظاتهم:

١. الآية: ‹قَالَ [موسى]: أَتَسْتَبْدِلُونَ الَّذِي هُوَ أَدْنَى بِالَّذِي هُوَ خَيْرٌ؟ اهْبِطُواْ مِصْراً، فَإِنَّ لَكُم مَّا سَأَلْتُمْ› (البقرة ٢: ٦١) كان يجب أن تتبعها الآية: ‹قَالُوا يَا مُوسَى! إِنَّ فِيهَا قَوْماً جَبَّارِينَ وَإِنَّا لَن نَّدْخُلَهَا حَتَّى يَخْرُجُواْ مِنْهَا› (المائدة ٥: ٢٢).
٢. إن الآية: ‹وَإِنْ خِفْتُمْ أَلاَّ تُقْسِطُواْ فِي الْيَتَامَى فَانكِحُواْ مَا طَابَ لَكُم› (النساء ٤: ٣) نزلت مع: ‹وَيَسْتَفْتُونَكَ فِي النِّسَاء قُلِ اللهُ ...› (النساء ٤: ١٢٧)، حيث كان يجب أن تقرأ الآية: « وَيَسْتَفْتُونَكَ فِي النِّسَاء قُلِ: اللهُ يُفْتِيكُمْ فِيهِنَّ وَمَا يُتْلَى عَلَيْكُمْ فِي الْكِتَابِ فِي يَتَامَى النِّسَاء اللاَّتِي لاَ تُؤْتُونَهُنَّ مَا كُتِبَ لَهُنَّ وَتَرْغَبُونَ أَن تَنكِحُوهُنَّ فَانكِحُواْ مَا طَابَ لَكُم مِّنَ النِّسَاء مَثْنَى وَثُلاَثَ وَرُبَاع ».
٣. إن الآيتين: « ١٠٤ من سورة النساء و ١٤٠ من سورة آل عمران، مكانهما في سورة آل عمران، وسياقهما في وصف موقعة أُحُد ».
٤. « الآية ٤٦ من سورة الشعراء تتميم للآيات ١٠ وما بعدها من سورة طه ».
٥. الآية ٢٨ من سورة السجدة مكانها الصحيح بعد الآية ٢١ من نفس السورة.
٦. الآية ٢٤ من سورة العنكبوت كان ينبغي أن تُذكر مباشرةً بعد الآية ١٨ من نفس السورة، وما جاء بين ذلك له مكانه في موضع آخر، وإنما أثبت هنا نتيجة الإهمال في الكتابة.
٧. الآية ١٦ من سورة لقمان كان ينبغي أن تأتي مباشرةً بعد الآية ١٣ من نفس السورة، وما بين ذلك هو سرد مبتور وغير طبيعي لوصية لقمان لابنه (الفقرات ١ - ٧ من كتاب: جولدتسهر ٣١١ - ٣١٢).
٨. إن ما جاء على لسان أعداء مُحَمَّد بشأن القُرآن ‹أَسَاطِيرُ الأَوَّلِينَ اكْتَتَبَهَا فَهِيَ تُمْلَى عَلَيْهِ بُكْرَةً وَأَصِيلاً› (الفرقان ٢٥: ٥) كان

يجب أن تأتي بعدها الآية ﴿وَمَا كُنتَ تَتْلُو مِن قَبْلِه مِن كِتَابٍ (موحى) وَلاَ تَخُطُّهُ بِيَمِينِكَ إِذاً لارْتَابَ الْمُبْطِلُونَ﴾ (العنكبوت ٣٩: ٤٨) (Recensions, 19).

٩. ويرى علماء شيعة «بأنه لا مناسبة بين [القيامة ٧٥: ١٦] وما بين ما قبلها، ولو كان هذا الترتيب من الله لما كان الأمر كذلك» (الرازي ٣٠: ٢٢٢).

ثالثاً تزمين النص القرآني

إذا كان القرآن غير خاضع لمنهجية في ترتيبه، فكيف يمكن أن نتوصل إلى مكية أو مدنية نص معين (سورة أو آية)؟

لقد تلمس العلماء المسلمون جواباً لهذا السؤال، واعتبروه من أشرف العلوم:

«مِنْ أشرفِ علوم القرآن عِلْم نزولِه وجهاته، وترتيب ما نَزلَ بمكَّةَ والمدينة، وما نزلَ بمكة وحكمُه مَدَنيٌّ، وما نَزل بالمدينة وحكمُه مكِيٌّ، وما نزل بمكةَ في أهل المدينة، وما نزل بالمدينة في أهلِ مكةَ، وما يُشْبه نزولَ المكيِّ في المدنيِّ، وما يُشَبِه نُزولَ المدنيِّ في المكيِّ،... وما نَزَلَ بالطائف، وما نَزلَ بالحُدَيْبيَة، وما نَزَل ليلاً، وما نزلَ نهاراً، وما نَزَل مُشَيَّعاً، وما نَزل مُفْرداً، والآيات المدنيَّاتُ في السورِ المكيِّة، والآياتُ المكيّاتُ في السور المدنيَّة،... وما اختلفوا فيه، فقال بعضهم: مَدَنيٌّ، وبعضهم: مَكيٌّ» (الإتقان ٤٤).

ولهذا سعوا لمعرفة ترتيب النص، فوضعوا قواعد أولية لمعرفة المكي والمدني، ثم تطورت القواعد على يد باحثين غربيين، إذْ بدأت المدرسة الغربية مع غوستاف ڤايل (Gustav Weil) وكتابه (Historisch-kritische Einleitung, 1844)، والذي طوره نلدكه (Nöldeke) بعمله الموسوعي «تاريخ القرآن» (Geschichte des Qorāns, 1860). وقام بمراجعة وإخراج الطبعة الثانية منه شڤالي (Schwally)، ثم أصدر مستشرقون الجزء الثاني والثالث من «تاريخ القرآن». ولاحقاً عمل ريغي بلاشِر (Régis Blachère) على تهذيب ترتيب نلدكه في كتابه (Introduction au Coran) (ثلاثة مجلدات، باريس ١٩٤٧-١٩٥٠).

أيضاً قدم بعض المستشرقين اجتهادات في ترتيب السور، من أبرزهم، هيرشفيلد (Hirschfeld) في كتابه (Composition and Exegesis, London 1902) الذي قام بتقسيم النص القرآن إلى خمسة معايير من أجل فهمه، وهي: (التأكيدي، الخطابي، القصصي، الوصفي، التشريعي). وقدم موير (Muir) في كتابه (The Corân. Its Composition and Teaching, London 1875) ترتيباً لم يكن خاضعاً لتأثير نولدكه، حيث طرح نظرية أن بعض النصوص القرآنية تعود لما قبل إعلان محمد للنبوة (Encyclopaedia of the Qur'ān 1: 322).

وسنجمل للقارئ القواعد العامة للعلماء المسلمين والمستشرقين، معتمدين على كتاب (أطوار الدعوة القرآنية ٢٩١-٢٩٨):

أ. ضوابط لمعرفة المكي من المدني:

١. الخطاب المكي يركز على الدعوة لله ورفض الشرك. أما في المدينة عندما أسس محمد مجتمعاً خاضعاً لسلطته، قدم خطاباً ذا جوانب طقسية وقواعدية وتشريعية.

٢. كل جدل مع المشركين هو من مكة، وكل جدل مع أهل الكتاب هو من المدينة.

٣. كل آية تدعو للتسامح تعود لمكة، وكل آية تحرّض على القتال ترجع للمدينة. وكل سورة فيها دعوة عسكرية دفاعية تعود للسنوات الأولى من إقامة محمد في المدينة، وكل سورة فيها دعوة عسكرية هجومية هي من العهد الثاني بالمدينة بعد هدنة الحُدَيبِيَةِ (٦ هـ/ ٦٢٨ م).

٤. قصص الأنبياء والأمم الغابرة تعود للعهد المكي. كذلك كل سورة فيها قصة آدم وإبليس فهي مكية، وتُستثنى سورة البقرة (٢) من هذه القاعدة.

٥. الخطاب المنذر بالعواقب فى الآخرة هو من العهد المكي الأول، والنصوص التي فيها حملة على الأوثان هى من العهد الثاني بمكة.

٦. السور التي فيها أقسام هي سور مكية. ويغيب هذا الأسلوب عن سور المدينة.

٧. كل نص فيه اسم «الرحمن» هو من العهد الثاني بمكة.

٨. كل نص فيه تودد أو استشهاد باليهود فهو مكي، وكل نص يكيل الاتهامات لليهود فهو مدني.

٩. الاستشهاد بأهل الكتاب من مكة، والحملات عليهم وعلى معتقداتهم من المدينة.

١٠. في الفترة المدنية يرد ذكر المهاجرين والأنصار والمنافقين (المعارضين).

١١. السور القصيرة بصفة عامة من العهد الأول بمكة، خصوصاً ذات الأسلوب الناري. والسور التي تطول ويظهر عليها الهدوء هي من العهد الثاني بمكة. والسور الطوال مدنية.

١٢. في مكة أعلن محمد عن نفسه بأوصاف مقبولة للبيئة المكية المشركة والكتابية، مثل «بَشِير وَنَذِير». وفي المدينة عندما غدا محمد السيد المطاع، وصف نفسه بأنه «نَبِيّ ورَسُول».

١٣. في مكة، عندما يشير القرآن إلى الكتب المقدسة السابقة، فإنه يذكرها بصفة ‹الْكِتَاب› إجمالاً دون تفصيل. وفي المدينة يفصّل أسماء الكتاب: التَّوْرَاة، وَالإِنْجِيل، والزَّبُور، وَالْحِكْمَة، لذلك فالآيات التي فيها تفصيل أسماء أسفار الكتاب هي من المدينة، ولو أُقحمت في سور مكية.

١٤. في مكة والمدينة يسمّى القرآن الكتابيين بـ‹أَهْلِ الْكِتَاب› و‹أَهْلَ الذِّكْر› و‹أُوْلُواْ الْعِلْمِ›، ولكن متى سمّاهم ‹الَّذِينَ هَادُوا› أو ‹أَهْلُ الإِنْجِيل› فالتخصيص من المدينة ولو أُقحم في سور مكية.

١٥. الأسلوب:

- السور المكية تنحو نحو التسجيع، لا سيما

سور العهد الأول، أما القرآن المدني فالتسجيع فيه نادر، والآيات المدنية أكثر طولاً.

- طابع القرآن المكي قصصي روائي يتحدث عن الآخرة والملائكة والجن، في حين أن الطابع القصصي يندر في القرآن المدني.
- لغة مكة لغة شعرية متوقدة، لا سيما في مراحل مكة الأولى، واللغة المدنية تقريرية حيث معالجة الاستفتاءات والأسئلة القضائية والاجتماعية والأخلاقية والأحكام الأسروية، وأجوبتها التشريعية.

تلك هي القواعد العامة، وقد نحصل على شواذ هنا وهناك، ولا سيما في سورة البقرة (٢)، أول سورة مدنية، لأن فيها شرع محمد في صياغة لغته الجديدة.

الخاتمة

لدى فحص ترتيب السور في مصحف ابن مسعود ومصحف ابن كعب، نلاحظ أن السور مرتبة فيهما على أساس كمي أيضاً (من الأطول إلى الأقصر). كما نجد القاعدة الكمية في ترتيب مصحف عليّ المزعوم. وكون هذه المصاحف، بما في ذلك النسخة العثمانية الرسمية، قد اعتمدت على قاعدة الكم، فهذا يشير إلى أن هذا المبدأ كان الحل الأفضل، وربما الأوحد، ذلك أن الترتيب من الأطول إلى الأقصر يسمح بتجاوز معضلة التأريخ. وترتيب القرآن تاريخياً كان أقرب للاستحالة، فأولاً، ترك محمد نصوص القرآن مجزأة في صحف بيد المسلمين، وكثير من النصوص كان محفوظاً في الذاكرة فحسب، وثانياً، لم يكن المسلمون يملكون القدرات المعرفية للقيام بعملية الترتيب تاريخياً.

إن بساطة طريقة الترتيب قد خلقت صعوبة في استقصاء الترتيب التاريخي للسور. ثم إن الصعوبة تفاقمت بافتقاد الآيات للسياق، بسبب دخول آيات مدنية على سور مكية والعكس، وبالتالي فالباحث في القرآن يحتاج إلى تأمل طويل لفهم النص القرآني. ومع ذلك، فإن بعض علماء السنة قد سعوا لجعل هذه الفوضى دلالة إعجاز، فدبّجوا لنا مؤلفات عن الوجه الإبداعي في ترتيب السّور، أبرزها: «البرهان في مناسبة ترتيب سور القرآن» لأبي جعفر بن الزبير، و«نظم الدّرر في تناسب الآيات والسّور» لبرهان الدين البقاعي، و«أسرار ترتيب القرآن» للسيوطي، إذْ سعى مؤلفوها إلى الدفاع عن «الارتباط والتلاحم والتناسق في ترتيب الآيات والسُّور». والمرجح أن هؤلاء العلماء كانوا يردون بشكل ضمني على منتقدي القرآن من غير المسلمين عموماً، وعلى الشيعة خصوصاً الذي برهنوا على عشوائية ترتيب القرآن.

في القراءات المختلفة

في القراءات المختلفة

تعود قراءات القرآن بجذورها إلى زمن محمد، وفي المصادر التاريخية واقعة تكشف عن وجود اختلافات في القراءة بين المسلمين، إذْ أن عمر بن الخطاب سمع صدفةً هشام بن حكيم يقرأ سورة الفرقان، فلاحظ أنه يقرأ بغير القراءة التي سمعها من محمد، فلما سأله عمر ممن سمعها، أجابه هشامٌ أنه سمعها من محمد، فكذّبه عمر، فذهباً معا لمحمد ليحكم بينهما. فلما سمع محمد القصة، طلب من هشام أن يقرأ، فقرأ، فقال محمد: «كذلك أُنزلت». ثم طلب من عمر أن يقرأ، فقرأ، فقال محمد: «كذلك أُنزلت»، وأضاف: «إنّ هَذا القُرآنَ أُنْزِلَ على سَبْعَةِ أَحْرفٍ، فأقْرأوا ما تَيسَّر مِنه» (ابن قتيبة ٣٥، ابن الخطيب ١٢٥). أيْ أن تعدد القراءات لم يبدأ في حياة محمد فحسب، بل أن محمداً نفسَه صادق عليه.

كان كل قارئ من جيل المسلمين الأوائل يقرأ بقراءة تختلف عن القارئ الآخر بحيث وصل الخلاف حداً بعيداً فيما بينهم، تسبب فى نشوب خلافات وشجارات بين المسلمين في مناطق مختلفة، لا سيما في العراق والشام، فقرر عثمان بن عفان إبان خلافته، سنة (٢٥ هـ أو ٣٠ هـ) توحيد النص القرآني [راجع مقالة «جمع القرآن»، صفحة ٢٩].

بعد أن اعتمدت اللجنة التي شكلها عثمان (حوالي ٣٢ هـ) نصاً رسمياً، عُرف في المراجع الإسلاميّة بـ«المصحف العثماني»، أرسل عثمان نسخاً منه إلى مختلف مناطق تواجد الجيوش الإسلامية. ولما كان هذا «المصحف الرسمي» بدون تنقيط، صار القراء يقرؤون وفق ثقافتهم اللغوية، وعلى ذلك، فإن وحدة القراءة وهو الهدف المُبتغى من هذا المصحف لم تتحقق، بل على هامش هذا «المصحف الرسمي» نشأت قراءات جديدة، فضلاً عن أن القراءات غير العثمانية بقيت قيد التداول، وبالأخص قراءتا ابن مسعود وأُبيّ بن كَعبٍ. ومع بدء القرن الثاني هجرية صارت قراءات القرآن أكثر عدداً (نولدكه ٥٥٩).

أولاً: ابن مجاهد والقراءات السبع في مقابل القراءات الخمسين

أول من ألّف في القراءات هو أبو عُبيد القاسمُ بن سلاّم (٢٢٤ هـ/ ٨٣٩ م)، وكان قد استقصاها في كتاب جمع فيه خمساً وعشرين قراءة (الرافعي ٤٠، قارن: بروكلمان ٢). ويعتقد الشيعة أن أوّل من صنّف في القراءات هو إبان بن تغلب الكوفي (ت ١٤١ هـ) (مقدمة المحقق لإتحافُ فضلاء البشر ١: ٣٣). بينما يذكر محقق كتاب «إتحافُ فضلاء البشر بالقِراءاتِ الأربعة عَشَر» أن يحيى بن يعمر (ت ٩٠ هـ) هو أوّل من كتب في علم القراءات، ويليه إبان (المجلد الأول١: ٣٤).

في حوالي سنة (٣٠٠) هجرية تعددت القراءات بشكل مذهل، فبلغ عدد القرّاء «ألوفاً مؤلفة»، وكانوا يقرؤون بحوالي خمسين قراءة (الأشوح ٦١ - ٦٣). ووُجدت في داخل هذه القراءات الخمسين تيارات أثارت ذعر العلماء المتمسكين بالمصحف العثماني:

الأول: وهو تيار يأخذ من القراءات غير العثمانية، وقد مثّله ابن شَنَّبُوذ.

والثاني: وهو تيار يأخذ النص العثماني ويستنبط منه قراءات وفق الذوق اللغوي، وأسّسه ابن مِقْسَم العَطَّار، بالإضافة لظاهرة القرّاء الذين لا يتقنون قواعد اللغة العربية.

في هذه الحقبة، نهض ابن مجاهد في مهمة القضاء على هذه الحالة. ولكي يتصدى لابن شَنَّبُوذ وابن مِقْسَم، فإنه دفع بهما للمحاكمة (الأشوح ٦٥).

أ. ابنُ شَنَّبُوذ (ت ٣٢٨ هـ/ ٩٣٩ م)

محمد بن أحمد، كان قد قرأ القرآن على كثير من العلماء، كما قُرِأ عليه عدد كبير. واُعتبر مرجعاً في هذا الميدان. كان يقرأ بقراءات أُبيّ بن كَعبٍ وابن مسعود في الصلاة، ولهذا استعدى

ابنُ مجاهد السلطة عليه، وحرّض الوزير ابن مُقْلَة ضده فقدّمه للمحاكمة. في أثناء المحاكمة حاجج ابنُ شَنَّبُوذ أنه جاب البلدان وحاز على علم موسوعي بالقراءات القرّآنية، واتهم ابن مُقلة وابن مجاهد أن ليس لديهما معرفة جيدة بالقراءات. ورداً على خطبة الدفاع جُرد من ثيابه وُضرب بضع ضربات بالسوط، فتراجع عن موقفه وأعلن التوبة. وسيموت ابن شَنَّبُوذ في محبسه (الذّهبيّ ٣٤٣ - ٣٤٧، قارن: بروكلمان ٤ : ٣ - ٤، ضيف ١٨). [أنظر هامش ابن شنبوذ، بسورة المائدة ٥ : ١١٨، صفحة ٣٠٣]

ب. ابن مِقْسَم العطّار (ت ٣٥٤ هـ/ ٩٦٥ م)

هو محمد بن الحسن، نحويٌّ ومُقْرِئٌ من المدرسة الكوفية في بغداد، كان معروفاً عنه الدقة والتبحر بعلوم العربية وعلوم القرآن. وقيل عنه: «كان من أحفظ أهل زمانه لنحو الكوفيين، وأعرفهم بالقراءات مشهورِها وغريبها وشاذّها» (الذّهبيّ ٣٨٤).

كان يرى جواز القراءة بما لم يرد في المصادر ما دامت القراءات تناسب سياق النص وصحيحة لغوياً، وحتى لو لم يقرأ بها أحد من القراء القدامى، «فكان يُنْسَب إلى القول بأن كلّ قراءة تُوافق خطّ المصحف فالقراءة بها جائزة وإنْ لم يكن لها مادة، يعني من النّقل» (الذّهبيّ ٣٨٤ - ٣٨٥). وقد نُظر إلى هذه المقولة على أنها مساس بعصمة القرآن، لأنها تجيز القراءة بالاجتهاد، فاستدعي للمحاكمة سنة (٣٢٢ هـ) بتحريض من ابنِ مجاهدٍ، وحضر المحاكمة بعض الفقهاء والقرّاء، فلما وُقّف للضرب، أخذ يستعطف ابن مجاهد رغم أنه كان المحرك الحقيقي لهذه المحنة فاستجاب ابن مجاهد له، بشرط التوقيع على وثيقة يتبرأ فيها من القراءات التي دعا إليها ويعترف بالقراءات المأثورة. وقد بقي ابن مِقْسمٌ ملتزماً بوثيقته إلى أن مات ابن مجاهد (نولدكه ٥٦٠ - ٥٦١، الذّهبيّ ٣٨٤. قارن: بروكلمان ٤ : ٣ - ٤، ضيف ١٩).

ج. ابن مجاهد

هو أبو بكر أحمد بن موسى (بغداد ٢٤٥ - ٣٢٤ هـ). كان إمام القرّاء ببغداد (ضيف ١٦ - ١٧)، لم يتوقف تحريضه على ممثلي اتجاهات القراءات غير العثمانية: ابن شَنَّبُوذ وابن مِقْسم فحسب. بل تعداه إلى الحلاج، فكان ابن مجاهد من أبرز من حمل عليه (ضيف ١٨).

حدد ابن مجاهد ثلاثة شروط لاعتبار القراءة صحيحة:

١. أن تنقل عن الثِّقاةِ من العلماء عن محمد (صحة السند).
٢. تكون سائغة في العربية (موافقة للعربية).
٣. أن تكون موافقة لخط المصحف (مطابقة لرسم المصحف العثماني) (نولدكه ٥٦٦، الأشوح ٤٥، ٦٥، الرافعي ٤١ - ٤٢).

فلما طبق هذه الشروط على القراءات المتداولة في عصره، وجد عددها كبيراً، فقرر أن يأخذ بسبع قراءات من تلك القراءات الأكثر شيوعاً بين الناس (الأشوح ٦٩). أما سبب تحديده لسبع فحسب،

فقيل أنه جاء تيمناً بعثمان الذي أرسل سبع نسخ (الأشوح ٦٥). وقد علق الفقهاء على اعتماد ابن مجاهد لسبع قراءات فحسب أنه كان «محض صدفة واتفاق، إذْ كان عدد القرّاء أكثر من ذلك بكثير، وكان **فيمن تركهم من هو أجلّ سبعته قدراً**» (عزوز ٢١، التشديد لنا). فبقي كثير من الفقهاء رافضين لسبعته (نولدكه ٥٥٦).

ثانياً: توسيع القراءات السبع

أ. العشر

حوالي سنة (٨٠٠) هجرية وبعد انقضاء خمسة قرون على إقرار نظام القراءات السبع لابن مجاهد، جرى نقاش مدرسي بين علماء القرآن بخصوص ما إذا كان يجب إضافة شرط «التواتر» لقبول صحة القراءة (الأشوح ٨٤)، وفي سياق هذا النقاش، أقر ابن الجزري (٧٥١ - ٨٣٣ هـ/ ١٣٥٠ - ١٤٢٩ م) شرط «التواتر» لقبول القراءة (الأشوح ٤٢). وأدخل في قائمة القراءات ثلاثاً، فغدا عدد القراءات عشراً.

ب. الأربع عشرة

بعد حوالي ثلاثة قرون، قام أحمد بن محمد البنَّا الدمياطيّ (ت ١١١٧ هـ/ ١٧٠٥ م) بإضافة أربع قراءات أخرى لمتن القراءات المُعترف بها، فألّف سنة (١٠٨٢ هـ) كتابه: «إتحافُ فضلاء البشر بالقراءاتِ الأربعة عَشَر» (الأشوح ١٠٠). وقد صدرت طبعته الأولى في سنة (١٢٨٥ هـ) من (٥٦١) صفحة، ثم أُعيد طبعه أكثر من مرة.

ثالثاً: القراءات الشاذة

أُعتبرت بقية القراءات قراءات شاذة، ولم يسلم هذا التحديد بدوره من التأويل إذ أن خلافاً قد نشب مجدداً بين علماء القرآن مؤداه: هل يُعتبر شاذاً كل ما هو خارج السبع أو العشر أو الأربع عشرة (نولدكه ٥٨٩).

بيد أن تنحية بعض القراءات خارج القائمة المُعترف بها لم يقوّض شرعيتها، بل في كثير من الأحيان أُعتبرت القراءات الشاذة أقوى من القراءات المُعترف بها. يقول ابن الجني إن أهل عصره اعتبروا قراءات بعينها قراءات شاذة، لكنها في الحقيقة تتمتع بذات الموثوقية لأنها تمتلك كل شروط القبول وأن «كثيراً منها، **مساوٍ في الفصاحة للمجتمع عليه**» (المحتسب ١: ٣٢، التشديد لنا). ويضيف أنه، وإن التزم بتلك المُعترف بها، إلا أنه يرى «قوة هذا المسمّى شاذاً». ويلاحظ ابن جني وجود قراءات ضعيفة في القراءات المُصادق عليها، مثل قراءة ابن كثير لـ: «ضِئاء» (يونس ٥:١٠، الأنبياء ٢١: ٤٨، القصص ٢٨: ٧١)، وقراءة ابن عامر: «زُيِّن لكثير من المشركين قتلُ أولادَهم شركائِهم» (الأنعام ٦: ١٣٧) (المحتسب ١: ٣٣). حيث جاءت «شركائِهم»: بالجر على البدل من الأولاد. وتعني هذه القراءة أن الأولاد هم الشركاء في الحياة، أي أنهم المقتولون [راجع التعليق على الأنعام ٦: ١٣٧، صفحة ٣٣٠].

بل في أحيان أخرى، كان بعض علماء اللغة يرون أن القراءة الشاذة هي الصواب، فمثلاً:

‹وَالسَّارِقُ وَالسَّارِقَةُ› (المائدة ٥: ٣٨) و‹الزَّانِيَةُ وَالزَّانِي› (النور ٢٤: ٢). قرأها بعضهم بالفتح: «والسَّارِقَ والسَّارِقةُ» و«الزَّانيةَ والزَّاني»، ومع أن القراءة بالفتح شاذة، لكن سيبويه يقول إنها «أقوى في العربية من قراءة العامة» (عزوز ٥٠-٥١). ورأي علماء اللغة أن بعض القراءات الشاذة أجود لغةً، فمثلاً، كان الأخفش (سعيد بن مَسْعَدة البصريّ)، يقول تعليقاً على بعض القراءات الشاذة إنها «أجود وأحسن من قراءة الجمهور» (عزوز ٦٥). ومثل ذلك سُمع من المبرِّد (أبي العباس محمد بن يزيد) (عزوز ٦٩).

رابعاً: نقاشات المسلمين

أ. معنى السبعة

دار نقاش بين علماء القرآن بشأن المقصود بالأحرف السبعة، في حديث محمد: «إنّ هَذا القُرآنَ أُنْزِلَ على سَبْعَةِ أَحْرفٍ»، وتوزعت الآراء على النحو التالي:

١. قالت مجموعة من العلماء إن المقصود بالأحرف السبعة، لغات لسبع قبائل: قريش، كنانة، أسد، هذيل، بنو تميم، ضبة، قيس (ابن الخطيب ١٢٦).

٢. قالت مجموعة ثانية إنها تعني إجازة التصرف بالإعراب، بحيث يستطيع أصحاب بعض اللهجات تفادي الصعوبات الخاصة بهم، مثل: الهمز بالنسبة للقرشي، والفتح بالنسبة للأسدي (ابن الخطيب ١٢٦).

٣. ثمة فريق آخر رأى أن الأحرف السبعة كناية عن العدد الواسع، وأن العدد ليس محصوراً بسبع قراءات، بل يمكن لكل مجموعة أن تقرأ وفق لهجتها (عزوز ١٦-١٨)، فالغاية هي التسهيل على الناس فتستطيع كل فئة أن تقرأ بلغتها (ابن خالويه ١: ٢٠. قارن: ابن قتيبة ٣٩-٤٠).

ب. أوجه الاختلاف في القراءات

سبعة أوجه اختلاف في القراءات بحسب ابن قتيبة

١. الاختلاف في الإعراب بدون تغيير رسم الكلمة، مثل: ‹يَأْمُرُونَ النَّاسَ بِالْبُخْلِ› (النساء ٤: ٣٧)، قرأها البعض: «الْبَخَلِ» و«الْبِخْلِ» (قارن: الخطيب ٢: ٦٩-٧٠).

٢. الاختلاف في الإعراب، بما يغير معناها، لكن بدون تغيير رسمها: ‹فَقَالُوا رَبَّنَا بَاعِدْ بَيْنَ أَسْفَارِنَا› (سبأ ٣٤: ١٩). «فَقَالُوا رَبَّنَا بَاعَدَ بَيْنَ أَسْفَارِنَا» [بَاعِدْ: دعاء لجعل المسافة متباعدة، وبَاعَدَ: فعل ماضٍ، أي أن البعد قد أُنجز].

٣. الاختلاف في حروف الكلمة بما يغير معناها، دون تغيير في الإعراب: ‹وَانظُرْ إِلَى العِظَامِ كَيْفَ نُنشِزُهَا› (البقرة ٢: ٢٥٩): «نُنْشِرُهَا». [نشزها: حركها، رفع بعضها إلى بعض للتركيب، نشرها: أحياها].

٤. اختلاف في الكلمة، بدون تغيير المعنى: ‹إِن كَانَتْ إِلاَّ صَيْحَةً وَاحِدَةً› (يس ٣٦: ٢٩)؛ قرئت: «إلا زَقية واحدة».

٥. اختلاف في الكلمة ومعناها: ‹وَطَلْحٍ مَّنضُودٍ› (الواقعة ٥٦: ٢٩)، «وَطلعٍ مَّنضُودٍ»، و«الطَّلْحُ» شجرة حجازية ضخمة كثيرة الشوك (لسان العرب، طلح ٢٦٨٦). بينما «الطلع»: هو الموز (قارن: الخطيب ٩: ٢٩٩). و‹فَأَزَلَّهُمَا الشَّيْطَانُ عَنْهَا› (البقرة ٢: ٣٦) قرئت: «فوسوس لهما الشَّيْطَانُ» (الخطيب ١: ٨٣) [قارن التعليق على البقرة ٢: ٣٦، صفحة ١١٣].

٦. اختلاف في الترتيب: ‹وَجَاءتْ سَكْرَةُ الْمَوْتِ بِالْحَقِّ› (ق ٥٠: ١٩)، قرأها أبو بكر، خليفةُ محمد: «وجَاءت سَكرةُ الحقّ بالموتِ»، بينما قرأها ابن مسعود: «وجاءت سكرات الحق بالموت»، (قارن: الخطيب ٩: ١٠٥-١٠٦).

٧. اختلاف بالزيادة والنقصان: ‹إِنَّ اللَّهَ هُوَ الْغَنِيُّ الْحَمِيدُ› (لقمان ٣١: ٢٦)، قرأها البعض: «إِنَّ الْغَنِيُّ الْحَمِيدُ» (ابن قتيبة ٣٦-٣٨، قارن الزركشي ١: ٢١٤-٢١٥).

وقد أغفل ابن قتيبة وجهين آخريْن

٨. الحذف: مثل حذف ابن مسعود للمعوذتيْن في مصحفه (الإتقان ٤٢٣).

٩. الزيادة: مثل إضافة أُبيّ بن كَعبٍ لسورة الخلع وسورة الحفد في مصحفه (نولدكه ٢٦٦-٢٦٧) [قارن: مقالة «جمع القرآن»، صفحة ٢٩].

خاتمة البحث

كان القرآن يُتلى بقراءات مختلفة في حياة محمد. ثم ازدادت الفجوة بين القرّاء بعد رحيله، وكان أبرز قرّاء تلك الحقبة: ابن مسعود وأُبيّ بن كَعبٍ، اللذان نلقى لديهما زيادات أو تغييرات في بناء النص. وكان كلا الرجلين محل ثقة محمد، فابن مسعود قد سمع شخصياً من محمد أكثر من سبعين سورة (السجستاني ٢٢). وكذلك أُبيّ بن كَعبٍ الذي كان يكتب القرآن لمحمد، وهو من أهم قراء صحابة محمد (ابن سعد ٢: ٣٠٦-٣٠٧).

وحين زحفت الجيوش الإسلامية خارج الجزيرة العربية، تفاقمت مشكلة القراءات بين المسلمين، فقرر عثمان فرض نسخة معيارية، وبالفعل دوّن «مصحفاً رسمياً»، وأرسل نسخاً منه إلى مختلف البلدان. ولكن عندما حلّت لجنة عثمان مشكلة الاختلاف في قراءة القرآن أوجدت غيرها؛ إذْ كان النص غير منقط، فنشأت حول «المصحف العثماني» قراءات مختلفة، فضلاً عن بقاء القراءات غير العثمانية حيةً ومتداولة. وعلى مدى ثلاثة قرون متتالية بقي القرآن محل جدل وصراع بين المسلمين، حتى بلغ عدد القراءات الخمسين، فنهض ابن مجاهد لمعالجة هذه المشكلة، وانتهى الى إقرار سبع قراءات بناءً على عامليْن:

أولاً: عامل أسطوري، قدسية الرقم سبعة

ثانياً: عامل شعبي، اعتماداً على مدى انتشار القراءات

وفيما بعد، أُقرّت قراءات إضافية، فجُعلت عشراً، ولاحقاً صار العدد أربع عشرة. وبقيت في بطون الكتب القراءات التي صارت غير قانونية،

وهي المسماة اصطلاحاً: «قراءات شاذة»، رغم أن بعضها كان أجود لغةً، وأحكم بناءً من القراءات «القانونية». ونجد هذه «القراءات الشاذة» في مصادر مختلفة، أشهرها، كتاب «المحتسب» لابن جني؛ وكذلك «إعراب القراءات الشّواذ» لأبي البَقاء العُكْبَري (ت ٦١٦ هـ/ ١٢١٩م).

ولدينا أيضاً مخطوطة صنعاء المكتشفة سنة (١٩٧٢)، وهي أقدم مخطوطة قرآنية متوفرة، لكن الباحثين مُنعوا من الوصول إليها [راجع مقالة «جمع القرآن»، صفحة ٢٩].

وفي العصر الحديث يقرأ الجمهور المسلم بقراءتيْن:

الأولى: في الشرق، وهي قراءة عاصم برواية حفص، التي صدرت بإشراف الأزهر في القاهرة، سنة (١٩٢٤).

الثانية: في شمال إفريقيا، وهي قراءة نافع برواية ورش؛ وعلى أساسها ُطبع القرآن في الجزائر سنة (١٩٠٥)، عن المكتبة الثعالبية (بروكلمان ٤: ٢).

وبعد، ماذا تظهر القراءات؟

تقول العقيدة الإسلامية إن للقرآن مصدراً واحداً هو الله، وإن له نسخة واحدة في «اللوح المحفوظ»، ولكن:

- ألا يدحض اختلاف قراءات القرآن دعوى وحدانية المصدر؟
- ألا تنقض الخمسون قراءة ادعاء أن القرآن في «اللوح المحفوظ»؟
- ألا يبين تعدد القراءات واختلافها العامل البشري في صياغة النص القرآني؟
- ثم ألا يظهر تطور القراءات أن القرآن قد تعرّض للتغيير، إذْ بقي في مجال التدوين والتصحيح على مدار القرون، ولهذا بالضبط نجد قراءات شيعية ومعتزلية فضلاً عن مختلف القراءات غير العثمانية.

فائدتان لدراسة القراءات القرآنية

أولاً: إن التدقيق في دراسة القراءات يتيح التعرف على ظواهر لغوية قديمة، نحوية وصرفية ولفظية، لم تعد موجودة.

ثانياً: إن دراسة القراءات المختلفة تميط اللثام عن طرق الاستخدام الذرائعي للقرآن إثباتاً لدعوى «الإعجاز». ونضرب مثلاً شهيراً متداولاً بين العامة والخاصة، ألا وهو ما ترويه المصادر أن محمداً تنبأ بانتصار البيزنطيين على الفرس في مطلع سورة الروم (٣٠ :٢-٤):

‹غُلِبَتِ الرُّومُ. فِي أَدْنَى الأَرْضِ وَهُم مِّن بَعْدِ غَلَبِهِمْ سَيَغْلِبُونَ. فِي بِضْعِ سِنِينَ لِلهِ الأَمْرُ مِن قَبْلُ وَمِن بَعْدُ وَيَوْمَئِذٍ يَفْرَحُ الْمُؤْمِنُونَ›.

تذكر المصادر أنه لما انتصر الفرس على الروم سنة (٦١٦ م)، وصل الخبر الى مكة، ففرحت قريش بهزيمة الروم، لأن الفرس مجوسٌ والروم مسيحيون، فساء ذلك محمداً، فأعلن: ‹غُلِبَتِ الرُّومُ... سَيَغْلِبُونَ...›. وقد قال علماء الإسلام أن الآية تنهض دليلاً على نبوة محمد لأنها تنبأت بانتصار الروم اللاحق على الفرس، والذي حدث سنة (٤ هـ/ ٦٢٥ م) (الطبري ١٨: ٤٤٦، الزمخشري ٤: ٥٦٤). وهذه الدعوى لا سند

لها في النص، بل الواضح أن محمداً كان يرد على القرشيين المتهللين، بتذكيرهم أن للتاريخ تقلبات وسوف تُمنى فارس بهزيمة ذات يوم (جولدتسهر ٣٠ - ٣١). ولعل قريشاً فسرت انتصار الفرس على أنه برهانٌ على سمو دين المجوسية، كما استنتج الرّازي، الذي قال في تفسيره إن هذه الآيات جاءت «لبيان أن الغلبة لا تدل على الحق» (الرازي ٢٥: ٩٦).

لدينا قراءة ثانية، تقول: «غَلَبَتِ الرُّومُ... سَيُغْلَبُونَ»: حيث الفعل الأول مبني للفاعل، والثاني مبني للمجهول (الخطيب ٧: ١٣٧). وتقول التفاسير بشأنها إن الأخبار وصلت للمسلمين بعد معركة بَدْرٍ (جرت سنة ٢ هـ/ ٦٢٤ م) بأن الروم قد انتصروا على الفرس، فجاءت الآية لتعد المسلمين بالنصر على الروم في المستقبل (القرطبي ١٦: ٣٩٦). وهذه القراءة تجعل المنتصرين في القراءة الأولى منهزمين في القراءة الثانية (جولدتسهر ٣١). وحسب الرواية الأولى: «غُلِبَتِ الرُّومُ... سَيَغْلِبُونَ»، فإن هذه «النبوة» جاءت في مكة، حوالي (٣ - ٥) قبل الهجرة (Wherry 3: 282)، وحسب القراءة الثانية «غَلَبَتِ الرُّومُ... سَيُغْلَبُونَ»، أعلنت هذه النبوة في المدينة.

إذاً، لدينا خلاف في الحيثيات التاريخية وطبيعة الوعد (فهل سينتصر الروم أم سينهزمون؟) وخلاف آخر في تاريخ الآية (٥ قبل الهجرة أم ٤ بعد الهجرة؟). ومع ذلك لم يتردد العلماء المسلمون في إسدال الستار على هذه التفاصيل تبريراً للقول إن النص معجزة نبوة. ويبقى الفضل في كشف زيف هذا «الإعجاز» إلى اختلاف القراءات القرآنية.

ملحق: قائمة القرّاء

أ. القراء السبعة

١. أبو عَمْرو بن العَلاءِ، من البصرة (ت حوالي ١٥٤ هـ/ ٧٧٠ م). وعنه: يحيى بن المبارك (ت ٢٠٢ هـ)، وعنه: أبو عمر الدَّوري (ت ٢٤٦ هـ)، وأبو شعيب السُّوسي (ت ٢٦١ هـ).

٢. عاصم بن أبي النّجود بَهْدَلَةَ، من الكوفة (ت ١٢٨ هـ/ ٧٤٥ م). وعنه: أبو بكر شعبة (ت ١٩٣ هـ)، وحفص (ت ١٨٠ هـ).

٣. حمزةُ بن حَبيبٍ الزَّيات، من الكوفة (ت ١٥٦ هـ/ ٧٧٢ م). وعنه أخذ سُلَيْم، أبو عيسى، وعنه: خلف (ت ٢٢٩ هـ)، وخلّاد (أبو عيسى الشيباني) (ت ٢٢٠ هـ).

٤. عبد الله بن عَامرٍ اليَحْصُبِيُّ، من دمشق (ت ١١٨ هـ/ ٧٣٦ م). وعنه: ابن ذَكوان (ت ٢٤٢ هـ)، وهشام السلمي (ت ٢٤٥ هـ).

٥. عبدُ الله بن كَثِير، من مكة (ت ١٢٠ هـ/ ٧٣٨ م). وعنه: قنبل (ت ٢٩١ هـ)، والبزّي (ت ٢٥٠ هـ).

٦. الكِسَائِيُّ، علي بن حمزة، من الكوفة (ت ١٨٩ هـ/ ٨٠٥ م). وعنه أخذ أبو الحارث، الليث بن خالد البغدادي

(ت ٢٤٠)، والدّوري المتقدم ذكره في (١).

٧. نافعٌ بن أبي نُعيم، من المدينة، ويكنى: أبا عبد الرَّحمن (ت ١٦٩ هـ/ ٧٨٥ م). وعنه: قالون (ت ٢٢٠ هـ)، وورش (ت ١٩٧ هـ) (نولدكه ٦١٧-٦١٩، ابن الجَزريّ ٨-١٢).

ب. الثلاثة بعد السبعة

٨. أَبُو جَعْفَرٍ، (ت ١٣٠ هـ). وعنه: أبو الحارث عيسى بن وَردان (ت ١٦٠ هـ)، وابن جماز، وهو أبو الربيع سليمان بن مسلم (ت ١٧٠).

٩. يَعْقوبُ الحَضْرميّ، من البصرة (ت ٢٠٥ هـ). وعنه: رُوَيْسٌ، محمد بن المتوكل (ت ٢٣٨ هـ)، ورَوْحٌ بن عبد المعين (ت ٢٣٤/ ٢٣٥ هـ).

١٠. خَلفُ بن هشام البَزَّارُ، من الكوفة (ت ٢٢٩ هـ). وعنه: إِسْحاُق الورّاق (ت ٢٨٦ هـ)، وإِدْرِيس الحدّاد (ت ٢٩٢ هـ) (نولدكه ٦١٩، ابن الجَزريّ ١٢-١٤).

ج. الأربعة بعد العشرة

١١. ابن محيصن (محمد بن عبد الرحمن بن محيصن)، من مكة (ت ١٢٣ هـ).

١٢. اليزيدي (يحيى بن المبارك بن المغير)، البصرة (ت ٢٠٢ هـ).

١٣. الحسن البصري، من البصرة (٢١ ١١٠ هـ).

١٤. الأعمش (سليمان بن مهران)، من الكوفة (٦٠-١٤٨ هـ) (الأشوح ١٥٢-١٥٣، نولدكه ٦١٩-٦٢٠).

ܡܐܡܪܐ ܬܠܝܬܝܐ

[illegible]

مقدمة التحليل النقدي

تنقسم أقوال العلماء المسلمين بشأن «وحي» الْقُرْآنِ إلى ثلاثةِ أقوال، الأول: أن جبريل حفِظ القرآن من اللَّوح المحفوظ ونزل به على مُحَمَّد باللفظ والمعنى؛ والثاني: أن جبريل نزل على مُحَمَّدٍ بالمعاني، وأنّ محمداً عَلِم تلك المعاني وعبَّر عنها بلغةِ العرب؛ والثالث: أنّ جبريل إنما ألقى على مُحَمَّدٍ المعنى، وأنّه عبّر بهذه الألفاظ بلغة العرب (الزركشي ١: ٢٢٩ - ٣٣٠، قارن: مفهوم النص ٤٢، ٤٥، إعجاز الْقُرآن ١٤ - ١٥).

إن القول بأن جبريل قد جاء بمضمونِ الْقُرْآن إلى مُحَمَّد، وأن محمداً قام بالتعبير عن هذه المعاني بلغته الخاصة إنما ينطوي على نظرية خطيرة، يمكن أنْ تكونَ فاتحةَ مشروع القراءة النقديّة للقُرْآن؛ لأنّها تعتبر الْقُرْآنَ نصّاً مُحَمَّدياً، وليس كتاباً سماويّاً. وإذا كانَ الْقُرْآنُ، من ناحية التّركيب والأسلوب والصّياغة، نصّاً من نظم مُحَمَّد، وليس نصّاً من الله، فهذا يعني أنَّه كتابٌ بشريٌّ قابل للبحث والنّقد.

كان يمكن لهذه المقولة أنْ تساعدَ على فهم الْقُرْآنِ دون التقيد بأى قوالب جامدة أو أحكام مسبقة، ولكن لم يجرؤ أحدٌ من المسلمين على معالجة النتائج المترتبة عن هذه المقولة. ومع ذلك، فإنَّ هذا الإحجام لم يَحُلْ دون نهوض شخصيات شجاعة في الثّقافة العربيّة والإسلاميّة، عبّرت عن آراء أكثر تبصراً من النّظرية أعلاه؛ إذْ رُوي أنّ عبد الله بن المقفع، وهو من أعلام اللّغة العربيّة، قد ألّف كتاباً عارض فيه الْقُرْآن (من تاريخ الإلحاد ٨٠). ويذكر لنا التاريخ اسم أبو الحسين أحمد بن يحيى بن إسحق الرّواندي، من القرن الثّالث الهجريّ (التّاسع الميلادي)، الذي ألّف كتاب «الزمرذ»، تناول فيه سيرة مُحَمَّد، ونعته بالنّبي الكاذب. كما نقد ابن الرّوانديّ الْقُرْآن في كتاب «الدامغ»؛ وهو كتاب مفقود، لدينا منه مقتطفات متناثرة في ثنايا كتب من تناولوه بالنقد (من تاريخ الإلحاد ٩٠ - ٩٣).

وأيضاً، في القرن الثّالث الهجري، كتب عبد المسيح بن إسحق الكِنْديّ رسالته المعروفة بـ «رسالة الكِنْدي»، وهي جواب على رسالة عالم مسلم يُدعى عبد الله بن إسمعيل الهاشمي. وقد عالج الكِنْدي في رسالته هذه، عدة إشكاليات منها: الدفاع عن العقيدة المسيحية، وقراءة لسيرة مُحَمَّد، ونقد الْقُرْآن... فكتب في سياق دحضه لفصاحة الْقُرْآن:

> «إنَّ تنضيد الشُّعراء لشعرهم ووزنهم له الوزن الصحيح الذي هو أصعب وأدق معنىً لا يغادر بعضه فيه بعضاً واختيار الألفاظ النقيّة الصّافية العربيّة الخالصة مع انتساق المعنى الحسن، أكمل في الأحكام وأصح في الصّنعة، لأنّ كتابَك [أيْ الْقُرْآن] كله إنَّما هو سجعٌ منكسر وكلام مختلف، وتكبير معانٍ لا معنى لها. فإنْ قلتَ بل هو أصح معاني، سألناك: أي معنى غريب ظفرت به فيه أدللنا عليه وأعلمنا به حتّى نتعلمه منك؟».
> (رسالة الكندي ٧٨، قارن Apology of Al Kindy,
> Muir, pp 79-80)

بعد ذلك، وفي القرن الرّابع الهجري (العاشر الميلادي)، نهض أبُو بَكْر الرّازي (مُحَمَّد بن زكريا)، الطبيب والكيميائي، في مهمة نقد الْقُرْآن من مختلف جوانبه. فرفض الدّعوى القائلة إنّ الْقُرْآن معجزةٌ، وردّ على المطالبة بالإتيان بمثله بما يلي:

> «إنْ أردتم بمثله في الوجوه التي يتفاضل بها الكلامُ فعلينا أنْ نأتيكم بألفٍ مثله من كلام البُلغاء والفصحاء والشّعراء وما هو أَطْلَقُ منه ألفاظاً، وأشد اختصاراً في المعاني، وأبلغ أداءً وعبارةً وأشْكَلُ سجعاً؛ فإنْ لم ترضَوْا بذلك

فإنّا نطالبكم بالمثل الذي تطالبونه به ».

(من تاريخ الإلحاد ٢٥٠)

وفي موضع آخر كتب:

«إنّنا نجد في كلام أكثم بن صيفيّ أحسن من بعض سور الْقُرْآن».

(من تاريخ الإلحاد ٢٥٠ - ٢٥١)

ويأخذ الرّازيّ على الْقُرْآن إطالته وتكراره، واحتواءه على أساطير الأوّلين، وتناقضه، ويقول إنّها قضايا لا فائدة منها. وكل من يطالع التّاريخ، يصادق على كلام الرّازيّ بأنَّ قصص الْقُرْآن مجرد أساطير وحكايات لا صحة لها. إن هذه الحقيقة المؤلمة دفعت بباحث إسلامي في العصر الحديث، هو مُحَمَّد خلف الله، لمحاولة إيجاد مخرج من هذا المطعن، فطرح في كتابه «الفنّ القصصيّ في الْقُرْآن الكريم» رأياً مفاده أن لقصص الْقُرْآن مقاصد عملية، وأن الهدف منها ليس التأريخ بل العبرة، وبالتالي فهي قصص حق من منظور الغاية المنوطة بها وليس من زاوية الحدث التاريخي. وبكل الأحوال فنظرية خلف الله تفند وصف الْقُرْآن لنفسه: ﴿لا يَأْتِيهِ الْبَاطِلُ مِن بَيْنِ يَدَيْهِ وَلاَ مِنْ خَلْفِهِ تَنزِيلٌ مِّنْ حَكِيمٍ حَمِيدٍ﴾ (فُصِّلَت ٤١ : ٤٢).

أيضاً نعلم من ابن النديم أن كُتاباً آخرين تناولوا الْقُرْآن بالنقد، وهم: يحيى بن الحارث، وابن شبيب، وأحمد بن إبراهيم الورّاق، ويعقوب بن أبي شيبة (الفهرست ٣٩)، لكن كتاباتهم ضاعت أو بالأحرى أُتلفت من قِبل ثقافة دينية أحادية استبدادية.

إن المقاربات والمقارنات النقدية في هذا الكتاب تستلهم هذا التراث الشجاع، دون أنْ تغفل الإنتاج الفكري المعاصر المتوفر في مصادر عربية وغربية. وهي موجهة إلى القرّاء المسلمين وغير المسلمين على حد سواء:

للمسلمين: لأنّنا نرجو أنْ تنفتح أمامهم نوافذ على عالم رحب، كي يكون لديهم خياراتهم الفكريّة والثّقافيّة الأصيلة بعيداً عن «ثقافة التّلقين»، من أجل أنْ يقرروا بأنفسهم دربهم الفكريّ والإيمانيّ.

لغير المسلمين: الذين يريدون التّعرّف على الإسلام، نقدم ما تخفيه قصداً أو عفواً المصادر والمواقع الإسلاميّة، بحيث يتاح للباحثين عن الحقيقة رؤية الصّورة بكل ألوانها وأبعادها وخطوطها.

مقدمة
الناسخ والمنسوخ

مقدمة الناسخ والمنسوخ

في السنة الخامسة لدعوة محمد في مكة، وبينما كان قرشيون: وثنيون ومسلمون، متحلقين في منتداهم، جاءهم محمد، فشاركهم المجلس، وبعد قليل بدأ يتلو عليهم الآيات الأولى من سورة النجم، فلما وصل الى المقطع القائل: ‹أَفَرَأَيْتُمُ اللاتَ وَالْعُزَّى، وَمَنَاةَ الثَّالِثَةَ الأُخْرَى› (النجم ٥٣: ١٩ ـ ٢٠) قرأ: «تِلْكَ الْغَرَانِيق الْعُلا، وَإِنَّ شَفَاعَتَهُنّ لَتُرْتَجَى» (ابن كثير ١٠: ٨٤ ـ ٨٥). أقرّ محمد في هذا المقطع أن لأصنام قريش قوة الشفاعة، فلقي استحسان الحاضرين، وسرعان ما سارع كل من كان في الملتقى: مسلماً ووثنياً بما فيهم محمد للسجود للسماء. لقد خيّل لقريش أن عهداً جديداً قد بدأ، عهداً يتقارب فيه فرقاء مكة (الطبري ١٦: ٦٠٣ ـ ٦٠٤). لكن لم تمضِ أيام حتى تراجع محمد عما قاله، وأعلن أن ما جاء على لسانه كان زلةً ناتجة عن تدخل الشيطان وأن الله نسخ كلام الشيطان، وتلى: ‹وَمَا أَرْسَلْنَا من قَبْلكَ من رَّسُولٍ وَلا نَبِيّ، إلا إِذَا تَمَنَّى، أَلْقَى الشَّيْطَانُ فِي أُمْنِيَّتِهِ، فَيَنسَخُ اللهُ مَا يُلْقِي الشَّيْطَانُ› (الحج ٢٢: ٥٢). إن هذه الآية تحتوي على أول إشارة إلى النسخ في القرآن. ولاحقاً سيحتل النسخ مكاناً هاماً في علم التفسير.

النسخ في المصطلح القرآني

النسخ في اللغة العربية يعني النَّقْل، مثلاً، نَسَخَ الكتابَ: نَقَلَهَ وكَتَبَهُ حرفاً بحرف. ويعني أيضاً الإبطال، مثلاً، نسخ المشرّعُ القانونَ: أبْطَلَه. والنسخ في القرآن يعني إزالة حكم آية، أو إحلال آية محل أخرى. ويتضمن مصطلح النسخ في القرآن الحالات التالية:

١. إزالة آية من القرآن، وهذا ما اتضح في حالة الآية التي تم التراجع بموجبها عن «الآيات الشيطانية» المُشار إليها أعلاه: ‹فَيَنسَخُ اللَّهُ مَا يُلْقِي الشَّيْطَانُ ثُمَّ يُحْكِمُ اللَّهُ آيَاتِهِ› (الحج ٢٢: ٥٢).

٢. التبديل، حيث تأتي آية بدل أخرى، وإلى ذلك أشارت الآية: ‹وَإِذَا بَدَّلْنَا آيَةً مَّكَانَ آيَةٍ› (النحل ١٦: ١٠١).

٣. التحويل، حيث يتم تحويل أحد الأحكام الواردة في آية ما من حكم إلى آخر، مثلما جرى بخصوص المواريث، حيث تم نقل حق الميراث من فئة إلى أخرى (الإتقان ١٤٣٥ - ١٤٣٦، الزركشي ٢: ٢٩).

يُعتبر «الناسخ والمنسوخ» فرعاً من علوم القرآن، وقد اشترط علماء الإسلام دراسته قبل ممارسة التفسير، فقالوا: «لا يجوزُ لأحد أن يُفَسِّرَ [القرآنَ] إلاّ بعد أنْ يَعْرِفَ منه الناسخَ والمنسوخَ» (الإتقان ١٤٣٥، الزركشي ٢: ٢٩). وتكثر في كتب علوم القرآن التوصيات التي تشدد على ضرورة الإلمام به (ابن الجوزي ١٠٤ - ١١٠). وأما مجال النسخ، فهو المنظومة الفقهية؛ حيث جعل النسخ «الحلالَ حراماً، والحرامَ حلالاً، والمباحَ محظوراً، والمحظورَ مباحاً» (الطبري ٢: ٣٨٨). كما شمل النسخ المسائل الاجتماعية والسياسية، فمثلاً، كل نزعة للسلم في القرآن نُسخت، وأشهر آية ناسخة هي آية السيف: ‹فَإِذَا انسَلَخَ الأَشْهُرُ الْحُرُمُ فَاقْتُلُواْ الْمُشْرِكِينَ حَيْثُ وَجَدتُّمُوهُمْ...› (التوبة ٩: ٥)، إذْ نسخت هذه الآية مئة وأربع عشرة آية (الزركشي ٢: ٤٠) تدعو لمسالمة غير المسلمين وتركهم لشأنهم.

أنماط النسخ

ينقسم النسخ إلى الأنماط التالية:

١. الآيات التي نُسخت تلاوتها وحكمها:
ومثال ذلك ما تخبرنا به عائشة، زوج محمد، بأنه كان في القرآن: «عشرُ رَضَعاتٍ معلوماتٍ فنُسِخْن بخمسٍ معلوماتٍ، فتوفي [محمد] وهُنّ مما يُقرْأ من القرآن» (الإتقان ١٤٤٠، الزركشي ٢: ٣٩). وقد شرح العلماء بأنّ قولها: «وهنّ مما يُقْرأ» لا يعني أن التلاوة كانت باقيةً حين وفاة محمد، ولكن التلاوة نُسخت قبيل وفاته، أو أن التلاوة كانت قد نُسخت قبل الوفاة ولم يصل نبأ ذلك لجميع المسلمين، فبقي بعضهم يقرأ بها. ويقول أبو موسى الأشعريّ عن هذه الآية: «نَزَلَتْ ثم رُفِعَتْ» (الإتقان ١٤٤٠ - ١٤٤١، الزركشي ٢: ٣٩. قارن: ابن الجوزي ١١٠-١١٣).

٢. الآيات التي نُسخ حكمها وبقيت تلاوتها:
وهذا الضرب الذي نجده في مؤلفات «الناسخ والمنسوخ» (الإتقان ١٤٤١). ويقول

الزركشي إن هذا النوع نجده في ثلاث وستين سورة (الزركشي ٢: ٣٧). ومثال على ذلك، الآية: ﴿فَاعْفُواْ وَاصْفَحُواْ حَتَّى يَأْتِيَ اللهُ بِأَمْرِهِ﴾ (البقرة ٢: ١٠٩)، فبعد أن كانت الآية تأمر بالتسامح مع أهل الكتاب، فإن هذا الحكم أُبطل بالنصوص التي تأمر بالقتال (التوبة ٩: ٥ و٢٩) (ابن الجوزي ١٣٧).

٣. الآيات التي نسخت تلاوتها وبقي حكمها: مثل آية الرجم، «الشيخُ والشيخة إذا زنيا فارجمُوهما البتّة نكالاً من الله» (الزركشي ٢: ٣٥). ويُروى أن آية الرّجم كانت ضمن سورة الأحزاب (الزركشي ٢: ٣٥. قارن: البغدادي ٥٢ - ٥٣، وابن الجوزي ١١٤ - ١١٦). وحينما يُطرح السؤال عن سبب إلغاء التلاوة ما دام الحكم ساري المفعول، فإن العلماء المسلمين يجيبون بأن هذا الضرب من النسخ يهدف إلى اختبار طاعة المسلم. والحقيقة أن وجود هذا الصنف يعود إلى ملابسات جمع القرآن [راجع «جمع القرآن»، صفحة ٢٩]. ويرى د. نصر حامد أبو زيد أن عدم تدوين آية الرجم في القرآن سببه تفشي الزنى «في المجتمع، فكأنّ عدم تدوين النص [حسب إحدى الروايات]، كان بدافع عدم تنفير الناس من الإقبال على الإسلام» (مفهوم النص ١٣٠).

٤. ثمة حالة أخرى يمكن اعتبارها نمطاً رابعاً من النسخ: ألا وهو «المُنْسأ»، المُشار إليه بالآية: ﴿أَوْ نُنسِهَا﴾ (البقرة ٢: ١٠٦)، حيث اُعتبر نسيان محمد للآية شكلاً من أشكال النسخ (الطبري ٢: ٣٩١). وترد في بعض القراءات لفظة النسيان، فالعبارة ﴿مَا نَنسَخْ مِنْ آيَةٍ أَوْ نُنسِهَا﴾ قُرئت في مصحف ابن مسعود: «ما نُنْسِكَ من آيةٍ أو نَنْسَخها». بينما كان سعد بن أبي وقّاصٍ يقرؤها: «ما نَنْسَخ من آيةٍ أو تَنسْها»، حيث تعني قراءة سعد «أَوْ تَنسْها أنت يا محمد» (الطبري ٢: ٣٩٢).

أدوات النسخ

١. قال علماء الإسلام إن القرآن لا يُنْسَخ إلاّ بقرآن، اعتماداً على: ﴿مَا نَنسَخْ مِنْ آيَةٍ أَوْ نُنسِهَا نَأْتِ بِخَيْرٍ مِّنْهَا أَوْ مِثْلِهَا﴾ (البقرة ٢: ١٠٦). وهذا المبدأ لا خلاف عليه بين علماء الإسلام.

٢. لكن بعض العلماء قال إنه يمكن للسنة المحمدية (الأحاديث) أن تنسخ القرآن؛ غير أن العلماء المسلمين اختلفوا في هذا، إذْ رفض بعضهم مبدأ أن السنةَ تنسخُ القرآنَ؛ ولكن الغالبية قالت إنْ كانت السنة متواترة جاز النسخ، اعتماداً على آية تصف محمداً بالقول: ﴿وَمَا يَنطِقُ عَنِ الْهَوَى﴾ (النجم ٥٣: ٣) (الإتقان ١٤٣٦ - ١٤٣٧، الزركشي ٢: ٣١، قارن: شعلة ٤٤)، وعلى آية أخرى أمرت بطاعة محمد: ﴿وَمَا آتَاكُمُ الرَّسُولُ فَخُذُوهُ، وَمَا نَهَاكُمْ عَنْهُ فَانتَهُوا﴾ (الإيضاح ٧٩)، ومثال على ذلك الآية التي قالت: ﴿الْوَصِيَّةُ لِلْوَالِدَيْنِ...﴾ (البقرة ٢: ١٨٠) وقد نُسخت بقول محمد: «لا وصيَّة لوارث» (الإيضاح ٧٨ - ٧٩).

تفرد القرآن بظاهرة النسخ

قال علماء الإسلام إن ظاهرة النسخ تخص الإسلام دون غيره من الأديان (الإتقان ١٤٣٦). ولفهم سبب تفرد القرآن بهذه الظاهرة، يتحتم علينا دراسة تاريخ النص القرآني، وواقع الأحداث المصاحبة له، إذْ إن نظم القرآن ارتبط بظروف الدعوة المحمدية في مكة والمدينة، حيث كان محمد يعالج في القرآن مسائل سياسية واجتماعية تختلف باختلاف الظروف. وبما أن الواقع كان متقلباً، فقد كان محمدٌ ينسخ ويبدل ويزيل في القرآن، وبالتالي نجد أن ظاهرة نسخ الآيات لها ما يفسرها، ولكن بما أن محمداً قال إن آيات القرآن أُوحيت إليه من علٍ، فإنه قد حوّل هذه الظاهرة التي كان يمكن تبريرها إلى ظاهرة مُسبّبة للحيرة، لأن عملية النسخ صورت الله وكأنه متقلب الأهواء وحاشا له.

فائدة دراسة النسخ

عمل محمد على مدى ثلاثة وعشرين عاماً على نشر دعوته، اختبر خلالها ظروف اجتماعية وسياسية مختلفة، وهي التي لقيت صداها في القرآن، بما فى ذلك «الناسخ والمنسوخ»، وبالتالي لفهم ظاهرة النسخ يجب دراسة يوميّات الدعوة الإسلامية. فعندما كان محمد في مكة بشيراً ونذيراً، كان خطابه وعظياً. ولكن في المدينة، حينما أصبح زعيماً لا منافس له، صار القرآن يعالج قضايا تشريعية وسياسية.

إذاً، دراسة النسخ أداة من أدوات استكشاف التطور العقائدي النظري للإسلام، فمعرفة الحكم المنسوخ، ولماذا نُسخ، وبأي حكم نُسخ، وحيثيات ذلك: كلها مسائل تساعد علٰى فهم السيرة الذاتية لمحمد بوجه خاص وتاريخ الإسلام المبكر بوجه عام.

أضف الى ذلك أن دراسة «الناسخ والمنسوخ» تساعد على الإلمام بترتيب النصوص القرآنية، فالآيات المنسوخة هي الأقدم عهداً، ولكن حينما جُمع القرآن، لم تراعى فيه مسألة ترتيب المنسوخ والناسخ، فثمة حالات في المصحف العثماني حيث يأتي الناسخ قبل المنسوخ، لا بعده كما كان مفترضاً؛ ويعود ذلك إلى عشوائية جمع القرآن. ولدينا أمثلة على ذلك من كتاب «البُرهَان في عُلوُم القُرآن» (الزركشي ٢: ٣٨):

١. ‹يَتَرَبَّصْنَ بِأَنفُسِهِنَّ أَرْبَعَةَ أَشْهُرٍ وَعَشْراً› (البقرة ٢: ٢٣٤) ناسخة لـ: ‹وَالَّذِينَ يُتَوَفَّوْنَ مِنكُمْ وَيَذَرُونَ أَزْوَاجاً وَصِيَّةً لأَزْوَاجِهِم مَّتَاعاً إِلَى الْحَوْلِ› (البقرة ٢: ٢٤٠).

٢. ‹يَا أَيُّهَا النَّبِيُّ إِنَّا أَحْلَلْنَا لَكَ أَزْوَاجَكَ...› (الأحزاب ٣٣: ٥٠) ناسخة لـ: ‹لا يَحِلُّ لَكَ النِّسَاءُ مِن بَعْدُ وَلا أَن تَبَدَّلَ بِهِنَّ مِنْ أَزْوَاجٍ› (الأحزاب ٣٣: ٥٢).

ختاماً

لماذا لم يقمْ محمد بالنسخ باتباع أسلوب حذف التلاوة والحكم معاً؟ الإجابة ليست متوفرة لدينا، وليس لنا إلاّ أن نقدم فرضية مفادها أن ذلك يعود إلى أن محمداً لم يكن يعتبر جمع القرآن أولوية في حياته، وبما أنه لم يجمعه، فإنه لم يكن معنياً بمراعاة ظاهرة النسخ. وقد ترك لنا

هذا «الفراغ» فرصة لكشف التفاعل بين النص القرآني والواقع التاريخي، مما يشكك في قدسية النص القرآني، ويدلل على السمة التاريخية الأرضية لهذا النص، وهذه السمة تفتح الباب لفهم القرآن، ونقده على أساس علمي.

حتى في حياة محمد، فإن القرآنَ تعرّض للنقد بسبب ظاهرة النسخ، فقد كان القرشيون يرون أن «أحكام الله [...] ثابتة لا تتبدل، فلو كان ما ينطق به القرآن من الله لما جاز انتساخه» (من قاموس التراث ١٩٥). كما شكك يهود المدينة فى وحي القرآن، ورأوا في النسخ تصرفاً مزاجياً من جانب محمد، إذْ قالوا لمن حولهم: «ألا ترونَ إلى محمدٍ، يأمر أصحابَه بأمرٍ، ثم ينهاهم عنه ويأمرهم بخلافِهِ، ويقول اليومَ قولاً ويرجع عنه غداً» (الرازي ٣: ٢٤٤).

سببت ظاهرة النسخ في القرآن إرباكاً لبعض أصحاب الرأي المسلمين، الذين لاحظوا أن النسخ يوحي بأن إرادة الله تتغير وأن علمه خاضع للتطور، وهذا ما يعرض الثوابت الإيمانية للشك (Burton, Abrogation, Encyclopaedia of the Qur'ān 1: 13)؛ ولهذا قال بعض المعتزلة إنه لا يجوز وقوع النسخ في القرآن، فالقرآن يصف نفسه: ﴿لا يَأْتِيهِ الْبَاطِلُ مِن بَيْنِ يَدَيْهِ وَلا مِنْ خَلْفِهِ تَنزِيلٌ مِّنْ حَكِيمٍ حَمِيدٍ﴾ (فصلت ٤١: ٤٢)، «ولو نُسخ بعض آياتِ القرآن لتطرّقَ إليه البطلان، وهذا محال لإخبار الله أنه لا يأتيه الباطل» (شعلة ٤٦، مقدمة المحقق). وهذا الرأي المعتزلي جاء للتوفيق بين ظاهرة النسخ ودعوى وحي القرآن، ذلك أن النسخ سيفرض على العلماء تساؤلاً يبحث عن إجابة شافية: ألا يجعل النسخُ نظريةَ وجود القرآن في اللوح المحفوظ محل شكّ؟ والحقيقة أن العلماء المسلمين لم يناقشوا «ما تؤدي إليه ظاهرة نَسخ التلاوة، أو حذف النصوص، سواء بقي حكمها أم نُسخ، من قضاء كامل على تصورهم [...] لأزليّة الوجود الكتابي للنص في اللوح المحفوظ» (مفهوم النص ١٣١).

مع أن المسلمين متفقون على أنه لا يجوز النسخ في القرآن بعد وفاة محمد، وحتى لو كان بالإجماع (أيْ إجماع العلماء)، إلاّ أن اثنين من الخلفاء الراشدين قد مارساه؛ فقد ألغى أبو بكر نصيب ﴿الْمُؤَلَّفَةِ قُلُوبُهُمْ﴾ (التوبة ٩: ٦٠)، و«الْمُؤَلَّفَةِ قُلُوبُهُمْ» هم زعماء مكة، الذين كان محمد قد منحهم نصيباً من غنائم معركة حُنَيْن (٨ هـ/ ٦٣٠ م) كي يكسبهم للإسلام، ويرجح أن إبطال أبي بكر لنصيب هؤلاء كان باقتراح من عمر بن الخطاب (الطبري ١١: ٥٢٢). وأيضاً أبطل عمر بن الخطاب إبان خلافته، زواج المتعة، وهو الزواج الذي نص عليه القرآن في سورة النساء (الآية ٢٤). وكما أن الشيعة قد قاموا بإيقاف العمل بشعيرة إسلامية لها مكانتها، إذْ «نسخوا صلاة الجمعة الثابتة بنص القرآن (الجمعة ٦٢: ٩)» (من قاموس التراث ٢٠٠). ولكن ما عدا تلك الحالات الاستثنائية، فإن أحداً لم يمارس النسخ، رغم الحاجة لإجراءات النسخ في الإسلام.

إنّ دراسة النسخ في القرآن تبيّن ارتباط القرآن بالواقع اليومي لمحمد، ذلك أن محمداً

كان يُراعي في نظم القرآن الظروف المتغيرة. ولا شك أن تقدم المسلمين اليوم مشروط بوعيهم لضرورة تفعيل ظاهرة النسخ في القرآن مجدداً، استكمالاً لمشوار الناسخ والمنسوخ.

مقدمة

قراءات القرآن المختلفة

مقدمة قراءات القرآن المختلفة

ما هي قراءات القرآن؟ أو بتعبير آخر؛ ما المقصود من مصطلح: قراءات القرآن؟

يوجد للقرآن الذي بين أيدي المسلمين اليوم عشر قراءات؛ وكل قراءة لها راويان؛ فبالتالي أصبح للقرآن عشرون رواية منبثقة من عشر قراءات...

وقبل أن نقدم أسماء الرُواة والقُرَّاء كما وثقتها المراجع؛ نود أن نشير إلى أن علماء الإسلام يفسرون «القراءات» على أنها مجرد اختلافات في القراءة أي في النطق؛ وليس في المعاني.

ونحن نفهم أن الاختلاف في قراءات نص المفترض أنه موحى به لابد أن يكون في أضيق الحدود؛ فإذا كانت الاختلافات مقتصرة مثلاً على أن كلمة (المؤمنون) نجدها في قراءة أخرى بدون همزة على الواو؛ هكذا: (المومنون)؛ أو مثلاً كلمة (النبيئين) فنجدها (النبيين) حيث تم تبديل الهمزة بياء، وهكذا... فأمثال هذه القراءات لا تمثل أي مشكلة؛ حيث يمكن أن يكون هناك اختلاف في نطق الكلمات غير مخل بمعناها، من بيئة لغوية إلى أخرى.

ولكن المشكلة أكبر من ذلك؛ حيث أننا وجدنا في بحثنا، أن هناك الكثير من الكلمات التي تختلف في معانيها بين قراءة وأخرى؛ وأيضاً وهذا هو المهم؛ أن هذه الاختلافات لا تندرج تحت مسمى: الاختلاف في نطق الكلمات بين قبيلة وأخرى أو بين مكان وآخر فحسب؛ حيث أن ذات الكلمات كانت متداولة عند كل العرب. وستجد عزيزي القارئ الأدلة موثقة في هذا البحث الذى بين يديك.

ونعود لموضوع الروايات والقراءات؛ التي لا تزكي أي واحدة منها الأخرى؛ وبالتالي فهي لا تصبح مجرد قراءات لقرآن واحد؛ وإنما عدة مصاحف يختلف بعضها عن بعض في كثير من معاني ومدلولات الكلمات وبالتالي في الأحكام المترتبة عليها.

أشهر قراءات القرآن

١ .قراءة حفص: هي في الأصل قراءة الكوفة في العراق؛ ويقرأ بها حوالي ٨٠٪ من المسلمين في العالم؛ في الخليج ومصر وتركيا وأفغانستان وباكستان؛ وبعض بلاد شرق آسيا، مثل: ماليزيا وأوزبكستان والصين وإندونيسيا.

٢ .قراءة ورش: متداولة خاصّة في دول المغرب العربى؛ تونس والجزائر والمغرب حتى اليوم؛ هي في الأصل قراءة المدينة (يثرب)؛ حيث أن ورش قد تتلمذ على يدي نافع أكبر قُرَّاء المدينة؛ ولذلك سميت قراءته باسمه، هكذا: القرآن وفق قراءة ورش.

٣ .قراءة قالون: وقالون هو أحد الرواة عن نافع أيضاً؛ وهي القراءة التي يقرأ بها أهل ليبيا وما يزالون يطبعون قرآنهم على أساسها حتى اليوم.

٤ .الدوري عن أبي عمرو: وهي القراءة التي انتشرت في السودان؛ وحديثاً طبعت من هذه القراءة عدة طبعات عن دار مصحف إفريقيا بجامعة إفريقيا العالمية بالخرطوم.

والسؤال الذي يفرض نفسه هنا: إذا كانت كل هذه القراءات مأخوذة من مصحف واحد وهو مصحف عثمان؛ فلماذا تتعدد الاختلافات فيما بينها طالما الأصل واحد؟ خاصة أننا لا نتكلم عن اختلاف في اللفظ أو مخارج الكلمات فحسب، وإنما في المعاني أيضاً وفي تغيير مفهوم الكلمات ومدلولها عن الأصل!

الملاحظ أيضاً: إذاكانت كل هذه الاختلافات ما تزال موجودة؛ حتى بعد أن أحرق عثمان بن عفان المصاحف الأخرى؛ فيا تُرى ما هي الاختلافات التي كانت موجودة قبل الإحراق؟ إنه سؤال يفرض نفسه.

عزيزي القارئ: ما سيقدم لك في هذا البحث مجرد أمثلة لمئات الاختلافات الجوهرية الموجودة في قراءات القرآن. ولابد أن المقولة المتداولة: أن هناك قرآناً واحداً فقط من الصين إلى المغرب؛ ستحتاج إلى الكثير من المراجعة والتدقيق...

ملاحظات

أ. يرد أحياناً في هذا الكتاب أن قراءة في هذه الآية أو تلك تعود لعثمان، وسيطرح سؤال عن كيفية وجود قراءة لعثمان والنص الموجود لدينا هو المصحف العثماني. والواقع أنه نُقلت إلينا قراءات عن صحابة محمد، لكنها لم تدون في المصحف العثماني لأن هذا المصحف كان تطويراً لنسخة أولية أمر بإعدادها أبو بكر وعمر بن الخطاب، وبقيت لدى حفصة، فلما شكَّل عثمان لجنة التدوين، أخذت اللجنة المخطوطة من حفصة، وبنت عليها نصاً يلقى قبول الجماعة، فبقيت قراءات فردية خارج هذه النسخة، ويعود بعضها لأبي بكر وعمر بن الخطاب وعثمان أنفسهم [وهذه التفاصيل استفضنا بها في مقالة «جمع القرآن»، صفحة ٢٩].

ب. عندما ترد لفظة مصحف بدون إضافات، فالمقصود بها «المصحف العثماني» المتداول اليوم.

ج. وضعنا:

- قراءات المصحف العثماني بين العلامتين ‹ ›
- القراءات الأخرى بين مزدوجتين « »

تتضمن مصادر التفسير أكثر
من عشرين اسماً لسورة الفاتحة، لكن أكثر
هذه الأسماء شهرةً كما ورد في تفسير ابن عاشور
(١ : ١٣١):

- فاتحة الكتاب
- السّبع المثاني
- أمّ القرآن
- أمّ الكتاب

ويختلف المفسرون بشأن تاريخ تنزّلها، وقد تقصينا هذه المسألة في سياق التعليق على مجمل السورة.

تتفق كل من المدرسة الكوفية والمكية على أن البسملة هي آية، في حين لا تحسب مدرسة المدينة البسملةَ آيةً في حد ذاتها. ويقسّم الحسن البصري سورة الفاتحة إلى ثماني آيات (ابن عاشور ١ : ١٣٦).

الفاتحة هي السورة الوحيدة التي يختتم المسلمون قراءتها بلفظة «آمين».

بِسْمِ اللهِ الرَّحْمنِ الرَّحِيمِ	(١)	إِيَّاكَ نَعْبُدُ وإِيَّاكَ نَسْتَعِينُ	(٥)
الْحَمْدُ للّهِ رَبِّ الْعَالَمِينَ	(٢)	اهدِنَا الصِّرَاطَ المُستَقِيمَ	(٦)
الرَّحْمنِ الرَّحِيمِ	(٣)	صِرَاطَ الَّذِينَ أَنعَمتَ عَلَيهِمْ غَيرِ	
مَالِكِ يَوْمِ الدِّينِ	(٤)	المَغضُوبِ عَلَيهِمْ وَلاَ الضَّالِّينَ	(٧)

١ : ٤

إضافةً لقراءة المصحف: ‹مَالِكِ›، لدينا هذه القراءات:

- «مَلِكِ»: ويعتبر الطبري هذه القراءة أصح القراءات (الخطيب ١ : ٩).
- «مَلَكَ»: فعل ماضٍ (الخطيب ١ : ١٠).
- «مليك» بمعنى ‹مَالِكِ›، ويقول العكبري إن هذه القراءة أكثر بلاغة من ‹مَالِكِ› (العكبري ١ : ٩٢).

تعطى القراءات المختلفة معاني متباينة، فمرة يُوصف الله أنه ‹مَالِك›، أي صاحب الحيازة، ومرة «مليك» بمعنى ‹مَالِك› لكن بصيغة أكثر بلاغة، كما يُوصف بـ «المَلِك»، وأخيراً قيل إنه «مَلَكَ»، بصيغة الماضي.

١ : ٦

القراءة الشائعة ‹اهدِنَا›، وفي مصحف ابن مسعود «أَرشِدنا» (الخطيب ١ : ١٧)، وجاءت في قراءة أخرى «بَصِّرْنا» (الخطيب ١ : ١٧).

قراءة المصحف ‹اهدِنَا›، أي تسأل اللهَ أن يدل على ‹الصِّرَاطَ المُستَقِيمَ›، بينما ترد الكلمة في مصحف ابن مسعود «أَرشِدنا»، وهذه القراءة تعني ضمناً أن السائل يرى أنه في ضلال، فيسأل الخروج من الحالة التي هو فيها. أما «بَصِّرْنا»، فهو سؤال القارئ لله أن يعينه على النظر في ظاهر الأشياء وباطنها.

١ : ١ - ٧

نقرأ في الكتب التي تتناول تاريخ المصاحف أن ابن مسعود رفض كتابة سورة الفاتحة وكذلك سورة الفلق وسورة الناس في مصحفه، معتبراً أن هذه السّور ليست من القرآن.

إن ابن مسعود شخصية فاعلة في تاريخ الإسلام، ويحظى بالتقدير الكبير من جانب السنة والشيعة. وُيذكر أنه قاوم توجه عثمان لفرض مصحفٍ موحدٍ على المسلمين، وكان ابن مسعود قد عارض من قبل اللجنةَ التي شكلها عثمان، وقال عن زيد بن ثابت، رئيس لجنة تدوين القرآن: «لقد قرأت مِن فِي رسول الله سبعين سورة، وأنّ لزيد بن ثابت ذؤابتين يلعب مع الصبيان». وقال أيضاً: «لقد قرأت القرآن من فِي رسول الله سبعين سورة وزيد صبي، أفأترك ما أخذت من فِي رسول الله؟» (المصاحف للسجستاني ٢١-٢٢).

لم يدوّن ابنُ مسعود في مصحفه الفاتحة لأنه لم يعتبرها قرآناً. ولعل السبب الأولي يعود إلى أن محمداً وصف ذات مرة الفاتحة بأنها رقية (القرطبي ١ : ١٧٤)؛ وربما رأى ابن مسعود أن وصف نص ما بأنه رقية يزيل عنه صفة القرآن.

ومن جهة أخرى، لا بدّ أن ابن مسعود قد بنى رفضه على الوقائع المرتبطة بالفاتحة؛ فالنص، مع البسملة، مكوَّن من سبع آيات. ورغم قصره، فهناك خلاف في تحديد زمنه،فقد قيل أن النص مكي وقيل أيضاً أنه مدني. ولكن ثمة من انتهج طريقاً ثالثاً، فقال إن الفاتحة قد نزلت مرتين: مرة بمكة، ومرة بالمدينة؛ ويوازي هذا القول، الرأي الذي أعلن أن نصفها الأول نزل بمكة، ونصفها الآخر نزل بالمدينة (القرطبي ١ : ١٧٧).

إذاً نحن بصدد نصّ قصير، ويُروى، مع ذلك، أنه تنزّل مرتين أو على مرحلتين! فلا شك إنّ هذه الواقعه فرضت نفسها على ابن مسعود.

ثمة قاعدة في علوم القرآن تقول إن السور القصيرة هي سور مكية من العهد المبكر، ولكن الفاتحة لا تحتوي على لغة المرحلة المكية المبكرة، كما أنها ذات بنية فريدة، فعند تحليل مفردات الفاتحة، نجد أنّها مكوّنة من عناصر كتابية مأخوذة من التوراة والإنجيل، وعلى سبيل المثال:

‹الْحَمْدُ لِلَّهِ› توافق عبارة سريانية واردة في العهد الجديد (لوقا ١ : ٦٨، ٢ كورنثوس ١ : ٣). وهي عبارة ترد أيضاً في العهد القديم (الخروج ١٨ : ١٠ الخ). كما كانت العبارة متداولة باختلاف بسيط في الليتورجيا اليهودية (نولدكه هامش ص ١٠٠).

واسم الرحمن: من جذر سامي مشترك **רחם**. والرحمن ورد في التلمود كاسم للإله **רחמנא**. كما ورد في الترجوم والكتابات التدمرية. ونجد هذا اللفظ بحرفيته في السريانية، كما ذُكر في الكتابات العربية الجنوبية **𐩧𐩢𐩣𐩬** عدة مرات (Jef-fery, Baroda 140-141). وتخبرنا المصادر التاريخية الإسلامية أن مُسَيْلِمة بن حبيب، الذي ادّعى النبوّة أيضاً، كان يبشر بالرحمن.

إنَّ الفاتحة نشيد ديني، صاغه محمدٌ لأول مرة في مكة اقتباساً من عبارات توراتية. وبعد

هجرته إلى المدينة، طوّر محمدٌ النشيد (نولدكه ٩٨ - ١٠٠)، وهذا منشأ القول إنها نزلت مرتين أو على مرحلتين. ويمكن أن نستنتج أن محمداً وأصحابه كانوا يتلون نص الفاتحة في مناسبات طقسية. ولم يكن محمدٌ يعتبرها جزءاً من القرآن. وكان أصحاب محمد يعرفون هذا الأمر، مثلهم مثل ابن مسعود، ولكن لسبب ما نجهله، قررت لجنة عثمان لتدوين القرآن أن تدرج هذه القطعة ضمن القرآن، في حين رفض ابن مسعود إدراج الفاتحة في مصحفه، إدراكاً منه لسمتها الليتورجية، وربما أراد بمعارضته أيضاً أن يشكك في مصداقية مصحف عثمان.

والسؤال: ألم يكن أجدر بلجنة عثمان أن تأخذ برأي شخصية مرجعية بحجم ابن مسعود، وتتجنب تدوين نص لا ينتمي للقرآن؟

قراءة مقترحة

للاطلاع على تحليل يكشف الأصل اليهودي المسيحي في الفاتحة، يمكن مراجعة تاريخ القرآن، تأليف تيودر نولدكه (الترجمة العربية ٩٨ - ١٠٤).

١ : ٦ - ٧

في صلاته يسأل المسلمُ اللهَ أنْ يهديه ‹الصِّرَاطَ المُستَقِيمَ›، ويعنى ‹الصِّرَاطَ المُستَقِيمَ› حسب المفسرين: القرآن، أو الإسلام، أو الجنة. وتجعل هذه الأقوال الآية مشوبة بالتناقض، فالمسلم يرى أن الإسلامَ دينُ الحق، وهو يلتزم بتعاليمه ويقدس القرآن. ويعتقد المسلم أنه مهتدٍ وأنه على الصِّرَاط المُستَقِيم وأن الجنة مثواه؛ وبالتالي فما معنى دعائه؟ أليس في ذلك تحصيل حاصل، على حد وصف اللغويين؟

أمام هذه الإشكالية، يقول محمد بن أبي بكر الرّازي عن دعاء الآية إنّ «معناه ثبّتنا عليه وأدمنا على سلوكه؛ خوفاً من سوء الخاتمة» (من غرائب آي التنزيل ٢). ولكن هذا القول لا يحل التناقض داخل الآية.

ويقولون أيضاً إنّ ‹الَّذِينَ أَنعَمتَ عَلَيهِمْ›: المسلمون، ومحمد ومن معه (الطبري ١: ١٧٨)، وهذا تناقض آخر، لأنه لا يمكن لمحمد أن يسأل الله أن يهديه الطريق القويم، في حين يرى نفسه ماضٍ على هذا الطريق بالفعل. ومن غير المنطقي أن يسأل محمد وأصحابه الله أن يهديهم صراط الذين أَنعم عليهم، إنْ كانوا يعتقدون أنهم هم الذين أَنعمَ الله عليهم.

إنْ قبلنا تفسيرات المسلمين، فإن التناقض في الآيتيْن يصبح أكثر عمقاً؛ ولهذا، ولكي نفهم الآيتين (٦ - ٧)، يجب أن ننظر إلى السياق التاريخي لهما. لقد كان محمد والمسلمون الأوائل يتلون نشيد الحمد (الفاتحة)، وفي مخيلتهم صورة جيل سابق عليهم، وهو ما أدركه الرازي في تفسيره، إذ قال بخصوص ‹الَّذِينَ أَنعَمتَ عَلَيهِمْ›: «وبذلك يكون التقدير: «اهدِنَا صِرَاطَ الَّذِينَ أَنعَمتَ عَلَيهِمْ من المتقدمين». ومن تقدّم المسلمين من الأمم ما كان لهم القرآن والإسلام»، ويضيف القول: «إنّ

المراد اهدِنَا صِرَاطَ المحقين المستحقين للجنة ».
عندما ننظر إلى الآيتين وفق هذه القراءة، فإن التناقض يبدو واضحاً، ذلك أن محمداً كان يسأل الله أن يضعه على طريق من « تقدّم المسلمين من الأمم »، أيْ: أهل الكتاب. ويبدو أن هاتين الآيتين كانتا من الجزء المكي في الفاتحة؛ ولكن حل التناقض فيهما يخلق بدوره تناقضات أخرى في القرآن، فرغم أنَّ الفاتحة تقدر عالياً مَن « تقدّم المسلمين من الأمم »، إلاّ أن القرآن يشنّ هجوماً على اليهود والمسيحيين في السور المدنية، لا سيما في سورة التوبة.

[لنظرة مجملة إلى الفاتحة راجع تعليقنا السابق على الآيات ١–٧، صفحة ٩٥].

إهدنا الصراط المستقيم

لاشك أن الفاتحة تمثل صلاة محمد مدى حياته بدليل أنها ظلت صلاة أمته من بعده. وفي طلب محمد وأمّته الهداية إلى الصراط المستقيم أبدَ الدهر سرّ مدهش. بينما الزّبور يشكر الرحمان الرحيم على هداية موسى إلى سراطه (مزمور ١٠٢).

[... ... .]

الرحمان: اسم الجلالة الكتابي في شمال الجزيرة، وخصوصاً في الجزء الجنوبي منه وأدخله القرآن إلى الحجاز [...] وذهب [عالما اللغة] المبرد وثعلب إلى أن لفظ الرحمان عبراني وأصله بالخاء المعجمة. وقد ورد في التوراة العبرانية والسريانية والتلمود، وانتشر بين العرب مع الدعوة الكتابية.

[... ... .]

فالفاتحة، التي هي دعاء إلى الله للهداية إلى الصراط المستقيم، صلاة كتابية لفظاً ومعنىً. وتجدها في المزمورَيْن ٤٧ و١٤٨ من زبور داود، واللذيْن كان يرددهما في صلاتهم في الحجاز ومكة اليهود والنصارى العرب.

الآية السادسة والسابعة زيدتا على الفاتحة من المدينة عندما استقلّ محمد عن أهل الكتاب. قال الجلالان « ‹المَغضُوبِ عَلَيهِمْ› هم اليهود، و‹الضَّالِّينَ› هم النّصارى [...] ». وفات أمثال الجلالين أنّ القرآن يأمر محمداً أن يقتدي بهدى الكتاب وأهله (أنعام ٩٠) فكيف يمكن أن يصفهم بهذه الصفات؟ والفاتحة مكيّة وفي مكة كانت الوحدة تامة بين المسلمين والكتابيين، وقد آمن معهم بما أنزل اللهُ من كتاب (شورى ١٥). لذلك يرفض البيضاوي التفسير المرفوع بأنّ المَغضُوب عَلَيهِمْ اليهود والضَّالِّينَ النصارى [ويقول:] "المَغضُوب عَلَيهِمْ: العصاة؛ والضَّالّون: الجاهلون بالله" ». (أطوار الدعوة القرآنية ٣٧٩، ٢٩٣، ٣٨٠)

سُمّيت
بسورة البقرة لذكرها حادثة
طلب موسى من بني إسرائيل تقديم بقرة
ذبيحةً (٦٧ - ٧١).

سورة البقرة هي أطول سور القرآن، وتُصنّف أنها سورة مدنية إذ استغرق تنزّيلها السنتين الأولتين من الهجرة، لكننا نجد في السورة آيات تعود لفترات سابقة ولاحقة. ففي السورة آيات مكية (٢١ - ٣٩). وكذلك عبارة: ﴿يَا أَيُّهَا النَّاسُ﴾ في (٢١ و١٦٨) وهي عبارة مكية أيضاً، إذْ اعتاد محمدٌ في المقابل استخدام عبارة ﴿يَا أَيُّهَا الَّذِينَ آمَنُواْ﴾ في المدينة (مثلاً ١٠٤).

من جانب آخر، في السورة آيات تعود لتاريخ ما بعد السنة الثانية للهجرة:

١١٤: تشير إلى صلح الحديبية (٦ هجرية).

١٩٠-١٩٤: تتناول عقيدة الجهاد بعد هدنة الحديبية.

١١١-١١٣: تعالج مواضيع عام الوفود (٩ هجرية/ ٦٣١ م).

علاوة على ذلك، في السورة آيات تعود لسنة محمد الأخيرة، وهي الآيات (٢٧٨ - ٢٨١) المتصلة بحجة الوداع. وفي خاتمة السورة إدانة للربا (نولدكه ١٦٦)، وآيات الربا تعتبر من آخر آيات القرآن.

إنّ نظم سورة البقرة، بما فيها من تعديلات وتصحيحات، قد شغل ثماني سنوات (من السنة الأولى إلى السنة الثامنة للهجرة).

تتناول السورة المواضيع التالية:

- **مواضيع تشريعية**: مثل الحج والعمرة والصيام والجهاد، وذكر أن «تشريعات سورة البقرة من أول العهد بالمدينة. ولكن [المسلمين] أقحموا عليها [أثناء تدوين القرآن] تعديلات أو تفصيلات من أزمنة أخرى (مثل آية الربا من آخر العهد) حتى صارت سورة البقرة السورة التشريعية الكبرى في القرآن» (أطوار الدعوة القرآنية ٧٦٤).
- **مواضيع جدلية**: مثل نقد اليهود، إذ يحتل الجدل مع اليهود والتحريض عليهم حيزاً كبيراً من هذه السورة: (٨٣-١٠٥)، و(١٧٤-١٧٧).
- **مواضيع سياسية**: مهاجمة معارضي محمد في المدينة (المنافقين).

في هذه السورة أدخل محمد عناصر وثنية في الإسلام (مثل تحويل القبلة من بيت المقدس إلى كعبة مكة). كما ترد في السورة قصص مأخوذة من الأدب التوراتي والحبري (Life of Mahomet 3:311).

الم (١)

١ : ٢

في مطلع بعض السور القرآنية فواتح تُعرف بـ « فواتح السّور »، وتُسمى أيضاً « الحروف المُقَطَّعة ». وهذه الفواتح مؤلَّفة من حرف أو أكثرمنها الفاتحة ‹ألم› الواردة في سورة البقرة وخمس سور أخرى.

ترد الحروف المُقَطَّعة في تسع وعشرين سورة. وقد كُتبت في المصاحف على صورة الحرف لا على صورة اسم الحرف؛ فمثلاً: ‹ص وَالْقُرْآنِ ذِي الذِّكْرِ› (سورة ص)، وليس: « صاد وَالْقُرْآنِ ذِي الذِّكْرِ ».

تُعدّ بعض هذه الفواتح آية مستقلة، مثل ‹ألم› في سور البقرة؛ بينما لا يُعتبر البعض الآخر آية مستقلة، مثل ‹ن› في سورة القلم، إذْ تشكل ‹ن› جزءاً من الآية: ‹ن وَالْقَلَمِ وَمَا يَسْطُرُونَ›.

وهناك بعض التساؤلات التي لا جواب عليها بعد، تحيط بهذه الفواتح

١. لماذا حُسبت بعض الفواتح آية مستقلة بحد ذاتها، بينما أُعتبر البعض الآخر جزءاً من الآية؟ ما هو أساس التقسيم المعتمد لجعل بعض الحروف المقطعة آية منفصلة أو قطعةً من آية؟

٢. لماذا ترد الفواتح في (٢٩) سورة فحسب؟ ولماذا تُركت السّور الـ (٨٥) الباقية بلا فواتح؟

٣. والسؤال الذي يقض مضاجع قارئي القرآن: ما تأويل هذه الفواتح؟

في الأسطر التالية، سنبسط آراء الشارحين في صيغة تسمح للقارئ بالاطلاع على ما في المصادر الإسلامية بشأن فواتح السّور.

أولاً: الفواتح للتنبيه

يُقال إنّ الوثنيين كانوا يعرضون عن محمد لدى تلاوته القرآن، فجاءت الحروف المُقَطَّعة لجذب انتباه رافضي سماع القرآن:

«نزلتَ ليستغربوها، فيفتحون لها أسماعهم، فيسمعون القرآن بعدها» (القرطبي ١ : ٢٣٩).

ويقول الرازي (٢ : ٧):

«فكانوا إذا سمعوها قالوا كالمتعجبين: «اسمعوا إلى ما يجيء به محمد!»، فإذا أصغوا هجم عليهم القرآن، فإنّ ذلك سبباً لاستماعهم وطريقاً إلى انتفاعهم».

وثمة قول آخر يفيد أن الهدف كان بالفعل جذب الانتباه، ولكن ليس انتباه المعرضين هذه المرة. وفقاً لهذا التفسير،فإن هذه الأحرف صيغ نداء، فـ «هي تنبيه كـ «يا» في النداء» (المحرر الوجيز ١ : ٨٢). ويعيد الزركشي في كتابه البرهان في علوم القرآن (١ : ١٧٦) هذا الرأي بقوله:

«إنها كالمهيّجة لمن سمعها من الفصحاء، والموقظة للهمم الراقدة من البلغاء لطلب التساجل، والأخذ في التّفاضل. وهي بمنزلة زمجرة الرعد قبل الناظر في الأعلام لتعرف فضلَ الغمام، وتحفظ ما أفيض عليها من الإنعام».

نقد حجة وجود الفواتح للتنبيه

لنفرض جدلاً أنَّ محمداً كان يريد جذب الرافضين لسماع القرآن، فلماذا لا نجد الفواتح في كل السور المكية؟ عندما نحلل السور المزينة بالفواتح نجد:

أ. أنّ حرف ‹ن› جاء في سُوْرَة القَلَمِ، وهي من أوائل السور، لا بل توجد مأثورات تفيد أن فاتحتها أول آية «نزولاً» على محمد. ونحن نعلم أنَّ محمداً بدأ دعوته سراً؛ وحجة التنبيه تتعارض مع حقيقة سرية الدعوة في الفترة الأولى.

ب. نجد الحروف المُقَطَّعة في سور يرجع تاريخها إلى ما بين السنة الثالثة قبل الهجرة إلى سنة الهجرة، وهي سور: الأحقاف ٤٦، الجاثية ٤٥، الدخان ٤٤، الزخرف ٤٣، الشورى ٤٢، غافر ٤٠، فُصّلت ٤١. وفي هذه الحقبة بلغ العداء بين محمد وقريش أقصى درجاته، ولم يكن ممكناً ممارسة تكتيك جذب الانتباه.

ج. إن صيغة ‹ألم› جاءت في سورتيْ البقرة وآل عمران، وهما سورتان مدنيتان. ولم يكن محمد يعاني في المدينة من رفض الاستماع إليه.

د. إذا قبلنا القول إنَّ هذه الحروف صيغ نداء، ألم يجد محمدٌ في المعجم العربي صيغة يعرفها السامعون. وهل كان يجب على محمد استعمال صيغ لا معنىً لها ليسمع المسلمون له؟ ثم لو كانت هذه الفواتح صيغ نداء ألقاها محمد، فلماذا أدرجها محررو القرآن في «الوحي» عندما دوّنوا القرآن؟

هـ. لو كانت الحروف المقطعة للتنبيه فمعنى ذلك أنّ دورها قد انتهى ولم يعد لها حاجة اليوم، وهذا يتعارض مع فكرة صلاح القرآن لكل زمان ومكان.

ثانياً: الفواتح سر

قالت مجموعة من العلماء إن الفواتح «سرُّ الله في القرآن، وأنه لا يجوز أنْ يُتكَلَّم فيها». ورُوي أن خلفاء محمد الأربعة، إضافة لابن مسعود، كانوا من أنصار هذا الرأي، وأنهم قالوا: «الحروفُ المقطَّعةُ من المكتومِ الذي لا يُفَسَّر» (القرطبي ١: ٢٣٧).

نقد حجة السّر الإلهيّ

ليس القرآنُ نصاً صوفياً أو سريالياً، بل هو كتاب عملي يعالج قضايا يومية ومسائل تشريعية، وهذا مناط فخر المسلمين. وإدخال عبارات ومفردات من شاكلة فواتح السور يتعارض مع طبيعة النص القرآني؛ وبالتالي، إن صح ما يقوله أنصار هذا الرأي من أن فواتح السور «سر إلهي»، فإن محمداً أراد أنْ يضيف مسحة سرية على القرآن.

على أيّ حال، إنَّ الرأي الذي يقول إن الحروف المُقَطَّعة «سرُّ الله في القرآن» يشير إلى أنّ أصحابه يعتقدون ضمنا بوجود اللامعنى في فواتح السور.

ثالثاً: التفسير الرمزي للفواتح

التأويل الثالث، وهو يحتل حيزاً واسعاً في المصادر التفسيرية، يدفع بأن الحروف المُقَطَّعة الواردة في الآيات هي رموز وإشارات. ومن الأمثلة على هذا التأويل ما ورد في ‹كهيعص›: «إنه ثناء من الله على نفسه، والكاف يدل على كونه كافياً، والهاء يدل على كونه هادياً، والعين يدل على العالم، والصاد يدل على الصّادق» (الرازي ٢: ٦).

أراء مختلفة في التفسير الرمزي

أ. بعض الفواتح يدل على أسماء الله، وبعضها الآخر يدل على صفة من صفاته. إذ يُروى عن ابن عباس إنّ ‹ألم›: أنا الله أعلمُ؛ و‹ألر›: أنا الله أرى؛ و‹ألمص›: أنا الله أَفْصِلُ (الرازي ٢: ٧). ولدينا تأويلات أخرى، مثل: ‹ألم›: الألف إشارة إلى أن الله أحد أو أزلي أو أبدي، واللام إشارة إلى أنه لطيف، والميم إشارة إلى أنه ملك، مجيد، منان. وقال آخرون إنَّ فواتح السور أسماء الله، فقال سعيد بن جبير إن مجموع «ألر، حم، ن» هو «الرحمن»، ولكنه أقرّ بأنه عاجز عن تركيب الفواتح الباقية (الرازي ٢: ٦). في حين نُسب لابن عباس وعلي بن أبي طالب القول: «إنَّ الحروف المُقَطَّعة في القرآن اسمُ الله الأعظمُ، إلاّ أنَّا لا نعرفُ تأليفُه منها» (القرطبي ١: ٢٣٨).

ب. بعضها يدل على أسماء الله وبعضها يدل على أسماء غير الله، فالألف: الله، واللام: جبريل، والميم: محمد، «أي أنزل الله الكتاب على لسان جبريل إلى محمد» (الرازي ٢: ٧).

ج. إن هذه الفواتح أسماء للقرآن: «هي أسماء للقرآن كالْفُرْقَانَ وَالذِّكْرِ» (المحرر الوجيز ١: ٨٢). ويشتق عن هذا التفسير القول إن هذه الحروف هي أسماء للسور

(الرازي ٢: ٦).

د. ثمة تأويل يقول إن الفواتح تحتوي على معرفة الأزمنة المتعلقة بالحوادث الكبرى في التاريخ، ويُسمّى بـ «حساب الجُمَّل». وتقوم حجة أصحاب حسابِ الجُمَّلِ على أساس أنه لا يمكن اكتناه معاني الحروفِ المُقَطَّعةِ إلا بهذه الطريقة. وقالوا إنهم لو أسقطوا هذه الوسيلة فلا يمكن فهم معاني الحروف المُقَطَّعةِ (الطبري ١: ٢٢٠). والجدير بالذكر هنا أن أغلب المفسرين لا يميلون إلى هذه المقولة (مثلاً: ابن كثير ١: ٢٥٧).

نقد التفسير الرمزي

من الواضح أن التفسير الرمزي هو مسعى لتفادي المعضلات الناشئة عن مقولة إن الأحرف المُقَطَّعة سرٌ إلهيٌ لا يجوز تناوله. ولكن هذا التفسير يتعارض مع وصف القرآن لنفسه بأنه ذو لغة واضحة بينة: ‹بِلِسَانٍ عَرَبِيٍّ مُّبِينٍ› (الشعراء ٢٦: ١٩٥). كما أن فواتح السور وجميع تأويلاتها تتعارض أيضاً مع قول القرآن: ‹قَدْ جَاءَكُم بُرْهَانٌ مِّن رَّبِّكُمْ وَأَنزَلْنَا إِلَيْكُمْ نُوراً مُّبِيناً› (النساء ٤: ١٧٤)، والتي يتسائل المتكلمون بشأنها: «كيف يكون القرآن برهاناً ونوراً إنْ كانت معانيه عصية على الفهم؟»

ينفي المتكلمون المسلمون أن يكون في القرآن ما ليس في متناول الناس، إذ قالوا إنّ من يوجه خطاباً «لا سبيل إلى العلم به» يكون كمن يتحدث إلى العربي باللغة الحبشية. وقالوا أيضاً: «إن المقصود من الكلام الإفهام، فلو لم يكن مفهوماً لكانت المخاطبة به عبثاً وسفهاً» (الرازي ٢: ٩).

ألا ينطبق هذا الكلام على فواتح السور وجميع مقاربات التأويل الواردة في التفسير الرمزي؟

معلومات عن فواتح السّور

عدد الحروفِ المُقَطَّعة أربعة عشر حرفاً: (أ - ح - ر - س - ص - ط - ع - ق - ك - ل - م - ن - هـ - ي).

تُجمع هذه الأحرف في قول: «نصٌّ حكيمٌ قاطعٌ لهُ سرٌّ» (ابن كثير ١: ٢٥٥)؛ وثمة عبارات مختلفة جمعاً لهذه الأحرف في كتب علوم القرآن.

قراءة مقترحة

حاول مستشرقون مختلفون تقديم مقاربات لفهم فواتح السور؛ ومع أنها محاولات لم تصل إلى نتائج مقنعة، لكنها جديرة بالقراءة؛ ومقال أرثر جِفري يستعرض هذه المحاولات:

- *The Mystic Letters of the Koran* by Arthur Jeffery: ‹http://www.answering-islam.org/Books/Jeffery/mystic_letters.htm›

الحروفُ المُقَطَّعةُ ومواضعها في السور

عدد الحروف	الفاتحة	تكرارها	اسم السورة ورقمها	هل تُعتبر آية
١	ص	١	ص (٣٨)	لا
	ق	١	ق (٥٠)	لا
	ن	١	القلم (٦٨)	لا
٢	طه	١	طه (٢٠)	نعم
	طس	١	النمل (٢٧)	لا
	يس	١	يس (٣٦)	نعم
	حم	٦	غافر (٤٠)، فُصِّلت (٤١)، الزخرف (٤٣)، الدخان (٤٤)، الجاثية (٤٥)، الأحقاف (٤٦)	نعم
٣	ألم	٦	البقرة (٢)، آل عمران (٣)، العنكبوت (٢٩)، الروم (٣٠)، لقمان (٣١)، السجدة (٣٢)	نعم
	الر	٥	يونس (١٠)، هود (١١)، يوسف (١٢)، إبراهيم (١٤)، الحجر (١٥)	لا
	طسم	٢	الشعراء (٢٦)، والقصَص (٢٨)	نعم
٤	ألمص	١	الأعراف (٧)	نعم
	ألمر	١	الرعد (١٣)	لا
٥	كهيعص	١	مريم (١٩)	نعم
	حم عسق	١	الشورى (٤٢)	تُعتبر آيتان

لم تحسب المدرسة البصرية الحروفِ المُقَطَّعة آيات مستقلة، بل عدّتها جزءاً مما يليها . أمّا تقسيم بعضها إلى آيات مستقلة أو جزء من آيات، فيعود إلى المدرسة الكوفية (البرهان في علوم القرآن ١ : ١٧٠ - ١٧١).

ذَلكَ الْكِتَابُ لاَ رَيْبَ فِيهِ هُدًى لِّلْمُتَّقِينَ (٢)
الَّذِينَ يُؤْمِنُونَ بِالْغَيْبِ وَيُقِيمُونَ الصَّلاةَ
وَمِمَّا رَزَقْنَاهُمْ يُنفِقُونَ (٣)
والَّذِينَ يُؤْمِنُونَ بِمَا أُنزِلَ إِلَيْكَ وَمَا أُنزِلَ
مِن قَبْلِكَ وَبِالآخِرَةِ هُمْ يُوقِنُونَ (٤)
أُوْلَئِكَ عَلَى هُدًى مِّن رَّبِّهِمْ وَأُوْلَئِكَ
هُمُ الْمُفْلِحُونَ (٥)
إِنَّ الَّذِينَ كَفَرُواْ سَوَاءٌ عَلَيْهِمْ أَأَنذَرْتَهُمْ أَمْ
لَمْ تُنذِرْهُمْ لاَ يُؤْمِنُونَ (٦)
خَتَمَ اللّهُ عَلَى قُلُوبِهمْ وَعَلَى سَمْعِهِمْ
وَعَلَى أَبْصَارِهِمْ غِشَاوَةٌ وَلَهُمْ عَذَابٌ
عظِيمٌ (٧)

٢ : ٣

أعطى المفسرون أربعة معانٍ للنفقة:

١. النفقة على العائلة.
٢. الزكاة المفروضة.
٣. الهبات المقدمة طوعاً.
٤. نفقة كانت واجبة قبل فرض الزكاة (ابن الجوزي ١٢٧-١٢٨).

قال البعض إنه فُرض على المسلم أن يحتفظ بما يكفي يومه وليلته ويوزع ما زاد على الفقراء، ثم نُسخ هذا الفرض بآية الزكاة: ﴿خُذْ مِنْ أَمْوَالِهِمْ صَدَقَةً تُطَهِّرُهُمْ﴾ (التوبة ٩: ١٠٣)، ووضحوا أن آية الزكاة نسخت كل صدقة، مثلما نسخ صوم رمضان كل صوم قبله (ابن الجوزي ١٢٨-١٢٩، ابن سلامة ١١).

ولا يوافق ابن الجوزي على هذا الرأي، إذ يرى أن الآية تحث على الإنفاق وبالتالي ليس ثمة نسخ فيها (ابن الجوزي ١٢٨). وأعرض عن النسخ النحاس، وابن أبي طالب المكي، وابن حزم.

٢ : ٧

تُكتب في المصحف: ﴿غِشاوةٌ﴾. ويختلف القرّاء في تشكيلها: «غُشَاوَةٌ» و«غِشاوةً» و«غَشاوَةً» و«غَشاوةٌ» (الخطيب ١: ٣٩).

وثمة فئة من القراء يقرؤونها بالعين بدلاً من الغين: «عَشَاوةٌ»، ويختلفون أيضاً في تشكيلها «عُشَاوةٌ، عِشَاوةً، عَشَاوَةً، عَشَاوةٌ» (الخطيب ١: ٣٩). إضافة لذلك يقرأها البعض: «غَشْوَةٌ» و«غشْيَةٌ» (الخطيب ١: ٣٩).

وطرافة هذه المفردة أن لها قراءتين: «غشاوة، وعشاوة»، وكل قراءة لها أربع حالات تشكيل، أي لدينا ثماني صيغ، إضافة لقرآتين: «غَشْوَةٌ» و«غشْيَةٌ»، وبالتالي لدينا عشر صيغ لكلمة واحدة.

وَمِنَ النَّاسِ مَن يَقُولُ آمَنَّا بِاللّهِ
وَبِالْيَوْمِ الآخِرِ وَمَا هُم بِمُؤْمِنِينَ (٨)
يُخَادِعُونَ اللّهَ وَالَّذِينَ آمَنُوا وَمَا
يَخْدَعُونَ إِلاَّ أَنفُسَهُم وَمَا يَشْعُرُونَ (٩)
فِي قُلُوبِهِم مَّرَضٌ فَزَادَهُمُ اللّهُ مَرَضاً
وَلَهُم عَذَابٌ أَلِيمٌ بِمَا كَانُوا يَكْذِبُونَ (١٠)
وَإِذَا قِيلَ لَهُمْ لاَ تُفْسِدُواْ فِي الأَرْضِ
قَالُواْ إِنَّمَا نَحْنُ مُصْلِحُونَ (١١)
أَلا إِنَّهُمْ هُمُ الْمُفْسِدُونَ وَلَـكِن لاَّ
يَشْعُرُونَ (١٢)
وَإِذَا قِيلَ لَهُمْ آمِنُواْ كَمَا آمَنَ النَّاسُ قَالُواْ
أَنُؤْمِنُ كَمَا آمَنَ السُّفَهَاء أَلا إِنَّهُمْ هُمُ
السُّفَهَاء وَلَـكِن لاَّ يَعْلَمُونَ (١٣)
وَإِذَا لَقُواْ الَّذِينَ آمَنُواْ قَالُواْ آمَنَّا وَإِذَا
خَلَوْاْ إِلَى شَيَاطِينِهِمْ قَالُواْ إِنَّا مَعَكْمْ إِنَّمَا
نَحْنُ مُسْتَهْزِئُونَ (١٤)

اللّهُ يَسْتَهْزِئُ بِهِمْ وَيَمُدُّهُمْ فِي طُغْيَانِهِمْ
يَعْمَهُونَ (١٥)
أُوْلَـئِكَ الَّذِينَ اشْتَرُوُاْ الضَّلاَلَةَ بِالْهُدَى فَمَا
رَبِحَت تِّجَارَتُهُمْ وَمَا كَانُواْ مُهْتَدِينَ (١٦)
مَثَلُهُمْ كَمَثَلِ الَّذِي اسْتَوْقَدَ نَاراً فَلَمَّا
أَضَاءتْ مَا حَوْلَهُ ذَهَبَ اللّهُ بِنُورِهِمْ
وَتَرَكَهُمْ فِي ظُلُمَاتٍ لاَّ يُبْصِرُونَ (١٧)
صُمٌّ بُكْمٌ عُمْيٌ فَهُمْ لاَ يَرْجِعُونَ (١٨)
أَوْ كَصَيِّبٍ مِّنَ السَّمَاءِ فِيهِ ظُلُمَاتٌ
وَرَعْدٌ وَبَرْقٌ يَجْعَلُونَ أَصْابِعَهُمْ فِي
آذَانِهِم مِّنَ الصَّوَاعِقِ حَذَرَ الْمَوْتِ واللّهُ
مُحِيطٌ بِالْكافِرِينَ (١٩)
يَكَادُ الْبَرْقُ يَخْطَفُ أَبْصَارَهُمْ كُلَّمَا أَضَاء
لَهُم مَّشَوْاْ فِيهِ وَإِذَا أَظْلَمَ عَلَيْهِمْ قَامُواْ وَلَوْ
شَاء اللّهُ لَذَهَبَ بِسَمْعِهِمْ وَأَبْصَارِهِمْ إِنَّ
اللَّه عَلَى كُلِّ شَيْءٍ قَدِيرٌ (٢٠)

٢ : ١٩

قرأها البعض «الصّواقع»، وفق لغة تميم وبعض فروع ربيعة (الخطيب ١ : ٥٥). وتدل هذه القراءة على أن بعض القرّاء حوّروا المفردات القرآنية لتناسب لهجتهم المحلية. ونظير ذلك: ‹لاَ تَقْرَبَا هَـذِهِ الشَّجَرَةَ› (البقرة ٢ : ٣٥)، حيث قرأها قومٌ «الشِّيرَة»، وهذه القراءة مكروهة لدى بعض القرّاء، لأنها لفظة «يقرأ بها برابر مكة وسودانها» (الخطيب ١ : ٨٢)

٢ : ٢٠

في مصحف أُبيّ بن كعبٍ «مَرُّوا فيه»، وفي

يَا أَيُّهَا النَّاسُ اعْبُدُواْ رَبَّكُمُ الَّذِي خَلَقَكُمْ
وَالَّذِينَ مِن قَبْلِكُمْ لَعَلَّكُمْ تَتَّقُونَ (٢١)
الَّذِي جَعَلَ لَكُمُ الأَرْضَ فِرَاشاً
وَالسَّمَاء بِنَاء وَأَنزَلَ مِنَ السَّمَاءِ مَاءً
فَأَخْرَجَ بِهِ مِنَ الثَّمَرَاتِ رِزْقاً لَّكُمْ فَلاَ
تَجْعَلُواْ لِلّهِ أَندَاداً وَأَنتُمْ تَعْلَمُونَ (٢٢)

وَإِن كُنتُمْ فِي رَيْبٍ مِّمَّا نَزَّلْنَا عَلَى عَبْدِنَا
فَأْتُواْ بِسُورَةٍ مِّن مِّثْلِهِ وَادْعُواْ شُهَدَاءكُم
مِّن دُونِ اللّهِ إِنْ كُنْتُمْ صَادِقِينَ (٢٣)
فَإِن لَّمْ تَفْعَلُواْ وَلَن تَفْعَلُواْ فَاتَّقُواْ
النَّارَ الَّتِي وَقُودُهَا النَّاسُ وَالْحِجَارَةُ
أُعِدَّتْ لِلْكَافِرِينَ (٢٤)

مصحف ابن مسعود «مَضَوْا فيه» (الخطيب ١: ٥٩).

ترد لدينا ثلاث مترادفات لكنها ليست متماثلة المعنى، ففعل «مشى» يفيد: الانتقال من مكان إلى مكان بالأقدام؛ و«مرّ»: أي ذهب وعبر؛ و«مضى»: ذهب. وفي القرآن: ‹وَامْضُواْ حَيْثُ تُؤْمَرُونَ› (الحجر ١٥: ٦٥).

إن أفعال الحركة الواردة في هذه القراءات: «مشى، مرّ، مضى» لا تتماثل، فأي الأفعال هو الأدق؟

٢ : ٢٢

إضافة لقراءة المصحف: ‹فِرَاشاً›، هناك ثلاث قراءات: «بِساطاً» و«مِهاداً» و«مَهْداً» (الخطيب ١: ٦٣). و«الفِراش»: ما يُفْتَرَش من مَتاع البيت، و«البِساطُ»: كل ما يُبْسطُ، و«المِهادُ»: من مرادفات الفراش. وتُجمع الكلمة «مُهُد». أما «المَهْد»: فهو سرير الطفل، وجمعه «مُهُود».

إن الثلاث مفردات: «فِراشٌ، بِساطٌ، مِهادٌ» تحمل معان متقاربة، وأما المهد فهو الأبعد عنها لأنه يخص عالم الطفولة. وهذا التنويع في المفردة مرتبط بخلفية القرّاء الثقافية.

٢ : ٢٣

قُرئت اللفظة بالجمع «عبادنا»، وبالمفرد ‹عَبْدِنَا›. فمن قرأ «على عبادنا» بالجمع، قال إن المقصود بالآية: محمد والمسلمون، ومن قرأ بالمفرد ‹عَبْدِنَا›، قال إنها تخص محمداً (الخطيب ١: ٦٤). وبهذا يبقى السؤال مطروحاً: من هو المقصود بالخطاب، محمد وحده، أم محمد والمسلمون؟

وَبَشِّر الَّذين آمَنُواْ وَعَمِلُواْ الصَّالحَات
أَنَّ لَهُمْ جَنَّات تَجْرِي مِن تَحْتِهَا الأَنْهَارُ
كُلَّمَا رُزِقُواْ مِنْهَا مِن ثَمَرَة رِّزْقاً قَالُواْ
هَـذَا الَّذِي رُزِقْنَا مِن قَبْلُ وَأُتُواْ به
مُتَشَابِهاً وَلَهُمْ فِيهَا أَزْوَاجٌ مُّطَهَّرَةٌ
وَهُمْ فِيهَا خَالِدُونَ (٢٥)
إِنَّ اللَّهَ لاَ يَسْتَحْيِي أَن يَضْرِبَ مَثَلاً
مَّا بَعُوضَةً فَمَا فَوْقَهَا فَأَمَّا الَّذِينَ
آمَنُواْ فَيَعْلَمُونَ أَنَّهُ الْحَقُّ مِن رَّبِّهِمْ
وَأَمَّا الَّذِينَ كَفَرُواْ فَيَقُولُونَ مَاذَا
أَرَادَ اللَّهُ بِهَـذَا مَثَلاً يُضِلُّ بِه كَثِيراً
وَيَهْدِي بِهِ كَثِيراً وَمَا يُضِلُّ بِهِ إِلاَّ
الْفَاسِقِينَ (٢٦)
الَّذِينَ يَنقُضُونَ عَهْدَ اللَّهِ مِن بَعْدِ
مِيثَاقِه وَيَقْطَعُونَ مَا أَمَرَ اللَّهُ بِه أَن
يُوصَلَ وَيُفْسِدُونَ فِي الأَرْضِ أُولَـئِكَ
هُمُ الْخَاسِرُونَ (٢٧)
كَيْفَ تَكْفُرُونَ بِاللَّه وَكُنتُمْ أَمْوَاتاً
فَأَحْيَاكُمْ ثُمَّ يُمِيتُكُمْ ثُمَّ يُحْيِيكُمْ ثُمَّ
إِلَيْه تُرْجَعُونَ (٢٨)
هُوَ الَّذِي خَلَقَ لَكُم مَّا فِي الأَرْضِ
جَمِيعاً ثُمَّ اسْتَوَى إِلَى السَّمَاء
فَسَوَّاهُنَّ سَبْعَ سَمَاوَاتٍ وَهُوَ بِكُلِّ
شَيْءٍ عَلِيمٌ (٢٩)
وَإِذْ قَالَ رَبُّكَ لِلْمَلاَئِكَةِ إِنِّي جَاعِلٌ
فِي الأَرْضِ خَلِيفَةً قَالُواْ أَتَجْعَلُ فِيهَا
مَن يُفْسِدُ فِيهَا وَيَسْفِكُ الدِّمَاء
وَنَحْنُ نُسَبِّحُ بِحَمْدِكَ وَنُقَدِّسُ لَكَ

٢ : ٢٥

الخطاب في الآية موجه لمحمد، ولكن بعضهم قرأها: «وبُشِّرَ...» بصيغة الماضي المبني للمجهول (الخطيب ١: ٦٦)، وبالتالي لا تظهر هوية المبشر، فقد يكون محمداً وقد يكون شخصاً آخر.

٢ : ٣٠

تخبرنا الآية أنّ اللهَ أعلمَ الملائكة أنه سيخلق الإنسان، فأجابوا، باعتراض ضمني، قائلين: «أَتَجْعَلُ فِيهَا مَن يُفْسِدُ فِيهَا، وَيَسْفِكُ الدِّمَاء؟».

تؤكد التفاسير الاعتراض الضمني في جواب الملائكة. نقرأ لدى الطبري (١: ٥١٠):

قَالَ إِنِّي أَعْلَمُ مَا لاَ تَعْلَمُونَ (٣٠)
وَعَلَّمَ آدَمَ الأَسْمَاء كُلَّهَا ثُمَّ عَرَضَهُمْ
عَلَى الْمَلاَئِكَةِ فَقَالَ أَنبِئُونِي بِأَسْمَاء
هَؤُلاء إِن كُنتُمْ صَادِقِينَ (٣١)
قَالُواْ سُبْحَانَكَ لاَ عِلْمَ لَنَا إِلاَّ مَا
عَلَّمْتَنَا إِنَّكَ أَنتَ الْعَلِيمُ الْحَكِيمُ (٣٢)
قَالَ يَا آدَمُ أَنبِئْهُم بِأَسْمَآئِهِمْ فَلَمَّا أَنبَأَهُمْ
بِأَسْمَآئِهِمْ قَالَ أَلَمْ أَقُل لَّكُمْ إِنِّي أَعْلَمُ
غَيْبَ السَّمَاوَاتِ وَالأَرْضِ وَأَعْلَمُ مَا
تُبْدُونَ وَمَا كُنتُمْ تَكْتُمُونَ (٣٣)

«وهذا الخبرُ من اللهِ تعالى ذكرُه يُنبيءُ عن أن ملائكته التي قالت: ‹أَتَجْعَلُ فِيهَا مَن يُفْسِدُ فِيهَا وَيَسْفِكُ الدِّمَاءَ› استَفْظَعَت أنْ يكونَ للهِ جلَّ ثناؤه خَلْق يَعْصيه، وعَجبت منه إذْ أخْبرت أنّ ذلك كائنٌ».

من الجدير ذكره أنّ الطبري (١: ٤٩١) يقول: «فاستشار الملائكةَ في خلق آدمَ»، وترد هذه الجملة أيضاً في تفسير ابن كثير (١: ٣٣٨): «وقال السّدي: استشار الملائكةَ في خلق آدمَ».

الآية تصوّر الله يستشير الملائكة، وهم يعترضون عليه. وحتى الزمخشري، وهو المعتزلي، يقول (١: ٢٥٢):

> «‹أتجعلُ فيها؟›: تعجب من أنْ يستخلف مكان أهل الطّاعة أهل المعصية؛ وهو الحكيم الذي لا يفعل إلاّ الخير، ولا يريد إلاّ الخير».

والسؤال، كيف يستقيم تنزيه الله مع صورته وهو يستشير الملائكة؟

هامش

لاحظ أغلب المفسرين أنّ الملائكة اعترضوا على الله علماً منهم بما سيقوم به الإنسان، مع أنهم لا يملكون القدرة على معرفة الغيب، ولهذا فإن المفسرين أقحموا تفسيرات من عندياتهم لإبعاد الآية عن نقد النقاد.

٢: ٣١ - ٣٣

تتابع الآيات ٣١ - ٣٣ مجريات الحوار بين الله والملائكة بشأن خلق الإنسان، وتقول إنَّ الله علّم آدم أسماء كل ما في العالم، ثم طلب من الملائكة إخباره عن تلك الأسماء إنْ كانوا ‹صَادِقِينَ› (الآية ٣١). ويشرح الجلالان (ص ٦): «‹إِنْ كُنتُمْ صَادِقِينَ›: في أني لا أخلق أعلم منكم أو أنكم أحق بالخلافة». فيُسقط بأيدي

وَإِذْ قُلْنَا لِلْمَلَائِكَةِ اسْجُدُواْ لآدَمَ فَسَجَدُواْ إِلاَّ إِبْلِيسَ أَبَى وَاسْتَكْبَرَ وَكَانَ مِنَ الْكَافِرِينَ (٣٤)

الملائكة، ويعلنون: ‹لاَ عِلْمَ لَنَا إِلاَّ مَا عَلَّمْتَنَا. إِنَّكَ أَنتَ الْعَلِيمُ الْحَكِيمُ› (الآية ٣٢). عندها يقول الله: ‹يَا آدَمُ أَنبِئْهُم (أي الملائكة) بِأَسْمَآئِهِمْ!› (الآية ٣٣).

يقول المفسرون إنَّ الأسماء التي علَّمها اللهُ لآدَم هي: أسماء الخليقة؛ وبعضهم قال إنها أسماء كل شيء في العالم؛ وآخرون دفعوا بأنها أسماء الملائكة؛ بينما قال شارحون آخرون إنها أسماء ذُرِّيَّتُهُ.

والسؤال، هل قصة تعليم الله لآدم ثم طلبه من الملائكة إخباره عمّا علّمه، رغم معرفته بجهلهم بالأسماء، يتناسب مع التنزيه؟ ثم إنّ الآيات لا تخبرنا أن الملائكة أدّعت أنها أعلم من الإنسان أو أنها أحق بالخلافة، فلماذا جاء القول: ‹إِنْ كُنتُمْ صَادِقِينَ›.

من أمثلة التناول غير اللائق للذات الإلهية ما نقرأه في تفسير الطبري (١: ٥١٦):

«حدَّثنا علي بنُ الحسنِ، قال: حدَّثنا مسلمٌ، قال: حدَّثنا محمدُ بنُ مُصْعبٍ، عن قيسٍ، عن عاصم بن كُلَيب، عن سعيد بنِ مَعْبَدٍ، عن ابنِ عباسٍ في قول اللهِ: ‹وَعَلَّمَ آدَمَ الأَسْمَاء كُلَّهَا›. قال: علَّمه اسمَ كلِّ شيءٍ، حتى الهَنَةِ والهُنيَّةِ، والفَسْوةِ والضَّرْطةِ».

٢: ٣٤

في قصة خلق العالم القرآنية، وبعد أن خلق الله الإنسان، طلب الله من الملائكة السجود لآدم، فامتثل الملائكة للأمر، غير أن إبْليسَ عصى واستكبر (البقرة ٢: ٣٤).

لقد جاء هذا الطلب في القصة فجائياً؛ ولما لم تشرح الآياتُ مغزى الأمر بالسجود لآدم، فقد اكتنفها كثير من الغموض، ونتج عن ذلك مفارقتان:

أولاً: أن أمر الملائكة بالسجود لآدم هو الذي يسبب المفارقة الأولى، لأنَّ السجود طقس عبادة، وبالتالي يُصور الله هنا كمن يحث على الشرك؛ وهو أمر يتنافى مع التنزيه بل والمنطق.

ثانياً: أنه وفقاً لنص الآية: ‹قُلْنَا لِلْمَلآئِكَةِ: «اسْجُدُواْ لآدَمَ»، فَسَجَدُواْ إِلاَّ إِبْلِيسَ›، والآية واضحة بأنّ الأمر كان لِلْمَلآئِكَةِ، ويُفهم من الآية أنّ إبليس كان من جنس الملائكة، فلماذا رفض إبليس السجود وهو من الملائكة، والملائكة

وَقُلْنَا يَا آدَمُ اسْكُنْ أَنتَ وَزَوْجُكَ الْجَنَّةَ وَكُلَا مِنْهَا رَغَداً حَيْثُ شِئْتُمَا وَلَا تَقْرَبَا هَـٰذِهِ الشَّجَرَةَ فَتَكُونَا مِنَ الظَّالِمِينَ (٣٥)

يُوصفون بأنهم ‹لا يَعْصُونَ اللّٰه› (التَّحريم ٦٦ : ٦). فالآية إذاً تتعارض مع ما ورد عن الملائكة في القرآن نفسه.

محمد في مأزق

كيف وقع محمد إذاً في هذا التناقض؟! سنقدم إجابة مختصرة فيما يلي:

تؤكد شواهد كثيرة أن محمداً سمع قصصاً من «التوراة والإنجيل»، ولكنه تعلمها بدون تدقيق، إما لأنها نقلت إليه بشكلٍ شابه اللبس، أو لأنه إطلع على نصوص من الأناجيل المنحولة. وبالتالي كان محمد يدمج في القرآن هذه النصوص التي تعوزها الدقة.

إن رواية السجود لآدم في الآية جاءت على الأغلب من فهم محمد الخاطئ لما ورد في «الإنجيل»، «وَأَيْضاً مَتَى أَدْخَلَ الْبِكْرَ إِلَى الْعَالَمِ يَقُولُ: «وَلْتَسْجُدْ لَهُ كُلُّ مَلاَئِكَةِ اللهِ»» (الْعِبْرَانِيِّين ١ : ٦). من الواضح أن النص تناهى إلى محمد، فظن أنّه ينطبق على آدم، وليس على المسيح.

الخلاصة: إن سوء الفهم هو الذي أوقع محمداً في هذا الالتباس بخصوص السجود لآدم. وهذا الأمر سيوقعه في تناقضات أخرى تتعلق بتحديد جنس إبليس، سنشير إليها في مواضعها.

هامش

وردت قصة إبليس في: (الأعراف ٧ : ١١ - ١٩؛ الحِجْر ١٥ : ٣١ - ٣٣؛ الإِسْراء ١٧ : ٦١ - ٦٣؛ الكهْف ١٨ : ٥٠؛ طه ٢٠ : ١١٦ - ١١٧؛ ص ٣٨ : ٧١ - ٨٦).

٢ : ٣٥

يقول اللّٰه لآدَمَ وزوجته إنه بوسعهما تناول ما يحلو لهما مما في الجَنَّة، ولكن يضيف القول: ‹وَلاَ تَقْرَبَا هَـٰذِهِ الشَّجَرَةَ فَتَكُونَا مِنَ الْظَّالِمِينَ› (البقرة ٢ : ٣٥).

الآية تورد الاسم بالتعريف، فتقول: ‹الشَّجَرَة›، مما يوحي أن السامع يعرف ماهية الشجرة، في حين أنها غير معروفة إلاّ للمُخاطبيْن في النص، أيْ لآدَمَ وزوجته.

إن ماهية الشجرة غير معلومة رغم وجود اسم الإشارة والتعريف (‹هَـٰذِهِ الشَّجَرَةَ›)، فأين البيان في الغموض؟

لربما ذُكرت الشَّجَرَة في آية أخرى، ولكن سقطت أثناء كتابة المصاحف. وقصص ضياع

فَأَزَلَّهُمَا الشَّيْطَانُ عَنْهَا فَأَخْرَجَهُمَا مِمَّا
كَانَا فِيهِ وَقُلْنَا اهْبِطُواْ بَعْضُكُمْ لِبَعْضٍ
عَدُوٌّ وَلَكُمْ فِي الأَرْضِ مُسْتَقَرٌّ وَمَتَاعٌ
إِلَى حِينٍ (٣٦)
فَتَلَقَّى آدَمُ مِن رَّبِّهِ كَلِمَاتٍ فَتَابَ عَلَيْهِ
إِنَّهُ هُوَ التَّوَّابُ الرَّحِيمُ (٣٧)
قُلْنَا اهْبِطُواْ مِنْهَا جَمِيعاً فَإِمَّا يَأْتِيَنَّكُم
مِّنِّي هُدًى فَمَن تَبِعَ هُدَايَ فَلاَ خَوْفٌ
عَلَيْهِمْ وَلاَ هُمْ يَحْزَنُونَ (٣٨)

وَالَّذِينَ كَفَرواْ وَكَذَّبُواْ بِآيَاتِنَا
أُولَـئِكَ أَصْحَابُ النَّارِ هُمْ فِيهَا
خَالِدُونَ (٣٩)
يَا بَنِي إِسْرَائِيلَ اذْكُرُواْ نِعْمَتِيَ الَّتِي
أَنْعَمْتُ عَلَيْكُمْ وَأَوْفُواْ بِعَهْدِي أُوفِ
بِعَهْدِكُمْ وَإِيَّايَ فَارْهَبُونِ (٤٠)
وَآمِنُواْ بِمَا أَنزَلْتُ مُصَدِّقاً لِّمَا مَعَكُمْ وَلاَ
تَكُونُواْ أَوَّلَ كَافِرٍ بِهِ وَلاَ تَشْتَرُواْ بِآيَاتِي
ثَمَناً قَلِيلاً وَإِيَّايَ فَاتَّقُونِ (٤١)

آيات من القرآن متواترة في المصادر الإسلامية؛ فمثلاً تروي لنا عائشة أنَّ سورة الأحزاب كانت مئتيْ آية « فلما كتب عثمان المصاحف، لم نقدر منها إلاّ ما هو الآن » (أطوار الدعوة القرآنية ٣٥١). وسورة الأحزاب في المصحف مؤلَّفة من (٧٣) آية، أيْ أنه بعد كتابة عثمان للمصحف ضاعت (أو حُذفت) من سورة الأحزاب (١٢٧) آية!

الشَّجرة عند المفسرين

في سعيهم لإزالة الغموض عن الآية، قدم المفسرون أقوالاً مختلفة بشأن «الشَّجَرَة»، فقالوا بحسب ما ورد في (ابن كثير ١: ٣٦٥) إنها:

١. السُّنبلة: « والحَبَّة منها كَكُلى البقرة، أحْلَى من العسل، وألْيَن من الزُّبْد ».
٢. البُرُّ.
٣. الكَرْمَة؛ ولذلك حُرِّمت الخمر. [وهذا تفسير آخر لعلة تحريم الخمر في الإسلام].
٤. التِّينة.
٥. شجرة كان لها ثمر تأكله الملائكة لتبقى خالدة. ومن يقول بذلك، يضيف القول: « وهي الثمرة التي نهى الله عنها آدم وزوجته ».

وَلَا تَلْبِسُواْ الْحَقَّ بِالْبَاطِلِ وَتَكْتُمُواْ الْحَقَّ وَأَنتُمْ تَعْلَمُونَ (٤٢)
وَأَقِيمُوا الصَّلاَةَ وَآتُوا الزَّكَاةَ وَارْكَعُواْ مَعَ الرَّاكِعِينَ (٤٣)
أَتَأْمُرُونَ النَّاسَ بِالْبِرِّ وَتَنسَوْنَ أَنفُسَكُمْ وَأَنتُمْ تَتْلُونَ الْكِتَابَ أَفَلاَ تَعْقِلُونَ (٤٤)
وَاسْتَعِينُواْ بِالصَّبْرِ وَالصَّلاَةِ وَإِنَّهَا لَكَبِيرَةٌ إِلاَّ عَلَى الْخَاشِعِينَ (٤٥)
الَّذِينَ يَظُنُّونَ أَنَّهُم مُّلاَقُوا رَبِّهِمْ وَأَنَّهُمْ إِلَيْهِ رَاجِعُونَ (٤٦)
يَا بَنِي إِسْرَائِيلَ اذْكُرُواْ نِعْمَتِيَ الَّتِي أَنْعَمْتُ عَلَيْكُمْ وَأَنِّي فَضَّلْتُكُمْ عَلَى الْعَالَمِينَ (٤٧)
وَاتَّقُواْ يَوْماً لاَّ تَجْزِي نَفْسٌ عَن نَّفْسٍ شَيْئاً وَلاَ يُقْبَلُ مِنْهَا شَفَاعَةٌ وَلاَ يُؤْخَذُ مِنْهَا عَدْلٌ وَلاَ هُمْ يُنصَرُونَ (٤٨)
وَإِذْ نَجَّيْنَاكُم مِّنْ آلِ فِرْعَوْنَ يَسُومُونَكُمْ

٢ : ٣٦

قراءة عموم القرّاء ﴿فَأَزَلَّهُمَا﴾، لكن ثمة من قرأها: «فأزلهم»، بصيغة الجمع. وقرأ آخرون: «فأزَالهما» من فعل «زال» (الخطيب ١: ٨٣-٨٤). أما ابن مسعود فيضع مفردة مختلفة كلياً: «فوسوس لهُمَا الشَّيْطَانُ» (الخطيب ١: ٨٣).

هناك اختلاف في المعنى، ﴿فَأَزَلَّهُمَا﴾ بتَشْدِيدِ اللاَّمِ، تعني جعلهما يخطئان؛ أما «فأزالهما» بِأَلِفٍ، مِنْ التَّنْحِيَة، أَيْ نَحَّاهُمَا.

في حين أن ابن مسعود يكتب مفردة مغايرة تماماً، هي «وسوس». وتثبت هذه الاختلافات أن كتابة القرآن قد خضعت لفهم القرّاء.

٢ : ٤٦

قراءة عموم القرّاء ﴿يَظُنُّونَ﴾. وقد قرأ ابن مسعود: «الّذين يعلمون» (الخطيب ١: ٩٣). وشتان بين الظن والعلم، فالعلم يقيني والظن يعبر عن الافتراض.

٢ : ٤٨

كان أبو السّرار الغنوي يقرأ الآية: ﴿وَاتَّقُواْ يَوْماً لاَّ تُجْزِي نَسَمَةٌ عن نَسَمَةٍ شَيْئاً﴾ (الخطيب ١: ٩٤، الزمخشري ١: ٢٦٤)؛ صحيح أن المعنى لم يتعرض للتغيير، لكن يبدو أن أبا السّرار قرأ وفق صيغة افترضها أكثر وضوحاً (جولدتسهر ٢٧).

سُوءَ الْعَذَابِ يُذَبِّحُونَ أَبْنَاءَكُمْ
وَيَسْتَحْيُونَ نِسَاءَكُمْ وَفِي ذَٰلِكُم بَلَاءٌ
مِّن رَّبِّكُمْ عَظِيمٌ (٤٩)
وَإِذْ فَرَقْنَا بِكُمُ الْبَحْرَ فَأَنجَيْنَاكُمْ وَأَغْرَقْنَا
آلَ فِرْعَوْنَ وَأَنتُمْ تَنظُرُونَ (٥٠)
وَإِذْ وَاعَدْنَا مُوسَىٰ أَرْبَعِينَ لَيْلَةً
ثُمَّ اتَّخَذْتُمُ الْعِجْلَ مِن بَعْدِهِ وَأَنتُمْ
ظَالِمُونَ (٥١)
ثُمَّ عَفَوْنَا عَنكُم مِّن بَعْدِ ذَٰلِكَ لَعَلَّكُمْ
تَشْكُرُونَ (٥٢)
وَإِذْ آتَيْنَا مُوسَى الْكِتَابَ وَالْفُرْقَانَ لَعَلَّكُمْ
تَهْتَدُونَ (٥٣)

٢ : ٥٥

تروي لنا الآيةُ (٥٥) من سورة البقرة مشهداً من مسيرة موسى. يصوّر المشهدُ موسى مع مجموعة من اليهود، الذين قالوا له: « يا موسى لن نُصدِّقَكَ ولن نُقرَّ بما جئتنا به حتى نرى الله عِياناً، برفع السّاتر بينَنا وبينَه، وكشف الغطاءِ دونَنا ودونَه حتى نَنْظرَ إليه بأبصارنا » (الطبري ١ : ٦٨٧)؛ فجاء ردّ الله على طلبهم صاعقةً مميتةً.

فمن هم هؤلاء الذين جاء ذكرهم في هذه الآية؟ وهل طلبوا فعلاً من موسى أن يُريهم الله جهراً؟

يقدم المفسرون آراء مختلفة بشأنهم، إلاّ أنّ الرازي (٣ : ٨٩) يقول بوضوح إنهم: « السّبعون المختارون ».

وعندما نعود إلى المصادر المتعلقة بحياة موسى، لا نجد ما يؤيد القصة كما وردت في (الآية ٥٥)، كما أنه ليس هناك مطلقاً ذكر في التوراة لهذا الحدث .

والواضح أن الاية القرآنية تحريف للرواية الواردة في التوراة بظهور الله (إله إسرائيل) لموسى وهارون وناداب وأبيهو ، والسبعون من شيوخ إسرائيل (الأشراف) بطلب من الله؛ وليس بناءً على طلبهم:

> ثُمَّ صَعِدَ مُوسَى وَهَارُونُ وَنَادَابُ وَأَبِيهُو وَسَبْعُونَ مِنْ شُيُوخِ إِسْرَائِيلَ، وَرَأَوْا إِلهَ إِسْرَائِيلَ، وَتَحْتَ رِجْلَيْهِ شِبْهُ صَنْعَةٍ مِنَ الْعَقِيقِ الأَزْرَقِ الشَّفَّافِ، وَكَذَاتِ السَّمَاءِ فِي النَّقَاوَةِ. وَلكِنَّهُ لَمْ يَمُدَّ يَدَهُ إِلَى أَشْرَافِ بَنِي إِسْرَائِيلَ. فَرَأَوْا اللهَ وَأَكَلُوا وَشَرِبُوا. (الخروج ٢٤ : ٩-١١).

وأما بخصوص ما ورد في الآية القرآنية عن مطالبة اليهود رؤية الله جهرًا ، فهو يتعارض مع الرواية التوراتية التي تُشير بوضوح أن شعب

وَإِذْ قَالَ مُوسَى لِقَوْمِهِ يَا قَوْمِ إِنَّكُمْ
ظَلَمْتُمْ أَنفُسَكُمْ بِاتِّخَاذِكُمُ الْعِجْلَ
فَتُوبُواْ إِلَى بَارِئِكُمْ فَاقْتُلُواْ أَنفُسَكُمْ
ذَلِكُمْ خَيْرٌ لَّكُمْ عِندَ بَارِئِكُمْ فَتَابَ
عَلَيْكُمْ إِنَّهُ هُوَ التَّوَّابُ الرَّحِيمُ (٥٤)
وَإِذْ قُلْتُمْ يَا مُوسَى لَن نُّؤْمِنَ لَكَ
حَتَّى نَرَى اللَّهَ جَهْرَةً فَأَخَذَتْكُمُ
الصَّاعِقَةُ وَأَنتُمْ تَنظُرُونَ (٥٥)
ثُمَّ بَعَثْنَاكُم مِّن بَعْدِ مَوْتِكُمْ لَعَلَّكُمْ
تَشْكُرُونَ (٥٦)
وَظَلَّلْنَا عَلَيْكُمُ الْغَمَامَ وَأَنزَلْنَا عَلَيْكُمُ
الْمَنَّ وَالسَّلْوَى كُلُواْ مِن طَيِّبَاتِ مَا

إسرائيل كان يخاف من مجرد الحديث معه فما بالك برؤيته عياناً!! فقالوا لموسى:

«تَكَلَّمْ أَنْتَ مَعَنَا فَنَسْمَعَ. وَلاَ يَتَكَلَّمْ مَعَنَا اللهُ لِئَلاَّ نَمُوتَ». (الخروج ٢٠ :١٩)

وأما بخصوص نزول الصاعقة عليهم، فالواضح أن «وحي» القرآن لم يعلم بوجود فرق زمني (ما يربو على السنتين) بين حادثتي ظهور الله لأشراف بني إسرائيل ونزول الصاعقة على الشعب:

«وَكَانَ الشَّعْبُ كَأَنَّهُمْ يَشْتَكُونَ شَرًّا فِي أُذُنَي الرَّبِّ. وَسَمِعَ الرَّبُّ فَحَمِيَ غَضَبُهُ، فَاشْتَعَلَتْ فِيهِمْ نَارُ الرَّبِّ وَأَحْرَقَتْ فِي طَرَفِ الْمَحَلَّةِ».

(العدد ١١ :١)

ويعود الخلط بين نزول الصاعقة وظهور الرب لأشراف بني إسرائيل إلى أن المعلومات التوراتية التي وصلت محمداً كانت منقوصة.

وأما بشأن إختلاق القرآن لحكاية طلب اليهود رؤية الله جهراً، فالراجح أن هذا التفصيل ليس ناتجاً عن جهل، بل هو تحريف مقصود هدفه تقويض هيبة اليهود بين المسلمين؛ ذلك أن سورة البقرة هي إحدى سور المدينة، وهناك تبين لمحمد استحالة إقناع اليهود به نبياً. وفي آية أخرى -موازية لآيتنا الحالية (البقرة ٢: ٥٥)- يرد محمد على مطالبة اليهود بالبرهنة على صحة نبوته، فيقول لهم إن جدالهم معه سيجعلهم عرضة لغضب الله، ويكرر تفصيل طلب رؤية الله جهراً:

﴿يَسْأَلُكَ أَهْلُ الْكِتَابِ أَنْ تُنَزِّلَ عَلَيْهِمْ كِتَاباً مِّنَ السَّمَاءِ. فَقَدْ سَأَلُواْ مُوسَى أَكْبَرَ مِن ذَلِكَ، فَقَالُواْ: «أَرِنَا اللَّهِ جَهْرَةً!»، فَأَخَذَتْهُمُ الصَّاعِقَةُ بِظُلْمِهِمْ﴾

(سورة النساء ٤ : ١٥٣)

رَزَقْنَاكُمْ وَمَا ظَلَمُونَا وَلَكِن كَانُواْ أَنفُسَهُمْ يَظْلِمُونَ (٥٧)
وَإِذْ قُلْنَا ادْخُلُواْ هَذِهِ الْقَرْيَةَ فَكُلُواْ مِنْهَا حَيْثُ شِئْتُمْ رَغَداً وَادْخُلُواْ الْبَابَ سُجَّداً وَقُولُواْ حِطَّةٌ نَّغْفِرْ لَكُمْ خَطَايَاكُمْ وَسَنَزِيدُ الْمُحْسِنِينَ (٥٨)
فَبَدَّلَ الَّذِينَ ظَلَمُواْ قَوْلاً غَيْرَ الَّذِي قِيلَ لَهُمْ فَأَنزَلْنَا عَلَى الَّذِينَ ظَلَمُواْ رِجْزاً مِّنَ السَّمَاء بِمَا كَانُواْ يَفْسُقُونَ (٥٩)
وَإِذِ اسْتَسْقَى مُوسَى لِقَوْمِهِ فَقُلْنَا اضْرِب بِّعَصَاكَ الْحَجَرَ فَانفَجَرَتْ مِنْهُ اثْنَتَا عَشْرَةَ عَيْناً قَدْ عَلِمَ كُلُّ أُنَاسٍ مَّشْرَبَهُمْ كُلُواْ وَاشْرَبُواْ مِن رِّزْقِ اللَّهِ وَلاَ تَعْثَوْاْ فِي الأَرْضِ مُفْسِدِينَ (٦٠)
وَإِذْ قُلْتُمْ يَا مُوسَى لَن نَّصْبِرَ عَلَىَ طَعَامٍ وَاحِدٍ فَادْعُ لَنَا رَبَّكَ يُخْرِجْ لَنَا مِمَّا تُنبِتُ الأَرْضُ مِن بَقْلِهَا وَقِثَّآئِهَا وَفُومِهَا وَعَدَسِهَا وَبَصَلِهَا قَالَ أَتَسْتَبْدِلُونَ الَّذِي هُوَ أَدْنَى بِالَّذِي هُوَ خَيْرٌ اهْبِطُواْ مِصْراً فَإِنَّ لَكُم مَّا سَأَلْتُمْ وَضُرِبَتْ عَلَيْهِمُ الذِّلَّةُ وَالْمَسْكَنَةُ وَبَآؤُوْاْ بِغَضَبٍ مِّنَ اللَّهِ ذَلِكَ بِأَنَّهُمْ كَانُواْ يَكْفُرُونَ بِآيَاتِ اللَّهِ وَيَقْتُلُونَ النَّبِيِّينَ بِغَيْرِ الْحَقِّ ذَلِكَ بِمَا عَصَواْ وَّكَانُواْ يَعْتَدُونَ (٦١)
إِنَّ الَّذِينَ آمَنُواْ وَالَّذِينَ هَادُواْ وَالنَّصَارَى وَالصَّابِئِينَ مَنْ آمَنَ بِاللَّهِ وَالْيَوْمِ الآخِرِ وَعَمِلَ صَالِحاً فَلَهُمْ أَجْرُهُمْ عِندَ رَبِّهِمْ وَلاَ خَوْفٌ عَلَيْهِمْ وَلاَ هُمْ يَحْزَنُونَ (٦٢)

سؤال يفرض نفسه

يطرح الرازي في تفسيره سؤالاً بخصوص الحدث الوارد في (البقرة ٢ : ٥٥). نقرأ:

«كيف استحقوا القتل وهم قد تابوا من الرّدة، والتائب من الرّدة لا يُقتل؟ الجواب على ذلك مما يختلف بالشرائع، فلعل شرع موسى عليه السلام كان يقتضي قتل التائب عن الرّدة إما عاماً في حق الكلّ، أو كان خاصاً بذلك القوم» (الرازي ٣ : ٨٨)

فهل هذا جواب يرقى لمستوى السؤال؟

٢ : ٦٠

تخبرنا الآيةُ أنّ مُوسَى طلب السّقي لِقَوْمِهِ، فأمره الله أنْ يضرب بعصاه ‹الحَجَرَ›، فانشق وخرجت منه ‹اثْنَتَا عَشْرَةَ عَيْناً› (البقرة ٢ : ٦٠ والأعراف ٧ : ١٦٠).

تخلط الآية بين حادثتيْن، فموسى ذهب مع

بني إِسْرَائِيلَ إلى «إِيلِيمَ وَهُنَاكَ اثْنَتَا عَشْرَةَ عَيْنَ مَاءٍ» (الْخُرُوج ١٥: ٢٧)؛ أما ضرب موسى للصَّخْرَةِ فكان فِي حُورِيبَ، وقد خرج منها ماءٌ (الْخُرُوجِ ١٧: ٦٥)، وليس اثْنَتَا عَشْرَةَ عَيْناً.

راجع التفاصيل في سِفرِ الْخُرُوجِ، الإِصْحَاحُ الْخَامِسُ عَشَرَ والإِصْحَاحُ السَّابِعُ عَشَرَ.

٢ : ٦١

يذكر العهد القديم أنّ بني إسرائيل، بينما كانوا هاربين من فرعون وجنوده، وصلوا إلى مشارف البحر، وهناك في غمرة يأسهم قالوا لموسى: «خَيْرٌ لَنَا أَنْ نَخْدِمَ الْمِصْرِيِّينَ مِنْ أَنْ نَمُوتَ فِي الْبَرِّيَّةِ» (الْخُروج ١٤: ١٢)، ولكن عندما أعاد القرآن سرد الرواية، قام بتحريفها، فقال إنَّ بني إسرائيل طلبوا من موسى أن يدعو الله كي يخرج لهم ‹مِمَّا تُنبِتُ الأَرْضُ مِن بَقْلِهَا وَقِثَّآئِهَا وَفُومِهَا وَعَدَسِهَا وَبَصَلِهَا› (البقرة ٢: ٦١).

وتضيف الآية اتهاماً لليهود مفاده أنهم ‹يَقْتُلُونَ النَّبِيِّينَ› بدون تحديد أسماء النبيين، وعلى خلاف المعتاد، فإن المفسرين الكبار لا يجتهدون لمعرفة من هم هؤلاء النبيين، غير أن تفسير الجلالين (ص ١٠٩)، يذكر أن منهم يحيى بن زكريا أيْ: يوحنّا المعمدان، مُعلنا دون قصد هذا التحريف التاريخي الذي بدأه القرآن، لأن يوحنا لم يكن معاصراً لموسى.

تعليقان لغويان

١. في الآية نقرأ: ‹وَيَقْتُلُونَ النَّبِيِّينَ بِغَيْرِ الْحَقِّ›. وعبارة ‹بِغَيْرِ الْحَقِّ› تربك القارئ الواعي للقرآن، إذ كيف يمكن أنْ يُقتل نبيّ بحق؟ ولهذا تجاهل أغلب المفسرين الإشارة إلى العبارة، إلاّ أن بعضهم تناولها باقتضاب، نقرأ على سبيل المثال:

> «‹بِغَيْرِ الْحَقِّ›: تعظيم للشنعة والذنب الذي أتوه، ومعلوم أنه لا يقتل نبي بحق، ولكن من حيث قد يتخيل متخيل لذلك وجهاً، فصرح قوله: ‹بِغَيْرِ الْحَقِّ› عن شنعة الذنب ووضوحه»
>
> (المحرر الوجيز ١: ١٥٦)

فهل هذا جواب شاف ؟!

٢. تقول الآية: ‹مِمَّا تُنبِتُ الأَرْضُ مِن بَقْلِهَا... وَفُومِهَا›

قدم المفسرون لكلمة «فُوم»، معنيين:

القول الأول:

الفُومَ: الحِنْطة وتدل على الخبز، وقال المفسرون إنها تعنى الحبوب بأنواعها. ويقول الفرّاء: «هي لغة قديمة يقول أهلها: «فَوِّموا، أيْ اختَبِزُوا»» (تفسير غريب القرآن ٥١).

القول الثاني:

الفُومُ: الثُّومُ. وتوجد قراءة لابن مسعود تقول: «مِمَّا تُنبِتُ الأَرْضُ مِن بَقْلِهَا... وَثُومِهَا» (الطبري ٢: ١٨، القرطبي ٢: ١٤٦).

للقارئ الحكم إنْ كان وجود مفردة لا يعرف المفسرون معناها بدقة هو من البيان أم لا.

٢ : ٦٢

تضع الآية اليهود والمسيحيين وَالصَّابِئِينَ

وَإِذْ أَخَذْنَا مِيثَاقَكُمْ وَرَفَعْنَا فَوْقَكُمُ الطُّورَ
خُذُواْ مَا آتَيْنَاكُم بِقُوَّةٍ وَاذْكُرُواْ مَا فِيهِ
لَعَلَّكُمْ تَتَّقُونَ (٦٣)
ثُمَّ تَوَلَّيْتُم مِّن بَعْدِ ذَلِكَ فَلَوْلاَ فَضْلُ
اللَّهِ عَلَيْكُمْ وَرَحْمَتُهُ لَكُنتُم مِّنَ
الْخَاسِرِينَ (٦٤)
وَلَقَدْ عَلِمْتُمُ الَّذِينَ اعْتَدَواْ مِنكُمْ
فِي السَّبْتِ فَقُلْنَا لَهُمْ كُونُواْ قِرَدَةً
خَاسِئِينَ (٦٥)

فَجَعَلْنَاهَا نَكَالاً لِّمَا بَيْنَ يَدَيْهَا وَمَا خَلْفَهَا
وَمَوْعِظَةً لِّلْمُتَّقِينَ (٦٦)
وَإِذْ قَالَ مُوسَى لِقَوْمِهِ إِنَّ اللَّهَ يَأْمُرُكُمْ
أَنْ تَذْبَحُواْ بَقَرَةً قَالُواْ أَتَتَّخِذُنَا هُزُواً قَالَ
أَعُوذُ بِاللَّهِ أَنْ أَكُونَ مِنَ الْجَاهِلِينَ (٦٧)
قَالُواْ ادْعُ لَنَا رَبَّكَ يُبَيِّن لَّنَا مَا هِيَ
قَالَ إِنَّهُ يَقُولُ إِنَّهَا بَقَرَةٌ لاَّ فَارِضٌ
وَلاَ بِكْرٌ عَوَانٌ بَيْنَ ذَلِكَ فَافْعَلُواْ مَا
تُؤْمَرُونَ (٦٨)

والمسلمين في مجموعة واحدة، هي مجموعة المُؤْمِنِينَ بالله، وتعدهم بالثواب في الآخرة (البقرة ٢ : ٦٢)، وتعيد آية أخرى، هي (المائدة ٥: ٦٩)، هذا الوعد حرفياً. ولكن ما أن نمضي قدماً في قراءة سورة المائدة حتى نجد القرآن يتهم المسيحيين بالكفر، ويتوعدهم بالنار (المائدة ٥: ٧٢ - ٧٣). وفي آية أخرى، يوسّع دائرة أهل النار لتشمل كل من لا يعتنق الإسلام:

﴿وَمَن يَبْتَغِ غَيْرَ الإِسْلاَمِ دِيناً فَلَن يُقْبَلَ مِنْهُ وَهُوَ فِي الآخِرَةِ مِنَ الْخَاسِرِينَ﴾
(آل عمران ٣ : ٨٥)

فما مصير اليهود والمسيحيين وَالصَّابِئِينَ حسب القرآن: الجنة أم النار؟

٢ : ٦٢

تفاوتت آراء المفسرين في ماهية المذكورين في الآية، فقالوا:

أ. ـ﴿الَّذِينَ آمَنُواْ﴾: المسلمون
ـ﴿وَالَّذِينَ هَادُواْ﴾: اليهود
ـ﴿وَالنَّصَارَى﴾: المسيحيون
ـ« وَالصَّابِئون »: الداخلون في الإسلام
ـ﴿مَنْ آمَنَ﴾: من داوم على الإيمان

ب. ـ﴿الَّذِينَ آمَنُواْ﴾: من أعلن الإسلام ظاهرياً (المنافقون)
ـ﴿وَالَّذِينَ هَادُواْ﴾: اليهود
ـ﴿وَالنَّصَارَى﴾: المسيحيون
ـ« وَالصَّابِئون »: فئة من « الكفار »

–‹مَنْ آمَنَ›: من دخل في الإسلام

ج. إن ما ورد في الآية يتعلق بالمسلمين، وبمن اعتنق الإسلام من الفئات المذكورة (ابن الجوزي ١٢٩ - ١٣٠).

وقد اختلف العلماء حول نسخ هذه الآية:

قالت فئة منهم إنها منسوخة بالآية: ‹وَمَن يَبْتَغِ غَيْرَ الإِسْلَامِ دِيناً فَلَن يُقْبَلَ مِنْه› (آل عمران ٣: ٨٥) (ابن الجوزي ١٣٠، الإيضاح ١٢٤، ابن حزم ١٩).

وقال فريق آخر إنّ الآية مُحْكَمة «لأنها خبر من الله بما يفعل بعباده الذين كانوا على أديانهم قبل الإسلام» (الإيضاح ١٢٤)، والخبر لا يدخله النسخ (ابن الجوزي ١٣١).

أما النحاس فلم يتعرض لدعوى النسخ.

٢: ٦٥

نقرأ في الآية عن أهالي قرية يهودية خرقوا حرمة السبت، وقد شرح المفسرون أن التدنيس كان بقيامهم بصيد السمك ذاك اليوم «فمسخهم الله قِرَدةً بمعصيتهم» (الطبري ٢: ٦١).

وقد خاض علماء الإسلام نقاشاً بشأن مصير أولئك الممسوخين، هل بقوا بعد ذلك أحياءً أم آل أمرهم إلى الفناء، فافترق المفسرون إلى قولين:

القول الأول: أنّهم عاشوا وتناسلوا، وأنّه لمن المحتمل أنَّ القردة الحالية تنحدر منهم.

والقول الثاني: ويناصره جلّ العلماء المسلمين، إنّ المسخ لا يتناسل، وإنّ المجموعة التي مُسخت، هلكت بعد ثلاثة أيامٍ. ويُذكر أن ابن عباس من أنصار هذا الرأي، إذْ يقول:

«لم يَعِشْ مَسْخٌ قطُّ فوقَ ثلاثةِ أيَّام، ولم يأكُلْ، ولم يَشرَبْ، ولم يَنسُلْ» (القرطبي ٢: ١٧١)

أما الرازي (٣: ١١٩ - ١٢٠)، فيعتبر كلا الأمرين« جائز عقلاً » لكنه يميل لترجيح كفة الرواية عن ابن عباس بشأن هلاكهم بعد ثلاثة أيام.

باستثناء القرآن، لا نجد هذه الحكاية في أي مصدرٍ آخر، كما لا تذكرها أي من الروايات التاريخية القديمة.

إذاً، لماذا يقوم القرآن بنسج هذه الأسطورة؟ للإجابة على هذا السؤال، يجب النظر إلى ما ترمي إليه الآية، فالآية هدفت إلى زرع الخوف في قلوب يهود المدينة كي يتبعوا محمداً، حتى أنها أعلنت أنَّ الله لم يمسخ أهل القرية قردةً فحسب، بل قردة وضيعين: ‹كُونُواْ قِرَدَةً خَاسِئِينَ›. وقد أدرك مفسرٌ مخضرمٌ غاية القصة، فكتب:

«أنه تعالى لمّا أخبرهم بما عامل به أصحاب السّبت فكأنّه يقول لهم أما تخافون أنْ ينزل عليكم بسبب تمردكم ما نزل عليهم من العذاب؟ فلا تغتروا بالإمهال المدود لكم!» (الرازي ٣: ١١٨)

وخلاصة القول: إنَّ الآية قدمت بياناً يهدف إلى ترهيب يهود المدينة، والغاية الدنيوية التي كانت نصب عيني محمدٍ جعلته ينسج هذه القصة.

قَالُواْ ادْعُ لَنَا رَبَّكَ يُبَيِّن لَّنَا مَا لَوْنُهَا قَالَ
إِنَّهُ يَقُولُ إِنَّهَا بَقَرَةٌ صَفْرَاء فَاقِعٌ لَّوْنُهَا
تَسُرُّ النَّاظِرِينَ (٦٩)
قَالُواْ ادْعُ لَنَا رَبَّكَ يُبَيِّن لَّنَا مَا هِيَ
إِنَّ البَقَرَ تَشَابَهَ عَلَيْنَا وَإِنَّا إِن شَاء
اللَّهُ لَمُهْتَدُونَ (٧٠)
قَالَ إِنَّهُ يَقُولُ إِنَّهَا بَقَرَةٌ لاَّ ذَلُولٌ تُثِيرُ
الأَرْضَ وَلاَ تَسْقِي الْحَرْثَ مُسَلَّمَةٌ لاَّ
شِيَةَ فِيهَا قَالُواْ الآنَ جِئْتَ بِالْحَقِّ
فَذَبَحُوهَا وَمَا كَادُواْ يَفْعَلُونَ (٧١)
وَإِذْ قَتَلْتُمْ نَفْساً فَادَّارَأْتُمْ فِيهَا وَاللَّهُ
مُخْرِجٌ مَّا كُنتُمْ تَكْتُمُونَ (٧٢)
فَقُلْنَا اضْرِبُوهُ بِبَعْضِهَا كَذَلِكَ يُحْيِي
اللَّهُ الْمَوْتَى وَيُرِيكُمْ آيَاتِهِ لَعَلَّكُمْ
تَعْقِلُونَ (٧٣)
ثُمَّ قَسَتْ قُلُوبُكُم مِّن بَعْدِ ذَلِكَ فَهِيَ
كَالْحِجَارَةِ أَوْ أَشَدُّ قَسْوَةً وَإِنَّ مِنَ الْحِجَارَةِ
لَمَا يَتَفَجَّرُ مِنْهُ الأَنْهَارُ وَإِنَّ مِنْهَا لَمَا يَشَّقَّقُ
فَيَخْرُجُ مِنْهُ الْمَاء وَإِنَّ مِنْهَا لَمَا يَهْبِطُ مِنْ
خَشْيَةِ اللَّهِ وَمَا اللَّهُ بِغَافِلٍ عَمَّا تَعْمَلُونَ (٧٤)
أَفَتَطْمَعُونَ أَن يُؤْمِنُواْ لَكُمْ وَقَدْ كَانَ فَرِيقٌ
مِّنْهُمْ يَسْمَعُونَ كَلاَمَ اللَّهِ ثُمَّ يُحَرِّفُونَهُ مِن

٢ : ٧٠

قراءة أغلب القرّاء ‹إِنَّ البَقَرَ›، وثمة من قرأ: «إِنَّ البَاقِرَ تَشَابَهَ عَلَيْنَا» (الخطيب ١: ١٢٣)، و«الباقر»: جماعة البقر مع رعاتها. فهل تقصد الآية أنه تشابه عليهم البقر فحسب، أم البقر مع رعاتها؟

٢ : ٧١

جاءت في قراءة ابن مسعود: «فنحروها» (الخطيب ١: ١٢٧). قد لا يكون ثمة خلاف في المعنى بين النحر والذبح، ولكن هذا الخلاف يبرهن على أن التذوق اللغوي قد لعب دوراً في تدوين المصاحف. ونظير ذلك ورد في:

‹أَوَكُلَّمَا عَاهَدُواْ عَهْداً نَّبَذَهُ فَرِيقٌ›

(البقرة ٢: ١٠٠)

حيث جاءت في مصحف ابن مسعود: «أَوَكُلَّمَا عَاهَدُواْ عَهْداً نَقَضَهُ فريقٌ» (الخطيب١ :١٦٢).

٢ : ٧٥

يقرأ أغلب القراء حسب المصحف: ‹أَفَتَطْمَعُونَ›، وبعضهم يقرأ: «أَفَيَطْمَعُونَ» بصيغة الغائب (الخطيب ١: ١٣٢).

بَعْدِ مَا عَقَلُوهُ وَهُمْ يَعْلَمُونَ (٧٥)
وَإِذَا لَقُواْ الَّذِينَ آمَنُواْ قَالُواْ آمَنَّا وَإِذَا
خَلاَ بَعْضُهُمْ إِلَىٰ بَعْضٍ قَالُواْ أَتُحَدِّثُونَهُم
بِمَا فَتَحَ اللّهُ عَلَيْكُمْ لِيُحَآجُّوكُم بِهِ عِندَ
رَبِّكُمْ أَفَلاَ تَعْقِلُونَ (٧٦)
أَوَلاَ يَعْلَمُونَ أَنَّ اللّهَ يَعْلَمُ مَا يُسِرُّونَ
وَمَا يُعْلِنُونَ (٧٧)
وَمِنْهُمْ أُمِّيُّونَ لاَ يَعْلَمُونَ الْكِتَابَ إِلاَّ
أَمَانِيَّ وَإِنْ هُمْ إِلاَّ يَظُنُّونَ (٧٨)
فَوَيْلٌ لِّلَّذِينَ يَكْتُبُونَ الْكِتَابَ بِأَيْدِيهِمْ
ثُمَّ يَقُولُونَ هَذَا مِنْ عِندِ اللّهِ لِيَشْتَرُواْ
بِهِ ثَمَناً قَلِيلاً فَوَيْلٌ لَّهُم مِّمَّا كَتَبَتْ
أَيْدِيهِمْ وَوَيْلٌ لَّهُمْ مِّمَّا يَكْسِبُونَ (٧٩)
وَقَالُواْ لَن تَمَسَّنَا النَّارُ إِلاَّ أَيَّاماً مَّعْدُودَةً قُلْ
أَتَّخَذْتُمْ عِندَ اللّهِ عَهْداً فَلَن يُخْلِفَ اللّهُ عَهْدَهُ
أَمْ تَقُولُونَ عَلَى اللّهِ مَا لاَ تَعْلَمُونَ (٨٠)
بَلَى مَن كَسَبَ سَيِّئَةً وَأَحَاطَتْ بِهِ
خَطِيئَتُهُ فَأُوْلَـئِكَ أَصْحَابُ النَّارِ هُمْ
فِيهَا خَالِدُونَ (٨١)
وَالَّذِينَ آمَنُواْ وَعَمِلُواْ الصَّالِحَاتِ أُولَـئِكَ
أَصْحَابُ الْجَنَّةِ هُمْ فِيهَا خَالِدُونَ (٨٢)
وَإِذْ أَخَذْنَا مِيثَاقَ بَنِي إِسْرَائِيلَ لاَ تَعْبُدُونَ

جاءت قراءة المصحف بصيغة المخاطب الحاضر، بينما وردت القراءة الثانية (بالياء) بصيغة الغائب. وهذا يعني أن القرّاء مختلفون في هوية المُخاطب، هل المخاطب: «أنتم» أم «هم»، ويتكرر مثل هذا التباين في القرآن، فعلى سبيل المثال نجد في سورة البقرة:

- ‹أَوَلاَ يَـعْلَمُونَ أَنَّ اللّهَ يَعْلَمُ› (البقرة ٢: ٧٧)، قرأها البعض: «أَوَلاَ تَـعْلَمُونَ...» (الخطيب ١: ١٣٣).
- ‹أَمْ تَـقُولُونَ إِنَّ إِبْرَاهِيمَ...› (البقرة ٢: ١٤٠)، قرأها البعض: «أَمْ يَـقُولُونَ إِنَّ إِبْرَاهِيمَ...» (الخطيب ١: ٢٠٣-٢٠٤).
- ‹وَمَا اللّهُ بِغَافِلٍ عَمَّا يَـعْمَلُونَ› (البقرة ٢: ١٤٤)، قرأها بعض القراء: «وَمَا اللّهُ بِغَافِلٍ عَمَّا تَـعْمَلُونَ» (الخطيب ١: ٢١٠).
- ‹وَمَا اللّهُ بِغَافِلٍ عَمَّا تَـعْمَلُونَ› (البقرة ٢: ١٤٩)، قرأها آخرون: «وَمَا اللّهُ بِغَافِلٍ عَمَّا يَـعْمَلُونَ» (الخطيب ١: ٢١٤).

٢: ٨١

ثمة قولان بشأن الآية:

القول الأول: إنها منسوخة

إن العلماء الذين فسّروا «السَّيِّئَة» بأنها تعني الذّنب الذي يُجازى عليه المرء، قد اعتبروا الآية منسوخة بالآية: ‹إِنَّ اللّهَ لاَ يَغْفِرُ أَن يُشْرَكَ بِهِ،

إِلاَّ اللَّهَ وَبِالْوَالِدَيْنِ إِحْسَاناً وَذِي الْقُرْبَى
وَالْيَتَامَى وَالْمَسَاكِينِ وَقُولُواْ لِلنَّاسِ حُسْناً
وَأَقِيمُواْ الصَّلاَةَ وَآتُواْ الزَّكَاةَ ثُمَّ تَوَلَّيْتُمْ إِلاَّ
قَلِيلاً مِّنكُمْ وَأَنتُم مِّعْرِضُونَ (٨٣)
وَإِذْ أَخَذْنَا مِيثَاقَكُمْ لاَ تَسْفِكُونَ دِمَاءكُمْ
وَلاَ تُخْرِجُونَ أَنفُسَكُم مِّن دِيَارِكُمْ ثُمَّ
أَقْرَرْتُمْ وَأَنتُمْ تَشْهَدُونَ (٨٤)
ثُمَّ أَنتُمْ هَؤُلاء تَقْتُلُونَ أَنفُسَكُمْ وَتُخْرِجُونَ
فَرِيقاً مِّنكُم مِّن دِيَارِهِمْ تَظَاهَرُونَ عَلَيْهِم
بِالإِثْمِ وَالْعُدْوَانِ وَإِن يَأتُوكُمْ أُسَارَى
تُفَادُوهُمْ وَهُوَ مُحَرَّمٌ عَلَيْكُمْ إِخْرَاجُهُمْ
أَفَتُؤْمِنُونَ بِبَعْضِ الْكِتَابِ وَتَكْفُرُونَ بِبَعْضٍ
فَمَا جَزَاء مَن يَفْعَلُ ذَلِكَ مِنكُمْ إِلاَّ خِزْيٌ
فِي الْحَيَاةِ الدُّنْيَا وَيَوْمَ الْقِيَامَةِ يُرَدُّونَ إِلَى أَشَدِّ
الْعَذَابِ وَمَا اللَّهُ بِغَافِلٍ عَمَّا تَعْمَلُونَ (٨٥)
أُولَـئِكَ الَّذِينَ اشْتَرَوُاْ الْحَيَاةَ الدُّنْيَا
بِالآَخِرَةِ فَلاَ يُخَفَّفُ عَنْهُمُ الْعَذَابُ
وَلاَ هُمْ يُنصَرُونَ (٨٦)
وَلَقَدْ آتَيْنَا مُوسَى الْكِتَابَ وَقَفَّيْنَا مِن بَعْدِهِ
بِالرُّسُلِ وَآتَيْنَا عِيسَى ابْنَ مَرْيَمَ الْبَيِّنَاتِ
وَأَيَّدْنَاهُ بِرُوحِ الْقُدُسِ أَفَكُلَّمَا جَاءكُمْ
رَسُولٌ بِمَا لاَ تَهْوَى أَنفُسُكُمُ اسْتَكْبَرْتُمْ
فَفَرِيقاً كَذَّبْتُمْ وَفَرِيقاً تَقْتُلُونَ (٨٧)
وَقَالُواْ قُلُوبُنَا غُلْفٌ بَل لَّعَنَهُمُ اللَّه
بِكُفْرِهِمْ فَقَلِيلاً مَّا يُؤْمِنُونَ (٨٨)
وَلَمَّا جَاءهُمْ كِتَابٌ مِّنْ عِندِ اللَّهِ مُصَدِّقٌ
لِّمَا مَعَهُمْ وَكَانُواْ مِن قَبْلُ يَسْتَفْتِحُونَ عَلَى
الَّذِينَ كَفَرُواْ فَلَمَّا جَاءهُم مَّا عَرَفُواْ

وَيَغْفِرُ مَا دُونَ ذَلِكَ› (النساء ٤: ٤٨) (ابن الجوزي ١٣١-١٣٢).

القول الثاني: إنها محكمة

من فسر «السَّيِّئَة» بمعنى «الشرك»، قال إنها ليست منسوخة (ابن الجوزي ١٣١).

٢ : ٨٣

اختلف المفسرون لهذه الآية على رأيين:

الأول: إنها منسوخة

فريق من العلماء اعتبر الآية تدعو للسلم، لأنها تحث المسلمين على مخاطبة غير المسلمين بالكلام الحسن، ولهذا رأوا إن الآية منسوخة، لأن كل دعوة للسلم منسوخة، وقالوا إن الآية قد نُسخت بالآية: ‹فَاقْتُلُواْ الْمُشْرِكِينَ حَيْثُ وَجَدتُّمُوهُمْ› (التوبة ٩: ٥) (ابن الجوزي ١٣٣، قارن الإيضاح ١٢٤، ابن حزم ٢١).

الثاني: إنها محكمة

كَفَرُواْ بِهِ فَلَعْنَةُ اللَّه عَلَى الْكَافِرِينَ (٨٩)
بِئْسَمَا اشْتَرَوْاْ بِهِ أَنفُسَهُمْ أَن يَكْفُرُواْ بِمَا
أنَزَلَ اللَّهُ بَغْياً أَن يُنَزِّلُ اللَّهُ مِن فَضْلِهِ عَلَى
مَن يَشَاءُ مِنْ عِبَادِهِ فَبَآؤُواْ بِغَضَبٍ عَلَى
غَضَبٍ وَلِلْكَافِرِينَ عَذَابٌ مُّهِينٌ (٩٠)
وَإِذَا قِيلَ لَهُمْ آمِنُواْ بِمَا أَنزَلَ اللَّهُ قَالُواْ نُؤْمِنُ
بِمَا أُنزِلَ عَلَيْنَا وَيَكْفُرونَ بِمَا وَرَاءهُ وَهُوَ
الْحَقُّ مُصَدِّقاً لِّمَا مَعَهُمْ قُلْ فَلِمَ تَقْتُلُونَ
أَنبِيَاءَ اللَّهِ مِن قَبْلُ إِن كُنتُم مُّؤْمِنِينَ (٩١)
وَلَقَدْ جَاءكُم مُّوسَى بِالْبَيِّنَاتِ ثُمَّ اتَّخَذْتُمُ
الْعِجْلَ مِن بَعْدِهِ وَأَنتُمْ ظَالِمُونَ (٩٢)
وَإِذْ أَخَذْنَا مِيثَاقَكُمْ وَرَفَعْنَا فَوْقَكُمُ
الطُّورَ خُذُواْ مَا آتَيْنَاكُم بِقُوَّةٍ وَاسْمَعُواْ
قَالُواْ سَمِعْنَا وَعَصَيْنَا وَأُشْرِبُواْ فِي
قُلُوبِهِمُ الْعِجْلَ بِكُفْرِهِمْ قُلْ بِئْسَمَا يَأْمُرُكُمْ
بِهِ إِيمَانُكُمْ إِن كُنتُمْ مُّؤْمِنِينَ (٩٣)
قُلْ إِن كَانَتْ لَكُمُ الدَّارُ الآَخِرَةُ عِندَ اللَّهِ
خَالِصَةً مِّن دُونِ النَّاسِ فَتَمَنَّوُاْ الْمَوْتَ إِن
كُنتُمْ صَادِقِينَ (٩٤)
وَلَن يَتَمَنَّوْهُ أَبَداً بِمَا قَدَّمَتْ أَيْدِيهِمْ وَاللَّهُ
عَلِيمٌ بِالظَّالِمينَ (٩٥)
وَلَتَجِدَنَّهُمْ أَحْرَصَ النَّاسِ عَلَى حَيَاةٍ وَمِنَ
الَّذِينَ أَشْرَكُواْ يَوَدُّ أَحَدُهُمْ لَوْ يُعَمَّرُ أَلْفَ
سَنَةٍ وَمَا هُوَ بِمُزَحْزِحِهِ مِنَ الْعَذَابِ أَن
يُعَمَّرَ وَاللَّهُ بَصِيرٌ بِمَا يَعْمَلُونَ (٩٦)
قُلْ مَن كَانَ عَدُوّاً لِّجِبْرِيلَ فَإِنَّهُ نَزَّلَهُ عَلَى
قَلْبِكَ بِإِذْنِ اللَّهِ مُصَدِّقاً لِّمَا بَيْنَ يَدَيْهِ وَهُدًى
وَبُشْرَى لِلْمُؤْمِنِينَ (٩٧)

الذين قالوا إنها محكمة، استندوا إلى أن في الآية كلمة ‹لِلنَّاسِ›، فقالوا أنه يلزم المرء أن يحادث الآخرين بما يحب أن يُخاطب به (ابن الجوزي ١٣٣، ابن سلامة ١٢). وبينما قال النحاس (ص ٢٣ - ٢٤) إنّ الآية محكمة «لأن معنى الآية ادعوهم إلى الله كما [في]: ‹ادْعُ إِلِى سَبِيلِ رَبِّكَ بِالْحِكْمَةِ وَالْمَوْعِظَةِ الْحَسَنَةِ› (النحل ١٦: ١٢٥)» فإن رأيه لم يلقَ استحساناً من جانب عالم مسلم آخر، رأى أنه وإنْ كانت الآية محكمةً، لكنها تتضمن «الأمر بالمعروف والنهي عن المنكر» (الإيضاح ١٢٤).

٢ : ٩٧

تقول الآية إنَّ جبْريل هو من ينزّل القرآن على محمد (البقرة ٢: ٩٧)، وفي آية أخرى نقرأ أنّ رُوح الْقُدُسِ هو من يقوم بهذه المهمة: ‹قُلْ [يا محمد] نَزَّلَهُ رُوحُ الْقُدُسِ مِن رَّبِّكَ› (النحل ١٦:

مَن كَانَ عَدُوّاً لِّلّهِ وَمَلآئِكَتِهِ وَرُسُلِهِ وَجِبْرِيلَ وَمِيكَالَ فَإِنَّ اللّهَ عَدُوٌّ لِّلْكَافِرِينَ (٩٨)
وَلَقَدْ أَنزَلْنَا إِلَيْكَ آيَاتٍ بَيِّنَاتٍ وَمَا يَكْفُرُ بِهَا إِلاَّ الْفَاسِقُونَ (٩٩)
أَوَكُلَّمَا عَاهَدُواْ عَهْداً نَّبَذَهُ فَرِيقٌ مِّنْهُم بَلْ أَكْثَرُهُمْ لاَ يُؤْمِنُونَ (١٠٠)
وَلَمَّا جَاءهُمْ رَسُولٌ مِّنْ عِندِ اللّهِ مُصَدِّقٌ لِّمَا مَعَهُمْ نَبَذَ فَرِيقٌ مِّنَ الَّذِينَ أُوتُواْ الْكِتَابَ كِتَابَ اللّهِ وَرَاء ظُهُورِهِمْ كَأَنَّهُمْ لاَ يَعْلَمُونَ (١٠١)
وَاتَّبَعُواْ مَا تَتْلُواْ الشَّيَاطِينُ عَلَى مُلْكِ سُلَيْمَانَ وَمَا كَفَرَ سُلَيْمَانُ وَلَكِنَّ الشَّيْاطِينَ كَفَرُواْ يُعَلِّمُونَ النَّاسَ السِّحْرَ وَمَا أُنزِلَ عَلَى الْمَلَكَيْنِ بِبَابِلَ هَارُوتَ وَمَارُوتَ وَمَا يُعَلِّمَانِ مِنْ أَحَدٍ حَتَّى يَقُولاَ إِنَّمَا نَحْنُ فِتْنَةٌ فَلاَ تَكْفُرْ فَيَتَعَلَّمُونَ مِنْهُمَا مَا يُفَرِّقُونَ بِهِ بَيْنَ الْمَرْءِ وَزَوْجِهِ وَمَا هُم بِضَآرِّينَ بِهِ مِنْ أَحَدٍ إِلاَّ بِإِذْنِ اللّهِ وَيَتَعَلَّمُونَ مَا يَضُرُّهُمْ وَلاَ يَنفَعُهُمْ وَلَقَدْ عَلِمُواْ لَمَنِ اشْتَرَاهُ مَا لَهُ فِي الآخِرَةِ مِنْ خَلاَقٍ وَلَبِئْسَ مَا شَرَوْاْ بِهِ أَنفُسَهُمْ لَوْ كَانُواْ يَعْلَمُونَ (١٠٢)
وَلَوْ أَنَّهُمْ آمَنُواْ واتَّقَوْا لَمَثُوبَةٌ مِّنْ عِندِ اللَّه خَيْرٌ لَّوْ كَانُواْ يَعْلَمُونَ (١٠٣)
يَا أَيُّهَا الَّذِينَ آمَنُواْ لاَ تَقُولُواْ رَاعِنَا وَقُولُواْ انظُرْنَا وَاسْمَعُوا وَلِلكَافِرِينَ عَذَابٌ أَلِيمٌ (١٠٤)
مَّا يَوَدُّ الَّذِينَ كَفَرُواْ مِنْ أَهْلِ الْكِتَابِ وَلاَ الْمُشْرِكِينَ أَن يُنَزَّلَ عَلَيْكُم مِّنْ خَيْرٍ مِّن

١٠٢). وجاء في نص ثالث إنَّ: ‹الرُّوحُ الأَمِينُ› هو من ينزل القرآن (الشعراء ٢٦: ١٩٣).

قد لا يبدو هذا تناقضاً لأن الرأي الذي يسعى الأدب الإسلامي لنشره يقول إن رُوح الْقُدُسِ هو جبريل. لكن في الواقع، إنّ اسم رُوح الْقُدُسِ ورد في القرآن أربع مرات، ثلاث منها مقترنة بالمسيح، إذ تقول الآية: ‹وَآتَيْنَا عِيسَى ابْنَ مَرْيَمَ الْبَيِّنَاتِ وَأَيَّدْنَاهُ بِرُوحِ الْقُدُسِ› (البقرة ٢: ٨٧)، وتتكرر هذه العبارة حرفياً في الآية (٢٥٣) من سورة البقرة، وبشكل مقارب في سورة المائدة (آية ١١٠).

لدى تناولها معنى رُوح الْقُدُسِ، تقولُ المصادر التفسيرية إنه:

• جبريل.

- أو الإنجيل.
- أو «إنّه الاسم الذي كان يحيي به [المسيح] الموتى».
- أو «إنّه الروح الذي نُفخ فيه والقدس هو الله» (الرازي ٣: ١٩٠، قارن: الطبري ٢: ٢٢١ - ٢٢٥).

لفهم منشأ التناقض، علينا أن نلاحظ السياق التاريخي لهذه المصطلحات، فمسمى ‹الرُّوح الأمِين› الوارد في سورة الشعراء، جاء إبان دعوة محمد في مكة. وفيما بعد، وربما مع تعرفه أكثر على بعض المفاهيم المسيحية، حدث أنه، بشكل ضبابي، أضاف محمدٌ اسم ‹رُوح القُدُس› إلى معجمه، ونسب إليه في سورة النحل تنزيل القرآن، وسورة النحل من السور المكية المتأخرة.

وأما في المدينة، فقد ذكر محمد اسم ‹جِبْرِيل› (البقرة ٢: ٩٧ و٩٨، التحريم ٦٦: ٤). ومن الواضح أن أسماء: الرُّوح الأمِين، ورُوح القُدُس، وجِبْرِيل، لم يكن لها مدلول واحد في ذهن محمد. لقد كان محمد يلائم بين ظروفه اليومية واللغة القرآنية، فكان ينوع في استعمال المصطلحات الدينية. وقد عكست هذه المصطلحات التقلبات البيئية في حياة محمد.

وماذا عن إسرافيل؟

لدينا حديث صحيح يقول إن إسرافيل كان موكلاً بمحمد، «فكان يأتيه بالكلمة والكلمة، ثم نزلَ عليه جبريلُ بالقرآن». وفي نص آخر نقرأ إنّ الذي أنزل على محمد سورة الفاتحة «مَلَكٌ لم يَنزل إلى الأرضِ قطُّ» (القرطبي ١٢: ٤٢٧).

٢: ١٠٢

قراءة عموم القرّاء ‹وَاتَّبَعُواْ مَا تَتْلُواْ الشَّيَاطِينُ›، حيث جاءت ‹الشَّيَاطِين› بصيغة جمع التكسير. ولكن لدينا قراءة «وَاتَّبَعُواْ مَا تَتْلُواْ الشَّيَاطون». والذين قرأوا بها تلوها: «وَلَكِنَ الشَّيْاطون» بتخفيف «لكن»، و«الشياطون» مثل القراءة السابقة (الخطيب ١: ١٦٣ - ١٦٤). وهذا خلاف نحوي كبير في إعراب المفردات.

٢: ١٠٤

يُروَى أنّ الأنصار كانوا يقولون لمحمد «رَاعِنَا»، وهم يقصدون بهذه الكلمة أن يشرح لهم أكثر، لكن محمداً أمرهم بالآية أن يجعلوا مكانها كلمة «انظرنا»، إذ كان يعتبر كلمة «رَاعِنَا» رطانة يهودية يُقصد بها السب (ابن الجوزي ١٣٤ - ١٣٥، الإيضاح ١٢٥، النحاس ٢٤).

من الناحية الفعلية لا يوجد من سبب لاعتبار الآية من المنسوخ، لأنها لم تنسخ نصاً قرآنياً، بل نسخت سلوكاً معيناً (الإيضاح ١٢٥)، لكننا أوردناها لأنها مذكورة في مصادر مختلفة للناسخ والمنسوخ، اتباعاً لابن الجوزي الذي قال: «وهذه الآية ذكروها في المنسوخ، ولا وجه لذلك بحال، ولولا إيثار ذكر ما ادّعى عليه النسخ لم أذكره» (ابن الجوزي ١٣٥).

رَبِّكُمْ وَاللَّهُ يَخْتَصُّ بِرَحْمَتِهِ مَن يَشَاءُ
وَاللَّهُ ذُو الْفَضْلِ الْعَظِيمِ (١٠٥)
مَا نَنسَخْ مِنْ آيَةٍ أَوْ نُنسِهَا نَأْتِ بِخَيْرٍ
مِّنْهَا أَوْ مِثْلِهَا أَلَمْ تَعْلَمْ أَنَّ اللَّهَ عَلَىٰ
كُلِّ شَيْءٍ قَدِيرٌ (١٠٦)
أَلَمْ تَعْلَمْ أَنَّ اللَّهَ لَهُ مُلْكُ السَّمَاوَاتِ
وَالْأَرْضِ وَمَا لَكُم مِّن دُونِ اللَّهِ مِن وَلِيٍّ
وَلَا نَصِيرٍ (١٠٧)
أَمْ تُرِيدُونَ أَن تَسْأَلُوا رَسُولَكُمْ كَمَا
سُئِلَ مُوسَىٰ مِن قَبْلُ وَمَن يَتَبَدَّلِ
الْكُفْرَ بِالْإِيمَانِ فَقَدْ ضَلَّ سَوَاءَ
السَّبِيلِ (١٠٨)

٢ : ١٠٦

ورد هذا المقطع بصيغ مختلفة:

في مصحف ابن مسعود: «ما نُمْسِك من آيَة أو ننسخها نجيء بخير منها أو مثلها» (الخطيب ١ : ١٧٣).

وروي أن ابن مسعود قرأها: «ما نُنْسِكَ من آيةٍ أو نَنْسَخْها» (الطبري ٢ : ٣٩٠ - ٣٩١).

وكان سعد بن أبي وقَّاص يقرأها: «ما نَنْسَخْ من آيةٍ أو تَنْسَها»، بمعنى: «أوْ تَنْسَها أنت يا محمّدُ» (الطبري ٢ : ٣٩١ - ٣٩٢).

٢ : ١٠٦

في المدينة، وفي خضم الجدل العقائدي بين محمدٍ واليهود، لاحظ اليهود أنَّ محمداً كان يبطل مراراً وتكراراً أحكاماً سنّها، فصارت هذه المسألة مثار نقدهم، وقالوا:

«ألا ترون إلى محمّدٍ يأمر أصحابه بأمرٍ، ثم ينهاهم عنه ويأمرهم بخلافه، ويقول اليوم قولاً ويرجع عنه غداً؟» (الرازي ٣ : ٢٤٤)

وقد رد محمّدٌ على نقدهم بالآية (١٠٦) من سورة البقرة، قائلاً لهم إنّ النسخ [الإبطال أوالإلغاء] أو نسيان الآيات دليل على قدرة الله. وبذلك أشارَ محمدٌ إلى ظاهرتيْن قرآنيتيْن:

الظاهرة الأولى: النّسخ

والمقصود بها إبطال حكمٍ وسنّ آخر. ويحدد الطبري (٢ : ٣٨٨) مجال النسْخ على النحو التالي: «وذلك أنْ يحوِّلَ الحلالَ حراماً، والحرامَ حلالاً،

والمباحَ محظوراً، والمحظور مباحاً، ولا يكونُ ذلك إلاّ في الأمرِ والنّهي، والحظرِ والإطلاق، والمنع والإباحة. فأما الأخبارُ فلا يكونُ منها ناسخٌ ولا منسوخٌ».

النّسخ في القرآن محل إجماع العلماء المسلمين، وإنْ كان بعض الشارحين يقولون إنّ النسخ المقصود بهذه الآية هو نسخ [نقل أو كتابة] كتاب. ويُعتبر هذا القول تأويلاً متعسفاً لمدلول «نسخ» ولا ينسجم مع سياق الآية التي يُفهم منها بجلاء أنّ المقصود هو إبطال تشريع؛ ولهذا فإن القرطبي (٢: ٣٠١) يرفض هذه الدعوى ويقول: «لا مَدْخل له في هذه الآية».

وفي آية أخرى أكد القرآنُ على النسخ وسمّاه تبديلاً، فقال: ‹وَإِذَا بَدَّلْنَا آيَةً مَّكَانَ آيَةٍ وَاللهُ أَعْلَمُ بِمَا يُنَزِّلُ، قَالُواْ: «إِنَّمَا أَنتَ مُفْتَرٍ»، بَلْ أَكْثَرُهُمْ لاَ يَعْلَمُونَ› (سورة النحل ١٦: ١٠١).

الظاهرة الثانية: النَّسْيانُ

يعلن النصّ أن الآيات يمكن إن تتعرّض للنّسْيانُ أيضاً: ‹أَوْ نُنسِهَا›. والخطاب هنا لمحمد، بمعنى: «نُنْسِكَها: أيْ نمحها من قلبك» (الجلالان ١٧). واعتبر المفسرون أن تعرض الآية للنسيان يندرج في عملية النسخ، فقالوا:

> «ويقرأ النبي الآيةَ أو أكثرَ مِن ذلك ثم يُنَسَّى وتُرْفَعُ». وفي حديث آخر: «كان الله تعالى يُنْسِي نبيَّه ما شاءَ، ويَنْسَخُ ما شاءَ»
>
> (الطبري ٢: ٣٩١)

وفي مصحف ابن مسعود قُرِئت الآية: «ما نُنسِكَ من آيةٍ أو نَنْسَخْها». في حين أنّ سعد بن أبي وقّاصٍ كان يقرأها: «ما نَنْسَخْ من آيةٍ أو تَنْسَها»، وهذه القراءة تعتبر أن الخطاب موجه

النِّسْيانُ المحمّديّ

كُتُبَ الحديثِ والسنّة تعترفُ بظاهرةِ النِّسْيان المحمّديّ بما لا يُبقي لدينا أيُّ شكّ في ذلك:

لقد نَقَل الطبري عن قتادة قوله: «يَقرأُ نبيُّ اللهِ الآيةَ أو أكثرَ من ذلك، ثم تُنْسَى وتُرْفَع». وأيضاً: «كانَ الله يُنسِي نبيّه ما شاء». وعن مجاهد: «كان عُبيدُ الله بن عَمير يقول: «نُنْسِهَا، نرفَعُها من عندكم». وعن الحَسَنِ: «إنّ نبيّكم أُقرِئَ قرآنًا ثم نَسِيَهُ». وعن الربيع: «نُنْسِها، نرفَعُها. وكانَ الله أنزلَ أموراً من القرآن ثم رَفَعَهَا».

والحقيقة أنَّ ما ورد على لسان المفسّرين من معانٍ لفعل «نُنسِهَا» تتقارب: فَرَفْعُ أحكام آيةٍ ما من آياتِ القرآن، أو تأخيرُها، أو نسيانُها، أو محوُها من قلبِ النبي... كلُّها تدلّ على طَعْنٍ في صميم العصمة. إنّ اللهَ الذي عَصَمَ نبيّه ليَعصِمَ بعصمتِه القرآنَ «يَرْفَعُ» الآنَ عصمتَه، وذلك بسببِ تبدّلِ ظروفِ النبيِّ وأحوالِه وأحداثِ التّاريخ.

(عالم المعجزات ١١٢)

احتجاج المعتزلة بالآية (١٠٦)
من سورة البقرة
على خلق القرآن

استدلّت المعتزلة بهذه الآية على أنّ القرآن مخلوق من وجوه: أحدها أنّ كلام الله لو كان قديماً لكان الناسخ والمنسوخ قديمَيْن، لكن ذلك محال لأنّ الناسخ يجب أن يكون متأخراً عن المنسوخ، والمتأخر عن الشيء يستحيل أن يكون قديماً، وأما المنسوخ فلأنه يجب أن يزول ويرتفع، وما ثبت زواله استحال قدمه بالاتفاق، وثانيها: أنَّ الآية دلّت على أنَّ بعض القرآن خيرٌ من بعض، وما كان كذلك لا يكون قديماً، وثالثها: إنّ قوله ‹أَلَمْ تَعْلَمْ أَنَّ اللهَ عَلَىَ كُلِّ شَيْءٍ قَدِيرٌ› يدلّ على أنّ المراد أنّه تعالى هو القادر على نسخ بعضها والإتيان بشيءٍ آخر بدلاً من الأوّل، وما كان داخلاً تحت القدرة وكان فعلاً كان محدثاً...

(تفسير الرازي ٣: ٢٥٢)

لمحمد «كأنه عنى: أوْ تَنْسَها أنت يا محمدُ» (الطبري ٢: ٣٩٢).

وقال المفسرون إنَّ من معاني ‹نُنسِهَا›: نَمْحُها. والمحو أقرّه القرآن في آية أخرى، فقال: ‹يَمْحُو اللّهُ مَا يَشَاءُ وَيُثْبِتُ وَعِندَهُ أُمُّ الْكِتَابِ› (سورة الرعد ١٣: ٣٩).

مثلما سعى بعض الشارحين لتفادي الإحراج الناشيء عن النسخ، فأوّلوا النسخ بمعنى نقل الكتاب، فإن آخرين أيضاً قرأوا «نَنْسأها» بدلاً من ‹نُنسِهَا›. وتعنى «نَنْسأها: نؤخِّرُها فلا نُنزِلُ حكمَها ونَرْفَعُ تلاوتَها، أو نؤخِّرُها في اللوح المحفوظ» (الجلالان ١٧). وهذا التأويل، وإنْ كان لا يتسق مع فكرة الآية إلاّ أنه يبرهن على حقيقة خضوع القرآن لمتطلبات وأهواء الواقع المحمدي.

إشكالية أخرى

إضافة لظاهرتيْ النّسخ والنّسْيانِ، فإنّ الآية تشير إلى تفاوت مستوى الآيات، إذ تقول: ‹نَأْتِ بِخَيْرٍ مِّنْهَا أَوْ مِثْلِهَا› (البقرة ٢: ١٠٦). أيْ: إن الآية البديلة تكون خيراً من المنسوخة أو المنسية، أو على الأقل، مثل التي أُبطلت أو نُسيت. وهنا ينشأ سؤال: لماذا لم تُنزّل التي ‹بِخَيْرٍ مِّنْهَا› مباشرةً ما دام القرآن موجوداً في اللوح المحفوظ؟ ثم إذ أُتي بـ ‹مِثْلِهَا›، فما الجديد في هذه الحالة؟

إن هذه الإشكاليات التي تحتويها الآية (البقرة ٢: ١٠٦) تدحض جملة مفاهيم يتداولها المسلمون بشأن عصمة القرآن وحفظه في اللوح المحفوظ.

وتناقض آخر

الآية: ‹وَإِذَا بَدَّلْنَا آيَةً مَّكَانَ آيَة› (النحل ١٦: ١٠١) تناقض آية أخرى: ‹لاَ تَبْدِيلَ لِكَلِمَاتِ اللّهِ› (يونس ١٠: ٦٤). [أنظر التعليق على سورة يونس ١٠: ٦٤، في الجزء الثاني من الكتاب].

وَدَّ كَثِيرٌ مِّنْ أَهْلِ الْكِتَابِ لَوْ يَرُدُّونَكُم
مِّن بَعْدِ إِيمَانِكُمْ كُفَّاراً حَسَداً مِّنْ عِندِ
أَنفُسِهِم مِّن بَعْدِ مَا تَبَيَّنَ لَهُمُ الْحَقُّ فَاعْفُواْ
وَاصْفَحُواْ حَتَّى يَأْتِيَ اللّهُ بِأَمْرِهِ إِنَّ اللّهَ
عَلَى كُلِّ شَيْءٍ قَدِيرٌ (١٠٩)
وَأَقِيمُواْ الصَّلاَةَ وَآتُواْ الزَّكَاةَ وَمَا تُقَدِّمُواْ
لأَنفُسِكُم مِّنْ خَيْرٍ تَجِدُوهُ عِندَ اللّهِ إِنَّ اللّهَ
بِمَا تَعْمَلُونَ بَصِيرٌ (١١٠)
وَقَالُواْ لَن يَدْخُلَ الْجَنَّةَ إِلاَّ مَن كَانَ
هُوداً أَوْ نَصَارَى تِلْكَ أَمَانِيُّهُمْ قُلْ هَاتُواْ
بُرْهَانَكُمْ إِن كُنتُمْ صَادِقِينَ (١١١)
بَلَى مَنْ أَسْلَمَ وَجْهَهُ لِلّهِ وَهُوَ مُحْسِنٌ
فَلَهُ أَجْرُهُ عِندَ رَبِّهِ وَلاَ خَوْفٌ عَلَيْهِمْ
وَلاَ هُمْ يَحْزَنُونَ (١١٢)
وَقَالَتِ الْيَهُودُ لَيْسَتِ النَّصَارَى عَلَى
شَيْءٍ وَقَالَتِ النَّصَارَى لَيْسَتِ الْيَهُودُ
عَلَى شَيْءٍ وَهُمْ يَتْلُونَ الْكِتَابَ كَذَلِكَ
قَالَ الَّذِينَ لاَ يَعْلَمُونَ مِثْلَ قَوْلِهِمْ فَاللّهُ
يَحْكُمُ بَيْنَهُمْ يَوْمَ الْقِيَامَةِ فِيمَا كَانُواْ
فِيهِ يَخْتَلِفُونَ (١١٣)

٢ : ١٠٩

تحدد الآية موقفاً «مرناً» من أهل الكتاب، إذْ تحثّ على العفو والصفح، لكن الآية نُسخت بعد أن حسم الإسلام موقفه من اليهود والمسيحيين، وقيل في المصادر إن الآية منسوخة:

أ. بآية: ﴿قَاتِلُوا الَّذِينَ لا يُؤْمِنُونَ بِاللَّهِ﴾ (التوبة ٩ : ٢٩) (ابن الجوزي ١٣٦ - ١٣٧، الإيضاح ١٢٥ - ١٢٦، ابن سلامة ١٢، النحاس ٢٥، الطبري ٢ : ٤٢٣ - ٤٢٤).

ب. رأى آخرون أنها منسوخة بالآية: ﴿فَاقْتُلُواْ الْمُشْرِكِينَ حَيْثُ وَجَدتُّمُوهُمْ﴾ (التوبة ٩ : ٥) (ابن الجوزي ١٣٧).

أما الفريق الذي قال إن الآية ليست بمنسوخة فيبرر رأيه بأن العفو الوارد هنا ليس مطلقاً، بل إنه محدد بزمن معين: ﴿حَتَّى يَأْتِيَ اللَّهُ بِأَمْرِهِ﴾، «وما بعد الغاية يكون حكمه مخالفاً لما قبلها، وما هذا سبيله لا يكون أحدهما ناسخاً للآخر، بل يكون الأول قد انقضت مدته بغايته، والآخر محتاجاً إلى حكم آخر» (ابن الجوزي ١٣٧، قارن: الإيضاح ١٢٦، زاد المسير ١ : ١٣٢).

وَمَنْ أَظْلَمُ مِمَّن مَّنَعَ مَسَاجِدَ اللّهِ أَن
يُذْكَرَ فِيهَا اسْمُهُ وَسَعَى فِي خَرَابِهَا
أُوْلَـئِكَ مَا كَانَ لَهُمْ أَن يَدْخُلُوهَا إِلاَّ
خَآئِفِينَ لَهُمْ فِي الدُّنْيَا خِزْيٌ وَلَهُمْ فِي
الآخِرَةِ عَذَابٌ عَظِيمٌ (١١٤)
وَلِلّهِ الْمَشْرِقُ وَالْمَغْرِبُ فَأَيْنَمَا تُوَلُّواْ فَثَمَّ
وَجْهُ اللّهِ إِنَّ اللّهَ وَاسِعٌ عَلِيمٌ (١١٥)
وَقَالُواْ اتَّخَذَ اللّهُ وَلَداً سُبْحَانَهُ بَل
لَّهُ مَا فِي السَّمَاوَاتِ وَالأَرْضِ كُلٌّ لَّهُ
قَانِتُونَ (١١٦)
بَدِيعُ السَّمَاوَاتِ وَالأَرْضِ وَإِذَا قَضَى
أَمْراً فَإِنَّمَا يَقُولُ لَهُ كُن فَيَكُونُ (١١٧)
وَقَالَ الَّذِينَ لاَ يَعْلَمُونَ لَوْلاَ يُكَلِّمُنَا
اللّهُ أَوْ تَأْتِينَا آيَةٌ كَذَلِكَ قَالَ الَّذِينَ
مِن قَبْلِهِم مِّثْلَ قَوْلِهِمْ تَشَابَهَتْ قُلُوبُهُمْ
قَدْ بَيَّنَّا الآيَاتِ لِقَوْمٍ يُوقِنُونَ (١١٨)

٢ : ١١٤

قرأها البعض: «إلا خُيَّفاً» وهو جمع خائف (الخطيب ١ : ١٧٩)، وهذه القراءة لا تختلف بالمعنى عن قراءة المصحف، لكن ابن مسعود قرأها: «مَا كَانَ لَهُمْ أَن يَدْخُلُوهَا إِلاَّ حُنَفاء» (الخطيب ١ : ١٧٩).

إن «الخوف» هو حالة نفسية تنتاب الإنسان، بينما «الحنيف» هو الذي يؤمن بدين الحنيفية؛ وبين المعنيين فرق شاسع، فأي معنى هو المقصود؟

٢ : ١١٥

في الآية إجازة الصلاة إلى أي جهة، ويُروى أنّ إعلانها جاء بسبب أن سَرية إسلامية كانت في مهمة، ولما أراد أفرادها الصلاة، صلوا ولديهم شكوك إن كانت جهة القبلة صحيحة، فلما عادوا، أخبروا محمداً فأجابهم بهذه الآية، وعلى ذلك يرى بعض العلماء أن حكم الآية باقٍ في حالات مشابهة (ابن الجوزي ١٣٩ - ١٤٠).

البعض فهم منها أن المراد بالآية: «أينما كنتم فاستقبلوا جهة الكعبة» (ابن الجوزي ١٤٢).

وتُدرج الآية في المصادر الإسلامية في قائمة الآيات المنسوخة، على أساس الروايات التالية:

أ. في الآية جواز الصلاة إلى كل جهة، وهي قد نُسخت بالآية: ‹فَوَلِّ وَجْهَكَ شَطْرَ الْمَسْجِدِ الْحَرَامِ› (الإيضاح ١٣١).

ب. كان محمد في بادئ الأمر يصلي صوب الكعبة، ثم لما هاجر إلى المدينة تحول إلى القدس، وبعد ذلك عاد مجدداً إلى الصلاة

إِنَّا أَرْسَلْنَاكَ بِالْحَقِّ بَشِيراً وَنَذِيراً وَلاَ تُسْأَلُ عَنْ أَصْحَابِ الْجَحِيمِ (١١٩)
وَلَن تَرْضَى عَنكَ الْيَهُودُ وَلاَ النَّصَارَى حَتَّى تَتَّبِعَ مِلَّتَهُمْ قُلْ إِنَّ هُدَى اللّهِ هُوَ الْهُدَى وَلَئِنِ اتَّبَعْتَ أَهْوَاءهُم بَعْدَ الَّذِي جَاءكَ مِنَ الْعِلْمِ مَا لَكَ مِنَ اللّهِ مِن وَلِيٍّ وَلاَ نَصِيرٍ (١٢٠)
الَّذِينَ آتَيْنَاهُمُ الْكِتَابَ يَتْلُونَهُ حَقَّ تِلاَوَتِهِ أُوْلَـئِكَ يُؤْمِنُونَ بِهِ وَمن يَكْفُرْ بِهِ فَأُوْلَـئِكَ هُمُ الْخَاسِرُونَ (١٢١)
يَا بَنِي إِسْرَائِيلَ اذْكُرُواْ نِعْمَتِيَ الَّتِي أَنْعَمْتُ عَلَيْكُمْ وَأَنِّي فَضَّلْتُكُمْ عَلَى الْعَالَمِينَ (١٢٢)
وَاتَّقُواْ يَوْماً لاَّ تَجْزِي نَفْسٌ عَن نَّفْسٍ شَيْئاً وَلاَ يُقْبَلُ مِنْهَا عَدْلٌ وَلاَ تَنفَعُهَا شَفَاعَةٌ وَلاَ هُمْ يُنصَرُونَ (١٢٣)

صوب الكعبة. وقد أكد تشريع إعادة القبلة نحو مكة بالآية: ﴿فَوَلِّ وَجْهَكَ شَطْرَ الْمَسْجِدِ الْحَرَامِ وَحَيْثُ مَا كُنتُمْ فَوَلُّواْ وُجُوهَكُمْ شَطْرَهُ﴾ (البقرة ٢: ١٤٤)، وبهذا صارت ناسخة للآية (البقرة: ١١٥) (ابن الجوزي ١٤٢-١٤٥، ابن سلامة ١٣، البيهقي ٢: ٣، الدر المنثور ٢: ٧). ويُحكى أن الباعث المباشر لتحويل القبلة مجدداً هو قول بعض اليهود: «ما اهتدى لقبلة حتى هديناه، فكَرِهَ [محمد] قولهم، ورفع طرفه إلى السّماء» فجاءت ﴿قَدْ نَرَى تَقَلُّبَ وَجْهِكَ فِي السَّمَاء فَلَنُوَلِّيَنَّكَ قِبْلَةً تَرْضَاهَا﴾ (البقرة ٢: ١٤٤) (النحاس ١٤-١٥). وقيل في المصادر إن هذا النسخ هو أوّل ناسخ ومنسوخ (الإيضاح ١٢٧).

ولكن بعض العلماء أنكروا وقوع النسخ في الآية وحكموا بأنه لا يوجد فيها ناسخ ولا منسوخ (النحاس ١٥، ابن الجوزي ١٤٩، الطبري ٢: ٤٥٦-٤٥٨).

٢: ١١٩

قراءة الجمهور ﴿وَلا تُسْأَلُ﴾ (الخطيب ١: ١٨٣)، وقرأ أُبي بن كعب «وما تُسْأَلُ»، بينما قرأ ابن مسعود «ولن تُسْأَلَ» (الخطيب ١: ١٨٣). وكل هذه القراءات تعني: أنك غير مسئول يا محمد.

وقرأ آخرون: «ولا تَسْأَلْ» على صيغة النهي (الخطيب ١: ١٨٤)؛ بمعنى لا تستعلم يا محمد عن حال أهل النار، فهذا لا يقع في دائرة اختصاصك.

فهل تفيد الآية أن محمداً غير مسئول، أم أنها تأمره بعدم السؤال؟

وَإِذِ ابْتَلَى إِبْرَاهِيمَ رَبُّهُ بِكَلِمَاتٍ فَأَتَمَّهُنَّ قَالَ
إِنِّي جَاعِلُكَ لِلنَّاسِ إِمَاماً قَالَ وَمِن ذُرِّيَّتِي
قَالَ لاَ يَنَالُ عَهْدِي الظَّالِمِينَ (١٢٤)
وَإِذْ جَعَلْنَا الْبَيْتَ مَثَابَةً لِّلنَّاسِ وَأَمْناً
وَاتَّخِذُواْ مِن مَّقَامِ إِبْرَاهِيمَ مُصَلًّى وَعَهِدْنَا
إِلَى إِبْرَاهِيمَ وَإِسْمَاعِيلَ أَن طَهِّرَا بَيْتِيَ
لِلطَّائِفِينَ وَالْعَاكِفِينَ وَالرُّكَّعِ السُّجُودِ (١٢٥)
وَإِذْ قَالَ إِبْرَاهِيمُ رَبِّ اجْعَلْ هَـَذَا بَلَداً
آمِناً وَارْزُقْ أَهْلَهُ مِنَ الثَّمَرَاتِ مَنْ آمَنَ
مِنْهُم بِاللّهِ وَالْيَوْمِ الآخِرِ قَالَ وَمَن كَفَرَ
فَأُمَتِّعُهُ قَلِيلاً ثُمَّ أَضْطَرُّهُ إِلَى عَذَابِ
النَّارِ وَبِئْسَ الْمَصِيرُ (١٢٦)
وَإِذْ يَرْفَعُ إِبْرَاهِيمُ الْقَوَاعِدَ مِنَ الْبَيْتِ
وَإِسْمَاعِيلُ رَبَّنَا تَقَبَّلْ مِنَّا إِنَّكَ أَنتَ
السَّمِيعُ الْعَلِيمُ (١٢٧)
رَبَّنَا وَاجْعَلْنَا مُسْلِمَيْنِ لَكَ وَمِن
ذُرِّيَّتِنَا أُمَّةً مُّسْلِمَةً لَّكَ وَأَرِنَا
مَنَاسِكَنَا وَتُبْ عَلَيْنَا إِنَّكَ أَنتَ

٢ : ١٢٤

فحينما نقرأ الآية، نلاحظ أن القراءة التي تبعد العبارة عن اللبس يجب أن تكون برفع ‹الظَّالِمِينَ›، أيْ: « لاَ يَنَالُ عَهْدِي الظَّالِمون ». ولكن الكلمة مكتوبة في المصحف الحالي بالنصب: ‹الظَّالِمِينَ›؛ ولهذا يدافع الكتاب المسلمون عن هذه الصيغة، فمثلاً، يقول الطبري:

> « وإنما جاز الرفعُ ‹الظَّالِمِينَ› والنصبُ... لأنّ كلَّ ما نالَ المرءَ فقد ناله المرءُ. كما يقالُ: نالني خيرُ فلانٍ، ونِلْتُ خيرَه. فيُوجَّهُ الفعلُ مرةً إلى الخيرِ، ومرةً إلى نفسه ».
> (الطبري ٢ : ٥١٦)

وفي الواقع، فإننا نجد أنّ الكلمة بصيغة الرفع مذكورة في مصاحف أخرى، ففي مصحف ابن مسعود، وهو من أصحاب محمد رفيعي الشأن، وردت الكلمة بصيغة الرفع: « « قَالَ: لاَ يَنَالُ عَهْدِي الظَّالِمون ». بمعنى أن الظالمين هم الذين لا ينالون عهدَ اللهِ » (الطبري٢ : ٥١٦).

والقراءة بالرفع أكدها آخرون أيضاً: « قرأ بعضهم « قَالَ: لاَ يَنَالُ عَهْدِي الظَّالِمون » أي من كان ظالماً من ذريتك فإنه لا ينال عهدي » (الرازي ٤ : ٤٥).

وثمة من اعترف بخطأ الصيغة الموجودة في المصحف المتداول أي « الظَّالِمِينَ »، ولنرجع مثلاً إلى معجم القراءات لنستوثق:

> « قرأ أبو رجاء وقتادة والأعمش وابن مسعود وطلحة بن مصرّف « الظالمون » بالرفع، لأن العهد لا يُنال، أي عهدي لا

التَّوَّابُ الرَّحِيمُ (١٢٨)
رَبَّنَا وَابْعَثْ فِيهِمْ رَسُولاً مِّنْهُمْ يَتْلُو
عَلَيْهِمْ آيَاتِكَ وَيُعَلِّمُهُمُ الْكِتَابَ وَالْحِكْمَةَ
وَيُزَكِّيهِمْ إِنَّكَ أَنتَ العَزِيزُ الحَكِيمُ (١٢٩)
وَمَن يَرْغَبُ عَن مِّلَّةِ إِبْرَاهِيمَ إِلاَّ مَن
سَفِهَ نَفْسَهُ وَلَقَدِ اصْطَفَيْنَاهُ فِي الدُّنْيَا
وَإِنَّهُ فِي الآخِرَةِ لَمِنَ الصَّالِحِينَ (١٣٠)
إِذْ قَالَ لَهُ رَبُّهُ أَسْلِمْ قَالَ أَسْلَمْتُ
لِرَبِّ الْعَالَمِينَ (١٣١)
وَوَصَّى بِهَا إِبْرَاهِيمُ بَنِيهِ وَيَعْقُوبُ يَا
بَنِيَّ إِنَّ اللّهَ اصْطَفَى لَكُمُ الدِّينَ فَلاَ
تَمُوتُنَّ إَلاَّ وَأَنتُم مُّسْلِمُونَ (١٣٢)
أَمْ كُنتُمْ شُهَدَاء إِذْ حَضَرَ يَعْقُوبَ
الْمَوْتُ إِذْ قَالَ لِبَنِيهِ مَا تَعْبُدُونَ مِن
بَعْدِي قَالُواْ نَعْبُدُ إِلَـهَكَ وَإِلَـهَ آبَائِكَ
إِبْرَاهِيمَ وَإِسْمَاعِيلَ وَإِسْحَاقَ إِلَـهاً
وَاحِداً وَنَحْنُ لَهُ مُسْلِمُونَ (١٣٣)
تِلْكَ أُمَّةٌ قَدْ خَلَتْ لَهَا مَا كَسَبَتْ

يصل إلى الظّالمين أو لا يصل إليه الظّالمون.

قال الزجاج: «قراءة جيدة بالغة إلاّ أني لا أقرأ بها، ولا ينبغي أن يُقْرَأ بها لأنها خلاف المصحف»»

(معجم القراءات ١: ١٨٩)

٢ : ١٢٥

قرأت طائفة واسعة من القرّاء ‹واتَّخَذُوا› بصيغة فعل الأمر. وقرأ آخرون: «واتَّخَذُوا» بصيغة الماضي (الخطيب ١: ١٩٠).

في المصحف ‹وَاتَّخِذُواْ› بصيغة فعل الأمر، مما يفيد أنهم لم يتّخذوا مقام إبراهيم مُصلى بعد؛ بينما يرد الفعل في القراءة الثانية بصيغة الماضي: «واتَّخَذُوا»، أي أنهم اتخذوا بالفعل وانتهى الأمر.

٢ : ١٢٥-١٢٩

تخبرنا القصة القرآنية الواردة في سورة (البقرة ٢: ١٢٥-١٢٩) أنّ إِبْرَاهِيم وإسماعيل رفعا بنيان الكعبة، وأنّهما سألا الله أن يبعث في أهل مكة ‹رَسُولاً مِّنْهُمْ›، وتضرعا إليه أن يوفر لهذه المدينة شتى موارد الرزق. ولكن عندما نقارن الرواية القرآنية مع المصادر الأصلية، يتبين عدم وجود أساس تاريخي لحكاية القرآن؛ إذْ ترسم سيرة إِبْرَاهِيم الواردة في التوراه خريطة إرتحاله على الشكل التالي:

١. اختيار الله لإِبْرَاهِيم الذي كان يعيش في

وَلَكُم مَّا كَسَبْتُمْ وَلاَ تُسْأَلُونَ عَمَّا
كَانُوا يَعْمَلُونَ (١٣٤)
وَقَالُواْ كُونُواْ هُوداً أَوْ نَصَارَى
تَهْتَدُواْ قُلْ بَلْ مِلَّةَ إِبْرَاهِيمَ حَنِيفاً
وَمَا كَانَ مِنَ الْمُشْرِكِينَ (١٣٥)
قُولُواْ آمَنَّا بِاللّهِ وَمَا أُنزِلَ إِلَيْنَا
وَمَا أُنزِلَ إِلَى إِبْرَاهِيمَ وَإِسْمَاعِيلَ
وَإِسْحَاقَ وَيَعْقُوبَ وَالأَسْبَاطِ وَمَا
أُوتِيَ مُوسَى وَعِيسَى وَمَا أُوتِيَ
النَّبِيُّونَ مِن رَّبِّهِمْ لاَ نُفَرِّقُ بَيْنَ أَحَدٍ
مِّنْهُمْ وَنَحْنُ لَهُ مُسْلِمُونَ (١٣٦)
فَإِنْ آمَنُواْ بِمِثْلِ مَا آمَنتُم بِهِ فَقَدِ

بيئة وثنية (يشوع ٢٤: ٢) في بلاد ما بين النهرين،

٢. مغادرة عشيرة إبْرَاهيم «أُورِ الْكِلْدَانِيِّينَ لِيَذْهَبُوا إِلَى أَرْضِ كَنْعَانَ» حيث أقام في شَكِيمَ [نابلس الحالية]. وكان ذلك حوالي (١٨٥٠) ق. م.

٣. مغادرة إبْرَاهيم إلى مصر بسبب مجاعة حلّت بأرض كنعان (التّكوين ١٢: ١ - ١٠). ومن مصر إلى بَيْتِ إِيلَ، وهناك بنى مذبحاً للرب (التّكوين ١٣: ١ - ٤).

ثلاث مناطق ذُكرت في رواية إبْرَاهيم الواردة في التوراة: ما بين النهرين كنعان مصر. في حين لا يرد ذكر شبه الجزيرة العربية، كما لا تُذكر أي صلة بين إبْرَاهيم والكعبة. ولو كان إبْرَاهيم هو الذي بنى الكعبة لرأينا اليهود يقدسونها، أو على الأقل لكانت الروايات التاريخية قد ذكرت توقيرهم إياها.

أما فيما يخصّ الكَعْبَة، فإن المصادر التاريخية الإسلامية التقليدية (المفصل ٦: ٣٩٨) تخبرنا بما يلي:

الكَعْبَة: البناء المُرَبَّعُ الشكل؛ ولهذا أُطلق على البيت المقدس الموجود في مكة اسم الكَعْبَة. وعبادة الكَعْبَة مرتبطة بالوثنية العربية، فكان عرب الجزيرة العربية يقدسون الكَعْبَة قبل الإسلام. وتخبرنا المصادر التاريخية أن العرب الوثنيين كانوا يبجلون بيوتاً أخرى، والتي كانت تُسمَّى كعبات:

- الكَعْبَة اليمانية
- كَعْبَة نجران
- كَعْبَة شدّاد
- كَعْبَة غطفان

وقد رُوي أن عدد الكعبات بلغ ٢٣ كعبة.

اهْتَدَواْ وَّإِن تَوَلَّوْاْ فَإِنَّمَا هُمْ فِي
شِقَاقٍ فَسَيَكْفِيكَهُمُ اللّهُ وَهُوَ
السَّمِيعُ الْعَلِيمُ (١٣٧)
صِبْغَةَ اللّهِ وَمَنْ أَحْسَنُ مِنَ اللّهِ
صِبْغَةً وَنَحْنُ لَهُ عَابِدونَ (١٣٨)
قُلْ أَتُحَآجُّونَنَا فِي اللّهِ وَهُوَ رَبُّنَا
وَرَبُّكُمْ وَلَنَا أَعْمَالُنَا وَلَكُمْ أَعْمَالُكُمْ
وَنَحْنُ لَهُ مُخْلِصُونَ (١٣٩)
أَمْ تَقُولُونَ إِنَّ إِبْرَاهِيمَ وَإِسْمَاعِيلَ
وَإِسْحَاقَ وَيَعْقُوبَ وَالأَسْبَاطَ كَانُواْ
هُوداً أَوْ نَصَارَى قُلْ أَأَنتُمْ أَعْلَمُ أَمِ اللّهُ
وَمَنْ أَظْلَمُ مِمَّن كَتَمَ شَهَادَةً عِندَهُ مِنَ اللّهِ

وبغض النظر عن دقة الرقم، إلاّ أن الثابت وجود كعبات أخرى إلى جانب كَعْبَة مكة.

فهل يمكن ربط إِبْرَاهِيم بالكَعْبَة، وهو لم يزر شبه الجزيرة العربية، علاوة على أنّ الكَعْبَة تقع في صميم الوثنية العربية؟

قراءات إضافية

- قصة إِبْرَاهِيم الكتابية. راجع سيرته في سِفر التّكوين ١١ : ٢٦ إلى ٢٥ : ١٨.
- معلومات غنية عن الكعبة، تجدها في كتاب د. جواد علي، المفصل في تاريخ العرب قبل الإسلام، المجلد السادس.

٢ : ١٣٧

تقول الآية عن اليهود والمسيحيين: ‹فَإِنْ آمَنُواْ بِمِثْلِ مَا آمَنتُم بِهِ فَقَدِ اهْتَدَواْ›، وينتقد ابن عباس هذه القراءة، لأنها حسب تأويله تعني إن آمن أهل الكتاب بمثيل لله ‹فَقَدِ اهْتَدَواْ›، ويقول: «لا تقولوا: ‹بِمِثْلِ مَا آمَنتُم بِهِ›؛ فإن الله ليس له مثلٌ»، وقال للمسلمين إن عليهم أن يقرأوا: «فَإِنْ آمَنُواْ بِالّذي آمَنتُم بِهِ» أو «فَإِنْ آمَنُواْ بِمَا آمَنتُم بِهِ» (الطبري ٢ : ٦٠٠، قارن: جولدتسهر ٣٩).

ويسير أُبيّ بن كعب على خطى ابن عباس، فيقرأ الآية: «فَإِنْ آمَنُواْ بِالّذي آمَنتُم بِهِ» (الخطيب ١ : ٢٠١).

٢ : ١٣٩

اختلف المفسرون في نسخ الآية أو إحكامها على قولَيْن:

القول الأول: إنها منسوخة، لأن فيها تساهلاً مع غير المسلمين، فنسخت بآية السيف: ‹فَاقْتُلُواْ الْمُشْرِكِينَ حَيْثُ وَجَدتُّمُوهُمْ› (التوبة ٩ : ٥)

وَمَا اللّهُ بِغَافِلٍ عَمَّا تَعْمَلُونَ (١٤٠)
تِلْكَ أُمَّةٌ قَدْ خَلَتْ لَهَا مَا كَسَبَتْ
وَلَكُم مَّا كَسَبْتُمْ وَلاَ تُسْأَلُونَ عَمَّا
كَانُواْ يَعْمَلُونَ (١٤١)
سَيَقُولُ السُّفَهَاءُ مِنَ النَّاسِ مَا وَلاَّهُمْ
عَن قِبْلَتِهِمُ الَّتِي كَانُواْ عَلَيْهَا قُل لِّلّهِ
الْمَشْرِقُ وَالْمَغْرِبُ يَهْدِي مَن يَشَاءُ إِلَى
صِرَاطٍ مُّسْتَقِيمٍ (١٤٢)
وَكَذَلِكَ جَعَلْنَاكُمْ أُمَّةً وَسَطاً لِّتَكُونُواْ
شُهَدَاءَ عَلَى النَّاسِ وَيَكُونَ الرَّسُولُ
عَلَيْكُمْ شَهِيداً وَمَا جَعَلْنَا الْقِبْلَةَ الَّتِي
كُنتَ عَلَيْهَا إِلاَّ لِنَعْلَمَ مَن يَتَّبِعُ الرَّسُولَ مِمَّن
يَنقَلِبُ عَلَى عَقِبَيْهِ وَإِن كَانَتْ لَكَبِيرَةً إِلاَّ
عَلَى الَّذِينَ هَدَى اللّهُ وَمَا كَانَ اللّهُ لِيُضِيعَ
إِيمَانَكُمْ إِنَّ اللّهَ بِالنَّاسِ لَرَؤُوفٌ رَّحِيمٌ (١٤٣)
قَدْ نَرَى تَقَلُّبَ وَجْهِكَ فِي السَّمَاءِ
فَلَنُوَلِّيَنَّكَ قِبْلَةً تَرْضَاهَا فَوَلِّ وَجْهَكَ
شَطْرَ الْمَسْجِدِ الْحَرَامِ وَحَيْثُ مَا كُنتُمْ
فَوَلُّواْ وُجُوهَكُمْ شَطْرَهُ وَإِنَّ الَّذِينَ
أُوْتُواْ الْكِتَابَ لَيَعْلَمُونَ أَنَّهُ الْحَقُّ مِن
رَّبِّهِمْ وَمَا اللّهُ بِغَافِلٍ عَمَّا يَعْمَلُونَ (١٤٤)
وَلَئِنْ أَتَيْتَ الَّذِينَ أُوْتُواْ الْكِتَابَ بِكُلِّ آيَةٍ
مَّا تَبِعُواْ قِبْلَتَكَ وَمَا أَنتَ بِتَابِعٍ قِبْلَتَهُمْ
وَمَا بَعْضُهُم بِتَابِعٍ قِبْلَةَ بَعْضٍ وَلَئِنِ اتَّبَعْتَ
أَهْوَاءَهُم مِّن بَعْدِ مَا جَاءَكَ مِنَ الْعِلْمِ
إِنَّكَ إِذَاً لَّمِنَ الظَّالِمِينَ (١٤٥)
الَّذِينَ آتَيْنَاهُمُ الْكِتَابَ يَعْرِفُونَهُ كَمَا
يَعْرِفُونَ أَبْنَاءَهُمْ وَإِنَّ فَرِيقاً مِّنْهُمْ
لَيَكْتُمُونَ الْحَقَّ وَهُمْ يَعْلَمُونَ (١٤٦)
الْحَقُّ مِن رَّبِّكَ فَلاَ تَكُونَنَّ مِنَ
الْمُمْتَرِينَ (١٤٧)
وَلِكُلٍّ وِجْهَةٌ هُوَ مُوَلِّيهَا فَاسْتَبِقُواْ الْخَيْرَاتِ

(ابن الجوزي ١٥٠).

القول الثاني: إنها محكمة للأسباب التالية:

١. إن المقصود بها أن كل إنسان يتحمل عواقب أفعاله.

٢. إن ما ورد خبر.

٣. إن المنسوخ لا يبقى له حكم، ولكن في هذه الآية الحكم باقٍ، لأنه يبقى

للإنسان جزاء عمله (ابن الجوزي ١٥٠ - ١٥١).

٢ : ١٥٨

في مصحف ابن مسعود: «فَلاَ جُنَاحَ عَلَيْهِ أَنْ لا يَطَّوَّفَ بِهِمَا» (الطبري ٢: ٧٢٢ - ٧٢٣، الرازي ٤: ١٧٧). وقرأ ابن عباس وأنس بن مالك: «أَنْ

أَيْنَ مَا تَكُونُواْ يَأْتِ بِكُمُ اللّهُ جَمِيعاً إِنَّ
اللّهَ عَلَى كُلِّ شَيْءٍ قَدِيرٌ (١٤٨)
وَمِنْ حَيْثُ خَرَجْتَ فَوَلِّ وَجْهَكَ شَطْرَ
الْمَسْجِدِ الْحَرَامِ وَإِنَّهُ لَلْحَقُّ مِن رَّبِّكَ وَمَا
اللّهُ بِغَافِلٍ عَمَّا تَعْمَلُونَ (١٤٩)
وَمِنْ حَيْثُ خَرَجْتَ فَوَلِّ وَجْهَكَ شَطْرَ
الْمَسْجِدِ الْحَرَامِ وَحَيْثُ مَا كُنتُمْ فَوَلُّواْ
وُجُوهَكُمْ شَطْرَهُ لِئَلاَّ يَكُونَ لِلنَّاسِ
عَلَيْكُمْ حُجَّةٌ إِلاَّ الَّذِينَ ظَلَمُواْ مِنْهُمْ
فَلاَ تَخْشَوْهُمْ وَاخْشَوْنِي وَلأُتِمَّ نِعْمَتِي
عَلَيْكُمْ وَلَعَلَّكُمْ تَهْتَدُونَ (١٥٠)
كَمَا أَرْسَلْنَا فِيكُمْ رَسُولاً مِّنكُمْ يَتْلُو
عَلَيْكُمْ آيَاتِنَا وَيُزَكِّيكُمْ وَيُعَلِّمُكُمُ
الْكِتَابَ وَالْحِكْمَةَ وَيُعَلِّمُكُم مَّا لَمْ
تَكُونُواْ تَعْلَمُونَ (١٥١)
فَاذْكُرُونِي أَذْكُرْكُمْ وَاشْكُرُواْ لِي وَلاَ
تَكْفُرُونِ (١٥٢)
يَا أَيُّهَا الَّذِينَ آمَنُواْ اسْتَعِينُواْ بِالصَّبْرِ
وَالصَّلاَةِ إِنَّ اللّهَ مَعَ الصَّابِرِينَ (١٥٣)
وَلاَ تَقُولُواْ لِمَنْ يُقْتَلُ فِي سَبيلِ اللّهِ أَمْوَاتٌ
بَلْ أَحْيَاء وَلَكِن لاَّ تَشْعُرُونَ (١٥٤)
وَلَنَبْلُوَنَّكُمْ بِشَيْءٍ مِّنَ الْخَوفْ
وَالْجُوعِ وَنَقْصٍ مِّنَ الأَمَوَالِ وَالأنفُسِ
وَالثَّمَرَاتِ وَبَشِّرِ الصَّابِرِينَ (١٥٥)
الَّذِينَ إِذَا أَصَابَتْهُم مُّصِيبَةٌ قَالُواْ إِنَّا
لِلّهِ وَإِنَّا إِلَيْهِ رَاجِعونَ (١٥٦)
أُولَـئِكَ عَلَيْهِمْ صَلَوَاتٌ مِّن رَّبِّهِمْ
وَرَحْمَةٌ وَأُولَـئِكَ هُمُ الْمُهْتَدُونَ (١٥٧)
إِنَّ الصَّفَا وَالْمَرْوَةَ مِن شَعَآئِرِ اللّهِ فَمَنْ
حَجَّ الْبَيْتَ أَوِ اعْتَمَرَ فَلاَ جُنَاحَ عَلَيْهِ أَن
يَطَّوَّفَ بِهِمَا وَمَن تَطَوَّعَ خَيْراً فَإِنَّ اللّهَ
شَاكِرٌ عَلِيمٌ (١٥٨)

لا يتطوف» (المحرر الوجيز ١: ٢٢٩).

تعني قراءة المصحف أن المسلم لو طاف حول الصّفا والمروة فلا إثم عليه، في حين أنه، وفقاً لقراءة ابن مسعود: فإن لم يطف المسلم حولهما فلا إثم عليه.

[أنظر التعليق على هذه الآية في التحليل النقدي].

٢: ١٥٨

كان الأنصار يتحرجون من السعي بين الصَّفَا وَالْمَرْوَة [أنظر التحليل النقدي لنفس الآية]، فجاءت الآية لتزيل ما في نفوسهم من قلقٍ، ثم لاحقاً نُسخت هذه الآية بآية اعتبرت السعي واجباً: ﴿وَمَن يَرْغَبُ عَن مِّلَّةِ إِبْرَاهِيمَ إِلاَّ مَن سَفِهَ نَفْسَهُ﴾ (البقرة ٢: ١٣٠) (ابن الجوزي ١٥١-١٥٣).

٢ : ١٥٨

تستكمل الآية (١٥٨) من سورة البقرة المسار الذي بدأه محمد في (البقرة ٢ : ١٤٤) عندما قام بتحويل قبلة المسلمين من بيت المقدس إلى مكة. كان محمد قد توصل إلى قناعة مفادها أن الأفق مسدود مع يهود المدينة، وأنه لا فرصة لكسبهم، علاوة على ذلك، صار محمّد يطمح إلى توسيع قاعدة أتباعه، فقرر أن يغازل العرب الوثنيين. وإذْ شرع محمّد بخطوات التقرّب من وثنيي بلاد العرب من خلال تحويل القبلة صوب كعبة مكة، وهكذا انتهى به الأمر إلى دمج طقوس الْحَجّ الوثنية في الإسلام. وكان السّعي [الطّواف] بين الصَّفَا وَالْمَرْوَةَ أحد طقوس الْحَجّ الوثنية، لكن طقس الطواف كان طقساً خاصاً بقريش وحدها دون سائر العرب (المفصل ٦ : ٣٨٠).

الصَّفَا وَالْمَرْوَةَ تلاّن قرب الكعبة من جهة الشرق، كانا يحويان صنميْن: إسَاف في الصَّفَا؛ ونائلة في الْمَرْوَةَ (المفصل ٦ : ٣٨٠).

وبعد سنوات من قرار تحويل القبلة، قام محمّد بأداء العُمرة، وكان ذلك قبل فتح مكة. وبينما كان محمّدٌ يؤدي الشعائر، توجه للقيام بطقس السّعي بين الصَّفَا وَالْمَرْوَةَ اتباعاً للمنسك الوثني القرشي. ولّما لم يكن هذا الطقس محل إجماع من كافة العرب، فإن مسلمين من خلفيات غير قرشية قالوا له: «وكيف نطوف بهما، وقد علِمْنَا أنّ تعظيم الأصنام وجميع ما كانَ من ذلك يُعبدُ من دون اللهِ شِرْكٌ؟» (الرازي ٤ : ١٧٧)، ولهذا السبب أيضاً، فإنَّ فئةً من المسلمين كرهت «الطواف في الإسلام بالصَّفَا وَالْمَرْوَةَ» (المفصل ٦ : ٣٨٠ - ٣٨١). ويقول أنس بن مالك:

> «كنّا نَكرَه الطوافَ بينَهما، لأنّهما من شعائرِ الجاهليةِ» حتى جاءت الآية: ﴿إِنَّ الصَّفَا وَالْمَرْوَةَ مِن شَعَآئِرِ اللَّهِ﴾
> (الطبري ٢ : ٧١٥)

وهناك رواية تحكي عن بعض المسلمين الذين نصحوا محمداً بعدم أداء طقس الطواف، قائلين له:

> «يا رسولَ اللهِ! لا تَطُوفَنَّ بينَ الصَّفَا وَالْمَرْوَةِ، فإنه شِرْكٌ كنّا نَصْنَعُه في الجاهليةِ»، فجاء رد القرآن: ﴿فَلاَ جُنَاحَ عَلَيْهِ أَن يَطَّوَّفَ بِهِمَا﴾
> (الطبري ٢ : ٧١٥)

وتخبرنا رواية أن الأنصار هم الذين عبَّروا عن خشيتهم، لأنهم كانوا يقدسون الآلهة مُناة قبل الإسلام، «وكانوا يتحرجون أنْ يطوفوا بين الصَّفَا وَالْمَرْوَة» (تفسير البحر المحيط ١ : ٦٣١)، لوجود إسَاف ونائلة. وجاء في المصادر إنهم نقدوا طلب الطواف، فقالوا لمحمّدٍ:

> «إن السعيَ بينَ هذينَ الحَجَرَيْنِ من أمرِ الجاهليةِ»
> (الطبري ٢ : ٧١٦)

في حين تقول روايات أخرى إن الآية متعلقة بمسلمين منحدرين من تهامة، ذلك أنّ أهل تهامة كانوا لا يمارسون طقس الطواف قبل الإسلام، فلما أمرَ محمّدٌ بأداء هذا الطقس،

إِنَّ الَّذِينَ يَكْتُمُونَ مَا أَنزَلْنَا مِنَ الْبَيِّنَاتِ وَالْهُدَى مِن بَعْدِ مَا بَيَّنَّاهُ لِلنَّاسِ فِي الْكِتَابِ أُولَـئِكَ يَلعَنُهُمُ اللّهُ وَيَلْعَنُهُمُ اللَّاعِنُونَ (١٥٩)

تخوفوا من القيام به (الطبري ٢ : ٧١٦).

والمصادر لا تبيّن إنْ كان تحرّج هؤلاء المسلمين يعود إلى أنه كان طقساً وثنياً قرشيًّا، وبالتالي كان رفضهم تعبيراً عن مناوئتهم لقريش، لكن الأمر الذي لا خلاف عليه، هو أنَّ حجة الرافضين قامت على أساس وثنية شعيرة الطواف.

ويبدو أنّ بعض الشخصيات قد بقيَ متحرجاً من شعيرة الطواف بين الصَّفَا وَالْمَرْوَة، إعتقاداً منهم أنَّ منطوق الآية يقول إن الطواف ليس شرطاً لازماً، وهؤلاء يستندون إلى قراءة مدونة في مصحف ابن مسعود: «فَلاَ جُنَاحَ عَلَيْهِ أَنْ لا يَطوَّفَ بهمَا»؛ ويُروى أن ابن عباس كان يقرأ بها أيضاً (الطبري ٢ : ٧٢٢ - ٧٢٣، الرازي ٤ : ١٧٧).

وفي مصدرٍ آخر:

«أن ابن عباس وأنس بن مالك وشهر بن حوشب... قرؤوا «أن لا يتطوف»»
(المحرر الوجيز ١ : ٢٢٩)

ونحن نضم صوتنا لصوت المسلمين المتحرجين، ونسأل معهم: كيف شرّع الله منسكاً وثنياً، لا بل أقرّ بوجه الحصر طقساً وثنياً قرشياً؟

تناقض في الآية

تحتوي الآية (١٥٨) على تناقض داخلي، إذْ يقول الجزء الأول: ‹إِنَّ الصَّفَا وَالْمَرْوَةَ مِن شَعَآئِرِ اللّهِ›، وهذا يعني وجوب الطواف، في حين يقول القسم الثاني منها إنّ من يطوف بالصَّفَا وَالْمَرْوَة لا يعتبر آثماً: ‹فَلاَ جُنَاحَ عَلَيْهِ أَن يَطَّوَّفَ بِهِمَا›.

٢ : ١٥٩

ذُكر أن هذه الآية منسوخة بالاستثناء الوارد في الآية التي تليها: ‹إِلاَّ الَّذِينَ تَابُواْ وَأَصْلَحُواْ وَبَيَّنُواْ› (البقرة ٢ : ١٦٠) (ابن حزم ٢٢، ابن سلامة ١٤)، وهو أمر يرفضه ابن الجوزي بقوله:

«أن الاستثناء ليس بنسخ، وإنما هو إخراج بعض ما شمله اللفظ»
(ابن الجوزي ١٥٤، الإيضاح ١٣٣)

إِلَّا الَّذِينَ تَابُواْ وَأَصْلَحُواْ وَبَيَّنُواْ
فَأُوْلَـئِكَ أَتُوبُ عَلَيْهِمْ وَأَنَا التَّوَّابُ
الرَّحِيمُ (١٦٠)
إِنَّ الَّذِينَ كَفَرُوا وَمَاتُوا وَهُمْ كُفَّارٌ
أُولَئِكَ عَلَيْهِمْ لَعْنَةُ اللّهِ وَالْمَلآئِكَةِ
وَالنَّاسِ أَجْمَعِينَ (١٦١)
خَالِدِينَ فِيهَا لاَ يُخَفَّفُ عَنْهُمُ الْعَذَابُ
وَلاَ هُمْ يُنظَرُونَ (١٦٢)
وَإِلَـهُكُمْ إِلَهٌ وَاحِدٌ لاَّ إِلَهَ إِلاَّ هُوَ
الرَّحْمَنُ الرَّحِيمُ (١٦٣)
إِنَّ فِي خَلْقِ السَّمَاوَاتِ وَالأَرْضِ وَاخْتِلاَفِ
اللَّيْلِ وَالنَّهَارِ وَالْفُلْكِ الَّتِي تَجْرِي فِي الْبَحْرِ
بِمَا يَنفَعُ النَّاسَ وَمَا أَنزَلَ اللّهُ مِنَ السَّمَاءِ مِن
مَّاءٍ فَأَحْيَا بِهِ الأرْضَ بَعْدَ مَوْتِهَا وَبَثَّ فِيهَا
مِن كُلِّ دَآبَّةٍ وَتَصْرِيفِ الرِّيَاحِ وَالسَّحَابِ
الْمُسَخِّرِ بَيْنَ السَّمَاءِ وَالأَرْضِ لآيَاتٍ لِّقَوْمٍ
يَعْقِلُونَ (١٦٤)
وَمِنَ النَّاسِ مَن يَتَّخِذُ مِن دُونِ اللّهِ
أَندَاداً يُحِبُّونَهُمْ كَحُبِّ اللّهِ وَالَّذِينَ
آمَنُواْ أَشَدُّ حُبّاً لِّلّهِ وَلَوْ يَرَى الَّذِينَ
ظَلَمُواْ إِذْ يَرَوْنَ الْعَذَابَ أَنَّ الْقُوَّةَ لِلّهِ
جَمِيعاً وَأَنَّ اللّهَ شَدِيدُ الْعَذَابِ (١٦٥)
إِذْ تَبَرَّأَ الَّذِينَ اتُّبِعُواْ مِنَ الَّذِينَ
اتَّبَعُواْ وَرَأَوُاْ الْعَذَابَ وَتَقَطَّعَتْ بِهِمُ
الأَسْبَابُ (١٦٦)
وَقَالَ الَّذِينَ اتَّبَعُواْ لَوْ أَنَّ لَنَا كَرَّةً فَنَتَبَرَّأَ
مِنْهُمْ كَمَا تَبَرَّؤُواْ مِنَّا كَذَلِكَ يُرِيهِمُ اللّهُ
أَعْمَالَهُمْ حَسَرَاتٍ عَلَيْهِمْ وَمَا هُم
بِخَارِجِينَ مِنَ النَّارِ (١٦٧)
يَا أَيُّهَا النَّاسُ كُلُواْ مِمَّا فِي الأَرْضِ
حَلاَلاً طَيِّباً وَلاَ تَتَّبِعُواْ خُطُوَاتِ
الشَّيْطَانِ إِنَّهُ لَكُمْ عَدُوٌّ مُّبِينٌ (١٦٨)
إِنَّمَا يَأْمُرُكُمْ بِالسُّوءِ وَالْفَحْشَاء وَأَن
تَقُولُواْ عَلَى اللّهِ مَا لاَ تَعْلَمُونَ (١٦٩)
وَإِذَا قِيلَ لَهُمُ اتَّبِعُوا مَا أَنزَلَ اللّهُ قَالُواْ
بَلْ نَتَّبِعُ مَا أَلْفَيْنَا عَلَيْهِ آبَاءنَا أَوَلَوْ كَانَ

٢ : ١٧٣

لدينا قولان عن نسخ الآية:

أ. بالاستثناء الوارد في نفس الآية: ﴿فَمَنِ اضْطُرَّ غَيْرَ بَاغٍ﴾ (ابن الجوزي ١٥٥، ابن حزم ٢٣، ابن سلامة ١٥).

ب. بحديث لمحمد: «أحلت لنا ميتتان ودمان: السّمك والجراد، والكبد والطّحال» (ابن الجوزي ١٥٥، مسند أحمد ١٠: ١٤).

آبَاؤُهُمْ لاَ يَعْقِلُونَ شَيْئاً وَلاَ يَهْتَدُونَ (١٧٠)
وَمَثَلُ الَّذِينَ كَفَرُواْ كَمَثَلِ الَّذِي يَنْعِقُ
بِمَا لاَ يَسْمَعُ إِلاَّ دُعَاءً وَنِدَاءً صُمٌّ
بُكْمٌ عُمْيٌ فَهُمْ لاَ يَعْقِلُونَ (١٧١)
يَا أَيُّهَا الَّذِينَ آمَنُواْ كُلُواْ مِن طَيِّبَاتِ
مَا رَزَقْنَاكُمْ وَاشْكُرُواْ لِلّهِ إِن كُنتُمْ
إِيَّاهُ تَعْبُدُونَ (١٧٢)
إِنَّمَا حَرَّمَ عَلَيْكُمُ الْمَيْتَةَ وَالدَّمَ وَلَحْمَ
الْخِنزِيرِ وَمَا أُهِلَّ بِهِ لِغَيْرِ اللّهِ فَمَنِ اضْطُرَّ
غَيْرَ بَاغٍ وَلاَ عَادٍ فَلا إِثْمَ عَلَيْهِ إِنَّ اللّهَ
غَفُورٌ رَّحِيمٌ (١٧٣)
إِنَّ الَّذِينَ يَكْتُمُونَ مَا أَنزَلَ اللّهُ مِنَ
الْكِتَابِ وَيَشْتَرُونَ بِهِ ثَمَناً قَلِيلاً
أُولَـئِكَ مَا يَأْكُلُونَ فِي بُطُونِهِمْ إِلاَّ
النَّارَ وَلاَ يُكَلِّمُهُمُ اللّهُ يَوْمَ الْقِيَامَةِ
وَلاَ يُزَكِّيهِمْ وَلَهُمْ عَذَابٌ أَلِيمٌ (١٧٤)
أُولَـئِكَ الَّذِينَ اشْتَرَوُاْ الضَّلاَلَةَ بِالْهُدَى
وَالْعَذَابَ بِالْمَغْفِرَةِ فَمَا أَصْبَرَهُمْ عَلَى
النَّارِ (١٧٥)
ذَلِكَ بِأَنَّ اللّهَ نَزَّلَ الْكِتَابَ بِالْحَقِّ
وَإِنَّ الَّذِينَ اخْتَلَفُواْ فِي الْكِتَابِ لَفِي
شِقَاقٍ بَعِيدٍ (١٧٦)
لَّيْسَ الْبِرَّ أَن تُوَلُّواْ وُجُوهَكُمْ قِبَلَ الْمَشْرِقِ
وَالْمَغْرِبِ وَلَكِنَّ الْبِرَّ مَنْ آمَنَ بِاللّهِ وَالْيَوْمِ
الآخِرِ وَالْمَلآئِكَةِ وَالْكِتَابِ وَالنَّبِيِّينَ وَآتَى
الْمَالَ عَلَى حُبِّهِ ذَوِي الْقُرْبَى وَالْيَتَامَى
وَالْمَسَاكِينَ وَابْنَ السَّبِيلِ وَالسَّآئِلِينَ وَفِي
الرِّقَابِ وَأَقَامَ الصَّلاةَ وَآتَى الزَّكَاةَ وَالْمُوفُونَ
بِعَهْدِهِمْ إِذَا عَاهَدُواْ وَالصَّابِرِينَ فِي
الْبَأْسَاءِ والضَّرَّاءِ وَحِينَ الْبَأْسِ أُولَـئِكَ
الَّذِينَ صَدَقُوا وَأُولَـئِكَ هُمُ الْمُتَّقُونَ (١٧٧)
يَا أَيُّهَا الَّذِينَ آمَنُواْ كُتِبَ عَلَيْكُمُ الْقِصَاصُ
فِي الْقَتْلَى الْحُرُّ بِالْحُرِّ وَالْعَبْدُ بِالْعَبْدِ
وَالأُنثَى بِالأُنثَى فَمَنْ عُفِيَ لَهُ مِنْ أَخِيهِ
شَيْءٌ فَاتِّبَاعٌ بِالْمَعْرُوفِ وَأَدَاءٌ إِلَيْهِ
بِإِحْسَانٍ ذَلِكَ تَخْفِيفٌ مِّن رَّبِّكُمْ

٢ : ١٧٨

تشترط الآية المعاملة بالمثل إزاء جريمة القتل؛ فإن قتلَ رجلٌ مسترقاً لا يقتل القاتل، كما يجب ألا يُقْتلَ الرَّجلُ بالمرأة، ولا المرأةُ بالرَّجل، ولا المسترق بالحرّ، ولا الحرُّ بالمسترق (الإيضاح ١٣٤، النحاس ١٧). وانقسم رأي المفسرين بشأن هذا الحكم عما إذا تم نسخه أم لا:

القول الأول: إنها منسوخة

أ. رأى البعض أنها منسوخة بالآية ‹وَكَتَبْنَا

وَرَحْمَةٌ فَمَنِ اعْتَدَى بَعْدَ ذَلِكَ فَلَهُ عَذَابٌ أَلِيمٌ (١٧٨)
وَلَكُمْ فِي الْقِصَاصِ حَيَاةٌ يَا أُولِي الأَلْبَابِ لَعَلَّكُمْ تَتَّقُونَ (١٧٩)
كُتِبَ عَلَيْكُمْ إِذَا حَضَرَ أَحَدَكُمُ الْمَوْتُ إِن تَرَكَ خَيْراً الْوَصِيَّةُ لِلْوَالِدَيْنِ وَالأَقْرَبِينَ بِالْمَعْرُوفِ حَقّاً عَلَى الْمُتَّقِينَ (١٨٠)
فَمَن بَدَّلَهُ بَعْدَ مَا سَمِعَهُ فَإِنَّمَا إِثْمُهُ عَلَى

عَلَيْهِمْ فِيهَا أَنَّ النَّفْسَ بِالنَّفْسِ...﴾ (المائدة ٥: ٤٥) (ابن الجوزي ١٥٦، ابن سلامة ١٥). وقد سأل البعض بما أن آية المائدة تتحدث عن بني إسرائيل، فكيف يُلزم المسلمون بما فيها، فأجابهم علماء الإسلام بأن الإلزام وقع على المسلمين بالجزء الثاني من الآية: ﴿وَمَن لَّمْ يَحْكُم بِمَا أنزَلَ اللّهُ فَأُوْلَئِكَ هُمُ الظَّالِمُونَ﴾ (ابن سلامة ١٥). وبهذا تحتم قتل الرجلِ بالمرأةِ، والمرأة بالرجل، والمسترق بالحرِ.

ب. آخرون رأوا إن الآية منسوخة بالآية: ﴿وَمَن قُتِلَ مَظْلُوماً فَقَدْ جَعَلْنَا لِوَلِيِّهِ سُلْطَاناً فَلاَ يُسْرِف فِّي الْقَتْلِ إِنَّهُ كَانَ مَنْصُوراً﴾ (الإسراء ١٧: ٣٣) (ابن سلامة ١٦)، والولي المقصود هنا إما الوارث (الورثة)، أو الحاكم.

القول الثاني: إنها محكمة:

ظلت فئة من العلماء متمسكة بأن ما ورد في آية المائدة يتعلق ببني إسرائيل فحسب (الإيضاح ١٣٥)، وعلى ذلك رأى البعض أن الآيتين محكمتان، فكل واحدة تختص بموضوع مختلف. بينما يرى ابن أبي طالب المكي أن سبب الإحكام يعود إلى أحد الاحتمالين:

أ. أن الآية تشير إلى حدث محدد، ثم صارت تشريعاً، فهي محكمة.

ب. أن الآية عالجت عرفاً اجتماعياً فجاءت الآية لتبطل هذا العرف، وهي محكمة (الإيضاح ١٣٥-١٣٦).

وعليه، فقد استخلص الفقهاء تشريعاً يفيد بأنه:

يقتل الحرُّ بالحرّ والأنثى بالأنثى حسب آيتي البقرة والمائدة؛ ويقتل الرَّجل بالمرأة، والمرأة بالرجل استناداً لآية المائدة (الإيضاح ١٣٧)

٢: ١٨٠

اختلف المفسرون إن كانت هذه الْوَصِيَّة

الَّذِينَ يُبَدِّلُونَهُ إِنَّ اللَّهَ سَمِيعٌ عَلِيمٌ (١٨١)
فَمَنْ خَافَ مِن مُّوصٍ جَنَفاً أَوْ إِثْماً
فَأَصْلَحَ بَيْنَهُمْ فَلاَ إِثْمَ عَلَيْهِ إِنَّ اللَّهَ
غَفُورٌ رَّحِيمٌ (١٨٢)
يَا أَيُّهَا الَّذِينَ آمَنُواْ كُتِبَ عَلَيْكُمُ الصِّيَامُ
كَمَا كُتِبَ عَلَى الَّذِينَ مِن قَبْلِكُمْ لَعَلَّكُمْ
تَتَّقُونَ (١٨٣)
أَيَّاماً مَّعْدُودَاتٍ فَمَن كَانَ مِنكُم مَّرِيضاً

واجبةً أم لا؟

القول الأول: إنها كانت دَعْوةً فحسب وأصحاب هذا القول استدلوا بكلمة ‹بِالْمَعْرُوفِ›، و«المعروف لا يقتضي الإيجاب»، وكذلك بالعبارتين: ‹عَلَى الْمُتَّقِينَ›، «والواجب لا يختص به المتقون» (ابن الجوزي ١٥٨).

القول الثاني: إنها كانت فرضاً فنُسخت وهو قول أغلب العلماء المسلمين، واستدلوا على ذلك بكلمة: ‹كُتِبَ›، وفسروها بمعنى فرض، مثلما ورد في الآية: ‹كُتِبَ عَلَيْكُمُ الصِّيَامُ›؛ وبهذا الاعتبار رأى أصحاب هذا الرأي أن الوصية للوالدين منسوخة، وقد شرحوا كما يلي:

أ. نُسِخَت الوصية التي للوالدين، ونسختها آية الميراث ‹لِّلرِّجَالِ نَصِيبٌ مِّمَّا تَرَكَ الْوَالِدَانِ وَالأَقْرَبُونَ . . .› (النساء ٤ : ٧) (ابن الجوزي ١٦٠ ـ ١٦١، النحاس ١٨).

ب. نُسِخَت الوصيَّة التي للوالدَيْن بآية: ‹لأَبَوَيْهِ لِكُلِّ وَاحِدٍ مِّنْهُمَا السُّدُسُ› (النساء ٤ : ١١) (الإيضاح ١٤١)، وصارت الوصية للأقربين (ابن الجوزي ١٦٣).

ج. إن ما نسخ منها ما يخص الوالدين وكل من يرث من الأقرباء، فصارت الوصية لمن ليس له نصيب من الميراث من قريب أو غير قريب، كما جاء في حديث محمدٍ: «لا وصيَّةَ لوارث» (ابن الجوزي ١٦٤ ـ ١٦٥، الإيضاح ١٤١، ١٤٣).

۲ : ۱۸۳

لدينا الأقوال التالية:

أ. كان يجوز الأكل والشرب وممارسة الجنس في فترة الإفطار (ما بين صلاة المغرب حتى صلاة العشاء)، بعدها يمتنع المسلم عن الطعام والشّرب والجنس إلى الليلة التالية، وإن حدث أن نام المسلم في فترة الإفطار، فلا يجوز له عندما يستيقظ أن يفعل شيئاً من ذلك، بل عليه الصيام والإفطار

أَوْ عَلَى سَفَرٍ فَعِدَّةٌ مِّنْ أَيَّامٍ أُخَرَ وَعَلَى
الَّذِينَ يُطِيقُونَهُ فِدْيَةٌ طَعَامُ مِسْكِينٍ فَمَن
تَطَوَّعَ خَيْرًا فَهُوَ خَيْرٌ لَّهُ وَأَن تَصُومُواْ
خَيْرٌ لَّكُمْ إِن كُنتُمْ تَعْلَمُونَ (١٨٤)
شَهْرُ رَمَضَانَ الَّذِيَ أُنزِلَ فِيهِ الْقُرْآنُ هُدًى
لِّلنَّاسِ وَبَيِّنَاتٍ مِّنَ الْهُدَى وَالْفُرْقَانِ فَمَن
شَهِدَ مِنكُمُ الشَّهْرَ فَلْيَصُمْهُ وَمَن كَانَ
مَرِيضًا أَوْ عَلَى سَفَرٍ فَعِدَّةٌ مِّنْ أَيَّامٍ أُخَرَ
يُرِيدُ اللّهُ بِكُمُ الْيُسْرَ وَلاَ يُرِيدُ بِكُمُ الْعُسْرَ
وَلِتُكْمِلُواْ الْعِدَّةَ وَلِتُكَبِّرُواْ اللّهَ عَلَى مَا
هَدَاكُمْ وَلَعَلَّكُمْ تَشْكُرُونَ (١٨٥)
وَإِذَا سَأَلَكَ عِبَادِي عَنِّي فَإِنِّي قَرِيبٌ
أُجِيبُ دَعْوَةَ الدَّاعِ إِذَا دَعَانِ فَلْيَسْتَجِيبُواْ
لِي وَلْيُؤْمِنُواْ بِي لَعَلَّهُمْ يَرْشُدُونَ (١٨٦)
أُحِلَّ لَكُمْ لَيْلَةَ الصِّيَامِ الرَّفَثُ إِلَى نِسَآئِكُمْ
هُنَّ لِبَاسٌ لَّكُمْ وَأَنتُمْ لِبَاسٌ لَّهُنَّ عَلِمَ اللّهُ
أَنَّكُمْ كُنتُمْ تَخْتانُونَ أَنفُسَكُمْ فَتَابَ عَلَيْكُمْ
وَعَفَا عَنكُمْ فَالآنَ بَاشِرُوهُنَّ وَابْتَغُواْ مَا

إلى اليوم التالي. لكن هذا القيد الصارم نسخته الآية: ‹أُحِلَّ لَكُمْ لَيْلَةَ الصِّيَامِ الرَّفَثُ إِلَى نِسَائِكُمْ› (البقرة ٢: ١٨٧) (ابن الجوزي ١٦٦ - ١٦٨، الإيضاح ١٤٥، ابن حزم ٢٦، ابن سلامة ١٧ - ١٨، النحاس ١٩ - ٢٠).

ب. رأى البعض أن الآية ناسخة لصوم عاشوراء، حيث كان المسلمون يصومونه عندما استقر محمد في المدينة، وفيما بعد فرض على المسلمين صيام رمضان قائلاً لهم: «من شاءَ صامه ومن شاء تَركه» (الإيضاح ١٤٦) قيل هو ناسخ لصيام آخر فرضه محمد لمدة ثلاثة أيام كل شهرٍ (الإيضاح ١٤٧).

ج. قال بعض العلماء إن هذه الآية ليست منسوخة ولا ناسخة (الإيضاح ١٤٦) والطبري بدوره يميل أيضاً لاعتبار أن لا ناسخ ولا منسوخ في الآية (الطبري ٣: ١٥٢ - ١٦٠).

٢ : ١٨٤

اختلف المفسرون فيها، فقالوا:

القول الأول: جاءت الآية للتخيير بين الصوم وبين الإفطار مقابل إطعام ‹مِسْكِينٍ›، فقام الأثرياء بإطعام الفقراء وأفطروا بينما صام الفقراء، فحدثت تفرقة بين طبقات المسلمين، عندها نُسخ التخيير بالآية: ‹فَمَن شَهِدَ مِنكُمُ الشَّهْرَ فَلْيَصُمْهُ› (البقرة ٢: ١٨٥) (ابن الجوزي ١٧٢ - ١٧٥، الإيضاح ١٤٩، النحاس ٢١ - ٢٣، الطبري ٣: ١٥٩، الدر المنثور ٢: ١٧٨).

القول الثاني: إنها محكمة

اعتبر أصحاب هذا القول أن هذا الحكم غير

كَتَبَ اللّهُ لَكُمْ وَكُلُواْ وَاشْرَبُواْ حَتَّى يَتَبَيَّنَ
لَكُمُ الْخَيْطُ الأَبْيَضُ مِنَ الْخَيْطِ الأَسْوَدِ
مِنَ الْفَجْرِ ثُمَّ أَتِمُّواْ الصِّيَامَ إِلَى الَّليْلِ وَلاَ
تُبَاشِرُوهُنَّ وَأَنتُمْ عَاكِفُونَ فِي الْمَسَاجِدِ
تِلْكَ حُدُودُ اللّهِ فَلاَ تَقْرَبُوهَا كَذَلِكَ يُبَيِّنُ
اللّهُ آيَاتِهِ لِلنَّاسِ لَعَلَّهُمْ يَتَّقُونَ (١٨٧)
وَلاَ تَأْكُلُواْ أَمْوَالَكُم بَيْنَكُم بِالْبَاطِلِ
وَتُدْلُواْ بِهَا إِلَى الْحُكَّامِ لِتَأْكُلُواْ فَرِيقاً مِّنْ
أَمْوَالِ النَّاسِ بِالإِثْمِ وَأَنتُمْ تَعْلَمُونَ (١٨٨)
يَسْأَلُونَكَ عَنِ الأهِلَّةِ قُلْ هِيَ مَوَاقِيتُ
لِلنَّاسِ وَالْحَجِّ وَلَيْسَ الْبِرُّ بِأَنْ تَأْتُوْاْ
الْبُيُوتَ مِن ظُهُورِهَا وَلَكِنَّ الْبِرَّ
مَنِ اتَّقَى وَأْتُواْ الْبُيُوتَ مِنْ أَبْوَابِهَا
وَاتَّقُواْ اللّهَ لَعَلَّكُمْ تُفْلِحُونَ (١٨٩)
وَقَاتِلُواْ فِي سَبِيلِ اللّهِ الَّذِينَ
يُقَاتِلُونَكُمْ وَلاَ تَعْتَدُواْ إِنَّ اللّهَ لاَ
يُحِبِّ الْمُعْتَدِينَ (١٩٠)
وَاقْتُلُوهُمْ حَيْثُ ثَقِفْتُمُوهُمْ

منسوخ لأنه يتعلق بمن لا يقدر على الصوم (مثل متقدم السن والحامل، والمرضع، والمريض)، فعليه إطعام مسكيناً كل يوم (ابن الجوزي ١٧٥ ،١٧٧، الإيضاح ١٥٠، البخاري ٩: ٣٦).

٢: ١٨٤

أ. قرأ أُبيّ بن كعبٍ: «فَعِدَّةٌ مِّنْ أَيَّامٍ أُخَرَ متتابعات» بإضافة «متتابعات» (الخطيب ١: ٢٥٠). وحسب قراءة أُبي، فإنه يجب صيام البدل بشكل متتابع، خلافاً لقراءة المصحف التي تسمح بالفواصل. وهذا الشرط كرره أُبيّ بن كعب لاحقاً حينما أخذ الآية: ‹فَمَن لَّمْ يَجِدْ فَصِيَامُ ثَلاثَةِ أَيَّامٍ› (البقرة ٢: ١٩٦) وقرأها: «فَمَن لَّمْ يَجِدْ فَصِيَامُ ثَلاثَةِ أَيَّامٍ متتابعات»، بإضافة «متتابعات» أيضاً (الخطيب ١: ٢٧٠).

ب. جاءت كلمة ‹مِسْكِينٍ› في المصحف بصيغة المفرد، في حين أن مجموعة أخرى من القراء تلتها «مساكين» بصيغة الجمع (الخطيب ١: ٢٥٢). إن هذا الاختلاف في قراءة الكلمة ينتج خلافاً تشريعياً؛ فهل سيطعم «مِسْكيناً» واحداً أم سيطعم عدة «مساكين»؟

٢: ١٩٠

الآية بمقطعيها منسوخة:

الأول: العبارة التي في مطلع الآية: ‹وَقَاتِلُواْ فِي سَبِيلِ اللّهِ الَّذِينَ يُقَاتِلُونَكُمْ› تشترط القتال

وَأَخْرِجُوهُم مِّنْ حَيْثُ أَخْرَجُوكُمْ
وَالْفِتْنَةُ أَشَدُّ مِنَ الْقَتْلِ وَلاَ تُقَاتِلُوهُمْ
عِندَ الْمَسْجِدِ الْحَرَامِ حَتَّى يُقَاتِلُوكُمْ
فِيهِ فَإِن قَاتَلُوكُمْ فَاقْتُلُوهُمْ كَذَلِكَ
جَزَاء الْكَافِرِينَ (١٩١)
فَإِنِ انتَهَوْاْ فَإِنَّ اللّهَ غَفُورٌ
رَّحِيمٌ (١٩٢)
وَقَاتِلُوهُمْ حَتَّى لاَ تَكُونَ فِتْنَةٌ وَيَكُونَ
الدِّينُ لِلّهِ فَإِنِ انتَهَواْ فَلاَ عُدْوَانَ إِلاَّ
عَلَى الظَّالِمِينَ (١٩٣)
الشَّهْرُ الْحَرَامُ بِالشَّهْرِ الْحَرَامِ وَالْحُرُمَاتُ
قِصَاصٌ فَمَنِ اعْتَدَى عَلَيْكُمْ فَاعْتَدُواْ

فقط إذا بدأ غير المسلم بالقتال، أي إن لم يُقاتَل المسلم لا يجب أن يُقاتِل، وعلى ذلك قيل إن هذا الحكم منسوخ بالآيات التالية: (ابن الجوزي ١٧٩):

أ. ﴿وَقَاتِلُواْ الْمُشْرِكِينَ كَآفَّةً كَمَا يُقَاتِلُونَكُمْ كَآفَّةً﴾ (التوبة ٩: ٣٦).

ب. ﴿وَاقْتُلُوهُمْ حَيْثُ ثَقِفْتُمُوهُمْ﴾ (البقرة ٢: ١٩١، النساء ٤: ٩١).

ج. ﴿قَاتِلُواْ الَّذِينَ لاَ يُؤْمِنُونَ بِاللّهِ وَلاَ بِالْيَوْمِ الآخِرِ﴾ (التوبة ٩: ٢٩).

د. ﴿فَاقْتُلُواْ الْمُشْرِكِينَ حَيْثُ وَجَدتُّمُوهُمْ﴾ (التوبة ٩: ٥).

الثاني: إن عبارة ﴿وَلاَ تَعْتَدُواْ﴾ هي المنسوخة في الآية؛ حيث فسر الفقهاء الاعتداء، كما ورد على سبيل المثال في ابن الجوزي ١٨٠، بأنه:

- قتل النساء والأطفال.
- البدء بقتال من لم يُحارب.
- بدء القتال في الشهر الحرام.

فقالوا إن عبارة ﴿وَلاَ تَعْتَدُواْ﴾ قد نُسخت بالآية: ﴿وَقَاتِلُواْ الْمُشْرِكِينَ كَآفَّةً كَمَا يُقَاتِلُونَكُمْ كَآفَّةً﴾ (التوبة ٩: ٣٦)، وبالآية: ﴿فَاقْتُلُوا الْمُشْرِكِينَ حَيْثُ وَجَدتُّمُوهُمْ﴾ (التوبة ٩: ٥) (ابن سلامة ١٨ - ١٩، الإيضاح ١٥٥ - ١٥٦، النحاس ٢٥).

٢: ١٩١

وُصفت هذه الآية بأنها «من أصعب ما في الناسخ والمنسوخ، فزعمت جماعة من العلماء أنها غير منسوخة واحتجوا بها وبأشياء من السنن. بينما زعمت جماعة أخرى أنها منسوخة واحتجوا بآيات غيرها وبأحاديث من السنن» (النحاس ٢٦)، فدفعوا بما يلي:

القول الأول: إنها منسوخة بالآيات التالية:

أ. الآية: ﴿فَاقْتُلُوا الْمُشْرِكِينَ حَيْثُ وَجَدتُّمُوهُمْ﴾

(التوبة ٩ : ٥)، حيث أُمرت هذه الآية بالقتال في كل ظرف ومكان (ابن الجوزي ١٨١ - ١٨٢، الإيضاح ١٥٧، النحاس ٢٦).

ب. الآية: ﴿وَقَاتِلُوهُمْ حَتَّى لا تَكُونَ فِتْنَةٌ﴾ (البقرة ٢ : ١٩٣، الأنفال ٨ : ٣٩) (ابن الجوزي ١٨٢، الإيضاح ١٥٧، النحاس ٢٧).

ج. الآية: ﴿وَاقْتُلُوهُمْ حَيْثُ ثَقِفْتُمُوهُمْ﴾ (البقرة ٢ : ١٩١) (ابن الجوزي ١٨٢، الإيضاح ١٥٧).

د. الآية: ﴿فَإِن قَاتَلُوكُمْ فَاقْتُلُوهُمْ﴾ (البقرة ٢ : ١٩١) (ابن حزم ٢٧).

هـ. الآية: ﴿وَقَاتِلُواْ الْمُشْرِكِينَ كَآفَّةً كَمَا يُقَاتِلُونَكُمْ كَآفَّةً﴾ (التوبة ٩ : ٣٦) (النحاس ٢٧).

القول الثاني: إنها محكمة

أي إنه لا يجوز أن يُقاتل أحدٌ في منطقة الحرام إلاّ إذا تعرض لهجوم، ويستند أصحاب هذا القول إلى حديث لمحمد قاله لدى فتح مكة: «إنّها لا تحلّ لأحد من بعدي، وإنما أحلّت لي ساعة من نهار» (ابن الجوزي ١٨٢ - ١٨٣، البخاري ٨ : ٣٤٢، مسلم بشرح النووي ٩ : ١٢٨ - ١٢٩).

٢ : ١٩١

قرأت مجموعة من القرّاء المفردات بالألف: «وَلاَ تُقَاتِلُوهُمْ، يُقَاتِلُوكُمْ، قَاتَلُوكُمْ»، وقرأها آخرون: «وَلاَ تَقْتُلُوهُمْ، يَقْتُلُوكُمْ، قَتَلُوكُمْ» (الخطيب ٢ : ٢٦٥).

والفرق أن قراءة المصحف على الطريقة الأولى تمنع البدء بالقتال؛ بينما تمنع القراءة الثانية القتل، وقد يُفهم منها أنه يجوز القتال، بشرط عدم إراقة الدماء.

٢ : ١٩٢

انقسم المفسرون في المقصود بالانتهاء إلى قولين:

الأول: إنه الانتهاء عن «الكفر» (ابن الجوزي ١٨٤، الطبري ٣ : ٢٩٨)، وبهذا التفسير، فالآية محكمة.

الثاني: إنه الانتهاء عن قتال المسلمين (ابن الجوزي ١٨٥، ابن كثير ٢ : ٢١٧)، وهنا نجد رأيين:

أ. إن ﴿اللَّهَ غَفُورٌ رَحِيمٌ﴾ لأنه لم يأمر بقتالهم وهم في منطقة الحرم، بل يُقاتلون عندما يخرجون منه، وبالتالي لا نسخ.

ب. إن المعنى هو العفو والرحمة، وهذا المعنى قد نُسخ بآية السيف: ﴿فَاقْتُلُوا الْمُشْرِكِينَ حَيْثُ وَجَدْتُمُوهُمْ﴾ (التوبة ٩ : ٥) (ابن الجوزي ١٨٥، ابن حزم ٢٧)، وبالتالي فالنسخ مرجح.

لم يتطرّق كل من النحاس وابن أبي طالب المكي لمسألة النسخ هنا.

٢ : ١٩٤

ثمة إختلاف إن كانت الآية منسوخة أم لا:

القول الأول: إنها منسوخة بما ورد في نفس الآية: ﴿فَمَنِ اعْتَدَى عَلَيْكُمْ فَاعْتَدُوا عَلَيْهِ بِمِثْلِ مَا اعْتَدَى عَلَيْكُمْ﴾ (ابن الجوزي ١٨٦، الدر المنثور ٢ : ٣٢٠)؛ وقد عرض أصحاب القول بالنسخ أفكارهم على الشكل التالي:

إن الآية مكية، وأنها جاءت لتجيز للمسلمين الرد أو الصبر، ولكن بعد الهجرة،

عَلَيْهِ بِمِثْلِ مَا اعْتَدَى عَلَيْكُمْ وَاتَّقُواْ اللّهَ
وَاعْلَمُواْ أَنَّ اللّهَ مَعَ الْمُتَّقِينَ (١٩٤)
وَأَنفِقُواْ فِي سَبِيلِ اللّهِ وَلاَ تُلْقُواْ
بِأَيْدِيكُمْ إِلَى التَّهْلُكَةِ وَأَحْسِنُوَاْ إِنَّ
اللّهَ يُحِبُّ الْمُحْسِنِينَ (١٩٥)
وَأَتِمُّواْ الْحَجَّ وَالْعُمْرَةَ لِلّهِ فَإِنْ أُحْصِرْتُمْ فَمَا
اسْتَيْسَرَ مِنَ الْهَدْيِ وَلاَ تَحْلِقُواْ رُؤُوسَكُمْ
حَتَّى يَبْلُغَ الْهَدْيُ مَحِلَّهُ فَمَن كَانَ مِنكُم
مَّرِيضاً أَوْ بِهِ أَذًى مِّن رَّأْسِهِ فَفِدْيَةٌ مِّن صِيَامٍ
أَوْ صَدَقَةٍ أَوْ نُسُكٍ فَإِذَا أَمِنتُمْ فَمَن
تَمَتَّعَ بِالْعُمْرَةِ إِلَى الْحَجِّ فَمَا اسْتَيْسَرَ
مِنَ الْهَدْيِ فَمَن لَّمْ يَجِدْ فَصِيَامُ ثَلاثَةِ
أَيَّامٍ فِي الْحَجِّ وَسَبْعَةٍ إِذَا رَجَعْتُمْ تِلْكَ
عَشَرَةٌ كَامِلَةٌ ذَلِكَ لِمَن لَّمْ يَكُنْ أَهْلُهُ
حَاضِرِي الْمَسْجِدِ الْحَرَامِ وَاتَّقُواْ اللّهَ
وَاعْلَمُواْ أَنَّ اللّهَ شَدِيدُ الْعِقَابِ (١٩٦)
الْحَجُّ أَشْهُرٌ مَّعْلُومَاتٌ فَمَن فَرَضَ
فِيهِنَّ الْحَجَّ فَلاَ رَفَثَ وَلاَ فُسُوقَ

نُسخت الآية بآيات القتال (ابن الجوزي ١٨٦).

القول الثاني: إن تعرّض المرء لاعتداء في الشهر الحرام فعليه الرد بالمثل، وعلى هذا فالحكم غير منسوخ لأن «دفع الاعتداء جائز في جميع الأزمنة عند جميع العلماء» (ابن الجوزي ١٨٧ - ١٨٨، قارن: الإيضاح ١٥٩). وقد مال إلى هذا القول النحاس (ص ٢٨).

٢ : ١٩٤

يسنُ البشر قوانين لأجل تحقيق العدالة، وهم لا يأخذون مفهوم التسامح بعين الاعتبار، ولكن غياب فكرة التسامح عن المدونات الحقوقية لا يعني أبداً أن القانون عملية انتقام. وإذا كان القانون البشري يرفض فكرة الانتقام، فهل من الطبيعي أن نجد كتاباً يُعتبر كتاباً منزلاً من السماء يسمح بالرد على الاعتداء بالاعتداء.

هل يمكن لمبدأ: ‹فَمَنِ اعْتَدَى عَلَيْكُمْ فَاعْتَدُواْ عَلَيْهِ بِمِثْلِ مَا اعْتَدَى عَلَيْكُمْ› أن يكون تشريعاً إلهياً؟!

٢ : ١٩٦

فُسِّرَ إتمام الحج والعمرة بالتوجه لأداء الشعائر فحسب، بدون القيام بأي نشاطات تجارية (النحاس ٣٢)، واعتماداً على هذا التأويل قال العلماء إن الآية منسوخة بالآية: ‹ لَيْسَ عَلَيْكُمْ جُنَاحٌ أَن تَبْتَغُواْ فَضْلاً مِّن رَّبِّكُمْ› (البقرة ٢ : ١٩٨) (ابن الجوزي ١٨٩ - ١٩٠).

٢ : ١٩٦

تأمر الآية المسلمين بأداء الْحَجّ وَالْعُمْرَةِ، وتحدد بعضاً من الطقوس الواجب القيام بها. وتتألف القواعد الرئيسة لشعائر الْحَجّ الإسلامية من: لبس الإحرام حلق الرأس السّعي بين الصَّفَا وَالْمَرْوَة الطّواف حول الكعبة تقبيل الحجر الأسود رمي الجمرات تقديم ذبيحة.

ما يلفت النظر في شعائر الْحَجّ الإسلامية هو تطابقها لحد مذهل مع طقوس الْحَجّ الوثنية، وللبرهنة على ذلك، سنتناول شذرات من الْحَجّ الوثني:

يحين موعد الْحَجّ في شهر «ذي الحجة»، ولهذا يُسمَّى «شهر الحج». وشهر ذي الحجة آخر شهر في التقويم الإسلامي، لكنه كان اسماً معروفاً قبل الإسلام، فقد ذكرت النصوص القديمة اسم شهر «ذ حجتن» أيْ: «ذو الحجة»، مما يشير إلى أنه كان شهرَ حَجٍّ لعرب ما قبل الإسلام (المفصل ٦: ٣٤٨).

تذكر المصادر أنه بسبب تعدد المزارات المقدسة (الكعبات) في شبه الجزيرة العربية، فإن الْحَجّ لم يكن يجري بمكان واحد، أيْ لم يكن الْحَجّ إلى مكة فحسب، بل كان إلى مختلف المزارات المقدسة. وبسبب تعدد الكعبات، واختلاف أماكن الْحَجّ، فإن مناسك الْحَجِّ وَالْعُمْرَةِ لم تكن واحدة، بل كانت تختلف من قبيلة إلى أخرى. وكان لقريش مناسك تميزها عن غيرها، فلما قرر محمد اعتبار الْحَجّ ركناً إسلامياً، تبنى صيغة الْحَجّ القرشية، وأبرز الشعائر القرشية التي تبناها كان الطّواف بين الصَّفَا وَالْمَرْوَةِ.

عندما نقارن الشعائر الوثنية والإسلامية نكتشف التشابه التام فيما بينهما، فعلى سبيل المثال، تنقل إلينا المصادر صيغاً مختلفة للتلبية، إذْ كانت كل قبيلة تلبي لصنمها الخاص بصيغتها الخاصة. وكان لأهل مكة تلبية ينفردون بها، ويورد ابن حبيب، في كتابه (المحبر)، صيغة تلبية قريش لإِسَاف، والتي كانت على الشكل التالي: «لبيك اللهم لبيك، لبيك، لا شريك لك إلاّ شريك هو لك، تملكه وما ملك». ونجد أنّ الصيغة الإسلامية تماثلها كثيراً: «لبيك اللهم لبيك، لبيك لا شريك لك لبيك، إنّ الحمد والنعمة لك، والملك لا شريك لك» (المفصل ٦: ٣٧٥ حيث يورد المؤلف أكثر من صيغة).

إنَّ التطابق بين طقوس الْحَجّ الوثنية وشعائر الْحَجّ الإسلامية، يكشف عن جانب خطير في الإسلام، ألاّ وهو أنَّ ركناً إسلامياً مأخوذ بالكامل من الوثنية العربية.

كان دمج شعائر الْحَجّ الوثنية في الإسلام حركةً استراتيجيةً ماهرةً خطاها محمد، ساعدته على كسب ودّ القبائل العربية الوثنية، ولكنها أماطت اللثام عن الطبيعة الدنيوية والبشرية للإسلام، ونفت عنه المصدر الإلهي.

إنَّ أسلمة (Islamization) الْحَجّ الوثني قد برهنت على إبداع محمد كسياسي، ولكنها أطاحت بدعوة نبوته. والسؤال الذي يعن بالطبع، ويشغل بال كل باحث عن الحق هو: «كيف يقبل الله بإقرار طقوس الْحَجّ الوثنية؟»، سيبقى بلا جواب إنْ تغاضينا عن البعد النّفعي في تشريع الْحَجّ.

الْحَجُّ وَالْعُمْرَةُ

كان العرب قبل الإسلام يحجّون في شهر ذي الحجّة من كل عام. وكانوا يقومون بذات المناسك التي يقوم بها المسلمون حتى اليوم:

التّلبية... والإحرام وارتداء ملابس الإحرام وسوق الهدى وإشعاره والوقوف بعرفة والدفع إلى مزدلفة والتوجه إلى منى لرمي الجمرات ونحر الهدى والطّواف حول الكعبة [أيضاً] سبعة أشواط [لم تزد أو تنقص في الإسلام] وتقبيل الحجر الأسود [تعظيماً له] والسعي بين الصفا والمروة وكانوا أيضاً يسمون اليوم الثامن من ذي الحجة [يوم التروية] ويقفون بعرفات في التاسع وتبدأ من العاشر أيام منى ورمي الجمار وكانوا [أيضاً] يسمونها [أيام التشريق] كما يعتمرون في غير أشهر الْحَجّ. (الجذور التاريخية للشريعة الإسلامية ١٦ - ١٧)

معلومات عن الْحَجّ وَالْعُمْرَة في الوثنية والإسلام:

١. المفصل في تاريخ العرب قبل الإسلام، د. جواد علي، فصل: «الْحَجّ وَالْعُمْرَة»، ص ٣٤٧ - ٣٩٧

٢. تعليقنا على الآية (١٥٨) من سورة البقرة، صفحة ١٣٨.

معلومات عن شعائر الْحَجّ في الإسلام:

موقع الْحَجّ وَالْعُمْرَة:

‹http://www.mnask.com›

٢ : ١٩٨

قرأ ابن مسعود وآخرون: «فَضْلاً مِّن رَّبِّكُمْ في مواسم الحج» (الخطيب ١ : ٢٧٣) أي بزيادة «في مواسم الحج». ورخصت هذه الزيادة ممارسة التجارة بشكل واضح، خلافاً لما ورد في المصحف؛ حيث لا تتحدث الآية بجلاء عن جواز ممارسة التجارة في مواسم الحج. وكان ابن عباس يقرأ بهذه الزيادة أيضاً (الطبري ٣ : ٥١٠، قارن: جولدتسيهر ٢٤).

وَلاَ جِدَالَ فِي الْحَجِّ وَمَا تَفْعَلُواْ
مِنْ خَيْرٍ يَعْلَمْهُ اللّهُ وَتَزَوَّدُواْ فَإِنَّ
خَيْرَ الزَّادِ التَّقْوَى وَاتَّقُونِ يَا أُوْلِي
الأَلْبَابِ (١٩٧)
لَيْسَ عَلَيْكُمْ جُنَاحٌ أَن تَبْتَغُواْ فَضْلاً مِّن
رَّبِّكُمْ فَإِذَا أَفَضْتُم مِّنْ عَرَفَاتٍ فَاذْكُرُواْ
اللّهَ عِندَ الْمَشْعَرِ الْحَرَامِ وَاذْكُرُوهُ
كَمَا هَدَاكُمْ وَإِن كُنتُم مِّن قَبْلِهِ لَمِنَ
الضَّآلِّينَ (١٩٨)
ثُمَّ أَفِيضُواْ مِنْ حَيْثُ أَفَاضَ النَّاسُ
وَاسْتَغْفِرُواْ اللّهَ إِنَّ اللّهَ غَفُورٌ رَّحِيمٌ (١٩٩)
فَإِذَا قَضَيْتُم مَّنَاسِكَكُمْ فَاذْكُرُواْ اللّهَ
كَذِكْرِكُمْ آبَاءكُمْ أَوْ أَشَدَّ ذِكْرًا فَمِنَ
النَّاسِ مَن يَقُولُ رَبَّنَا آتِنَا فِي الدُّنْيَا
وَمَا لَهُ فِي الآخِرَةِ مِنْ خَلاَقٍ (٢٠٠)
وِمِنْهُم مَّن يَقُولُ رَبَّنَا آتِنَا فِي الدُّنْيَا
حَسَنَةً وَفِي الآخِرَةِ حَسَنَةً وَقِنَا
عَذَابَ النَّارِ (٢٠١)
أُولَـئِكَ لَهُمْ نَصِيبٌ مِّمَّا كَسَبُواْ وَاللّهُ
سَرِيعُ الْحِسَابِ (٢٠٢)
وَاذْكُرُواْ اللّهَ فِي أَيَّامٍ مَّعْدُودَاتٍ
فَمَن تَعَجَّلَ فِي يَوْمَيْنِ فَلاَ إِثْمَ عَلَيْهِ
وَمَن تَأَخَّرَ فَلا إِثْمَ عَلَيْهِ لِمَنِ اتَّقَى
وَاتَّقُواْ اللّهَ وَاعْلَمُوا أَنَّكُمْ إِلَيْهِ
تُحْشَرُونَ (٢٠٣)
وَمِنَ النَّاسِ مَن يُعْجِبُكَ قَوْلُهُ فِي
الْحَيَاةِ الدُّنْيَا وَيُشْهِدُ اللّهَ عَلَى مَا
فِي قَلْبِهِ وَهُوَ أَلَدُّ الْخِصَامِ (٢٠٤)
وَإِذَا تَوَلَّى سَعَى فِي الأَرْضِ لِيُفْسِدَ
فِيِهَا وَيُهْلِكَ الْحَرْثَ وَالنَّسْلَ وَاللّهُ لاَ
يُحِبُّ الفَسَادَ (٢٠٥)
وَإِذَا قِيلَ لَهُ اتَّقِ اللّهَ أَخَذَتْهُ الْعِزَّةُ بِالإِثْمِ
فَحَسْبُهُ جَهَنَّمُ وَلَبِئْسَ الْمِهَادُ (٢٠٦)
وَمِنَ النَّاسِ مَن يَشْرِي نَفْسَهُ ابْتِغَاء
مَرْضَاتِ اللّهِ وَاللّهُ رَؤُوفٌ بِالْعِبَادِ (٢٠٧)
يَا أَيُّهَا الَّذِينَ آمَنُواْ ادْخُلُواْ فِي السِّلْمِ
كَآفَّةً وَلاَ تَتَّبِعُواْ خُطُوَاتِ الشَّيْطَانِ
إِنَّهُ لَكُمْ عَدُوٌّ مُّبِينٌ (٢٠٨)
فَإِن زَلَلْتُمْ مِّن بَعْدِ مَا جَاءتْكُمُ الْبَيِّنَاتُ
فَاعْلَمُواْ أَنَّ اللّهَ عَزِيزٌ حَكِيمٌ (٢٠٩)
هَلْ يَنظُرُونَ إِلاَّ أَن يَأْتِيَهُمُ اللّهُ فِي ظُلَلٍ
مِّنَ الْغَمَامِ وَالْمَلآئِكَةُ وَقُضِيَ الأَمْرُ وَإِلَى
اللّهِ تُرْجَعُ الأمُورُ (٢١٠)
سَلْ بَنِي إِسْرَائِيلَ كَمْ آتَيْنَاهُم مِّنْ آيَةٍ
بَيِّنَةٍ وَمَن يُبَدِّلْ نِعْمَةَ اللّهِ مِن بَعْدِ مَا
جَاءتْهُ فَإِنَّ اللّهَ شَدِيدُ الْعِقَابِ (٢١١)

زُيِّنَ لِلَّذِينَ كَفَرُواْ الْحَيَاةُ الدُّنْيَا وَيَسْخَرُونَ مِنَ
الَّذِينَ آمَنُواْ وَالَّذِينَ اتَّقَواْ فَوْقَهُمْ يَوْمَ الْقِيَامَةِ
وَاللَّهُ يَرْزُقُ مَن يَشَاءُ بِغَيْرِ حِسَابٍ (٢١٢)
كَانَ النَّاسُ أُمَّةً وَاحِدَةً فَبَعَثَ اللَّهُ النَّبِيِّينَ
مُبَشِّرِينَ وَمُنذِرِينَ وَأَنزَلَ مَعَهُمُ الْكِتَابَ
بِالْحَقِّ لِيَحْكُمَ بَيْنَ النَّاسِ فِيمَا اخْتَلَفُواْ فِيهِ
وَمَا اخْتَلَفَ فِيهِ إِلاَّ الَّذِينَ أُوتُوهُ مِن بَعْدِ مَا
جَاءتْهُمُ الْبَيِّنَاتُ بَغْياً بَيْنَهُمْ فَهَدَى اللَّهُ الَّذِينَ
آمَنُواْ لِمَا اخْتَلَفُواْ فِيهِ مِنَ الْحَقِّ بِإِذْنِهِ وَاللَّهُ
يَهْدِي مَن يَشَاءُ إِلَى صِرَاطٍ مُّسْتَقِيمٍ (٢١٣)
أَمْ حَسِبْتُمْ أَن تَدْخُلُواْ الْجَنَّةَ وَلَمَّا يَأْتِكُم
مَّثَلُ الَّذِينَ خَلَوْاْ مِن قَبْلِكُم مَّسَّتْهُمُ
الْبَأْسَاءُ وَالضَّرَّاءُ وَزُلْزِلُواْ حَتَّى يَقُولَ
الرَّسُولُ وَالَّذِينَ آمَنُواْ مَعَهُ مَتَى نَصْرُ اللَّهِ
أَلا إِنَّ نَصْرَ اللَّهِ قَرِيبٌ (٢١٤)
يَسْأَلُونَكَ مَاذَا يُنفِقُونَ قُلْ مَا أَنفَقْتُم
مِّنْ خَيْرٍ فَلِلْوَالِدَيْنِ وَالأَقْرَبِينَ وَالْيَتَامَى
وَالْمَسَاكِينِ وَابْنِ السَّبِيلِ وَمَا تَفْعَلُواْ
مِنْ خَيْرٍ فَإِنَّ اللَّهَ بِهِ عَلِيمٌ (٢١٥)
كُتِبَ عَلَيْكُمُ الْقِتَالُ وَهُوَ كُرْهٌ لَّكُمْ وَعَسَى
أَن تَكْرَهُواْ شَيْئاً وَهُوَ خَيْرٌ لَّكُمْ وَعَسَى
أَن تُحِبُّواْ شَيْئاً وَهُوَ شَرٌّ لَّكُمْ وَاللَّهُ يَعْلَمُ
وَأَنتُمْ لاَ تَعْلَمُونَ (٢١٦)
يَسْأَلُونَكَ عَنِ الشَّهْرِ الْحَرَامِ قِتَالٍ فِيهِ
قُلْ قِتَالٌ فِيهِ كَبِيرٌ وَصَدٌّ عَن سَبِيلِ
اللَّهِ وَكُفْرٌ بِهِ وَالْمَسْجِدِ الْحَرَامِ وَإِخْرَاجُ
أَهْلِهِ مِنْهُ أَكْبَرُ عِندَ اللَّهِ وَالْفِتْنَةُ أَكْبَرُ
مِنَ الْقَتْلِ وَلاَ يَزَالُونَ يُقَاتِلُونَكُمْ حَتَّى
يَرُدُّوكُمْ عَن دِينِكُمْ إِنِ اسْتَطَاعُواْ وَمَن
يَرْتَدِدْ مِنكُمْ عَن دِينِهِ فَيَمُتْ وَهُوَ كَافِرٌ
فَأُوْلَئِكَ حَبِطَتْ أَعْمَالُهُمْ فِي الدُّنْيَا
وَالآخِرَةِ وَأُوْلَئِكَ أَصْحَابُ النَّارِ هُمْ فِيهَا
خَالِدُونَ (٢١٧)
إِنَّ الَّذِينَ آمَنُواْ وَالَّذِينَ هَاجَرُواْ
وَجَاهَدُواْ فِي سَبِيلِ اللَّهِ أُوْلَئِكَ يَرْجُونَ
رَحْمَتَ اللَّهِ وَاللَّهُ غَفُورٌ رَّحِيمٌ (٢١٨)

٢ : ٢١٣

في مصحف أُبيّ بن كعبٍ «كَانَ البَشَرُ أُمَّةً وَاحِدَةً» (الخطيب ١ : ٢٩٠).

وقرأها ابن مسعود: «كَانَ النَّاسُ أُمَّةً وَاحِدَةً فاختلفوا»، بإضافة: «اختلفوا» (الخطيب ١ : ٢٩١)، وهذه الزيادة توضح الآية لأنها تشرح سبب بعث الله للأنبياء، فيغدو السياق: «كَانَ النَّاسُ أُمَّةً وَاحِدَةً فاختلفوا فَبَعَثَ اللهُ النَّبِيِّين».

٢ : ٢١٤

تأتي الآية في مصحف ابن مسعود بصيغة مختلفة: «وَزُلْزِلُواْ ثم زُلزِلوا حَتَّى...» (الخطيب ١ : ٢٩٤).

٢ : ٢١٥

القول الأول: إنها منسوخة

فُسّر الانفاق هنا بالهبات المالية المقدمة لهذه الفئات المذكورة، ولهذا فالآية منسوخة بآية الصدقة الواردة في التوبة: ﴿إِنَّمَا الصَّدَقَاتُ لِلْفُقَرَاء وَالْمَسَاكِينِ...﴾ (التوبة ٩ : ٦٠) (ابن الجوزي ١٩١ - ١٩٢، ابن سلامة ٢٠، الطبري ٣ : ٦٤٢ - ٦٤٣).

القول الثاني: إنها محكمة

بعضهم اعتبر ما ورد في هذه الآية من النوافل أو أفعال التطوع، وبالتالي لا يصح أن يقال إنها منسوخة (ابن الجوزي ١٩٢، زاد المسير ١ : ٢٣٤).

٢ : ٢١٦

فُسرت كلمة ﴿كُتِبَ﴾ بمعنى «فُرض» عليكم، أيْ أن الآية تعني أن القتال مفروض على جميع المسلمين، لكن هذا قد نسخ (ابن الجوزي ١٩٣، النحاس ٢٩)، وذلك بالآيات التالية:

أ. ﴿لاَ يُكَلِّفُ اللّهُ نَفْساً إِلاَّ وُسْعَهَا﴾ (البقرة ٢ : ٢٨٦) (ابن الجوزي ١٩٤).

ب. ﴿فَلَوْلاَ نَفَرَ مِن كُلِّ فِرْقَةٍ مِّنْهُمْ طَآئِفَةٌ﴾ (التوبة ٩ : ١٢٢) (ابن الجوزي ١٩٤).

ج. ﴿انفِرُواْ خِفَافاً وَثِقَالاً﴾ (التوبة ٩ : ٤١) (النحاس ٢٩).

٢ : ٢١٧

ذات مرة، أرسل محمد سرية بقيادة عبد الله بن جحش للاستطلاع، ولكن السرية أغارت على قافلة تجارية لقريش في شهر جمادى الآخر، وهو أحد الشهور المقدسة عند العرب. وقد وقع قتلى في صفوف القرشيين، فأقلق هذا الفعل الأنصار. كذلك رأى فيه غير المسلمين خرقاً لحرمة تلك الأشهر التي قيل، وصفاً لحرمتها: «لو مر أحدنا على قاتل أبيه لم يوقظه» (ابن الجوزي ١٩٦)، عندها جاءت هذه الآية لتدافع عما اقترفته سرية ابن جحش (الطبري ٣ : ٦٦٤).

إن الآية هنا قد اعترفت بقدسية هذا الشهر، ولكنها بررت الفعل بأنه وإن كان خرقاً للمقدس، لكن قريشاً تتحمل المسئولية لأنها دفعت بالأمور إلى هذا الاتجاه عندما اضطرت المسلمين للرحيل عن مكة ﴿وَإِخْرَاجُ أَهْلِهِ مِنْهُ أَكْبَرُ عِندَ اللّهِ﴾. ولاحقاً، اعتبر المسلمون أن ليس ثمة ظرف أو مكان محرم فيه قتال، ولهذا اُعتبرت هذه الآية منسوخة بإجماع علماء الإسلام، وحسب مختلف الأقوال، فهي منسوخة بالآيات التالية:

أ. ﴿فَاقْتُلُواْ الْمُشْرِكِينَ حَيْثُ وَجَدتُّمُوهُمْ﴾(التوبة ٩ : ٥) (ابن الجوزي ١٩٧، الإيضاح ١٦٠، ابن حزم ٢٨، النحاس ٣٠).

يَسْأَلُونَكَ عَنِ الْخَمْرِ وَالْمَيْسِرِ قُلْ فِيهِمَا
إِثْمٌ كَبِيرٌ وَمَنَافِعُ لِلنَّاسِ وَإِثْمُهُمَا أَكْبَرُ
مِن نَّفْعِهِمَا وَيَسْأَلُونَكَ مَاذَا يُنفِقُونَ قُلِ
الْعَفْوَ كَذَلِكَ يُبَيِّنُ اللّهُ لَكُمُ الآيَاتِ لَعَلَّكُمْ
تَتَفَكَّرُونَ (٢١٩)
فِي الدُّنْيَا وَالآخِرَةِ وَيَسْأَلُونَكَ عَنِ
الْيَتَامَى قُلْ إِصْلاَحٌ لَّهُمْ خَيْرٌ وَإِنْ
تُخَالِطُوهُمْ فَإِخْوَانُكُمْ وَاللّهُ يَعْلَمُ الْمُفْسِدَ
مِنَ الْمُصْلِحِ وَلَوْ شَاء اللّهُ لأعْنَتَكُمْ إِنَّ
اللّهَ عَزِيزٌ حَكِيمٌ (٢٢٠)
وَلاَ تَنكِحُواْ الْمُشْرِكَاتِ حَتَّى يُؤْمِنَّ وَلأَمَةٌ
مُّؤْمِنَةٌ خَيْرٌ مِّن مُّشْرِكَةٍ وَلَوْ أَعْجَبَتْكُمْ
وَلاَ تُنكِحُواْ الْمُشِرِكِينَ حَتَّى يُؤْمِنُواْ
وَلَعَبْدٌ مُّؤْمِنٌ خَيْرٌ مِّن مُّشْرِكٍ وَلَوْ
أَعْجَبَكُمْ أُوْلَئِكَ يَدْعُونَ إِلَى النَّارِ وَاللّهُ
يَدْعُوَ إِلَى الْجَنَّةِ وَالْمَغْفِرَةِ بِإِذْنِهِ وَيُبَيِّنُ آيَاتِهِ
لِلنَّاسِ لَعَلَّهُمْ يَتَذَكَّرُونَ (٢٢١)
وَيَسْأَلُونَكَ عَنِ الْمَحِيضِ قُلْ هُوَ أَذًى
فَاعْتَزِلُواْ النِّسَاء فِي الْمَحِيضِ وَلاَ تَقْرَبُوهُنَّ
حَتَّىَ يَطْهُرْنَ فَإِذَا تَطَهَّرْنَ فَأْتُوهُنَّ
مِنْ حَيْثُ أَمَرَكُمُ اللّهُ إِنَّ اللّهَ يُحِبُّ
التَّوَّابِينَ وَيُحِبُّ الْمُتَطَهِّرِينَ (٢٢٢)
نِسَآؤُكُمْ حَرْثٌ لَّكُمْ فَأْتُواْ حَرْثَكُمْ أَنَّى
شِئْتُمْ وَقَدِّمُواْ لأَنفُسِكُمْ وَاتَّقُواْ اللّهَ
وَاعْلَمُواْ أَنَّكُم مُّلاَقُوهُ وَبَشِّرِ الْمُؤْمِنِينَ (٢٢٣)
وَلاَ تَجْعَلُواْ اللّهَ عُرْضَةً لِّأَيْمَانِكُمْ أَن
تَبَرُّواْ وَتَتَّقُواْ وَتُصْلِحُواْ بَيْنَ النَّاسِ
وَاللّهُ سَمِيعٌ عَلِيمٌ (٢٢٤)

ب. ﴿قَاتِلُواْ الَّذِينَ لاَ يُؤْمِنُونَ بِاللّهِ وَلاَ بِالْيَوْمِ الآخِرِ﴾ (التوبة ٩ : ٢٩) (ابن الجوزي ١٩٧، الإيضاح ١٦٠).

ج. ﴿وَقَاتِلُواْ الْمُشْرِكِينَ كَآفَّةً كَمَا يُقَاتِلُونَكُمْ كَآفَّةً﴾ (التوبة ٩ : ٣٦) (النحاس ٣١).

٢ : ٢١٩

١. ﴿يَسْأَلُونَكَ عَنِ الْخَمْرِ وَالْمَيْسِرِ قُلْ: «فِيهِمَا إِثْمٌ كَبِيرٌ وَمَنَافِعُ لِلنَّاسِ»﴾

يفيد سياق الآية مكرهة شرب الخمر، وحسب كثير من العلماء فإنها ناسخة لحال الإباحة المطلقة التي كانت سائدة في الإسلام (الإيضاح ١٦٦، النحاس ٣٩)، لكن في الآية غموضاً؛ فهل تتضمن تحريم الخمر أم لا، ولهذا قيل إنّ عمر بن الخطاب سأل محمداً توضيحاً إضافياً، فجاءت آيةٌ تنهى عن معاقرة الخمر: ﴿فَاجْتَنِبُوهُ﴾ (المائدة ٥ : ٩٠) (ابن الجوزي ١٩٩، الإيضاح ١٦٧، ابن سلامة ٢٢، النحاس ٣٩ - ٤٠).

٢. ‹وَيَسْأَلُونَكَ مَاذَا يُنْفِقُونَ، قُلِ: «الْعَفْوَ»›
العَفو هو الفضل من المال، وقيل إن الآية قد حثّت على إنفاق ما يزيد عن الحاجة، إلاّ أن المسلمين كرهوا هذا الطلب، فجاءت آية الزكاة: ‹خُذْ مِنْ أَمْوَالِهِمْ صَدَقَةً تُطَهِّرُهُمْ› (التوبة ٩ : ١٠٣) (ابن الجوزي ٢٠٠ - ٢٠٢، ابن حزم ٢٨ - ٢٩).
وقال بعضهم إنّ المقصود بالعفو الزّكاة، وبالتالي فالآية محكمة (الإيضاح ١٦٨).

٢ : ٢١٩

١. يجمع القرّاء على: ‹إِثْمٌ كَبِيرٌ›، بينما قرأها ابن مسعود وآخرون «إثم كثير» (الخطيب ١: ٣٠١).
٢. في مصحف ابن مسعود «وإثمهما أكثر». وفي مصحف أُبيّ بن كعبٍ «وإثمهما أقرب...» (الخطيب ١: ٣٠١).

إن كلمة ‹كَبِيرٌ› هي صفة للحجم أكثر منها للعدد، بينما كلمة «كثير» صفة للعدد أكثر منها للحجم. أما «أقرب» فتعطي مدلولاً آخر.

٢ : ٢٢١

يمنع القرآنُ المسلمين والمسلمات من الزواج من «الْمُشْرِكَاتِ والْمُشْرِكِينَ» (البقرة ٢: ٢٢١)؛ وهذا يعني حظر الزواج بين المسلمين والمسيحيين، لأن القرآنّ يوجه تهمة الشرك للمسيحيين (المائدة ٥: ٧٢ - ٧٣؛ التوبة ٩: ٣١). ومع ذلك، يسمح القرآن للرجال المسلمين فحسب بالزواج من النّساء المسيحيات واليهوديات (المائدة ٤ : ٥).
فهل المسيحيون مشركون أم لا؟ وهل يجوز مصاهرتهم؟
بما أنَّ (المائدة ٤ : ٥) لم تنسخ (البقرة ٢: ٢٢١) فإن التناقض يبقى قائماً بين الرأيْين في القرآن.

٢ : ٢٢١

ثمة أقوال مختلفة في معنى ‹الْمُشْرِكَاتِ›:
القول الأول: إنهن الوثنيات، وبالتالي لا يقع الكلام هنا على اليهودية ولا المسيحية (ابن الجوزي ٢٠٢ - ٢٠٣)، وبهذا فالآية محكمة.
القول الثاني: إن العبارة وصفٌ للكتابية وغير الكتابية، وأصحاب هذا القول انقسموا إلى الآراء التالية:
أ. إن الآية بهذا المعنى تحظر زواج المسلم من الكتابية، وإن هذا الحظر قد نُسخ بالآية: ‹وَالْمُحْصَنَاتُ مِنَ الَّذِينَ أُوتُواْ الْكِتَابَ مِن قَبْلِكُمْ› (المائدة ٥: ٥) (ابن الجوزي ٢٠٣ - ٢٠٤، النحاس ٥٦).
ب. إن عبارة «‹وَلاَ تَنكِحُواْ الْمُشْرِكَاتِ› لفظ عام؛ وما جاء في آية المائدة كان تخصيصاً لا نسخاً (ابن الجوزي ٢٠٤)، «فآيةُ المائدة مُحكَمَةٌ غيرُ منسوخَةٍ، لكنّها مخصّصةٌ، ومبيّنةٌ لآيةِ البقرة» (الإيضاح ١٧١).
ج. قال البعض إن التحريم الوارد في هذه الآية يخص الكتابية المُقيمة خارج ديار الإسلام،

لاَّ يُؤَاخِذُكُمُ اللّهُ بِاللَّغْوِ فِيَ أَيْمَانِكُمْ
وَلَكِن يُؤَاخِذُكُم بِمَا كَسَبَتْ قُلُوبُكُمْ
وَاللّهُ غَفُورٌ حَلِيمٌ (٢٢٥)
لِّلَّذِينَ يُؤْلُونَ مِن نِّسَآئِهِمْ تَرَبُّصُ أَرْبَعَةِ أَشْهُرٍ
فَإِنْ فَآؤُوا فَإِنَّ اللّهَ غَفُورٌ رَّحِيمٌ (٢٢٦) وَإِنْ
عَزَمُواْ الطَّلاَقَ فَإِنَّ اللّهَ سَمِيعٌ عَلِيمٌ (٢٢٧)
وَالْمُطَلَّقَاتُ يَتَرَبَّصْنَ بِأَنفُسِهِنَّ ثَلاَثَةَ
قُرُوَءٍ وَلاَ يَحِلُّ لَهُنَّ أَن يَكْتُمْنَ مَا
خَلَقَ اللّهُ فِي أَرْحَامِهِنَّ إِن كُنَّ يُؤْمِنَّ
بِاللّهِ وَالْيَوْمِ الآخِرِ وَبُعُولَتُهُنَّ أَحَقُّ

وبالتالي هي خارج نطاق سلطة المسلمين، وعلى هذا فالآية محكمة وغير منسوخة ولا مخصّصة (الإيضاح ١٦٩ - ١٧٠).

[ونحن بدورنا نسأل: كيف يتزوج المسلمون إذاً الأوروبيات والأمريكيات وهنّ في ديار غير إسلاميّة؟]

٢ : ٢٢٣

تنظر هذه الآية إلى المرأة على أنها «مَزْرَعَةٌ يُحْرَثُ فيها» (الرجل)، على حد وصف السُّدِّيّ في تفسير الطبري (٣ : ٧٤٥)، وتجيز للرجل ممارسة الجنس ‹أَنَّى› شاء. وأيضاً، تعطي الآية للمسلم حق التصرف المطلق بجسد المرأة، ومع ذلك فإن السؤال المتصل بهذه الآية لا ينصب عما إذا كان القرآن قد أعطى الرجال حق التحكم بالنساء جسداً وروحاً، فهذه مسألة لا خلاف فيها بين العلماء المسلمين، بل السؤال هو: ماذا تعني عبارة ‹فَأْتُواْ حَرْثَكُمْ أَنَّى شِئْتُمْ›.

هل المقصود بـ ‹أَنَّى›: كيف، أم متى، أم أين؟ وفي هذا الصدد تباينت أقوال المفسرين:

أ. ‹**أَنَّى شِئْتُمْ**›: يحقّ للمسلم ممارسة الجنس بأية وضعية رغبها. ويحكى أن يهوداً وجهوا نقداً للمسلمين، لممارستهم أوضاع جماع مختلفة، وأن يهودياً قال: «ما أنتم إلاّ أمثالُ البهائم، ولكنّا إنما نأتيها على هيئةٍ واحدةٍ»، فجاءت الآية لترد عليه (الطبري ٣ : ٧٤٨).

ب. ‹**أَنَّى شِئْتُمْ**›: متى خطر على بال الرجل، باستثناء فترة الحيض.

ج. ‹**أَنَّى شِئْتُمْ**›: أين أو حيث شاء الرجل؛ وقالوا بأن الآية تجيز الاتيان في الدُّبُر، كما صرح

بذلك ابنُ عُمرُ معلقاً على الآية: «نزَلت في إتيانِ النساءِ في أدبارِهنّ» (الطبري ٣: ٧٥١، ابن كثير ٢: ٣١٠). وثمة مأثور في أسباب النزول يدعم هذا الرأي، يقول:

«أنّ رجلاً أَتى امرأتَه في دُبُرِها فوجَد في نفسِه من ذلك» فنزلت الآية.

(الطبري ٣: ٧٥٣، ابن كثير ٢: ٣١١)

وفي رواية أخرى:

«أنّ رجلاً أصابَ امرأتَه في دُبُرِها... فأنكر الناسُ ذلك... فأنزل الله» الآية.

(الطبري ٣: ٧٥٤)

وقد تبنى بعض الفقهاء من أهل المدينة مقولة السماح بالإتيان في الدُّبُرِ (ابن كثير ٢: ٣١٢). وقيل أنّ مالكاً قال بذلك في كتاب له يسمى «كتاب السرّ»، ونقلت الأخبار أن عدداً من أصحاب محمد كانوا يناصرون هذا الرأي (القرطبي ٤: ٨). وقال ابن العربي في كتابه «أحكام القرآن» (١: ٢٣٨) إن مجموعة من العلماء أيدت نكاح الدُّبُر، وأضاف ابن العربي القول إنّ عالماً يُدعى ابنُ شعبان جمع الآراء المؤيدة للإتيان في الدُّبُرِ في كتاب عنوانه: «جماع النسوان وأحكام القرآن»، وأنه «أسْنَد جوازَه إلى زُمْرةٍ كريمةٍ من الصحابة والتابعين وإلى مالك في روايات كثيرة».

على أي حال، لا يمكن أن ننكر أن جدلاً نشأ بين أصحاب الرأييْن، وقيل إنّ ابن الجوزي ألف كتاباً عارض فيه القول بجواز الإتيان في الدُّبُر، بعنوان: «تحريم المَحَلّ المكروه» (القرطبي ٤: ١٠).

لكن الحقيقة التي تبقى قائمةً هي: إن الآية وحتى في تفسيرها «الملطف» تلغي كينونة المرأة لأنها تعطي الرجل الحق في اتخاذ الأوضاع الجنسية التي يشتهيها؛ وتسمح له بإشباع جوعه الجنسي وقتما شاء، بغض النظر عن حالة المرأة النفسية والجسدية.

وأخيراً، نسأل: لو كانت الإجازة «الإلهية» في الآية تقصد تنوع الأوضاع الجنسية لا اللواطية، فلماذا جاءت الصيغة القرآنية ملتبسة وغامضة بحيث تمكن ذوي الميول الجنسية المنحرفة من إشباع رغباتهم؟

٢: ٢٢٦

كان ثمة عرف لدى العرب قبل الإسلام أن يُقسم الرجل «أَليَّةً» على امرأته، أيْ يحلف ألا يمارس الجنس معها لمدة سنة أو أكثر دون أن يطلقها، وربطه بعضهم بالغضب، ولهذا قيل: «لا إيلاءَ إلاّ بغضبٍ» (الطبري ٤: ٤٥)، بينما قال آخرون إن الإيلاء هو الحلف «في غضبٍ أو غيرِ غضب» (الطبري ٤: ٤٧)، فجاءت الآية لتنسخ هذا العرف وتقصره على أربعة أشهر، وإن جاوز هذه الفترة يحق للزوجة الطلاق منه (الإيضاح ١٧٥). والآية عملياً لا تنسخ آية آخرى نعرفها في القرآن، ولكن أوردناها لأنها موجودة ضمن قائمة المنسوخ، ولا نستبعد أن تكون هذه الآية ناسخة لنص سقط سهواً أثناء التدوين.

[للدراسة حول ضياع الآيات، الرجاء مراجعة مقالة «جمع القرآن»، صفحة ٢٩]

بِرَدِّهِنَّ فِي ذَلِكَ إِنْ أَرَادُواْ إِصْلاَحاً
وَلَهُنَّ مِثْلُ الَّذِي عَلَيْهِنَّ بِالْمَعْرُوفِ
وَلِلرِّجَالِ عَلَيْهِنَّ دَرَجَةٌ وَاللّهُ عَزِيزٌ
حَكِيمٌ (٢٢٨)
الطَّلاَقُ مَرَّتَانِ فَإِمْسَاكٌ بِمَعْرُوفٍ أَوْ
تَسْرِيحٌ بِإِحْسَانٍ وَلاَ يَحِلُّ لَكُمْ أَن
تَأْخُذُواْ مِمَّا آتَيْتُمُوهُنَّ شَيْئاً إِلاَّ أَن
يَخَافَا أَلاَّ يُقِيمَا حُدُودَ اللّهِ فَإِنْ خِفْتُمْ
أَلاَّ يُقِيمَا حُدُودَ اللّهِ فَلاَ جُنَاحَ عَلَيْهِمَا
فِيمَا افْتَدَتْ بِهِ تِلْكَ حُدُودُ اللّهِ فَلاَ
تَعْتَدُوهَا وَمَن يَتَعَدَّ حُدُودَ اللّهِ فَأُوْلَئِكَ
هُمُ الظَّالِمُونَ (٢٢٩)
فَإِن طَلَّقَهَا فَلاَ تَحِلُّ لَهُ مِن بَعْدُ حَتَّى
تَنكِحَ زَوْجاً غَيْرَهُ فَإِن طَلَّقَهَا فَلاَ
جُنَاحَ عَلَيْهِمَا أَن يَتَرَاجَعَا إِن ظَنَّا أَن
يُقِيمَا حُدُودَ اللّهِ وَتِلْكَ حُدُودُ اللّهِ
يُبَيِّنُهَا لِقَوْمٍ يَعْلَمُونَ (٢٣٠)
وَإِذَا طَلَّقْتُمُ النِّسَاء فَبَلَغْنَ أَجَلَهُنَّ
فَأَمْسِكُوهُنَّ بِمَعْرُوفٍ أَوْ سَرِّحُوهُنَّ
بِمَعْرُوفٍ وَلاَ تُمْسِكُوهُنَّ ضِرَاراً
لَّتَعْتَدُواْ وَمَن يَفْعَلْ ذَلِكَ فَقَدْ ظَلَمَ
نَفْسَهُ وَلاَ تَتَّخِذُوَاْ آيَاتِ اللّهِ هُزُواً
وَاذْكُرُواْ نِعْمَتَ اللّهِ عَلَيْكُمْ وَمَا أَنزَلَ
عَلَيْكُمْ مِّنَ الْكِتَابِ وَالْحِكْمَةِ يَعِظُكُم
بِهِ وَاتَّقُواْ اللّهَ وَاعْلَمُواْ أَنَّ اللّهَ بِكُلِّ
شَيْءٍ عَلِيمٌ (٢٣١)

٢ : ٢٢٨

قيل إن «القُرْء» هو الحيض (الطبري ٤ : ٨٧)، وبالتالي فعلى المطلقة أن تعتد ثلاث حيضات.

وقد اُختلف إن كانت هذه الآية منسوخة أو محكمة:

القول الأول: إنها منسوخة؛ والجزء المنسوخ هو عدة المطلقة ‹ثَلاَثَةَ قُرُوَءٍ›، على إطلاق الحكم:

أ. تم نسخ الحكم بشأن الحامل بالآية: ‹وَأُوْلاَتُ الْأَحْمَالِ أَجَلُهُنَّ أَن يَضَعْنَ حَمْلَهُنَّ› (الطلاق ٦٥ : ٤) (ابن الجوزي ٢٠٥).

ب. وتم نسخ حكم المرأة العجوز والصغيرة بالآية: ‹اللَّائِي يَئِسْنَ مِنَ الْمَحِيضِ مِن نِّسَائِكُمْ إِنِ ارْتَبْتُمْ فَعِدَّتُهُنَّ ثَلَاثَةُ أَشْهُرٍ وَاللَّائِي لَمْ يَحِضْنَ› (الطلاق ٦٥ : ٤) (ابن الجوزي ٢٠٦).

ج. وتم نسخ عدة المطلقة التي لم يُمارس معها الجنس بالآية: ‹إِذَا نَكَحْتُمُ الْمُؤْمِنَاتِ ثُمَّ

طَلَّقْتُمُوهُنَّ مِن قَبْلِ أَن تَمَسُّوهُنَّ فَمَا لَكُمْ عَلَيْهِنَّ مِنْ عِدَّةٍ تَعْتَدُّونَه› (الأحزاب ٣٣ : ٤٩) (ابن الجوزي ٢٠٦).

القول الثاني: إنها محكمة

على أساس أن مطلع الآية محكم، والمنسوخ منها: ‹وَبُعُولَتُهُنَّ أَحَقُّ بِرَدِّهِنَّ فِي› (البقرة ٢ : ٢٢٨) حيث كان يحق للرجل إذا طلق أن يرجع زوجه، سواء كان الطلاق ثلاثاً أو دون ذلك، فنسخ ذلك الحق بالآية: ‹فَإِن طَلَّقَهَا فَلاَ تَحِلُّ لَهُ مِن بَعْدُ حَتَّىَ تَنكِحَ زَوْجاً غَيْرَهُ› (البقرة ٢ : ٢٣٠) (ابن الجوزي ٢٠٧).

يتبنى ابن الجوزي القول بإحكام الآية:

«لأن أولها عام في المطلقات، وما ورد في الحامل والآيسة [المرأة العجوز] والصغيرة فهو مخصوص من جملة العموم، وليس على سبيل النسخ». (ابن الجوزي ٢٠٧)

٢ : ٢٢٩

قرأها أُبيّ بن كعب بصيغة مختلفة: «إلاَّ أَن يظنّا أَلاَّ يُقِيمَا حُدُودَ اللّهِ فَإِنْ ظَنَّا أَلاَّ يُقِيمَا» (الخطيب ١ : ٣١٥).

٢ : ٢٢٩-٢٣١

صادق القرآن على الطّلاق المتكرر، وأعطى الرجل فرصة تطليق زوجته مرتين، ولكنه حكم أنه بعد المرة الثالثة لا يحق للمطلقة الرجوع لزوجها السابق ‹حَتَّىَ تَنكِحَ زَوْجاً غَيْرَهُ› (البقرة٢ : ٢٣٠).

ويُروى أنَّ مسلماً من الأنصار يُدعى ثابت بن يسار طلّق امرأته، فلما كانت عدتها تقارب على الانتهاء، كان يعيدها ثم يطلقها مجدداً، يفعل ذلك لأذيتها فحسب، وللحد من ظلمه جاءت الآية: ‹وَلاَ تُمْسِكُوهُنَّ ضِرَاراً لَّتَعْتَدُواْ› (البقرة٢ : ٢٣١) (أسباب النزول للسيوطي ٤٤).

هل كان هذا الرجل يستند إلى عرف جاهلي، أم كان يرتكز إلى مبدأ إسلامي أُلغي لاحقاً؟ لا نستطيع الفصل لعدم وجود معلومات عن أساس هذه الممارسة، ولكن هذه القاعدة كانت تسمح للرجل، إنْ طلق امرأته، أن يسترجعها قبل انقضاء عدتها، ومهما بلغ عدد مرات التطليق.

مكنت هذه القاعدة بعض الرجال من التلاعب بمصير زوجاتهم، بين استدعاء وطرد؛ ولهذا يقول المفسرون إن الغاية من تشريع ‹حَتَّىَ تَنكِحَ زَوْجاً غَيْرَهُ› ردع الرجل عن العبث، وتحرير المرأة من الارتهان لمزاجه.

ثم إن العلماء المسلمين درسوا كيفية تطبيق تشريع ‹حَتَّىَ تَنكِحَ زَوْجاً غَيْرَهُ›؛ فقدموا رأيين:

الرأي الأول: يقول إنَّ المقصود بكلمة «النكاح» في الآية هو عقد الزواج، وإنه بمجرد أن يتم العقد مع الثاني وإنْ لم تتم المعاشرة الجنسية صار بوسعها العودة للأول.

الرأي الثاني: وهو رأي أغلبية العلماء، يعلن أن «النكاح» في النص يُقصد به الاتصال الجنسي؛ ويستندون إلى قصة امرأة رِفاعة القُرَظيِّ، واسمها تَميمةُ بنتُ وهبٍ، وهي امرأة طلقها زوجها، فتزوجت آخر لكي تتمكن من

الرجوع إلى زوجها السابق، لكن محمداً قال لها: «أتُريدين أنْ تَرْجعي إلى رِفاعة؟ لا، حتى تَذُوقي عُسَيْلَته، ويذوق عُسَيْلَتَك» (الطبري ٤: ١٦٩-١٧٧؛ والدر المنثور للسيوطي ٢: ٦٩١-٦٩٢).

فُسّر الشرط المحمدي [ذَوْق العُسَيْلة]، على معنيَيْن:

أ. على أنه ممارسة الجنس، ويستخدم العلماء عبارة «تغيب الحشفة». وأصحاب محمد مجمعون على أن المرأة لا تَحِلُّ لزوجها السّابقِ حتى يُجامِعَها الآخرُ.

ب. التلامس بين الأعضاء الجنسية، ويصطلحون عليه بعبارة: «التقاء الختانين».

يتضح من قصة زوجة رِفاعة أنّ محمداً كان يقصد الاتصال الجنسي الكامل، وقد أكده بوضوح، فقال: «لا، إلاّ نكاحَ رغبة، لا نكاحَ دُلْسةٍ، ولا استهزاءً بكتابِ الله، ثم يَذُوقُ عُسَيْلَتَها». وحذّر من التحليل، فقال: «لعَن اللهُ المُحَلِّلَ والمُحَلَّلَ له»، وقد وصف محمدٌ الشخص الذي يلعب دور المُحَلِّل بأنه: «التَّيْس المُسْتَعار» (الدر المنثور٢: ٦٩٦). وبذلك فإن عملية الرجوع إلى الزوج الأول بحسب تفسير البحر المحيط (٢: ٢١١) تقتضي المرور بالمراحل التالية:

١. العدة.
٢. العقد مع الثاني.
٣. ممارسة الجنس (ذَوْق العُسَيْلة).
٤. طلاقها من الثاني.
٥. العدة.

بدون أدنى شك، كان يجب إزالة العرف الذي يسمح بالتسلط على المرأة، ولكن هل التشريع الذي سنّه محمدٌ، والقائم على: ‹حَتَّىَ تَنكِحَ زَوْجاً غَيْرَهُ› و«ذَوْق العُسَيْلة»، يشير إلى أنه تشريع سماوي؟ ألا تبرهن طريقة المعالجة على أننا أمام قانون يعكس ثقافة المشرّع وفهمه الخاص للعلاقة بين الرجل والمرأة؟

هامش فقهي:

لا تنطبق قاعدة الطلاق ثلاث مرات على كافة المسلمين، إذ يقول علماؤهم إن المسترق يحق له الزواج من امرأتين فحسب، ويُطلِّق تطليقتيْن. وتعتَّد المسترقة حيضتَيْن، فإنْ لم تَكُنْ تَحيض فشهرين؛ خلافاً للمرأة الحرّة، التي تعتّد ثلاث حِيَضٍ (الدر المنثور ٢: ٦٨٩).

٢: ٢٣٣

ثمة قولان في هذه الآية:

القول الأول: إنها منسوخة

على أساس أنه تم نسخ تمام السنتين في العبارة الواردة في الآية: ‹فَإِنْ أَرَادَا فِصَالاً عَن تَرَاضٍ مِّنْهُمَا وَتَشَاوُرٍ فَلاَ جُنَاحَ›، وبالتالي فهي ناسخة للحولين (ابن الجوزي ٢١١، الإيضاح١٧٩، ابن سلامة ٢٦).

القول الثاني: إنها محكمة

لأن الغاية في الآية بيان مدة الرضاع (ابن الجوزي ٢١١، الطبري ٤: ٢٤٥، ابن كثير ٢: ٣٧٣ - ٣٧٧). وقيل ليس فيه نسخ، لأنه تخيير وليس بإلزام (الإيضاح ١٧٩).

وَإِذَا طَلَّقْتُمُ النِّسَاء فَبَلَغْنَ أَجَلَهُنَّ فَلاَ
تَعْضُلُوهُنَّ أَن يَنكِحْنَ أَزْوَاجَهُنَّ إِذَا
تَرَاضَوْاْ بَيْنَهُم بِالْمَعْرُوفِ ذَلِكَ يُوعَظُ
بِهِ مَن كَانَ مِنكُمْ يُؤْمِنُ بِاللّهِ وَالْيَوْمِ
الآخِرِ ذَلِكُمْ أَزْكَى لَكُمْ وَأَطْهَرُ وَاللّهُ
يَعْلَمُ وَأَنتُمْ لاَ تَعْلَمُونَ ﴿٢٣٢﴾

وَالْوَالِدَاتُ يُرْضِعْنَ أَوْلاَدَهُنَّ حَوْلَيْنِ
كَامِلَيْنِ لِمَنْ أَرَادَ أَن يُتِمَّ الرَّضَاعَةَ
وَعلَى الْمَوْلُودِ لَهُ رِزْقُهُنَّ وَكِسْوَتُهُنَّ
بِالْمَعْرُوفِ لاَ تُكَلَّفُ نَفْسٌ إِلاَّ وُسْعَهَا
لاَ تُضَآرَّ وَالِدَةٌ بِوَلَدِهَا وَلاَ مَوْلُودٌ
لَّهُ بِوَلَدِهِ وَعَلَى الْوَارِثِ مِثْلُ ذَلِكَ
فَإِنْ أَرَادَا فِصَالاً عَن تَرَاضٍ مِّنْهُمَا
وَتَشَاوُرٍ فَلاَ جُنَاحَ عَلَيْهِمَا وَإِنْ أَرَدتُّمْ
أَن تَسْتَرْضِعُواْ أَوْلاَدَكُمْ فَلاَ جُنَاحَ
عَلَيْكُمْ إِذَا سَلَّمْتُم مَّآ آتَيْتُم بِالْمَعْرُوفِ
وَاتَّقُواْ اللّهَ وَاعْلَمُواْ أَنَّ اللّهَ بِمَا
تَعْمَلُونَ بَصِيرٌ ﴿٢٣٣﴾

وَالَّذِينَ يُتَوَفَّوْنَ مِنكُمْ وَيَذَرُونَ أَزْوَاجاً
يَتَرَبَّصْنَ بِأَنفُسِهِنَّ أَرْبَعَةَ أَشْهُرٍ وَعَشْراً
فَإِذَا بَلَغْنَ أَجَلَهُنَّ فَلاَ جُنَاحَ عَلَيْكُمْ فِيمَا
فَعَلْنَ فِي أَنفُسِهِنَّ بِالْمَعْرُوفِ وَاللّهُ بِمَا
تَعْمَلُونَ خَبِيرٌ ﴿٢٣٤﴾

وَلاَ جُنَاحَ عَلَيْكُمْ فِيمَا عَرَّضْتُم بِهِ مِنْ
خِطْبَةِ النِّسَاء أَوْ أَكْنَنتُمْ فِي أَنفُسِكُمْ
عَلِمَ اللّهُ أَنَّكُمْ سَتَذْكُرُونَهُنَّ وَلَكِن لاَّ
تُوَاعِدُوهُنَّ سِرّاً إِلاَّ أَن تَقُولُواْ قَوْلاً
مَّعْرُوفاً وَلاَ تَعْزِمُواْ عُقْدَةَ النِّكَاحِ حَتَّىَ
يَبْلُغَ الْكِتَابُ أَجَلَهُ وَاعْلَمُواْ أَنَّ اللّهَ يَعْلَمُ
مَا فِي أَنفُسِكُمْ فَاحْذَرُوهُ وَاعْلَمُواْ أَنَّ
اللّهَ غَفُورٌ حَلِيمٌ ﴿٢٣٥﴾

لاَّ جُنَاحَ عَلَيْكُمْ إِن طَلَّقْتُمُ النِّسَاء مَا
لَمْ تَمَسُّوهُنُّ أَوْ تَفْرِضُواْ لَهُنَّ فَرِيضَةً
وَمَتِّعُوهُنَّ عَلَى الْمُوسِعِ قَدَرُهُ وَعَلَى
الْمُقْتِرِ قَدْرُهُ مَتَاعاً بِالْمَعْرُوفِ حَقّاً
عَلَى الْمُحْسِنِينَ ﴿٢٣٦﴾

وَإِن طَلَّقْتُمُوهُنَّ مِن قَبْلِ أَن تَمَسُّوهُنَّ
وَقَدْ فَرَضْتُمْ لَهُنَّ فَرِيضَةً فَنِصْفُ مَا
فَرَضْتُمْ إَلاَّ أَن يَعْفُونَ أَوْ يَعْفُوَ الَّذِي
بِيَدِهِ عُقْدَةُ النِّكَاحِ وَأَن تَعْفُواْ أَقْرَبُ
لِلتَّقْوَى وَلاَ تَنسَوُاْ الْفَضْلَ بَيْنَكُمْ إِنَّ
اللّهَ بِمَا تَعْمَلُونَ بَصِيرٌ ﴿٢٣٧﴾

حَافِظُواْ عَلَى الصَّلَوَاتِ والصَّلاَةِ
الْوُسْطَى وَقُومُواْ لِلّهِ قَانِتِينَ (٢٣٨)
فَإنْ خِفْتُمْ فَرِجَالاً أَوْ رُكْبَانًا فَإِذَا أَمِنتُمْ
فَاذْكُرُواْ اللّهَ كَمَا عَلَّمَكُم مَّا لَمْ تَكُونُواْ
تَعْلَمُونَ (٢٣٩)
وَالَّذِينَ يُتَوَفَّوْنَ مِنكُمْ وَيَذَرُونَ أَزْوَاجاً
وَصِيَّةً لِّأَزْوَاجِهِم مَّتَاعاً إِلَى الْحَوْلِ غَيْرَ
إِخْرَاجٍ فَإِنْ خَرَجْنَ فَلاَ جُنَاحَ عَلَيْكُمْ فِي
مَا فَعَلْنَ فِيَ أَنفُسِهِنَّ مِن مَّعْرُوفٍ وَاللّهُ
عَزِيزٌ حَكِيمٌ (٢٤٠)
وَلِلْمُطَلَّقَاتِ مَتَاعٌ بِالْمَعْرُوفِ حَقّاً
عَلَى الْمُتَّقِينَ (٢٤١)
كَذَلِكَ يُبَيِّنُ اللّهُ لَكُمْ آيَاتِهِ لَعَلَّكُمْ
تَعْقِلُونَ (٢٤٢)
أَلَمْ تَرَ إِلَى الَّذِينَ خَرَجُواْ مِن دِيَارِهِمْ وَهُمْ
أُلُوفٌ حَذَرَ الْمَوْتِ فَقَالَ لَهُمُ اللّهُ مُوتُواْ ثُمَّ
أَحْيَاهُمْ إِنَّ اللّهَ لَذُو فَضْلٍ عَلَى النَّاسِ
وَلَكِنَّ أَكْثَرَ النَّاسِ لاَ يَشْكُرُونَ (٢٤٣)
وَقَاتِلُواْ فِي سَبِيلِ اللّهِ وَاعْلَمُواْ أَنَّ
اللّهَ سَمِيعٌ عَلِيمٌ (٢٤٤)
مَّن ذَا الَّذِي يُقْرِضُ اللّهَ قَرْضاً حَسَناً
فَيُضَاعِفَهُ لَهُ أَضْعَافاً كَثِيرَةً وَاللّهُ يَقْبِضُ

٢ : ٢٣٨

اختلف المفسرون حول معنى «الصَّلاَةِ الْوُسْطَى»، فقالوا إنها:

- صلاة الفجر (الطبري ٤ : ٣٦٧).
- صلاة الظهر (الطبري ٤ : ٣٥٩-٣٦٣).
- صلاة العصر (الطبري ٤ : ٣٤٢-٣٥٩).
- صلاةُ المغرب (الطبري ٤ : ٣٦٦-٣٦٧).

بينما كتبت عائشة، زوجة محمد، في مصحفها: «حَافِظُواْ عَلَى الصَّلَوَاتِ والصَّلاَةِ الْوُسْطَى وَصلاةِ العَصْرِ وَقُومُواْ لِلّهِ قَانِتِينَ»، بإضافة: «وَصلاةِ العَصْرِ»، وقالت إنها سمعتها من محمدٍ بهذا الشكل (الخطيب ١ : ٣٣٦، قارن: جولدتسهر ٢٤-٢٥). وكان آخرون يقرؤون بقراءة عائشة (الطبري ٤ : ٣٦٥)، منهم حفصة بنت عمر وعُبيدُ بنُ عُميرٍ (الطبري ٤ : ٣٦٤-٣٦٦).

٢ : ٢٤٠

كان من المتعارف عليه، قبل الإسلام، أنه إن مات رجل فمن حق أرملته أن تمكث في بيت الزوجية لمدة سنة من يوم الوفاة، وتعتمد على مال الميراث لمعاشها، ولا يحق للورثة المطالبة باقتسام البيت مدة السنة، ولكن إن خرجت الأرملة قبل انقضاء السنة بمحض إرادتها، فلا إثم على الورثة في التصرف بالإرث، كما أنه لا حرج على الأرملة

وَيَبْسُطُ وَإِلَيْهِ تُرْجَعُونَ (٢٤٥)
أَلَمْ تَرَ إِلَى الْمَلَإِ مِن بَنِي إِسْرَائِيلَ مِن بَعْدِ مُوسَى إِذْ قَالُواْ لِنَبِيٍّ لَّهُمُ ابْعَثْ لَنَا مَلِكاً نُّقَاتِلْ فِي سَبِيلِ اللّهِ قَالَ هَلْ عَسَيْتُمْ إِن كُتِبَ عَلَيْكُمُ الْقِتَالُ أَلاَّ تُقَاتِلُواْ قَالُواْ وَمَا لَنَا أَلاَّ نُقَاتِلَ فِي سَبِيلِ اللّهِ وَقَدْ أُخْرِجْنَا مِن دِيَارِنَا وَأَبْنَآئِنَا فَلَمَّا كُتِبَ عَلَيْهِمُ الْقِتَالُ تَوَلَّوْاْ إِلاَّ قَلِيلاً مِّنْهُمْ وَاللّهُ عَلِيمٌ بِالظَّالِمِينَ (٢٤٦)
وَقَالَ لَهُمْ نَبِيُّهُمْ إِنَّ اللّهَ قَدْ بَعَثَ لَكُمْ طَالُوتَ مَلِكاً قَالُوَاْ أَنَّى يَكُونُ لَهُ الْمُلْكُ عَلَيْنَا وَنَحْنُ أَحَقُّ بِالْمُلْكِ مِنْهُ وَلَمْ يُؤْتَ سَعَةً مِّنَ الْمَالِ قَالَ إِنَّ اللّهَ اصْطَفَاهُ عَلَيْكُمْ وَزَادَهُ بَسْطَةً فِي الْعِلْمِ وَالْجِسْمِ وَاللّهُ يُؤْتِي مُلْكَهُ مَن يَشَاءُ وَاللّهُ وَاسِعٌ عَلِيمٌ (٢٤٧)
وَقَالَ لَهُمْ نِبِيُّهُمْ إِنَّ آيَةَ مُلْكِهِ أَن يَأْتِيَكُمُ التَّابُوتُ فِيهِ سَكِينَةٌ مِّن رَّبِّكُمْ وَبَقِيَّةٌ مِّمَّا تَرَكَ آلُ مُوسَى وَآلُ هَارُونَ تَحْمِلُهُ الْمَلآئِكَةُ إِنَّ فِي ذَلِكَ لآيَةً لَّكُمْ إِن كُنتُم مُّؤْمِنِينَ (٢٤٨)
فَلَمَّا فَصَلَ طَالُوتُ بِالْجُنُودِ قَالَ إِنَّ اللّهَ مُبْتَلِيكُم بِنَهَرٍ فَمَن شَرِبَ مِنْهُ فَلَيْسَ مِنِّي وَمَن لَّمْ يَطْعَمْهُ فَإِنَّهُ مِنِّي إِلاَّ مَنِ اغْتَرَفَ غُرْفَةً بِيَدِهِ فَشَرِبُواْ مِنْهُ إِلاَّ قَلِيلاً مِّنْهُمْ فَلَمَّا

(الطبري ٤: ٤٠٠-٤٠٤، البخاري ١١: ٤١٤-٤١٦). وقد أقر الإسلام هذه القاعدة الاجتماعية في تلك الآية، لكن سرعان ما نسخها بالآية: ﴿وَالَّذِينَ يُتَوَفَّوْنَ مِنكُمْ وَيَذَرُونَ أَزْوَاجاً يَتَرَبَّصْنَ بِأَنفُسِهِنَّ أَرْبَعَةَ أَشْهُرٍ وَعَشْراً﴾ (البقرة ٢: ٢٣٤)، حيث صارت «الأربعة الأشهر والعشر» ناسخة لمدة السّنة (ابن الجوزي ٢١٤-٢١٦، ابن سلامة ٢٦، النحاس ٧٢، الدر المنثور ٣: ١١٠-١١١).

٢: ٢٤٧-٢٥١

تقص الآيات خبر نبيّ قال لِبَنِي إِسْرَائِيلَ: «إنّ الله استجابةً لطلبكم عيّن لكم طَالُوت مَلكاً». وقد عارض الزعماء هذا الخيار لأنّ المرشح لا ينحدر من سلالة الملوك، ولا من بيت النبوات، إضافة إلى أنه لا يملك من المال ما يعطيه حق السيادة. إلاَّ أنَّ النبي أجابهم أن الأمر مشيئة الله، وأنّ طَالُوت سيأتي بالتَّابُوتِ علامةً على ملكه.

وبعد أنْ صار طَالُوت ملكاً، خرج بمقاتليه لمحاربة الأعداء، فقال لجنوده أنهم سيعبرون نهراً، وأن الله سيمتحنهم بعدم الشرب من النهر، وكل من يشرب منه يفشل في الامتحان، واستثنى من ذلك ﴿إِلاَّ مَنِ اغْتَرَفَ غُرْفَةً بِيَدِهِ﴾ (البقرة ٢: ٢٤٩)؛ ولكن أغلب الجنود سقطوا في الاختبار. كان العابرون مع طَالُوت قليلي العدد، وأغلب

جَاوَزَهُ هُوَ وَالَّذِينَ آمَنُواْ مَعَهُ قَالُواْ لاَ طَاقَةَ
لَنَا الْيَوْمَ بِجَالُوتَ وَجُنودِهِ قَالَ الَّذِينَ يَظُنُّونَ
أَنَّهُم مُّلاَقُو اللّهِ كَم مِّن فِئَةٍ قَلِيلَةٍ غَلَبَتْ فِئَةً
كَثِيرَةً بِإِذْنِ اللّهِ وَاللّهُ مَعَ الصَّابِرِينَ (٢٤٩)
وَلَمَّا بَرَزُواْ لِجَالُوتَ وَجُنُودِهِ قَالُواْ
رَبَّنَا أَفْرِغْ عَلَيْنَا صَبْراً وَثَبِّتْ أَقْدَامَنَا
وَانصُرْنَا عَلَى الْقَوْمِ الْكَافِرِينَ (٢٥٠)
فَهَزَمُوهُم بِإِذْنِ اللّهِ وَقَتَلَ دَاوُودُ جَالُوتَ
وَآتَاهُ اللّهُ الْمُلْكَ وَالْحِكْمَةَ وَعَلَّمَهُ مِمَّا
يَشَاءُ وَلَوْلاَ دَفْعُ اللّهِ النَّاسَ بَعْضَهُمْ
بِبَعْضٍ لَّفَسَدَتِ الأَرْضُ وَلَكِنَّ اللّهَ ذُو
فَضْلٍ عَلَى الْعَالَمِينَ (٢٥١)
تِلْكَ آيَاتُ اللّهِ نَتْلُوهَا عَلَيْكَ بِالْحَقِّ
وَإِنَّكَ لَمِنَ الْمُرْسَلِينَ (٢٥٢)
تِلْكَ الرُّسُلُ فَضَّلْنَا بَعْضَهُمْ عَلَى بَعْضٍ
مِّنْهُم مَّن كَلَّمَ اللّهُ وَرَفَعَ بَعْضَهُمْ دَرَجَاتٍ
وَآتَيْنَا عِيسَى ابْنَ مَرْيَمَ الْبَيِّنَاتِ وَأَيَّدْنَاهُ
بِرُوحِ الْقُدُسِ وَلَوْ شَاءَ اللّهُ مَا اقْتَتَلَ الَّذِينَ

الروايات الواردة في التفاسير ترجح أن عددهم كان ثلاثمئة وبِضْعَة عَشَر رجلاً.

هؤلاء الجنود القلائل لما رأوا العدو بقيادة جَالُوت، أصابهم الهلع، لكن نخبة من خالصي الإيمان، قالوا للخائفين: «إنَّ التاريخ يعلمنا أنَّ جماعةً قليلةً مؤمنة صابرة، هزمت بقدرة الله جماعة باغية كبيرة العدد». ومن ثم ابتهلوا إلى الله لكي ينصرهم على عدوهم. وفعلاً حقق المؤمنون نصراً مظفراً، وقتلَ دَاوُدُ جَالُوتَ.

تروي هذه القصة القرآنية خبر شَاوُل [طَالُوت]، ولكن تدخل عليها حدثاً من سيرة دَاوُد وفصلاً من حياة جِدْعُون. إذْ تخبرنا الرواية الكتابية أن صَمُوئيل النبي مسح شَاوُلَ ملكاً على بَنِي إِسْرَائِيلَ (١ صَمُوئِيلَ ١٥: ١). وفي عهد شَاوُل جرت المعركة ضد الْفِلِسْطِينِيِّينَ حيث بارز دَاوُدُ جُلْيَات [جَالُوت] وقتله (١ صَمُوئِيلَ ١٧: ٣٣-٥٨). ولكن:

١. عند الإشارة إلى موضوع التَّابُوت، يأخذ القرآنُ ما يتصل بدَاوُد ويلصقه بشَاوُل. إذ يقول القرآن عن شَاوُلَ ‹إِنَّ آيَةَ مُلْكِهِ أَن يَأْتِيَكُمُ التَّابُوتُ›، في حين أنّ دَاوُدَ وبعد أنْ أستولى على أورشليم، أتى بتَّابُوت العهد إلى هذه المدينة، وسط أجواء احتفالية (٢ صَمُوئِيلَ ٦: ٦-١٩).

٢. أما قصة النهر فترتبط بشخصيّة أخرى، هي شخصيّة جِدْعُون، الذي قال حينما حارب الْمِدْيَانِيِّينَ: «انْزِلُوا لِلِقَاءِ الْمِدْيَانِيِّينَ وَخُذُوا مِنْهُمُ الْمِيَاهَ إِلَى بَيْتِ بَارَةَ وَالأُرْدُنِّ» (الْقُضَاة ٧: ٢٤). وكان مع جِدْعُون الثلاثمئة

مِن بَعْدِهِم مِّن بَعْدِ مَا جَاءَتْهُمُ الْبَيِّنَاتُ
وَلَكِنِ اخْتَلَفُوا فَمِنْهُم مَّنْ آمَنَ وَمِنْهُم مَّن
كَفَرَ وَلَوْ شَاءَ اللَّهُ مَا اقْتَتَلُوا وَلَكِنَّ اللَّهَ
يَفْعَلُ مَا يُرِيدُ (٢٥٣)
يَا أَيُّهَا الَّذِينَ آمَنُوا أَنفِقُوا مِمَّا رَزَقْنَاكُم مِّن
قَبْلِ أَن يَأْتِيَ يَوْمٌ لَّا بَيْعٌ فِيهِ وَلَا خُلَّةٌ وَلَا
شَفَاعَةٌ وَالْكَافِرُونَ هُمُ الظَّالِمُونَ (٢٥٤)
اللَّهُ لَا إِلَهَ إِلَّا هُوَ الْحَيُّ الْقَيُّومُ لَا تَأْخُذُهُ
سِنَةٌ وَلَا نَوْمٌ لَّهُ مَا فِي السَّمَاوَاتِ وَمَا
فِي الْأَرْضِ مَن ذَا الَّذِي يَشْفَعُ عِنْدَهُ إِلَّا
بِإِذْنِهِ يَعْلَمُ مَا بَيْنَ أَيْدِيهِمْ وَمَا خَلْفَهُمْ وَلَا
يُحِيطُونَ بِشَيْءٍ مِّنْ عِلْمِهِ إِلَّا بِمَا شَاءَ
وَسِعَ كُرْسِيُّهُ السَّمَاوَاتِ وَالْأَرْضَ وَلَا
يَئُودُهُ حِفْظُهُمَا وَهُوَ الْعَلِيُّ الْعَظِيمُ (٢٥٥)
لَا إِكْرَاهَ فِي الدِّينِ قَد تَّبَيَّنَ الرُّشْدُ مِنَ
الْغَيِّ فَمَنْ يَكْفُرْ بِالطَّاغُوتِ وَيُؤْمِن بِاللَّهِ
فَقَدِ اسْتَمْسَكَ بِالْعُرْوَةِ الْوُثْقَى لَا انفِصَامَ
لَهَا وَاللَّهُ سَمِيعٌ عَلِيمٌ (٢٥٦)

مقاتل: «وجَاءَ جِدْعُونُ إِلَى الأُرْدُنِّ وَعَبَرَ هُوَ وَالثَّلاَثُ مِئَةِ الرَّجُلِ الَّذِينَ مَعَهُ مُعْيِينَ وَمُطَارِدِينَ» (الْقُضَاة ٨: ٤). ولكن أضاف القرآن للقصة تفصيل امتحان شرب الماء، وهذا إما من تأثير رواية شفوية كانت منتشرة في الجزيرة العربية، أو أن محمداً قام بإضافة هذا التفصيل.

إذاً، يخلط القرآن بين جملة أحداث، فيعزي الإتيان بالتّابوت إلى شَاوُل، بينما كان دَاوُد هو مَن أتى به. ويعتبر شَاوُل [طَالُوت] وجِدْعُون شخصاً واحداً، وبسبب هذا الفهم الخاطئ، خيّل لناظم القرآن أن الحرب مع الْفِلِسْطِينِيِّينَ هي نفسها الحرب مع الْمِدْيَانِيِّينَ، رغم أن بين الحادثتين زمناً طويلاً، فقتل جُلْيَات كان في سنة ١٠٦٢ قبل المسيح، ومعارك جِدْعُون جرت في سنة ١٢٤٥ قبل المسيح. أي أنَّ الفارق الزمني بين الحدثين أكثر من (١٨٠) سنة.

٢: ٢٥٢

قراءة عموم القرّاء بالنون ‹نَتْلُوهَا›، حيث الفاعل في الآية هو الله والخطاب موجه لمحمد. وقرئت بصيغة المفرد بالياء «يتْلُوهَا»، ويبدو أن المقصود بها أن جبريل يتلوها على محمد (الخطيب ١: ٣٥٧).

٢: ٢٥٦

هناك رأيان، فيما يتعلق بالنسخ في الآية:

اللّهُ وَلِيُّ الَّذِينَ آمَنُواْ يُخْرِجُهُم مِّنَ
الظُّلُمَاتِ إِلَى النُّوُرِ وَالَّذِينَ كَفَرُواْ
أَوْلِيَآؤُهُمُ الطَّاغُوتُ يُخْرِجُونَهُم مِّنَ النُّورِ
إِلَى الظُّلُمَاتِ أُوْلَئِكَ أَصْحَابُ النَّارِ هُمْ
فِيهَا خَالِدُونَ (٢٥٧)
أَلَمْ تَرَ إِلَى الَّذِي حَآجَّ إِبْرَاهِيمَ فِي
رِبِّهِ أَنْ آتَاهُ اللّهُ الْمُلْكَ إِذْ قَالَ إِبْرَاهِيمُ
رَبِّيَ الَّذِي يُحْيِي وَيُمِيتُ قَالَ أَنَا
أُحْيِي وَأُمِيتُ قَالَ إِبْرَاهِيمُ فَإِنَّ اللّهَ
يَأْتِي بِالشَّمْسِ مِنَ الْمَشْرِقِ فَأْتِ بِهَا
مِنَ الْمَغْرِبِ فَبُهِتَ الَّذِي كَفَرَ وَاللّهُ لاَ
يَهْدِي الْقَوْمَ الظَّالِمِينَ (٢٥٨)
أَوْ كَالَّذِي مَرَّ عَلَى قَرْيَةٍ وَهِيَ خَاوِيَةٌ عَلَى
عُرُوشِهَا قَالَ أَنَّىَ يُحْيِي هَذِهِ اللّهُ بَعْدَ مَوْتِهَا
فَأَمَاتَهُ اللّهُ مِئَةَ عَامٍ ثُمَّ بَعَثَهُ قَالَ كَمْ لَبِثْتَ
قَالَ لَبِثْتُ يَوْماً أَوْ بَعْضَ يَوْمٍ قَالَ بَل لَّبِثْتَ
مِئَةَ عَامٍ فَانظُرْ إِلَى طَعَامِكَ وَشَرَابِكَ لَمْ
يَتَسَنَّهْ وَانظُرْ إِلَى حِمَارِكَ وَلِنَجْعَلَكَ آيَةً
لِّلنَّاسِ وَانظُرْ إِلَى العِظَامِ كَيْفَ نُنشِزُهَا ثُمَّ
نَكْسُوهَا لَحْماً فَلَمَّا تَبَيَّنَ لَهُ قَالَ أَعْلَمُ أَنَّ اللّهَ
عَلَى كُلِّ شَيْءٍ قَدِيرٌ (٢٥٩)
وَإِذْ قَالَ إِبْرَاهِيمُ رَبِّ أَرِنِي كَيْفَ
تُحْيِي الْمَوْتَى قَالَ أَوَلَمْ تُؤْمِن قَالَ بَلَى
وَلَكِن لِّيَطْمَئِنَّ قَلْبِي قَالَ فَخُذْ أَرْبَعَةً
مِّنَ الطَّيْرِ فَصُرْهُنَّ إِلَيْكَ ثُمَّ اجْعَلْ
عَلَى كُلِّ جَبَلٍ مِّنْهُنَّ جُزْءاً ثُمَّ ادْعُهُنَّ
يَأْتِينَكَ سَعْياً وَاعْلَمْ أَنَّ اللّهَ عَزِيزٌ
حَكِيمٌ (٢٦٠)
مَّثَلُ الَّذِينَ يُنفِقُونَ أَمْوَالَهُمْ فِي سَبِيلِ
اللّهِ كَمَثَلِ حَبَّةٍ أَنبَتَتْ سَبْعَ سَنَابِلَ فِي
كُلِّ سُنبُلَةٍ مِّئَةُ حَبَّةٍ وَاللّهُ يُضَاعِفُ لِمَن
يَشَاءُ وَاللّهُ وَاسِعٌ عَلِيمٌ (٢٦١)

القول الأول: إنها منسوخة، وإنها نُسخت بالآيتين التاليتين:

أ. آية السيف: ﴿فَاقْتُلُواْ الْمُشْرِكِينَ حَيْثُ وَجَدتُّمُوهُمْ﴾ (التوبة ٩: ٥) (ابن الجوزي ٢١٩)؛

ب. آية: ﴿يَا أَيُّهَا النَّبِيُّ جَاهِدِ الْكُفَّارَ وَالْمُنَافِقِينَ﴾ (التوبة ٩: ٧٣) (ابن الجوزي ٢٢٠، الإيضاح ١٩٣، النحاس ٧٩).

القول الثاني: إنها محكمة

أ. فُهم الإحكام هنا بأنه لا يجب إكراه أهل الكتاب على اعتناق الإسلام، بل يخيّرون بينه وبين أداء الجِزْيَة وفق الأمر الوارد في الآية ﴿حَتَّى يُعْطُواْ الْجِزْيَةَ عَن يَدٍ وَهُمْ صَاغِرُونَ﴾ (التوبة ٩: ٢٩) (ابن الجوزي ٢١٧، الإيضاح ١٩٣، الطبري ٤: ٥٥١).

ب. قيل إن المقصود بالآية ليس هو الإيمان الظاهري، بل «هو المعتقد بالقلب» (ابن الجوزي ٢١٨، زاد المسير ١ : ٣٠٦).

٢ : ٢٥٨

في آيات قرآنية نقرأ عن السجال بين إبْرَاهِيم ونمْرُودَ، ومنها الآية الحالية. ونستهل تعليقنا بإيجاز قصة إبْرَاهِيم ونمْرُود كما جاءت في المصادر الإسلامية:

كان آزَرَ، أبو إبْرَاهِيم، يمتهن صناعة الأصنام، وكان يعطيها لابنه لبيعها، فكان إبْرَاهِيم ينادي عليها: «من يشتري ما يضرّه ولا ينفعه؟»

ثم أمرَ اللهُ إبْرَاهِيمَ أنْ يدعو قومه إلى التَّوحيد؛ فقام بدعوتهم ودعوة أبيه، لكنّ الأب لم يستجب للدعوة. ولما انتشر خبر إبْرَاهِيمَ ووصل إلى الملك نمْرُودَ، استدعاه وأجرى معه محاورةً. انتهى الحوار بأن أخذ نمْرُودُ إبْرَاهِيمَ ورماه في نار عظيمة، لكن النار لم تحرقه، بل كانت عليه ‹بَرْداً وَسَلاماً› (الأنبياء ٢١ : ٦٩)، وبعد أيَّام، خرج إبْرَاهِيم من النَّار فآمن به رجالٌ من قومه.

لا تملك الرواية القرآنية أساساً تاريخياً، لأنّ الشخصيتيْن لم تتعاصرا؛ فإبْرَاهِيم غادر أُور الكَلْدَانيِّينَ سنة ١٩٢١ ق. م.، في حين عاش نمْرُود قبل عصر إبْرَاهِيم بحوالي ثلاثمئة سنة. ويُوصف نمْرُود في التوراة بأنه «جَبَّارُ صَيْدٍ» (التَّكوين ١٠ : ٨-١٢)؛ و«جَبَّاراً فِي الأَرْضِ» (أَخْبَار الأَيَّامِ الأَوَّلُ ١ : ١٠)، وتُعرف مملكتة باسم «أَرْضِ نمْرُودَ» (ميخا ٥ : ٦).

في الواقع، تعود أصل هذه الحكاية لا إلى تلفيق قام به ناظم القرآن، بل إلى أن محمداً اقتبس قصة إبْرَاهِيم ونمْرُود من الأدب الشفوي ليهود الجزيرة العربية، فعند تحليل الحكاية، كما وردت في القرآن والمصادر الإسلامية، نجد أن قصة إبْرَاهِيم ونمْرُود القرآنية مأخوذة كلياً من حكاية وردت في كتاب يهودي يُسمّى مدراش ربّا.

تقول القصة وفق مدراش ربّا:

«إنَّ تَارَح [أبو إبْرَاهِيم] كان يصنع الأصنام، وعندما كان يخرج، كان ينوب عنه [ابنه] إبْرَاهِيم في بيعها، فإذا جاء أحد لابتياع صنم، كان إبْرَاهِيم يسأله: «كم عمرك؟» فيرد الشّاري: «عمري خمسون أو ستون سنة»، فكان إبْرَاهِيم يقول له: «ويلٌ لمن كان عمره ستون سنة ويرغب في عبادة ما ظهر للوجود منذ أيام فحسب!». فيعتري الرجل الخجل وينصرف إلى حال سبيله.

وذات مرة أتت امرأةٌ تحملُ وعاء دقيقٍ، وقالت له: «ضَعْ هذا أمامهم [أي الأصنام]»؛ فقام وأخذ عصا وحطم جميع الأصنام ووضعْ العصا في يد أكبر الأصنام.

فلما رجع أبوه سأله: «من اقترف هذا؟»

فأجابه إبْرَاهِيم: «لا أكتمك سراً. إن امرأة أتت ومعها وعاء دقيق، وطلبت مني وضعه أمامهم؛ فوضعته أمامهم، فقال هذا: «أريد أنْ آكل أولاً»، وقال ذاك: «أريد أنا أنْ آكل أولاً»؛ فنهض كبيرهم وأخذ العصا وفعل ما رأيت».

فقال له أبوه: «لِمَاذا تلفق علي هذه الخرافة؟ هل لهذه الأصنام إدراك وعقل؟» فردّ إِبْرَاهِيم: «ألا تسمع أذناك ما تتكلم به شفتاك؟»

فأخذه والده وسلَّمه إلى نِمْرُود. وفي محضر نِمْرُود جرى الحوار التالي:

- نِمْرُود: «فلنعبد النار».
- إِبْرَاهِيم: «فلنعبد الماء الذي يطفئ النار».
- نِمْرُود: «فلنعبد الماء».
- إِبْرَاهِيم: «إذا كان الأمر كذلك، فلنعبد السّحاب الذي يجيء بالماء».
- نِمْرُود: «فلنعبد السحاب».
- إِبْرَاهِيم: «إذا كان الأمر كذلك، فلنعبد الرياح التي تسوق السحاب».
- نِمْرُود: «فلنعبد الرياح».
- إِبْرَاهِيم: «فلنعبد الإنسان الذي يقاوم الرياح».
- فقال له نِمْرُود: «ما دمت تجادلني وأنا لا أعبد إلاّ النار، فسألقيك فيها، وليأت الربّ الذي تعبده وينجيك منها».

وحينما نزل إِبْرَاهِيم في أتون النار لم يلحق به أذى».

(مدراش ربّا، الفصل ١٧، شرح تكوين ١٥: ٧)

أعاد محمدٌ حرفياً سرد القصة المدراشية، ولكنه أجرى تعديلاً طفيفاً عليها، إذْ أطلق اسم «آزَر» على أبي إِبْرَاهِيم (الإنعام ٦: ٧٤)، مع أن اسمه في التوراة «تَارَح»، وحتى إن اسم «تَارَح» ورد في مدراش ربّا مصدر قصة القرآن عن إِبْرَاهِيم ونِمْرُود. وتعود التسمية المحمدية إلى أن يوسابيوس المؤرخ اليوناني الذي تُرجم كتابه إلى اللغة السريانية قال عن خطأ: إن «آثر» (Ἀθάρ) اسم أب إِبْرَاهِيم. وبما أن مُحَمَّداً كان قد سافر إلى بلاد الشام، فالراجح أنه سمع اسم «آثر»، ثم أطلق اسم «آزَر» على أبي إِبْرَاهِيم في القرآن إمّا بسبب زلة سمع أو بسبب نسيان اعتراه.

ويبقى أنْ نعلل منشأ قصة النار:

إنَّ أساس هذه القصة قائم على ما جاء في سِفْر التَّكْوين، حيث قال الله لإِبْرَاهِيم: «أَنَا الرَّبُّ الَّذِي أَخْرَجَكَ مِنْ أُورِ الْكَلْدَانِيِّينَ» (التَّكْوين ١٥: ٧). ومعنى «أور» بلغة البابليين القديمة «مدينة». وجاءت الكلمة كبادئة في كلمة «أورشليم» ومعناها «مدينة شليم» أيْ: «مدينة السلام»... ومن جهة أخرى، ثمة في اللغة العبرية والآرامية والكلدانية مفردة أخرى وهي «أَوْر» تماثل «أور» نطقاً وكتابةً، غير أن «أور» العبرية تعني «النور».

بعد تدوين التوراة بسنوات جاء مفسرٌ يهوديّ، اسمه يوناثان بن عزئيل، لم تكن لديه معرفة بلغة البابليين القديمة، فترجم هذه الآية إلى اللغة الكلدانية على الشكل التالي: «أَنَا الرَّبُّ الَّذِي أَخْرَجَكَ مِنْ تنور نَارِ الْكَلْدَانِيِّينَ». وقال هذا المفسّر في شرحه لآية تَكْوين (١١: ٢٨): «لمّا ألقى نِمْرُودُ بِإِبْرَاهِيمَ في أتون النار لامتناعه عن السجود لأصنامه، مُنعت النارُ من أذيته» (The Original Sources of the Quran 79-80).

إنَّ قصة إِبْرَاهِيم ونِمْرُود في القرآن، تكرر حرفياً الخرافة المدراشية، التي سمعها محمدٌ.

الرواية الإسلامية لحياة إبْراهِيم

رواية مختصرة: من تاريخ أبي الفداء

‹http://www.al-eman.com/Islamlib/viewchp.asp?BID=221&CID=3#s1›

رواية موسعة: من البداية والنهاية لابن كثير

‹http://www.al-eman.com/Islamlib/viewchp.asp?BID=251&CID=10#s1›

الرواية المدراشية لقصة إبْراهِيم ونِمْرُودَ

- *The Midrash. The Bereshith or Genesis Rabba*. pp. 60-61;

‹http://www.sacred-texts.com/jud/mhl/mhl05.htm›

- *Tales and Maxims from the Midrash*. by Rev. Samuel Rapaport. 1907. pp. 77-78.

‹http://www.sacred-texts.com/jud/tmm/tmm07.htm›

- Bibliography. Rev W St Clair-Tisdall:
  - *The Sources of Islam*. pp. 16-24
  - *The Original Sources of the Qur'an*. pp. 66-80
- *Jewish Encyclopedia*. Nimrod.

الَّذِينَ يُنفِقُونَ أَمْوَالَهُمْ فِي سَبِيلِ اللّهِ
ثُمَّ لاَ يُتْبِعُونَ مَا أَنفَقُواُ مَنّاً وَلاَ أَذًى
لَّهُمْ أَجْرُهُمْ عِندَ رَبِّهِمْ وَلاَ خَوْفٌ
عَلَيْهِمْ وَلاَ هُمْ يَحْزَنُونَ (٢٦٢)
قَوْلٌ مَّعْرُوفٌ وَمَغْفِرَةٌ خَيْرٌ مِّن صَدَقَةٍ
يَتْبَعُهَا أَذًى وَاللّهُ غَنِيٌّ حَلِيمٌ (٢٦٣)
يَا أَيُّهَا الَّذِينَ آمَنُواْ لاَ تُبْطِلُواْ صَدَقَاتِكُم
بِالْمَنِّ وَالأذَى كَالَّذِي يُنفِقُ مَالَهُ رِئَاء
النَّاسِ وَلاَ يُؤْمِنُ بِاللّهِ وَالْيَوْمِ الآخِرِ
فَمَثَلُهُ كَمَثَلِ صَفْوَانٍ عَلَيْهِ تُرَابٌ
فَأَصَابَهُ وَابِلٌ فَتَرَكَهُ صَلْداً لاَّ يَقْدِرُونَ
عَلَى شَيْءٍ مِّمَّا كَسَبُواْ وَاللّهُ لاَ يَهْدِي
الْقَوْمَ الْكَافِرِينَ (٢٦٤)
وَمَثَلُ الَّذِينَ يُنفِقُونَ أَمْوَالَهُمُ ابْتِغَاء
مَرْضَاتِ اللّهِ وَتَثْبِيتاً مِّنْ أَنفُسِهِمْ كَمَثَلِ
جَنَّةٍ بِرَبْوَةٍ أَصَابَهَا وَابِلٌ فَآتَتْ أُكُلَهَا
ضِعْفَيْنِ فَإِن لَّمْ يُصِبْهَا وَابِلٌ فَطَلٌّ وَاللّهُ
بِمَا تَعْمَلُونَ بَصِيرٌ (٢٦٥)
أَيَوَدُّ أَحَدُكُمْ أَن تَكُونَ لَهُ جَنَّةٌ مِّن
نَّخِيلٍ وَأَعْنَابٍ تَجْرِي مِن تَحْتِهَا الأَنْهَارُ
لَهُ فِيهَا مِن كُلِّ الثَّمَرَاتِ وَأَصَابَهُ الْكِبَرُ
وَلَهُ ذُرِّيَّةٌ ضُعَفَاء فَأَصَابَهَا إِعْصَارٌ فِيهِ
نَارٌ فَاحْتَرَقَتْ كَذَلِكَ يُبَيِّنُ اللّهُ لَكُمُ
الآيَاتِ لَعَلَّكُمْ تَتَفَكَّرُونَ (٢٦٦)
يَا أَيُّهَا الَّذِينَ آمَنُواْ أَنفِقُواْ مِن طَيِّبَاتِ مَا
كَسَبْتُمْ وَمِمَّا أَخْرَجْنَا لَكُم مِّنَ الأَرْضِ
وَلاَ تَيَمَّمُواْ الْخَبِيثَ مِنْهُ تُنفِقُونَ وَلَسْتُم
بِآخِذِيهِ إِلاَّ أَن تُغْمِضُواْ فِيهِ وَاعْلَمُواْ أَنَّ
اللّهَ غَنِيٌّ حَمِيدٌ (٢٦٧)
الشَّيْطَانُ يَعِدُكُمُ الْفَقْرَ وَيَأْمُرُكُم
بِالْفَحْشَاء وَاللّهُ يَعِدُكُم مَّغْفِرَةً مِّنْهُ
وَفَضْلاً وَاللّهُ وَاسِعٌ عَلِيمٌ (٢٦٨)
يُؤتِي الْحِكْمَةَ مَن يَشَاءُ وَمَن يُؤْتَ
الْحِكْمَةَ فَقَدْ أُوتِيَ خَيْراً كَثِيراً وَمَا
يَذَّكَّرُ إِلاَّ أُوْلُواْ الأَلْبَابِ (٢٦٩)
وَمَا أَنفَقْتُم مِّن نَّفَقَةٍ أَوْ نَذَرْتُم مِّن نَّذْرٍ فَإِنَّ
اللّهَ يَعْلَمُهُ وَمَا لِلظَّالِمِينَ مِنْ أَنصَارٍ (٢٧٠)
إِن تُبْدُواْ الصَّدَقَاتِ فَنِعِمَّا هِيَ وَإِن
تُخْفُوهَا وَتُؤْتُوهَا الْفُقَرَاء فَهُوَ خَيْرٌ لُّكُمْ
وَيُكَفِّرُ عَنكُم مِّن سَيِّئَاتِكُمْ وَاللّهُ بِمَا
تَعْمَلُونَ خَبِيرٌ (٢٧١)
لَّيْسَ عَلَيْكَ هُدَاهُمْ وَلَكِنَّ اللّهَ يَهْدِي مَن
يَشَاءُ وَمَا تُنفِقُواْ مِنْ خَيْرٍ فَلأنفُسِكُمْ وَمَا
تُنفِقُونَ إِلاَّ ابْتِغَاء وَجْهِ اللّهِ وَمَا تُنفِقُواْ مِنْ
خَيْرٍ يُوَفَّ إِلَيْكُمْ وَأَنتُمْ لاَ تُظْلَمُونَ (٢٧٢)
لِلْفُقَرَاء الَّذِينَ أُحصِرُواْ فِي سَبِيلِ اللّهِ لاَ

يَسْتَطِيعُونَ ضَرْباً فِي الأَرْضِ يَحْسَبُهُمُ
الْجَاهِلُ أَغْنِيَاءَ مِنَ التَّعَفُّفِ تَعْرِفُهُم
بِسِيمَاهُمْ لاَ يَسْأَلُونَ النَّاسَ إِلْحَافاً وَمَا
تُنفِقُواْ مِنْ خَيْرٍ فَإِنَّ اللّهَ بِهِ عَلِيمٌ (٢٧٣)
الَّذِينَ يُنفِقُونَ أَمْوَالَهُم بِاللَّيْلِ وَالنَّهَارِ سِرّاً
وَعَلاَنِيَةً فَلَهُمْ أَجْرُهُمْ عِندَ رَبِّهِمْ وَلاَ
خَوْفٌ عَلَيْهِمْ وَلاَ هُمْ يَحْزَنُونَ (٢٧٤)
الَّذِينَ يَأْكُلُونَ الرِّبَا لاَ يَقُومُونَ إِلاَّ كَمَا
يَقُومُ الَّذِي يَتَخَبَّطُهُ الشَّيْطَانُ مِنَ
الْمَسِّ ذَلِكَ بِأَنَّهُمْ قَالُواْ إِنَّمَا الْبَيْعُ مِثْلُ
الرِّبَا وَأَحَلَّ اللّهُ الْبَيْعَ وَحَرَّمَ الرِّبَا فَمَن
جَاءهُ مَوْعِظَةٌ مِّن رَّبِّهِ فَانتَهَىَ فَلَهُ مَا
سَلَفَ وَأَمْرُهُ إِلَى اللّهِ وَمَنْ عَادَ فَأُوْلَئِكَ
أَصْحَابُ النَّارِ هُمْ فِيهَا خَالِدُونَ (٢٧٥)
يَمْحَقُ اللّهُ الْرِّبَا وَيُرْبِي الصَّدَقَاتِ وَاللّهُ لاَ
يُحِبُّ كُلَّ كَفَّارٍ أَثِيمٍ (٢٧٦)
إِنَّ الَّذِينَ آمَنُواْ وَعَمِلُواْ الصَّالِحَاتِ
وَأَقَامُواْ الصَّلاَةَ وَآتَوُاْ الزَّكَاةَ لَهُمْ أَجْرُهُمْ
عِندَ رَبِّهِمْ وَلاَ خَوْفٌ عَلَيْهِمْ وَلاَ هُمْ
يَحْزَنُونَ (٢٧٧)
يَا أَيُّهَا الَّذِينَ آمَنُواْ اتَّقُواْ اللّهَ وَذَرُواْ مَا
بَقِيَ مِنَ الرِّبَا إِن كُنتُم مُّؤْمِنِينَ (٢٧٨)
فَإِن لَّمْ تَفْعَلُواْ فَأْذَنُواْ بِحَرْبٍ مِّنَ
اللّهِ وَرَسُولِهِ وَإِن تُبْتُمْ فَلَكُمْ
رُؤُوسُ أَمْوَالِكُمْ لاَ تَظْلِمُونَ وَلاَ
تُظْلَمُونَ (٢٧٩)
وَإِن كَانَ ذُو عُسْرَةٍ فَنَظِرَةٌ إِلَى
مَيْسَرَةٍ وَأَن تَصَدَّقُواْ خَيْرٌ لَّكُمْ إِن
كُنتُمْ تَعْلَمُونَ (٢٨٠)
وَاتَّقُواْ يَوْماً تُرْجَعُونَ فِيهِ إِلَى اللّهِ
ثُمَّ تُوَفَّى كُلُّ نَفْسٍ مَّا كَسَبَتْ وَهُمْ
لاَ يُظْلَمُونَ (٢٨١)
يَا أَيُّهَا الَّذِينَ آمَنُواْ إِذَا تَدَايَنتُم بِدَيْنٍ إِلَى
أَجَلٍ مُّسَمًّى فَاكْتُبُوهُ وَلْيَكْتُب بَّيْنَكُمْ
كَاتِبٌ بِالْعَدْلِ وَلاَ يَأْبَ كَاتِبٌ أَنْ يَكْتُبَ
كَمَا عَلَّمَهُ اللّهُ فَلْيَكْتُبْ وَلْيُمْلِلِ الَّذِي

٢ : ٢٧٥

أوردت المصادر قراءتين لابن مسعود، تختلفان في الصياغة والعبارات:

أ. «لاَ يَقُومُونَ يوم الساعة إِلاَّ كَمَا يَقُومُ الَّذِي يَتَخَبَّطُهُ الشَّيْطَانُ»؛

ب. «لاَ يَقُومُونَ يوم القيامة إِلاَّ كَمَا يَقُومُ المجنون» (الخطيب ١ : ٤٠٢).

عَلَيْهِ الْحَقُّ وَلْيَتَّقِ اللّهَ رَبَّهُ وَلاَ يَبْخَسْ
مِنْهُ شَيْئاً فَإن كَانَ الَّذِي عَلَيْهِ الْحَقُّ
سَفِيهاً أَوْ ضَعِيفاً أَوْ لاَ يَسْتَطِيعُ أَن يُمِلَّ
هُوَ فَلْيُمْلِلْ وَلِيُّهُ بِالْعَدْلِ وَاسْتَشْهِدُواْ
شَهِيدَيْنِ من رِّجَالِكُمْ فَإِن لَّمْ يَكُونَا
رَجُلَيْنِ فَرَجُلٌ وَامْرَأَتَانِ مِمَّن تَرْضَوْنَ
مِنَ الشُّهَدَاءِ أَن تَضِلَّ إْحْدَاهُمَا فَتُذَكِّرَ
إِحْدَاهُمَا الأُخْرَى وَلاَ يَأْبَ الشُّهَدَاءُ

إِذَا مَا دُعُواْ وَلاَ تَسْأَمُوْاْ أَن تَكْتُبُوْهُ
صَغِيراً أَو كَبِيراً إِلَى أَجَلِهِ ذَلِكُمْ
أَقْسَطُ عِندَ اللّهِ وَأَقْومُ لِلشَّهَادَةِ وَأَدْنَى
أَلاَّ تَرْتَابُواْ إِلاَّ أَن تَكُونَ تِجَارَةً حَاضِرَةً
تُدِيرُونَهَا بَيْنَكُمْ فَلَيْسَ عَلَيْكُمْ جُنَاحٌ
أَلاَّ تَكْتُبُوهَا وَأَشْهِدُوْاْ إِذَا تَبَايَعْتُمْ وَلاَ
يُضَآرَّ كَاتِبٌ وَلاَ شَهِيدٌ وَإِن تَفْعَلُواْ فَإِنَّهُ
فُسُوقٌ بِكُمْ وَاتَّقُواْ اللّهَ وَيُعَلِّمُكُمُ اللّهُ

٢ : ٢٨٢

تطلب الآية من المسلمين إثبات الشهادة في البيع والدين، وجرى نقاش إن كان هذا الطلب بشأن البيع واجباً أو مستحباً:

أصحاب الواجب: قالوا بوجوب الشهادة في كل عملية بيع ولو كانت المادة المباعة بقولاً، وتخفيفاً لثقل الطلب نُسخت بالآية: ﴿فَإِنْ أَمِنَ بَعْضُكُم بَعْضاً فَلْيُؤَدِّ الَّذِي اؤْتُمِنَ أَمَانَتَهُ﴾ (البقرة ٢ : ٢٨٣) (ابن الجوزي ٢٢٢ - ٢٢٣، الإيضاح ١٩٦، ابن حزم ٣٠، النحاس ٨٣).

ووفق هذا التحليل، فإن الآية منسوخة، ولكن يمكن للمرء أن يختار التقيد بالأول أو الثاني (الإيضاح ١٩٦).

أصحاب المستحب: الذين قالوا إن الطلب في الآية مجرد استحباب وإرشاد، اعتبروا أن الآية بهذا الحالة ليست منسوخة، لأن لا منسوخ بما يخص الندب (ابن الجوزي ٢٢١، الإيضاح ١٩٦، زاد المسير ١ : ٣٤٠).

٢ : ٢٨٤

تقول الآية إنّ الإنسان سيُحاسب على ما يخفيه في نفسه، وقد انقسم العلماء بشأنها إلى قولين:

القول الأول: إنها منسوخة

عندما جاءت الآية، اعتبر المسلمون ما جاء

وَاللَّهُ بِكُلِّ شَيْءٍ عَلِيمٌ (٢٨٢)
وَإِن كُنتُمْ عَلَى سَفَرٍ وَلَمْ تَجِدُواْ
كَاتِباً فَرِهَانٌ مَّقْبُوضَةٌ فَإِنْ أَمِنَ
بَعْضُكُم بَعْضاً فَلْيُؤَدِّ الَّذِي اؤْتُمِنَ
أَمَانَتَهُ وَلْيَتَّقِ اللَّهَ رَبَّهُ وَلاَ تَكْتُمُواْ
الشَّهَادَةَ وَمَن يَكْتُمْهَا فَإِنَّهُ آثِمٌ قَلْبُهُ
وَاللَّهُ بِمَا تَعْمَلُونَ عَلِيمٌ (٢٨٣)
لِّلَّهِ ما فِي السَّمَاوَاتِ وَمَا فِي الأَرْضِ
وَإِن تُبْدُواْ مَا فِي أَنفُسِكُمْ أَوْ تُخْفُوهُ
يُحَاسِبْكُم بِهِ اللَّهُ فَيَغْفِرُ لِمَن يَشَاءُ
وَيُعَذِّبُ مَن يَشَاءُ وَاللَّهُ عَلَى كُلِّ
شَيْءٍ قَدِيرٌ (٢٨٤)
آمَنَ الرَّسُولُ بِمَا أُنزِلَ إِلَيْهِ مِن رَّبِّهِ وَالْمُؤْمِنُونَ
كُلٌّ آمَنَ بِاللَّهِ وَمَلآئِكَتِهِ وَكُتُبِهِ وَرُسُلِهِ لاَ
نُفَرِّقُ بَيْنَ أَحَدٍ مِّن رُّسُلِهِ وَقَالُواْ سَمِعْنَا
وَأَطَعْنَا غُفْرَانَكَ رَبَّنَا وَإِلَيْكَ الْمَصِيرُ (٢٨٥)

فيها شرطاً ثقيلاً عليهم ويفوق طاقتهم، فأخبروا محمداً بما يجول في خاطرهم فجاءت الآية الناسخة: ‹لاَ يُكَلِّفُ اللّهُ نَفْساً إِلاَّ وُسْعَهَا› (البقرة ٢: ٢٨٦) (ابن الجوزي ٢٢٥ ـ ٢٣١، ابن حزم ٣٠، النحاس ٨٥).

القول الثاني: إنها لم تنسخ

أ. إن الحكم ثابت، ولكن الله يحاسب على التفكيرفي السريرة لمن يشاء، ويغفر لمن يشاء (ابن الجوزي ٢٣١).

ب. إن «المؤاخذة به واقعة»، لكن الله يوم القيامة يخبر الناس بما ضمر في نفوسهم: فيغفر للمسلمين ويحاسب غيرهم (ابن الجوزي ٢٣٢، ابن سلامة ٢٧ ـ ٢٨، الإيضاح ٢٠٠).

ج. إن المحاسبة هي نزول الغم والحزن بالمرء في الدنيا (ابن الجوزي ٢٣٣، النحاس ٨٥).

ثمة قول بأن المقصود بالآية الشهادة وأن الإثم يقع على الإنسان إن كتم الشهادة (ابن الجوزي ٢٣٣ ـ ٢٣٤، الإيضاح ٢٠٠، النحاس ٨٥).

٢ : ٢٨٥

إن معظم القرّاء يتلون اللفظة بصيغة الجمع، أيْ ‹كُتُبِه› (الخطيب ١ : ٤٣٣).

لكن البعض يقرأ بصيغة المفرد «كِتَابِه» (الخطيب ١: ٤٣٣-٤٣٤). إن بين القراءتين اختلافاً عقائدياً كبيراً، لأن معنى ‹كُتُبِه›: التوراة

لَا يُكَلِّفُ اللَّهُ نَفْساً إِلَّا وُسْعَهَا لَهَا مَا كَسَبَتْ وَعَلَيْهَا مَا اكْتَسَبَتْ رَبَّنَا لَا تُؤَاخِذْنَا إِن نَّسِينَا أَوْ أَخْطَأْنَا رَبَّنَا وَلَا تَحْمِلْ عَلَيْنَا إِصْراً كَمَا حَمَلْتَهُ عَلَى الَّذِينَ مِن قَبْلِنَا رَبَّنَا وَلَا تُحَمِّلْنَا مَا لَا طَاقَةَ لَنَا بِهِ وَاعْفُ عَنَّا وَاغْفِرْ لَنَا وَارْحَمْنَا أَنتَ مَوْلَانَا فَانصُرْنَا عَلَى الْقَوْمِ الْكَافِرِينَ (٢٨٦)

والزبور والإنجيل والقرآن، بينما «كِتَابِه»: القرآن فقط.

وقرأ ابن مسعود: «آمَنَ الرَّسُولُ بِمَا أُنزِلَ إِلَيْهِ مِن رَّبِّهِ وآمَنَ وَالْمُؤْمِنُونَ وكتابه ولقائه ورُسُلِهِ» بتكرار فعل «آمَنَ»، وبزيادة «لقائه» وبإفراد «كِتَابِه» (الخطيب ١: ٤٣٢-٤٣٣).

٢: ٢٨٦

اختلف المفسرون إن كانت الآية منسوخة أم محكمة:

القول الأول: إنها منسوخة

لأن التكليف الوارد في الآية بمقدار «الوسع»، فقد نسخت بآية أخرى: ﴿يُرِيدُ اللَّهُ بِكُمُ الْيُسْرَ﴾ (البقرة ٢: ١٨٥)، و﴿الْيُسْرَ﴾ ينقص عن مقدار «الوسع» (ابن الجوزي ٢٣٦، ابن حزم ٣٠).

القول الثاني: إنها محكمة

فالله إنما يكلف الإنسان قدر استطاعته، وهو رأي يميل إليه أغلب العلماء (ابن الجوزي ٢٣٥-٢٣٦).

بينما لم يتعرض كل من النحاس وابن أبي طالب المكي لمسألة النسخ هنا.

تنقسم السورة إلى جزئين:

• **الجزء الأول (١ ـ ١٣٩)**: يحتوي على تعاليم، وجملة محرّمات وأحكام، وذلك في الفترة ما بين انتصار بدر إلى هزيمة أُحد.

• **الجزء الثاني (١٤٠ ـ ٢٠٠)**: يشتمل على تقريع لكل من شكك في قوة المسلمين وهم على أهبة الاستعداد لمعركة أُحد، وإنذار للفارين منها (١٥٥). كما يتناول هذا الجزء عواقب هزيمة أُحد، ويعالج آثارها السلبية على المسلمين. ثم يشير إلى معركة بدر الثانية (١٧٢ ـ ٢٠٠). أيضاً في هذا الجزء نجد مقتطفاتٍ من سيرة بني إسرائيل وآيات معادية لليهود (١٢١ ـ ١٧٠).

يتضح مما ورد أن نظم السورة قد استغرق فترة تقارب الثلاث سنوات، من السنة الثانية هجرية إلى السنة الرابعة هجرية، ومع ذلك فهناك ثمة دلائل من السورة تعود إلى ما قبل هذه الفترة، أو تشير إلى الفترة التي تليها على النحو الآتي:

• إن لغة الآيتين (٢٦ ـ ٢٧) مكية صرف، ويبدو أنها ترسبات من العهد المكي المتأخر (Wherry 2:1).

• تشير السورة إلى زيارة وفد نجران المسيحي في عام الوفود ٦٣١ م (٩ هجرية)، بلغة غير ودية، مع أنه من المعروف أنه في عهد هذه السورة، كانت النظرة نحو المسيحيين ودية بعض الشيء. «وهذا إقحامٌ يتناقض زمناً وموضوعاً مع السورة» (أطوار الدعوة القرآنية ٧٩٨، قارن: Wherry 2: 1).

• تشير الآيتان (٩٦ ـ ٩٧) إلى طقوس الحج، وبالتالي يعود تاريخهما إلى سنوات محمد الأخيرة (حوالي ١٠ هجرية).

• الآيات (١٣٠ ـ ١٣٦) الخاصة بالربا مقحمةٌ على جسم السورة، إذ أن الآيات (١٢١ ـ ١٧٠) وحدة موضوعية مستقلة (أطوار الدعوة القرآنية ٨٠٤، قارن: Wherry 2: 1). وعليه، فإن آيات الربا متنافرة مع السياق. ويبدو أن هذا الجزء تكرار لإدانة الربا الواردة في سورة البقرة.

الم (١)
اللّهُ لا إِلَهَ إِلاَّ هُوَ الْحَيُّ الْقَيُّومُ (٢)
نَزَّلَ عَلَيْكَ الْكِتَابَ بِالْحَقِّ مُصَدِّقاً لِّمَا بَيْنَ يَدَيْهِ وَأَنزَلَ التَّوْرَاةَ وَالإِنجِيلَ (٣)
مِن قَبْلُ هُدًى لِّلنَّاسِ وَأَنزَلَ الْفُرْقَانَ إِنَّ الَّذِينَ كَفَرُواْ بِآيَاتِ اللّهِ لَهُمْ عَذَابٌ شَدِيدٌ وَاللّهُ عَزِيزٌ ذُو انتِقَامٍ (٤)

٣: ٣-٤

تخاطب الآيةُ محمداً قائلة إنّ الكتاب الذي تنزل عليك «مُصَدِّقٌ لما كان قبله من كتبِ اللهِ التي أنزلَها على أنبيائِه ورسلِه» (الطبري ٥: ١٨٠)، وأنَّه «مُصَدِّقٌ... لما أخبروا به عن الله» (الرازي ٧: ١٧٠). وتضيف أنّ الله أَنزَلَ التَّوْرَاةَ وَالإِنجِيلَ، وإنّ فيهما ‹هُدًى لِّلنَّاسِ›.

على سبيل البرهان على موثوقية القرآن، تماثل الآيةُ القرآنَ بالكتب، وتصفه بأنّه كتابَ يشهد لهذه الكتب، لا كتاب نقض أو نسخ أو تجاوز. كما أن الآية تحذر الناس من مغبة الكُفر بالكتب التي تسميها ‹آيَاتِ اللّهِ›؛ وتنذرهم بأن عاقبة الكفر بالكتب هو ‹عَذَاب شَدِيد›.

وترد الآية في الزمن المضارع: ‹لِّمَا بَيْنَ يَدَيْهِ›، أيْ أثناء تلاوة الآية. وهذا يعني أنّ الآية لا ترى تحريفاً في الكتب، أو على الأقل تبرهن أنّ الكتب كانت غير محرفة في حياة محمد.

وهنا يظهر التناقض: إن المسلمين يدّعون تحريف الكتب رغم أن القرآن يضع معياراً لأصالته ومصداقيته على أساس مطابقته لها. وإذا فرضنا إنها حُرفت بعد ذلك، فأين الكتب غير المحرفة؟ ولماذا لم يحتفظ المسلمون بنسخ منها، وجيوشهم قد غزت مساحات واسعة

من العالم القديم، وشمل سلطانهم العسكري والإداري كُنساً وكنائس ومكتبات ملحقة بها؟

تصف الآية القرآن ‹مُصَدِّقاً لِّمَا بَيْنَ يَدَيْهِ›، ويعني هذا أن صاحب القرآن كان يظن أن كتابه هو استمرار للكتب الموحى بها من قبل، في حين أن المراجع الإسلامية تقول إن الإسلام قد نسخ ما قبله من أديان. ونسأل علماء الإسلام: كيف يصرّح الناسخ أنّ المنسوخَ مرجعيته؟

الْفُرْقَانُ: غموض المعنى

يشير النص إلى كتاب يُدعي الفُرْقَان: ‹نَزَّلَ عَلَيْكَ الْكِتَابَ بِالْحَقِّ... وَأَنزَلَ الْفُرْقَانَ›.

قال المفسرون إن ‹الْفُرْقَانَ› قد يعني: جميع الكتب السماوية، أو ربما يعني كتاباً رابعاً هو الزَّبُور، أو ربما كان المقصود بالْفُرْقَان القرآن، ولكن النص كرر ذكر القرآن بصفة الْفُرْقَان «تعظيماً لشأنه وإظهاراً لفضله» (الزمخشري ١: ٥٢٧). وثمة من قال إنّ الْفُرْقَان في هذه الآية يعني التوراة (ابن كثير ٣: ٦).

إذا كان الْفُرْقَان هو الزَّبُور، فلماذا أخبرت الآية عنه بنعت، ولم تذكره بالاسم، مثلما ذكرت بالاسم ‹التَّوْرَاةَ وَالإِنْجِيلَ›؟

وإذ قبلنا أن ‹الْفُرْقَان› يعني الزَّبُور، فما هو الزَّبُور؟ الحقيقة أنه لا يوجد اتفاق بشأن الزَّبُور، إذْ قال المفسرون إنه: كتبُ الأنبياءِ كلّها، والتوراةُ والإنجيل والقرآن، والكتب المنزلة بعد موسى، ومزامير داود [راجع تعليق الطبري على سُورَةُ الأَنبِيَاءِ ٢١: ١٠٥].

إنْ اعتبر أحدهم ‹الْفُرْقَان› نعتاً لجميع الكتب المذكورة في الآية أو التوراة فحسب أو القرآن فقط، فإنه يجعل النص ركيكاً، لأنّ حرف العطف (الواو) في العبارة: ‹وَأَنزَلَ الْفُرْقَانَ›، جاء عطفاً على ما قبله، ويشترط العطف أن يكون مغايراً للمعطوف عليه، وبهذا فـ ‹الْفُرْقَان› في الآية لا يعني القرآن أو الكتب المنزلة، لأن ذلك «ضعيف بعيد عن وجه الفصاحة اللائقة بكلام الله» على حد وصف الرازي، ولذلك سعى الرازي للخروج من الغموض فقال في تفسيره (٧: ١٧٤): «إن المراد من هذا الْفُرْقَانِ المعجزات التي قرنها الله تعالى بإنزال هذه الكتب... فالمعجزة هي الْفُرْقَان».

ويبتعد الرازي في تأويله عن جادة الصواب، لأن هذا المعنى لم يرد في أية آية. والراجح أن المفسّر نفسه كان غير راضٍ عن تأويله وكان يرى فيه تعسفاً، فأضاف بعد شرحه: «فهذا هو ما عندي في تفسير هذه الآية»، وعذره أنه كان يريد أن يخلّص القرآن من «الضعف البعيد عن وجه الفصاحة».

إشكالية نَزَّلَ/ أَنزَلَ والخطأ التاريخي

تستعمل الآية صيغة: ‹نَزَّلَ› بخصوص القرآن، وصيغة ‹أنزَلَ› بخصوص الكتب: ‹نَزَّلَ عَلَيْكَ الْكِتَابَ بِالْحَقِّ... وَأَنزَلَ التَّوْرَاةَ وَالإِنْجِيلَ... وَأَنزَلَ الْفُرْقَانَ›.

قال علماء الإسلام: ‹نَزَّلَ›: والتنزيل مرَّةً بعدَ مرَّة؛ لأنّ القرآنَ نزل منجماً، أو نُجوماً، أو شيئاً بعد شيء. و‹أَنزَلَ›: لأنَّ الكتب نزلت دفعة

واحدةً (القرطبي ٥ : ١٠، ومن غرائب آي التنزيل ٣٨).

ولكن، بما أن القرآن جاء على مراحل، وأنه من المناسب استعمال ‹نَزَّلَ› بصدده، فلماذا جاءت صيغة ‹أَنزَلَ› بخصوص القرآن في آية أخرى: ‹الْحَمْدُ لِلَّهِ الَّذِي أَنزَلَ عَلَى عَبْدِهِ الْكِتَابَ وَلَمْ يَجْعَل لَّهُ عِوَجَا› (سورة الكهف ١٨ : ١)؟ وإذا قيل أنّ المقصود هو نزول القرآن دفعة واحدة إلى سماء الدنيا، فهذا مردود عليه لأن العبارة تقول:

القرآن يشهد على

يصرّح القرآنُ في آيات مختلفة أنه جاء مُصَدِّقاً للكتب؛ وفيما يلي بيانات تعترف بالأصل الإلهي للكتب:

١. ‹وَآمِنُواْ بِمَا أَنزَلْتُ مُصَدِّقاً لِّمَا مَعَكُمْ وَلاَ تَكُونُواْ أَوَّلَ كَافِرٍ بِهِ وَلاَ تَشْتَرُواْ بِآيَاتِي ثَمَناً قَلِيلاً وَإِيَّايَ فَاتَّقُونِ› (سُورَةُ الْبَقَرَةِ ٢: ٤١).

تخاطب الآيةُ اليهود وتطلب منهم الإقرار بالقرآن، لأنه موافق للتوراة التي معهم. والآية لا تقول إنّ القرآن مُصدقاً للتوراة الصحيح أو التوراة غير المحرّف، بل تعلن ‹لِّمَا مَعَكُمْ›، أيْ لما هو معكم لحظة توجيه الخطاب، لا مُصَدِّقاً لما «كان» مَعَكُمْ كما يشتهي المفسرون.

٢. ‹وَإِذَا قِيلَ لَهُمْ: «آمِنُواْ بِمَا أَنزَلَ اللّهُ»؛ قَالُواْ: «نُؤْمِنُ بِمَآ أُنزِلَ عَلَيْنَا»؛ وَيَكْفُرونَ بِمَا وَرَاءهُ، وَهُوَ الْحَقُّ مُصَدِّقاً لِّمَا مَعَهُمْ› (سُورَةُ الْبَقَرَةِ ٢: ٩١).

لمّا دعا مُحَمَّدٌ الْيَهُوْد إِلَى الإيمان بكلِّ الكُتبِ المنزلة، أجابوه أنّهم يؤمنون بكتابهم فحسب؛ ولا يعترفون بالكتب الأخرى، أيْ: الإنجيل والْقُرْآن. فردّ عليهم مُحَمَّدٌ، بأنّ الكتاب الذي كفروا به أيْ الْقُرْآن هو الحقّ، وأنّه يقرّ بموثوقيّة الْكِتَاب الْيَهُوْديّ. ومرة أخرى ترد عبارة ‹لِمَا مَعَهُمْ›، أيْ أن القرآن يؤكد صحة الْكِتَاب الْيَهُوْديّ، الَّذي في أيدي يَهُوْدَ ذلك الوقت. ويستخدم القرآن زمن الحاضر ‹لِمَا مَعَهُمْ›، لا زمن الماضي: «لِمَا كان مَعَهُمْ».

٣. ‹قُلْ مَن كَانَ عَدُوّاً لِّجِبْرِيلَ فَإِنَّهُ نَزَّلَهُ عَلَى قَلْبِكَ، بِإِذْنِ اللّهِ، مُصَدِّقاً لِّمَا بَيْنَ يَدَيْهِ، وَهُدًى وَبُشْرَى لِلْمُؤْمِنِينَ› (سُورَةُ الْبَقَرَةِ ٢: ٩٧).

يؤكد الْقُرْآن أنه مطابق للكتب الْمُقَدَّسة، كما كانت موجودة آنذاك عند الْيَهُوْد والْمَسِيحِيِّين.

‹الَّذي أَنزَلَ عَلَى عَبْدِهِ [محمدٍ] الْكِتَابَ›.

وتحتوي الآية على ضلالة تاريخية، ذلك أن التوراة والإنجيل يشتملان على ستة وستين سفراً (تسعة وثلاثون سفراً في التوراة وسبعة وعشرون سفراً في الإنجيل)، استغرقت عملية الوحي والتدوين حوالي ألف سنة؛ ولذلك فإنّ صيغة ‹أنزلَ› قد جانبت الدقة بخصوص أي قسم من التوراة والإنجيل.

صحة الكتاب المقدس

٤. ‹وَلَمَّا جَاءهُمْ رَسُولٌ مِّنْ عِندِ اللّهِ، مُصَدِّقٌ لِّمَا مَعَهُمْ، نَبَذَ فَرِيقٌ مِّنَ الَّذِينَ أُوتُواْ الْكِتَابَ كِتَابَ اللّهِ وَرَاء ظُهُورِهِمْ› (سُورَةُ البَقَرَةِ ٢: ١٠١). تقول الآية إنّ محمداً جاءَ إِلَى الْيَهُوْدِ، مصدّقاً لكتبهم، ومع ذلك رفضه الْيَهُوْدُ. والآية تشهد على الأصل الإلهي للتوراة كما كانَ موجوداً لدى الْيَهُوْدِ، وتصف الآية الكتاب اليهودي أنه ‹كِتَابَ اللّهِ›.

٥. ‹يَا أَيُّهَا الَّذِينَ أُوتُواْ الْكِتَابَ! آمِنُواْ بِمَا نَزَّلْنَا مُصَدِّقاً لِّمَا مَعَكُم› (سورة النساء ٤: ٤٧). الخطاب موجه لأهل الكتاب عموماً، ويقول لهم إنّ القرآن مُصدقاً لكتبهم.

٦. ‹وَهَذَا كِتَابٌ أَنزَلْنَاهُ مُبَارَكٌ مُّصَدِّقُ الَّذِي بَيْنَ يَدَيْهِ وَلِتُنذِرَ أُمَّ الْقُرَى وَمَنْ حَوْلَهَا› (سورة الأنعام ٦: ٩٢). تعتبر الآية القرآن مُصدقاً للكتب المقدسة، وتتضمن فكرة أن القرآنَ نسخة عربية من الكتب. قارن الفكرة مع الشرح اللاحق على الآية (سُوْرَة الأَحْقَافِ ٤٦: ١٢).

٧. ‹وَالَّذِي أَوْحَيْنَا إِلَيْكَ مِنَ الْكِتَابِ هُوَ الْحَقُّ مُصَدِّقاً لِّمَا بَيْنَ يَدَيْهِ› (سُوْرَةُ فَاطِرٍ ٣٥: ٣١). يُوصف القرآن في الآية أنه كتاب حقّ مُصدق للكتب.

٨. ‹وَمِن قَبْلِهِ كِتَابُ مُوسَى إِمَاماً وَرَحْمَةً وَهَذَا كِتَابٌ مُّصَدِّقٌ لِّسَاناً عَرَبِيّاً لِّيُنذِرَ الَّذِينَ ظَلَمُوا وَبُشْرَى لِلْمُحْسِنِينَ› (سُوْرَةُ الأَحْقَافِ ٤٦: ١٢). تقول الآية عن التوراة إنه إمَام وإن القرآن مُصَدِّقٌ له، وتعتبر القرآنَ نسخة عربيةً من التوراة.

٩. ‹إِنَّا سَمِعْنَا كِتَاباً أُنزِلَ مِن بَعْدِ مُوسَى، مُصَدِّقاً لِّمَا بَيْنَ يَدَيْهِ› (سُوْرَةُ الأَحْقَافِ ٤٦: ٣٠). أي يتناقل الجن فيما بينهم خبر القرآن، ويصفونه بأنه مُصدّق للتوراة.

إِنَّ اللّهَ لاَ يَخْفَىَ عَلَيْهِ شَيْءٌ فِي الأَرْضِ وَلاَ فِي السَّمَاء (٥)
هُوَ الَّذِي يُصَوِّرُكُمْ فِي الأَرْحَامِ كَيْفَ يَشَاءُ لاَ إِلَهَ إِلاَّ هُوَ الْعَزِيزُ الْحَكِيمُ (٦)
هُوَ الَّذِيَ أَنزَلَ عَلَيْكَ الْكِتَابَ مِنْهُ آيَاتٌ مُّحْكَمَاتٌ هُنَّ أُمُّ الْكِتَابِ وَأُخَرُ مُتَشَابِهَاتٌ فَأَمَّا الَّذِينَ فِي قُلُوبِهِمْ زَيْغٌ فَيَتَّبِعُونَ مَا تَشَابَهَ مِنْهُ ابْتِغَاء الْفِتْنَةِ وَابْتِغَاء تَأْوِيلِهِ وَمَا يَعْلَمُ تَأْوِيلَهُ إِلاَّ اللّهُ وَالرَّاسِخُونَ فِي الْعِلْمِ يَقُولُونَ آمَنَّا بِهِ كُلٌّ مِّنْ عِندِ رَبِّنَا وَمَا يَذَّكَّرُ إِلاَّ أُوْلُواْ الألْبَابِ (٧)
رَبَّنَا لاَ تُزِغْ قُلُوبَنَا بَعْدَ إِذْ هَدَيْتَنَا وَهَبْ لَنَا مِن لَّدُنكَ رَحْمَةً إِنَّكَ أَنتَ الْوَهَّابُ (٨)
رَبَّنَا إِنَّكَ جَامِعُ النَّاسِ لِيَوْمٍ لاَّ رَيْبَ فِيهِ إِنَّ اللّهَ لاَ يُخْلِفُ الْمِيعَادَ (٩)
إِنَّ الَّذِينَ كَفَرُواْ لَن تُغْنِيَ عَنْهُمْ أَمْوَالُهُمْ وَلاَ أَوْلاَدُهُم مِّنَ اللّهِ شَيْئًا وَأُولَئِكَ هُمْ وَقُودُ النَّارِ (١٠)
كَدَأْبِ آلِ فِرْعَوْنَ وَالَّذِينَ مِن قَبْلِهِمْ كَذَّبُواْ بِآيَاتِنَا فَأَخَذَهُمُ اللّهُ بِذُنُوبِهِمْ وَاللّهُ شَدِيدُ الْعِقَابِ (١١)
قُل لِّلَّذِينَ كَفَرُواْ سَتُغْلَبُونَ وَتُحْشَرُونَ إِلَى جَهَنَّمَ وَبِئْسَ الْمِهَادُ (١٢)
قَدْ كَانَ لَكُمْ آيَةٌ فِي فِئَتَيْنِ الْتَقَتَا فِئَةٌ تُقَاتِلُ فِي سَبِيلِ اللّهِ وَأُخْرَى كَافِرَةٌ يَرَوْنَهُم مِّثْلَيْهِمْ رَأْيَ الْعَيْنِ وَاللّهُ يُؤَيِّدُ بِنَصْرِهِ مَن يَشَاءُ إِنَّ فِي ذَلِكَ لَعِبْرَةً لَّأُوْلِي الأَبْصَارِ (١٣)
زُيِّنَ لِلنَّاسِ حُبُّ الشَّهَوَاتِ مِنَ النِّسَاء وَالْبَنِينَ وَالْقَنَاطِيرِ الْمُقَنطَرَةِ مِنَ الذَّهَبِ وَالْفِضَّةِ وَالْخَيْلِ الْمُسَوَّمَةِ وَالأَنْعَامِ وَالْحَرْثِ ذَلِكَ مَتَاعُ الْحَيَاةِ الدُّنْيَا وَاللّهُ عِندَهُ حُسْنُ الْمَآبِ (١٤)

٣ : ٦

قرئت من قبل أحد القرّاء «تصَوَّرَكم» بصيغة الماضي (الخطيب ١ : ٤٤٤، العكبري ١ : ٢٠٣). وتعني: ‹يُصَوِّرُكْم›: يخلقكم، بينما تعني: «تصَوَّرَكم»: تخيّل هيئتكم. أي أن اختلاف القراءة ترتب عليه اختلاف المدلول: بين قراءة تفيد أن الله يخلق الإنسان وأخرى تعني أنه يعلم هيئته.

٣ : ٧

تقول الآية إن بعض آيات القرآن ‹مُّحْكَمَاتٌ› و‹أُخَرُ مُتَشَابِهَاتٌ›. والآيات المحكمات: آيات

قاطعة المعنى، لا حاجة لتأويلها؛ والآيات المتشابهات: آيات قابلة لأكثر من تفسير.

ولكن البيان الوارد هنا يتعارض مع بيان آخر يقول إنّ جميع آيات القرآن مُحْكَمَاتٌ: ‹كِتَابٌ أُحْكِمَتْ آيَاتُهُ› (هود ١١: ١).

٣: ٧

يختلف القرّاء في صياغة هذه الآية على الأشكال التالية كما يرد في (الخطيب ١: ٤٤٥):

- ابن مسعود: «وإن تأويله إلاّ عند الله وَالرَّاسِخُونَ فِي الْعِلْمِ يَقُولُونَ آمَنَّا بِهِ».
- وكذلك رُوي أنه قرأها: «وإنْ حقيقة تأويله إلاّ عند الله وَالرَّاسِخُونَ فِي الْعِلْمِ يَقُولُونَ آمَنَّا بِهِ».
- أُبيّ بن كعب وابن عباس وعائشة: «وَمَا يَعْلَمُ تَأْوِيلَهُ إِلاَّ اللّهُ ويقول الراسخون في العلم آمَنَّا بِهِ».
- رُوي أنها جاءت في مصحف ابن عباس: «وما يُعْلَمُ تأويلُه، ويقول الراسخون آمنا به».

يدل اختلاف هذه الصيغ على أن القرّاء أخذوا المعنى وتصرفوا في صياغة الآية وفق أذواقهم اللغوية.

٣: ١٣

قرأها البعض بالياء ‹يَرَوْنَهم›، والفاعل هم الكافرون. وقرأ آخرون: «تَرونهم» بالتاء، حيث الخطاب لكل المسلمين، والهاء والميم في «تَرونهم» لجميع المشركين (الخطيب ١: ٤٥٢-٤٥٣).

وينتج عن هذا التباين اختلافا في المعنى: فهل الفاعل هم المسلمون أم أعداؤهم؟

٣: ١٤

قرأ معظم القرّاء الفعل ‹زُيِّن› بصيغة المبني للمجهول، والفاعل محذوف، ولهذا اختلفوا في شخص الفاعل، فقال بعضهم إن المزين هو الله وقال آخرون إنه الشيطان (الخطيب ١: ٤٥٥).

ولكن بعض القرّاء قد قرأ «زَيَّن ... حُبَّ» بصيغة الفاعل، والضمير بذلك يعود إلى الله (الخطيب ١: ٤٥٥).

وهكذا ينتج عن الخلاف في القراءتين فهمان بشأن شخص المُزيّن، ففي قراءة المصحف (‹زُيِّن›) قد يكون المزين هو الله أو الشيطان، أما في الثانية («زَيَّن») فالمزيّن هو الله قطعاً.

٣: ١٤

يقول غالبية المفسرين إن الله ‹زُيِّنَ لِلنَّاسِ حُبُّ الشَّهَوَاتِ›. ويشرح الزمخشري (١: ٣٣٥) أن الله زين لِلنَّاسِ حُبَّ الشَّهَوَاتِ ابتلاءً لهم، مثلما أشار في آية أخرى: ‹إِنَّا جَعَلْنَا مَا عَلَى الْأَرْضِ زِينَةً لَّهَا لِنَبْلُوَهُمْ أَيُّهُمْ أَحْسَنُ عَمَلاً› (الكهف ١٨: ٧).

وقد أثارت هذه الآية استغراب بعض المسلمين الأوائل، ويبدو أنها أسعدت بعضهم، فلحقتها مباشرةً آية تقول أنه خير من هذه الشهوات ﴿جَنَّاتٌ تَجْرِي مِن تَحْتِهَا الأَنْهَارُ.. وَأَزْوَاجٌ مُّطَهَّرَةٌ﴾ (آل عمران ٣: ١٥) (الطبري ٥: ٢٥٤، القرطبي ٥: ٤٢).

رأى بعض الشارحين أنه ليس لائقاً بالله تزيين ﴿حُبّ الشَّهَوَاتِ﴾، فدفعوا بأن المزين هو الشيطان.

المعتزلة بدورهم قد اختلفوا في من هو المزين، فبعضهم رأى أن الله هو المزين واعتقد آخرون أنه الشيطان. على أن أبا علي الجبائي تقدم بحل وسط، فقال إن التزيين في الأمور الحسنة من الله، والتزيين في المحرمات من الشيطان (الرازي ٧: ٢٠٩ - ٢١٠).

وقد لقي القول بأن الشيطان يزين للناس ﴿حُبّ الشَّهَوَاتِ﴾ معارضة من جانب علماء مسلمين، فقالوا: «لو كان المزين هو الشيطان فمن الذي زين الكفر والبدعة للشيطان، فإنْ كان ذلك شيطاناً آخر لزم التسلسل» (الرازي ٧: ٢٠٩).

وبما أن غالبية المفسرين قد اجمعوا على الاعتقاد بأن الله هو المزين، فنحن نسأل: كيف يزيّن الله ﴿لِلنَّاسِ حُبّ الشَّهَوَاتِ﴾، ثم ينزل بهم عقوبة شهواتهم؟

النساء

تقول الآية إنّه ﴿زُيِّنَ لِلنَّاسِ حُبُّ الشَّهَوَاتِ مِنَ النِّسَاءِ وَالْبَنِينَ... وَالأَنْعَامِ وَالْحَرْثِ﴾. وهذه الآية تضع النِّسَاء وَالْبَنِينَ على مستوى واحد مع الذهب، والفضة، والخيل، والأنعام (الإبل والبقر والغنم)، والزرع.

إن الآية تخاطب الرجل، وتعتبره الناس، وتقصي النساء من الناس. وهذه الآية تدفع الرجل إلى النظر للنِّسَاء وَالْبَنِينَ كأشياء تُمتلك، لأنها تجعل العلاقة داخل الأسرة بمثابة علاقة مالك بممتلكات تندرج تحت بند الشهوات (نساء وأولاد وأموال وحيوانات) أو:

نساء = أولاد = أموال = حيوانات = مزروعات

أما لماذا بدأت الآية بذكر المرأة، فيقول القرطبي (٥: ٤٣-٤٤):

«لكثرة تشوُّف النفوسِ إليهنّ، لأنهنَّ حَبائلُ الشيطان وفتنةُ الرجال... ففتنة النساء أشدُّ جميع الأشياء. ويقال: في النساء فتنتان... فإحداهما أنْ تُؤدِّيَ إلى قطع الرَّحِم، لأن المرأة تأمرُ زوجَها بقطعه عن الأُمَّهات والأخوات، والثانية: يُبْتلى بجمع المال من الحلال والحرام».

ينظر القرآن إلى المرأة: أداة بيد الشيطان، وفتنة، ومسببة لقطع الروابط الأسرية، ودافعة لكسب المال الحرام!

قُلْ أَؤُنَبِّئُكُم بِخَيْرٍ مِّن ذَٰلِكُمْ لِلَّذِينَ اتَّقَوْا
عِندَ رَبِّهِمْ جَنَّاتٌ تَجْرِي مِن تَحْتِهَا الْأَنْهَارُ
خَالِدِينَ فِيهَا وَأَزْوَاجٌ مُّطَهَّرَةٌ وَرِضْوَانٌ
مِّنَ اللَّهِ وَاللَّهُ بَصِيرٌ بِالْعِبَادِ (١٥)
الَّذِينَ يَقُولُونَ رَبَّنَا إِنَّنَا آمَنَّا فَاغْفِرْ لَنَا
ذُنُوبَنَا وَقِنَا عَذَابَ النَّارِ (١٦)
الصَّابِرِينَ وَالصَّادِقِينَ وَالْقَانِتِينَ وَالْمُنفِقِينَ
وَالْمُسْتَغْفِرِينَ بِالْأَسْحَارِ (١٧)

شَهِدَ اللَّهُ أَنَّهُ لَا إِلَٰهَ إِلَّا هُوَ وَالْمَلَائِكَةُ
وَأُولُوا الْعِلْمِ قَائِمًا بِالْقِسْطِ لَا إِلَٰهَ إِلَّا هُوَ
الْعَزِيزُ الْحَكِيمُ (١٨)
إِنَّ الدِّينَ عِندَ اللَّهِ الْإِسْلَامُ وَمَا
اخْتَلَفَ الَّذِينَ أُوتُوا الْكِتَابَ إِلَّا
مِن بَعْدِ مَا جَاءَهُمُ الْعِلْمُ بَغْيًا بَيْنَهُمْ
وَمَن يَكْفُرْ بِآيَاتِ اللَّهِ فَإِنَّ اللَّهَ سَرِيعُ
الْحِسَابِ (١٩)

٣ : ١٨

قراءة المصحف ‹شَهِدَ اللّٰه› فعل وفاعل، حيث يشهد الله لنفسه. ومع ذلك، لدينا أكثر من قراءة، أبرزها:

- «شُهِدَ اللّٰه»: بصيغة المبني للمجهول (الخطيب ١: ٤٦٠)؛ وهنا يُشهد على وحدانية الله ولا يحدد الفاعل.
- «شُهداءَ اللهِ»: صيغة حال لـ ‹وَالْمُسْتَغْفِرِينَ› (الخطيب ١: ٤٦٠، قارن: جولدتسهر ٣٢ - ٣٣)، حيث يُقرأ النص: «الصَّابِرِينَ وَالصَّادِقِينَ وَالْقَانِتِينَ وَالْمُنفِقِينَ وَالْمُسْتَغْفِرِينَ، شُهداءَ اللهِ» (آل عمران ٣: ١٧ - ١٨)؛ وبالتالي فالمستغفرون هم الشهداء.

٣ : ١٩

قرأ ابن مسعود: «إِنَّ الدِّينَ عِندَ اللّٰهِ الحنفيةُ» (الخطيب ١: ٤٦٤). وقال أُبيّ بن كعبٍ إن القراءة المأثورة عن محمد: «إِنَّ الدِّينَ عِندَ اللّٰهِ الحنفيةُ، لا اليهودية ولا النصرانية ولا المجوسية» (الخطيب ١: ٤٦٤)، بإضافة «لا اليهودية ولا النصرانية ولا المجوسية».

فلماذا لم تُدوَّن بقية الآية في المصحف؟ ومن الذي قرر الحذف؟

فَإنْ حَآجُّوكَ فَقُلْ أَسْلَمْتُ وَجْهِيَ لِلّه
وَمَنِ اتَّبَعَنِ وَقُل لِّلَّذِينَ أُوْتُواْ الْكِتَابَ
وَالأُمِّيِّينَ أَأَسْلَمْتُمْ فَإِنْ أَسْلَمُواْ فَقَدِ
اهْتَدَواْ وَّإِن تَوَلَّوْاْ فَإِنَّمَا عَلَيْكَ الْبَلاَغُ وَاللّهُ
بَصِيرٌ بِالْعِبَادِ (٢٠)
إِنَّ الَّذِينَ يَكْفُرُونَ بِآيَاتِ اللّهِ وَيَقْتُلُونَ
النَّبِيِّينَ بِغَيْرِ حَقٍّ وَيَقْتُلُونَ الِّذِينَ
يَأْمُرُونَ بِالْقِسْطِ مِنَ النَّاسِ فَبَشِّرْهُم
بِعَذَابٍ أَلِيمٍ (٢١)
أُولَئِكَ الَّذِينَ حَبِطَتْ أَعْمَالُهُمْ فِي الدُّنْيَا
وَالآخِرَةِ وَمَا لَهُم مِّن نَّاصِرِينَ (٢٢)
أَلَمْ تَرَ إِلَى الَّذِينَ أُوْتُواْ نَصِيباً مِّنَ
الْكِتَابِ يُدْعَوْنَ إِلَى كِتَابِ اللّهِ
لِيَحْكُمَ بَيْنَهُمْ ثُمَّ يَتَوَلَّى فَرِيقٌ مِّنْهُمْ
وَهُم مُّعْرِضُونَ (٢٣)
ذَلِكَ بِأَنَّهُمْ قَالُواْ لَن تَمَسَّنَا النَّارُ إِلاَّ
أَيَّاماً مَّعْدُودَاتٍ وَغَرَّهُمْ فِي دِينِهِم مَّا
كَانُواْ يَفْتَرُونَ (٢٤)
فَكَيْفَ إِذَا جَمَعْنَاهُمْ لِيَوْمٍ لاَّ رَيْبَ
فِيهِ وَوُفِّيَتْ كُلُّ نَفْسٍ مَّا كَسَبَتْ وَهُمْ
لاَ يُظْلَمُونَ (٢٥)
قُلِ اللَّهُمَّ مَالِكَ الْمُلْكِ تُؤْتِي الْمُلْكَ مَن
تَشَاء وَتَنزِعُ الْمُلْكَ مِمَّن تَشَاء وَتُعِزُّ مَن

تَشَاء وَتُذِلُّ مَن تَشَاء بِيَدِكَ الْخَيْرُ إِنَّكَ
عَلَىَ كُلِّ شَيْءٍ قَدِيرٌ (٢٦)
تُولِجُ اللَّيْلَ فِي الْنَّهَارِ وَتُولِجُ النَّهَارَ فِي
اللَّيْلِ وَتُخْرِجُ الْحَيَّ مِنَ الْمَيِّتِ وَتُخْرِجُ
الَمَيَّتَ مِنَ الْحَيِّ وَتَرْزُقُ مَن تَشَاء بِغَيْرِ
حِسَابٍ (٢٧)
لاَّ يَتَّخِذِ الْمُؤْمِنُونَ الْكَافِرِينَ أَوْلِيَاء
مِن دُوْنِ الْمُؤْمِنِينَ وَمَن يَفْعَلْ ذَلِكَ
فَلَيْسَ مِنَ اللّهِ فِي شَيْءٍ إِلاَّ أَن تَتَّقُواْ
مِنْهُمْ تُقَاةً وَيُحَذِّرُكُمُ اللّهُ نَفْسَهُ وَإِلَى
اللّهِ الْمَصِيرُ (٢٨)
قُلْ إِن تُخْفُواْ مَا فِي صُدُورِكُمْ أَوْ تُبْدُوهُ
يَعْلَمْهُ اللّهُ وَيَعْلَمُ مَا فِي السَّمَاوَاتِ وَمَا فِي
الأَرْضِ وَاللّهُ عَلَى كُلِّ شَيْءٍ قَدِيرٌ (٢٩)
يَوْمَ تَجِدُ كُلُّ نَفْسٍ مَّا عَمِلَتْ مِنْ خَيْرٍ
مُّحْضَراً وَمَا عَمِلَتْ مِن سُوَءٍ تَوَدُّ لَوْ
أَنَّ بَيْنَهَا وَبَيْنَهُ أَمَداً بَعِيداً وَيُحَذِّرُكُمُ اللّهُ
نَفْسَهُ وَاللّهُ رَؤُوفٌ بِالْعِبَادِ (٣٠)
قُلْ إِن كُنتُمْ تُحِبُّونَ اللّهَ فَاتَّبِعُونِي
يُحْبِبْكُمُ اللّهُ وَيَغْفِرْ لَكُمْ ذُنُوبَكُمْ وَاللّهُ
غَفُورٌ رَّحِيمٌ (٣١)
قُلْ أَطِيعُواْ اللّهَ وَالرَّسُولَ فإِن تَوَلَّوْاْ فَإِنَّ
اللّهَ لاَ يُحِبُّ الْكَافِرِينَ (٣٢)

٣ : ٢٠

١. ‹فَإِنْ حَآجُّوكَ فَقُلْ: «أَسْلَمْتُ وَجْهِيَ لِلَّهِ»›
نُسخت هذه العبارة بآية: ‹وَجَادِلْهُم بِالَّتِي هِيَ أَحْسَنُ› (النحل١٦: ١٢٥) (الإيضاح ٢٠١).

وقال البعض إنه ليس هناك نسخ، لأن كلاً من هاتين العبارتيْن تشير إلى أسلوب مختلف في الجدل (الإيضاح ٢٠٢).

٢. ‹وَّإِن تَوَلَّوْاْ فَإِنَّمَا عَلَيْكَ الْبَلاَغُ›

وفقاً لهذا المقطع، فإن مسؤولية محمد هي تبليغ الرسالة. وقد انقسم علماء المسلمين بشأن نسخ الآية إلى فريقين:

الفريق الأول: قال إن هذه الآية منسوخة بآية السيف: ‹فَاقْتُلُواْ الْمُشْرِكِينَ حَيْثُ وَجَدتُّمُوهُمْ...› (التوبة ٩: ٥) (ابن الجوزي ٢٣٧، ابن حزم ٣٠ - ٣١، ابن سلامة ٢٩).

والفريق الثاني: قال إن في العبارة وصفاً لمحمد، مثلما وُصف في موضع آخر بأنه نذير: ‹إِنَّمَا أَنتَ نَذِيرٌ› (هود ١١: ١٢) (ابن الجوزي ٢٣٧)، وبذلك فليس ثمة نسخ في الآية.

٣ : ٢١

قرأ أُبيّ بن كعب: «وَيَقْتُلُونَ النَّبِيِّينَ وَالَّذِينَ يَأْمُرُونَ بِالْقِسْطِ» (الخطيب ١: ٤٦٧).

إن العبارة ‹بِغَيْرِ حَقٍّ› هي حشو بلا مبرر، إذْ لا يمكن أن يكون قتل الأنبياء بأي حال من الأحوال حَقاً، ولذلك فإن تصرُّف أُبي بن كعب لهذه العبارة بالحذف قد خلص الآية من الحشو.

٣ : ٢٨

اختلف العلماء حول نسخ أو إحكام الآية على النحو التالي:

القول الأول: إنها منسوخة

قال فريقٌ من العلماء إن المعنى هو اتقاء المشركين تجنباً للعواقب الخطيرة التي قد تعود على المسلمين، ولكن هذا المبدأ قد نُسخ بآية السيف: ‹فَاقْتُلُوا الْمُشْرِكِينَ حَيْثُ وَجَدْتُمُوهُمْ› (التوبة ٩: ٥) (ابن الجوزي ٢٣٨، قارن: ابن سلامة ٢٩). ويوضح عالم آخر أن إجازة الاتقاء قد جاءت بسبب ضعف المسلمين في المراحل المبكرة من الاسلام، ولكن لما اشتد ساعد الإسلام نُسخ هذا المبدأ (شعلة ١٢٠).

القول الثاني: إنها محكمة

قال فريق آخر من العلماء إن الآية محكمة، فإن أكره المشركون مسلماً على التجديف ضد دينه، فيجوز له الرضوخ اتقاءً، وهذا ما تؤيده آية: ‹إِلاَّ مَنْ أُكْرِهَ وَقَلْبُهُ مُطْمَئِنٌّ بِالإِيمَانِ› (النحل ١٦: ١٠٦) (ابن الجوزي ٢٣٨، شعلة ١٢٠).

هامش

يسجل السنة على الشيعة اعتقادهم بالتقيَّة وإن كانت الآية حسب رأي فريق من علماء السنة أيضاً محكمة، وبالتالي نجد فيها سنداً شرعياً للتقية. وقد رُوي أن ابن عباس قال تعليقاً على هذه الآية: «والتقية باللسان: من حُمل على أمر يتكلم به وهو معصية الله، فتكلم به مخافة الناس ‹وَقَلْبُهُ مُطْمَئِنٌّ بِالإِيمَانِ›، فإن ذلك لا يضره» (ابن الجوزي ٢٣٨).

إِنَّ اللّهَ اصْطَفَى آدَمَ وَنُوحاً وَآلَ إِبْرَاهِيمَ وَآلَ عِمْرَانَ عَلَى الْعَالَمِينَ (٣٣)
ذُرِّيَّةً بَعْضُهَا مِن بَعْضٍ وَاللّهُ سَمِيعٌ عَلِيمٌ (٣٤)
إِذْ قَالَتِ امْرَأَةُ عِمْرَانَ رَبِّ إِنِّي نَذَرْتُ لَكَ مَا فِي بَطْنِي مُحَرَّراً فَتَقَبَّلْ مِنِّي إِنَّكَ أَنتَ السَّمِيعُ الْعَلِيمُ (٣٥)
فَلَمَّا وَضَعَتْهَا قَالَتْ رَبِّ إِنِّي وَضَعْتُهَا أُنثَى وَاللّهُ أَعْلَمُ بِمَا وَضَعَتْ وَلَيْسَ الذَّكَرُ كَالأُنثَى وَإِنِّي سَمَّيْتُهَا مَرْيَمَ وِإِنِّي أُعِيذُهَا بِكَ وَذُرِّيَّتَهَا مِنَ الشَّيْطَانِ الرَّجِيمِ (٣٦)
فَتَقَبَّلَهَا رَبُّهَا بِقَبُولٍ حَسَنٍ وَأَنبَتَهَا نَبَاتاً حَسَناً وَكَفَّلَهَا زَكَرِيَّا كُلَّمَا دَخَلَ عَلَيْهَا زَكَرِيَّا الْمِحْرَابَ وَجَدَ عِندَهَا رِزْقاً قَالَ يَا مَرْيَمُ أَنَّى لَكِ هَذَا قَالَتْ هُوَ مِنْ عِندِ اللّهِ إنَّ اللّهَ يَرْزُقُ مَن يَشَاءُ بِغَيْرِ حِسَابٍ (٣٧)
هُنَالِكَ دَعَا زَكَرِيَّا رَبَّهُ قَالَ رَبِّ هَبْ لِي مِن لَّدُنْكَ ذُرِّيَّةً طَيِّبَةً إِنَّكَ سَمِيعُ الدُّعَاءِ (٣٨)
فَنَادَتْهُ الْمَلآئِكَةُ وَهُوَ قَائِمٌ يُصَلِّي فِي الْمِحْرَابِ أَنَّ اللّهَ يُبَشِّرُكَ بِيَحْيَى مُصَدِّقاً بِكَلِمَةٍ مِّنَ اللّهِ وَسَيِّداً وَحَصُوراً وَنَبِيّاً مِّنَ الصَّالِحِينَ (٣٩)

٣ : ٣٣

يقرأ ابن مسعود «وآل مَحمدٍ»، وكذلك قرأ بها بعض القرّاء الشيعة (الخطيب ١ : ٤٧٨). والفرق التاريخي والعقائدي بين ‹آل عِمْران› و«وآل مَحمدٍ» غني عن البيان.

٣ : ٣٥-٣٧

يخبرنا النص أن امْرَأَة عِمْرَانَ [حنّة حسب المفسرين] لمّا أحسّت بحملها، نذرت ما في أحشائها خادماً للإله. وبعد وضعها، رأت أن وليدتها أنثى، فتضرعت للرب قائلةً إن وليدتها لا تصلح للخدمة لكونها فتاةً، وسمّتها مَرْيَمَ. وسألت امْرَأَةُ عِمْرَانَ الرب أن يحمي المولودة

وأولادها مستقبلاً ‹مِنَ الشَّيْطَانِ›. وقد استجاب الله لدعائها، فكلأ (حفظ) مَرْيَمَ بحمايته، وفيما بعد ‹كَفَّلَهَا زَكَرِيَّا›. وكلما كان زَكَرِيَّا يزورها في معبدها، كان يجد ‹عِندَهَا رِزْقاً›. ولما سألها زَكَرِيَّا عن مصدر الطعام، قالت له مَرْيَمُ : ‹هُوَ مِنْ عِندِ اللَّهِ›.

يتفق المفسّرون على أن عِمْرَانَ الوارد في النص هو أبو مَرْيَمَ البتول، وليس أبا مَرْيَمَ ـ أخت موسى وهارون، ويعتمدون في ذلك على : أولاً، سياق الآيات، التي تورد خبر رعاية زَكَرِيَّا لِمَرْيَمَ؛ وثانياً، أن سورة آل عِمْرَانَ تتناول سيرة المسيح عيسى، ولم تتطرق السورة إلى حكاية موسى وهارون مثلاً : (الزمخشري ١ : ٥٤٨).

والقصة كما وردت في القرآن تشتمل على مجموعة أخطاء تاريخية :

مَرْيَمُ بْنَت عِمْرَانَ :

أولاً : ورد اسم « عمران » في القرآن بالنون، ولكن حسبما وردت فى التوراة هي ابْنَة « عَمْرَامَ » [عمرام : في العبرية يعني عم مرتفع أو رفيع] وأمها يُوكَابَدُ بِنْتُ لاوِي، ولم يكن لها أولاد، لا بل لم تتزوج [راجع التعليق على سورة مَرْيَمَ : ١٩ : ٢٧ ـ ٢٨، في الجزء الثاني].

وثانياً : التبس النسب بين مريم أخت موسى وهارون ومريم العذراء مع أن الفارق الزمني المثبت تاريخياً بين عصر موسى وهرون وعصر مريم البتول يزيد على ألف وأربعمائة عام.

حَنَّةُ : تقول التفاسير الإسلامية أنّها أم مَرْيَمَ، وأنّها نذرت ما في بطنها خادماً في الهيكل؛ ولكن لم يرد في الإنجيل ذكر اسم والديْ مَرْيَمَ، في حين أن المصادر تقول إن اسم أمها حَنَّة. وأما اسم حَنَّةُ وقصة النذر والاعتكاف في الهيكل، فهو تلفيق قائم على محاكاة قصة حَنَّة أم صموئيل النبى الواردة في سِفْرِ صَمُوئِيلَ الأَوَّل (١ : ١١، ٢٤ و٢٨؛ ٢ : ١١، ١٨ ـ ١٩).

إن تحليل القصة القرآنية يقودنا إلى كتب الأبوكريفا، التي ـ على الأغلب ـ استقى منها محمد حكايته هذه. ولأن تحليل جميع عناصر القصة يحتاج إلى دراسة خاصة ومطولة، نشير إلى تفصيل واحد : فموضوع الطعام الذي كانت ترزق به مَرْيَمَ يومياً، مأخوذ من مصادر أبوكريفية، مثل الكتاب القبطي « سيرة العذراء » و« إنجيل يعقوب » (فقرة ٥)، « إنجيل مولد مريم » (فقرة ٦) حيث نجد القصة في هذا الكتاب على الشكل التالي : لما وضعت حنَّة ابنتها مَرْيَمَ في الهيكل « كانت تُرزق كحمامة، وكان الملائكة يأتونها برزقٍ من السّماء... وكثيراً ما كانوا يجلبون لها أثماراً من شجرة الحياة لتأكلها » (الأناجيل المنحولة، ترجمة اسكندر شديد، الكنيسة في الشرق ٨، قارن : The Original Sources of the Qur'an 159).

٣ : ٣٩

دوّن ابن مسعود في مصحفه : « فناداه جبريل وَهُوَ قَائِمٌ يُصَلِّي » (الخطيب ١ : ٤٨٦). وحسب قراءة المصحف، فإن من قام بالنداء هم جماعة من الملائكة، بينما في مصحف ابن مسعود هو ملاك بعينه اى جبريل.

قَالَ رَبِّ أَنَّى يَكُونُ لِي غُلَامٌ وَقَدْ بَلَغَنِيَ
الْكِبَرُ وَامْرَأَتِي عَاقِرٌ قَالَ كَذَلِكَ اللّهُ يَفْعَلُ
مَا يَشَاءُ (٤٠)
قَالَ رَبِّ اجْعَل لِّيَ آيَةً قَالَ آيَتُكَ أَلاَّ تُكَلِّمَ
النَّاسَ ثَلاَثَةَ أَيَّامٍ إِلاَّ رَمْزاً وَاذْكُر رَّبَّكَ
كَثِيراً وَسَبِّحْ بِالْعَشِيِّ وَالإِبْكَارِ (٤١)
وَإِذْ قَالَتِ الْمَلاَئِكَةُ يَا مَرْيَمُ إِنَّ اللّهَ
اصْطَفَاكِ وَطَهَّرَكِ وَاصْطَفَاكِ عَلَى نِسَاء
الْعَالَمِينَ (٤٢)
يَا مَرْيَمُ اقْنُتِي لِرَبِّكِ وَاسْجُدِي وَارْكَعِي
مَعَ الرَّاكِعِينَ (٤٣)
ذَلِكَ مِنْ أَنبَاء الْغَيْبِ نُوحِيهِ إِلَيكَ وَمَا
كُنتَ لَدَيْهِمْ إِذْ يُلْقُون أَقْلاَمَهُمْ أَيُّهُمْ يَكْفُلُ
مَرْيَمَ وَمَا كُنتَ لَدَيْهِمْ إِذْ يَخْتَصِمُونَ (٤٤)
إِذْ قَالَتِ الْمَلآئِكَةُ يَا مَرْيَمُ إِنَّ اللّهَ يُبَشِّرُكِ
بِكَلِمَةٍ مِّنْهُ اسْمُهُ الْمَسِيحُ عِيسَى ابْنُ مَرْيَمَ
وَجِيهاً فِي الدُّنْيَا وَالآخِرَةِ وَمِنَ الْمُقَرَّبِينَ (٤٥)
وَيُكَلِّمُ النَّاسَ فِي الْمَهْدِ وَكَهْلاً وَمِنَ
الصَّالِحِينَ (٤٦)
قَالَتْ رَبِّ أَنَّى يَكُونُ لِي وَلَدٌ وَلَمْ
يَمْسَسْنِي بَشَرٌ قَالَ كَذَلِكِ اللّهُ يَخْلُقُ
مَا يَشَاءُ إِذَا قَضَى أَمْراً فَإِنَّمَا يَقُولُ لَهُ
كُن فَيَكُونُ (٤٧)
وَيُعَلِّمُهُ الْكِتَابَ وَالْحِكْمَةَ وَالتَّوْرَاةَ
وَالإِنجِيلَ (٤٨)
وَرَسُولاً إِلَى بَنِي إِسْرَائِيلَ أَنِّي قَدْ جِئْتُكُم
بِآيَةٍ مِّن رَّبِّكُمْ أَنِّي أَخْلُقُ لَكُم مِّنَ الطِّينِ
كَهَيْئَةِ الطَّيْرِ فَأَنفُخُ فِيهِ فَيَكُونُ طَيْراً بِإِذْنِ
اللّهِ وَأُبْرِئُ الأكْمَهَ والأَبْرَصَ وَأُحْيِـي
الْمَوْتَى بِإِذْنِ اللّهِ وَأُنَبِّئُكُم بِمَا تَأْكُلُونَ وَمَا
تَدَّخِرُونَ فِي بُيُوتِكُمْ إِنَّ فِي ذَلِكَ لآيَةً لَّكُمْ
إِن كُنتُم مُّؤْمِنِينَ (٤٩)

٣: ٤٢ و٤٥

تقول الآية إن الملائكة بشرت مريم بولادة المسيح؛ وفي آية أخرى ورد أنّ ملاكاً واحداً بشرها بالمسيح (مريم ١٩: ١٧-٢١).

تجاهل المفسرون هذا التعارض؛ في حين ورد في تفسير الجلالين (ص ٥٥) أن جبريل هو المعني بعبارة ‹قَالَتِ الْمَلاَئِكَةُ› (آل عمران ٣: ٤٢ و٤٥) وهو من قال: ‹إِنَّمَا أَنَا رَسُولُ› (مريم ١٩:١٩).

ويعلق الرازي (٨: ٤٦) في تفسيره على عبارة ‹قَالَتِ الْمَلاَئِكَةُ›:

«قالوا: المراد بالملائكة هنا جبريل وحده، وهذا وإنْ كان عدولاً عن الظاهر إلا أنه يجب المصير إليه، لأن سورة مريم دلت على أن المتكلم مع مريم هو جبريل: ‹فَأَرْسَلْنَا إِلَيْهَا رُوحَنَا فَتَمَثَّلَ لَهَا بَشَراً سَوِيّاً› (مريم ١٩: ١٧)

ويقبل الرازي مكرهاً القول بأن كلمة الملائكة

هى كناية عن جبريل ليخلص القرآن من التناقض.

٣ : ٤٣

قرأ ابن مسعود: «يَا مَرْيَمُ اقْنُتِي لِرَبِّكِ وَاسْجُدِي في السّاجدين» (الخطيب ١ : ٤٩٣). وحسب القراءة، ثمة اختلاف في شكل العبادة المطلوب من مريم أن تشارك بها: الركوع والسجود أم السجود فقط؟

٣ : ٤٩

تحكي الآية عن المسيح وهو يعدد المعجزات التي قام بها، فيقول: ‹أَنِّي قَدْ جِئْتُكُم بِآيَةٍ مِّن رَّبِّكُمْ›، لكن ابن مسعود كتب في مصحفه: «وَجِئْتُكُم بِآيَاتٍ مِّن رَّبِّكُمْ» بدلاً من: ‹بِآيَةٍ› (الخطيب ١ : ٤٩٨، قارن: جولدتسهر ٢١).

الظاهر أن ابن مسعود وجد أن صيغة المفرد لا تتسق مع السياق القرآني، الذي يقول: ‹أَنِّي قَدْ جِئْتُكُم بِآيَةٍ مِّن رَّبِّكُمْ: (١) أَنِّي أَخْلُقُ لَكُم مِّنَ الطِّينِ كَهَيْئَةِ الطَّيْرِ [...] (٢) وَأُبْرِئُ الأَكْمَهَ والأَبْرَصَ (٣) وَأُحْيِي الموتى [...] (٤) وَأُنَبِّئُكُم بِمَا تَأْكُلُونَ وَمَا تَدَّخِرُونَ فِي بُيُوتِكُمْ›، ولهذا كتب ابن مسعود «وَجِئْتُكُم بِآيَاتٍ» بدلاً من ‹وَجِئْتُكُم بِآيَةٍ›.

٣ : ٤٦ و٤٩

ورد في سورة آل عمران أن المسيح كان ‹يُكَلِّمُ النَّاسَ فِي الْمَهْدِ› (آية ٤٦)، وأنه فيما بعد كان يخلق ‹مِنَ الطِّينِ كَهَيْئَةِ الطَّيْرِ› فينفخ ‹فِيهِ فَيَكُونُ طَيْراً› (آية ٤٩).

إن هذين التفصيلين مأخوذان أيضاً من كتب الأبوكريفا:

الكلام في المهد (الآية ٤٦)

إن قصة كلام المسيح يسوع فِي الْمَهْدِ مستقاة من إنجيل الطفولة (فصل ١)، الذي ورد فيه إن قيافا – رئيس الكهنة أيام المسيح – قال: «إن يسوع تكلم حين كان في المهد، وقال لأمه مريم: إني أنا المسيح ابن الله، الذي بشرك به الملاك جبريل، وقد أرسلني أبي لخلاص العالم». وبعد أن سمع محمد هذه الحكاية، أضافها إلى قصص القرآن، وتصرف في روايتها ونقحها لتلائم التعاليم الإسلامية.

إن الأناجيل القانونية لا تورد هذه القصة إطلاقاً، فضلاً عن أن ما ورد في إنجيل يُوحَنَّا يبرهن أن المسيح لم يقم بمعجزة في طفولته، فأولى آياته كانت في عرس قانا الجليل حينما ناهز الثلاثين سنة: «هَذِه بِدَايَةُ الآيَاتِ فَعَلَهَا يَسُوعُ فِي قَانَا الْجَلِيلِ وَأَظْهَرَ مَجْدَهُ فَآمَنَ بِهِ تَلاَمِيذُهُ» (يُوحَنَّا ٢ : ١١).

ملاحظة على الآية (٤٦)

كرر القرآن قصة الكلام فِي الْمَهْدِ؛ ففي سورة مريم، عندما رأى الناس مريم وهي تحمل رضيعاً، سارعوا إلى توبيخها، فأشارت إلى يسوع وهو في المهد ليجيب عنها، فلما قالوا لها: ‹كَيْفَ نُكَلِّمُ مَن كَانَ فِي الْمَهْدِ صَبِيًّا؟› أجاب يسوع: ‹إِنِّي عَبْدُ اللهِ آتَانِيَ الْكِتَابَ وَجَعَلَنِي نَبِيّاً› (سورة مَرْيَمَ ١٩ : ٣٠).

سؤال

تقول الآية: ‹وَيُكَلِّمُ النَّاسَ فِي الْمَهْدِ وَكَهْلاً›.

بدون أدنى ريب، إذا نطق الرضيع ففي هذا معجزة، ولكن أين المعجزة في قدرة الكهول على الكلام؟

خلق الطير (الآية ٤٩)

أما حكاية الخلق ‹مِنَ الطِّينِ كَهَيْئَةِ الطَّيْرِ›، فهي مستقاة من كتاب يوناني اسمه بشارة توما الإسرائيلي، حيث جاء فيه أنَّ يسوع الطفل، لما كان له من العمر خمس سنين، كان يلعب بمحاذاة جدول، فأخذ طيناً وصنع منه إثنى عشر عصفوراً، وبعد ذلك: «ضرب يسوع كفيه وصاح بالعصافير قائلاً: «انطلقي!»؛ فطارت العصافير» (١). وقد أعاد إنجيل الطفولة المنحول روايتها في الفصل (٣٦) وذكرها بصورة أخرى في فصل (٤٦).

لاحظ!

أولاً: قالت الآية إنّ يسوع يخلق من الطين، وسياق العبارة لا يفيد معنى صناعة هيئة طير فحسب، بل يفيد معنى الصنع وبث الروح. وهذه شهادة على سمو مكانة المسيح، وهي شهادة للطبيعة الإلهية في المسيح أيضاً؛ ويرجع وجود هذه الشهادة في القرآن إلى أنّ الآية استقت تفصيلها من إنجيلٍ منحولٍ.

ثانيا: إن القدرة على الخلق هي مقياس الألوهية في القرآن، إذ نقرأ: ‹أَفَمَن يَخْلُقُ كَمَن لاَّ يَخْلُقُ أَفَلا تَذَكَّرُونَ› (النحل ١٦: ١٧؛ قارن: النحل ١٦: ٢٠؛ الفرقان ٢٥: ٣). ونرى أن هذا المعيار ينطبق على المسيح في القرآن: ‹أَنِّي أَخْلُقُ لَكُم مِّنَ الطِّينِ كَهَيْئَةِ الطَّيْرِ فَأَنفُخُ فِيهِ فَيَكُونُ طَيْراً بِإِذْنِ اللّهِ› (آل عمران ٣: ٤٩؛ قارن: المائدة ٥: ١١٠).

للقراءة

قصة الخلق ‹مِنَ الطِّينِ كَهَيْئَةِ الطَّيْرِ›، في إنجيل توما المنحول، الفصل الرابع، الترجمة الإنجليزية عن النسخة اللاتينية، وفي الفصل الثاني من الترجمة عن الإغريقية:

‹http://www.pseudepigrapha.com/Lost-Books/TheInfancyGospelOfThomas.html›

أَفَمَن يَخْلُقُ كَمَن لاَّ يَخْلُقُ

صفة الخلق هذه، كما يبدو في القرآن، أنعم بها اللّٰه على المسيح وحدَه؛ وحتّى محمّداً، لم يكن له ذلك، مع أنّه، في نظر المسلمين، هو خير خلق اللّٰه وخاتم النّبيّين والرسل؛ بل منع اللّٰه عن محمّد حتّى مجرّد أن يُعيد السمْع إلى الصمّ، كما يردّد القرآن ذلك: «فإنّكَ... لاَ تُسْمِعُ الصُّمَّ الدُّعَاءَ» (٢٧: ٨٠). وهذا، طبعاً، أهون عليه من الخلْق من العدم؛ ومع ذلك لم يكن له.

وكذلك تحدّى اللّٰه، في القرآن، البشرَ وآلهة الأصنام جميعاً أن يخلقوا ولو ذبابةً: «إنَّ الَّذينَ تَدْعُونَ مِنْ دُونِ اللّٰه لَنْ يَخْلُقُوا ذُباباً، وَلَو اجْتَمَعُوا لَهُ (أي لخلْقه)» (٢٢: ٧٣)؛ في حين أعطى المسيحَ القدرة على خلْقِ الطَّير.

(مَسيحُ القُرآن وَمَسيحُ المُسْلمين ٧٥-٧٦)

وَمُصَدِّقاً لِّمَا بَيْنَ يَدَيَّ مِنَ التَّوْرَاةِ وَلِأُحِلَّ لَكُم بَعْضَ الَّذِي حُرِّمَ عَلَيْكُمْ وَجِئْتُكُم بِآيَةٍ مِّن رَّبِّكُمْ فَاتَّقُواْ اللّهَ وَأَطِيعُونِ (٥٠)

إِنَّ اللّهَ رَبِّي وَرَبُّكُمْ فَاعْبُدُوهُ هَذَا صِرَاطٌ مُّسْتَقِيمٌ (٥١)

فَلَمَّا أَحَسَّ عِيسَى مِنْهُمُ الْكُفْرَ قَالَ مَنْ أَنصَارِي إِلَى اللّهِ قَالَ الْحَوَارِيُّونَ نَحْنُ أَنصَارُ اللّهِ آمَنَّا بِاللّهِ وَاشْهَدْ بِأَنَّا مُسْلِمُونَ (٥٢)

رَبَّنَا آمَنَّا بِمَا أَنزَلَتْ وَاتَّبَعْنَا الرَّسُولَ فَاكْتُبْنَا مَعَ الشَّاهِدِينَ (٥٣)

وَمَكَرُواْ وَمَكَرَ اللّهُ وَاللّهُ خَيْرُ الْمَاكِرِينَ (٥٤)

إِذْ قَالَ اللّهُ يَا عِيسَى إِنِّي مُتَوَفِّيكَ وَرَافِعُكَ إِلَيَّ وَمُطَهِّرُكَ مِنَ الَّذِينَ كَفَرُواْ وَجَاعِلُ الَّذِينَ اتَّبَعُوكَ فَوْقَ الَّذِينَ كَفَرُواْ إِلَى يَوْمِ الْقِيَامَةِ ثُمَّ إِلَيَّ مَرْجِعُكُمْ فَأَحْكُمُ بَيْنَكُمْ فِيمَا كُنتُمْ فِيهِ تَخْتَلِفُونَ (٥٥)

فَأَمَّا الَّذِينَ كَفَرُواْ فَأُعَذِّبُهُمْ عَذَاباً شَدِيداً فِي الدُّنْيَا وَالآخِرَةِ وَمَا لَهُم مِّن نَّاصِرِينَ (٥٦)

وَأَمَّا الَّذِينَ آمَنُوا وَعَمِلُواْ الصَّالِحَاتِ فَيُوَفِّيهِمْ أُجُورَهُمْ وَاللّهُ لاَ يُحِبُّ الظَّالِمِينَ (٥٧)

ذَلِكَ نَتْلُوهُ عَلَيْكَ مِنَ الآيَاتِ وَالذِّكْرِ الْحَكِيمِ (٥٨)

٣ : ٥٤

في معرض الحديث عن محاربة الله للشر، تقول الآية إن الله يرد المكر بالمكر، وإنه ‹خَيْرُ الْمَاكِرِينَ›.

فهل من اللائق لكتاب المفترض أنه كتاب سماوي أن يصف الله بالمكر؟

٣ : ٥٥

في هذه الآية، يخاطب الله المسيح قائلاً إنّه سيخلصه من الذين رفضوه [اليهود]، ويعده بأن يجعل الذين اتّبعوه [المسيحيين] فوق الذين كفروا؛ ويعده بأنه سيحكم بين المسيحيين وأعدائهم يوم القيامة.

ففي مطلع الآية، نقرأ تعبير: ‹مُتَوَفِّيكَ

وَرَافِعُكَ إِلَيَّ›، وعندما نعود للمفسرين، نجد أقوالاً مختلفة تخص عبارة: ‹إِنِّي مُتَوَفِّيكَ›.

قالوا: ‹إِنِّي مُتَوَفِّيكَ›: «إنيّ مُميتُك» (الطبري ٥: ٤٥٠). و«أيْ متمم عمر، فحينئذٍ أتوفاك، فلا أتركهم حتى يقتلوك» (الرازي ٨: ٧٤).

وقالوا أيضاً: هي وفاةُ نوم، وكان معنى الكلام: إني مُنيمُك ورافعك من نومك (الطبري ٥: ٤٤٧-٤٤٨).

كما أعطوا للعبارة معنى مجازياً، فقالوا إنها تعني: أجعلك كالمتوفى، لأنه عندما يُرفع المسيح إلى السماء وينقطع خبره وأثره من الأرض يصبح كالمتوفى (الرازي ٨: ٧٥).

وثمة تفسير يأخذ العبارة بسياقها الصحيح، فيشرح: ‹مُتَوَفِّيكَ›: مميتك. ويفصّل أصحاب هذا التفسير، فيقولون إن المسيح: توفي ثلاث ساعات ثم رُفع، وتوفي سبع ساعات ثم أحياه الله حين رفعه إلى السماء (الرازي ٨: ٧٤). وتوجد رواية تقول: «أماته اللهُ ثلاثة أيام، ثم بعثه، ثم رفعه» (ابن كثير ٣: ٦٩). وحرف العطف في: ‹مُتَوَفِّيكَ وَرَافِعُكَ إِلَيَّ› يفيد الترتيب حسب ما قاله الرازي.

وقد تسبب ترتيب الوفاة ثم الرفع فى إحراج العلماء المسلمين؛ إذ، حسب النظرية الإسلامية، فإن المسيح رُفع بدون أن يُصلب، مع أن الآية تقر حدوث الموت أولاً ثم الرفع ثانياً. وقد حاول أحد المعتزلة الدفاع عن ذلك، فتجاهل كل الأقوال التي أوردها المفسرون حول موت ورفع المسيح، وقال: «إن العطف بالواو لا يوجب الترتيب، فرفعه الله ثم توفاه؛ وذلك جائز أيضاً أن يكون توفاه من حيث لم يشعر به ثم رفعه فأعاد حياته» (تنزيه القرآن عن المطاعن ٦٧). وهذا الشرح يعني أن المسيح قد مات بعد رفعه! والأكثر طرافة قوله: «جائز أيضاً أن يكون توفاه من حيث لم يشعر به»!!!

القول بموت وقيامة المسيح الذي قال به طائفة من المفسرين يتوافق مع الإيمان المسيحي بشأن موت و قيامة وصعود المسيح. وبهذا المعنى، فالآية شهادة عن موت وقيامة وصعود المسيح.

وثمة فجوة في الآية تتعلق بموت المسيح، فالذين اعتقدوا بموت المسيح (٣ ساعات، ٧ ساعات، ٣ أيام)، لم يتطرقوا إلى متى وكيف حدثت الوفاة؛ والراجح أن إحجامهم عن تناول التفاصيل يعود إلى إدراكهم أن الآية شهادة ضمنية على صلب المسيح.

والجدير بالذكر أن القرآن يشهد في مكان آخر على موت وقيامة المسيح: ‹يوم ولدت ويوم أموت ويوم أبعث حياً› (مريم ١٩: ٣٣)؛ ‹فَلَمَّا تَوَفَّيْتَنِي› (المائدة ٥: ١١٧).

تعارض

على الرغم من وضوح هذه الشهادة الضمنية للموت [الصلب] والقيامة، الواردة في القرآن (آل عمران ٣: ٥٥؛ المائدة ٥: ١١٧؛ مريم ١٩: ٣٣)، فإن ما ثبت في هذه الآيات القرآنية يتعارض مع الآية القرآنية التي تقول: ‹وَمَا قَتَلُوهُ وَمَا صَلَبُوهُ وَلَكِن شُبِّهَ لَهُمْ› (النساء ٤: ١٥٧).

إِنَّ مَثَلَ عِيسَى عِندَ اللّهِ كَمَثَلِ آدَمَ خَلَقَهُ مِن تُرَابٍ ثِمَّ قَالَ لَهُ كُن فَيَكُونُ (٥٩)
الْحَقُّ مِن رَّبِّكَ فَلاَ تَكُن مِّن الْمُمْتَرِينَ (٦٠)
فَمَنْ حَآجَّكَ فِيهِ مِن بَعْدِ مَا جَاءكَ مِنَ الْعِلْمِ فَقُلْ تَعَالَوْاْ نَدْعُ أَبْنَاءنَا وَأَبْنَاءكُمْ وَنِسَاءنَا وَنِسَاءكُمْ وَأَنفُسَنَا وأَنفُسَكُمْ ثُمَّ نَبْتَهِلْ فَنَجْعَل لَّعْنَةُ اللّهِ عَلَى الْكَاذِبِينَ (٦١)
إِنَّ هَذَا لَهُوَ الْقَصَصُ الْحَقُّ وَمَا مِنْ إِلَهٍ إِلاَّ اللّهُ وَإِنَّ اللّهَ لَهُوَ الْعَزِيزُ الْحَكِيمُ (٦٢)
فَإِن تَوَلَّوْاْ فَإِنَّ اللّهَ عَلِيمٌ بِالْمُفْسِدِينَ (٦٣)
قُلْ يَا أَهْلَ الْكِتَابِ تَعَالَوْاْ إِلَى كَلَمَةٍ سَوَاء بَيْنَنَا وَبَيْنَكُمْ أَلاَّ نَعْبُدَ إِلاَّ اللّهَ وَلاَ نُشْرِكَ بِهِ شَيْئاً وَلاَ يَتَّخِذَ بَعْضُنَا بَعْضاً أَرْبَاباً مِّن دُونِ اللّهِ فَإِن تَوَلَّوْاْ فَقُولُواْ اشْهَدُواْ بِأَنَّا مُسْلِمُونَ (٦٤)

٣ : ٥٩

تقارن الآية بين المسيح وآدم من ناحية النشأة، فكلاهما خُلقا دون أبوين، ولكن ثمة فرقاً: فآدم خلق من تراب أو من طين، في حين أن المسيح خلق بكلمة الله وذلك وفقاً للرواية القرآنية. وبحسب رأي بعض النقاد الأقدمين أيضاً، فإنَّ التشبيه غير صحيح استناداً على كون آدم قد خُلق من تراب، والمسيح من روح الله، وآدم من غير أب وأم، والمسيح من غير أب فحسب. فرد عليهم المفسرون أن التشبيه صحيح لأن المسيح خُلق من غير أبٍ كآدمَ، لا على أنه خُلق من تراب، وأنه يشترك وآدم بعدم وجود أب (القرطبي ٥ : ١٥٦). ودفعوا بأنّ الغاية من التشبيه هي الإشارة إلى عدم وجود الأب فحسب، ولا يقتضي التشبيه التماثل من جميع الجوانب (من

غرائب آي التنزيل ٤٨).

ولدينا إشكالية أخرى ناشئة عن عبارة: ‹كُن فَيَكُونُ›، إذ «في الآية إشكال وهو أنه كان ينبغي أن يُقال: كُن فكان». وقد تقدم القرطبي (٥ : ١٥٧) لإخراج الآية من الصيغة الخاطئة، فقال إن «المستقبل يكون في موضع الماضي إذا عُرِفَ المعنى».

ومع ذلك، يبقى لدينا تناقض في الآية: إذْ يرد فيها أن الله خلق آدم من تراب ثم قال له ‹كُن فَيَكُونُ›، فكيف قال الله ‹كُنْ› لآدم بعد أن خلقه من تراب؟

هذه إشكالية قد تجاهلها جميع المفسرين ما عدا الرازي، الذي سعى لحلها عبر تقديم ثلاثة احتمالات:

أولها: أن الخلق هو التقدير والتسوية، ومعنى ذلك أن الله علم بكيفية وقوعه وإرادته،

وذلك متقدم على وجود أدم، وقوله ‹كُنْ› عبارة عن إدخاله في الوجود. كأنه يقول أن الخلق هو حدث في قرارة الخالق، في حين أن ‹كُنْ› الفعل (الرازي ٨: ٨٤).

تعليق: هل يستقيم أن الله يخلق في قرارة نفسه، ثم يقوم بفعل الخلق؟

ثانيها: أن الخلق صناعته من طين، و‹كُنْ› فعل بث الحياة فيه (الرازي ٨: ٨٤).

تعليق: إن كانت عملية صناعة آدَم من طين في طور الصيرورة، فآدَم لم يخلق بعد. إن عملية الخلق تكون لدى بث الحياة في آدَم؛ أي أن قول ‹كُنْ› يجب أنْ يزامن فعل الخلق.

ثالثها: يجب أن تُقرأ العبارة على الشكل التالي: خلقته بأن قلت له ‹كُنْ› ثم صيرته خلقاً سوياً (الرازي ٨: ٨٤).

تعليق: عندما يقول الله لأدم ‹كُن› فإن خلقه قد تم فوراً؛ فصيغة ‹كُن› تدل على أمر مباشر و بقدرة.

القرآن يعترف بفرادة المسيح بين العالمين

يشهد القرآن بولادة المسيح المعجزة التي انفرد بها بين العالمين؛ ويصف شخصيته بألقاب أربعة، وأوصاف أربعة، لم يخصّ القرآن بمثلها أحداً من المرسلين. ويدل على عظمة رسالته بأنه تعلّم الوحي كله من الله مباشرة، [...] فكأنه جمع الوحي فيه. وذكر له خمسة أنواع من المعجزات التي تؤيد رسالته: منها ما اشترك به مع غيره من المرسلين مثل الإبراء بالغيب؛ ومنها ما انفرد به على جميع المرسلين كالمقدرة على الخلق، وإحياء الموتى، وهما من خصائص الخالق...

وقال الرازي: «واعترفوا بأنّ الله تعالى شرّف عيسى بصفات: الأولى الوفاة المعجزة؛ والثانية الرفع إلى ملكوت الله إلى محل كرامته تعالى، وجعل ذلك «رفعاً» إليه للتفخيم والتعظيم والرفع حيّاً إلى السماء معجزة انفرد بها المسيح على العالمين والمرسلين؛ والثالثة تطهيره من الذين كفروا، وكما عظم شأنه بلفظ الرفع إليه، أخبر عن معنى تخليصه منهم بلفظ التطهير؛ والرابعة تفوّق المؤمنين بالمسيح على الكافرين به بالقهر والسلطان والاستعلاء إلى يوم القيامة، وبالحجة والدليل والبرهان؛ والفوقية بالرفعة والدرجة. إنه تعالى بشّر عيسى عليه السلام بأنه يعطيه في الدنيا تلك الخواص الشريفة والدرجات الرفيعة العالية، وأمّا في القيامة فإنه يحكم بين المؤمنين به والجاحدين برسالته» كأن الحكم يوم الدين سيكون على الإيمان بالمسيح أوعدمه!

(أطوار الدعوة القرآنية ٩٩٩ - ١٠٠٠)

يَا أَهْلَ الْكِتَابِ لِمَ تُحَآجُّونَ فِي إِبْرَاهِيمَ وَمَا أُنزِلَتِ التَّورَاةُ وَالإنجِيلُ إِلاَّ مِن بَعْدِهِ أَفَلاَ تَعْقِلُونَ (٦٥)

هَا أَنتُمْ هَؤُلاء حَاجَجْتُمْ فِيمَا لَكُم بِهِ عِلمٌ فَلِمَ تُحَآجُّونَ فِيمَا لَيْسَ لَكُم بِهِ عِلْمٌ وَاللَّهُ يَعْلَمُ وَأَنتُمْ لاَ تَعْلَمُونَ (٦٦)

مَا كَانَ إِبْرَاهِيمُ يَهُودِيّاً وَلاَ نَصْرَانِيّاً وَلَكِن كَانَ حَنِيفاً مُّسْلِماً وَمَا كَانَ مِنَ الْمُشْرِكِينَ (٦٧)

إِنَّ أَوْلَى النَّاسِ بِإِبْرَاهِيمَ لَلَّذِينَ اتَّبَعُوهُ وَهَذَا النَّبِيُّ وَالَّذِينَ آمَنُواْ وَاللَّهُ وَلِيُّ الْمُؤْمِنِينَ (٦٨)

٣ : ٦٧

تقول الآية إن إِبْرَاهِيمَ لم يكن يَهُودِيّاً وَلاَ نَصْرَانِيّاً، بل كان حَنِيفاً مُسْلِماً.

إن الآية قد أصابت في شقها الأول؛ فإِبْرَاهِيمُ لم يكن يهودياً ولا مسيحياً، لأنه عاش قبل موسى بثلاثة قرون ونصف القرن (توفي موسى ١٤٥١ ق م)؛ وقبل ميلاد المسيح بتسعة عشر قرناً، ولم يكن من المشركين لأنه كان خليل الله.

أما أن يكون ‹إِبْرَاهِيمُ... حَنِيفاً›، فهو بعيد كل البعد عن الحقيقة التاريخية، لأن جماعة الأحناف نشأت بعده بقرون عديدة.

من هم الأحناف؟

اسم الأحناف مشتق من المصدر حنف، ونقرأ في معاجم اللغة العربية:

حنفَ: مال، والحَنَفُ: الميل عن الضّلال إِلَى الاستقامة، والحنف أيضاً ميل عن الاستقامة إِلَى الضلال. وبالتالي فالأصل العربي لا يعطي معنى إيجابياً دائماً، إذْ قد يكون الحنفي مائلاً عن الاستقامة إلى الضلال.

وقد كشف علم اللغات المقارن أن المفردة ذات جذر سرياني. والمفردة في اللغة السريانية ذات معنى سلبي، فنقرأ:

حنفا: وثني، كافر، عابد الأوثان.

حنفُوتو: وثَنيّة، الكُفُر، عبادة الأوثان.

أحنُف: كفرَ (أللُّباب: قاموس سِريَاني عَرَبيّ ٤٢٨).

و يعني ذلك أن مسيحيي سوريا كانوا ينظرون إلى الأحناف نظرتهم إلى وثنيين أو على الأقل نظرتهم إلى أهل نحلة ضالة.

تخبرنا الحوليات التاريخية أن حركة الأحناف كانت موجودة قبل الإسلام، ويبدو أن عدد أفرادها كان قليلاً. وكان يُعرف عنهم أنهم يعبدون الإله الواحد، ويرفضون عبادة الأوثان. وقد تنوعت آراء الباحثين بشأنهم، فقالوا عنهم

أنهم:

١. مجموعة من العرب ليسوا بيَهُوْدٍ ولا مَسِيْحِيّين، بل كانوا يتبعون ديانة قديمة محليّة.

Richard Bell, Who Were The Hanifes, Muslim World, Volume XXIX, 1949.

٢. الأحناف هم نتاج التفاعل بين الوَثَنِيّة واليَهُوْدِيّة والمَسِيْحِيّة؛ ولذلك لا يمكن اعتبار حركة الأحناف وَثَنِيّة أو يَهُوْدِيّة أو مَسِيْحِيّة، بل هي حركة جديدة كانت في طور التكوين آنذاك (النَّزَعَات المَادِيّة لحسين مروة ١ : ٣٠٩).

٣. رأى بعض المستشرقين أن الحَنِيفِيَّة شِيعَة نَصْرَانِيَّةٌ توطنت في جزيرة العرب، فتأثرت بعناصر عقدية من مختلف النحل الموجودة في الجزيرة العربية آنذاك. ويتبنى لويس شيخو هذا الرأي (النَّصْرَانِيَّة وآدابها بين عرب الجاهلية ١١٨ - ١١٩، ٤٥١، قارن: آراء المستشرقين، المُفصَّل ٦ : ٤٥٦).

٤. حركةً يهودية مسيحية نشأت في فلسطين، ثم انتقل أفرادها إلى الحجاز. وقد أطلق مسيحيو سوريا نعت حنفاء على مجموعة مسيحية «من بَنِي إِسْرَائِيل... أيْ منحرفين عن الأمّة، بلغة السِريَان. فاتخذوا هم اللّقب شعاراً لهم» وسموا أنفسهم في الحجاز باسم «الحَنِيفِيَّة» (الْقُرْآن دعوة نَصْرَانِيَّة ٤٥، ٤٩، ٨٩، ٩٠، ٢٣٠، ٢٩٨، ٦٧٥).

هذه هي حركة الأحناف التي نشطت في الجزيرة العربية؛ والتي تتفق الآراء على أنها توحيدية، وأنها تعود بجذورها إلى نحلة مسيحية منشقة جاءت من بلاد الشام. أي أنها نشأت بعد المسيح، فكيف كان إبراهيم حنيفاً وحركة الأحناف نشأت بعده بألفي سنة على الأقل؟

ملاحظة

قصة إِبْرَاهِيم فى التوراة. راجع سيرته في سِفر التّكوين ١١ : ٢٦ إلى ٢٥ : ١٨.

هامش: الأحناف في القرآن

الأحناف حسب القرآن هم الذين ابتعدوا عن عبادة الأصنام، وليسوا يَهُوْداً أو مَسِيْحِيّين. ويورد القرآن ذكر الأحناف بالارتباط مع إبراهيم.

وردت لفظة «حنيفاً» في الْقُرْآن عشر مرات:

- البَقَرَة ٢ : ١٣٥
- آلِ عِمْرَانَ ٣ : ٦٧
- آلِ عِمْرَانَ ٣ : ٩٥
- النِّسَاء ٤ : ١٢٥
- الأَنْعَام ٦ : ٧٩
- الأَنْعَام ٦ : ١٦١
- يُونس ١٠ : ١٠٥
- النَّحل ١٦ : ١٢٠
- النَّحل ١٦ : ١٢٣
- الرُّوم ٣٠ : ٣٠

كما وردت لفظة «حنفاء» مرتين

- الحَجّ ٢٢ : ٣١
- البَيِّنَة ٩٨ : ٥

وَدَّت طَّآئِفَةٌ مِّنْ أَهْلِ الْكِتَابِ لَوْ
يُضِلُّونَكُمْ وَمَا يُضِلُّونَ إِلاَّ أَنفُسَهُمْ وَمَا
يَشْعُرُونَ (٦٩)
يَا أَهْلَ الْكِتَابِ لِمَ تَكْفُرُونَ بِآيَاتِ اللّهِ
وَأَنتُمْ تَشْهَدُونَ (٧٠)
يَا أَهْلَ الْكِتَابِ لِمَ تَلْبِسُونَ الْحَقَّ
بِالْبَاطِلِ وَتَكْتُمُونَ الْحَقَّ وَأَنتُمْ
تَعْلَمُونَ (٧١)
وَقَالَت طَّآئِفَةٌ مِّنْ أَهْلِ الْكِتَابِ
آمِنُواْ بِالَّذِيَ أُنزِلَ عَلَى الَّذِينَ آمَنُواْ
وَجْهَ النَّهَارِ وَاكْفُرُواْ آخِرَهُ لَعَلَّهُمْ
يَرْجِعُونَ (٧٢)
وَلاَ تُؤْمِنُواْ إِلاَّ لِمَن تَبِعَ دِينَكُمْ قُلْ إِنَّ
الْهُدَى هُدَى اللّهِ أَن يُؤْتَى أَحَدٌ مِّثْلَ مَا
أُوتِيتُمْ أَوْ يُحَآجُّوكُمْ عِندَ رَبِّكُمْ قُلْ إِنَّ
الْفَضْلَ بِيَدِ اللّهِ يُؤْتِيهِ مَن يَشَاءُ وَاللّهُ
وَاسِعٌ عَلِيمٌ (٧٣)
يَخْتَصُّ بِرَحْمَتِهِ مَن يَشَاءُ وَاللّهُ ذُو
الْفَضْلِ الْعَظِيمِ (٧٤)
وَمِنْ أَهْلِ الْكِتَابِ مَنْ إِنْ تَأْمَنْهُ
بِقِنطَارٍ يُؤَدِّهِ إِلَيْكَ وَمِنْهُم مَّنْ إِن
تَأْمَنْهُ بِدِينَارٍ لاَّ يُؤَدِّهِ إِلَيْكَ إِلاَّ مَا
دُمْتَ عَلَيْهِ قَآئِماً ذَلِكَ بِأَنَّهُمْ قَالُواْ

لَيْسَ عَلَيْنَا فِي الأُمِّيِّينَ سَبِيلٌ
وَيَقُولُونَ عَلَى اللّهِ الْكَذِبَ وَهُمْ
يَعْلَمُونَ (٧٥)
بَلَى مَنْ أَوْفَى بِعَهْدِهِ وَاتَّقَى فَإِنَّ اللّهَ
يُحِبُّ الْمُتَّقِينَ (٧٦)
إِنَّ الَّذِينَ يَشْتَرُونَ بِعَهْدِ اللّهِ وَأَيْمَانِهِمْ
ثَمَناً قَلِيلاً أُوْلَـئِكَ لاَ خَلاَقَ لَهُمْ فِي
الآخِرَةِ وَلاَ يُكَلِّمُهُمُ اللّهُ وَلاَ يَنظُرُ
إِلَيْهِمْ يَوْمَ الْقِيَامَةِ وَلاَ يُزَكِّيهِمْ وَلَهُمْ
عَذَابٌ أَلِيمٌ (٧٧)
وَإِنَّ مِنْهُمْ لَفَرِيقاً يَلْوُونَ أَلْسِنَتَهُم
بِالْكِتَابِ لِتَحْسَبُوهُ مِنَ الْكِتَابِ وَمَا هُوَ
مِنَ الْكِتَابِ وَيَقُولُونَ هُوَ مِنْ عِندِ اللّهِ
وَمَا هُوَ مِنْ عِندِ اللّهِ وَيَقُولُونَ عَلَى اللّهِ
الْكَذِبَ وَهُمْ يَعْلَمُونَ (٧٨)
مَا كَانَ لِبَشَرٍ أَن يُؤْتِيَهُ اللّهُ الْكِتَابَ
وَالْحُكْمَ وَالنُّبُوَّةَ ثُمَّ يَقُولَ لِلنَّاسِ كُونُواْ
عِبَاداً لِّي مِن دُونِ اللّهِ وَلَـكِن كُونُواْ
رَبَّانِيِّينَ بِمَا كُنتُمْ تُعَلِّمُونَ الْكِتَابَ وَبِمَا
كُنتُمْ تَدْرُسُونَ (٧٩)
وَلاَ يَأْمُرَكُمْ أَن تَتَّخِذُواْ الْمَلاَئِكَةَ
وَالنِّبِيِّيْنَ أَرْبَاباً أَيَأْمُرُكُم بِالْكُفْرِ بَعْدَ
إِذْ أَنتُم مُّسْلِمُونَ (٨٠)

وَإِذْ أَخَذَ اللّهُ مِيثَاقَ النَّبِيِّيْنَ لَمَا آتَيْتُكُم مِّن كِتَابٍ وَحِكْمَةٍ ثُمَّ جَاءكُمْ رَسُولٌ مُّصَدِّقٌ لِّمَا مَعَكُمْ لَتُؤْمِنُنَّ بِهِ وَلَتَنصُرُنَّهُ قَالَ أَأَقْرَرْتُمْ وَأَخَذْتُمْ عَلَى ذَلِكُمْ إِصْرِي قَالُواْ أَقْرَرْنَا قَالَ فَاشْهَدُواْ وَأَنَاْ مَعَكُم مِّنَ الشَّاهِدِينَ (٨١)
فَمَن تَوَلَّى بَعْدَ ذَلِكَ فَأُوْلَـئِكَ هُمُ الْفَاسِقُونَ (٨٢)
أَفَغَيْرَ دِينِ اللّهِ يَبْغُونَ وَلَهُ أَسْلَمَ مَن فِي السَّمَاوَاتِ وَالأَرْضِ طَوْعاً وَكَرْهاً وَإِلَيْهِ يُرْجَعُونَ (٨٣)
قُلْ آمَنَّا بِاللّهِ وَمَا أُنزِلَ عَلَيْنَا وَمَا أُنزِلَ عَلَى إِبْرَاهِيمَ وَإِسْمَاعِيلَ وَإِسْحَاقَ وَيَعْقُوبَ وَالأَسْبَاطِ وَمَا أُوتِيَ مُوسَى وَعِيسَى وَالنَّبِيُّونَ مِن رَّبِّهِمْ لاَ نُفَرِّقُ بَيْنَ أَحَدٍ مِّنْهُمْ وَنَحْنُ لَهُ مُسْلِمُونَ (٨٤)
وَمَن يَبْتَغِ غَيْرَ الإِسْلاَمِ دِيناً فَلَن يُقْبَلَ مِنْهُ وَهُوَ فِي الآخِرَةِ مِنَ الْخَاسِرِينَ (٨٥)
كَيْفَ يَهْدِي اللّهُ قَوْماً كَفَرُواْ بَعْدَ إِيمَانِهِمْ وَشَهِدُواْ أَنَّ الرَّسُولَ حَقٌّ وَجَاءهُمُ الْبَيِّنَاتُ وَاللّهُ لاَ يَهْدِي الْقَوْمَ الظَّالِمِينَ (٨٦)
أُوْلَـئِكَ جَزَآؤُهُمْ أَنَّ عَلَيْهِمْ لَعْنَةَ اللّهِ

٣ : ٨١

قرأ ابن مسعود وأُبيّ بن كعبٍ وآخرون: «وَإِذْ أَخَذَ اللّهُ مِيثَاقَ الذين أوتوا الكتاب» (الخطيب ١: ٥٣٣). قال مجاهد: «هكذا هو القرآن، وإثبات ‹النَّبِيِّيْنَ› خطأ من الكُتّاب» (الخطيب ١: ٥٣٣).

والسؤال هنا هو: هل كان الكلام يدور عن ‹النَّبِيِّيْنَ› أم عن «الذين أوتوا الكتاب»؟

في حين ابن مسعود نفسه يعكس النسق في موضع آخر من السورة: فنراه في الآية ١٨٧، بدلاً من قراءة المصحف: ‹وَإِذَ أَخَذَ اللّهُ مِيثَاقَ الَّذِينَ أُوتُواْ الْكِتَابَ› (آل عمران٣: ١٨٧)، فإنه قرأها هو وابن عباس: «وَإِذَ أَخَذَ اللّهُ مِيثَاقَ النبيين» (الخطيب ١: ٦٤١).

ويبدو أن ابن مسعود والآخرين يرون أن الآية (٨١) مكانها في (١٨٧)، وأن الآية (١٨٧) مكانها في (٨١).

٣ : ٨٦-٨٨

اختلفت الروايات حول الأشخاص المقصودين في هذه الآية:

١. فتارة يقال أنها تتعلق بالحارث بن سويد

وَالْمَلآئِكَة وَالنَّاس أَجْمَعِين (٨٧)
خَالِدِينَ فِيهَا لاَ يُخَفَّفُ عَنْهُمُ الْعَذَابُ وَلاَ
هُمْ يُنظَرُونَ (٨٨)
إِلاَّ الَّذِينَ تَابُواْ مِن بَعْدِ ذَلِكَ وَأَصْلَحُواْ
فَإِنَّ الله غَفُورٌ رَّحِيمٌ (٨٩)
إِنَّ الَّذِينَ كَفَرُواْ بَعْدَ إِيمَانِهِمْ ثُمَّ
ازْدَادُواْ كُفْراً لَّن تُقْبَلَ تَوْبَتُهُمْ وَأُوْلَئِكَ
هُمُ الضَّآلُّونَ (٩٠)
إِنَّ الَّذِينَ كَفَرُواْ وَمَاتُواْ وَهُمْ كُفَّارٌ فَلَن يُقْبَلَ
مِنْ أَحَدِهِم مِّلْءُ الأرْضِ ذَهَباً وَلَوِ افْتَدَى
بِهِ أُوْلَئِكَ لَهُمْ عَذَابٌ أَلِيمٌ وَمَا لَهُم مِّن
نَّاصِرِينَ (٩١)
لَن تَنَالُواْ الْبِرَّ حَتَّى تُنفِقُواْ مِمَّا تُحِبُّونَ وَمَا
تُنفِقُواْ مِن شَيْءٍ فَإِنَّ اللّهَ بِهِ عَلِيمٌ (٩٢)
كُلُّ الطَّعَامِ كَانَ حِلاًّ لِّبَنِي إِسْرَائِيلَ إِلاَّ
مَا حَرَّمَ إِسْرَائِيلُ عَلَى نَفْسِهِ مِن قَبْلِ أَن
تُنَزَّلَ التَّوْرَاةُ قُلْ فَأْتُواْ بِالتَّوْرَاةِ فَاتْلُوهَا إِن
كُنتُمْ صَادِقِينَ (٩٣)
فَمَنِ افْتَرَىَ عَلَى اللّهِ الْكَذِبَ مِن بَعْدِ ذَلِكَ
فَأُوْلَئِكَ هُمُ الظَّالِمُونَ (٩٤)
قُلْ صَدَقَ اللّهُ فَاتَّبِعُواْ مِلَّةَ إِبْرَاهِيمَ حَنِيفاً
وَمَا كَانَ مِنَ الْمُشْرِكِينَ (٩٥)

الذي ارتد عن الإسلام ولحق بقومه، وقيل أنه لما وصلته هذه الآيات مع واحد من قومه رجع وأسلم (ابن الجوزي ٢٣٩).

٢. أوتتعلق بستة أشخاص ارتدوا عن الإسلام، ثم استُثني واحدٌ من الستة هو سويد بن الصامت (ابن حزم ٣١).

٣. أوتتعلق بعشرة أشخاص أسلموا ثم ارتدوا، منهم الحارث بن سويد، لكن الحارث ندم على ارتداده فعاد للإسلام (ابن الجوزي ٢٣٩، الطبري ٥: ٥٦٠).

٤. و قيل أن الحديث يدور حول أهل الكتاب. فبحسب الأساطير الإسلامية، كان أهل الكتاب يترقبون مجيء نبي يُدعى محمداً، ولكن لما جاء محمد و اعلن رسالته، رفضوا الإيمان به (ابن الجوزي ٢٤٠).

يقول البعض إن هذه الآيات نسخت بآية: ‹إِلاَّ الَّذِينَ تَابُوا مِنْ بَعْدِ ذَلِكَ› (آل عمران ٣: ٨٩)، وهو رأي يرفضه ابن الجوزي قائلاً إن هذا استثناء لا نسخ، وإن ما سبق من الآيات فهو خبر (ابن الجوزي ٢٤٠-٢٤١، ابن حزم ٣١).

وقد أعرض عن ذكر النسخ في هذه الآية كل من النحاس وابن أبي طالب.

إنَّ أَوَّلَ بَيْتٍ وُضِعَ لِلنَّاسِ لَلَّذِي بِبَكَّةَ
مُبَارَكاً وَهُدًى لِّلْعَالَمِينَ (٩٦)
فِيهِ آيَاتٌ بَيِّنَاتٌ مَّقَامُ إِبْرَاهِيمَ وَمَن دَخَلَهُ
كَانَ آمِناً وَلِلَّهِ عَلَى النَّاسِ حِجُّ الْبَيْتِ مَنِ
اسْتَطَاعَ إِلَيْهِ سَبِيلاً وَمَن كَفَرَ فَإِنَّ اللهَ
غَنِيٌّ عَنِ الْعَالَمِينَ (٩٧)
قُلْ يَا أَهْلَ الْكِتَابِ لِمَ تَكْفُرُونَ بِآيَاتِ اللهِ
وَاللهُ شَهِيدٌ عَلَى مَا تَعْمَلُونَ (٩٨)
قُلْ يَا أَهْلَ الْكِتَابِ لِمَ تَصُدُّونَ عَن سَبِيلِ
اللهِ مَنْ آمَنَ تَبْغُونَهَا عِوَجاً وَأَنتُمْ شُهَدَاءُ
وَمَا اللهُ بِغَافِلٍ عَمَّا تَعْمَلُونَ (٩٩)

يَا أَيُّهَا الَّذِينَ آمَنُوَاْ إِن تُطِيعُواْ فَرِيقاً
مِّنَ الَّذِينَ أُوتُواْ الْكِتَابَ يَرُدُّوكُم بَعْدَ
إِيمَانِكُمْ كَافِرِينَ (١٠٠)
وَكَيْفَ تَكْفُرُونَ وَأَنتُمْ تُتْلَى عَلَيْكُمْ آيَاتُ
اللهِ وَفِيكُمْ رَسُولُهُ وَمَن يَعْتَصِم بِاللهِ فَقَدْ
هُدِيَ إِلَى صِرَاطٍ مُّسْتَقِيمٍ (١٠١)
يَا أَيُّهَا الَّذِينَ آمَنُواْ اتَّقُواْ اللهَ حَقَّ تُقَاتِهِ وَلاَ
تَمُوتُنَّ إِلاَّ وَأَنتُم مُّسْلِمُونَ (١٠٢)
وَاعْتَصِمُواْ بِحَبْلِ اللهِ جَمِيعاً وَلاَ تَفَرَّقُواْ
وَاذْكُرُواْ نِعْمَتَ اللهِ عَلَيْكُمْ إِذْ كُنتُمْ
أَعْدَاءً فَأَلَّفَ بَيْنَ قُلُوبِكُمْ فَأَصْبَحْتُم

٣ : ٩٧

تتضمن هذه العبارة وجوب الحج على جميع المسلمين على حد سواء: غنياً او فقيراً، قادراً اوعاجزاً، ولكن الجزء الثاني من الآية نسخ هذا الفرض بالنسبة لمن لا يستطيع القيام بالحج: (‹مَنِ اسْتَطَاعَ إِلَيْهِ سَبِيلاً›) (ابن الجوزي ٢٤١، ابن سلامة ٢٩). ويتحفظ ابن الجوزي على القول بالنسخ، ويفسر أن «من» بدلية، والمعنى: «ولله على من استطاع من الناس الحجّ أنْ يحجَّ» (ابن الجوزي ٢٤١).

٣ : ١٠٢

اختلف العلماء فيما إذا كانت الآية منسوخة أم محكمة:

القول الأول: إنها منسوخة

عندما سمع المسلمون الآية استثقلوا الطلب، لأنهم فهموا أنها تأمر بأن يكون عملهم صادقاً ونابعاً من القلب. وقد وُصف حالهم بالكلمات التالية: «فانزعجوا لنزولها انزعاجاً عظيماً»، فقيل أنه نزلت بعدها آيةٌ أخرى تؤكدها: ‹وَجَاهِدُوا فِي اللَّهِ حَقَّ جِهَادِهِ› (الحج ٢٢: ٧٨)،

بِنِعْمَتِهِ إِخْوَاناً وَكُنتُمْ عَلَىَ شَفَا حُفْرَةٍ مِّنَ النَّارِ فَأَنقَذَكُم مِّنْهَا كَذَلِكَ يُبَيِّنُ اللّهُ لَكُمْ آيَاتِهِ لَعَلَّكُمْ تَهْتَدُونَ (١٠٣)

وَلْتَكُن مِّنكُمْ أُمَّةٌ يَدْعُونَ إِلَى الْخَيْرِ وَيَأْمُرُونَ بِالْمَعْرُوفِ وَيَنْهَوْنَ عَنِ الْمُنكَرِ وَأُوْلَـئِكَ هُمُ الْمُفْلِحُونَ (١٠٤)

وَلاَ تَكُونُواْ كَالَّذِينَ تَفَرَّقُواْ وَاخْتَلَفُواْ مِن بَعْدِ مَا جَاءهُمُ الْبَيِّنَاتُ وَأُوْلَـئِكَ لَهُمْ عَذَابٌ عَظِيمٌ (١٠٥)

يَوْمَ تَبْيَضُّ وُجُوهٌ وَتَسْوَدُّ وُجُوهٌ فَأَمَّا الَّذِينَ اسْوَدَّتْ وُجُوهُهُمْ أَكْفَرْتُم بَعْدَ إِيمَانِكُمْ فَذُوقُواْ الْعَذَابَ بِمَا كُنْتُمْ تَكْفُرُونَ (١٠٦)

وَأَمَّا الَّذِينَ ابْيَضَّتْ وُجُوهُهُمْ فَفِي رَحْمَةِ اللّهِ هُمْ فِيهَا خَالِدُونَ (١٠٧)

تِلْكَ آيَاتُ اللّهِ نَتْلُوهَا عَلَيْكَ بِالْحَقِّ وَمَا اللّهُ يُرِيدُ ظُلْماً لِّلْعَالَمِينَ (١٠٨)

وَلِلّهِ مَا فِي السَّمَاوَاتِ وَمَا فِي الأَرْضِ وَإِلَى اللّهِ تُرْجَعُ الأُمُورُ (١٠٩)

كُنتُمْ خَيْرَ أُمَّةٍ أُخْرِجَتْ لِلنَّاسِ تَأْمُرُونَ بِالْمَعْرُوفِ وَتَنْهَوْنَ عَنِ الْمُنكَرِ وَتُؤْمِنُونَ بِاللّهِ وَلَوْ آمَنَ أَهْلُ الْكِتَابِ لَكَانَ خَيْراً لَّهُم مِّنْهُمُ الْمُؤْمِنُونَ وَأَكْثَرُهُمُ الْفَاسِقُونَ (١١٠)

فكان وقع الآية الثانية على المسلمين أشد هولاً؛ «فكادت عقولهم تذهل» (ابن حزم ٣١)، ومن ثم، جاءت آية تالية ناسخة لها تخفيفاً عن المسلمين: ﴿فَاتَّقُوا اللَّهَ مَا اسْتَطَعْتُمْ﴾ (التغابن ٦٤: ١٦) (ابن الجوزي ٢٤٢ ـ ٢٤٣، قارن: الإيضاح ٢٠٣، ابن سلامة ٣٠، النحاس ٨٨).

القول الثاني: إنها محكمة

وهناك مجموعة أخرى نسبت رأياً لابن عباس يقول فيه ان الآية لم تنسخ، وإن لفظة «التُّقاة» الواردة هنا تعني الجهاد. ودفعوا بأن ما ورد في الآية يقع ضمن دائرة الممكن (ابن الجوزي ٢٤٤ ـ ٢٤٥). كما قالت شريحة أخرى من العلماء إنّ المقصود هو التقوى بالعموم، وبالتالي لا نسخ (الإيضاح ٢٠٣).

٣ : ١٠٤

قرأ عثمان بن عفان وابن مسعود وآخرون: «وَيَنْهَوْنَ عَنِ الْمُنكَرِ ويستعينون الله على ما أصابهم»، بزيادة «ويستعينون الله على ما أصابهم». وقرأ بعضهم: «ناهون عن المنكر، ويستعينون الله على ما أصابهم» (الخطيب ١: ٥٥٣، قارن: جولدتسهر ٤٨ ـ ٥٠).

لَن يَضُرُّوكُمْ إِلاَّ أَذًى وَإِن يُقَاتِلُوكُمْ يُوَلُّوكُمُ
الأَدُبَارَ ثُمَّ لاَ يُنصَرُونَ (١١١)
ضُرِبَتْ عَلَيْهِمُ الذِّلَّةُ أَيْنَ مَا ثُقِفُواْ إِلاَّ بِحَبْلٍ
مِّنْ اللّهِ وَحَبْلٍ مِّنَ النَّاسِ وَبَآؤُوا بِغَضَبٍ
مِّنَ اللّهِ وَضُرِبَتْ عَلَيْهِمُ الْمَسْكَنَةُ ذَلِكَ
بِأَنَّهُمْ كَانُوا يَكْفُرُونَ بِآيَاتِ اللّهِ وَيَقْتُلُونَ
الأَنبِيَاءَ بِغَيْرِ حَقٍّ ذَلِكَ بِمَا عَصَوا وَّكَانُواْ
يَعْتَدُونَ (١١٢)
لَيْسُواْ سَوَاءً مِّنْ أَهْلِ الْكِتَابِ أُمَّةٌ قَآئِمَةٌ يَتْلُونَ
آيَاتِ اللّهِ آنَاءَ اللَّيْلِ وَهُمْ يَسْجُدُونَ (١١٣)
يُؤْمِنُونَ بِاللّهِ وَالْيَوْمِ الآخِرِ وَيَأْمُرُونَ
بِالْمَعْرُوفِ وَيَنْهَوْنَ عَنِ الْمُنكَرِ وَيُسَارِعُونَ
فِي الْخَيْرَاتِ وَأُوْلَئِكَ مِنَ الصَّالِحِينَ (١١٤)
وَمَا يَفْعَلُواْ مِنْ خَيْرٍ فَلَن يُكْفَرُوْهُ وَاللّهُ
عَلِيمٌ بِالْمُتَّقِينَ (١١٥)
إِنَّ الَّذِينَ كَفَرُواْ لَن تُغْنِيَ عَنْهُمْ أَمْوَالُهُمْ وَلاَ
أَوْلاَدُهُم مِّنَ اللّهِ شَيْئًا وَأُوْلَئِكَ أَصْحَابُ
النَّارِ هُمْ فِيهَا خَالِدُونَ (١١٦)

مَثَلُ مَا يُنفِقُونَ فِي هِذِهِ الْحَيَاةِ الدُّنْيَا كَمَثَلِ
رِيحٍ فِيهَا صِرٌّ أَصَابَتْ حَرْثَ قَوْمٍ ظَلَمُواْ
أَنفُسَهُمْ فَأَهْلَكَتْهُ وَمَا ظَلَمَهُمُ اللّهُ وَلَكِنْ
أَنفُسَهُمْ يَظْلِمُونَ (١١٧)
يَا أَيُّهَا الَّذِينَ آمَنُواْ لاَ تَتَّخِذُواْ بِطَانَةً مِّن
دُونِكُمْ لاَ يَأْلُونَكُمْ خَبَالاً وَدُّواْ مَا عَنِتُّمْ
قَدْ بَدَتِ الْبَغْضَاءُ مِنْ أَفْوَاهِهِمْ وَمَا تُخْفِي
صُدُورُهُمْ أَكْبَرُ قَدْ بَيَّنَّا لَكُمُ الآيَاتِ إِن
كُنتُمْ تَعْقِلُونَ (١١٨)
هَاأَنتُمْ أُوْلاء تُحِبُّونَهُمْ وَلاَ يُحِبُّونَكُمْ وَتُؤْمِنُونَ
بِالْكِتَابِ كُلِّهِ وَإِذَا لَقُوكُمْ قَالُواْ آمَنَّا وَإِذَا خَلَوْاْ
عَضُّواْ عَلَيْكُمُ الأَنَامِلَ مِنَ الْغَيْظِ قُلْ مُوتُواْ
بِغَيْظِكُمْ إِنَّ اللّهَ عَلِيمٌ بِذَاتِ الصُّدُورِ (١١٩)
إِن تَمْسَسْكُمْ حَسَنَةٌ تَسُؤْهُمْ وَإِن
تُصِبْكُمْ سَيِّئَةٌ يَفْرَحُواْ بِهَا وَإِن تَصْبِرُواْ
وَتَتَّقُواْ لاَ يَضُرُّكُمْ كَيْدُهُمْ شَيْئًا إِنَّ اللّهَ
بِمَا يَعْمَلُونَ مُحِيطٌ (١٢٠)
وَإِذْ غَدَوْتَ مِنْ أَهْلِكَ تُبَوِّئُ الْمُؤْمِنِينَ

٣ : ١١١

أجمع غالبية المفسرين إن معنى الكلام هنا: «لن يضروكم ضراً باقياً في جسدٍ أو مالٍ، إنّما هو شيء يسير سريع الزوال، وتثابون عليه». واعتبر البعضُ أن ما في الآية خبر، وبالتالي لا نسخ فيها. لكن أقلية من العلماء اعتقدت أن الإشارة إلى أهل الكتاب وَرَدَت قبل الأمر بالقتال، وبالتالي فهذه الآية منسوخة بالآية التي تقول: ‹قَاتِلُوا الَّذِينَ لا يُؤْمِنُونَ بِاللَّهِ وَلا بِالْيَوْمِ الآخِرِ› (التوبة ٩: ٢٩) (ابن الجوزي ٢٤٥، قارن: ابن سلامة ٣٠).

مَقَاعِدَ لِلْقِتَالِ وَاللّهُ سَمِيعٌ عَلِيمٌ (١٢١)
إِذْ هَمَّت طَّآئِفَتَانِ مِنكُمْ أَن تَفْشَلاَ وَاللّهُ
وَلِيُّهُمَا وَعَلَى اللّهِ فَلْيَتَوَكَّلِ الْمُؤْمِنُونَ (١٢٢)
وَلَقَدْ نَصَرَكُمُ اللّهُ بِبَدْرٍ وَأَنتُمْ أَذِلَّةٌ فَاتَّقُواْ
اللّهَ لَعَلَّكُمْ تَشْكُرُونَ (١٢٣)
إِذْ تَقُولُ لِلْمُؤْمِنِينَ أَلَن يَكْفِيكُمْ أَن يُمِدَّكُمْ
رَبُّكُم بِثَلاَثَةِ آلاَفٍ مِّنَ الْمَلآئِكَةِ مُنزَلِينَ (١٢٤)
بَلَى إِن تَصْبِرُواْ وَتَتَّقُواْ وَيَأْتُوكُم مِّن
فَوْرِهِمْ هَذَا يُمْدِدْكُمْ رَبُّكُم بِخَمْسَةِ آلافٍ
مِّنَ الْمَلآئِكَةِ مُسَوِّمِينَ (١٢٥)
وَمَا جَعَلَهُ اللّهُ إِلاَّ بُشْرَى لَكُمْ وَلِتَطْمَئِنَّ
قُلُوبُكُم بِهِ وَمَا النَّصْرُ إِلاَّ مِنْ عِندِ اللّهِ
الْعَزِيزِ الْحَكِيمِ (١٢٦)
لِيَقْطَعَ طَرَفاً مِّنَ الَّذِينَ كَفَرُواْ أَوْ يَكْبِتَهُمْ
فَيَنقَلِبُواْ خَآئِبِينَ (١٢٧)
لَيْسَ لَكَ مِنَ الأَمْرِ شَيْءٌ أَوْ يَتُوبَ عَلَيْهِمْ
أَوْ يُعَذَّبَهُمْ فَإِنَّهُمْ ظَالِمُونَ (١٢٨)
وَلِلّهِ مَا فِي السَّمَاوَاتِ وَمَا فِي الأَرْضِ
يَغْفِرُ لِمَن يَشَاءُ وَيُعَذِّبُ مَن يَشَاءُ وَاللّهُ
غَفُورٌ رَّحِيمٌ (١٢٩)
يَا أَيُّهَا الَّذِينَ آمَنُواْ لاَ تَأْكُلُواْ الرِّبَا أَضْعَافاً
مُّضَاعَفَةً وَاتَّقُواْ اللّهَ لَعَلَّكُمْ تُفْلِحُونَ (١٣٠)
وَاتَّقُواْ النَّارَ الَّتِي أُعِدَّتْ لِلْكَافِرِينَ (١٣١)
وَأَطِيعُواْ اللّهَ وَالرَّسُولَ لَعَلَّكُمْ تُرْحَمُونَ (١٣٢)
وَسَارِعُواْ إِلَى مَغْفِرَةٍ مِّن رَّبِّكُمْ وَجَنَّةٍ
عَرْضُهَا السَّمَاوَاتُ وَالأَرْضُ أُعِدَّتْ
لِلْمُتَّقِينَ (١٣٣)
الَّذِينَ يُنفِقُونَ فِي السَّرَّاء وَالضَّرَّاء

٣ : ١٣٣

حددت الآية أن عرض الجنة كعرض ‹السَّمَاوَاتُ وَالأَرْضُ›. مع أنه في آية أخرى يرد القول أن عرض الجنة كعرض سماء واحدة: ‹وَجَنَّةٍ عَرْضُهَا كَعَرْضِ السَّمَاء وَالْأَرْضِ› (الحديد ٥٧ : ٢١).

في هذا الصدد، طُرح على المفسرين السؤال التالي: إن كان عرض الجَنَّة كعرض ‹السَّمَاوَاتِ وَالأَرْضِ›، فما هو طولها، وهو سؤال تجاهله البعض؛ في حين أن البعض الآخر اعتبر أن المسافة تشبيه يعبر عن السعة لا عن التحديد الدقيق (الزمخشري ١ : ٦٢٦ - ٦٢٧، الطبري ٦ : ٥٣). ولكن فريقاً ثالثاً رأى في الآية لغزاً إلهياً، كما في رواية لابن عباس: «تُقرَن السماواتُ والأرضُ بعضُها إلى بعضٍ كما تُبسَطُ الثيابُ، ويوصَلُ بعضها ببعض؛ فذلك عَرْض الجنة، ولا يعلم طولها إلاّ الله» (القرطبي ٥ : ٣١٣).

وَالْكَاظِمِينَ الْغَيْظَ وَالْعَافِينَ عَنِ النَّاسِ وَاللّهُ يُحِبُّ الْمُحْسِنِينَ (١٣٤)
وَالَّذِينَ إِذَا فَعَلُواْ فَاحِشَةً أَوْ ظَلَمُواْ أَنْفُسَهُمْ ذَكَرُواْ اللّهَ فَاسْتَغْفَرُواْ لِذُنُوبِهِمْ وَمَن يَغْفِرُ الذُّنُوبَ إِلاَّ اللّهُ وَلَمْ يُصِرُّواْ عَلَى مَا فَعَلُواْ وَهُمْ يَعْلَمُونَ (١٣٥)
أُوْلَئِكَ جَزَآؤُهُم مَّغْفِرَةٌ مِّن رَّبِّهِمْ وَجَنَّاتٌ تَجْرِي مِن تَحْتِهَا الأَنْهَارُ خَالِدِينَ فِيهَا وَنِعْمَ أَجْرُ الْعَامِلِينَ (١٣٦)
قَدْ خَلَتْ مِن قَبْلِكُمْ سُنَنٌ فَسِيرُواْ فِي الأَرْضِ فَانْظُرُواْ كَيْفَ كَانَ عَاقِبَةُ الْمُكَذَّبِينَ (١٣٧)
هَـذَا بَيَانٌ لِّلنَّاسِ وَهُدًى وَمَوْعِظَةٌ لِّلْمُتَّقِينَ (١٣٨)
وَلاَ تَهِنُوا وَلاَ تَحْزَنُوا وَأَنتُمُ الأَعْلَوْنَ إِن كُنتُم مُّؤْمِنِينَ (١٣٩)
إِن يَمْسَسْكُمْ قَرْحٌ فَقَدْ مَسَّ الْقَوْمَ قَرْحٌ مِّثْلُهُ وَتِلْكَ الأيَّامُ نُدَاوِلُهَا بَيْنَ النَّاسِ وَلِيَعْلَمَ

ويُروى أن معارضي محمدٍ تغامزوا عن الآية، فسألوا: أين النار؟ (القرطبي ٥: ٣١٥، الطبري ٦: ٥٤).

أما نحن فنسأل: أي قول هو الصحيح؟ هل عرض الجنة كعرض السماوات والأرض؟ أو كعرض السماء والأرض؟ أو كعرض السماء فحسب؟

ويصبح لدينا المعادلات التالية:

- الجنة = السماوات + الأرض
- الجنة = السماء (بصيغة المفرد) + الأرض
- الجنة = السماء (بصيغة المفرد)

فأي المعادلات هي الصحيحة؟

ملاحظة

قال فريق من المعتزلة إن الجنة والنار لم تخلقا بعد، وإنه بعد نهاية الكون، يبدأ الله في خلق الجنة والنارِ (القرطبي ٥: ٣١٦).

٣: ١٤٤

كانت هذه الآية مجهولةً للمسلمين، وحتى لأصحاب محمدٍ. والقصة حسب المفسر القرطبي (٥: ٣٤٢-٣٤٣) هي كالتالي:

عندما مات محمد، وشاع الخبر، جاء عمر بن الخطاب إلى بيت محمد وأعلن أن الوفاة ليست حقيقية، وأن محمداً في غيبوبة، وحذّر بأنه سيقطع عنق كل من يشيع أن محمداً قد

اللّهُ الَّذينَ آمَنُواْ وَيَتَّخِذَ مِنكُمْ شُهَدَاء
وَاللّهُ لاَ يُحِبُّ الظَّالِمِينَ (١٤٠)
وَلِيُمَحِّصَ اللّهُ الَّذِينَ آمَنُواْ وَيَمْحَقَ
الْكَافِرِينَ (١٤١)
أَمْ حَسِبْتُمْ أَن تَدْخُلُواْ الْجَنَّةَ وَلَمَّا
يَعْلَمِ اللّهُ الَّذِينَ جَاهَدُواْ مِنكُمْ وَيَعْلَمَ
الصَّابِرِينَ (١٤٢)
وَلَقَدْ كُنتُمْ تَمَنَّوْنَ الْمَوْتَ مِن قَبْلِ أَن
تَلْقَوْهُ فَقَدْ رَأَيْتُمُوهُ وَأَنتُمْ تَنظُرُونَ (١٤٣)
وَمَا مُحَمَّدٌ إِلاَّ رَسُولٌ قَدْ خَلَتْ مِن قَبْلِهِ
الرُّسُلُ أَفَإِن مَّاتَ أَوْ قُتِلَ انقَلَبْتُمْ عَلَى
أَعْقَابِكُمْ وَمَن يَنقَلِبْ عَلَىَ عَقِبَيْهِ فَلَن يَضُرَّ
اللّهَ شَيْئًا وَسَيَجْزِي اللّهُ الشَّاكِرِينَ (١٤٤)
وَمَا كَانَ لِنَفْسٍ أَنْ تَمُوتَ إِلاَّ بِإِذْنِ الله
كِتَابًا مُّؤَجَّلاً وَمَن يُرِدْ ثَوَابَ الدُّنْيَا نُؤْتِهِ
مِنْهَا وَمَن يُرِدْ ثَوَابَ الآخِرَةِ نُؤْتِهِ مِنْهَا
وَسَنَجْزِي الشَّاكِرِينَ (١٤٥)
وَكَأَيِّن مِّن نَّبِيٍّ قَاتَلَ مَعَهُ رِبِّيُّونَ كَثِيرٌ

مات. وفي أثناء ذلك وصل أبو بكر إلى بيت محمد فعاين الجثمان، وخرج إلى المجتمعين، وكان بينهم عمر بن الخطاب يتهدد ويتوعد، فسكّن أبو بكر صخب الحضور، وأعلن للناس نبأ وفاة محمد. ومن أجل أن يؤكد أن وفاة محمد حدث صحيح، وكي يدحض قول عمر، أورد أبو بكر مقطعين قرآنيين في إعلان الوفاة:

﴿وما مُحَمَّدٌ إلاّ رَسُولٌ قدْ خَلَتْ مِنْ قَبْلِهِ الرُّسُلُ، أفإنْ مَاتَ أو قُتِلَ انقَلَبْتُمْ على أَعْقَابِكم﴾ (آل عمران ٣ : ١٤٤)، و﴿مَا جَعَلْنَا لِبَشَرٍ مِنْ قَبْلِكَ الْخُلدَ أفإنْ متَّ فَهُم الخَالِدُونَ، كُلُّ نَفْسٍ ذائقةُ المَوْتِ﴾ (سُورَةُ الأنْبيَاءِ ٢١ : ٣٤-٣٥).

أقنعت هذه النصوص عُمَرَ بموت محمد، فوقع على الأرض ذاهلاً. ولم يكن عمر وحده حين دهش بوجود هذه النصوص؛ إذ قال المسلمون آنذاك أنهم لم يكونوا على علم بهذه الآيات، وأنهم سمعوها لأول مرة من أبي بكر. وقالت المصادر أن الناس صاروا يتلون الآية (آل عمران ٣ : ١٤٤) «وكأنّها ما نزلت قبل اليوم».

والسؤال، كيف يستقيم أن كبار الصحابة لم يكونوا على دراية بهذه الآيات؟ ألا يشير هذا إلى أن أبا بكر رأى خطورة الوضع السياسي، فقرر أن ينظم قرآناً لتهدئة روع المسلمين.

٣ : ١٤٥

اختلف العلماء فيما إذا كانت الآية منسوخة أم محكمة:

فَمَا وَهَنُواْ لِمَا أَصَابَهُمْ فِي سَبِيلِ اللّهِ
وَمَا ضَعُفُواْ وَمَا اسْتَكَانُواْ وَاللّهُ يُحِبُّ
الصَّابِرِينَ (١٤٦)
وَمَا كَانَ قَوْلَهُمْ إِلاَّ أَن قَالُواْ ربَّنَا اغْفِرْ لَنَا
ذُنُوبَنَا وَإِسْرَافَنَا فِي أَمْرِنَا وَثَبِّتْ أَقْدَامَنَا
وانصُرْنَا عَلَى الْقَوْمِ الْكَافِرِينَ (١٤٧)
فَآتَاهُمُ اللّهُ ثَوَابَ الدُّنْيَا وَحُسْنَ ثَوَابِ
الآخِرَةِ وَاللّهُ يُحِبُّ الْمُحْسِنِينَ (١٤٨)
يَا أَيُّهَا الَّذِينَ آمَنُواْ إِن تُطِيعُواْ الَّذِينَ
كَفَرُواْ يَرُدُّوكُمْ عَلَى أَعْقَابِكُمْ فَتَنقَلِبُواْ
خَاسِرِينَ (١٤٩)
بَلِ اللّهُ مَوْلاَكُمْ وَهُوَ خَيْرُ النَّاصِرِينَ (١٥٠)
سَنُلْقِي فِي قُلُوبِ الَّذِينَ كَفَرُواْ الرُّعْبَ
بِمَا أَشْرَكُواْ بِاللّهِ مَا لَمْ يُنَزِّلْ بِهِ سُلْطَانًا
وَمَأْوَاهُمُ النَّارُ وَبِئْسَ مَثْوَى الظَّالِمِينَ (١٥١)
وَلَقَدْ صَدَقَكُمُ اللّهُ وَعْدَهُ إِذْ تَحُسُّونَهُم
بِإِذْنِهِ حَتَّى إِذَا فَشِلْتُمْ وَتَنَازَعْتُمْ فِي
الأَمْرِ وَعَصَيْتُم مِّن بَعْدِ مَا أَرَاكُم مَّا
تُحِبُّونَ مِنكُم مَّن يُرِيدُ الدُّنْيَا وَمِنكُم
مَّن يُرِيدُ الآخِرَةَ ثُمَّ صَرَفَكُمْ عَنْهُمْ
لِيَبْتَلِيَكُمْ وَلَقَدْ عَفَا عَنكُمْ وَاللّهُ ذُو
فَضْلٍ عَلَى الْمُؤْمِنِينَ (١٥٢)
إِذْ تُصْعِدُونَ وَلاَ تَلْوُونَ عَلَى أحَدٍ
وَالرَّسُولُ يَدْعُوكُمْ فِي أُخْرَاكُمْ فَأَثَابَكُمْ
غُمَّاً بِغَمٍّ لِّكَيْلاَ تَحْزَنُواْ عَلَى مَا فَاتَكُمْ وَلاَ
مَا أَصَابَكُمْ وَاللّهُ خَبِيرٌ بِمَا تَعْمَلُونَ (١٥٣)
ثُمَّ أَنزَلَ عَلَيْكُم مِّن بَعْدِ الْغَمِّ أَمَنَةً نُّعَاساً
يَغْشَى طَآئِفَةً مِّنكُمْ وَطَآئِفَةٌ قَدْ أَهَمَّتْهُمْ

القول الأول: إنها منسوخة

تقول الآية إن لكل إنسانٍ نصيباً مقدّراً، فمن كان يريد ثواب الدنيا أعطاه الله ما قدّر له، وذلك ما شاءه الله. وقال بعضهم إنّ حكم هذه الآية منسوخ بآية: ‹مَنْ كَانَ يُرِيدُ الْعَاجِلَةَ عَجَّلْنَا لَهُ فِيهَا مَا نَشَاءُ› (الإسراء ١٧ : ١٨) (ابن الجوزي ٢٤٦).

القول الثاني: إنها محكمة

يرفض ابن الجوزي نسخ هذه الآية بآية الإسراء (الإسراء ١٧ : ١٨)، ويقول بأن كلتا الآيتين تؤكدان أن العطاء مرتبط بمشيئة الله؛ موضحا: «وليس هذا بقول من يفهم الناسخ والمنسوخ، فلا يعول عليه». ثم يضيف أن الكلام في آية آل

أَنفُسُهُمْ يَظُنُّونَ بِاللّٰهِ غَيْرَ الْحَقِّ ظَنَّ الْجَاهِلِيَّةِ يَقُولُونَ هَل لَّنَا مِنَ الأَمْرِ مِن شَيْءٍ قُلْ إِنَّ الأَمْرَ كُلَّهُ لِلّٰهِ يُخْفُونَ فِي أَنفُسِهِم مَّا لاَ يُبْدُونَ لَكَ يَقُولُونَ لَوْ كَانَ لَنَا مِنَ الأَمْرِ شَيْءٌ مَّا قُتِلْنَا هَاهُنَا قُل لَّوْ كُنتُمْ فِي بُيُوتِكُمْ لَبَرَزَ الَّذِينَ كُتِبَ عَلَيْهِمُ الْقَتْلُ إِلَى مَضَاجِعِهِمْ وَلِيَبْتَلِيَ اللّٰهُ مَا فِي صُدُورِكُمْ وَلِيُمَحِّصَ مَا فِي قُلُوبِكُمْ وَاللّٰهُ عَلِيمٌ بِذَاتِ الصُّدُورِ (١٥٤)

إِنَّ الَّذِينَ تَوَلَّوْاْ مِنكُمْ يَوْمَ الْتَقَى الْجَمْعَانِ إِنَّمَا اسْتَزَلَّهُمُ الشَّيْطَانُ بِبَعْضِ مَا كَسَبُواْ وَلَقَدْ عَفَا اللّٰهُ عَنْهُمْ إِنَّ اللّٰهَ غَفُورٌ حَلِيمٌ (١٥٥)

يَا أَيُّهَا الَّذِينَ آمَنُواْ لاَ تَكُونُواْ كَالَّذِينَ كَفَرُواْ وَقَالُواْ لإِخْوَانِهِمْ إِذَا ضَرَبُواْ فِي الأَرْضِ أَوْ كَانُواْ غُزًّى لَّوْ كَانُواْ عِندَنَا مَا مَاتُواْ وَمَا قُتِلُواْ لِيَجْعَلَ اللّٰهُ ذَلِكَ حَسْرَةً فِي قُلُوبِهِمْ وَاللّٰهُ يُحْيِي وَيُمِيتُ وَاللّٰهُ بِمَا تَعْمَلُونَ بَصِيرٌ (١٥٦)

وَلَئِن قُتِلْتُمْ فِي سَبِيلِ اللّٰهِ أَوْ مُتُّمْ لَمَغْفِرَةٌ مِّنَ اللّٰهِ وَرَحْمَةٌ خَيْرٌ مِّمَّا يَجْمَعُونَ (١٥٧)

وَلَئِن مُّتُّمْ أَوْ قُتِلْتُمْ لإِلَى اللّٰهِ تُحْشَرُونَ (١٥٨)

فَبِمَا رَحْمَةٍ مِّنَ اللّٰهِ لِنتَ لَهُمْ وَلَوْ كُنتَ فَظًّا غَلِيظَ الْقَلْبِ لاَنفَضُّواْ مِنْ حَوْلِكَ فَاعْفُ عَنْهُمْ وَاسْتَغْفِرْ لَهُمْ وَشَاوِرْهُمْ فِي الأَمْرِ فَإِذَا عَزَمْتَ فَتَوَكَّلْ عَلَى اللّٰهِ إِنَّ اللّٰهَ يُحِبُّ الْمُتَوَكِّلِينَ (١٥٩)

عمران (١٤٥) محكم، وأن من قال بإحكامه استدل عليه بأنه خبر، والخبر لا يدخله النسخ (ابن الجوزي ٢٤٦). وقد أعرض عن ذكر النسخ في هذه الآية كل من النحاس وابن أبي طالب.

٣ : ١٥٦

قرأ ابن مسعود الآية بترتيب مختلف: «وَاللّٰهُ بَصِيرٌ بِمَا تَعْمَلُونَ» (الخطيب ١ : ٦٠٧).

٣ : ١٥٩

قرأ ابن عباس وابن مسعود «وَشَاوِرْهُمْ فِي بَعضِ الأَمْرِ» (الخطيب ١ : ٦١٠)، بإضافة «بعض»، والفرق أن الآية تطلب من محمد أن يشاور أصحابه في مختلف شؤونه، في حين أنها حسب قراءة ابن عباس وابن مسعود تأمر محمداً أن يشاورهم في بعض شؤونه.

إن يَنصُرْكُمُ اللّهُ فَلاَ غَالِبَ لَكُمْ وَإِن يَخْذُلْكُمْ فَمَن ذَا الَّذِي يَنصُرُكُم مِّن بَعْدِهِ وَعَلَى اللّهِ فَلْيَتَوَكِّلِ الْمُؤْمِنُونَ (١٦٠)
وَمَا كَانَ لِنَبِيٍّ أَن يَغُلَّ وَمَن يَغْلُلْ يَأْتِ بِمَا غَلَّ يَوْمَ الْقِيَامَةِ ثُمَّ تُوَفَّى كُلُّ نَفْسٍ مَّا كَسَبَتْ وَهُمْ لاَ يُظْلَمُونَ (١٦١)
أَفَمَنِ اتَّبَعَ رِضْوَانَ اللّهِ كَمَن بَاء بِسَخْطٍ مِّنَ اللّهِ وَمَأْوَاهُ جَهَنَّمُ وَبِئْسَ الْمَصِيرُ (١٦٢)
هُمْ دَرَجَاتٌ عِندَ اللّهِ واللّهُ بَصِيرٌ بِمَا يَعْمَلُونَ (١٦٣)
لَقَدْ مَنَّ اللّهُ عَلَى الْمُؤمِنِينَ إِذْ بَعَثَ فِيهِمْ رَسُولاً مِّنْ أَنفُسِهِمْ يَتْلُو عَلَيْهِمْ آيَاتِهِ وَيُزَكِّيهِمْ وَيُعَلِّمُهُمُ الْكِتَابَ وَالْحِكْمَةَ وَإِن كَانُواْ مِن قَبْلُ لَفِي ضَلالٍ مُّبِينٍ (١٦٤)
أَوَلَمَّا أَصَابَتْكُم مُّصِيبَةٌ قَدْ أَصَبْتُم مِّثْلَيْهَا قُلْتُمْ أَنَّى هَذَا قُلْ هُوَ مِنْ عِندِ أَنْفُسِكُمْ إِنَّ اللّهَ عَلَى كُلِّ شَيْءٍ قَدِيرٌ (١٦٥)
وَمَا أَصَابَكُمْ يَوْمَ الْتَقَى الْجَمْعَانِ فَبِإِذْنِ اللّهِ وَلِيَعْلَمَ الْمُؤْمِنِينَ (١٦٦)
وَلْيَعْلَمَ الَّذِينَ نَافَقُواْ وَقِيلَ لَهُمْ تَعَالَوْاْ قَاتِلُواْ فِي سَبِيلِ اللّهِ أَوِ ادْفَعُواْ قَالُواْ لَوْ نَعْلَمُ

٣ : ١٦١

لدينا قراءتان هنا، وتستند كل قراءة إلى حيثية تاريخية مختلفة:

القراءة الأولى: قراءة المصحف، ‹يَغُلَّ›:
وهي قراءة مجموعة من قراء المدرسة الحجازية والعراقية، وبالنسبة لهم فكلمة ‹يَغُلَّ› تعنى يخون. وقال أصحاب هذا القراءة إن قَطيفة [دِثارٌ له أهدابٍ] فُقدت من المغانم بعد معركة بدرٍ، فقال بعضهم لعل محمداً أخذها، وكثر اللغط حول المسألة (الطبري ٦ : ١٩٤ - ١٩٥)، فجاءت الآية لتنفي عن أن يكون محمد قد أخذ شيئا خُفْيَةً.

القراءة الثانية: «يُغَلّ»:
يقول أصحاب هذه القراءة أن محمداً أرسل طليعة قبيل إحدى المعارك، وفي غيابهم غنم المسلمون، فلم يقسم محمد للطلائع شيئاً، فجاءت الآية لتدين فعله (الطبري ٦ : ١٩٥ - ١٩٧). وهذه قراءة أغلب قرّاء مدرسة المدينة والكوفة (الطبري ٦ : ١٩٨).

القراءتان تُنسبان إلى حادثتين مختلفتين، وتختلفان في المعنى والنتيجة: فهل تنفي الآية عن محمدٍ السّرقة أم تدين تصرفه فحسب؟ (قارن: الخطيب ١ : ٦١٢، وجولدتسهر ٤٠).

قَتَالاً لَاتَّبَعْنَاكُمْ هُمْ لِلْكُفْرِ يَوْمَئِذٍ أَقْرَبُ
مِنْهُمْ لِلإِيمَانِ يَقُولُونَ بِأَفْوَاهِهِم مَّا لَيْسَ فِي
قُلُوبِهِمْ وَاللَّهُ أَعْلَمُ بِمَا يَكْتُمُونَ (١٦٧)
الَّذِينَ قَالُواْ لإِخْوَانِهِمْ وَقَعَدُواْ لَوْ أَطَاعُونَا
مَا قُتِلُوا قُلْ فَادْرَؤُوا عَنْ أَنفُسِكُمُ الْمَوْتَ
إِن كُنتُمْ صَادِقِينَ (١٦٨)
وَلاَ تَحْسَبَنَّ الَّذِينَ قُتِلُواْ فِي سَبِيلِ اللَّهِ
أَمْوَاتاً بَلْ أَحْيَاءٌ عِندَ رَبِّهِمْ يُرْزَقُونَ (١٦٩)
فَرِحِينَ بِمَا آتَاهُمُ اللَّهُ مِن فَضْلِهِ وَيَسْتَبْشِرُونَ
بِالَّذِينَ لَمْ يَلْحَقُواْ بِهِم مِّنْ خَلْفِهِمْ أَلاَّ خَوْفٌ
عَلَيْهِمْ وَلاَ هُمْ يَحْزَنُونَ (١٧٠)
يَسْتَبْشِرُونَ بِنِعْمَةٍ مِّنَ اللَّهِ وَفَضْلٍ وَأَنَّ اللَّهَ
لاَ يُضِيعُ أَجْرَ الْمُؤْمِنِينَ (١٧١)
الَّذِينَ اسْتَجَابُواْ لِلَّهِ وَالرَّسُولِ مِن بَعْدِ مَا
أَصَابَهُمُ الْقَرْحُ لِلَّذِينَ أَحْسَنُواْ مِنْهُمْ وَاتَّقَواْ
أَجْرٌ عَظِيمٌ (١٧٢)
الَّذِينَ قَالَ لَهُمُ النَّاسُ إِنَّ النَّاسَ قَدْ جَمَعُواْ
لَكُمْ فَاخْشَوْهُمْ فَزَادَهُمْ إِيمَاناً وَقَالُواْ
حَسْبُنَا اللَّهُ وَنِعْمَ الْوَكِيلُ (١٧٣)
فَانقَلَبُواْ بِنِعْمَةٍ مِّنَ اللَّهِ وَفَضْلٍ لَّمْ يَمْسَسْهُمْ
سُوءٌ وَاتَّبَعُواْ رِضْوَانَ اللَّهِ وَاللَّهُ ذُو فَضْلٍ
عَظِيمٍ (١٧٤)

٣ : ١٦٩ - ١٧٠

جاء في بعض المصادر أن بعض المسلمين قُتلوا في إحدى المعارك، فأُخذت أرواح هؤلاء القتلى المسلمين إلى الجنة، وهناك قالوا بعضهم لبعض: « يا ليت قومنا يعلمون بما أكرمنا ربنا »، فأجابهم الله بأنه سيخبر سائر المسلمين؛ ومن ثم أُوحيت لمحمد الآية: « بَلِّغوا قومَنا أنْ قد لقينا رَبَّنا فرضيَ عَنَّا ورضينا عنه »، وبقيت هذه الآية في القرآن تُقرأ زمناً، ولكنها نسخت لاحقاً بالنص الوارد في (آل عمران ٣ : ١٦٩ - ١٧٠) (الإيضاح ٢٠٥).

هامش

يكشف النسخ هنا على نص قرآني محذوف من القرآن المتداول.

إنَّمَا ذَلكُمُ الشَّيْطَانُ يُخَوِّفُ أَوْلِيَاءَهُ فَلَا تَخَافُوهُمْ وَخَافُونِ إن كُنتُم مُّؤْمِنِينَ (١٧٥)
وَلَا يَحْزُنكَ الَّذينَ يُسَارِعُونَ فِي الْكُفْرِ إنَّهُمْ لَن يَضُرُّوا اللّهَ شَيْئاً يُرِيدُ اللّهُ أَلَّا يَجْعَلَ لَهُمْ حَظّاً فِي الآخِرَةِ وَلَهُمْ عَذَابٌ عَظِيمٌ (١٧٦)
إنَّ الَّذينَ اشْتَرَوُا الْكُفْرَ بالإيمَانِ لَن يَضُرُّوا اللّهَ شَيْئاً وَلَهُمْ عَذَابٌ أَلِيمٌ (١٧٧)
وَلَا يَحْسَبَنَّ الَّذينَ كَفَرُوا أَنَّمَا نُمْلِي لَهُمْ خَيْرٌ لأَنفُسِهِمْ إنَّمَا نُمْلِي لَهُمْ لِيَزْدَادُوا إِثْماً وَلَهُمْ عَذَابٌ مُّهِينٌ (١٧٨)
مَّا كَانَ اللّهُ لِيَذَرَ الْمُؤْمِنِينَ عَلَى مَا أَنتُمْ عَلَيْهِ حَتَّى يَمِيزَ الْخَبِيثَ مِنَ الطَّيِّبِ وَمَا كَانَ اللّهُ لِيُطْلِعَكُمْ عَلَى الْغَيْبِ وَلَكِنَّ اللّهَ يَجْتَبِي مِن رُّسُلِهِ مَن يَشَاءُ فَآمِنُوا بِاللّهِ وَرُسُلِهِ وَإِن تُؤْمِنُوا وَتَتَّقُوا فَلَكُمْ

٣: ١٧٥

قرأ ابن مسعود وابن عباس وآخرون: «يخوِّفَكم أولياءَه»، أي من أوليائه أو بأوليائه (الخطيب ١: ٦٢٤). وقرأ أُبيّ بن كعبٍ وآخرون: «يُخَوِّفكم بأوليائه» (الخطيب ١: ٦٢٤).

تعني قراءة المصحف أن الشيطان يمارس عملية تخويف على أوليائه، بينما تعني قراءة الآخرين أن الشيطان يخوف المسلمين بقوة أوليائه.

ولدينا قراءة أخرى تقول: «يُخَوِّفكم أولياؤُه»، بإسناد الفعل إلى أولياء الشيطان (الخطيب ١: ٦٢٤)، فيصير المعنى أن أولياء الشيطان يخّوفون المسلمين.

فمن يخوف من؟

- الشيطان يخوف أولياءَه؟
- أم الشيطان يخوف المسلمين بأوليائه؟
- أم أولياءُ الشيطان يخوفون المسلمين؟

وشتان الفرق بين المعانى الثلاثة.

أَجْرٌ عَظِيمٌ (١٧٩)
وَلَا يَحْسَبَنَّ الَّذِينَ يَبْخَلُونَ بِمَا آتَاهُمُ اللَّهُ
مِن فَضْلِهِ هُوَ خَيْراً لَّهُم بَلْ هُوَ شَرٌّ لَّهُمْ
سَيُطَوَّقُونَ مَا بَخِلُواْ بِهِ يَوْمَ الْقِيَامَةِ وَلِلَّهِ
مِيرَاثُ السَّمَاوَاتِ وَالأَرْضِ وَاللَّهُ بِمَا
تَعْمَلُونَ خَبِيرٌ (١٨٠)
لَّقَدْ سَمِعَ اللَّهُ قَوْلَ الَّذِينَ قَالُواْ إِنَّ اللَّهَ
فَقِيرٌ وَنَحْنُ أَغْنِيَاءُ سَنَكْتُبُ مَا قَالُواْ
وَقَتْلَهُمُ الأَنبِيَاءَ بِغَيْرِ حَقٍّ وَنَقُولُ ذُوقُواْ
عَذَابَ الْحَرِيقِ (١٨١)
ذَلِكَ بِمَا قَدَّمَتْ أَيْدِيكُمْ وَأَنَّ اللَّهَ لَيْسَ
بِظَلَّامٍ لِّلْعَبِيدِ (١٨٢)
الَّذِينَ قَالُواْ إِنَّ اللَّهَ عَهِدَ إِلَيْنَا أَلَّا
نُؤْمِنَ لِرَسُولٍ حَتَّى يَأْتِيَنَا بِقُرْبَانٍ تَأْكُلُهُ
النَّارُ قُلْ قَدْ جَاءَكُمْ رُسُلٌ مِّن قَبْلِي
بِالْبَيِّنَاتِ وَبِالَّذِي قُلْتُمْ فَلِمَ قَتَلْتُمُوهُمْ
إِن كُنتُمْ صَادِقِينَ (١٨٣)
فَإِن كَذَّبُوكَ فَقَدْ كُذِّبَ رُسُلٌ مِّن

١٨٣:٣

تنقل الأخبار أنّ جماعة يهودية جاءت محمداً، مؤلفة من: كعب بن الأشرَف، مالك بن الصِّيْف، وَهْب بن يَهوذا، فِنْحاص بن عازورا... وآخرين. فأجرت الجماعة حواراً مع محمد، وفي المناقشة قالوا لمحمد أنهم يريدون أن يأتيهم ‹بِقُرْبَانٍ تَأْكُلُهُ النَّارُ› برهاناً على صحة نبوته (القرطبي ٥: ٤٤٤-٤٤٥).

وقد شرح أفراد المجموعة الباعث وراء طلبهم بالقول: «أمرنا [الله] في التوراة وأوصانا بأن لا نؤمن لرسول حتى يأتينا بهذه الآية الخاصة، . . . كما كان أنبياء بني إسرائيل تلك آيتهم، كان يقرّب القربان، فيقوم النبي فيدعو، فتنزل نار من السماء فتأكله» (الزمخشري ١: ٦٦٨). ويبدو أن شرط القربان كان معروفاً في الجزيرة العربية؛ وربما كان يؤمن به بعض الوثنيين، إذْ أفادتنا رواية أنه: «كان الرجلُ يتصدَّق، فإذا تُقُبِّل منه أُنْزلت عليه نارٌ من السماء فأكلَتْه» (الطبري ٦: ٢٨٤).

لماذا طلبت الجماعة اليهودية القربان الذي ‹تَأْكُلُهُ النَّارُ›؟

كانت حجة الجماعة اليهودية مستمدة من تاريخ شعب إسرائيل، حينما كانت النار تنزل إلى البشر في حضور الأنبياء، إذ تخبرنا التوراة أنه بعد أنْ قُدمت ذبيحة بحضور موسى وهارون، «تَرَاءَى مَجْدُ الرَّبِّ لِكُلِّ الشَّعْبِ، وَخَرَجَتْ نَارٌ مِنْ عِنْدِ الرَّبِّ وَأَحْرَقَتْ عَلَى

الْمَذْبَحِ الْمُحْرَقَةَ وَالشَّحْمَ» (اللاَّوِيِّين ٩ :٢٣ - ٢٤). كانت النار علامة من الله على قبول الذبيحة؛ وقد تهيأ الشعب اليهودي لهذا الأمر من قبل (اللاَّوِيِّين ٦: ١٣).

وبعد أن رفع إيليَّا التَّقْدِمَة في جبل الكرمل، ودعا للرب، «سَقَطَتْ نَارُ الرَّبِّ وَأَكَلَتِ الْمُحْرَقَةَ وَالْحَطَبَ وَالْحِجَارَةَ وَالتُّرَابَ» (الْمُلُوك الأَوَّل ١٨ : ٣٦ - ٣٨). وكذلك «لَمَّا انْتَهَى سُلَيْمَانُ مِنَ الصَّلاَةِ نَزَلَتِ النَّارُ مِنَ السَّمَاءِ وَأَكَلَتِ الْمُحْرَقَةَ وَالذَّبَائِحَ وَمَلأَ مَجْدُ الرَّبِّ الْبَيْتَ» (أَخْبَار الأَيَّام الثَّاني ٧ : ١).

كان نزول النار دليلاً على قبول الله لذبيحة الإنسان (قُضاة ٦ : ٢١؛ الْمُلُوك الأَوَّلُ ١٨ : ٣٨)، وتثبيتاً معه لعهد ديني.

وفي مناسبات أخرى، صاحبت النار التجليات الإلهية (تكوين ١٥: ١٧؛ خروج ٣: ٢) (مُعْجَمُ اللاّهوْت الكِتابي ٧٩٣ وما بعدها). وفي هذا الصدد، يقول الأدب الحبري إنه حينما يريد الرب التدخل في المسائل البشرية فإن ناراً تنزل من السماء (Encyclopaedia Judaica 7: 43 -44).

عندما استقر محمد في المدينة، رغب في جعل اليهود يلتحقون بدعوته. ومن المرجح أن يهود المدينة كانوا يتوقعون منه أن يأتيهم بآية القربان التي تبرهن على صدق دعواه؛ لكن لما لم يقم مُحمد بهذه الآية، وكان لا يزال متمسكاً بدعوى نبوته، رأى يهود المدينة ضرورة مطالبة محمد بأن يأتي بهذه الآية، فجاءه وفدٌ منهم وسأله الاتيان ‹بِقُرْبَانٍ تَأْكُلُهُ النَّارُ›. كان هذا الطلب اختباراً لصدق محمد وفق مقياس التوراة.

ويبدو أن محمداً لم يكن مطلعاً على هذا التفصيل، فحينما سُئل من جانب اليهود الإتيان بالقربان، وعرف أن طلبهم يستند إلى معيار توراتي، تيقن بأنه ما لم يقم لهم بهذه الآية، فمن المستحيل كسبهم إلى جانبه؛ ولما كان عاجزاً عن تقديم القُرْبَان الذي ‹تَأْكُلُهُ النَّارُ›، أجابهم: ‹قَدْ جَاءَكُمْ رُسُلٌ مِّن قَبْلِي بِالْبَيِّنَاتِ، وَبِالَّذِي قُلْتُمْ؛ فَلِمَ قَتَلْتُمُوهُمْ؟›؛ وبهذا الرد يعترف محمد بأصالة المقياس الموضوع من جانب الوفد اليهودي.

ومع ذلك، ففي جواب محمدٌ قضية أخرى لا تمت للطلب بصلة:

أن أنبياءً أتوا ‹بِقُرْبَانٍ تَأْكُلُهُ النَّارُ› أو بينات ومع ذلك رفضهم اليهود، وهذا اختلاق من محمد، لأن الأنبياء الذين أتوا ‹بِقُرْبَانٍ تَأْكُلُهُ النَّارُ› كانوا يقدمون ذبائح تأكلها نار تنزل من السماء، ولم يقوموا بمعجزات أو بينات لمجرد البرهنة على صدق نبوتهم.

كما أن محمداً لا يذكر لنا أسماء الأنبياء الذين أتوا ‹بِقُرْبَانٍ تَأْكُلُهُ النَّارُ› وقتلهم اليهود؛ ولكن لاحقاً، حينما اطلع المفسرون على معلومات من التاريخ اليهودي، ادّعى أحد المفسرين أن الأنبياء المقتولين هم: زكريا، يحيى (يوحنا)، شْعيا [لعل المقصود: إِشَعْيَاء] (القرطبي ٥: ٤٤٥). وحينما نسترجع التاريخ، نجد:

إِشَعْيَاءُ بْنِ آمُوصَ: أبرز أنبياءِ العبرانيين، نشط في القرن الثامن قبل الميلاد. وقد استشهد أيام حكم مَنَسَّى بن حَزَقِيَّا (ت ٦٤٣ ق. م.). إن

ظروف قتله ليست معروفة بالتحديد، وقد دفن شمال فلسطين، وفيما بعد نُقلت رفاته إلى القسطنطينية، سنة ٤٤٢ م.

يوحنا (يحيى) المعمدان: قتله هيرودس الملك بمؤامرة حاكتها هيروديا.

زكريّا: المصادر تروي لنا أكثر من زكريا: زكريا بن يهوياداع الكاهن (القرن التاسع ق. م.) وقتل في الهيكل بأمر يوآش؛ زَكَرْيا بن بَرَخْيا القرن الخامس قبل الميلاد؛ وزكريا أبو يوحنا المعمدان.

إن ما ذكره المفسر أعلاه كان نتيجة سماع شفوي أو اطلاع سطحي للبيانات الكتابية، ولا يتصل بموضوع قربان النار.

لمّا كان محمد غير قادر على دحض الشرط التوراتي، وكان يريد التخلص من مطلب اليهود، فإنه قام بصياغة رد اتهامي، قائلاً لهم إنهم قتلوا من جاء بهذه الآية من قبل. والواقع أن الرد الذي ساقه غير مقنع؛ فحتى لو كان محمد محقاً في اتهامه، كان ما يزال عليه البرهنة على نبوته ﴿بِقُرْبَانٍ تَأْكُلُهُ النَّارُ﴾، لأن الإتيان بهذه الآية يبرهن على صدقه، وكانت آية القربان ستفرض على اليهود الخضوع له وفق الشرط الذي وضعوه على أنفسهم واعترف هو نفسه بمصداقيته:

إتيان محمد بالآية ← اتباع اليهود لدين محمدٍ

لو كان محمد صادقاً في دعوته لكان قد أتى لهم ﴿بِقُرْبَانٍ تَأْكُلُهُ النَّارُ﴾ أو بأي بينة في الحال!

مصادر

- كتاب مرشد الطالبين إلى الكتاب المقدس الثمين.
- مُعْجَمُ اللاّهُوْت الكِتابي، مادة: نار
- *Catholic Encyclopedia*, Isaiah
- *Jewish Encyclopedia*, Fire, Isaiah

قَبْلِكَ جَاؤُوا بِالْبَيِّنَاتِ وَالزُّبُرِ
وَالْكِتَابِ الْمُنِيرِ (١٨٤)
كُلُّ نَفْسٍ ذَائِقَةُ الْمَوْتِ وَإِنَّمَا تُوَفَّوْنَ
أُجُورَكُمْ يَوْمَ الْقِيَامَةِ فَمَن زُحْزِحَ عَنِ
النَّارِ وَأُدْخِلَ الْجَنَّةَ فَقَدْ فَازَ وَمَا الْحَيَاةُ
الدُّنْيَا إِلاَّ مَتَاعُ الْغُرُورِ (١٨٥)
لَتُبْلَوُنَّ فِي أَمْوَالِكُمْ وَأَنفُسِكُمْ وَلَتَسْمَعُنَّ
مِنَ الَّذِينَ أُوتُواْ الْكِتَابَ مِن قَبْلِكُمْ وَمِنَ
الَّذِينَ أَشْرَكُواْ أَذًى كَثِيراً وَإِن تَصْبِرُواْ
وَتَتَّقُواْ فَإِنَّ ذَلِكَ مِنْ عَزْمِ الأُمُورِ (١٨٦)
وَإِذَ أَخَذَ اللّهُ مِيثَاقَ الَّذِينَ أُوتُواْ الْكِتَابَ
لَتُبَيِّنُنَّهُ لِلنَّاسِ وَلاَ تَكْتُمُونَهُ فَنَبَذُوهُ وَرَاء
ظُهُورِهِمْ وَاشْتَرَوْاْ بِهِ ثَمَناً قَلِيلاً فَبِئْسَ مَا
يَشْتَرُونَ (١٨٧)
لاَ تَحْسَبَنَّ الَّذِينَ يَفْرَحُونَ بِمَا أَتَواْ وَّيُحِبُّونَ
أَن يُحْمَدُواْ بِمَا لَمْ يَفْعَلُواْ فَلاَ تَحْسَبَنَّهُمْ
بِمَفَازَةٍ مِّنَ الْعَذَابِ وَلَهُمْ عَذَابٌ أَلِيمٌ (١٨٨)
وَلِلّهِ مُلْكُ السَّمَاوَاتِ وَالأَرْضِ وَاللّهُ عَلَى
كُلِّ شَيْءٍ قَدِيرٌ (١٨٩)
إِنَّ فِي خَلْقِ السَّمَاوَاتِ وَالأَرْضِ
وَاخْتِلاَفِ اللَّيْلِ وَالنَّهَارِ لآيَاتٍ لِّأُوْلِي
الألْبَابِ (١٩٠)
الَّذِينَ يَذْكُرُونَ اللّهَ قِيَاماً وَقُعُوداً وَعَلَىَ
جُنُوبِهِمْ وَيَتَفَكَّرُونَ فِي خَلْقِ السَّمَاوَاتِ
وَالأَرْضِ رَبَّنَا مَا خَلَقْتَ هَذا بَاطِلاً
سُبْحَانَكَ فَقِنَا عَذَابَ النَّارِ (١٩١)
رَبَّنَا إِنَّكَ مَن تُدْخِلِ النَّارَ فَقَدْ أَخْزَيْتَهُ وَمَا
لِلظَّالِمِينَ مِنْ أَنصَارٍ (١٩٢)

٣ : ١٨٦

قال فريق من العلماء إن الصّبر المنصوص عليه في الآية منسوخ بالآيتين التاليتين:

أ. آية السيف: ﴿فَاقْتُلُوا الْمُشْرِكِينَ حَيْثُ وَجَدْتُمُوهُمْ﴾ (التوبة ٩ : ٥) (ابن الجوزي ٢٤٦).

ب. الآية التي تقول: ﴿قَاتِلُوا الَّذِينَ لا يُؤْمِنُونَ بِاللَّهِ وَلا بِالْيَوْمِ الآخِرِ وَلا يُحَرِّمُونَ مَا حَرَّمَ اللَّهُ وَرَسُولُهُ وَلا يَدِينُونَ دِينَ الْحَقِّ مِنَ الَّذِينَ أُوتُوا الْكِتَابَ حَتَّى يُعْطُوا الْجِزْيَةَ عَنْ يَدٍ وَهُمْ صَاغِرُونَ﴾ (التوبة ٩ : ٢٩) (ابن سلامة ٣١).

يرى غالبية العلماء أن الآية محكمة لأنها تضمنت الأمر بالصبر والتقوى، وهما أمران واجبان على المسلم (ابن الجوزي ٢٤٦).

أما النحاس وابن أبي طالب فقد أعرضا عن ذكر النسخ في هذه الآية.

رَبَّنَا إِنَّنَا سَمِعْنَا مُنَادِياً يُنَادِي لِلإِيمَانِ أَنْ آمِنُواْ بِرَبِّكُمْ فَآمَنَّا رَبَّنَا فَاغْفِرْ لَنَا ذُنُوبَنَا وَكَفِّرْ عَنَّا سَيِّئَاتِنَا وَتَوَفَّنَا مَعَ الأبْرَارِ (١٩٣)

رَبَّنَا وَآتِنَا مَا وَعَدتَّنَا عَلَى رُسُلِكَ وَلاَ تُخْزِنَا يَوْمَ الْقِيَامَةِ إِنَّكَ لاَ تُخْلِفُ الْمِيعَادَ (١٩٤)

فَاسْتَجَابَ لَهُمْ رَبُّهُمْ أَنِّي لاَ أُضِيعُ عَمَلَ عَامِلٍ مِّنكُم مِّن ذَكَرٍ أَوْ أُنثَى بَعْضُكُم مِّن بَعْضٍ فَالَّذِينَ هَاجَرُواْ وَأُخْرِجُواْ مِن دِيَارِهِمْ وَأُوذُواْ فِي سَبِيلِي وَقَاتَلُواْ وَقُتِلُواْ لأُكَفِّرَنَّ عَنْهُمْ سَيِّئَاتِهِمْ وَلأُدْخِلَنَّهُمْ جَنَّاتٍ تَجْرِي مِن تَحْتِهَا الأَنْهَارُ ثَوَاباً مِّن عِندِ اللّهِ وَاللّهُ عِندَهُ حُسْنُ الثَّوَابِ (١٩٥)

لاَ يَغُرَّنَّكَ تَقَلُّبُ الَّذِينَ كَفَرُواْ فِي الْبِلاَدِ (١٩٦)

مَتَاعٌ قَلِيلٌ ثُمَّ مَأْوَاهُمْ جَهَنَّمُ وَبِئْسَ الْمِهَادُ (١٩٧)

لَكِنِ الَّذِينَ اتَّقَوْاْ رَبَّهُمْ لَهُمْ جَنَّاتٌ تَجْرِي مِن تَحْتِهَا الأَنْهَارُ خَالِدِينَ فِيهَا نُزُلاً مِّنْ عِندِ اللّهِ وَمَا عِندَ اللّهِ خَيْرٌ لِّلأَبْرَارِ (١٩٨)

وَإِنَّ مِنْ أَهْلِ الْكِتَابِ لَمَن يُؤْمِنُ بِاللّهِ وَمَا أُنزِلَ إِلَيْكُمْ وَمَا أُنزِلَ إِلَيْهِمْ خَاشِعِينَ لِلّهِ لاَ يَشْتَرُونَ بِآيَاتِ اللّهِ ثَمَناً قَلِيلاً أُوْلَـئِكَ لَهُمْ أَجْرُهُمْ عِندَ رَبِّهِمْ إِنَّ اللّهَ سَرِيعُ الْحِسَابِ (١٩٩)

يَا أَيُّهَا الَّذِينَ آمَنُواْ اصْبِرُواْ وَصَابِرُواْ وَرَابِطُواْ وَاتَّقُواْ اللّهَ لَعَلَّكُمْ تُفْلِحُونَ (٢٠٠)

٣ : ١٨٨

قرأ ابن مسعود «بِمَا لَمْ يَفْعَلُواْ بِمَفَازَةٍ»، بحذف «فَلاَ تَحْسَبَنَّهُمْ» (الخطيب ١: ٦٤٥).

٣ : ١٩٢

تعلن الآية أنّ كل مَن يرسله الله إلى جهنم، تُلحق به المهانة ‹رَبَّنَا إِنَّكَ مَن تُدْخِلِ النَّارَ فَقَدْ أَخْزَيْتَهُ› (آل عمران ٣: ١٩٢)، ونحن نعلم أن القرآن يقول إن الجميع سيدخلون النار: ‹وَإِن مِّنكُمْ إِلَّا وَارِدُهَا› (مريم ١٩: ٧١)؛ وهذا يعني أن الخزي سيصيب المسلمين جميعا، رغم أن القرآن يعدهم بأن الله لن يخزيهم يوم القيامة ‹يَوْمَ لا يُخْزِي اللَّهُ النَّبِيَّ وَالَّذِينَ آمَنُوا مَعَهُ› (التحريم ٦٦: ٨).

فأي اعتقاد فيهما هو الحق؟

المرأة في القرآن

المرأة في القرآن

تحدد وضع المرأة في الإسلام بالقرآن، فعلى قواعده بُنيت الأحكام الفقهية الخاصة بالمرأة. وإضافة لذلك، القرآن مصدر قوانين الأحوال الشخصية في البلدان الإسلامية، وهذه الدراسة تتناول النصوص القرآنية لفهم وضع المرأة في الإسلام.

أولاً صورة المرأة

أ. كائن شرير

ينظر القرآن إلى المرأة بعين الشك، إذْ يعتبرها مصدر غواية للرجل؛ ففي سياق تناوله لقصة يوسف، وصف القرآن النساء بأنهنّ ذوات كيد عظيم: ﴿إِنَّ كَيْدَكُنَّ عَظِيمٌ﴾ (يوسف ١٢: ٢٨) في حين اعتبر أن ﴿كَيْدَ الشَّيْطَانِ كَانَ ضَعِيفاً﴾ (النساء ٤: ٧٦).

صحيح أن كلمة «كيد» لا تأتي بمعنى الذم دائماً، إلاّ أن وصف سورة يوسف للنساء بالكيد جاء في سياق الذم، حيث وردت هذه المفردة ثلاث مرات (الآيات ٣٣ و٣٤ و٥٠)، ويُفهم من هذه الآيات أن الكيد الفطري للنساء يصدر «عن خلائقهنَ وطبائعهن»، ويجعلهن يسلكن برياءٍ، ويظهرن غير ما يبطن، ويشتغلن بحياكة المؤامرات (العقاد ٤: ٤٠٧).

ب . كائن ناقص

تعتبر المرأة في القرآن كائناً ناقصاً، كما يتبين من تشريعيْن: الأول، قاعدة المواريث، حيث عيّن القرآن حصة المرأة من الميراث كنصف حصة الذكر: ‹للذَّكَرِ مِثْلُ حَظِّ الأُنثَيَيْنِ› (النساء ٤ : ١١ و١٧٦)؛ والثاني، قاعدة الشهادة لدى القَضَاء، إذْ لا تجوز شهادة المرأة على نفس مصداقية شهادة الرجل، بل تُحتسب شهادتها كنصف شهادة؛ ولا تقبل شهادة المرأة إلاّ إذا صدرت عن اثنتين. وكذلك في حالة حدوث اقتراض بين شخصين، فيجب أن يشهد على الأمر رجلان أو رجل وامرأتان، لأنه إن نسيت ‹إِحْدَاهُمَا فَتُذَكِّرَ إِحْدَاهُمَا الأُخْرَى› (البقرة ٢ : ٢٨٢).

ولا يشكك القرآن في ملكات المرأة العقلية فحسب، بل إنها تُضرب مثلاً على الشخص هزيل الحجة الذي لا يقدر على الجدل:

‹أَوَمَن يُنَشَّأُ فِي الْحِلْيَةِ وَهُوَ فِي الْخِصَامِ غَيْرُ مُبِينٍ›. (الزخرف ٤٣ : ١٨)

وتعزي الآيةُ ضعف المنطق عند المرأة لما يراه ناظم القرآن من «ضعف عقول النساء ونقصانهنّ عن فطرة الرجال. يُقال: قلما تكلمت امرأةٌ فأرادت أن تتكلم بحجتها إلا تكلمت بالحجة عليها» (الزمخشري ٥ : ٤٣٣، قارن: القرطبي ١٩ : ٢٠). والمرأة «إذا احتاجت المخاصمة والمنازعة عجزت وكانت غير مبين، وذلك لضعف لسانها وقلة عقلها وبلادة طبعها» (الرازي ٢٧ : ٢٠٣). كما أن المرأة عاجزة عن الحديث المنطقي، ولأنها تدرك حقيقة ذاتها ودونيتها، فهي تحاول أن تبث في نفسها الثقة «بلبس الحليّ وما في معناه، ليجبر ما فيها من نقص» (ابن كثير ١٢ : ٣٠٦).

من المنظور الإسلامي، يفوق الرجل المرأة حتى في أداء الأعمال التي «انفردت بها المرأة، وكان نصيبها منها أوفى وأقدم من نصيب الرجال»، فعلى الرغم من اشتغال المرأة منذ فجر التاريخ بإعداد الطعام، فإنها لا تبلغ قط مهارة الرجل «الذي يتفرغ لها بضع سنوات» فحسب (العقاد ٤ : ٣٩٩). والرجل أمهر من المرأة في التطريز والتّفصيل. وحتى في ميدان الرقص فإن الأستاذية للرجل بينما «عمل المرأة في الرقص أقرب إلى التنفيذ منه إلى الابتكار» (العقاد ٤ : ٤٠٠). وما تلك النساء النوابغ في كل مجال، والملكات في مختلف الأزمنة، إلا حالات استثنائية، لا تخرق القاعدة (العقاد ٤ : ٤٠١).

ثانياً : الحجاب

عُرف الحجاب في الجزيرة العربية، حيث كانت النساء يضعن الأخمرة على رءوسهن ويتركن أعلى الصدر والعنق والأذنان بدون غطاء (القرطبي ١٥ : ٢١٥). كانت المرأة تخرج بهذه الهيئة أمام الرجال (ابن كثير ١٠ : ٢١٧)، بما فيهن المسلمات اللواتي حافظن على لباسهن القديم. لكن بعض التغييرات الاجتماعية في المدينة دفعت محمداً لفرض الحجاب؛ ذلك أن النساء (وزوجات محمد) كن يخرجن ليلاً لقضاء حوائجهنّ، فكان يجلس الرجال على قارعة الطريق يتحرشون بهن لفظياً، فشكت النساء ذلك لمحمد (القرطبي ١٧ : ٢٣٠)، فأمرهن

بالحجاب بحكم الآية التي تقول: ‹يَا أَيُّهَا النَّبِيُّ قُل لأَزْوَاجِكَ وَبَنَاتِكَ وَنِسَاءِ الْمُؤْمِنِينَ يُدْنِينَ عَلَيْهِنَّ مِن جَلابِيبِهِنَّ ذَلِكَ أَدْنَى أَن يُعْرَفْنَ فَلا يُؤْذَيْنَ› (الأحزاب ٣٣: ٥٩).

ولما «كان الفتيان وأهل الشطارة» يتحرشون بالإماء الذاهبات إلى قضاء الحاجة بين النخيل والغيطان، وفي بعض الأحيان كانوا يتعرضون للحرة من النساء متذرعين أنهم لم يميزوا بين الحرّة والمسترقة، أمر محمد بمخالفة الحرّائر للباس الإماء (الزمخشري ٥: ٩٨). ونجح الأمر فعلاً كما جاء في تفسير ابن كثير، الذي قال إن بعضاً من «فساق أهل المدينة» كانوا يتجولون ليلاً للتحرش بالنساء اللواتي كن يخرجن لقضاء الحاجة، «فإذا رأوا امرأةً عليها جلباب، قالوا: «هذه حرة، كفوا عنها». وإذا رأوا المرأة ليس علها جلباب، قالوا: «هذه أمة، فوثبوا إليها»» (ابن كثير ١١: ٢٤٣).

إذاً، جاءت الآية (الأحزاب ٣٣: ٥٩) لتأمر بالحجاب من أجل تمييز المرأة الحرّة عن المسترقة (الطبري ١٩: ١٨٣)، فيكف المتحرشون عن النساء الحرائر (الطبري ١٩: ١٨١، ابن كثير ١١: ٢٤٣)، فصار السفور من خصائص المسترقات اللائي أصبحن مستباحات. وقد منع عمر بن الخطاب المسترقات من لبس الحجاب، فكان «إذا رأى أمةً قد تقنّعت ضَرَبَها بالدِّرة، محافظة على زيّ الحرائر» (القرطبي ١٧: ٢٣٣).

ثالثاً: الزواج

يستعمل القرآن مصطلح «النكاح» للزواج (مثلاً: الأحزاب ٣٣: ٤٩). وهو لا يضع حداً أدنى لسن زواج المرأة، ولكن يُفهم من أحكامه أنه يجوز تزويج الفتاة قبل سن البلوغ، كما يتضح من الآية التي تقول إن عدة المطلقة الصغيرة التي لم تحض بعد ثلاثة أَشْهرٍ (الطلاق ٦٥: ٤). وتقوم العلاقة الزوجية في الإسلام على القواعد التالية:

أ. قوامة الرجل

أعطى القرآنُ الرجلَ السّلطةَ المطلقةَ في الزواج، فقال إن ‹الرِّجَالُ قَوَّامُونَ عَلَى النِّسَاءِ› (النساء ٤: ٣٤)، مبرراً منح السلطة للرجل بعاملين:

أولاً: بالتفضيل الذي منحته إياه الطبيعة ‹بِمَا فَضَّلَ اللهُ بَعْضَهُمْ عَلَى بَعْضٍ›.

ثانياً: بقدرته المالية: ‹وَبِمَا أَنفَقُواْ مِنْ أَمْوَالِهِمْ›. ولا يتغير الوضع السيادي للرجل وإن «ملكت المرأة مالاً يغنيها عن نفقة الرجل أو يمكنها من الإنفاق عليه»، لأن للرجل أفضلية بغض النظر عن أي حالة اقتصادية. ويقول علماء الإسلام ومفكروه إن حكم القرآن هو حكم أزلي، «قبل نشوء الحضارات والشرائع العامة وبعد نشوئها» (العقاد ٤: ٣٩٨). وإن «من الدلائل الفطرية الطبيعية لقوامة الرجل، شعور المرأة بالحرمان والنقص والقلق وفقدان السعادة عندما تعيش مع رجل لا يزاول مهام القوامة وتنقصه صفاتها اللازمة» (أبو خليل ٢٣٤).

ب. الزوجة بوصفها مسترقة

الزوجة في الإسلام بمثابة المسترقة عند الرجل. وقد كرس محمد هذا التوصيف في خطبة حجة الوداع، فعندما تناول وضع المرأة، قال للرجال

إن النساء «عَوَان»، أي بمنزلة الأسرى (القرطبي ٦ : ٢٨٦). وقد شدّدت السنة المحمدية على أنه يجب على المرأة أن تمتثل لأوامر الزوج، إذْ رُوي أن رجلاً سافر، بعد أن أمر زوجته ألا تخرج من محلها، وأثناء غيابه مرض أبوها، فأرسلت إلى محمد تطلب منه إذناً بالخروج إلى أبيها، فأجابها محمد: «أَطِيعِي زَوْجَكِ»، فمات الأب، فطلبت من محمد الإذن لوداعه، فقال لها مرة أخرى: «أَطِيعِي زَوْجَكِ»، فدُفِنَ جثمانُ الأبِ، فأرسل لها محمد خبراً يقول «إن الله غفر لأبيها بطاعتها لزوجها» (آداب النكاح ٦٩).

إضافة للطاعة المطلقة، يتوجب على المرأة تقديس الزوج، فكما قال محمد: «لو تَعلمُ المرأةُ حَقَّ الزوج ما قعَدَت ما حضرَ غداؤُه وعشاؤُه حتى يَفْرُغَ» (الدر المنثور ٤ : ٣٩١). وذات مرة جاءته فتاةٌ تسأله عن حق الزوج عليها، فقال: «لَوْ كَانَ مِنْ فَرْقِه [مفرق الشعر] إلَى قَدَمِه صَدِيدٌ فَلَحَسَتْهُ مَا أَدَّتْ شُكْره» (آداب النكاح ٧٠). وفي مصدر آخر نقرأ: «لو كان به قَرْحَةٌ فلَحَستها، أو ابتَدَر مَنْخَراه صَدِيداً ودماً، ثم لَحَسته، ما أدَّتْ حقَّه» (الدر المنثور ٤ : ٣٩٩، قارن: من وصايا الرسول للنساء ٩٦ و٩٧). ويرد هذا الحديث في مختلف المصادر وبصيغ مختلفة. نقرأ:

> «مِن حقّ الزوج على الزوجة أنْ لو سالَ مَنْخَرَاه دماً وقَيْحاً وصَدِيداً، فَلَحَسته بلسانها، ما أدّت حقَّه، لو كان ينبغي لبشرٍ أن يسجُدَ لبشرٍ لأمرتُ المرأةَ أنْ تسجُدَ لزوجِها إذا دخل عليها، لِما فضَّله اللهُ عليها».
>
> (الدر المنثور ٤ : ٣٨٨، ٣٩٢، ٣٩٧، ٣٩٨)

إن الطاعة للزوج وتقديسه واجبان على المرأة، بل ويشكلان بالنسبة لها ركناً من أركان العبادة، كما صرّح محمدٌ: «إذا صَلَّت الْمَرْأَةُ خَمْسَها، وَصَامَتْ شَهْرَها، وَحَفِظَتْ فَرْجَهَا، وَأَطَاعَتْ زَوْجَها، دَخَلت جَنَّةَ رَبِّهَا» (آداب النكاح: ٦٩، قارن: الدر المنثور ٤ : ٣٩٠، ابن كثير ٤ : ٢٣). والله لا يقبل صلاة المرأة إن كان زوجها ساخطاً عليها (الدر المنثور ٤ : ٣٩٣، ٣٩٨، من وصايا الرسول للنساء ١٠٠).

ج. حق الزوج في معاقبة زوجته

منح القرآن الزوجَ حق معاقبة زوجته إن خرجت عن الخطوط التي رسمها لها، فقال للرجل:

> ‹وَاللاَّتِي تَخَافُونَ نُشُوزَهُنَّ، فَعِظُوهُنَّ، وَاهْجُرُوهُنَّ فِي الْمَضَاجِعِ، وَاضْرِبُوهُنَّ؛ فَإِنْ أَطَعْنَكُمْ، فَلاَ تَبْغُواْ عَلَيْهِنَّ سَبِيلاً›.
>
> (النساء ٤ : ٣٤)

فعلى سبيل المثال، إنْ عبّرت الزوجة عن استيائها من أمر ما، أو إن رفضت ممارسة الجنس، أو خرجت من المنزل بدون إذن الزوج، تُعتبر ناشزاً (التفسير الكبير ٣ : ٢٣٨، قارن: الطبري ٦ : ٦٩٦ ٦٩٧)؛ وعلى الرجل أن يتدخل لعلاج هذا «العصيان» الجنسي أو السلوكي بأدوات الجراحة التي أتاحتها له الشريعة القرآنية، وهي ثلاث أدوات: الموعظة الهجران الضرب.

١. الموعظة

كخطوة أولى، يذكّر الرجلُ المرأةَ بحقوقه التي منحته إياها الشريعة، فيقول لها مثلاً:

«اتقي الله! فإنّ لي عليك حقاً، وارجعي عمّا أنت عليه. واعلمي أنّ طاعتي فرض عليك».
(الرازي ١٠ : ٩٣)

أما إذا رفضت المرأة تلبية رغبات الرجل الجنسية، فعلى الزوج أن يذكرها بحقه على جسدها (الطبري ٦ : ٦٩٨، الدر المنثور ٤ : ٣٩٧).

٢ . الهجران

إن بقيت المرأة على «عصيانها»، فعلى الزوج مقاطعة الزوجة، وعدم الكلام معها أو مشاركتها في المضجع (الطبري ٦ : ٧٠١، ابن كثير ٤ : ٢٥). وأدخل بعضهم عدم ممارسة الجنس في العقوبة (أحكام القرآن ١ : ٥٣٣)، إلاّ أن الرأي السائد بين العلماء المسلمين يرجح أن المقاطعة تعني عدم الحديث معها، على ألا يشمل ذلك ممارسة الجنس، بل على الرجل أن يسيء معاملة زوجته لفظياً بدون التنازل عن «حقه المشروع» في جسدها: «يَهْجُرُها بلسانه، ويُغْلِظُ لها بالقول، لا يَدَعُ جِماعَها» (الطبري ٦ : ٧٠٤؛ قارن: القرطبي ٦ : ٢٨٤، الدر المنثور ٤ : ٤٠٣).

٣ . شد الوثاق والإكراه على الجنس

للهجر في اللغة العربية معانٍ مختلفة، إحداها: «هجْرُ البعير: إذا رَبَطه صاحبُه بالهِجَارِ»، والهَجار: حبلٌ يُربَطُ في يد البعير ورجله في أحد الجانبيْن (الطبري ٦ : ٧٠٥). وعلى ذلك، فإن عبارة ‹وَاهْجُرُوهُنَّ› تعني شدّ وثاق الزوجة، وإكراهها على الجنس، وهو رأي ذهب إليه الطبري، معتمداً في ذلك على أن معنى الهِجَار هو «الرَّبْطِ بالهِجارِ... للبعيرِ» (الطبري ٦ : ٧٠٧. قارن: القرطبي ٦ : ٢٨٥). ويؤيد هذا القول آخرون ممن رأوا أن «معناه أكرهوهنَ على الجماع واربطوهن» (الزمخشري ٢ : ٧٠).

إن حق الزوج في جسد المرأة أمر لا نقاش فيه بحسب القرآن، مهما كانت حالتها النفسية أو الجسدية، فعليها أن تلبي إشارة الرجل إلى الاستلقاء في الفراش. وقد شدد محمد على ذلك مراراً وتكراراً، ومن أقواله المأثورة في هذا:

«إنَّ مِن حَقِّ الزَّوجِ عَلَى الزَّوْجَةِ إذا أَرَادَاه فَرَاوَدَها عَلَى نَفْسِهَا وهَيَ عَلى ظَهْرِ بَعِيرٍ لا تَمْنَعُهُ».
(آداب النكاح ٧١)

«إذا دعا الرجلُ امرأته إلى فراشه فلم تأته، فبات غضبان عليها لعنتها الملائكة حتى تُصبح».
(من وصايا الرسول للنساء ١٠٠)

نجد مضامين هذه الأحاديث في مصادر الأحاديث المعتبرة والمتفق عليها (مثل صحيح البخاري ومسلم)، ولكن باختلاف الألفاظ (ابن كثير ٤ : ٢٥).

٤ . الضرب

إن فشلت الأدوات السابقة: العظة والفحش بالكلام والربط، عندها يحق للرجل أن يضرب زوجته. والآية القرآنية لا تحدد كيفية وحدود الضرب، لكن المسلمين يقولون إن محمداً اشترط أن يكون الضَّرْب «غيرَ مُبَرِّحٍ» (الطبري ٦ :

٧٠٩-٧١٠)، والضّرب «غيرَ مُبَرِّحٍ» يعني حسب المفسرين:

- ألا يكون على الوجه (الطبري ٦: ٧٠٨).
- ألا يكسر لها عظماً (الطبري ٦: ٧١١).
- أن يستخدم أدوات غير قاتلة، مثل: السِّوَاك (الطبري ٦: ٧١١-٧١٢)، وشريط الحذاء ونحَوهِ (الثعالبي ٢: ٢٣٠)؛ وكذلك باللَّكْزة [الضربة بقبضة اليد في العنق والصدر] ونحوها (القرطبي ٦: ٢٨٥).

الضرب إذاً جزاء المرأة على كل تصرف يثير غضب الزوج أو حتى على كل فعل لا يعجب الزوج (القرطبي ٦: ٢٨٦). وقد أكد الأدب الإسلامي المعاصر على مشروعية الضرب وعلى فائدته «التربوية». فنقرأ مثلاً للشيخ محمد متولي الشعراوي (١٩١١ - ١٩٩٨)، وهو صاحب تفسير للقرآن، وذو مكانة مرموقة وشعبية كبيرة في مصر والعالم العربي، يقول بصدد الضرب:

> «أن الضرب ليس علامة الكراهية، ولكنه قد يكون علامة حب، وأنه ما دام غير مبرّح فإنه يسبب ألماً بسيطاً، وأن الإنسان قد يلجأ إلى ضرب خفيف مع من يحب لأنه يحب مصلحته، ويهمه أمره.
>
> والمرأة بطبيعتها تتفهم ذلك من زوجها، وتعرف أن غضبه عليها ومعاقبته لها.. سرعان ما يتلاشى ويزول بزوال أسبابه، فتدوم بينهما العِشْرة وكأن شيئاً لم يكن».
>
> (الشعراوي ٩٨)

د. المرأة أرض حِراثة للرجل

ينظر القرآن للجنس على أنه فعل يمارسه الرجل، وأن على المرأة أن تتلقى الفعل وتكون أداة لمتعة الرجل: ‹نِسَاؤُكُمْ حَرْثٌ لَّكُمْ فَأْتُواْ حَرْثَكُمْ أَنَّى شِئْتُمْ› (البقرة ٢: ٢٢٣). ولما كان للرجل حق التحكم في جسد المرأة، لأنه هو المحراث، فإن علماء الإسلام طرحوا نقاشاً حول معنى ‹أَنَّى› فقالوا إنها تعني:

١. ‹أَنَّى شِئْتُمْ›: للرجل حق اتخاذ الوضعية الجنسية التي يشتهيها (الطبري ٣: ٧٤٨).
٢. ‹أَنَّى شِئْتُمْ›: متى خطر على بال الرجل، باستثناء فترة الحيض (القرطبي ٤: ٨).
٣. ‹أَنَّى شِئْتُمْ›: أين أو حيث شاء الرجل؛ وقالوا إن الآية تجيز الإتيان في الدُّبُر. وهذا الرأي وجد له مناصرين بين صحابة محمد (القرطبي ٤: ٨)، وبين فقهاءٍ من أهل المدينة (ابن كثير ٢: ٣١٢) [قارن التعليق على البقرة ٢: ٢٢٣، صفحة ١٥٦].

فلا حق للمرأة في جسدها، بل هي وسيلة لمتعة الرجل، وأرض يحرث فيها، على حد وصف أحد الفقهاء (الطبري ٣: ٧٤٥).

ه. تعدد الزوجات

أجاز القرآن تعدد الزوجات: ‹فَانكِحُواْ مَا طَابَ لَكُم مِّنَ النِّسَاء مَثْنَى وَثُلاَثَ وَرُبَاعَ› بشرط العدل بين النساء (النساء ٤: ٣). وقال الشارحون إن العدل المقصود هو تساوي الرغبة تجاه الزوجات (الطبري ٧: ٥٦٩)، وكذلك العدل في «الجِماع

والعِشْرَة والقَسْم » بينهن (القرطبي ٦ : ٣٧).

كان تعدد الزوجات معروفاً قبل الإسلام، ولم يكن ثمة حد لعدد الزوجات اللائي يجمع بينهن الرجل، فحدد الإسلام العدد بأربع زوجات في نفس الوقت (المفصل ٥ : ٥٤٧)؛ لكن بعضهم قد فهم أن عبارة: ‹مَثْنَى وَثُلَاثَ وَرُبَاعَ› أجازت التسعة، مستندين إلى أن محمداً كان في عِصْمَته في إحدى المراحل تسع زوجات، وهو رأي يرفضه القسم الأعظم من المفسرين (القرطبي ٦ : ٣٣) معتبرين أن محمداً حالة خاصة [قارن التعليق على النساء ٤ : ٢ و٣، صفحة ٢٣٢].

مع أن محمداً أجاز تعدد الزوجات، لكنه أحال ذات مرة بين صهره وبين الزواج من ثانية، ذلك أن علي بن أبي طالب، زوج فاطمة، أراد اتخاذ زوجةً ثانية، فغضبت فاطمة وغضب لها أبوها (بنت الشاطيء ٦٠٥). إذ لم يسمح محمدٌ لعلي من إتمام مأربه إذ كان « يؤذيه أن تروّع أحبُ بناته بضرّة، ويشفق عليها من تجربة قاسية » (بنت الشاطيء ٦٠٦)، فحذر علياً وقال له علناً إنه إن أراد الزواج فعليه أن يطلق ابنته (بنت الشاطيء ٦٠٩).

عزّز تعدد الزوجات من قدرة المسلمين على الغزو، إذ صار بمثابة آلة إنتاج تزود الجيوش بالرجال القادرين على المشاركة في الغزوات، وحتى اليوم، ينظر الكتاب المسلمون إلى تعدد الزوجات من زاوية الغزو، وهاكم ما يكتبه كاتب معاصر دفاعاً عن تعدد الزوجات، وأهميته لموضوع نشر الإسلام بقوة السلاح:

« تعدد الزوجات خير طريق لإكثار النسل في البيئات التي تحتاج إلى كثرة الأيدي للحرب أو العمل كالبلاد الزراعية. فالمسلمون مكلفون بالجهاد في سبيل الدعوة. فالتعدد كفيل بتعويض ما يفقد في الجهاد ويعوض الكثير من النساء عن أزواجهن الذين فُقدوا في الحرب ».

(أبو خليل ٢٢٩)

و. الطلاق، والزواج من ثانٍ للرجوع إلى الأول

صادق القرآن على الطّلاق، وأعطى الرجل حق تطليق زوجته مرتين، ولكنه حكم أنه بعد المرة الثالثة لا يحق للمطلقة الرجوع لزوجها السابق ‹حَتَّى تَنكِحَ زَوْجاً غَيْرَهُ› (البقرة ٢ : ٢٣٠). وجاء في المصادر الإسلامية أن القرآن أمر بذلك لمواجهة قاعدة اجتماعية تعطي الرجل حق استرداد زوجته المطلّقة ما دامت في فترة العدة، فكان بعض الرجال يمعنون في تعذيب المرأة، إذْ كلما قاربت عدة المطلقة على الانتهاء، قام مطلقها باستردادها، ثم أعاد تطلقيها (أسباب النزول للسيوطي ٤٤).

يقتضي التشريع القرآني بعد التطليق الثالث أن تتزوج المرأة من رجل غير زوجها، وأن يجري الاتصال الجنسي قبل الرجوع إلى زوجها السابق. وبذلك فإن عملية الرجوع إلى الزوج الأول تمر بالمراحل التالية:

١. العدة.
٢. عقد زواج مع آخر.
٣. ممارسة الجنس معه.
٤. الطلاق منه.
٥. الرجوع إلى الأول إذا أرادت.

[قارن التعليق على البقرة ٢ : ٢٢٩ - ٢٣١،

صفحة ١٥٩]

ز. العدة

في حالة وفاة الزوج، يتوجب على المرأة البقاء أربعة أشهر وعشرة أيام حبيسة المنزل، ولا يجوز فيها أن تتزين. وبعد انقضاء هذه الفترة يحق لها الخروج من المنزل والزواج (البقرة ٢ : ٢٣٤). أما في حالة الطلاق، فيجب على المرأة أن تلتزم العدة، ومدتها ثلاثة أشهر فيما يخص المرأة كبيرة السن التي انقطع عنها الحيض وكذلك الصغيرة التي لم تحض. أما المرأة الحامل فعدتها بقية فترة الحمل (الطلاق ٦٥ : ٤).

وكان الإسلام قد أخذ هذه الأحكام من عرب ما قبل الإسلام وعّدل فيها، إذ كانت عدة المتوفي عنها زوجها سنة كاملة (المفصل ٥ : ٥٥٧)، فصارت أربعة أشهر وعشرة أيام في الإسلام. وأما المطلقة، فلم تكن لها عدة قبل الإسلام، إذ كان يحق للمرأة المطلقة أن تتزوج بدون مراعاة للعدة، ففرض القرآن عليها العدة (المفصل ٥ : ٥٥٦).

رابعاً المتعة (الزّواج المؤقت)

المتعة زواجٌ مؤقتٌ، يشابه الزواج الدائم في أنه قائم على عقدٍ، إلاّ أنه يختلف عنه بأنَّ الطَّلاقَ يحدث آليَّاً بعد انقضاءِ المدّة المتفق عليها في العقد.

كانَ هذا النوع من الزَّوَاج معروفاً قبل الإسْلام (المُفَصَّل ٥ : ٥٣٦). وغالباً ما يُنسب أولاد المُتْعَةِ إِلَى أمهاتهم، إذْ كان الأب، على الأغلب، عابراً في ديار الأم ثم تنقطع الصِّلات بين الأب والأم؛ فيأخذ الأولاد نسب الأم ونسب عشيرتها (المُفَصَّل ٥ : ٥٣٧). وقد أخذَ مُحَمَّدٌ هذه العادة، وأدمجها في الإِسْلام بالآية التي تقول: ‹فَمَا اسْتَمْتَعْتُم بِهِ مِنْهُنَّ فَآتُوهُنَّ أُجُورَهُنَّ فَرِيضَةً› (سُوْرَةُ النِّسَاءِ ٤ : ٢٤).

لم يردْ نسخٌ قُرآنيٌ للآية الَّتِي تشير إِلَى المُتْعَةِ، ولكن أهل السُّنَّة يرون أنَّ محمداً نسخ المُتْعَةِ (ابن الجوزي ٢٧١، الإيضاح ٢٣٠)، في حين أن المعطيات التاريخية تشير إِلَى أنّ عمر بن الخطاب هو أوّل مَنْ حرّم المُتْعَة (ابن الجوزي ٢٧٠؛ تاريخُ الخلفاءِ ١٦٥). ويذكر ابن حبيب أسماء من كانوا ينادون باستمرارية المُتْعَة من أصحابِ مُحَمَّدٍ كما ورد في (المُحَبَّر ٢٨٩)، وهم:

١. خالد بن عبد الله الانصاريّ.
٢. زيد بن ثابت الأنصاريّ.
٣. سلمة بن الأكوع الأسلميّ.
٤. عُمَرانْ بن الحصن الخُزاعيّ.
٥. عبدُ اللهِ بنُ العَبَّاس بنُ عبدِ المُطَّلب.

وما زال الشيعة إلى اليوم متمسكين بشرعية المتعة.

لا يقتصر العدد في المتعة على أربع نساء مثل الزواج الدائم، فعندما سُئل جعفر الصّادق عن العدد المسموح به في المتعة، وهل يقتصر على أربع زوجات، أجاب: «لا. ولا حتى سبعين»، وقال إن لا حدّ له. وقال لآخر: «تزوج ألفاً منهن». وحينما سُئل الهادي إن كان ثمة حد معين للمتعة، أجاب: «لا حدّ» (Sourcebk of Rel. Lit., 57-58).

خامساً: «ملك اليمين» ـ اغتصاب المسترقات

يتناول القرآن بالتشريع فئة أخرى من النساء، هي فئة المسترقات، فأعطى الرجل المسلم حق التمتع الجنسي بالمسترقة (النساء ٤ : ٣ و٢٤) بدون اعتبار لحالتها العائلية قبل الأسر، سواء أكانت متزوجة أم لا. كما نظر إلى المسترقة على أنها متاع، وليست إنساناً له حقوق، لهذا لا يحتاج الرجل لتحرير عقد زواج لممارسة الجنس مع المسترقة، فما عليه سوى أن يشير إليها فتطيع. وبما أن المسترق متاع أيضاً، يحق للرجل المسلم أن يتصرف برابطة زواجه؛ ففي أحد مصادر الفقه الشيعي نجد أنه إذا زوّج المسلمُ مسترقَه أمَتَه، ثم اشتهاها، أمر المسترقَ باعتزالها، فإن حاضت مارس الجنس معها. كما سمح الفقه الشيعي للرجل بـ«إعارة الفرج»، وهو أن يعير المسلم مسترقته لقريبه أو صديقه ليتمتع بها ثم يعيدها إليه، على اعتبار أن المسترقة شيء مملوك قابل للإعارة (فصول عن المرأة ٥٤).

كذلك سمح الشيعة بممارسة «الفَهْر»، وهو أن يمارس الرجل الجنس بين جاريتيْن، ويتنقل بينهما، أو يمارس الجنس مع واحدة بينما تشاهد الأخرى الفعل الجنسي (فصول عن المرأة ٥٤). وغير ذلك من تنويعات الجنس الثلاثي. ويبدو أن سلوك «الفَهْرُ» كان موجوداً بين العرب، إذ يقال في العربية:

> «أَفْهَرَ الرَّجلُ: إذا خلا مع جارِيته لِقضاء حاجِته، ومعه في البيت أخرى من جواريه، فأكسل عن هذه، أيْ أوْلَجَ ولَمْ يُنزِلْ، فقام مِن هذهِ إلى أُخرى فأنْزَل مَعَها»
> (ابن منظور ٣٤٧٩)

لا يرفض العلماء المسلمون المعاصرون نقد هذه المعاملة تجاه المسترقات، بل حتى أنهم يوافقون عليها نظرياً. ورغم أن الظروف السياسية والدولية المعاصرة تحكمها قواعد وحقوق لا تسمح لجيوش المسلمين بالغزو، ولا تسمح بالتسري بالأسيرات، فنجد مثلاً أحد كبار علماء مصر الحديثة يدافع عن التسري بالمسترقات، ويعتبره نوعاً من الزواج (الشعراوي ٥٧-٥٨). ويضيف الشيخ الشعراوي أنه، رغم عدم إمكانية شراء المسترقات الآن بموجب القوانين العالمية السائدة، إلاّ أنه «ليس معنى هذا إضعاف للنص، فالنص الشرعي موجود إن وجدت حالة طُبِّق عليها، وإن لم تُوجد فهو موجود للتطبيق متى وُجِدَت الحالة» (الشعراوي ٥٩). فالمواثيق الدولية الخاصة بمعاملة الأسرى، بالنسبة للعلماء المسلمين المعاصرين نتاج شرائع أرضية لا ينبغي الالتزام بها.

خاتمة

هناك عاملان يشكلان وضع المرأة في الإسلام: العامل الأول، القرآن وكتب الأحاديث، وهذا عامل ثابت غير قابل للتغير لا في الزمان ولا في المكان؛ والعامل الثاني، عامل البيئة الاجتماعية، وهو عامل متغير حسب المجتمع وحسب الظروف التاريخية المعطاة. في دراستنا الحالية تطرقنا إلى القواعد القرآنية التي قننت وضع المرأة، مستعينين بالأحاديث المحمدية لشرح النصوص القرآنية.

يدعى الأدب الإسلامي أن الإسلام دفع وضع

المرأة في الجزيرة العربية قدماً، لا بل أنه العقيدة الوحيدة التي كرمت المرأة، ولكن الدراسة تبين أن الإسلام، في جوانب معينة، قد حقق تقدماً لوضع المرأة في جزيرة عرب القرن السابع الميلادي؛ فتحديد عدد الزوجات بأربع هو خطوة إلى الإمام بلا شك مقارنة بوضع الجزيرة آنذاك، ولكن من جانب آخر أباح القرآن ضرب الزوجة، فصار الضرب مقنناً ومسموحاً به إلهياً وليس نابعاً من سلوك فردي. أيضاً أجاز الإسلام للرجل الاستمتاع بالمسترقات، وهذه نقلة للوراء لأنه صادق بالمقدس على اغتصاب المسترقات.

وكانت قاعدة الميراث في الجاهلية تنص على أن الإرث قاصر على الذكور الكبار دون الإناث، على أن يكون شخصاً قادراً على القتال، ولهذا كانوا لا يورثون صغار السن (المفصل ٥: ٥٦٢). ولكن يبدو أن هذه القاعدة لم تكن سائدة بشكل كامل، بل كانت المرأة ترث في بعض البقاع في الجزيرة العربية (المفصل ٥: ٥٦٣). وجاء الإسلام ليعطي الميراث لكل الأولاد، بدون شرط القدرة على القتال، وأعطى للمرأة نصف حصة الرجل، فكان هذا تشريعاً تقدمياً بالمقارنة مع ما كان سارياً، إلاّ أنه لم يكن من ابتكار الإسلام على أي حالٍ، إذ وردت حالات كان فيها بعض العرب يوزع للذكر «مِثْل حَظِّ الأُنثَيَيْنِ» (المفصل ٥: ٥٦٥).

كانت المرأة عبر التاريخ البشري وفي مختلف المجتمعات القديمة، ترزح تحت وطأة الظلم الاجتماعي، لكن الفرق بين وضع المرأة في الإسلام ووضعها في بقية المجتمعات، أن الإسلام خاتم الأديان كما يؤمن أتباعه، وبالتالي لا يمكن تناول وضع المرأة خارج القواعد القرآنية، ولا يمكن الخروج عن تحديدات ما ورد فيه، ومثال على ذلك نصيب المرأة من الميراث، فالوضع المعاصر فرض عمل المرأة ومشاركة المرأة في أعباء الحياة المالية، ولكنها ما زالت محرومة من المساواة في الميراث لأن القرآن أمر بذلك حتى لو كانت هي عائل أسرتها الوحيد.

وبخصوص تعدد الزوجات، صحيح أن تعدد الزوجات لا يشكل نسبة كبيرة في أغلب المجتمعات المعاصرة، ولكن يبقى للرجل الحق الشرعي في إضافة زوجة ثانية وثالثة ورابعة.

تشكّل القواعد القرآنية بخصوص المرأة أدوات اضطهاد وتسلط بيد الرجل المسلم، وليس من المحتمل أن تنال المرأة المسلمة حقوقها، ذلك أنّ المفكر المسلم، إلى اليوم، يرى أن «وظيفة المرأة الوحيدة هي أن تتزوج وتكّون أسرة، وأي مجهود تبذله غير ذلك لا قيمة له في حياتها هي بالذات» (أبو خليل ٢٤١).

اشتُقت تسمية السورة
من آياتها الأولى التي تطرقت لأحكام
تخص النساء.

ويختلف العلماء المسلمون بشأن تاريخها؛ فالأغلبية تقول إن سورة النساء تنزّلت بعد سورة آل عمران، أى بعد السنة الثالثة هجرية. وثمة تقدير أنها تنزّلت خلال السنة الرابعة أو فى مستهل السنة الخامسة (ابن عاشور ٤ : ٢١١). ويميل (ويْرِي) لتبني هذا التاريخ، إذ يقدرها بالفترة ما بين بداية السنة الرابعة هجرية إلى منتصف أو نهاية السنة الخامسة (Wherry 2:64). بينما يقدرها آخرون بالفترة ما بين نهاية السنة الثالثة والسنة الخامسة (ما بين معركة أُحد والخندق) (نولدكه ١٧٦. قارن: أطوار الدعوة القرآنية ٨٠٩).

والملاحظ أن هناك فى سياق السورة مقاطع لا تقع ضمن تلك الفترة؛ حيث نجد في السورة عبارة ‹يَا أَيُّهَا النَّاسُ› (١ و١٣٣)، وهي عبارة مكية، ومن الجائز أيضاً أن تكون هذه العبارة مدنية مبكرة، استعملها محمد قبل أن يصيغ مصطلحاته الجديدة. ونظراً لورود عبارة ‹يَا أَيُّهَا النَّاسُ› في السورة، قال بعض المسلمين إنها مكية (ابن عاشور ٤ : ٢١٢)، وهو أمر يرفضه أغلب العلماء المسلمين؛ لأن السورة تتناول مسائل جرت في المدينة؛ وبالتالي فالآيتان (١ و١٣٣) دخيلتان على السورة.

أيضاً، نجد في السورة آيات تعود لما بعد السنة الخامسة هجرية، فآية التيمم (٤٣) جاءت في غزوة المُرَيْسِيع، أى فى السنة الخامسة او السادسة هجرية. ونصادف في نهاية السورة آية الكَلَالَة (١٧٦)، والتي يعتبرها البعض آخر آية (ابن عاشور ٤ : ٢١٢).

السورة تركز على معالجة آثار هزيمة أُحد، فبالإضافة لأحكام النساء، تبحث السورة في موضوع المواريث، وتتناول قضية اليتامى. وتقدم عظات للمسلمين. وفي سياق معالجة الوضع السياسي ما بعد أُحد، اوردت السورة خطابات معادية لليهود (٤٤-٥٥؛ ١٥٥-١٥٨). وتناولت مناوئي محمد (المنافقين) بالنقد الشديد (٦٠-٦٨، ٨١-٨٣، ١٣٨، ١٤١-١٤٣). كما نجد فيها تحريضاً على القتال (٧٤-٧٨، ٨٤).

تتضمن السورة أيضاً تعريضاً بالمسيحيين (١٧١-١٧٢)، لكن لمّا لم يكن القرآن قد بدأ حملته ضد المسيحيين بعد، فلا بدّ أن هذا الجزء قد أُضيف لاحقاً لهذه السورة.

يَا أَيُّهَا النَّاسُ اتَّقُواْ رَبَّكُمُ الَّذِي خَلَقَكُم مِّن نَّفْسٍ وَاحِدَةٍ وَخَلَقَ مِنْهَا زَوْجَهَا وَبَثَّ مِنْهُمَا رِجَالاً كَثِيراً وَنِسَاء وَاتَّقُواْ اللّهَ الَّذِي تَسَاءلُونَ بِهِ وَالأَرْحَامَ إِنَّ اللّهَ كَانَ عَلَيْكُمْ رَقِيباً (١)

وَآتُواْ الْيَتَامَى أَمْوَالَهُمْ وَلاَ تَتَبَدَّلُواْ الْخَبِيثَ بِالطَّيِّبِ وَلاَ تَأْكُلُواْ أَمْوَالَهُمْ إِلَى أَمْوَالِكُمْ إِنَّهُ كَانَ حُوباً كَبِيراً (٢)
وَإِنْ خِفْتُمْ أَلاَّ تُقْسِطُواْ فِي الْيَتَامَى فَانكِحُواْ مَا طَابَ لَكُم مِّنَ النِّسَاء

٤ : ٢-٣

حذّر القرآن المسلمين من الاستيلاء على مال اليتامى واعتبره ذنباً عظيماً (النساء ٤ : ٢)، ثم تابع الحديث بقوله: فـ ‹إِنْ خِفْتُمْ› ألا تعدلوا في اليتامى، فتزوجوا ‹مَا طَابَ لَكُم مِّنَ النِّسَاء مَثْنَى وَثُلاَثَ وَرُبَاعَ› (النساء ٤ : ٣).

فما هي العلاقة بين الخشية من ظلم اليتامى ونكاح ما طاب من النساء؟ وإذا استعملنا لغة النحو: ‹إِنْ خِفْتُمْ أَلاَّ تُقْسِطُواْ› شرط، و‹فَانكِحُواْ› جزاء أو جواب الشرط؛ ولاسيما أن أداة الشرط المستخدمة «إن» تفيد ربط الجواب بالشرط، ولذلك ‹فَانكِحُواْ› جاء مقروناً بالفاء كجواب للشرط وفقاً للقاعدة النحوية؛ فكيف يتعلق هذا الجواب بذلك الشرط؟

لنقرأ ما ورد في المصادر:

القول الأول: يُنقل عن عائشة أن الآية تتصل بأولياء اليتامى، الذين كانوا يعجبون بجمال الفتيات اليتيمات، ويتزوجون بهن، ولكنهم يبخسون لهن في المهر. فطلبت منهم الآية أن يعدلوا لهن في المهر، وفسرت ذلك بأنه من يخاف ألاّ يقسط [يعدل] فليتزوج من الأجنبيات (الرازي ٩ : ١٧٧، القرطبي٦ : ٢٣ ـ ٢٤، المحرر الوجيز ٢ : ٦ ـ ٧).

القول الثاني: بعد أن طالب القرآن بمراعاة العدل مع اليتامى (النساء ٤ : ٢) فإن الرجال قد تحرجوا من تولي شؤون اليتامى، فذكرت لهم الآية: «إن خفتم ترك العدل في حقوق اليتامى فتحرجتم منها، فكونوا خائفين من ترك العدل من النساء، فقللوا عدد المنكوحات!» (الرازي ٩ : ١٧٨). ويحكى عن سعيد بن جبير والسّدي وقتادة وابن عباس أنّ من عادة العرب التحرّج في أموال اليتامى، ولكنهم كانوا لا يتحرّجون في النساء، فكانوا يتزوجون العشرة وأكثر، فجاءت الآية تقول لهم: «كما تخافون ألا

مَثْنَى وَثُلاثَ وَرُبَاعَ فَإِنْ خِفْتُمْ أَلَّا تَعْدِلُواْ فَوَاحِدَةً أَوْ مَا مَلَكَتْ أَيْمَانُكُمْ ذَلِكَ أَدْنَى أَلَّا تَعُولُواْ (٣)
وَآتُواْ النِّسَاء صَدُقَاتِهِنَّ نِحْلَةً فَإِن طِبْنَ لَكُمْ عَن شَيْءٍ مِّنْهُ نَفْساً فَكُلُوهُ هَنِيئاً مَّرِيئاً (٤)
وَلاَ تُؤْتُواْ السُّفَهَاء أَمْوَالَكُمُ الَّتِي جَعَلَ اللّهُ لَكُمْ قِيَاماً وَارْزُقُوهُمْ فِيهَا وَاكْسُوهُمْ وَقُولُواْ لَهُمْ قَوْلاً مَّعْرُوفاً (٥)

تقسطوا في اليتامى، كذلك فتحرجوا في النساء، وانكحوا على الحد الذي يبعد عن الجور» (المحرر الوجيز ٢ : ٧).

القول الثالث: إنهم كانوا يتحرجون من ولاية اليتامى، فقيل: إن خفتم في حق اليتامى، فكونوا خائفين من الزنا، فانكحوا ما جاز لكم من النساء ولا تحوموا حول المحرمات.

القول الرابع: يحكى أنه كان لبعض الرجال عدة زوجات، وفي نفس الوقت كانوا يرعون يتيمات، فكان الرجل منهم إذا استنفذ ماله على زوجاته، يقوم بإنفاق ما بحوزته من مال اليتامى. فجاءت الآية تحذر من هذا المسلك المشين، مطالبةً بالاكتفاء بأربع زوجات كي يزول الدافع من وراء الاستيلاء على مال اليتامى، وإن خاف الرجال في الأربع أيضاً، فواحدة (الرازي ٩ : ١٧٨). ويشرح تفسير المحرر الوجيز (٢ : ٧): «إن خفتم عجز أموالكم حتى تجوروا في اليتامى فاقتصروا».

تعليق

نلاحظ إذاً تضارب الأقوال: فتأويل يعلن أن من عادة العرب الاستيلاء على مال اليتامى لمنفعة شخصية: إما من خلال البخس في المهر (القول الأول)، أو بالاستيلاء المباشر على مال اليتامى لغايات شخصية كالإنفاق على الزوجات (القول الرابع).

في حين يفيد (القول الثاني) أن الرجال كانوا يتحرّون العدل مع اليتامى، ولهذا طلب القرآن من الرجل أن يسلك سلوك العدل مع زوجته أسوةً بسلوكه مع اليتامى؛ ولكن هذا الرأي لا ينسجم مع سياق الآية، لأن الآية السابقة حذرت الرجال من أكل مال اليتامى، والتحذير يعني أنهم كانوا ينهبون مال اليتامى. والملاحظ أنّ الآية لا تقول للمسلمين، مثلما تخشون عدم العدل مع اليتامى، فاخشوا ذلك مع النساء، بل تستخدم أسلوب الشرط: «إنْ ... فـ ...» أي ربطت بين الأمرين.

أما (القول الثالث)، الذي يفيد بأن الآية تتعلق بالزنى، فهو قول ضعيف، لأن الآية تتحدث عن الزواج. كما أننا لو قبلنا القول الثالث، فإن العلاقة الشرطية «إنْ ... فـ ...» تظل غير مفهومةٍ. وعلى كل الأحوال، فليس هناك قول من هذه التفسيرات الأربعة من شأنه ان يعطينا سبباً لربط الخوف من عدم العدل في مال اليتامى والحل بالزواج مما طاب من النساء.

هامش ١ : إجازة الزواج بأكثر من أربع نساء
يُفهم من القول الرابع أن الرجل إنْ لم يستولِ على مال اليتامى لتغطية نفقاته، فيحق له الزواج بأي عدد من النساء كما يرغب. وقد أيّد علماء مسلمون شرعية الزواج بأكثر من أربع نساء اعتماداً على الآية الثالثة من سورة النساء، انظر أقوالهم في تفسير الرازي (الرازي ٩: ١٧٨).

هامش ٢ : إجازة الزواج باليتيمة قبل سن البلوغ
اعتماداً على هذه الآية (النساء ٤: ٣)، أجاز أبو حنيفة إنكاح اليتيمة قبل البلوغ (القرطبي٦: ٢٣ ٢٤).

قراءة مقترحة

القرآن واغتيال الفصاحة والعقل والبيان. وهو مقال يتناول بالنقد الآية ٣ من سورة النساء:
‹http://www.annaqed.com/ar/content/show.aspx?aid=16053›

‹وَإِنْ خِفْتُمْ›... ‹فَانكِحُواْ› !!

هذه الآية (النساء ٤: ٣)... من الأعاجيب. فقد اجتمع فيها أمران لا يمكن الجمع بينهما إلاّ إذا أمكن الجمع بين الزيت والماء. فإنّي، رغم جميع ما قرأت في كتب التفسير وما فيها من مقبول ومرذول وثرثرة فارغة واغتصاب للمعاني، لا أزال حتّى الآن عاجزاً عن فهم العلاقة بين عدم القسط في اليتامى وبين النكاح.

وأرجح الظن أنَّ بين الشرط ‹وَإِنْ خِفْتُمْ› وجواب الشرط ‹فَانكِحُواْ› في الآية... آيةٌ ثالثة ناقصة أو منسوخة سقطتْ سهواً أو عمداً. ما لم تكن هناك «حكمة بالغة» أو «نكتة بلاغية» عوّدنا عليها المفسّرون الثرثارون!!! وإلاّ فإنّ جميع ما في جعبتهم من عمليّات إنقاذ للآية لا يُغني شيئاً.

فالآية على هذا الوجه وبهذه الصفة لا معنى لها! لقد رفض الجمود أن يستطلع طلْعَ هذه الآية، وأبى إلاّ أن يُبقي عليها كما نزلتْ خشيةَ التحريف أو القول في كلام اللّٰه ما ليس فيه.
(مِحْنَتِي مَعَ القُرْآن وَمَعَ اللّٰهِ فِي القُرْآن ١٣٠)

وَابْتَلُواْ الْيَتَامَى حَتَّىَ إِذَا بَلَغُواْ
النِّكَاحَ فَإِنْ آنَسْتُم مِّنْهُمْ رُشْداً
فَادْفَعُواْ إِلَيْهِمْ أَمْوَالَهُمْ وَلاَ تَأْكُلُوهَا
إِسْرَافاً وَبِدَاراً أَن يَكْبَرُواْ وَمَن كَانَ
غَنِيّاً فَلْيَسْتَعْفِفْ وَمَن كَانَ فَقِيراً
فَلْيَأْكُلْ بِالْمَعْرُوفِ فَإِذَا دَفَعْتُمْ إِلَيْهِمْ
أَمْوَالَهُمْ فَأَشْهِدُواْ عَلَيْهِمْ وَكَفَى بِاللّهِ
حَسِيباً (٦)

٤ : ٦

تقول الآية إنه لا يجوز للغني الوصي على مال اليتيم أن يستفيد من مال اليتيم شيئاً، ولكن إن كان الوصي فقيراً، فيمكن أن يستفيد ‹بِالْمَعْرُوفِ›. وقال المفسرون إن المقصود ‹بِالْمَعْرُوفِ› إحدى المعاني التالية:

أ. إنه يجوز الاقتراض من المال (ابن الجوزي ٢٤٧، الإيضاح ٢٠٨).

ب. «إن الأكل ‹بِالْمَعْرُوفِ› أنْ يأكل من غير إسرافٍ»، وقال أحد المفسرين: «ما سدّ الجوع ووارى العورة»، بينما قال آخر: «يأكل بأطراف أصابعه، ولا يسرف في الأكل، ولا يكتسي منه» (ابن الجوزي ٢٤٩ ـ ٢٥٠، قارن: الإيضاح ٢٠٩).

ج. إنه يجوز للوصى الفقير أن يأخذ من المال عند الضرورة، فإن تمكن فعليه إيفاء ما أخذ، وإن لم يؤسر فهو في حلٍّ من إرجاعه (ابن الجوزي ٢٥٠).

د. إن المقصود ‹بِالْمَعْرُوفِ› أن يأخذ الولي بقدر أجرته (ابن الجوزي ٢٥٠).

إذاً، حسب هذه الأقوال، يعتقد أن الآية محكمة، ولكن ذهب بعضٌ من العلماء إلى أن الآية منسوخة بالآيتين التاليتين:

أ. آية: ‹لاَ تَأْكُلُواْ أَمْوَالَكُمْ بَيْنَكُمْ بِالْبَاطِلِ› (النساء ٤ : ٢٩) (ابن الجوزي ٢٥١ ـ ٢٥٢، الإيضاح ٢٠٨، النحاس ٩٢).

ب. آية: ‹إِنَّ الَّذِينَ يَأْكُلُونَ أَمْوَالَ الْيَتَامَى ظُلْماً إِنَّمَا يَأْكُلُونَ فِي بُطُونِهِمْ نَاراً وَسَيَصْلَوْنَ سَعِيراً› (النساء ٤ : ١٠) (الإيضاح ٢٠٨، النحاس ٩٢، شعلة ١٢٢).

لِّلرِّجَالِ نَصِيبٌ مِّمَّا تَرَكَ الْوَالِدَانِ وَالأَقْرَبُونَ
وَلِلنِّسَاء نَصِيبٌ مِّمَّا تَرَكَ الْوَالِدَانِ وَالأَقْرَبُونَ
مِمَّا قَلَّ مِنْهُ أَوْ كَثُرَ نَصِيباً مَّفْرُوضاً (٧)
وَإِذَا حَضَرَ الْقِسْمَةَ أُوْلُواْ الْقُرْبَى وَالْيَتَامَى
وَالْمَسَاكِينُ فَارْزُقُوهُم مِّنْهُ وَقُولُواْ لَهُمْ
قَوْلاً مَّعْرُوفاً (٨)
وَلْيَخْشَ الَّذِينَ لَوْ تَرَكُواْ مِنْ خَلْفِهِمْ
ذُرِّيَّةً ضِعَافاً خَافُواْ عَلَيْهِمْ فَلْيَتَّقُوا اللّهَ
وَلْيَقُولُواْ قَوْلاً سَدِيداً (٩)
إِنَّ الَّذِينَ يَأْكُلُونَ أَمْوَالَ الْيَتَامَى

٤ : ٧

نُسخت هذه الآية بآية المواريث: ‹يُوصِيكُمُ اللّهُ فِي أَوْلاَدِكُمْ لِلذَّكَرِ مِثْلُ حَظِّ الأُنثَيَيْنِ...› (النساء ٤ : ١١) (ابن سلامة ٣١). رأى بعض العلماء أن الآية تشير إلى وجوب توريث المرأة بدون تحديد المقدار، لكن هذا المبدأ قد نُسخ بالآية (١١) من سورة النساء، وهو أمر لا يوافق عليه ابن الجوزي، معتبراً أن الآية السابعة تتناول أساساً مبدأ ميراث النساء، بينما جاءت آية المواريث لتحديد مقدار الأرث (ابن الجوزي ٢٥٣).

٤ : ٨

يُقال أنه لدى قسمة الميراث، كان يحضر الإجراء أناس مختلفون، مثل: الجار والفقير واليتيم، فيحصلون على أعطيات من الوارثين (ابن الجوزي ٢٥٤)، ولدينا بشأنها قولان:

القول الأول: إنها منسوخة

وذلك بآية المواريث ‹يُوصِيكُمُ اللّهُ فِي أَوْلاَدِكُمْ لِلذَّكَرِ مِثْلُ حَظِّ الأُنثَيَيْنِ...› (النساء ٤ : ١١) (ابن الجوزي ٢٥٥ - ٢٥٧، ابن حزم ٣١، ابن سلامة ٣١ ـ ٣٢).

القول الثاني: إنها محكمة

يُروى أن ابن عباس قال إن هذه الآية لم تُنسخ، «ولكنها مما تهاون الناس به». وقال آخر: «ما هي بمنسوخة، وإنها الثابتة. ولكن الناس بخلوا وشحّوا» (ابن الجوزي ٢٥٣ ـ ٢٥٤). ورأى البعض أن في الآية حثاً وترغيباً، وأن لا أمرَ فيها (الإيضاح ٢١٠ - ٢١١، شعلة ١٢٣، قارن: الطبري ٦ : ٤٣٢ - ٤٣٤).

٤ : ٩

لدينا الأقوال المختلفة التالية بخصوص فحوى الخطاب في هذه الآية:

أولاً: أن الخطاب للحاضرين لدى الموصّي

أ. تحذّر الآيةُ من يحضرون لدى شخص يوصي في ماله أن يأمروه بتفريق ماله على

ظُلْماً إِنَّمَا يَأْكُلُونَ فِي بُطُونِهِمْ نَاراً وَسَيَصْلَوْنَ سَعِيراً (١٠)
يُوصِيكُمُ اللّهُ فِي أَوْلاَدِكُمْ لِلذَّكَرِ مِثْلُ حَظِّ الأُنثَيَيْنِ فَإِن كُنَّ نِسَاء فَوْقَ اثْنَتَيْنِ فَلَهُنَّ ثُلُثَا مَا تَرَكَ وَإِن
كَانَتْ وَاحِدَةً فَلَهَا النِّصْفُ وَلأَبَوَيْهِ لِكُلِّ وَاحِدٍ مِّنْهُمَا السُّدُسُ مِمَّا تَرَكَ إِن كَانَ لَهُ وَلَدٌ فَإِن لَّمْ يَكُن لَّهُ وَلَدٌ وَوَرِثَهُ أَبَوَاهُ فَلأُمِّهِ الثُّلُثُ فَإِن كَانَ لَهُ إِخْوَةٌ فَلأُمِّهِ السُّدُسُ مِن بَعْدِ وَصِيَّةٍ

غير الورثة الشرعيين. وحسب هذا التفسير يجب على الحاضرين أن يدفعوه بأن يبقي ماله للورثة (ابن الجوزي ٢٥٨ ـ ٢٥٩).

ب. على النقيض مما سبق، تنهي الآية الحاضرين أن يمنعوا المحتضر من الوصية لأقاربه (ابن الجوزي ٢٥٩).

ثانياً: أنه خطاب لأولياء اليتامى بوجوب القيام بعملهم بإخلاص وصدق (ابن الجوزي ٢٥٩).

ثالثاً: أنه خطاب للأوصياء بإجراء الوصية وفق ما رسم الموصّي، وأن هذا قد نسخ بآية: ﴿فَمَنْ خَافَ مِن مُّوصٍ جَنَفاً أَوْ إِثْماً فَأَصْلَحَ بَيْنَهُمْ فَلاَ إِثْمَ عَلَيْهِ﴾ (البقرة ٢: ١٨٢)، حيث أجازت آية البقرة للوصي إصلاح الوصية إن وجد فيها ميلاً عن الحق، وعلى هذا القول فالآية تعتبر منسوخة، بينما حسب القول الأول والثاني، تكون الآية محكمة (ابن الجوزي ٢٦٠، قارن: ابن سلامة ٣٢).

٤: ١٠

قيل لما حذرت الآيةُ من أكل أموال اليتامى، صار بعض الأوصياء يعزلون طعام اليتيم وشرابه عن طعام الآخرين، وهذه مسألة اعتبرها البعض تعقيداً للوصاية، فجاءت آية اخرى لتنسخها: ﴿وَإِنْ تُخَالِطُوهُمْ فَإِخْوَانُكُمْ﴾ (البقرة ٢: ٢٢٠) (ابن الجوزي ٢٦٠ ـ ٢٦١).

ثمة من قال بأن الآية نسخت بـ: ﴿وَمَن كَانَ فَقِيراً فَلْيَأْكُلْ بِالْمَعْرُوفِ﴾ (النساء ٤: ٦)، وهو رأي يرفضه ابن الجوزي، إذْ يرى أن الآيتين لا تنفيان بعضهما البعض (ابن الجوزي ٢٦٢، ابن حزم ٣٢).

٤: ١٠

وردت الآية في مصحف ابن مسعود بتركيب مختلف: «ومن يأكل أموال اليتامي ظلماً فإنما يأكل في بطنه ناراً وسيصلى سعيراً» (الخطيب ٢: ٢٤).

يُوصِي بِهَا أَوْ دَيْنٍ آبَاؤُكُمْ وَأَبناؤُكُمْ لاَ
تَدْرُونَ أَيُّهُمْ أَقْرَبُ لَكُمْ نَفْعاً فَرِيضَةً مِّنَ
اللّهِ إِنَّ اللّهَ كَانَ عَلِيما حَكِيماً (١١)
وَلَكُمْ نِصْفُ مَا تَرَكَ أَزْوَاجُكُمْ إِن لَّمْ يَكُن
لَّهُنَّ وَلَدٌ فَإِن كَانَ لَهُنَّ وَلَدٌ فَلَكُمُ الرُّبُعُ مِمَّا
تَرَكْنَ مِن بَعْدِ وَصِيَّةٍ يُوصِينَ بِهَا أَوْ دَيْنٍ
وَلَهُنَّ الرُّبُعُ مِمَّا تَرَكْتُمْ إِن لَّمْ يَكُن لَّكُمْ وَلَدٌ
فَإِن كَانَ لَكُمْ وَلَدٌ فَلَهُنَّ الثُّمُنُ مِمَّا تَرَكْتُم مِّن
بَعْدِ وَصِيَّةٍ تُوصُونَ بِهَا أَوْ دَيْنٍ وَإِن كَانَ
رَجُلٌ يُورَثُ كَلاَلَةً أَو امْرَأَةٌ وَلَهُ أَخٌ أَوْ أُخْتٌ
فَلِكُلِّ وَاحِدٍ مِّنْهُمَا السُّدُسُ فَإِن كَانُوَاْ أَكْثَرَ
مِن ذَلِكَ فَهُمْ شُرَكَاء فِي الثُّلُثِ مِن بَعْدِ
وَصِيَّةٍ يُوصَى بِهَا أَوْ دَيْنٍ غَيْرَ مُضَآرٍّ
وَصِيَّةً مِّنَ اللّهِ وَاللّهُ عَلِيمٌ حَلِيمٌ (١٢)

٤ : ١٢

قرأ أُبيّ بن كعبٍ: «وَلَهُ أَخٌ أَوْ أُخْتٌ من الأُمّ» (الخطيب ٢ : ٣١) بإضافة «من الأُمّ». ويحذف ابن مسعود وسعد بن أبي وقاص «ال» التعريف، فيقرآن: «وَلَهُ أَخٌ أَوْ أُخْتٌ من أُمّ». وقرأ آخرون: «وَلَهُ أَخٌ أَوْ أُخْتٌ لأمّه» (الخطيب ٢ : ٣٢).

والخلاف أن آية المصحف تتحدث عمن لهم نصيب في الميراث، فتذكر من ‹لَهُ أَخٌ أَوْ أُخْتٌ› بدون تحديد جهة الإخوة، بينما تحدد القراءات الأخرى أن الإخوة من جهة الأم.

٤ : ١٥

تحدد الآية عقوبة النّساء ‹اللاَّتِي يَأْتِينَ الْفَاحِشَةَ› بالحبس في البيوت ‹حَتَّىَ يَتَوَفَّاهُنَّ الْمَوْتُ›. وفي الآية حشوٌ، لأنه لا فرق بين التوفي والموت، فكأن الآية تقول: «حَتَّىَ يميتهن الْمَوْتُ». وقد تجاهل بعض المفسرين هذا الحشو، في حين أن آخرين دفعوا بما يلي:

يجوز أنْ يراد، حتى يتوفاهن ملائكة الموت... أو حتى يأخذهن الموت ويستوفي أرواحهن (الرازي ٩ : ٢٤٢، الزمخشري ٢ : ٤١).

بيد أن الشارحين ليسوا واثقين من صحة تأويلهم، كما يظهر من قولهم «يجوز»، وإن صحّ تأويلهم، فهذا يعني أن في القرآن ضعفاً في صياغة العبارات.

٤ : ١٥-١٦

تشير الآية (١٥) إلى أن عقوبة الزنى للمرأة (متزوجة أو عازبة) هي الحبس إلى أن تموت. وتقول الآية الأخرى (١٦) إن عقوبة الرجل هي الأذى فحسب (الضرب بالنّعال

تِلْكَ حُدُودُ اللّهِ وَمَن يُطِعِ اللّهَ وَرَسُولَهُ
يُدْخِلْهُ جَنَّاتٍ تَجْرِي مِن تَحْتِهَا الأَنْهَارُ
خَالِدِينَ فِيهَا وَذَلِكَ الْفَوْزُ الْعَظِيمُ (١٣)
وَمَن يَعْصِ اللّهَ وَرَسُولَهُ وَيَتَعَدَّ
حُدُودَهُ يُدْخِلْهُ نَاراً خَالِداً فِيهَا وَلَهُ
عَذَابٌ مُّهِينٌ (١٤)
وَاللاَّتِي يَأْتِينَ الْفَاحِشَةَ مِن نِّسَآئِكُمْ
فَاسْتَشْهِدُواْ عَلَيْهِنَّ أَرْبَعةً مِّنكُمْ فَإِن
شَهِدُواْ فَأَمْسِكُوهُنَّ فِي الْبُيُوتِ
حَتَّىَ يَتَوَفَّاهُنَّ الْمَوْتُ أَوْ يَجْعَلَ اللّهُ
لَهُنَّ سَبِيلاً (١٥)
وَاللَّذَانَ يَأْتِيَانِهَا مِنكُمْ فَآذُوهُمَا فَإِن تَابَا
وَأَصْلَحَا فَأَعْرِضُواْ عَنْهُمَا إِنَّ اللّهَ
كَانَ تَوَّاباً رَّحِيماً (١٦)

والتّعيير والسّب)، ومجمل الآيتين يفيد أن المرأة تنفرد بالحبس علاوة على الأذى، في حين يعاقب الرجل بالأذى فقط (ابن الجوزي ٢٦٢-٢٦٣، النحاس ٩٦، الطبري ٦: ٤٩٤). ولكن بعضهم قال إن عقوبة الأذى تنزل بحق غير الـمُحْصَنَيْن (المرأة والرجل) (الطبري ٦: ٤٩٩، ٥٠٣، قارن: ابن حزم ٣٢، ابن سلامة ٣٣)، وقد نُسخ هذان الحكمان (أي الحبس والأذى) فصارت عقوبة المتزوج والمتزوجة مئة جلدة ثم الرجم بالحجارة، وعقوبة العازبين مئة جلدة ونفي سنة (الطبري ٦: ٤٩٤ و٤٩٦، النحاس ٩٧)، ويرجع نسخ الآية إلى الأسانيد التالية:

أ. نسخت العقوبة بالآية التالية: ‹الزَّانِيَةُ وَالزَّانِي فَاجْلِدُوا كُلَّ وَاحِدٍ مِنْهُمَا مِائَةَ جَلْدَةٍ› (النور ٢٤: ٢). وإن كانا متزوجين رُجما حسب حديث منسوب لمحمدٍ (ابن الجوزي ٢٦٣، الإيضاح ٢١٥، الطبري ٦: ٤٩٦ و٥٠٤-٥٠٥).

ب. نسخت العقوبة بحديث محمدي، ينص على أن عقوبة المرأة الزانية: مئة جلدة ثم تُرجم، واما البكر فمئة جلدة فقط (ابن الجوزي ٢٦٤-٢٦٥، قارن: ابن سلامة ٣٣).

يبقى أن نشير إلى أن آية الرجم غير مدونة في القرآن، وقد قال عنها العلماء إنها نُسِخت لفظاً، وبقيت حكماً (ابن الجوزي ٢٦٥).

قراءة مقترحة:

نص آية الرجم غير المدونة: «والشيخُ والشيخةُ، إذا زَنيا فَارْجُمُوهُمَا البتّة، نكالاً من اللّه. واللّه عليم حكيم».

دراسة عن آية الرّجم:

The Verse of Stoning in the Bible and the Qur'an. Gairdner. W.H.T; Iskandar 'Abdu'l-Masih and Sali 'Abdu'l-Ahad. The Christian

إِنَّمَا التَّوْبَةُ عَلَى اللهِ لِلَّذِينَ يَعْمَلُونَ السُّوءَ بِجَهَالَةٍ ثُمَّ يَتُوبُونَ مِن قَرِيبٍ فَأُوْلَئِكَ يَتُوبُ اللهُ عَلَيْهِمْ وَكَانَ اللهُ عَلِيماً حَكِيماً (١٧) وَلَيْسَتِ التَّوْبَةُ لِلَّذِينَ يَعْمَلُونَ السَّيِّئَاتِ حَتَّى إِذَا حَضَرَ أَحَدَهُمُ الْمَوْتُ قَالَ إِنِّي تُبْتُ الآنَ وَلاَ الَّذِينَ يَمُوتُونَ وَهُمْ كُفَّارٌ أُوْلَئِكَ أَعْتَدْنَا لَهُمْ عَذَاباً أَلِيماً (١٨) يَا أَيُّهَا الَّذِينَ آمَنُواْ لاَ يَحِلُّ لَكُمْ أَن تَرِثُواْ النِّسَاءَ كَرْهاً وَلاَ تَعْضُلُوهُنَّ لِتَذْهَبُواْ بِبَعْضِ مَا آتَيْتُمُوهُنَّ إِلاَّ أَن يَأْتِينَ بِفَاحِشَةٍ

Literature. Society For India. London. Madras. and Colombo. 1910.

آية الرَّجْمِ في التَّوْرَاة والْقُرْآن، القس و. جردنر الإنكليزي بمعاونة الشيخ إسكندر عبد المسيح الباجوري والشيخ بولس فوزي الريماوي، المكتبة الإنكليزية بمصر، ١٩٠٩، طبع في المطبعة الإنكليزية الأميركانية ببولاق مصر.

٤ : ١٧-١٨

تحدد هاتان الآيتان شروط التوبة، ورأى بعضهم أن ما ورد في الآيتين منسوخ فيما يتعلق بغير المسلمين بالآية: ‹وَلاَ الَّذِينَ يَمُوتُونَ وَهُمْ كُفَّارٌ› (النساء ٤ : ١٨) (ابن الجوزي ٢٦٧).

وقال آخرون إن الآية ‹وَلَيْسَتِ التَّوْبَةُ لِلَّذِينَ يَعْمَلُونَ السَّيِّئَاتِ› (النساء ٤ : ١٨) منسوخة بالآية ‹إِنَّ اللهَ لاَ يَغْفِرُ أَن يُشْرَكَ بِهِ وَيَغْفِرُ مَا دُونَ ذَلِكَ لِمَن يَشَاءُ› (النساء ٤ : ٤٨) (الإيضاح ٢١٥).

٤ : ١٩

كان يحق للزوج التي ارتكبت زوجته الزنى أن يأخذ منها كل ما قدمه لها. واعتبر أغلب العلماء أنّ الآية محكمة، ففي حال الزنى جاز للرجل أن يخلعها، وقيل إن المعنى «إذا نشزت عنه [استعصت على الزوج وخرجت عن طاعته] حلّ له أن يأخذ منها الخلع ويتركها» (الإيضاح ٢١٧). وقد قيل إن الفاحشة تعني: الزنى أو النُّشُوزُ أو البذاءُ في اللسان (الإيضاح ٢١٧، قارن: ابن حزم ٣٣)، أيْ إن الجزء الأول منسوخ بالجزء الثاني.

٤ : ١٩

قرأ أُبيّ بن كعب: «إِلاّ أنْ يَفْحشْنَ عليكم» (الخطيب ٢ : ٤١) بحذف ‹مُّبَيِّنَة›، وتعطي هذه القراءة لفعل الفحش معنى محدداً، ألا وهو

مُّبَيِّنَةٍ وَعَاشِرُوهُنَّ بِالْمَعْرُوفِ فَإِن كَرِهْتُمُوهُنَّ فَعَسَى أَن تَكْرَهُواْ شَيْئاً وَيَجْعَلَ اللّهُ فِيهِ خَيْراً كَثِيراً (١٩)
وَإِنْ أَرَدتُّمُ اسْتِبْدَالَ زَوْجٍ مَّكَانَ زَوْجٍ وَآتَيْتُمْ إِحْدَاهُنَّ قِنطَاراً فَلاَ تَأْخُذُواْ مِنْهُ شَيْئاً أَتَأْخُذُونَهُ بُهْتَاناً وَإِثْماً مُّبِيناً (٢٠)
وَكَيْفَ تَأْخُذُونَهُ وَقَدْ أَفْضَى بَعْضُكُمْ إِلَى بَعْضٍ وَأَخَذْنَ مِنكُم مِّيثَاقاً غَلِيظاً (٢١)

الإساءة للزوج.

بينما قرأ ابن مسعود وابن عباس وآخرون: «إلاّ أن يفحشن» (الخطيب ٢: ٤١) بحذف ‹مُّبَيِّنَة›. وأعطت هذه القراءة للفحش معنى أوسع، ألا هو التصرف خارج قواعد الأدب.

٤ : ٢٠

قرأ ابن مسعود: «وَآتَيْتُمْ إِحْدَاهُنَّ قِنطَاراً من ذهبٍ» (الخطيب ٢: ٤٤)، بإضافة «من ذهبٍ».

٤ : ٢٠

طلبت الآية من الرجل ألاّ يأخذ مهر المرأة ‹بُهْتَاناً›، ولكن كلمة ‹بُهْتَاناً› قد وردت في الآية خارج معناها اللغوي، لأن البهتان هو الكذب، وعدم إعطاء المرأة مهرها هو من قبيل الظلم وليس الكذب.

إن المفردة قد حيرت العلماء، فبعضهم قال إن «المراد بالبهتان الظّلم». وقال الزّجاج: «المراد به الباطل». وقالوا: «المراد به إنكاره أن لها مهراً في ذمّته». ولما كانت هذه الأقوال لا تنطبق على معنى اللفظة، فإن بعضهم قال بأن الآية تتحدث عن الرجال الذين كانوا يرمون زوجاتهم بالسوء لإجبارهن على التخلي عن مهرهن (من غرائب آي التنزيل ٦٤).

ومن بين المفسرين، تصدى الرازي (١٠: ١٥) لتقديم تأويلات لكلمة «بُهْتَان»، فقال بأن أوجه التأويل المحتملة هي:

الأول: أن الله فرض للزوجة المهر، فمن استرده فكأنه يقول: ليس ذلك بفرض، فيكون بهتاناً.

الثاني: أنه عند العقد، يتعهد الرجل بتسليم ذلك المهر إليها، وأن لا يسترده منها، فإذا أخذه صار ذلك القول الأول بهتاناً.

الثالث: كان من دأبهم أنهم إذا أرادوا تطليق الزوجة رموها بفاحشة حتى تخاف وتشتري

وَلَا تَنكِحُوا۟ مَا نَكَحَ آبَاؤُكُم مِّنَ النِّسَاءِ إِلَّا مَا قَدْ سَلَفَ إِنَّهُ كَانَ فَاحِشَةً وَمَقْتًا وَسَاءَ سَبِيلًا (٢٢) حُرِّمَتْ عَلَيْكُمْ أُمَّهَاتُكُمْ وَبَنَاتُكُمْ وَأَخَوَاتُكُمْ وَعَمَّاتُكُمْ وَخَالَاتُكُمْ وَبَنَاتُ الْأَخِ وَبَنَاتُ الْأُخْتِ وَأُمَّهَاتُكُمُ اللَّاتِي أَرْضَعْنَكُمْ وَأَخَوَاتُكُم مِّنَ الرَّضَاعَةِ وَأُمَّهَاتُ نِسَائِكُمْ وَرَبَائِبُكُمُ اللَّاتِي فِي حُجُورِكُم مِّن نِّسَائِكُمُ اللَّاتِي دَخَلْتُم بِهِنَّ فَإِن لَّمْ تَكُونُوا۟ دَخَلْتُم بِهِنَّ فَلَا جُنَاحَ عَلَيْكُمْ

نفسها منه بذلك المهر.

الرابع: قال القرآن في الآية السابقة ﴿وَلَا تَعْضُلُوهُنَّ لِتَذْهَبُوا۟ بِبَعْضِ مَا آتَيْتُمُوهُنَّ إِلَّا أَن يَأْتِينَ بِفَاحِشَةٍ مُّبَيِّنَةٍ﴾ والظاهر من حال المسلم أنه لا يخالف أمر الله، فإذا أخذ منها شيئاً أشعر الآخرين بأنها قد أتت ﴿بِفَاحِشَةٍ مُّبَيِّنَةٍ﴾، فإذا لم يكن الأمر كذلك في الحقيقة صح وصف ذلك الأخذ بالبهتان.

الخامس: إن عقاب البهتان والإثم المبين كان معلوماً عندهم فقوله ﴿أتأخذونه بهتاناً﴾ معناه أتأخذون عقاب البهتان، تماما مثل قوله: ﴿إِنَّ الَّذِينَ يَأْكُلُونَ أَمْوَالَ الْيَتَامَى ظُلْمًا إِنَّمَا يَأْكُلُونَ فِي بُطُونِهِمْ نَارًا﴾ (النساء ٤: ١٠).

هذه الأقوال ما هي إلا مجرد تأويلات متعسفة، ومحاولات عقيمة لجعل المفردة تناسب الآية. كما أن تعدد الاحتمالات يبرهن على وجود تنافر في الآية.

٤ : ٢٢

كان بعض الأبناء يتزوجون زوجات آبائهم، وبقي الحال كذلك حتى جاءت هذه الآية لتحرم تلك العادة (الطبري ٦: ٥٤٩). والآية محكمة، ولكن بعض المفسرين قالوا إن هذا الحكم لا ينطبق على الحالات السابقة، فعبارة: ﴿إِلا مَا قَدْ سَلَفَ﴾ تعني: «أي بعدما قد سلف في الجاهلية، فإن ذلك معفو عنه» (ابن الجوزي ٢٦٧، ابن حزم ٣٣). ويرى ابن الجوزي أن هذه العبارة استثناءً وليست نسخاً (ابن الجوزي ٢٦٧-٢٦٨).

٤ : ٢٣

أيضاً، كان يمكن للرجل أن يتزوج أختيْن في نفس الوقت، وقد أبطلت الآية هذا المسلك، على أن ورود عبارة ﴿إلا مَا قَدْ سَلَفَ﴾ قد أحدث نقاشاً، كان مضمونه مشابهاً لما ذُكر تعليقاً على الآية

وَحلائِلُ أَبْنائِكُمُ الَّذينَ مِنْ أَصْلابِكُمْ وَأَن تَجْمَعُواْ بَيْنَ الأُخْتَيْنِ إَلاَّ مَا قَدْ سَلَفَ إِنَّ اللّهَ كَانَ غَفُوراً رَّحِيماً (٢٣) وَالْمُحْصَنَاتُ مِنَ النِّسَاء إِلاَّ مَا مَلَكَتْ أَيْمَانُكُمْ كِتَابَ اللّهِ عَلَيْكُمْ وَأُحِلَّ لَكُم مَّا وَرَاء ذَلِكُمْ أَن تَبْتَغُواْ بِأَمْوَالِكُم مُّحْصِنِينَ غَيْرَ مُسَافِحِينَ فَمَا اسْتَمْتَعْتُم بِهِ مِنْهُنَّ فَآتُوهُنَّ أُجُورَهُنَّ فَرِيضَةً وَلاَ جُنَاحَ عَلَيْكُمْ فِيمَا تَرَاضَيْتُم بِهِ مِن بَعْدِ الْفَرِيضَةِ إِنَّ اللّهَ كَانَ عَلِيماً حَكِيماً (٢٤)

السابقة (أي الآية ٢٢) (ابن الجوزي ٢٦٨، ابن حزم ٣٣).

للزواج المؤقت.

٤ : ٢٤

قرأ ابن مسعود وابن عباس وآخرون: «فَمَا اسْتَمْتَعْتُم بِهِ مِنْهُنَّ إلى أجلٍ مسّمى فَآتُوهُنَّ أُجُورَهُنَّ»، بزيادة «إلى أجلٍ مسّمى»؛ وأكد ابن عباس إن هذه هي القراءة الصحيحة (الخطيب ٢ : ٥٠، قارن : جولدتسهر ٢٣). والفرق بين القراءتين إن قراءة المصحف تشير إلى الزواج بالعموم، وعلى ذلك فسر السنة الأجر في الآية بأنه مهر الزواج، في حين أن القراءة التي تضيف عبارة: «إلى أجلٍ مسّمى» تجعل الآية مرتبطة بالزواج المؤقت (زواج المتعة). وهذا يعني: إما أن السنة حذفوا العبارة كي يؤكدوا قولهم بنسخ زواج المتعة، وإما أن الشيعة أضافوا هذه العبارة لتعزيز مقولتهم بشرعية زواج المتعة. وأياً يكن، فإن طرفاً مسلماً تلاعب بالقرآن ليقوي نظرته

٤ : ٢٤

١. حددت الآيات ٢٢ ـ ٢٤ فئات النساء اللواتي لا يجوز الزواج منهن، ولهذا ساد الاعتقاد أنه يجوز الزواج من كل من لم يذكر هنا، بمعنى أنه يمكن للرجل أن يجمع المرأة وعمتها، والمرأة وخالتها، لكن ذلك قد نُسخ بحديث لمحمد حين قال: «لا يُجْمَعُ بينَ المرأةِ وعَمَّتِها، ولا بين المرأةِ وخالتِها» (الإيضاح ٢١٨).

٢. اختلف المفسرون في معنى الاستمتاع هنا إلى رأيين:

الرأي الأول: إن الاستمتاع: الزواج، والأجور: المهور. وهذا مذهب الجمهور العريض من العلماء (ابن الجوزي ٢٦٩، الطبري ٦ : ٥٨٥ ـ ٥٨٦).

الرأي الثاني: إن المقصود بالاستمتاع في هذه

وَمَن لَّمْ يَسْتَطِعْ مِنكُمْ طَوْلاً أَن يَنكِحَ الْمُحْصَنَاتِ الْمُؤْمِنَاتِ فَمِن مَّا مَلَكَتْ أَيْمَانُكُم مِّن فَتَيَاتِكُمُ الْمُؤْمِنَاتِ وَاللَّهُ أَعْلَمُ بِإِيمَانِكُمْ بَعْضُكُم مِّن بَعْضٍ فَانكِحُوهُنَّ بِإِذْنِ أَهْلِهِنَّ وَآتُوهُنَّ أُجُورَهُنَّ بِالْمَعْرُوفِ مُحْصَنَاتٍ غَيْرَ مُسَافِحَاتٍ وَلاَ مُتَّخِذَاتِ أَخْدَانٍ فَإِذَا أُحْصِنَّ فَإِنْ أَتَيْنَ بِفَاحِشَةٍ فَعَلَيْهِنَّ نِصْفُ مَا عَلَى الْمُحْصَنَاتِ مِنَ الْعَذَابِ ذَلِكَ لِمَنْ خَشِيَ الْعَنَتَ مِنْكُمْ وَأَن تَصْبِرُواْ خَيْرٌ لَّكُمْ وَاللَّهُ غَفُورٌ رَّحِيمٌ (٢٥)

يُرِيدُ اللَّهُ لِيُبَيِّنَ لَكُمْ وَيَهْدِيَكُمْ سُنَنَ الَّذِينَ مِن قَبْلِكُمْ وَيَتُوبَ عَلَيْكُمْ وَاللَّهُ

الآية زواج المتعة، وهو زواج مؤقت كان سارياً في الإسلام الأول. وقد اختلف في شأن نسخ زواج المتعة (ابن الجوزي ٢٦٩):

القول الأول: إن زواج المتعة منسوخ

أ. نسخ زواج المتعة بما يلي:

(١) بفرض العدة: ﴿يَا أَيُّهَا النَّبِيُّ إِذَا طَلَّقْتُمُ النِّسَاء فَطَلِّقُوهُنَّ لِعِدَّتِهِنَّ﴾ (الطلاق ٦٥: ١).

(٢) ﴿وَالْمُطَلَّقَاتُ يَتَرَبَّصْنَ بِأَنفُسِهِنَّ ثَلاَثَةَ قُرُوَءٍ﴾ (البقرة ٢: ٢٢٨).

(٣) ﴿وَاللَّائِي يَئِسْنَ مِنَ الْمَحِيضِ مِن نِّسَائِكُمْ إِنِ ارْتَبْتُمْ فَعِدَّتُهُنَّ ثَلَاثَةُ أَشْهُرٍ﴾ (الطلاق ٦٥: ٤) (ابن الجوزي ٢٧٠، قارن: الإيضاح ٢٢١ - ٢٢٢).

ب. نسب لعائشة القول إن المتعة منسوخة بالآية: ﴿وَالَّذِينَ هُمْ لِفُرُوجِهِمْ حَافِظُونَ، إلا عَلَى أَزْوَاجِهِمْ أَوْ مَا مَلَكَتْ أَيْمَانُهُمْ﴾ (المؤمنون ٢٣: ٥-٦؛ المعارج ٧٠: ٢٩-٣٠)، وبما أنّ المرأة في المتعة ليست زوجةً دائمةً وليست جاريةً، فإن آية النساء (٢٤) منسوخة (الإيضاح ٢٢٢ - ٢٢٣، شعلة ١٢٥). وهذا ما يؤكده بعض فقهاء السنة (ابن حزم ٣٣، ابن سلامة ٣٦، النحاس ١٠٠، شعلة ١٢٥).

ج. بتحريم منسوب لمحمد (ابن الجوزي ٢٧١، قارن: الإيضاح ٢٢٣، ابن حزم ٣٣، النحاس ١٠٠).

القول الثاني: إن زواج المتعة محكم

قال فريق إن المتعة غير منسوخة (ابن الجوزي ٢٧٠)، وهذا ما يأخذ به المذهب الشيعي.

عَلِيمٌ حَكِيمٌ (٢٦)
وَاللّهُ يُرِيدُ أَن يَتُوبَ عَلَيْكُمْ وَيُرِيدُ
الَّذِينَ يَتَّبِعُونَ الشَّهَوَاتِ أَن تَمِيلُواْ مَيْلاً
عَظِيماً (٢٧)
يُرِيدُ اللّهُ أَن يُخَفِّفَ عَنكُمْ وَخُلِقَ
الإِنسَانُ ضَعِيفاً (٢٨)
يَا أَيُّهَا الَّذِينَ آمَنُواْ لاَ تَأْكُلُواْ
أَمْوَالَكُمْ بَيْنَكُمْ بِالْبَاطِلِ إِلاَّ أَن
تَكُونَ تِجَارَةً عَن تَرَاضٍ مِّنكُمْ وَلاَ
تَقْتُلُواْ أَنفُسَكُمْ إِنَّ اللّهَ كَانَ بِكُمْ
رَحِيماً (٢٩)
وَمَن يَفْعَلْ ذَلِكَ عُدْوَاناً وَظُلْماً
فَسَوْفَ نُصْلِيهِ نَاراً وَكَانَ ذَلِكَ عَلَى
اللّهِ يَسِيراً (٣٠)

٤ : ٢٥

لم تكن ثمة عقوبة على المسترقات في حال الزنى إنْ كن غير متزوجات، فجاءت هذه الآية لتحدد أن العقوبة صارت نصف ما على الحرائر.
وقيل في تأويلٍ آخر أن الآية ناسخة للآية: ‹اجْلِدُوا كُلَّ وَاحِدٍ مِّنْهُمَا مِئَةَ جَلْدَةٍ› (النور ٢٤: ٢)، فبعد أن كانت العقوبة واحدة لكلتا الفئتين صارت المسترقة تعاقب نصف العقوبة (الإيضاح ٢٢٠).

٤ : ٢٩

القول الأول: إنها منسوخة

قال شارحون إن الآية تنهي عن ان يأْكُلَ المرء طعام آخر إلا بشراءٍ (الطبري ٦: ٦٢٧)، وقيل إنه بعد أن جاءت الآية، كان الرجل يتحرج أن يأكل عند أحد، فنسخ ذلك بالآية (٦١) من سورة النّور (الطبري ٦: ٦٢٧-٦٢٨).
وقال آخرون إن بعضهم فهم أن الآية نهت عن مؤاكلة ذوي الاحتياجات الخاصة لئلا يُلحق بهم ظلم بالطعام، فلم يعودوا يأكلون مع الأعمى والأعرج والمريض، فجاءت الآية: ‹لَيْسَ عَلَى الْأَعْمَى حَرَجٌ وَلَا عَلَى الْأَعْرَجِ حَرَجٌ...› (النور ٢٤: ٦١) لتنسخها (ابن الجوزي ٢٧٣، قارن: الإيضاح ٢٢٥، ابن حزم ٣٣-٣٤، ابن سلامة ٣٦).

القول الثاني: إنها محكمة

قال فريق إن الآية تنهى عن التكسب ‹بِالْبَاطِلِ›، أيْ من خلال الوسائل غير الشرعية مثل الرّبا والقمار، وغيرهما، ووفق هذا الرأي تُعتبر الآية محكمة (ابن الجوزي ٢٧٢).

إن تَجْتَنِبُوا كَبَآئِرَ مَا تُنْهَوْنَ عَنْهُ نُكَفِّرْ عَنكُمْ سَيِّئَاتِكُمْ وَنُدْخِلْكُم مُّدْخَلاً كَرِيماً (٣١)
وَلاَ تَتَمَنَّوْاْ مَا فَضَّلَ اللّهُ بِهِ بَعْضَكُمْ عَلَى بَعْضٍ لِّلرِّجَالِ نَصِيبٌ مِّمَّا اكْتَسَبُواْ وَلِلنِّسَاء نَصِيبٌ مِّمَّا اكْتَسَبْنَ وَاسْأَلُواْ اللّهَ مِن فَضْلِهِ إِنَّ اللّهَ كَانَ بِكُلِّ شَيْءٍ عَلِيماً (٣٢)
وَلِكُلٍّ جَعَلْنَا مَوَالِيَ مِمَّا تَرَكَ الْوَالِدَانِ وَالأَقْرَبُونَ وَالَّذِينَ عَقَدَتْ أَيْمَانُكُمْ فَآتُوهُمْ نَصِيبَهُمْ إِنَّ اللّهَ كَانَ عَلَى كُلِّ شَيْءٍ شَهِيداً (٣٣)
الرِّجَالُ قَوَّامُونَ عَلَى النِّسَاء بِمَا فَضَّلَ اللّهُ بَعْضَهُمْ عَلَى بَعْضٍ وَبِمَا أَنفَقُواْ مِنْ أَمْوَالِهِمْ فَالصَّالِحَاتُ قَانِتَاتٌ حَافِظَاتٌ لِّلْغَيْبِ بِمَا حَفِظَ اللّهُ وَاللاَّتِي تَخَافُونَ نُشُوزَهُنَّ فَعِظُوهُنَّ وَاهْجُرُوهُنَّ فِي الْمَضَاجِعِ وَاضْرِبُوهُنَّ فَإِنْ أَطَعْنَكُمْ فَلاَ تَبْغُواْ عَلَيْهِنَّ سَبِيلاً إِنَّ اللّهَ كَانَ عَلِيّاً كَبِيراً (٣٤)
وَإِنْ خِفْتُمْ شِقَاقَ بَيْنِهِمَا فَابْعَثُواْ حَكَماً مِّنْ أَهْلِهِ وَحَكَماً مِّنْ أَهْلِهَا إِن يُرِيدَا إِصْلاَحاً يُوَفِّقِ اللّهُ بَيْنَهُمَا إِنَّ اللّهَ كَانَ عَلِيماً خَبِيراً (٣٥)
وَاعْبُدُواْ اللّهَ وَلاَ تُشْرِكُواْ بِهِ شَيْئاً

٤ : ٣١

قرأ ابن عباس: «نُكَفِّرْ عَنكُم مِن سَيِّئَاتِكُمْ»، بزيادة «مِن» (الخطيب ٢ : ٥٨).

الوعد في الآية التكفير عن كل السيئات، بينما الوعد حسب قراءة ابن عباس هو عن بعض السيئات.

٤ : ٣٣

قال الشارحون إن «المعاقدة» تعني:

١. التوارث، حيث كان يتفق رجلان على الموارثة، فيقول أحدهما للآخر: «ترثني وأرثك». فنسخ التوارث بالآية: ‹وَأُولُو الأَرْحَامِ بَعْضُهُمْ أَوْلَى بِبَعْضٍ› (الأنفال ٨ : ٧٥) (ابن الجوزي ٢٧٣ - ٢٧٤).
٢. أنهم كانوا يتعاقدون على التناصر (ابن الجوزي ٢٧٥).
٣. أنهم كان يتعاقدون على هذين الأمرينْ، أي على التناصر وعلى التوارث وقد نُسخ ذلك بآية الميراث: ‹وَأُولُو الأَرْحَامِ بَعْضُهُمْ أَوْلَى بِبَعْضٍ› (الأنفال ٨ : ٧٥) (ابن الجوزي ٢٧٥، الإيضاح ٢٢٦ - ٢٢٧، النحاس ١٠٥).
٤. تتعلق الآية بالذين يَتَبَّنونَ غيرَ أبنائهم ويُوَرِّثونَهُم، فنسخت بالآية: ‹وَأُولُو الأَرْحَامِ بَعْضُهُمْ أَوْلَى بِبَعْضٍ› (الأنفال ٨ : ٧٥)

وَبِالْوَالِدَيْنِ إِحْسَاناً وَبِذِي الْقُرْبَى وَالْيَتَامَى
وَالْمَسَاكِينِ وَالْجَارِ ذِي الْقُرْبَى وَالْجَارِ
الْجُنُبِ وَالصَّاحِبِ بِالجَنبِ وَابْنِ السَّبِيلِ
وَمَا مَلَكَتْ أَيْمَانُكُمْ إِنَّ اللّهَ لاَ يُحِبُّ مَن
كَانَ مُخْتَالاً فَخُوراً (٣٦)
الَّذِينَ يَبْخَلُونَ وَيَأْمُرُونَ النَّاسَ بِالْبُخْلِ
وَيَكْتُمُونَ مَا آتَاهُمُ اللّهُ مِن فَضْلِهِ وَأَعْتَدْنَا
لِلْكَافِرِينَ عَذَاباً مُّهِيناً (٣٧)
وَالَّذِينَ يُنفِقُونَ أَمْوَالَهُمْ رِئَاءَ النَّاسِ وَلاَ
يُؤْمِنُونَ بِاللّهِ وَلاَ بِالْيَوْمِ الآخِرِ وَمَن يَكُنِ
الشَّيْطَانُ لَهُ قَرِيناً فَسَاءَ قِرِيناً (٣٨)

وَمَاذَا عَلَيْهِمْ لَوْ آمَنُواْ بِاللّهِ وَالْيَوْمِ
الآخِرِ وَأَنفَقُواْ مِمَّا رَزَقَهُمُ اللّهُ وَكَانَ
اللّهُ بِهِم عَلِيماً (٣٩)
إِنَّ اللّهَ لاَ يَظْلِمُ مِثْقَالَ ذَرَّةٍ وَإِن تَكُ
حَسَنَةً يُضَاعِفْهَا وَيُؤْتِ مِن لَّدُنْهُ
أَجْراً عَظِيماً (٤٠)
فَكَيْفَ إِذَا جِئْنَا مِن كُلِّ أمَّةٍ بِشَهِيدٍ
وَجِئْنَا بِكَ عَلَى هَؤُلاءِ شَهِيداً (٤١)
يَوْمَئِذٍ يَوَدُّ الَّذِينَ كَفَرُواْ وَعَصَوُاْ
الرَّسُولَ لَوْ تُسَوَّى بِهِمُ الأَرْضُ وَلاَ
يَكْتُمُونَ اللّهَ حَدِيثاً (٤٢)

(الإيضاح ٢٢٨).

على المصحف أم أن الآخرين حذفوا منه؟

٤ : ٣٤

قرأ ابن مسعود: «فالصوالح قوانت حوافظ للغيب بما حَفظ الله فأصلحوا إليهنَّ» (الخطيب ٢ : ٦٣). وهذه القراءة جمعت «صالحة وقانتة وحافظة» على جمع تكسير، وليس على الجمع السالم كما في قراءة المصحف. ونلاحظ في قراءة ابن مسعود أمرين: أولاً، إنه اتبع قواعد نحوية مختلفة، ويحتار المرء أي صيغة جمع هي المناسبة هنا. ثانياً، إنه أضاف: «فأصلحوا إليهنَّ»، وهذا يقتضي منا أن نسأل هل هو زاد

٤ : ٤٠

قرأ ابن مسعود: «إِنَّ اللّهَ لاَ يَظْلِمُ مِثْقَالَ نَمْلَه» (الخطيب ٢ : ٧٢).

الذّرة: النملة الصغيرة، و‹مِثْقَالَ ذَرَّةٍ›: وزن أصغر نملة. وليس ثمة اختلاف بين القراءتين من ناحية المعنى، بل الخلاف في الصورة الفنية للعبارة، ثم إن اللافت إن القرّاء كانوا يختارون المفردات وفق أذواقهم الفنية، مما يشير إلى دور العامل الفردي في تدوين القرآن.

يَا أَيُّهَا الَّذِينَ آمَنُواْ لاَ تَقْرَبُواْ الصَّلاَةَ وَأَنتُمْ سُكَارَى حَتَّىَ تَعْلَمُواْ مَا تَقُولُونَ وَلاَ جُنُباً إِلاَّ عَابِرِي سَبِيلٍ حَتَّىَ تَغْتَسِلُواْ وَإِن كُنتُم مَّرْضَى أَوْ عَلَى سَفَرٍ أَوْ جَاء أَحَدٌ مِّنكُم مِّن الْغَائِطِ أَوْ لاَمَسْتُمُ النِّسَاء فَلَمْ تَجِدُواْ مَاء فَتَيَمَّمُواْ صَعِيداً طَيِّباً فَامْسَحُواْ بِوُجُوهِكُمْ وَأَيْدِيكُمْ إِنَّ اللّهَ كَانَ عَفُوّاً غَفُوراً (٤٣)

أَلَمْ تَرَ إِلَى الَّذِينَ أُوتُواْ نَصِيباً مِّنَ الْكِتَابِ يَشْتَرُونَ الضَّلاَلَةَ وَيُرِيدُونَ أَن تَضِلُّواْ السَّبِيلَ (٤٤)

وَاللّهُ أَعْلَمُ بِأَعْدَائِكُمْ وَكَفَى بِاللّهِ وَلِيّاً وَكَفَى بِاللّهِ نَصِيراً (٤٥)

مِّنَ الَّذِينَ هَادُواْ يُحَرِّفُونَ الْكَلِمَ عَن مَّوَاضِعِهِ وَيَقُولُونَ سَمِعْنَا وَعَصَيْنَا وَاسْمَعْ غَيْرَ مُسْمَعٍ وَرَاعِنَا لَيّاً بِأَلْسِنَتِهِمْ وَطَعْناً فِي الدِّينِ وَلَوْ أَنَّهُمْ قَالُواْ سَمِعْنَا وَأَطَعْنَا وَاسْمَعْ وَانظُرْنَا لَكَانَ خَيْراً لَّهُمْ وَأَقْوَمَ وَلَكِن لَّعَنَهُمُ اللّهُ بِكُفْرِهِمْ فَلاَ يُؤْمِنُونَ إِلاَّ قَلِيلاً (٤٦)

٤ : ٤٣

تسمح هذه الآية بتعاطي الخمر خارج أوقات الصلاة، ثم نسخت بـ: ﴿فَاجْتَنِبُوهُ﴾ (المائدة ٥ : ٩٠) (ابن الجوزي ٢٧٩ - ٢٨٠، الإيضاح ٢٢٨ - ٢٢٩، ابن سلامة ٣٧).

وقال آخرون إنها منسوخة بآية: ﴿فَهَلْ أَنتُم مُّنتَهُونَ﴾ (المائدة ٥ : ٩١) (ابن سلامة ٣٧).

٤ : ٤٤

قراءة عموم القرّاء ﴿يُرِيدُونَ﴾، ويقصد بها غير المسلمين (الخطيب ٢ : ٨١)، في حين أن بعضهم قرأ: «تُرِيدُونَ»: والخطاب للمسلمين (الخطيب ٢ : ٨١). فلمن الخطاب للمسلمين أم لغير المسلمين؟

٤ : ٤٩

جاء في الأخبار أن اليهود والمسيحيين كانوا يتفاخرون ويرددون: ﴿نَحْنُ أَبْنَاء اللّهِ وَأَحِبَّاؤُهُ﴾ (المائدة ٥ : ١٨)؛ فرد محمد عليهم بأنه لا يجوز لأحد الثناء على نفسه، بل أن الثناء محصور بالله (النساء ٤ : ٤٩).

كرر محمد التحذير من مدح الإنسان لنفسه مرات عدة، فقال في القرآن: ﴿فَلَا تُزَكُّوا

يَا أَيُّهَا الَّذِينَ أُوتُواْ الْكِتَابَ آمِنُواْ بِمَا نَزَّلْنَا مُصَدِّقاً لِّمَا مَعَكُم مِّن قَبْلِ أَن نَّطْمِسَ وُجُوهاً فَنَرُدَّهَا عَلَى أَدْبَارِهَا أَوْ نَلْعَنَهُمْ كَمَا لَعَنَّا أَصْحَابَ السَّبْتِ وَكَانَ أَمْرُ اللّهِ مَفْعُولاً (٤٧)

إِنَّ اللّهَ لاَ يَغْفِرُ أَن يُشْرَكَ بِهِ وَيَغْفِرُ مَا دُونَ ذَلِكَ لِمَن يَشَاءُ وَمَن يُشْرِكْ بِاللّهِ فَقَدِ افْتَرَى إِثْماً عَظِيماً (٤٨)

أَلَمْ تَرَ إِلَى الَّذِينَ يُزَكُّونَ أَنفُسَهُمْ بَلِ اللّهُ يُزَكِّي مَن يَشَاءُ وَلاَ يُظْلَمُونَ فَتِيلاً (٤٩)

انظُرْ كَيفَ يَفْتَرُونَ عَلَى اللّهِ الكَذِبَ وَكَفَى بِهِ إِثْماً مُّبِيناً (٥٠)

أَلَمْ تَرَ إِلَى الَّذِينَ أُوتُواْ نَصِيباً مِّنَ الْكِتَابِ يُؤْمِنُونَ بِالْجِبْتِ وَالطَّاغُوتِ وَيَقُولُونَ لِلَّذِينَ كَفَرُواْ هَؤُلاء أَهْدَى مِنَ الَّذِينَ آمَنُواْ سَبِيلاً (٥١)

أُوْلَـئِكَ الَّذِينَ لَعَنَهُمُ اللّهُ وَمَن يَلْعَنِ اللّهُ فَلَن تَجِدَ لَهُ نَصِيراً (٥٢)

أَمْ لَهُمْ نَصِيبٌ مِّنَ الْمُلْكِ فَإِذاً لاَّ يُؤْتُونَ النَّاسَ نَقِيراً (٥٣)

أَمْ يَحْسُدُونَ النَّاسَ عَلَى مَا آتَاهُمُ

أَنفُسَكُمْ! هُوَ أَعْلَمُ بِمَنِ اتَّقَى› (النجم ٥٣ : ٣٢)، كما أنه في إحدى المناسبات قال للمسلمين: «لا تُزكُّوا أنفسَكم! اللهُ أعلمُ بأهلِ البرِّ منكم» (القرطبي ٦ : ٤٠٨). لكن محمداً لم يتقيد بهذا التعليم، فذات مرة أُتهِمَ من جانب بعض المسلمين أنه يحابي عشيرة القرشيين، فرد قائلاً: «واللهِ إني لأمينٌ في السَّماءِ، أَمينٌ في الأَرضِ». وقد لاحظ الرازي التعارض في السلوك (١٠ : ١٣٠) فعلل ثناء محمد على نفسه بالقول: «لأن الله لما زكّاه أولاً بدلالة المعجزة جاز له ذلك بخلاف غيره».

ونسأل: كيف ينهى محمدٌ عن أمر ثم يأتي به؟ أليس هو «الأسوة الحسنة»؟ ألم يرد في القرآن: ‹أَتَأْمُرُونَ النَّاسَ بِالْبِرِّ وَتَنسَوْنَ أَنفُسَكُمْ؟› (البقرة ٢ : ٤٤) و‹يَا أَيُّهَا الَّذِينَ آمَنُوا! لِمَ تَقُولُونَ مَا لا تَفْعَلُونَ؟› (الصف ٦١ : ٢). أم أنّ النبوة في المفهوم الإسلامي تجيز له ما لا يجوز لغيره كما قال الرازي؟

٤ : ٥١

اتهمت الآية بعضاً من ‹الَّذِينَ أُوتُواْ نَصِيباً مِّنَ الْكِتَابِ› بأنهم ‹يُؤْمِنُونَ بِالْجِبْتِ وَالطَّاغُوتِ›. وعندما نرجع إلى المعاجم (القاموس المحيط)، نجد أن الْجِبْت بالكسر تعنى الأصنام، أو المعبودات الأخرى؛ وَالطَّاغُوتِ: الشيطان. وعرّفت بعض

اللّٰهُ مِن فَضْلِه فَقَدْ آتَيْنَا آلَ إِبْرَاهِيمَ
الْكِتَابَ وَالْحِكْمَةَ وَآتَيْنَاهُم مُّلْكاً
عَظِيماً (٥٤)
فَمِنْهُم مَّنْ آمَنَ بِه وَمِنْهُم مَّن صَدَّ عَنْهُ
وَكَفَى بِجَهَنَّمَ سَعِيراً (٥٥)
إِنَّ الَّذِينَ كَفَرُواْ بِآيَاتِنَا سَوْفَ نُصْلِيهِمْ نَاراً
كُلَّمَا نَضِجَتْ جُلُودُهُمْ بَدَّلْنَاهُمْ جُلُوداً
غَيْرَهَا لِيَذُوقُواْ الْعَذَابَ إِنَّ اللّٰهَ كَانَ عَزِيزاً
حَكِيماً (٥٦)
وَالَّذِينَ آمَنُواْ وَعَمِلُواْ الصَّالِحَاتِ
سَنُدْخِلُهُمْ جَنَّاتٍ تَجْرِي مِن تَحْتِهَا الأَنْهَارُ
خَالِدِينَ فِيهَا أَبَداً لَّهُمْ فِيهَا أَزْوَاجٌ مُّطَهَّرَةٌ
وَنُدْخِلُهُمْ ظِلاًّ ظَلِيلاً (٥٧)
إِنَّ اللّٰهَ يَأْمُرُكُمْ أَن تُؤدُّواْ الأَمَانَاتِ إِلَى
أَهْلِهَا وَإِذَا حَكَمْتُم بَيْنَ النَّاسِ أَن تَحْكُمُواْ
بِالْعَدْلِ إِنَّ اللّٰهَ نِعِمَّا يَعِظُكُم بِهِ إِنَّ اللّٰهَ كَانَ
سَمِيعاً بَصِيراً (٥٨)
يَا أَيُّهَا الَّذِينَ آمَنُواْ أَطِيعُواْ اللّٰهَ وَأَطِيعُواْ

الشروح الْجِبْت على أنه الساحر أو السحر أو الشيطان؛ وأن الطَّاغُوتِ هو الكاهن أو الشيطان (القرطبي ٦: ٤١١-٤١٢).

فكيف يصح أن نقول بأن مجموعةً من أهل الكتاب تؤمن ‹بِالْجِبْتِ وَالطَّاغُوتِ›؟

في شرحهم للآية قال المفسرون إن حُيَيّ بن أخطب وكعب بن الأشرف ذهبا إلى مكة على رأس جماعة من اليهود لعقد تحالف يهدف إلى محاربة محمد، لكن القرشيين خشوا من وجود خدعة أو عقد اتفاق سري بين اليهود ومحمد، فطلبوا من الجماعة اليهودية السجود لأصنامهم (الزمخشري ٢: ٩١، الرازي ١٠: ١٣٢)، وحتى في رواية أخرى، طلبوا منهم الإيمان بأوثانهم (الطبري ٧: ١٤٣)، وعندما لبت الجماعة اليهودية المطالب، فإن قريشاً صدقت عرض الجماعة اليهودية.

ونقول:

ليس هناك من شك أن الرواية ملفقة، فالقرشيون لم يكونوا بهذه السذاجة ليطلبوا من الجماعة اليهودية السجود للأوثان للتأكد من صدق النوايا وهم يدركون أن السجود في حد ذاته ليس دليل مصداقية، فلو كان ثمة خدعة لقام أعضاء الوفد اليهودي بالسجود للأصنام لإحكام الخدعة. ثم إن الآية استعملت صيغة الفعل المضارع: ‹يُؤْمِنُونَ بِالْجِبْتِ وَالطَّاغُوتِ› – وهو يدل على تقرير فعل مستمر زمن التكلم وبعده – ولم تستخدم الآية الفعل الماضي (سجدوا للجبت والطاغوت)، الذي يدل على الحدوث

الرَّسُولَ وَأُوْلِي الأَمْرِ مِنكُمْ فَإِن تَنَازَعْتُمْ
فِي شَيْءٍ فَرُدُّوهُ إِلَى اللّهِ وَالرَّسُولِ إِن
كُنتُمْ تُؤْمِنُونَ بِاللّهِ وَالْيَوْمِ الآخِرِ ذَلِكَ خَيْرٌ
وَأَحْسَنُ تَأْوِيلاً (٥٩)
أَلَمْ تَرَ إِلَى الَّذِينَ يَزْعُمُونَ أَنَّهُمْ آمَنُواْ بِمَا
أُنزِلَ إِلَيْكَ وَمَا أُنزِلَ مِن قَبْلِكَ يُرِيدُونَ
أَن يَتَحَاكَمُواْ إِلَى الطَّاغُوتِ وَقَدْ أُمِرُواْ
أَن يَكْفُرُواْ بِهِ وَيُرِيدُ الشَّيْطَانُ أَن يُضِلَّهُمْ
ضَلاَلاً بَعِيداً (٦٠)
وَإِذَا قِيلَ لَهُمْ تَعَالَوْاْ إِلَى مَا أَنزَلَ اللّهُ وَإِلَى
الرَّسُولِ رَأَيْتَ الْمُنَافِقِينَ يَصُدُّونَ عَنكَ
صُدُوداً (٦١)
فَكَيْفَ إِذَا أَصَابَتْهُم مُّصِيبَةٌ بِمَا قَدَّمَتْ
أَيْدِيهِمْ ثُمَّ جَآؤُوكَ يَحْلِفُونَ بِاللّهِ إِنْ أَرَدْنَا
إِلاَّ إِحْسَاناً وَتَوْفِيقاً (٦٢)
أُولَـئِكَ الَّذِينَ يَعْلَمُ اللّهُ مَا فِي قُلُوبِهِمْ
فَأَعْرِضْ عَنْهُمْ وَعِظْهُمْ وَقُل لَّهُمْ فِي
أَنفُسِهِمْ قَوْلاً بَلِيغاً (٦٣)

مرة واحدة فحسب. إن من يؤمن ‹بِالْجِبْتِ وَالطَّاغُوتِ› هو وثني، وحتى لو كان في مرحلة من حياته يهودياً.

تنطوي الآية على تناقض واضح بإقرارها بأن يهوداً أوتوا حظًا من علم الكتاب ‹يُؤْمِنُونَ بِالْجِبْتِ وَالطَّاغُوتِ›، إذ يُرْضُون عبدة الأصنام والشيطان. ومرجع ذلك أن الآية بيان تشهير ضد اليهود بهدف تقويض هيبتهم في المدينة بعد رفضهم اتباع محمد.

٤ : ٥٧

قرأ ابن مسعود وآخرون: «وَالَّذِينَ آمَنُواْ وَعَمِلُواْ الصَّالِحَاتِ سَيدْخِلُهُمْ جَنَّاتٍ [...] وَيدخِلُهُمْ ظِلاًّ ظَلِيلاً» (الخطيب ٢: ٩٢). ثمة اختلاف في الشخصيات، ففي نص المصحف فالله هو المتحدث، بينما المتحدث حسب قراءة ابن مسعود شخص آخر يخبر عن الله.

٤ : ٦٣

كان هذا مبدأً سارياً في بدء الدعوة للإسلام، فلما اشتد عود المسلمين نُسخ بآية السيف: ‹فَاقْتُلُواْ الْمُشْرِكِينَ حَيْثُ وَجَدتُّمُوهُمْ› (التوبة ٩: ٥) (ابن الجوزي ٢٨١، الإيضاح ٢٥٢، ابن حزم ٣٤، ابن سلامة٣٧، شعلة ١٢٧).

وَمَا أَرْسَلْنَا من رَّسُول إلاَّ لِيُطَاعَ
بِـإِذْنِ اللّه وَلَوْ أَنَّهُمْ إِذ ظَّلَمُواْ
أَنفُسَهُمْ جَـآؤُوكَ فَاسْتَغْفَرُواْ اللّهَ
وَاسْتَغْفَرَ لَهُمُ الرَّسُولُ لَوَجَدُواْ اللّهَ
تَوَّاباً رَّحِيماً (٦٤)
فَلاَ وَرَبِّكَ لاَ يُؤْمِنُونَ حَتَّىَ يُحَكِّمُوكَ
فِيمَا شَجَرَ بَيْنَهُمْ ثُمَّ لاَ يَجِدُواْ فِي
أَنفُسِهِمْ حَرَجاً مِّمَّا قَضَيْتَ وَيُسَلِّمُواْ
تَسْلِيماً (٦٥)
وَلَوْ أَنَّا كَتَبْنَا عَلَيْهِمْ أَنِ اقْتُلُواْ
أَنفُسَكُمْ أَوِ اخْرُجُواْ مِن دِيَارِكُم
مَّا فَعَلُوهُ إِلاَّ قَلِيلٌ مِّنْهُمْ وَلَوْ أَنَّهُمْ
فَعَلُواْ مَا يُوعَظُونَ بِهِ لَكَانَ خَيْراً
لَّهُمْ وَأَشَدَّ تَثْبِيتاً (٦٦)
وَإِذاً لَّآتَيْنَاهُم مِّن لَّدُنَّا أَجْراً عَظِيماً (٦٧)
وَلَهَدَيْنَاهُمْ صِرَاطاً مُّسْتَقِيماً (٦٨)
وَمَن يُطِعِ اللّهَ وَالرَّسُولَ فَأُوْلَـئِكَ مَعَ
الَّذِينَ أَنْعَمَ اللّهُ عَلَيْهِم مِّنَ النَّبِيِّينَ
وَالصِّدِّيقِينَ وَالشُّهَدَاء وَالصَّالِحِينَ
وَحَسُنَ أُولَـئِكَ رَفِيقاً (٦٩)
ذَلِكَ الْفَضْلُ مِنَ اللّهِ وَكَفَى بِاللّهِ
عَلِيماً (٧٠)
يَا أَيُّهَا الَّذِينَ آمَنُواْ خُذُواْ حِذْرَكُمْ
فَانفِرُواْ ثُبَاتٍ أَوِ انفِرُواْ جَمِيعاً (٧١)

٤ : ٦٤

نُسخ هذا المبدأ بالآية: ﴿اسْتَغْفِرْ لَهُمْ أَوْ لاَ تَسْتَغْفِرْ لَهُمْ. إِنْ تَسْتَغْفِرْ لَهُمْ سَبْعِينَ مَرَّةً فَلَنْ يَغْفِرَ اللَّهُ لَهُمْ﴾ (ابن الجوزي ٢٨١ ـ ٢٨٢، ابن حزم ٣٤، ابن سلامة ٣٧ ـ ٣٨).

٤ : ٧١

في الآية أمر للمسلمين بأخذ الحذر، والتأهب بالسلاح والتنظيم فرقة فرقة وسرية بعد سرية، ثم نسخت بالآية: ﴿وَمَا كَانَ الْمُؤْمِنُونَ لِيَنفِرُواْ كَآفَّةً﴾ (التوبة ٩: ١٢٢) (ابن الجوزي ٢٨٢ ـ

وَإِنَّ مِنكُمْ لَمَن لَّيُبَطِّئَنَّ فَإِنْ أَصَابَتْكُم
مُّصِيبَةٌ قَالَ قَدْ أَنْعَمَ اللَّهُ عَلَيَّ إِذْ لَمْ
أَكُن مَّعَهُمْ شَهِيداً (٧٢)
وَلَئِنْ أَصَابَكُمْ فَضْلٌ مِّنَ اللهِ لَيَقُولَنَّ
كَأَن لَّمْ تَكُن بَيْنَكُمْ وَبَيْنَهُ مَوَدَّةٌ
يَا لَيتَنِي كُنتُ مَعَهُمْ فَأَفُوزَ فَوْزاً
عَظِيماً (٧٣)
فَلْيُقَاتِلْ فِي سَبِيلِ اللَّهِ الَّذِينَ يَشْرُونَ
الْحَيَاةَ الدُّنْيَا بِالآخِرَةِ وَمَن يُقَاتِلْ فِي
سَبِيلِ اللَّهِ فَيُقْتَلْ أَو يَغْلِبْ فَسَوْفَ
نُؤْتِيهِ أَجْراً عَظِيماً (٧٤)
وَمَا لَكُمْ لاَ تُقَاتِلُونَ فِي سَبِيلِ اللَّهِ
وَالْمُسْتَضْعَفِينَ مِنَ الرِّجَالِ وَالنِّسَاءِ
وَالْوِلْدَانِ الَّذِينَ يَقُولُونَ رَبَّنَا أَخْرِجْنَا
مِنْ هَـذِهِ الْقَرْيَةِ الظَّالِمِ أَهْلُهَا وَاجْعَل
لَّنَا مِن لَّدُنكَ وَلِيّاً وَاجْعَل لَّنَا مِن
لَّدُنكَ نَصِيراً (٧٥)
الَّذِينَ آمَنُواْ يُقَاتِلُونَ فِي سَبِيلِ اللَّهِ
وَالَّذِينَ كَفَرُواْ يُقَاتِلُونَ فِي سَبِيلِ
الطَّاغُوتِ فَقَاتِلُواْ أَوْلِيَاءَ الشَّيْطَانِ إِنَّ
كَيْدَ الشَّيْطَانِ كَانَ ضَعِيفاً (٧٦)
أَلَمْ تَرَ إِلَى الَّذِينَ قِيلَ لَهُمْ كُفُّواْ أَيْدِيَكُمْ
وَأَقِيمُواْ الصَّلاَةَ وَآتُواْ الزَّكَاةَ فَلَمَّا
كُتِبَ عَلَيْهِمُ الْقِتَالُ إِذَا فَرِيقٌ مِّنْهُمْ

٢٨٣، الإيضاح ٢٥٢، ابن حزم ٣٤، ابن سلامة ٣٨).

وقال بعض الشارحين إن لا نسخ هنا، وبكلمات ابن الجوزي: «أحوال المجاهدين تختلف، والأمر في ذلك على حسب ما يراه الإمام، وليس في هذه الآيات شيء منسوخ، بل كلها محكمات» (ابن الجوزي ٢٨٣).

٤ : ٧٥

قرأ ابن مسعود بصيغة مختلفة: «رَبَّنَا أَخْرِجْنَا مِنْ الْقَرْيَةِ التي كانت ظالمةً» (الخطيب ٢: ١٠٩).

يَخْشَوْنَ النَّاسَ كَخَشْيَةِ اللهِ أَوْ أَشَدَّ
خَشْيَةً وَقَالُواْ رَبَّنَا لِمَ كَتَبْتَ عَلَيْنَا
الْقِتَالَ لَوْلا أَخَّرْتَنَا إِلَى أَجَلٍ قَرِيبٍ
قُلْ مَتَاعُ الدَّنْيَا قَلِيلٌ وَالآخِرَةُ خَيْرٌ لِّمَنِ
اتَّقَى وَلا تُظْلَمُونَ فَتِيلاً (٧٧)
أَيْنَمَا تَكُونُواْ يُدْرِككُّمُ الْمَوْتُ وَلَوْ كُنتُمْ فِي
بُرُوجٍ مُّشَيَّدَةٍ وَإِن تُصِبْهُمْ حَسَنَةٌ يَقُولُواْ
هَذِهِ مِنْ عِندِ اللهِ وَإِن تُصِبْهُمْ سَيِّئَةٌ
يَقُولُواْ هَذِهِ مِنْ عِندِكَ قُلْ كُلٌّ مِّنْ
عِندِ اللهِ فَمَا لِهَؤُلاءِ الْقَوْمِ لا يَكَادُونَ
يَفْقَهُونَ حَدِيثاً (٧٨)
مَّا أَصَابَكَ مِنْ حَسَنَةٍ فَمِنَ اللهِ وَمَا
أَصَابَكَ مِن سَيِّئَةٍ فَمِن نَّفْسِكَ وَأَرْسَلْنَاكَ
لِلنَّاسِ رَسُولاً وَكَفَى بِاللهِ شَهِيداً (٧٩)

٤ : ٧٧

قرأ ابن مسعود: «لَوْلا أَخَّرْتَنَا إِلَى أَجَلٍ قَرِيبٍ فنموت حتف أنفنا ولا نُقْتَل فَتُسَرّ بذلك الأعداء» (الخطيب ٢ : ١١٠) بإضافة: «نموت حتف أنفنا ولا نُقْتَل فَتُسَرّ بذلك الأعداء».

٤ : ٧٨-٧٩

إن التناقض الذي يظهر أحياناً بين آيات القرآن عادة ما يكون بين الآيات المتباعدة في نفس السورة، أو بين آيات من سور مختلفة. ولكن التناقض في هذا المقطع قد جاء متعاقباً؛ إذْ تقول الآية (٧٨) إن الخير والشر مصدرهما الله، بينما تعلن الآية التالية لها أنّ الخير من الله والشر من الإنسان (٧٩):

‹٧٨ وَإِن تُصِبْهُمْ حَسَنَةٌ يَقُولُواْ: «هَذِهِ مِنْ
عِندِ اللهِ»، وَإِن تُصِبْهُمْ سَيِّئَةٌ يَقُولُواْ: «هَذِهِ
مِنْ عِندِكَ». قُلْ: «كُلٌّ مِّنْ عِندِ اللهِ»... ٧٩
مَّا أَصَابَكَ مِنْ حَسَنَةٍ فَمِنَ اللهِ، وَمَا أَصَابَكَ مِن
سَيِّئَةٍ فَمِن نَّفْسِكَ...›.

٤ : ٧٩

في مصحف ابن مسعود «فَمِن نَّفْسِكَ، وإنّما قضيتها عليك»، بإضافة: «وإنّما قضيتها عليك». وكذلك قرأها ابن عباس، وقيل إن ابن عباس وابن مسعود قرآ: «فَمِن نَّفْسِكَ وأنا كتبتها عليك». وروي أن ابن مسعود وأُبيّ بن كعبٍ قرآ: «فَمِن نَّفْسِكَ وأنا عددتها عليك» (الخطيب ٢ : ١١٥).

وسياق الآية هو: ‹٧٨ وَإِن تُصِبْهُمْ حَسَنَةٌ
يَقُولُواْ هَذِهِ مِنْ عِندِ اللهِ، وَإِن تُصِبْهُمْ سَيِّئَةٌ يَقُولُواْ
هَذِهِ مِنْ عِندِكَ. قُلْ: كُلٌّ مِّنْ عِندِ اللهِ [...] ٧٩

مَّنْ يُطِعِ الرَّسُولَ فَقَدْ أَطَاعَ اللَّهَ وَمَن تَوَلَّى
فَمَا أَرْسَلْنَاكَ عَلَيْهِمْ حَفِيظاً (٨٠)
وَيَقُولُونَ طَاعَةٌ فَإِذَا بَرَزُواْ مِنْ عِندِكَ بَيَّتَ
طَآئِفَةٌ مِّنْهُمْ غَيْرَ الَّذِي تَقُولُ وَاللَّهُ يَكْتُبُ
مَا يُبَيِّتُونَ فَأَعْرِضْ عَنْهُمْ وَتَوَكَّلْ عَلَى اللَّهِ
وَكَفَى بِاللَّهِ وَكِيلاً (٨١)
أَفَلاَ يَتَدَبَّرُونَ الْقُرْآنَ وَلَوْ كَانَ مِنْ عِندِ غَيْرِ
اللَّهِ لَوَجَدُواْ فِيهِ اخْتِلاَفاً كَثِيراً (٨٢)
وَإِذَا جَاءهُمْ أَمْرٌ مِّنَ الأَمْنِ أَوِ الْخَوْفِ
أَذَاعُواْ بِهِ وَلَوْ رَدُّوهُ إِلَى الرَّسُولِ
وَإِلَى أُوْلِي الأَمْرِ مِنْهُمْ لَعَلِمَهُ الَّذِينَ
يَسْتَنبِطُونَهُ مِنْهُمْ وَلَوْلاَ فَضْلُ اللَّهِ
عَلَيْكُمْ وَرَحْمَتُهُ لاَتَّبَعْتُمُ الشَّيْطَانَ إِلاَّ
قَلِيلاً (٨٣)

مَّا أَصَابَكَ مِنْ حَسَنَةٍ فَمِنَ اللَّهِ وَمَا أَصَابَكَ مِن سَيِّئَةٍ فَمِن نَّفْسِكَ›. وفي النص القرآني تناقض بين الآية (٧٨) والآية (٧٩) [انظر التناقض في التحليل النقدي لسورة النساء (الآية ٧٨ - ٧٩)، صفحة ٢٥٤]. وقد خلصت قراءات ابن مسعود والآخرين النص القرآني من التناقض.

٤ : ٨٠

كان هذا المبدأ سارياً إلى أن نُسخ بآية السيف ‹فَاقْتُلُواْ الْمُشْرِكِينَ حَيْثُ وَجَدتُّمُوهُمْ› (التوبة ٩ : ٥) (ابن الجوزي ٢٨٤، ابن حزم ٣٤، ابن سلامة ٣٨).

٤ : ٨١

نجد في الآية أمر لمحمد بألا يشغل باله بالذين يظهرون الإيمان ويتصرفون عكس ذلك (الطبري ٧ : ٢٥٠)، وقيل إن المعنى اصفح عنهم يا محمد، لكن ذلك كله نُسخ بآية السيف: ‹فَاقْتُلُواْ الْمُشْرِكِينَ حَيْثُ وَجَدتُّمُوهُمْ› (التوبة ٩ : ٥) (ابن حزم ٣٤).

٤ : ٨٢

في محاولة لتأكيد أن مصدر القرآن إلهي تقول الآية إنه لو كان القرآن من ‹عِندِ غَيْرِ اللَّهِ› لوجد الناس ‹فِيهِ اخْتِلاَفاً كَثِيراً›.

فالمعيار الذي تحدده الآية قاطع إذ ينص على أنه لو وجد الناس في القرآن اختلافاً أو تناقضاً، لكان ذلك الاختلاف دليلاً على أن القرآن من ‹عِندِ غَيْرِ اللَّهِ›؛ وتطبيقاً لهذا المقياس، نقترح على القارئ مراجعة التعليقات السابقة.

ملاحظة لغوية

يفهم القارئ من الآية أن في القرآن اختلافاً

فَقَاتِلْ فِي سَبِيلِ اللّٰهِ لَا تُكَلَّفُ إِلَّا نَفْسَكَ وَحَرِّضِ الْمُؤْمِنِينَ عَسَى اللّٰهُ أَن يَكُفَّ بَأْسَ الَّذِينَ كَفَرُواْ وَاللّٰهُ أَشَدُّ بَأْساً وَأَشَدُّ تَنكِيلاً (٨٤)
مَّن يَشْفَعْ شَفَاعَةً حَسَنَةً يَكُن لَّهُ نَصِيبٌ مِّنْهَا وَمَن يَشْفَعْ شَفَاعَةً سَيِّئَةً يَكُن لَّهُ كِفْلٌ مِّنْهَا وَكَانَ اللّٰهُ عَلَى كُلِّ شَيْءٍ مُّقِيتاً (٨٥)
وَإِذَا حُيِّيْتُم بِتَحِيَّةٍ فَحَيُّواْ بِأَحْسَنَ مِنْهَا أَوْ رُدُّوهَا إِنَّ اللّٰهَ كَانَ عَلَى كُلِّ شَيْءٍ حَسِيباً (٨٦)
اللّٰهُ لَا إِلَٰهَ إِلَّا هُوَ لَيَجْمَعَنَّكُمْ إِلَى يَوْمِ الْقِيَامَةِ لَا رَيْبَ فِيهِ وَمَنْ أَصْدَقُ مِنَ اللّٰهِ حَدِيثاً (٨٧)
فَمَا لَكُمْ فِي الْمُنَافِقِينَ فِئَتَيْنِ وَاللّٰهُ أَرْكَسَهُم بِمَا كَسَبُواْ أَتُرِيدُونَ أَن تَهْدُواْ مَنْ أَضَلَّ اللّٰهُ وَمَن يُضْلِلِ اللّٰهُ فَلَن تَجِدَ لَهُ سَبِيلاً (٨٨)

قليلاً، وإلا فليس هناك معنى لتقييد الوصف بالكثرة ‹اخْتِلاَفاً كَثِيراً›. وعليه، فإن الآية تشير ضمناً إلى وجود الاختلافات القليلة، وقد رد مؤلف من غرائب آي التنزيل (ص ٧٦) على ذلك بالقول:

«إن التقييد بوصف الكثرة للمبالغة في إثبات الملازمة، فكأنه قال: «لو كان من عند غير الله لوجدوا فيه اختلافاً كثيراً فضلاً عن القليل»».

وردنا على ذلك: أنه بناءً على ما تم عرضه سابقا يظهر لنا أن في القرآن الكثير من الاختلاف، لا القليل فحسب.

٤ : ٨٤

قال فريق من العلماء إنّ الآية تطلب من المسلم ألا يكلّف إلاّ نفسه، ولذلك قالوا إنها منسوخة بآية السيف: ‹فَاقْتُلُواْ الْمُشْرِكِينَ حَيْثُ وَجَدتُّمُوهُمْ› (التوبة ٩ : ٥) (ابن الجوزي ٢٨٤، ابن حزم ٣٥، ابن سلامة ٣٨).

٤ : ٨٨

نُسخ هذا المبدأ بآية السيف: ‹فَاقْتُلُواْ الْمُشْرِكِينَ حَيْثُ وَجَدتُّمُوهُمْ› (التوبة ٩ : ٥) (ابن حزم ٣٥، ابن سلامة ٤٠).

وَدُّواْ لَوْ تَكْفُرُونَ كَمَا كَفَرُواْ فَتَكُونُونَ سَوَاء فَلاَ تَتَّخِذُواْ مِنْهُمْ أَوْلِيَاء حَتَّىَ يُهَاجِرُواْ فِي سَبِيلِ اللّهِ فَإِنْ تَوَلَّوْاْ فَخُذُوهُمْ وَاقْتُلُوهُمْ حَيْثُ وَجَدتَّمُوهُمْ وَلاَ تَتَّخِذُواْ مِنْهُمْ وَلِيّاً وَلاَ نَصِيراً (٨٩)

إِلاَّ الَّذِينَ يَصِلُونَ إِلَىَ قَوْمٍ بَيْنَكُمْ وَبَيْنَهُم مِّيثَاقٌ أَوْ جَآؤُوكُمْ حَصِرَتْ صُدُورُهُمْ أَن يُقَاتِلُوكُمْ أَوْ يُقَاتِلُواْ قَوْمَهُمْ وَلَوْ شَاء اللّهُ لَسَلَّطَهُمْ عَلَيْكُمْ فَلَقَاتَلُوكُمْ فَإِنِ اعْتَزَلُوكُمْ فَلَمْ يُقَاتِلُوكُمْ وَأَلْقَوْاْ إِلَيْكُمُ السَّلَمَ فَمَا جَعَلَ اللّهُ لَكُمْ عَلَيْهِمْ سَبِيلاً (٩٠)

سَتَجِدُونَ آخَرِينَ يُرِيدُونَ أَن يَأْمَنُوكُمْ وَيَأْمَنُواْ قَوْمَهُمْ كُلَّ مَا رُدُّوَاْ إِلَى الْفِتْنِةِ أُرْكِسُواْ فِيِهَا فَإِن لَّمْ يَعْتَزِلُوكُمْ وَيُلْقُواْ إِلَيْكُمُ السَّلَمَ وَيَكُفُّوَاْ أَيْدِيَهُمْ فَخُذُوهُمْ وَاقْتُلُوهُمْ حَيْثُ ثِقِفْتُمُوهُمْ وَأُوْلَـئِكُمْ جَعَلْنَا لَكُمْ

٤ : ٩٠

تجيز الآية للمسلمين مسالمة الذين عقدوا معهم العهود و المواثيق. ثم أبطل القرآن كل عهود السلم السابقة، ونسخها بالآيات التالية:

أ. ﴿بَرَاءةٌ مِّنَ اللّهِ وَرَسُولِهِ إِلَى الَّذِينَ عَاهَدتُّم مِّنَ الْمُشْرِكِينَ﴾ (التوبة ٩: ١) (ابن الجوزي ٢٨٥ ـ ٢٨٧).

ب. ﴿فَاقْتُلُواْ الْمُشْرِكِينَ حَيْثُ وَجَدتُّمُوهُمْ﴾ (التوبة ٩: ٥) (ابن الجوزي ٢٨٧، الإيضاح ٢٣٠، ابن حزم ٣٤، ابن سلامة ٣٨، النحاس ١٠٩).

ج. ﴿وَقَاتِلُواْ الْمُشْرِكِينَ كَآفَّةً﴾ (التوبة ٩: ٣٦) (الإيضاح ٢٣٠).

٤ : ٩١

تخبر الآية المسلمين أنهم سيلقون أناساً يوافقون على ما يقولونه وعلى ما يقوله الفريق الآخر في الوقت ذاته، كي يأمنوا كلا الفريقين (يأمنوكم ويأمنوهم)، وأجازت للمسلمين منح هذه الفئة الوسطية السلم. لكن ذلك نُسخ بالآية: ﴿فَاقْتُلُواْ الْمُشْرِكِينَ حَيْثُ وَجَدتُّمُوهُمْ﴾ (التوبة ٩: ٥) (ابن الجوزي ٢٨٧، ابن حزم ٣٤ ـ ٣٥، ابن سلامة ٣٨).

عَلَيْهِمْ سُلْطَاناً مُّبِيناً (٩١)
وَمَا كَانَ لِمُؤْمِنٍ أَن يَقْتُلَ مُؤْمِناً إِلاَّ خَطَئاً
وَمَن قَتَلَ مُؤْمِناً خَطَئاً فَتَحْرِيرُ رَقَبَةٍ
مُّؤْمِنَةٍ وَدِيَةٌ مُّسَلَّمَةٌ إِلَى أَهْلِهِ إِلاَّ أَن
يَصَّدَّقُواْ فَإِن كَانَ مِن قَوْمٍ عَدُوٍّ لَّكُمْ وَهُوَ
مُؤْمِنٌ فَتَحْرِيرُ رَقَبَةٍ مُّؤْمِنَةٍ وَإِن كَانَ مِن
قَوْمٍ بَيْنَكُمْ وَبَيْنَهُمْ مِّيثَاقٌ فَدِيَةٌ مُّسَلَّمَةٌ
إِلَى أَهْلِهِ وَتَحْرِيرُ رَقَبَةٍ مُّؤْمِنَةً فَمَن لَّمْ يَجِدْ
فَصِيَامُ شَهْرَيْنِ مُتَتَابِعَيْنِ تَوْبَةً مِّنَ اللّهِ وَكَانَ
اللّهُ عَلِيماً حَكِيماً (٩٢)
وَمَن يَقْتُلْ مُؤْمِناً مُّتَعَمِّداً فَجَزَآؤُهُ جَهَنَّمُ
خَالِداً فِيهَا وَغَضِبَ اللّهُ عَلَيْهِ وَلَعَنَهُ
وَأَعَدَّ لَهُ عَذَاباً عَظِيماً (٩٣)
يَا أَيُّهَا الَّذِينَ آمَنُواْ إِذَا ضَرَبْتُمْ فِي سَبِيلِ
اللّهِ فَتَبَيَّنُواْ وَلاَ تَقُولُواْ لِمَنْ أَلْقَى إِلَيْكُمُ
السَّلاَمَ لَسْتَ مُؤْمِناً تَبْتَغُونَ عَرَضَ الْحَيَاةِ
الدُّنْيَا فَعِندَ اللّهِ مَغَانِمُ كَثِيرَةٌ كَذَلِكَ كُنتُم
مِّن قَبْلُ فَمَنَّ اللّهُ عَلَيْكُمْ فَتَبَيَّنُواْ إِنَّ اللّهَ
كَانَ بِمَا تَعْمَلُونَ خَبِيراً (٩٤)
لاَّ يَسْتَوِي الْقَاعِدُونَ مِنَ الْمُؤْمِنِينَ
غَيْرُ أُوْلِي الضَّرَرِ وَالْمُجَاهِدُونَ فِي
سَبِيلِ اللّهِ بِأَمْوَالِهِمْ وَأَنفُسِهِمْ فَضَّلَ

٤ : ٩٢

أجمع جمهور المفسرين على أن الآية توجب دفع الدية على القتل الخطأ، وعلى هذا، فالآية محكمة (ابن الجوزي ٢٨٨، الطبري ٧: ٣٢٧ - ٣٢٨). بينما ذهب بعض مفسري القرآن إلى أنّ الإشارة في الآية إلى من كان من «المشركين» وكان بينه وبين محمد عهد وهدنة إلى أجل، وبالتالي، فالآية منسوخة بالآيات التالية:

أ. ﴿بَرَاءَةٌ مِنَ اللَّهِ وَرَسُولِهِ إِلَى الَّذِينَ عَاهَدْتُم مِنَ الْمُشْرِكِينَ﴾ (التوبة ٩: ١) (ابن الجوزي ٢٨٨، ابن حزم ٣٥، ابن سلامة ٣٩).

ب. ﴿فَاقْتُلُواْ الْمُشْرِكِينَ حَيْثُ وَجَدتُّمُوهُمْ﴾ (التوبة ٩: ٥) (الإيضاح ٢٣١-٢٣٢).

ج. فَانبِذْ إِلَيْهِمْ عَلَى سَوَاءٍ﴾ (الأنفال ٥٨) (ابن الجوزي ٢٨٨).

٤ : ٩٢

قرأ بعض القراء الشيعة: «وَمَا كَانَ لِمُؤْمِنٍ أَن يَقْتُلَ مُؤْمِناً ولا خَطَأً» (جولدتسهر ٣٠٩).

اللّهُ الْمُجَاهِدِينَ بِأَمْوَالِهِمْ وَأَنفُسِهِمْ
عَلَى الْقَاعِدِينَ دَرَجَةً وَكُلاًّ وَعَدَ اللّهُ
الْحُسْنَى وَفَضَّلَ اللّهُ الْمُجَاهِدِينَ عَلَى
الْقَاعِدِينَ أَجْراً عَظِيماً (٩٥)
دَرَجَاتٍ مِّنْهُ وَمَغْفِرَةً وَرَحْمَةً وَكَانَ اللّهُ
غَفُوراً رَّحِيماً (٩٦)
إِنَّ الَّذِينَ تَوَفَّاهُمُ الْمَلآئِكَةُ ظَالِمِي أَنْفُسِهِمْ
قَالُواْ فِيمَ كُنتُمْ قَالُواْ كُنَّا مُسْتَضْعَفِينَ فِي
الأَرْضِ قَالْوَاْ أَلَمْ تَكُنْ أَرْضُ اللّهِ وَاسِعَةً
فَتُهَاجِرُواْ فِيهَا فَأُوْلَـئِكَ مَأْوَاهُمْ جَهَنَّمُ
وَسَاءتْ مَصِيراً (٩٧)
إِلاَّ الْمُسْتَضْعَفِينَ مِنَ الرِّجَالِ وَالنِّسَاء
وَالْوِلْدَانِ لاَ يَسْتَطِيعُونَ حِيلَةً وَلاَ يَهْتَدُونَ
سَبِيلاً (٩٨)
فَأُوْلَـئِكَ عَسَى اللّهُ أَن يَعْفُوَ عَنْهُمْ وَكَانَ
اللّهُ عَفُوّاً غَفُوراً (٩٩)
وَمَن يُهَاجِرْ فِي سَبِيلِ اللّهِ يَجِدْ فِي الأَرْضِ
مُرَاغَماً كَثِيراً وَسَعَةً وَمَن يَخْرُجْ مِن بَيْتِهِ
مُهَاجِراً إِلَى اللّهِ وَرَسُولِهِ ثُمَّ يُدْرِكْهُ الْمَوْتُ
فَقَدْ وَقَعَ أَجْرُهُ عَلى اللّهِ وَكَانَ اللّهُ غَفُوراً
رَّحِيماً (١٠٠)
وَإِذَا ضَرَبْتُمْ فِي الأَرْضِ فَلَيْسَ عَلَيْكُمْ

٤ : ٩٣

نواجه إشكالية متشعبة في هذه الآية؛ فهي تعالج حالة قتل مسلم عن سابق إصرار وتصميم، مما جعل ابن أبي طالب يستفيض في مناقشتها (الإيضاح ٢٣٢ - ٢٤٨)، وقد علّق عليها بقوله: «هذه الآية تحتاجُ إلى بسط يطول، وقد كنت أردتُ أنْ أفرد لها كتاباً مفرداً، لكن أذكرُ في هذا الكتاب ما يليق به ويكتفي به عن غيره» (الإيضاح ٢٣٢). وانقسم العلماء إلى فريقين بشأن الآية:

القول الأول: إنها منسوخة

قالت جماعة من العلماء إن الآية حكمت بخلود القاتل في النار، وهذا الحكم نسخ بالآية: ﴿إِنَّ اللَّهَ لا يَغْفِرُ أَنْ يُشْرَكَ بِهِ وَيَغْفِرُ مَا دُونَ ذَلِكَ لِمَنْ يَشَاءُ﴾ (النساء ٤ : ٤٨).

وقال بعضهم إنها منسوخة بآية: ﴿وَالَّذِينَ لا يَدْعُونَ مَعَ اللَّهِ إِلَهًا آخَر... إلاّ مَنْ تابَ﴾ (الفرقان ٢٥ : ٦٨ - ٧٠) (ابن الجوزي ٢٨٩، ابن حزم ٣٥، ابن سلامة ٣٩ - ٤٠، قارن: شعلة ١٢٧ - ١٢٨).

جُنَاحٌ أَن تَقْصُرُواْ مِنَ الصَّلاَةِ إِنْ خِفْتُمْ أَن يَفْتِنَكُمُ الَّذِينَ كَفَرُواْ إِنَّ الْكَافِرِينَ كَانُواْ لَكُمْ عَدُوّاً مُّبِيناً (١٠١)
وَإِذَا كُنتَ فِيهِمْ فَأَقَمْتَ لَهُمُ الصَّلاَةَ فَلْتَقُمْ طَآئِفَةٌ مِّنْهُم مَّعَكَ وَلْيَأْخُذُواْ أَسْلِحَتَهُمْ فَإِذَا سَجَدُواْ فَلْيَكُونُواْ مِن وَرَآئِكُمْ وَلْتَأْتِ طَآئِفَةٌ أُخْرَى لَمْ يُصَلُّواْ فَلْيُصَلُّواْ مَعَكَ وَلْيَأْخُذُواْ حِذْرَهُمْ وَأَسْلِحَتَهُمْ وَدَّ الَّذِينَ كَفَرُواْ لَوْ تَغْفُلُونَ عَنْ أَسْلِحَتِكُمْ وَأَمْتِعَتِكُمْ فَيَمِيلُونَ عَلَيْكُم مَّيْلَةً وَاحِدَةً وَلاَ جُنَاحَ عَلَيْكُمْ إِن كَانَ بِكُمْ أَذًى مِّن مَّطَرٍ أَوْ كُنتُم مَّرْضَى أَن تَضَعُواْ أَسْلِحَتَكُمْ وَخُذُواْ حِذْرَكُمْ إِنَّ اللّهَ أَعَدَّ لِلْكَافِرِينَ عَذَاباً مُّهِيناً (١٠٢)
فَإِذَا قَضَيْتُمُ الصَّلاَةَ فَاذْكُرُواْ اللّهَ قِيَاماً وَقُعُوداً وَعَلَى جُنُوبِكُمْ فَإِذَا اطْمَأْنَنتُمْ فَأَقِيمُواْ الصَّلاَةَ إِنَّ الصَّلاَةَ كَانَتْ عَلَى الْمُؤْمِنِينَ كِتَاباً مَّوْقُوتاً (١٠٣)
وَلاَ تَهِنُواْ فِي ابْتِغَاءِ الْقَوْمِ إِن تَكُونُواْ تَأْلَمُونَ فَإِنَّهُمْ يَأْلَمُونَ كَمَا تَأْلَمونَ وَتَرْجُونَ مِنَ اللّهِ مَا لاَ يَرْجُونَ وَكَانَ اللّهُ عَلِيماً حَكِيماً (١٠٤)

القول الثاني: إنها محكمة واختلف هؤلاء في إحكامها على قولين:

أ. إن قاتل المسلم مخلد في النار، وهذا خبر، والأخبار لا تُنسخ (ابن الجوزي ٢٨٩ - ٢٩٣، الطبري ٧: ٣٤٣).

ب. «إنها عامة دخلها التخصيص، بدليل أنه لو قتله كافر ثم أسلم هذا الكافر سقطت عنه العقوبة في الدنيا والآخرة...» (ابن الجوزي ٢٩٣).

٤ : ١٠٤

قراءة جمهور القرّاء: ‹وَلاَ تَهِنُواْ› من وَهن يَهن، أي ضعف.

ولكن عبيد بن عمير قرأ «ولا تُهانُوا» من الإهانة، وتعني هذه القراءة النهي عن يقوم المسلم بتصرف ينجم عنه إلحاق الإهانة به (الخطيب ٢: ١٤٦-١٤٧).

إِنَّا أَنزَلْنَا إِلَيْكَ الْكِتَابَ بِالْحَقِّ لِتَحْكُمَ بَيْنَ
النَّاسِ بِمَا أَرَاكَ اللّهُ وَلاَ تَكُن لِّلْخَآئِنِينَ
خَصِيماً (١٠٥)
وَاسْتَغْفِرِ اللّهِ إِنَّ اللّهَ كَانَ غَفُوراً
رَّحِيماً (١٠٦)
وَلاَ تُجَادِلْ عَنِ الَّذِينَ يَخْتَانُونَ أَنفُسَهُمْ إِنَّ
اللّهَ لاَ يُحِبُّ مَن كَانَ خَوَّاناً أَثِيماً (١٠٧)
يَسْتَخْفُونَ مِنَ النَّاسِ وَلاَ يَسْتَخْفُونَ مِنَ
اللّهِ وَهُوَ مَعَهُمْ إِذْ يُبَيِّتُونَ مَا لاَ يَرْضَى مِنَ
الْقَوْلِ وَكَانَ اللّهُ بِمَا يَعْمَلُونَ مُحِيطاً (١٠٨)
هَاأَنتُمْ هَـؤُلاء جَادَلْتُمْ عَنْهُمْ فِي الْحَيَاةِ
الدُّنْيَا فَمَن يُجَادِلُ اللّهَ عَنْهُمْ يَوْمَ الْقِيَامَةِ
أَم مَّن يَكُونُ عَلَيْهِمْ وَكِيلاً (١٠٩)
وَمَن يَعْمَلْ سُوءاً أَوْ يَظْلِمْ نَفْسَهُ ثُمَّ يَسْتَغْفِرِ
اللّهَ يَجِدِ اللّهَ غَفُوراً رَّحِيماً (١١٠)
وَمَن يَكْسِبْ إِثْماً فَإِنَّمَا يَكْسِبُهُ عَلَى نَفْسِهِ
وَكَانَ اللّهُ عَلِيماً حَكِيماً (١١١)
وَمَن يَكْسِبْ خَطِيئَةً أَوْ إِثْماً ثُمَّ يَرْمِ بِهِ
بَرِيئاً فَقَدِ احْتَمَلَ بُهْتَاناً وَإِثْماً مُّبِيناً (١١٢)
وَلَوْلاَ فَضْلُ اللّهِ عَلَيْكَ وَرَحْمَتُهُ لَهَمَّت طَّآئِفَةٌ
مُّنْهُمْ أَن يُضِلُّوكَ وَمَا يُضِلُّونَ إِلاُّ أَنفُسَهُمْ وَمَا
يَضُرُّونَكَ مِن شَيْءٍ وَأَنزَلَ اللّهُ عَلَيْكَ الْكِتَابَ
وَالْحِكْمَةَ وَعَلَّمَكَ مَا لَمْ تَكُنْ تَعْلَمُ وَكَانَ
فَضْلُ اللّهِ عَلَيْكَ عَظِيماً (١١٣)
لاَّ خَيْرَ فِي كَثِيرٍ مِّن نَّجْوَاهُمْ إِلاَّ مَنْ أَمَرَ
بِصَدَقَةٍ أَوْ مَعْرُوفٍ أَوْ إِصْلاَحٍ بَيْنَ النَّاسِ
وَمَن يَفْعَلْ ذَلِكَ ابْتَغَاء مَرْضَاتِ اللّهِ
فَسَوْفَ نُؤْتِيهِ أَجْراً عَظِيماً (١١٤)
وَمَن يُشَاقِقِ الرَّسُولَ مِن بَعْدِ مَا تَبَيَّنَ لَهُ
الْهُدَى وَيَتَّبِعْ غَيْرَ سَبِيلِ الْمُؤْمِنِينَ نُوَلِّهِ مَا
تَوَلَّى وَنُصْلِهِ جَهَنَّمَ وَسَاءتْ مَصِيراً (١١٥)
إِنَّ اللّهَ لاَ يَغْفِرُ أَن يُشْرَكَ بِهِ وَيَغْفِرُ مَا دُونَ
ذَلِكَ لِمَن يَشَاءُ وَمَن يُشْرِكْ بِاللّهِ فَقَدْ ضَلَّ
ضَلاَلاً بَعِيداً (١١٦)
إِن يَدْعُونَ مِن دُونِهِ إِلاَّ إِنَاثاً وَإِن يَدْعُونَ
إِلاَّ شَيْطَاناً مَّرِيداً (١١٧)
لَّعَنَهُ اللّهُ وَقَالَ لَأَتَّخِذَنَّ مِنْ عِبَادِكَ نَصِيباً
مَّفْرُوضاً (١١٨)
وَلأُضِلَّنَّهُمْ وَلأُمَنِّيَنَّهُمْ وَلآمُرَنَّهُمْ فَلَيُبَتِّكُنَّ
آذَانَ الأَنْعَامِ وَلآمُرَنَّهُمْ فَلَيُغَيِّرُنَّ خَلْقَ اللّهِ
وَمَن يَتَّخِذِ الشَّيْطَانَ وَلِيّاً مِّن دُونِ اللّهِ
فَقَدْ خَسِرَ خُسْرَاناً مُّبِيناً (١١٩)
يَعِدُهُمْ وَيُمَنِّيهِمْ وَمَا يَعِدُهُمُ الشَّيْطَانُ إِلاَّ
غُرُوراً (١٢٠)
أُوْلَـئِكَ مَأْوَاهُمْ جَهَنَّمُ وَلاَ يَجِدُونَ عَنْهَا
مَحِيصاً (١٢١)

وَالَّذِينَ آمَنُواْ وَعَمِلُواْ الصَّالِحَاتِ
سَنُدْخِلُهُمْ جَنَّاتٍ تَجْرِي مِن تَحْتِهَا الأَنْهَارُ
خَالِدِينَ فِيهَا أَبَداً وَعْدَ اللّهِ حَقّاً وَمَنْ
أَصْدَقُ مِنَ اللّهِ قِيلاً (١٢٢)
لَّيْسَ بِأَمَانِيِّكُمْ وَلا أَمَانِيِّ أَهْلِ الْكِتَابِ مَن
يَعْمَلْ سُوءاً يُجْزَ بِهِ وَلاَ يَجِدْ لَهُ مِن دُونِ
اللّهِ وَلِيّاً وَلاَ نَصِيراً (١٢٣)
وَمَن يَعْمَلْ مِنَ الصَّالِحَاتَ مِن ذَكَرٍ أَوْ أُنثَى
وَهُوَ مُؤْمِنٌ فَأُوْلَـئِكَ يَدْخُلُونَ الْجَنَّةَ وَلاَ
يُظْلَمُونَ نَقِيراً (١٢٤)
وَمَنْ أَحْسَنُ دِيناً مِّمَّنْ أَسْلَمَ وَجْهَهُ لله وَهُوَ
مُحْسِنٌ واتَّبَعَ مِلَّةَ إِبْرَاهِيمَ حَنِيفاً وَاتَّخَذَ
اللّهُ إِبْرَاهِيمَ خَلِيلاً (١٢٥)
وَلِلّهِ مَا فِي السَّمَاوَاتِ وَمَا فِي الأَرْضِ
وَكَانَ اللّهُ بِكُلِّ شَيْءٍ مُّحِيطاً (١٢٦)
وَيَسْتَفْتُونَكَ فِي النِّسَاء قُلِ اللّهُ يُفْتِيكُمْ
فِيهِنَّ وَمَا يُتْلَى عَلَيْكُمْ فِي الْكِتَابِ
فِي يَتَامَى النِّسَاء اللاَّتِي لاَ تُؤْتُونَهُنَّ
مَا كُتِبَ لَهُنَّ وَتَرْغَبُونَ أَن تَنكِحُوهُنَّ
وَالْمُسْتَضْعَفِينَ مِنَ الْوِلْدَانِ وَأَن تَقُومُواْ
لِلْيَتَامَى بِالْقِسْطِ وَمَا تَفْعَلُواْ مِنْ خَيْرٍ
فَإِنَّ اللّهَ كَانَ بِهِ عَلِيماً (١٢٧)
وَإِنِ امْرَأَةٌ خَافَتْ مِن بَعْلِهَا نُشُوزاً أَوْ
إِعْرَاضاً فَلاَ جُنَاْحَ عَلَيْهِمَا أَن يُصْلِحَا
بَيْنَهُمَا صُلْحاً وَالصُّلْحُ خَيْرٌ وَأُحْضِرَتِ
الأَنفُسُ الشُّحَّ وَإِن تُحْسِنُواْ وَتَتَّقُواْ فَإِنَّ
اللّهَ كَانَ بِمَا تَعْمَلُونَ خَبِيراً (١٢٨)
وَلَن تَسْتَطِيعُواْ أَن تَعْدِلُواْ بَيْنَ النِّسَاء وَلَوْ

٤ : ١٢٩

قرأ أُبيّ بن كعبٍ: «كالمسجونة» (الخطيب ٢: ١٧٠).

٤ : ١٣٦

تطلب الآية من المؤمنين الإيمان بالله ورسوله؛ ويقول اللغويون عن أمثال هذه الصيغ إنه «تحصيل حاصل»، فكيف تطلب من المؤمن أن يؤمن؟ ولهذا جاهد المفسرون لإزالة ركاكة البناء عن الآية، فافترضوا الاحتمالات التالية:

الاحتمال الأول: أن الآية تخاطب المسلمين، وتقول لهم: «يا أيها الذين آمنوا! كونوا دوماً على الإيمان واثبتوا عليه!» (الرازي ١١: ٧٦).

الاحتمال الثاني: أن الآية تخاطب غير المسلمين. ولهذا الاحتمال وجهان: الوجه الأول، أن الخطاب موجه لأهل الكتاب (اليهود

حَرَصْتُمْ فَلَا تَمِيلُوا كُلَّ الْمَيْلِ فَتَذَرُوهَا
كَالْمُعَلَّقَةِ وَإِن تُصْلِحُوا وَتَتَّقُوا فَإِنَّ اللَّهَ كَانَ
غَفُوراً رَّحِيماً (١٢٩)
وَإِن يَتَفَرَّقَا يُغْنِ اللَّهُ كُلاًّ مِّن سَعَتِهِ وَكَانَ
اللَّهُ وَاسِعاً حَكِيماً (١٣٠)
وَلِلَّهِ مَا فِي السَّمَاوَاتِ وَمَا فِي الأَرْضِ
وَلَقَدْ وَصَّيْنَا الَّذِينَ أُوتُوا الْكِتَابَ مِن
قَبْلِكُمْ وَإِيَّاكُمْ أَنِ اتَّقُوا اللَّهَ وَإِن تَكْفُرُوا
فَإِنَّ لِلَّهِ مَا فِي السَّمَاوَاتِ وَمَا فِي الأَرْضِ
وَكَانَ اللَّهُ غَنِيّاً حَمِيداً (١٣١)
وَلِلَّهِ مَا فِي السَّمَاوَاتِ وَمَا فِي الأَرْضِ
وَكَفَى بِاللَّهِ وَكِيلاً (١٣٢)
إِن يَشَأْ يُذْهِبْكُمْ أَيُّهَا النَّاسُ وَيَأْتِ بِآخَرِينَ
وَكَانَ اللَّهُ عَلَى ذَلِكَ قَدِيراً (١٣٣)
مَّن كَانَ يُرِيدُ ثَوَابَ الدُّنْيَا فَعِندَ
اللَّهِ ثَوَابُ الدُّنْيَا وَالآخِرَةِ وَكَانَ اللَّهُ
سَمِيعاً بَصِيراً (١٣٤)
يَا أَيُّهَا الَّذِينَ آمَنُوا كُونُوا قَوَّامِينَ بِالْقِسْطِ
شُهَدَاءَ لِلَّهِ وَلَوْ عَلَى أَنفُسِكُمْ أَوِ الْوَالِدَيْنِ
وَالأَقْرَبِينَ إِن يَكُنْ غَنِيّاً أَوْ فَقِيراً فَاللَّهُ
أَوْلَى بِهِمَا فَلَا تَتَّبِعُوا الْهَوَى أَن تَعْدِلُوا
وَإِن تَلْوُوا أَوْ تُعْرِضُوا فَإِنَّ اللَّهَ كَانَ بِمَا
تَعْمَلُونَ خَبِيراً (١٣٥)
يَا أَيُّهَا الَّذِينَ آمَنُوا آمِنُوا بِاللَّهِ وَرَسُولِهِ
وَالْكِتَابِ الَّذِي نَزَّلَ عَلَى رَسُولِهِ وَالْكِتَابِ
الَّذِي أَنزَلَ مِن قَبْلُ وَمَن يَكْفُرْ بِاللَّهِ
وَمَلَائِكَتِهِ وَكُتُبِهِ وَرُسُلِهِ وَالْيَوْمِ الآخِرِ فَقَدْ
ضَلَّ ضَلَالاً بَعِيداً (١٣٦)

والمسيحيين) إذ تطالبهم الآية بالإيمان بمحمد؛ والوجه الثاني أن الخطاب موجه للمنافقين، إذ تقول لهم الآية: «يا أيها الذين آمنوا باللسان آمنوا بالقلب» (الرازي ١١: ٧٦-٧٧).

الاحتمال الثالث: نقرأ في إحدى الروايات أن يهوداً جاءوا إلى محمد، فقالوا له: «نحن نؤمن بك وبكتابك وبموسى والتوراة، ونكفر بما سواه من الكتب والرسل»، فرد عليهم محمد بهذه الآية (الرازي ١١: ٧٦، الزمخشري ٢: ١٦٣).

الاحتمال الرابع: قيل أنّ الخطاب في الآية موجه إلى المشركين، والمعنى: «يا أيها الذين آمنوا باللاّت والعُزّى والطّاغُوتِ آمنوا باللهِ! أيْ: صدِّقوا بالله وبكتبهِ» (القرطبي ٧: ١٨١).

إن قبلنا الاحتمالين الأولين، ألم يكن من الأجدر أن تأتي الآية مصاغة بوضوح، بدون «تحصيل الحاصل»؟

أما القول بأن يهوداً قالوا لمحمد إنهم يؤمنون

إِنَّ الَّذِينَ آمَنُواْ ثُمَّ كَفَرُواْ ثُمَّ آمَنُواْ ثُمَّ كَفَرُواْ
ثُمَّ ازْدَادُواْ كُفْراً لَّمْ يَكُنِ اللّهُ لِيَغْفِرَ لَهُمْ وَلاَ
لِيَهْدِيَهُمْ سَبِيلاً (١٣٧)
بَشِّرِ الْمُنَافِقِينَ بِأَنَّ لَهُمْ عَذَاباً أَلِيماً (١٣٨)
الَّذِينَ يَتَّخِذُونَ الْكَافِرِينَ أَوْلِيَاء مِن دُونِ
الْمُؤْمِنِينَ أَيَبْتَغُونَ عِندَهُمُ الْعِزَّةَ فَإِنَّ العِزَّةَ
لِلّهِ جَمِيعاً (١٣٩)
وَقَدْ نَزَّلَ عَلَيْكُمْ فِي الْكِتَابِ أَنْ إِذَا
سَمِعْتُمْ آيَاتِ اللّهِ يُكَفَرُ بِهَا وَيُسْتَهْزَأُ
بِهَا فَلاَ تَقْعُدُواْ مَعَهُمْ حَتَّى يَخُوضُواْ
فِي حَدِيثٍ غَيْرِهِ إِنَّكُمْ إِذاً مِّثْلُهُمْ إِنَّ
اللّهَ جَامِعُ الْمُنَافِقِينَ وَالْكَافِرِينَ فِي
جَهَنَّمَ جَمِيعاً (١٤٠)
الَّذِينَ يَتَرَبَّصُونَ بِكُمْ فَإِن كَانَ لَكُمْ فَتْحٌ
مِّنَ اللّهِ قَالُواْ أَلَمْ نَكُن مَّعَكُمْ وَإِن كَانَ
لِلْكَافِرِينَ نَصِيبٌ قَالُواْ أَلَمْ نَسْتَحْوِذْ
عَلَيْكُمْ وَنَمْنَعْكُم مِّنَ الْمُؤْمِنِينَ فَاللّهُ يَحْكُمُ
بَيْنَكُمْ يَوْمَ الْقِيَامَةِ وَلَن يَجْعَلَ اللّهُ لِلْكَافِرِينَ
عَلَى الْمُؤْمِنِينَ سَبِيلاً (١٤١)
إِنَّ الْمُنَافِقِينَ يُخَادِعُونَ اللّهَ وَهُوَ
خَادِعُهُمْ وَإِذَا قَامُواْ إِلَى الصَّلاَةِ
قَامُواْ كُسَالَى يُرَآؤُونَ النَّاسَ وَلاَ
يَذْكُرُونَ اللّهَ إِلاَّ قَلِيلاً (١٤٢)
مُّذَبْذَبِينَ بَيْنَ ذَلِكَ لاَ إِلَى هَـؤُلاء وَلاَ
إِلَى هَـؤُلاء وَمَن يُضْلِلِ اللّهُ فَلَن تَجِدَ
لَهُ سَبِيلاً (١٤٣)
يَا أَيُّهَا الَّذِينَ آمَنُواْ لاَ تَتَّخِذُواْ الْكَافِرِينَ
أَوْلِيَاء مِن دُونِ الْمُؤْمِنِينَ أَتُرِيدُونَ أَن
تَجْعَلُواْ لِلّهِ عَلَيْكُمْ سُلْطَاناً مُّبِيناً (١٤٤)
إِنَّ الْمُنَافِقِينَ فِي الدَّرْكِ الأَسْفَلِ مِنَ النَّارِ
وَلَن تَجِدَ لَهُمْ نَصِيراً (١٤٥)
إِلاَّ الَّذِينَ تَابُواْ وَأَصْلَحُواْ وَاعْتَصَمُواْ

به، فهذه رواية مختلقة، لأنه لو جاء أحد وأعلن أنه يؤمن بما يبشر به محمد لصار مسلماً، وكف عن أن يكون يهودياً، ولم يعد من المعقول مطالبته بالإيمان.

وبصدد الاحتمال الرابع، الذي يقول أن الخطاب في الآية موجه إلى المشركين، فهو رأي ساذج لأن الآية تقول: ﴿يَا أَيُّهَا الَّذِينَ آمَنُواْ﴾، أيْ أنها تخاطب من يؤمن بالله، ولو كانت الآية تخاطب المشركين لاستخدمت لغةً مختلفة.

ومع ذلك، إن قبلنا هذا الرأي، فيجب أن نضيف الوثنيين إلى قائمة أهل الكتاب، وبالتالي كان يتوجب على المسلمين أن يأخذوا منهم الجزية لا أن يقاتلوهم حتى يؤمنوا.

بِاللّهِ وَأَخْلَصُواْ دِينَهُمْ لِلّهِ فَأُوْلَـئِكَ مَعَ
الْمُؤْمِنِينَ وَسَوْفَ يُؤْتِ اللّهُ الْمُؤْمِنِينَ
أَجْراً عَظِيماً (١٤٦)
مَّا يَفْعَلُ اللّهُ بِعَذَابِكُمْ إِن شَكَرْتُمْ وَآمَنتُمْ
وَكَانَ اللّهُ شَاكِراً عَلِيماً (١٤٧)
لاَّ يُحِبُّ اللّهُ الْجَهْرَ بِالسُّوَءِ مِنَ الْقَوْلِ إِلاَّ
مَن ظُلِمَ وَكَانَ اللّهُ سَمِيعاً عَلِيماً (١٤٨)
إِن تُبْدُواْ خَيْراً أَوْ تُخْفُوهُ أَوْ تَعْفُواْ عَن
سُوَءٍ فَإِنَّ اللّهَ كَانَ عَفُوّاً قَدِيراً (١٤٩)
إِنَّ الَّذِينَ يَكْفُرُونَ بِاللّهِ وَرُسُلِهِ وَيُرِيدُونَ
أَن يُفَرِّقُواْ بَيْنَ اللّهِ وَرُسُلِهِ وَيقُولُونَ نُؤْمِنُ
بِبَعْضٍ وَنَكْفُرُ بِبَعْضٍ وَيُرِيدُونَ أَن يَتَّخِذُواْ
بَيْنَ ذَلِكَ سَبِيلاً (١٥٠)
أُوْلَـئِكَ هُمُ الْكَافِرُونَ حَقّاً وَأَعْتَدْنَا
لِلْكَافِرِينَ عَذَاباً مُّهِيناً (١٥١)
وَالَّذِينَ آمَنُواْ بِاللّهِ وَرُسُلِهِ وَلَمْ يُفَرِّقُواْ بَيْنَ
أَحَدٍ مِّنْهُمْ أُوْلَـئِكَ سَوْفَ يُؤْتِيهِمْ أُجُورَهُمْ
وَكَانَ اللّهُ غَفُوراً رَّحِيماً (١٥٢)
يَسْأَلُكَ أَهْلُ الْكِتَابِ أَن تُنَزِّلَ عَلَيْهِمْ كِتَاباً
مِّنَ السَّمَاءِ فَقَدْ سَأَلُواْ مُوسَى أَكْبَرَ مِن
ذَلِكَ فَقَالُواْ أَرِنَا اللّهِ جَهْرَةً فَأَخَذَتْهُمُ
الصَّاعِقَةُ بِظُلْمِهِمْ ثُمَّ اتَّخَذُواْ الْعِجْلَ مِن
بَعْدِ مَا جَاءتْهُمُ الْبَيِّنَاتُ فَعَفَوْنَا عَن ذَلِكَ
وَآتَيْنَا مُوسَى سُلْطَاناً مُّبِيناً (١٥٣)
وَرَفَعْنَا فَوْقَهُمُ الطُّورَ بِمِيثَاقِهِمْ وَقُلْنَا
لَهُمُ ادْخُلُواْ الْبَابَ سُجَّداً وَقُلْنَا لَهُمْ
لاَ تَعْدُواْ فِي السَّبْتِ وَأَخَذْنَا مِنْهُم
مِّيثَاقاً غَلِيظاً (١٥٤)
فَبِمَا نَقْضِهِم مِّيثَاقَهُمْ وَكُفْرِهِم بَآيَاتِ اللّهِ
وَقَتْلِهِمُ الأَنْبِيَاءَ بِغَيْرِ حَقًّ وَقَوْلِهِمْ قُلُوبُنَا
غُلْفٌ بَلْ طَبَعَ اللّهُ عَلَيْهَا بِكُفْرِهِمْ فَلاَ
يُؤْمِنُونَ إِلاَّ قَلِيلاً (١٥٥)

٤ : ١٤٥

أجمع المفسرون على أن مقام المنافقين في الدرك الأسفل من النار لخطورتهم على المجتمع الإسلامي.

وقد اعتبر بعضهم أن ذلك منسوخ بالعبارة الورادة في الآية التالية: ﴿إِلاَّ الَّذِينَ تَابُواْ﴾ (النساء ٤: ١٤٦) (ابن حزم ٣٥، ابن سلامة ٤٠)، لكن ابن الجوزي يقول إنها استثناء وليست نسخاً (ابن الجوزي ٢٩٦).

٤ : ١٥٣

[راجع التعليق على سورة البقرة ٢: ٥٥، صفحة ١١٤].

وَبِكُفْرِهِمْ وَقَوْلِهِمْ عَلَى مَرْيَمَ بُهْتَاناً عَظِيماً (١٥٦)

وَقَوْلِهِمْ إِنَّا قَتَلْنَا الْمَسِيحَ عِيسَى ابْنَ مَرْيَمَ رَسُولَ اللّهِ وَمَا قَتَلُوهُ وَمَا صَلَبُوهُ وَلَكِن شُبِّهَ لَهُمْ وَإِنَّ الَّذِينَ اخْتَلَفُواْ فِيهِ لَفِي شَكٍّ مِّنْهُ مَا لَهُم بِهِ مِنْ عِلْمٍ إِلاَّ اتِّبَاعَ الظَّنِّ وَمَا قَتَلُوهُ يَقِيناً (١٥٧)

بَل رَّفَعَهُ اللّهُ إِلَيْهِ وَكَانَ اللّهُ عَزِيزاً حَكِيماً (١٥٨)

٤: ١٥٧-١٥٨

في إحدى الحوارات التي دارت بين محمد واليهود، قال له يهود المدينة إنهم كانوا وراء صلب المسيح، لكن محمداً حوّر هذا التصريح معلناً تعاليمه التي ادعت أن المسيح لم يُصلب، بل أن اليهود قد صلبوا رجلاً شبيهاً به، وأن الله قد رفع المسيح إليه (الطبري ٧: ٦٥٠).

لا تفصّل الآية حادثة الصلب، ولكننا عندما نعود إلى التفاسير، نجد التفاصيل التالية:

يذهب الشرح الأول إلى أن الذين كانوا يريدون قتل المسيح، أتوا إليه وهو في بيت مع الحواريين، فأحاطوا بالبيت، لكن إذ التبست عليهم الرؤية، أخذوا شخصاً آخر، وهم يظنونه المسيح، وقتلوه.

وفي تفصيل آخر، نقرأ أن المهاجمين لما حاصروا البيت، سأل المسيح تلاميذه عمن يضحي بنفسه فداءً له، فتطوع أحد الحواريين للمهمة، فصوّره الله على صورة المسيح. أُخذ هذا الشبيه وصلب وقتل، «وقد ظنّوا أنهم قتلوا عيسى، وظن النصارى كذلك أنه عيسى، ورَفع الله عيسى من يومه ذلك» (الطبري ٧: ٦٥١).

وتقول رواية أخرى أن شخصاً كان مصاحباً للمسيح ولكن على نفاق، فلما أراد الأعداء قتل المسيح، تطوع هذا المنافق لإرشادهم، ودخل بيت المسيح، فرفع الله المسيحَ وألقي شبهَه على المنافق، فدخل المهاجمون فقتلوه وهم يظنون أنه المسيح (الزمخشري ٢: ١٧٥).

يتضح من الروايات التي استعرضناها أعلاه أن المسيحيين لم يزيفوا حادثة الصلب لأنهم ظنوا بالفعل أن المسيح صُلب، وبالتالي كان على المسلمين أن يسألوا: لماذا رفع الله المسيح وجعل

وَإِن مِّنْ أَهْلِ الْكِتَابِ إِلَّا لَيُؤْمِنَنَّ بِهِ قَبْلَ مَوْتِهِ وَيَوْمَ الْقِيَامَةِ يَكُونُ عَلَيْهِمْ شَهِيداً (١٥٩)
فَبِظُلْمٍ مِّنَ الَّذِينَ هَادُواْ حَرَّمْنَا عَلَيْهِمْ طَيِّبَاتٍ أُحِلَّتْ لَهُمْ وَبِصَدِّهِمْ عَن سَبِيلِ اللَّهِ كَثِيراً (١٦٠)
وَأَخْذِهِمُ الرِّبَا وَقَدْ نُهُواْ عَنْهُ وَأَكْلِهِمْ أَمْوَالَ النَّاسِ بِالْبَاطِلِ وَأَعْتَدْنَا لِلْكَافِرِينَ مِنْهُمْ عَذَاباً أَلِيماً (١٦١)

المسيحيين يعتقدون أنه صُلب (وظنَّت النصارى مثل ذلك أنه عيسى كما جاء في الطبري)! لا سيما مع استعداد أحدهم التضحية بنفسه من أجله، كما يدعون في إحدى التفسيرات! إن هذه الروايات تصوّر الله مخادعاً، لأنه رفع المسيح وألقي شبهه على إنسان، فإن افترضنا جدلاً بصحة هذه الرواية، ففي ذلك إساءةٌ إلى الله لا إلى المسيحيين، بغض النظر عما إذا كان هذا الإنسان من الحواريين أو من المنافقين.

ومن جهة أخرى، إن نفي القرآن لحادثة الصلب يطعن في مبدأ مصداقيته ذاته، إذ يقول المسلمون إن صحة النص القرآني تعود إلى تواتر روايته، التي نتجت عن أنّ كثيراً من المسلمين شاركوا في عملية حفظ القرآن. واعتماداً على التواتر، يقول المسلمون إنّ القرآن الحالي هو نفس القرآن الذي تلاه محمدٌ؛ فكيف يرفض المسلمون خبر الصلب المتواتر أيضاً، مع أن الذين شاهدوا الصلب وتناقلوا تفاصيله كانوا أكثر بكثير من الذين شاركوا في كتابة القرآن؟

يكاد يكون الرازي هو المفسر الوحيد الذي تطرق إلى هذه الإشكالية؛ إذ لاحظ بحصافة أن نفي صلب المسيح، رغم تواتر الخبر، سيجعل مبدأ التواتر موضع طعنٍ من أساسه، «وذلك يوجب القدح في جميع الشرائع... وبالجملة، ففتح هذا الباب يوجب الطعن في التواتر، والطعن فيه يوجب الطعن في نبوة الأنبياء» (الرازي ١١: ١٠١). ولكن ما لم يقله أيضاً، أن الطعن في تواتر خبر الصلب يوجب الطعن في وجود محمد أيضاً لا الطعن في القرآن فحسب؛ ولهذا قدم الرازى حلاً مفاده أن اليهود حينما أرادوا القبض على المسيح، فإن الله رفعه، فقاموا بالقبض على إنسان آخر، وصلبوه، وقالوا للناس

أنه المسيح. وقد انطلت الحيلة على الناس لأن المسيح كان، كما ادعى- «قليل المخالطة للناس»، وبالتالي فإن المسيحيين مخدوعون من جانب مجموعة صغيرة متآمرة (الرازي ١١: ١٠٢).

إن هذه المحاولة من الرازي لنفي حادثة صلب المسيح، لا تتسق مع الواقع التاريخي المتواتر، لأن التاريخ يخبرنا أن المسيح لم يكن «قليل المخالطة للناس»، بل كان يكرز بين «جموع» الناس، وكان يعرفه اليهود والوثنيون، كما شهد حادثة الصلب عدد كبير من المؤمنين به ومن أعدائه.

ولكن عذر الرازي أنه المفسر الوحيد الذي أدرك خطورة نفي صلب المسيح على الإسلام، فألف هذه الحكاية. ومع ذلك، ظل الرازي متحيراً، إذ بعد أن استعرض باختصار الروايات الواردة في التفاسير الأخرى، بدأ يلاحظ التناقض فيما بينها، فيقول: «وهذه الوجوه متعارضة متدافعة. والله أعلم بحقائق الأمور» (الرازي ١١: ١٠٢).

يبقى لدينا سؤال: من أين أتى محمد بالقول ﴿وَلَكِن شُبِّهَ لَهُمْ﴾؟

يقتبس الإسلام أقوال الهراطقة بخصوص المسيح، مثل بدع «الأبَولونيّة»، و«الدُّوسِت»، التي تنادي «بأنّ المسيحَ لم يُصلَب ولم يُقتل. بل وقع الصلبُ والقتلُ على الشَّبَه؛ أو أنّ المسيحَ، العنصرَ الإلهي، انفصل عن يسوع عند الصلب والموت» (مسيح القرآن ومسيح المسلمين ١٥٤).

والتعليم الذي يقول به هذا النص يتطابق مع ما أعلنه بَاسِليديس، إذ نقل إلينا إيرينايوس في كتابه «ضد البدع» إن بَاسِليديس كان يعلّم أتباعه أن المسيح لم يختبر محنة الصلب، وأن سمعان القَيرَواني حمل الصليب لأجل المسيح، وأن هذا الرجل هو الذي صُلب جهلاً وخطأً (ضد البدع: أنظر الرابط أدناه). ولاحقاً، بعد أن انتشر الإسلام بحد السيف في العالم، قدم المسلمون هذا التعليم سلاحاً عقائدياً ضد المسيحية.

تعارض

يتعارض هذا التعليم مع شهادة ضمنية على موت المسيح وقيامته وردت في آيات أخرى: (آل عمران ٣: ٥٥؛ المائدة ٥: ١١٧؛ مريم ١٩: ٣٣). [راجع التعليق على سورة آل عمران ٣: ٥٥، صفحة ١٩٣].

انظرْ عرض إيرينايوس لتعاليم بَاسِليديس (ضد البدع):

Irenaeus, Adversus Haereses, Book I, Chapter 24, *Doctrines of Saturninus and Basilides*: ‹http://www.newadvent.org/fathers/0103124.htm›

لَّكِنِ الرَّاسِخُونَ فِي الْعِلْمِ مِنْهُمْ
وَالْمُؤْمِنُونَ يُؤْمِنُونَ بِمَا أُنزِلَ إِلَيكَ
وَمَا أُنزِلَ مِن قَبْلِكَ وَالْمُقِيمِينَ الصَّلاَةَ
وَالْمُؤْتُونَ الزَّكَاةَ وَالْمُؤْمِنُونَ بِاللّهِ
وَالْيَوْمِ الآخِرِ أُوْلَئِكَ سَنُؤْتِيهِمْ أَجْراً
عَظِيماً (١٦٢)
إِنَّا أَوْحَيْنَا إِلَيْكَ كَمَا أَوْحَيْنَا إِلَى
نُوحٍ وَالنَّبِيِّينَ مِن بَعْدِهِ وَأَوْحَيْنَا إِلَى
إِبْرَاهِيمَ وَإِسْمَاعِيلَ وَإِسْحَاقَ وَيَعْقُوبَ
وَالأَسْبَاطِ وَعِيسَى وَأَيُّوبَ وَيُونُسَ
وَهَارُونَ وَسُلَيْمَانَ وَآتَيْنَا دَاوُودَ زَبُوراً (١٦٣)
وَرُسُلاً قَدْ قَصَصْنَاهُمْ عَلَيْكَ مِن قَبْلُ
وَرُسُلاً لَّمْ نَقْصُصْهُمْ عَلَيْكَ وَكَلَّمَ اللّهُ
مُوسَى تَكْلِيماً (١٦٤)
رُّسُلاً مُّبَشِّرِينَ وَمُنذِرِينَ لِئَلاَّ يَكُونَ
لِلنَّاسِ عَلَى اللّهِ حُجَّةٌ بَعْدَ الرُّسُلِ
وَكَانَ اللّهُ عَزِيزاً حَكِيماً (١٦٥)

٤ : ١٦٢

[راجع التعليق على سورة (طه ٢٠ : ٦٣) في الجزء الثاني من الكتاب].

٤ : ١٦٢

كتب ابن مسعود وأُبيّ بن كعب في مصحفيهما: «والمُقِيمون الصَّلاة»، نسقاً على ما قبله: ‹الرَّاسِخُونَ›، كما قرأ بذلك بعض القرّاء (الخطيب ٢ : ١٩٩). وقراءة المصحف تتعارض مع قواعد اللغة، وتقول عائشة أن كتابتها بالياء خطأ من كتّاب المصاحف (الخطيب ٢ : ١٩٩، قارن: جولدتسهر ٤٦ - ٤٧). وتصحح قراءة ابن مسعود وأُبيّ بن كعبٍ هذا الخطأ.

٤ : ١٦٤

قرأ جمهور القرّاء: ‹وَكَلَّمَ اللّهُ مُوسَى تكليماً› حيث (الله): المتكلّم و(موسى): المُخاطب؛ لكن لدينا قراءة معتزلية: «وَكَلَّمَ اللّهَ مُوسَى تَكْلِيماً»، حيث يكون اسم (الله) مفعولاً و(موسى) فاعلاً. وقرأ بها: عمرو بن عبيد (العكبري ١ : ٤٢١) وإبراهيم النخعي ويحيى بن وثاب (الخطيب ٢ : ٢٠٣، قارن: جولدتسهر ١٩٥ - ١٩٦).

تعني قراءة الجمهور إن الله هو الفاعل، بينما تعني القراءة المعتزلية إن موسى هو الفاعل.

لَّكِنِ اللّهُ يَشْهَدُ بِمَا أَنزَلَ إِلَيْكَ أَنزَلَهُ
بِعِلْمِهِ وَالْمَلآئِكَةُ يَشْهَدُونَ وَكَفَى بِاللّهِ
شَهِيداً (١٦٦)
إِنَّ الَّذِينَ كَفَرُواْ وَصَدُّواْ عَن سَبِيلِ اللّهِ
قَدْ ضَلُّواْ ضَلاَلاً بَعِيداً (١٦٧)
إِنَّ الَّذِينَ كَفَرُواْ وَظَلَمُواْ لَمْ يَكُنِ اللّهُ
لِيَغْفِرَ لَهُمْ وَلاَ لِيَهْدِيَهُمْ طَرِيقاً (١٦٨)
إِلاَّ طَرِيقَ جَهَنَّمَ خَالِدِينَ فِيهَا أَبَداً
وَكَانَ ذَلِكَ عَلَى اللّهِ يَسِيراً (١٦٩)
يَا أَيُّهَا النَّاسُ قَدْ جَاءكُمُ الرَّسُولُ
بِالْحَقِّ مِن رَّبِّكُمْ فَآمِنُواْ خَيْراً
لَّكُمْ وَإِن تَكْفُرُواْ فَإِنَّ لِلّهِ مَا فِي
السَّمَاوَاتِ وَالأَرْضِ وَكَانَ اللّهُ عَلِيماً
حَكِيماً (١٧٠)
يَا أَهْلَ الْكِتَابِ لاَ تَغْلُواْ فِي دِينِكُمْ وَلاَ
تَقُولُواْ عَلَى اللّهِ إِلاَّ الْحَقِّ إِنَّمَا الْمَسِيحُ
عِيسَى ابْنُ مَرْيَمَ رَسُولُ اللّهِ وَكَلِمَتُهُ
أَلْقَاهَا إِلَى مَرْيَمَ وَرُوحٌ مِّنْهُ فَآمِنُواْ بِاللّهِ
وَرُسُلِهِ وَلاَ تَقُولُواْ ثَلاَثَةٌ انتَهُواْ خَيْراً
لَّكُمْ إِنَّمَا اللّهُ إِلَـهٌ وَاحِدٌ سُبْحَانَهُ أَن
يَكُونَ لَهُ وَلَدٌ لَّهُ مَا فِي السَّمَاوَات وَمَا
فِي الأَرْضِ وَكَفَى بِاللّهِ وَكِيلاً (١٧١)

لَّن يَسْتَنكِفَ الْمَسِيحُ أَن يَكُونَ
عَبْداً لِّلّهِ وَلاَ الْمَلآئِكَةُ الْمُقَرَّبُونَ وَمَن
يَسْتَنكِفْ عَنْ عِبَادَتِهِ وَيَسْتَكْبِرْ
فَسَيَحْشُرُهُمْ إِلَيهِ جَمِيعاً (١٧٢)
فَأَمَّا الَّذِينَ آمَنُواْ وَعَمِلُواْ الصَّالِحَاتِ
فَيُوَفِّيهِمْ أُجُورَهُمْ وَيَزيدُهُم مِّن فَضْلِهِ
وَأَمَّا الَّذِينَ اسْتَنكَفُواْ وَاسْتَكْبَرُواْ
فَيُعَذِّبُهُمْ عَذَاباً أَلُيماً وَلاَ يَجِدُونَ لَهُم
مِّن دُونِ اللّهِ وَلِيّاً وَلاَ نَصِيراً (١٧٣)
يَا أَيُّهَا النَّاسُ قَدْ جَاءكُم بُرْهَانٌ مِّن
رَّبِّكُمْ وَأَنزَلْنَا إِلَيْكُمْ نُوراً مُّبِيناً (١٧٤)
فَأَمَّا الَّذِينَ آمَنُواْ بِاللّهِ وَاعْتَصَمُواْ بِهِ
فَسَيُدْخِلُهُمْ فِي رَحْمَةٍ مِّنْهُ وَفَضْلٍ
وَيَهْدِيهِمْ إِلَيْهِ صِرَاطاً مُّسْتَقِيماً (١٧٥)
يَسْتَفْتُونَكَ قُلِ اللّهُ يُفْتِيكُمْ فِي
الْكَلاَلَةِ إِنِ امْرُؤٌ هَلَكَ لَيْسَ لَهُ وَلَدٌ
وَلَهُ أُخْتٌ فَلَهَا نِصْفُ مَا تَرَكَ وَهُوَ
يَرِثُهَآ إِن لَّمْ يَكُن لَّهَا وَلَدٌ فَإِن كَانَتَا
اثْنَتَيْنِ فَلَهُمَا الثُّلُثَانِ مِمَّا تَرَكَ وَإِن
كَانُواْ إِخْوَةً رِّجَالاً وَنِسَاء فَلِلذَّكَرِ
مِثْلُ حَظِّ الأُنثَيَيْنِ يُبَيِّنُ اللّهُ لَكُمْ أَن
تَضِلُّواْ وَاللّهُ بِكُلِّ شَيْءٍ عَلِيمٌ (١٧٦)

٤ : ١٧١

تتهم الآية المسيحيين بالإيمان بثلاثة آلهة (النساء ٤ : ١٧١؛ المائدة ٥ : ٧٣)، وهذا الاتهام مبني على قراءة مغرضة أو ضالّة لعقيدة الثالوث الأقدس. فالمسيحية لا تؤمن بتعدد الآلهة، بل بوحدانية الله. كما تعلن التوراة والإنجيل وحدانية الله بصورة قاطعة، حيث ورد في التوراة:

«إِسْمَعْ يَا إِسْرَائِيلُ: الرَّبُّ إِلٰهُنَا رَبٌّ وَاحِدٌ»

(التَّثْنِيَة ٦ : ٤)

وقد أعاد المسيح على المسامع وعلى الملأ هذه الآية، حينما سَأَلَهُ وَاحِدٌ مِنَ الْكَتَبَةِ «أَيَّةُ وَصِيَّةٍ هِيَ أَوَّلُ الْكُلِّ؟ فَأَجَابَهُ يَسُوعُ:

"إِنَّ أَوَّلَ كُلِّ الْوَصَايَا هِيَ: اسْمَعْ يَا إِسْرَائِيلُ. الرَّبُّ إِلَهُنَا رَبٌّ وَاحِدٌ"»

(إنجيل مَرْقُس ١٢ : ٢٨ - ٢٩)

تقرر كافة قوانين الإيمان في المسيحية وحدانية الإله، إذْ يبدأ القانون النيقاوي بإعلان: «نؤمنُ بإلهٍ واحدٍ»، ويعيد القانون النيقاوي القسطنطيني (٣٨١ م) هذا الإعلان. وكذلك فإن القديس أثناسيوس الذي قاوم مختلف البدع، عندما تناول بالشرح مسألة الثالوث أكد أن غاية الإيمان «أن تعبد إلهاً واحداً في ثالوث، وثالوثاً في توحيد»، وأضاف في قانونه القول: أن الآب والابن والروح القدس ليسوا ثلاثة آلهةً، بل إله واحد.

القرآن والبدع

[في الآية] تعريف بشخصية المسيح: إنّه (المسيح، عيسى، ابن مريم، رسول الله) وإنه (كَلِمَتُهُ أَلْقَاهَا إِلَى مَرْيَمَ، وَرُوحٌ مِّنْهُ تعالى) وهو تعريف المسيح على الطريقة النسطورية التي كانت سائدة في شرق الجزيرة من نجران إلى الحيرة إلى العراق وفارس: المسيح شخصان، عيسى بن مريم، وكلمة الله، اللذان اتحدا في ساعة الإلتقاء إلى مريم. وكلمة الله ليس مجرّد أمر الله بخلقه، بل هو شخص ملقى إلى مريم بدليل قوله إن كلمة الله «روح منه» أي صادر منه تعالى وهو «يلقى إلى مريم» لا يخلق فيها فهو كائن في الله قبل الإلقاء. وبحسب هذه النظرية، لا يصح أن يقال لعيسى ابن مريم، المولود منها أنه ابن الله، وأن والدته هي أمّ الله، لأن المولود منها هو غير الملقى إليها، فهو اجتماع طارئ زائل. وكان القرآن في مكة أميل إلى الطريقة اليعقوبية التي كانت سائدة في غرب الجزيرة من الحبشة إلى اليمن إلى أطراف الشام عند بني غسان؛ وهذه الطريقة تجعل عيسى ابن مريم المولود منها وكلمة الله الملقى إليها شخصاً واحداً، كما يرشح من وصف سورة مريم.

(أطوار الدعوة القرآنية ٨٢٣ - ٨٢٤)

قراءات مقترحة بشأن الثالوث

- أبو رائطه التكريتيّ (القرن التاسع الميلادي) ورسالتُه «في الثالوثْ المقدَّس» دراسَةٌ وَنَصّ، بقَلَم الأبْ سَليم دكّاش اليَسُوعيّ، دار المشرق، طبعة أولى ١٩٩٦ . وهي رسالة من التراث المسيحي العربي .
- مَنْطِق الثالُوث، الأبّ هَنري بُولاد اليَسُوعيّ، دار المشرق بيروت .
- وحدانية الثالوث في المسيحيّة والإسلام، إسكندر جديد :

‹http://www.vopg.org/library/comparativeStudies2.htm› (Item No. 266)

تعـــــــود
تسمية السورة إلى قصة
المائدة، التي تروي أن الحواريين سألوا
المسيح أن ينزل عليهم ﴿مَائِدَةً مِّنَ السَّمَاءِ﴾ (ابن
عاشور ٦: ٦٩). [انظر التعليق على الآيات (١١٢ -
١١٥) من سورة المائدة صفحة: ٣٠١].

المواضيع التي تناولتها السورة:

- قضايا طقسية، بخصوص التطهر والأطعمة، والحج (١-٧، ٣٨، ٨٧ - ٩١، ٩٤-١٠٠، ...).
- خطابات مضادة لليهود (١٢-١٣، ١٨-٢٦)، ومعارضي محمد (٤١).
- مجادلات بخصوص طبيعة المسيح والثالوث (آيات ١٤، ١٧، ٧٢، ١١٠-١١٨). ونجد في السورة موقفين مختلفين من المسيحية: الأول، موقف العداء منها والمتبلور في أواخر عهد المدينة؛ والثاني، موقف يتسم ببعض اللين ويعود إلى فترة وجود محمد بمكة، حيث وصفهم بأنهم ﴿أَقْرَبَهُم مَّوَدَّةً لِّلَّذِينَ آمَنُواْ﴾ (٨٢).

هناك خلاف بين المسلمين عما إذا كانت هذه السورة أم سورة التوبة هي آخر السور زمنياً. إلاّ أنه على الرغم من التقارب الزمني بينهما، فإننا نجد في سورة التوبة خطاباً معادياً للمسيحيين باستثناء التعبير الودي في الآية (٨٢) من هذه السورة؛ لذا فمن المرجح أن آية الود هذه تعود لفترة سابقة، وقد أضيفت لاحقاً إلى متن سورة المائدة.

على أن ما يلفت النظر هنا هو أنّ هذه السورة قد تطرقت لليهود والمعارضين (المنافقين)، وهي مسائل عالجها القرآن في سورة آل عمران، ولهذا يرى (الحدّاد) أن الآيات المتصلة باليهود والمعارضين مقحمة على سورة المائدة، على أساس أنه في فترة نظم سورة المائدة كانت القبائل اليهودية قد صُفيّت قتلاً أو تهجيراً، وأن نار المعارضة قد أُخمدت بعد فتح مكة. وبالتالي فموضع هذه الأجزاء يجب أن يكون في سورة آل عمران (أطوار الدعوة القرآنية ٩٣٧).

كان من الممكن قبول رأي الحدّاد لو كانت السور مرتبة تاريخياً، أو لو كانت كل سورة تمثل حقبة زمنية أو موضوعية، ولكن على غرار ما رأينا في السور السابقة، فإن السور الطوال تعكس مراحل زمنية ممتدة، قد تبلغ ثماني سنوات (البقرة). ولعله مثال جليّ على عشوائية ترتيب سور القرآن أو حتى آيات القرآن، ما نجده في هذه السورة، حيث نقلت إلينا المصادر الإسلامية أن أول ما تنزّل من سورة المائدة الآيتان (١٥-١٦) (ابن عاشور ٦: ٧١)، وبالتالي وفق الترتيب التاريخي، كان يجب وضع هاتين الآيتين في مطلع السورة، أيْ (١ و٢).

تغطي هذه السورة فترة تتعدى السنتين بقليل. ولدينا في السورة آية نعرف أنها من أواخر الآيات، حيث أعلن فيها محمد اكتمال رسالته: ﴿الْيَوْمَ أَكْمَلْتُ لَكُمْ دِينَكُمْ﴾ (٣)، وقد وردت في خطبة حجة الوداع، ولا نستبعد أن محمداً قالها وهو على فراش الموت، وأنه لم يكن يحسب الآية (٣) قرآناً، بل كانت بالنسبة إليه عبارة وداع.

يَا أَيُّهَا الَّذِينَ آمَنُواْ أَوْفُواْ بِالْعُقُودِ أُحِلَّتْ لَكُم بَهِيمَةُ الأَنْعَامِ إِلاَّ مَا يُتْلَى عَلَيْكُمْ غَيْرَ مُحِلِّي الصَّيْدِ وَأَنتُمْ حُرُمٌ إِنَّ اللّهَ يَحْكُمُ مَا يُرِيدُ (١)

يَا أَيُّهَا الَّذِينَ آمَنُواْ لاَ تُحِلُّواْ شَعَآئِرَ اللّهِ وَلاَ الشَّهْرَ الْحَرَامَ وَلاَ الْهَدْيَ وَلاَ الْقَلآئِدَ وَلا آمِّينَ الْبَيْتَ الْحَرَامَ يَبْتَغُونَ فَضْلاً مِّن رَّبِّهِمْ وَرِضْوَاناً وَإِذَا حَلَلْتُمْ فَاصْطَادُواْ وَلاَ يَجْرِمَنَّكُمْ شَنَآنُ قَوْمٍ أَن صَدُّوكُمْ عَنِ الْمَسْجِدِ الْحَرَامِ أَن تَعْتَدُواْ وَتَعَاوَنُواْ عَلَى الْبرِّ وَالتَّقْوَى وَلاَ تَعَاوَنُواْ عَلَى الإِثْمِ وَالْعُدْوَانِ وَاتَّقُواْ اللّهَ إِنَّ اللّهَ شَدِيدُ الْعِقَابِ (٢)

٥ : ١

يأمر مطلع الآية بالوفاء ‹بالْعُقُودِ›، ثم يستطرد بالقول مباشرة: ‹أُحِلَّتْ لَكُم بَهِيمَةُ الأَنْعَامِ›، أيْ: الإبل والبقر والغنم أكلاً بعد الذبح. فما هي العلاقة بين الأمرين؟

لننظر أولاً في معنى ‹الْعُقُودِ›. جاء في تفسير الطبري (٨: ٦-١٢) أن الكلمة تعني:

- العهود.
- الحِلف، أيْ الالتزامات التي عقدها المسلمون قبل عهد الإسلام، وينسب لمحمد القول: «أَوْفُوا بعقدِ الجاهليةِ، ولا تُحدِثوا عقداً في الإسلام!».
- العهود التي أخذ اللهُ على عباده بالإيمان به، وطاعته فيما أحَلَّ لهم وحرَّم عليهم.
- العقودُ التي يتعاقدُها الناسُ فيما بينهم، أو التي يعقدُها المرءُ على نفسه. ويفصّلون: «عُقْدةُ الزواج، وعُقْدَة الشركة، وعُقْدَة اليمين، وعُقْدةُ العهد، وعُقْدةُ الحِلْفِ».
- أمرُ اللهِ لأهل الكتاب بالوفاء بالميثاق الموجود في التوراة والإنجيل بخصوص تصديق محمد.

إن أخذنا أي تأويل لبيان مدلول ‹الْعُقُودِ›، نتساءل: أين الرابط بين الجزئيْن في الآية.

وإذا أعدنا القراءة: ‹أَوْفُواْ بِالْعُقُودِ أُحِلَّتْ لَكُم بَهِيمَةُ الأَنْعَامِ›، نجد أن ثمة عبارة ناقصة

قبل ‹أُحِلَّتْ›، مما يشير إلى أن تدوين القرآن لم يكن خاضعاً لشروط دقيقة؛ ويعود هذا بالطبع إلى أن المستوى الثقافي للمسلمين آنذاك لم يكن يساعد على وجود قواعد علمية. وقد لاحظ الأدب الدفاعي هذه الفجوة في الآية، فدفع بأن المعنى المقصود هو العقود التي أوجبها الله على المؤمنين فيما أحلّ وحرّم وفرض (تنزيه القرآن عن المطاعن ١٠٩). أما الزمخشري (٢: ١٩١)، فقد اختصر المناقشة بقوله: «والظاهر أنها عقود الله عليهم في دينه من تحليل حلاله وتحريم حرامه وأنه كلام قدم مجملاً ثم عقب بالتفصيل، وهو قوله: ‹أحلت لكم›..». [لاحظ قول الزمخشري «والظاهر»، الذي يتضمن شكاً].

وفي محاولة لجذب الانتباه بعيداً عن وهن التركيب البلاغي في الآية، تحكى خرافة أن أصحابَ الكِنْديّ سألوه أن يعمل لهم مثل القرآن:

«فقال: «نعم، أَعْمَلُ مِثْلَ بعضه»؛ فاحتجب أياماً كثيرةً، ثم خرج، فقال: «والله ما أَقدر، ولا يُطيق هذا أحدٌ، إني فتحتُ المصحفَ، فخرجَتْ سورةُ المائدة، فنظرتُ، فإذا هو قد نَطَقَ بالوفاء، ونهى عن النَّكْث، وحلَّلَ تحليلاً عامًّا، ثم استثنى استثناءً بعد استثناء، ثم أخبرَ عن قُدرته وحِكْمته في سطريْن»» (القرطبي ٧: ٢٤٥-٢٤٦).

ولما كانت الآية هي نموذج للضعف في المبنى والمعنى، اختلق الأدب الدفاعي أسطورة تجعلها مثال البلاغة، ويكون فيلسوف العرب بطلها.

٥: ٢

قرأ ابن مسعود وآخرون: «وَلا آمِّي الْبَيْتَ الْحَرَامَ» بحذف النون للإضافة إلى ‹البَيْت›. واعتبر ابن خلويه هذه القراءة جيدة إلاّ أنه تحفظ عليها لأنها تخالف المصحف (الخطيب ٢: ٢١٧). وسؤالنا: لماذا لم تدوّن في المصحف القراءة ذات الجودة الأعلى؟

٥: ٢

تأمر الآية المسلمين بالتقيد بشعائر الحج المورثة، بما في ذلك طقس ‹الْقَلاَئِدَ›، حيث كان الرجل الذى أراد الحجّ يتقلد قلائد من لِحاءِ السَّمُرِ [نوع من الشجيرات] ليدل على أنه ذاهب إلى الحج، فلا يتعرّض له أحدٌ (الطبري ٨: ٢٨).

وهذه الآية منسوخة، ونقرأ بشأنها:

أ. ‹وَلا آمِّينَ الْبَيْتَ الْحَرَامَ›: ثمة نهي هنا عن التعرّض لمن يقصد مكة حاجاً، ولو كان من المشركين، وقد نُسخت هذه العبارة بآية: ‹فَاقْتُلُوا الْمُشْرِكِينَ حَيْثُ وَجَدْتُمُوهُمْ› (التوبة ٩: ٥)، وبآية أخرى: ‹إِنَّمَا الْمُشْرِكُونَ نَجَسٌ فَلاَ يَقْرَبُواْ الْمَسْجِدَ الْحَرَامَ بَعْدَ عَامِهِم› (التوبة ٩: ٢٨) (الإيضاح ٢٥٦، ابن الجوزي ٢٩٨-٢٩٩، النحاس ١١٥ قارن الطبري ٨: ٣٥-٣٧).

ب. قيل أنّ النسخ كان بالآية التي تقول: ‹مَا كَانَ لِلْمُشْرِكِينَ أَن يَعْمُرُواْ مَسَاجِدَ الله

حُرِّمَتْ عَلَيْكُمُ الْمَيْتَةُ وَالْدَّمُ
وَلَحْمُ الْخِنْزِيرِ وَمَا أُهِلَّ لِغَيْرِ اللَّه
بِهِ وَالْمُنْخَنِقَةُ وَالْمَوْقُوذَةُ وَالْمُتَرَدِّيَةُ
وَالنَّطِيحَةُ وَمَا أَكَلَ السَّبُعُ إِلاَّ مَا
ذَكَّيْتُمْ وَمَا ذُبِحَ عَلَى النُّصُبِ وَأَن
تَسْتَقْسِمُواْ بِالأَزْلاَمِ ذَلِكُمْ فِسْقٌ
الْيَوْمَ يَئِسَ الَّذِينَ كَفَرُواْ مِن دِينِكُمْ
فَلا تَخْشَوْهُمْ وَاخْشَوْنِ الْيَوْمَ
أَكْمَلْتُ لَكُمْ دِينَكُمْ وَأَتْمَمْتُ عَلَيْكُمْ
نِعْمَتِي وَرَضِيتُ لَكُمُ الإِسْلاَمَ دِيناً
فَمَنِ اضْطُرَّ فِي مَخْمَصَةٍ غَيْرَ
مُتَجَانِفٍ لِّإِثْمٍ فَإِنَّ اللَّهَ غَفُورٌ
رَّحِيمٌ (٣)
يَسْأَلُونَكَ مَاذَا أُحِلَّ لَهُمْ قُلْ أُحِلَّ لَكُمُ

شَاهِدِينَ عَلَى أَنفُسِهِمْ بِالْكُفْرِ﴾ (التوبة ٩: ١٧) (ابن الجوزي ٢٩٩).

ج. رُوي أن المنسوخ في الآية هو كل ما يتصل بالمشركين؛ فقتالهم لم يعد محرماً في الأشهر الحرم، كما لم يعد لهم حق تقديم الذبائح ولا التمتع بالأمان، حتى ولو كانوا يتقلدون القلائد، فإن كل ذلك قد نُسخ بآية: ﴿فَاقْتُلُوا الْمُشْرِكِينَ حَيْثُ وَجَدْتُمُوهُمْ﴾ (التوبة ٩: ٥) (ابن الجوزي ٢٩٩ - ٣٠١، النحاس ١١٥ - ١١٦، الطبري ٨: ٤٠).

ولكن البعض اعتبر أن شطر الآية: ﴿لاَ تُحِلُّواْ شَعَآئِرَ اللَّهِ﴾ محكم، فلا يجوز خرق شعائر الحج (الإيضاح ٢٥٧، ابن الجوزي ٢٩٨).

٥ : ٣

قرأها بعض القرّاء «غَيْرَ مُتَجَنِّفٍ لِإِثْمٍ»، بحذف الألف وهي عند ابن جني وعلماء لغة آخرين أكثر بلاغة (الخطيب ٢: ٢٢٨).

فهل معنى ذلك أن القرآن لا يشتمل بالضرورة على الصيغ الأكثر بلاغة، خلافاً للإعتقاد السائد أنه النص المرجعي في البلاغة؟

٥ : ٥

تبيح الآية للمسلم أكل طعام اليهود والمسيحيين، ولقد أثير جدل عما إذا كانت الآية منسوخة أم لا، فقيل:

الطَّيِّبَاتُ وَمَا عَلَّمْتُم مِّنَ الْجَوَارِحِ
مُكَلِّبِينَ تُعَلِّمُونَهُنَّ مِمَّا عَلَّمَكُمُ اللَّهُ
فَكُلُواْ مِمَّا أَمْسَكْنَ عَلَيْكُمْ وَاذْكُرُواْ
اسْمَ اللَّهِ عَلَيْهِ وَاتَّقُواْ اللَّهَ إِنَّ اللَّهَ
سَرِيعُ الْحِسَابِ (٤)
الْيَوْمَ أُحِلَّ لَكُمُ الطَّيِّبَاتُ وَطَعَامُ
الَّذِينَ أُوتُواْ الْكِتَابَ حِلٌّ لَّكُمْ
وَطَعَامُكُمْ حِلٌّ لَّهُمْ وَالْمُحْ
صَنَاتُ مِنَ الْمُؤْمِنَاتِ وَالْمُحْصَنَاتُ مِنَ الَّذِينَ
أُوتُواْ الْكِتَابَ مِن قَبْلِكُمْ إِذَا
آتَيْتُمُوهُنَّ أُجُورَهُنَّ مُحْصِنِينَ غَيْرَ
مُسَافِحِينَ وَلَا مُتَّخِذِي أَخْدَانٍ وَمَن
يَكْفُرْ بِالإِيمَانِ فَقَدْ حَبِطَ عَمَلُهُ وَهُوَ
فِي الآخِرَةِ مِنَ الْخَاسِرِينَ (٥)

١. أن الآية تجيز أكل ذبائح أهل الكتاب بدون قيد، وبالتالي صارت الآية ناسخة لآية أخرى: ﴿وَلاَ تَأْكُلُواْ مِمَّا لَمْ يُذْكَرِ اسْمُ اللَّهِ عَلَيْهِ﴾ (الأنعام ٦: ١٢١) (ابن الجوزي ٣٠٢-٣٠٣).

٢. أن الآية كانت تبيح أكل ذبائح أهل الكتاب، لكنها نُسخت بآية: ﴿وَلاَ تَأْكُلُواْ مِمَّا لَمْ يُذْكَرِ اسْمُ اللَّهِ عَلَيْهِ﴾ (الأنعام ٦: ١٢١) (ابن الجوزي ٣٠٣).

٣. أنه يباح أكل ذبائح أهل الكتاب، ولكن إنْ عُلم أنهم ذكروا عليها غير اسم الله، لم يجزْ أنْ يُؤكل منها، وعلى هذا القول فالآية محكمة (ابن الجوزي ٣٠٥).

إن التناقض بين القول الأول والثاني يكشف ضبابية تاريخ الآيات القرآنية، لأنه لو عُرف أي الآيتين هي الأولى وحياً، لعرفت الآية المنسوخة، وهذا ما أحرج فئة من العلماء، مما دفعهم لطرح فكرة لا يؤيدها سياق الآيتين، فدفعوا بأن الآية (٥) من سورة المائدة تتناول ذبائح أهل الكتاب، بينما تعالج الآية (١٢١) من سورة الأنعام ذبائح الوثنيين، وعليه، فالآيتان تتناولان موضوعين مختلفين (الإيضاح ٢٦١).

يَا أَيُّهَا الَّذِينَ آمَنُواْ إِذَا قُمْتُمْ إِلَى الصَّلاةِ فَاغْسِلُواْ وُجُوهَكُمْ وَأَيْدِيَكُمْ إِلَى الْمَرَافِقِ وَامْسَحُواْ بِرُؤُوسِكُمْ وَأَرْجُلَكُمْ إِلَى الْكَعْبَينِ وَإِن كُنتُمْ جُنُباً فَاطَّهَّرُواْ وَإِن كُنتُم مَّرْضَى أَوْ عَلَى سَفَرٍ أَوْ جَاء أَحَدٌ مَّنكُم مِّنَ الْغَائِطِ أَوْ لاَمَسْتُمُ النِّسَاء فَلَمْ تَجِدُواْ مَاء فَتَيَمَّمُواْ صَعِيداً طَيِّباً فَامْسَحُواْ بِوُجُوهِكُمْ وَأَيْدِيكُم مِّنْهُ مَا يُرِيدُ اللّهُ لِيَجْعَلَ عَلَيْكُم مِّنْ حَرَجٍ وَلَكِن يُرِيدُ لِيُطَهَّرَكُمْ وَلِيُتِمَّ نِعْمَتَهُ عَلَيْكُمْ لَعَلَّكُمْ تَشْكُرُونَ (٦)

وَاذْكُرُواْ نِعْمَةَ اللّهِ عَلَيْكُمْ وَمِيثَاقَهُ الَّذِي وَاثَقَكُم بِهِ إِذْ قُلْتُمْ سَمِعْنَا وَأَطَعْنَا وَاتَّقُواْ اللّهَ إِنَّ اللّهَ عَلِيمٌ بِذَاتِ

٥ : ٦

تشير الآية إلى الأسباب الناقضة للوضوء: ‹أَوْ جَاء أَحَدٌ مَّنكُم مِّنَ الْغَائِطِ أَوْ لاَمَسْتُمُ النِّسَاء› (المائدة ٥ : ٦). وقد ورد نفس المقطع حرفياً في آية أخرى (النساء ٤ : ٤٣).

‹أَوْ جَاء أَحَدٌ مَّنكُم مِّنَ الْغَائِطِ›: «كناية عن قضاء الحاجة، وأكثر العلماء ألحقوا به كل ما يخرج من السبيلين» (الرازي ١١: ١٧٢). أما بخصوص معنى ‹لاَمَسْتُمُ النِّسَاء›، فثمة شروحات مستفيضة بشأن معناها: الجماع واللمسّ (الملامسة). وقد فصلها الطبري (٧: ٦٢ - ٧٥) في تناوله للآية ٤٣ من سورة النساء.

ونسأل:

هل من البيان الانتقال من الغائط إلى النساء؟

والأكثر أهمية، ألا تبخّس هذه الآية من المرأة وتنزل بمكانتها عندما تقرنها بالغائط؟ مع ما يظهر من مساواة بين الإثنين والربط بينهما كعاملي نقض للوضوء باستعمال أداة العطف «أو».

٥ : ٦

جاء في المصحف: ‹وَأَرْجُلَكُمْ› بالنصب، عطفاً على ‹وُجُوهَكُمْ وَأَيْدِيَكُمْ›؛ وبالتالي فحكم الأرجل هو الغسل، وهذا رأي فقهاء السنة (الخطيب ٢: ٢٣٢).

ومع ذلك، قرأت مجموعة كبيرة من

الصُّدُور (٧)
يَا أَيُّهَا الَّذِينَ آمَنُواْ كُونُواْ قَوَّامِينَ لِلّهِ
شُهَدَاء بِالْقِسْطِ وَلاَ يَجْرِمَنَّكُمْ شَنَآنُ
قَوْمٍ عَلَى أَلاَّ تَعْدِلُواْ اعْدِلُواْ هُوَ أَقْرَبُ
لِلتَّقْوَى وَاتَّقُواْ اللّهَ إِنَّ اللّهَ خَبِيرٌ بِمَا
تَعْمَلُونَ (٨)
وَعَدَ اللّهُ الَّذِينَ آمَنُواْ وَعَمِلُواْ الصَّالِحَاتِ
لَهُم مَّغْفِرَةٌ وَأَجْرٌ عَظِيمٌ (٩)
وَالَّذِينَ كَفَرُواْ وَكَذَّبُواْ بِآيَاتِنَا أُولَـئِكَ
أَصْحَابُ الْجَحِيمِ (١٠)
يَا أَيُّهَا الَّذِينَ آمَنُواْ اذْكُرُواْ نِعْمَتَ اللّهِ
عَلَيْكُمْ إِذْ هَمَّ قَوْمٌ أَن يَبْسُطُواْ إِلَيْكُمْ
أَيْدِيَهُمْ فَكَفَّ أَيْدِيَهُمْ عَنكُمْ وَاتَّقُواْ اللّهَ
وَعَلَى اللّهِ فَلْيَتَوَكَّلِ الْمُؤْمِنُونَ (١١)

القرّاء «وَأَرْجُلِكم»، [بالكسرِ] عطفاً على ‹برؤوسكم›؛ وبالتالي فحكم الأرجل هو المَسْح مع الرأسّ، ويميل إليها الطبري (الخطيب ٢: ٢٣٢).

ينتج عن التباين بين القراءتين اختلافاً في طقس الوضوء؛ فهل يجب غسل الرجلين كما قرر علماء السنة وفق سياق العبارة ‹فاغْسِلُواْ وُجُوهَكُمْ وَأَيْدِيَكُمْ... وَأَرْجُلَكُمْ›، أم يجب مسحهما كما أوجبه الشيعة، وفق سياق العبارة: «وَامْسَحُواْ بِرُؤُوسِكُمْ وَأَرْجُلِكُمْ إِلَى الْكَعْبَينِ» (الخطيب ٢: ٢٣٢، قارن: جولدتسهر ١٤-١٥، وابن خالويه ١: ١٤٣). هذا، على الرغم من الأهمية الرئيسية للوضوء في الصلاة الإسلامية ووجوب مراعاة أدق تفاصيلها وطقوسها، كما يُخشى من مبطلاتها؛ إذ لايمكن الصلاة بدون وضوء.

٥: ٩

يُمنح الغفران لمن ارتكب إثماً، لكن الآية تقول بأن الله يعد ‹الَّذِينَ آمَنُواْ وَعَمِلُواْ الصَّالِحَاتِ› بالمَغْفِرَةِ وَالأَجْرِ العَظِيمِ.

٥: ١١

قرأها بعض القرّاء بالتاء ‹نِعْمَتْ›، حسب لغة طيء، وهكذا دُونت في المصحف. وأما الآخرون فقرأوا: «نِعْمَه» بالهاء (الخطيب ٢: ٢٣٧). والسؤال المطروح لماذا كتبت المفردة وفق لغة طيء، خلافاً للشائع في قواعد الكتابة العربية. ألا يشير ذلك إلى غياب

وَلَقَدْ أَخَذَ اللَّهُ مِيثَاقَ بَنِي إِسْرَائِيلَ وَبَعَثْنَا مِنهُمُ اثْنَيْ عَشَرَ نَقِيباً وَقَالَ اللَّهُ إِنِّي مَعَكُمْ لَئِنْ أَقَمْتُمُ الصَّلاَةَ وَآتَيْتُمُ الزَّكَاةَ وَآمَنتُم بِرُسُلِي وَعَزَّرْتُمُوهُمْ وَأَقْرَضْتُمُ اللَّهَ قَرْضاً حَسَناً لَّأُكَفِّرَنَّ عَنكُمْ سَيِّئَاتِكُمْ وَلأُدْخِلَنَّكُمْ جَنَّاتٍ تَجْرِي مِن تَحْتِهَا الأَنْهَارُ فَمَن كَفَرَ بَعْدَ ذَلِكَ مِنكُمْ فَقَدْ ضَلَّ سَوَاء السَّبِيلِ (١٢) فَبِمَا نَقْضِهِم مِّيثَاقَهُمْ لَعنَّاهُمْ وَجَعَلْنَا قُلُوبَهُمْ قَاسِيَةً يُحَرِّفُونَ الْكَلِمَ عَن مَّوَاضِعِهِ وَنَسُواْ حَظًّا مِّمَّا ذُكِّرُواْ بِهِ وَلاَ تَزَالُ تَطَّلِعُ عَلَىَ خَآئِنَةٍ مِّنْهُمْ إِلاَّ قَلِيلاً مِّنْهُمُ فَاعْفُ عَنْهُمْ وَاصْفَحْ إِنَّ اللَّهَ يُحِبُّ الْمُحْسِنِينَ (١٣)

المنهجية في تحرير القرآن؟

٥: ١٣

وفقاً للمصادر الإسلامية، تتصل الآية بدعوى مفادها أن مجموعةً يهوديةً خططت لمؤامرة ضد محمد، وتذكر هذه المراجع أن الآية أعطت محمداً حق العفو عنهم لأن بينه وبينهم عهداً، وقد اختلف العلماء المسلمون بشأن ما إذا كانت الآية منسوخة أم لا (الطبري ٨: ٢٥٥).

القول الأول: إنها منسوخة

وهو قول غالبية العلماء، وتتفرع عنه الآراء التالية:

أ. إنها منسوخة بآية السيف: ‹فَاقْتُلُواْ الْمُشْرِكِينَ حَيْثُ وَجَدتُّمُوهُمْ› (التوبة ٩: ٥) (الإيضاح ٢٦٩، ابن الجوزي ٣٠٧-٣٠٨).

ب. إنها منسوخة بآية: ‹قَاتِلُوا الَّذِينَ لا يُؤْمِنُونَ بِاللّهِ› (التوبة ٩: ٢٩) (ابن الجوزي ٣٠٨، ابن سلامة ٤١، ابن حزم ٣٥-٣٦، النحاس ١٢٣).

ج. إنها منسوخة بآية: ‹وَإِمَّا تَخَافَنَّ مِن قَوْمٍ خِيَانَةً› (الأنفال ٨: ٥٨) (الإيضاح ٢٦٩، ابن الجوزي ٣٠٩).

القول الثاني: إنها محكمة

لأنها تتصل بحدث محدد، وبالتالي فالآية محكمة في حينها لأنه كان ثمة عهد بين محمد وبين هؤلاء اليهود، ولم تعد الآن في مجال التداول. ويستند أصحاب هذا القول إلى فرضية أن سورة التوبة تسبق سورة المائدة

وَمِنَ الَّذِينَ قَالُواْ إِنَّا نَصَارَى أَخَذْنَا مِيثَاقَهُمْ فَنَسُواْ حَظًّا مِّمَّا ذُكِّرُواْ بِهِ فَأَغْرَيْنَا بَيْنَهُمُ الْعَدَاوَةَ وَالْبَغْضَاء إِلَى يَوْمِ الْقِيَامَةِ وَسَوْفَ يُنَبِّئُهُمُ اللّهُ بِمَا كَانُواْ يَصْنَعُونَ (١٤)
يَا أَهْلَ الْكِتَابِ قَدْ جَاءكُمْ رَسُولُنَا يُبَيِّنُ لَكُمْ كَثِيراً مِّمَّا كُنتُمْ تُخْفُونَ مِنَ الْكِتَابِ وَيَعْفُو عَن كَثِيرٍ قَدْ جَاءكُم مِّنَ اللّهِ نُورٌ وَكِتَابٌ مُّبِينٌ (١٥)
يَهْدِي بِهِ اللّهُ مَنِ اتَّبَعَ رِضْوَانَهُ سُبُلَ السَّلاَمِ وَيُخْرِجُهُم مِّنِ الظُّلُمَاتِ إِلَى النُّورِ بِإِذْنِهِ وَيَهْدِيهِمْ إِلَى صِرَاطٍ مُّسْتَقِيمٍ (١٦)
لَّقَدْ كَفَرَ الَّذِينَ قَالُواْ إِنَّ اللّهَ هُوَ الْمَسِيحُ

وحياً (الإيضاح ٢٧٠).

١٤:٥

تذكر الآية أن الله أخذ ميثاقاً من المسيحيين. ويوضح الرازى (١١: ١٩٤) أن الميثاق هو الإيمان بمحمد، فعندما أخلوا بالميثاق، أوقع الله: ‹بَيْنَهُمُ الْعَدَاوَةَ وَالْبَغْضَاء إِلَى يَوْمِ الْقِيَامَةِ›.

وجاء في التفاسير:
‹فَأَغْرَيْنَا بَيْنَهُمُ الْعَدَاوَةَ وَالْبَغْضَاء›: أي: «هيَّجنا وقيل ألصَقْنا بهم» (القرطبي ٧: ٣٨٤) وقيل: «ألصقنا الْعَدَاوَةَ وَالْبَغْضَاء» (الزمخشري ٢: ٢١٧، الرازي ١١: ١٩٣).

تصرح الآية، بشكل لا لبس فيه، أن الله أوجد العداوة والبغضاء بين المسيحيين، ولكن المفسرين منقسمون حول ما إذا كانت العداوة قد وقعت بين اليهود والمسيحيين أو بين المسيحيين فيما بينهم.
والسؤال: هل من اللائق تصوير الله كـ (خالقَ العداوة بين الناس)؟

١٥:٥

تخاطب الآية اليهود والمسيحيين وتقول لهم: لقد جاءكم محمدٌ ‹يُبَيِّنُ لَكُمْ كَثِيراً مِّمَّا كُنتُمْ تُخْفُونَ›.
ولمّا لم يقدم محمد لليهود والمسيحيين هذه

الوثائق المخفية عن الناس، اجتهد المفسرون للإدلاء برأي بخصوصها، فقالوا إن الأمرَ المخفيَّ هو الخبرُ عن مجيء محمد، وكذلك آية الرجم (الزمخشري ٢: ٢١٨، القرطبي ٧: ٣٨٥).

ولكن القرآن لا يؤيد أقوال المفسرين، فلا يوجد فيه ما يشير إلى الوثائق المخفية، كما أن محمداً لم يحدد طبيعة الأشياء المخفية، إذ جاء في الآية: ﴿وَيَعْفُو عَن كَثِيرٍ﴾، التي قال عنها القرطبي (٧: ٣٨٥): «يعني يتجاوز عن كثير فلا يُخبركم به».

تقرُّ الآية صراحة أن محمداً لم «يكشف» هذه المسائل المخفية، كما أن ما يقوله المفسرون من أن المخفي هو الخبر عن مجيء محمد وآية الرجم لا يستند إلى نص ولا إلى وقائع السيرة المحمدية.

وحتى بعدما انتشر المقاتلون والغزاة المسلمون في أرجاء العالم، ودخلوا مراكز العبادات ونبشوا مكتباتها، هل عثروا على النصوص المكتومة، لا سيما تلك التي تشير إلى إرسالية محمدٍ؟

ومع أن الآية تعترف أن محمداً لم يذكر الأشياء المخفية، إلاّ أن لدينا «حكاية» قد رأت في صمت محمد معجزةً (نعم معجزة لا عجزاً!). وهاكم الحكاية:

جاء حبر يهودي إلى محمد، فسأله عما عفا عن ذكره، بيد أن محمداً لم يُبيّن له بل «أعرض عنه»، فرجع اليهودي إلى أصحابه، وقال لهم: «أرى أنه صادقٌ فيما يقول؛ لأنه كان قد وجدَ في كتابه أنه لا يُبيَّن له ما سأله عنه» (القرطبي ٧: ٣٨٥-٣٨٦).

ونسأل علماء الإسلام: كيف للراوي أن يعرف الحوار الذي جرى بين اليهودي وأصحابه، ثم نسأل: إن كان اليهودي قد اقرّ حسب الرواية بأن محمداً صادق، فلماذا لم يلتحق بدعوته؟

كان سؤال العالم اليهودي متوقعاً، لأن من يتهم شخصاً بأمرٍ ما، فعليه أن يقدم الأدلة. ولما جاء اليهودي، كان يتوقع أن يسمع تفصيلاً معيناً، لكن الإعراض عنه كان جواب محمد.

ونرى أن القصة كان يجب أن تُصاغ على النحو التالي:

- اتهم محمد اليهود بإخفاء أمورٍ معينة؛
- جاءه عالم يهودي ممثلاً عن قومه، وطلب أن يقدم دليلاً على اتهامه أو أن يكشف ما أخفوه.
- لمّا لم يكن لدى محمد ما يرد به، وكان عجزه يحرجه أمام أتباعه من المسلمين، قرر أن يعرض عن اليهودي، فشعر اليهودي بعدم الراحة، فغادر.
- بعد خروج اليهودي، قال محمد للمسلمين أنه أعرض عنه لأنه لم يأته أمر من السماء.

وهذا القول جعل محمد بن أبي بكر الرازي يذكر في كتابه من غرائب آي التنزيل (ص ٩٧) أن أحد الأسباب المحتملة لعدم كشف محمد الأمور المخفية «أنه كان يتبع الأمر ولا يفعل شيئاً من الأمور الدينية من تلقاء نفسه بل اتباعاً للوحي، فما أمر ببيانه بيّنه، وما لم يُؤمر ببيانه أمسك عنه إلى

ابْنُ مَرْيَمَ قُلْ فَمَن يَمْلِكُ مِنَ اللّهِ شَيْئاً إِنْ
أَرَادَ أَن يُهْلِكَ الْمَسِيحَ ابْنَ مَرْيَمَ وَأُمَّهُ وَمَن
فِي الأَرْضِ جَمِيعاً وَلِلّهِ مُلْكُ السَّمَاوَاتِ
وَالأَرْضِ وَمَا بَيْنَهُمَا يَخْلُقُ مَا يَشَاءُ وَاللّهُ
عَلَى كُلِّ شَيْءٍ قَدِيرٌ (١٧)
وَقَالَتِ الْيَهُودُ وَالنَّصَارَى نَحْنُ
أَبْنَاءُ اللّهِ وَأَحِبَّاؤُهُ قُلْ فَلِمَ يُعَذِّبُكُم
بِذُنُوبِكُم بَلْ أَنتُم بَشَرٌ مِّمَّنْ خَلَقَ يَغْفِرُ
لِمَن يَشَاءُ وَيُعَذِّبُ مَن يَشَاءُ وَلِلّهِ
مُلْكُ السَّمَاوَاتِ وَالأَرْضِ وَمَا بَيْنَهُمَا
وَإِلَيْهِ الْمَصِيرُ (١٨)
يَا أَهْلَ الْكِتَابِ قَدْ جَاءَكُمْ رَسُولُنَا
يُبَيِّنُ لَكُمْ عَلَى فَتْرَةٍ مِّنَ الرُّسُلِ أَن
تَقُولُواْ مَا جَاءَنَا مِن بَشِيرٍ وَلاَ نَذِيرٍ
فَقَدْ جَاءَكُم بَشِيرٌ وَنَذِيرٌ وَاللّهُ عَلَى
كُلِّ شَيْءٍ قَدِيرٌ (١٩)
وَإِذْ قَالَ مُوسَى لِقَوْمِهِ يَا قَوْمِ اذْكُرُواْ
نِعْمَةَ اللّهِ عَلَيْكُمْ إِذْ جَعَلَ فِيكُمْ أَنبِيَاءَ
وَجَعَلَكُم مُّلُوكاً وَآتَاكُم مَّا لَمْ يُؤْتِ أَحَداً
مِّن الْعَالَمِينَ (٢٠)
يَا قَوْمِ ادْخُلُوا الأَرْضَ الْمُقَدَّسَةَ الَّتِي
كَتَبَ اللّهُ لَكُمْ وَلاَ تَرْتَدُّوا عَلَى أَدْبَارِكُمْ
فَتَنقَلِبُوا خَاسِرِينَ (٢١)
قَالُوا يَا مُوسَى إِنَّ فِيهَا قَوْماً جَبَّارِينَ
وَإِنَّا لَن نَّدْخُلَهَا حَتَّىَ يَخْرُجُواْ مِنْهَا فَإِن
يَخْرُجُواْ مِنْهَا فَإِنَّا دَاخِلُونَ (٢٢)

وقت أمره ببيانه».

إن كان محمد يتبع أوامر السماء في عدم بيانه هذه الخفايا، حسب مؤلِّف «من غرائب آي التنزيل»، فلماذا لم يبين لنا فيما بعد ما أخفى أهل الكتاب؟

إن أي اتهام بدون برهان لهو محض افتراء. وإن قبلنا جدلاً الاتهام الوارد في الآية أن أهل الكتاب أخفوا عن الناس حقائق معينة، وأن خبرها عند محمدٍ، فلا مناص من القول أن محمداً متهماً بدوره لأنه لم يبين لنا هذه المستورات.

قَالَ رَجُلاَنِ مِنَ الَّذِينَ يَخَافُونَ أَنْعَمَ اللّهُ
عَلَيْهِمَا ادْخُلُواْ عَلَيْهِمُ الْبَابَ فَإِذَا
دَخَلْتُمُوهُ فَإِنَّكُمْ غَالِبُونَ وَعَلَى اللّهِ
فَتَوَكَّلُواْ إِن كُنتُم مُّؤْمِنِينَ (٢٣)
قَالُواْ يَا مُوسَى إِنَّا لَن نَّدْخُلَهَا أَبَداً مَّا
دَامُواْ فِيهَا فَاذْهَبْ أَنتَ وَرَبُّكَ فَقَاتِلا إِنَّا
هَاهُنَا قَاعِدُونَ (٢٤)
قَالَ رَبِّ إِنِّي لا أَمْلِكُ إِلاَّ نَفْسِي وَأَخِي
فَافْرُقْ بَيْنَنَا وَبَيْنَ الْقَوْمِ الْفَاسِقِينَ (٢٥)
قَالَ فَإِنَّهَا مُحَرَّمَةٌ عَلَيْهِمْ أَرْبَعِينَ سَنَةً
يَتِيهُونَ فِي الأَرْضِ فَلاَ تَأْسَ عَلَى الْقَوْمِ
الْفَاسِقِينَ (٢٦)
وَاتْلُ عَلَيْهِمْ نَبَأَ ابْنَيْ آدَمَ بِالْحَقِّ إِذْ قَرَّبَا
قُرْبَاناً فَتُقُبِّلَ مِن أَحَدِهِمَا وَلَمْ يُتَقَبَّلْ مِنَ
الآخَرِ قَالَ لَأَقْتُلَنَّكَ قَالَ إِنَّمَا يَتَقَبَّلُ اللّهُ
مِنَ الْمُتَّقِينَ (٢٧)
لَئِن بَسَطتَ إِلَيَّ يَدَكَ لِتَقْتُلَنِي مَا أَنَاْ
بِبَاسِطٍ يَدِيَ إِلَيْكَ لَأَقْتُلَكَ إِنِّي أَخَافُ
اللّهَ رَبَّ الْعَالَمِينَ (٢٨)
إِنِّي أُرِيدُ أَن تَبُوءَ بِإِثْمِي وَإِثْمِكَ
فَتَكُونَ مِنْ أَصْحَابِ النَّارِ وَذَلِكَ
جَزَاء الظَّالِمِينَ (٢٩)
فَطَوَّعَتْ لَهُ نَفْسُهُ قَتْلَ أَخِيهِ فَقَتَلَهُ
فَأَصْبَحَ مِنَ الْخَاسِرِينَ (٣٠)
فَبَعَثَ اللّهُ غُرَاباً يَبْحَثُ فِي الأَرْضِ
لِيُرِيَهُ كَيْفَ يُوَارِي سَوْءَةَ أَخِيهِ قَالَ

٥ : ٢٣

قرأها ابن مسعود: «قَالَ رَجُلاَنِ مِنَ الَّذِينَ يَخَافُونَ أَنْعَمَ اللّهُ عَلَيْهِمَا ويلكم ادْخُلُواْ عَلَيْهِمُ الْبَابَ» بإضافة كلمة «ويلكم» (الخطيب ٢ : ٢٥٢).

٥ : ٣٣

جاءت مجموعة بدوية من قبيلة عُكل إلى محمد وأعلنوا إسلامهم. ويبدو أنهم كانوا يجدون صعوبة في تأمين لقمة العيش، فرأوا أن يذهبوا لمحمد ويدّعوا الإيمان بدينه كي يسمح

يَا وَيْلَتَا أَعَجَزْتُ أَنْ أَكُونَ مِثْلَ هَذَا
الْغُرَابِ فَأُوَارِيَ سَوْءَةَ أَخِي فَأَصْبَحَ
مِنَ النَّادِمِينَ (٣١)
مِنْ أَجْلِ ذَلِكَ كَتَبْنَا عَلَى بَنِي إِسْرَائِيلَ
أَنَّهُ مَن قَتَلَ نَفْساً بِغَيْرِ نَفْسٍ أَوْ فَسَادٍ فِي
الأَرْضِ فَكَأَنَّمَا قَتَلَ النَّاسَ جَمِيعاً وَمَنْ
أَحْيَاهَا فَكَأَنَّمَا أَحْيَا النَّاسَ جَمِيعاً وَلَقَدْ
جَاءتْهُمْ رُسُلُنَا بِالبَيِّنَاتِ ثُمَّ إِنَّ كَثِيراً
مِّنْهُم بَعْدَ ذَلِكَ فِي الأَرْضِ لَمُسْرِفُونَ (٣٢)
إِنَّمَا جَزَاء الَّذِينَ يُحَارِبُونَ اللّهَ وَرَسُولَهُ
وَيَسْعَوْنَ فِي الأَرْضِ فَسَاداً أَن يُقَتَّلُواْ
أَوْ يُصَلَّبُواْ أَوْ تُقَطَّعَ أَيْدِيهِمْ وَأَرْجُلُهُم مِّنْ
خِلافٍ أَوْ يُنفَوْاْ مِنَ الأَرْضِ ذَلِكَ لَهُمْ
خِزْيٌ فِي الدُّنْيَا وَلَهُمْ فِي الآخِرَةِ عَذَابٌ
عَظِيمٌ (٣٣)
إِلاَّ الَّذِينَ تَابُواْ مِن قَبْلِ أَن تَقْدِرُواْ عَلَيْهِمْ
فَاعْلَمُواْ أَنَّ اللّهَ غَفُورٌ رَّحِيمٌ (٣٤)
يَا أَيُّهَا الَّذِينَ آمَنُواْ اتَّقُواْ اللّهَ وَابْتَغُواْ إِلَيهِ
الْوَسِيلَةَ وَجَاهِدُواْ فِي سَبِيلِهِ لَعَلَّكُمْ
تُفْلِحُونَ (٣٥)
إِنَّ الَّذِينَ كَفَرُواْ لَوْ أَنَّ لَهُم مَّا فِي الأَرْضِ
جَمِيعاً وَمِثْلَهُ مَعَهُ لِيَفْتَدُواْ بِهِ مِنْ عَذَابِ
يَوْمِ الْقِيَامَةِ مَا تُقُبِّلَ مِنْهُمْ وَلَهُمْ عَذَابٌ
أَلِيمٌ (٣٦)
يُرِيدُونَ أَن يَخْرُجُواْ مِنَ النَّارِ وَمَا هُم
بِخَارِجِينَ مِنْهَا وَلَهُمْ عَذَابٌ مُّقِيمٌ (٣٧)

لهم بالإقامة في المدينة. وبعد فترة طلب منهم محمد أن يشرفوا على رعاية إبل تخصه، ولما كانوا في المرعى قتلوا راعيها وهربوا بها، لكن محمداً أرسل سرية تمكنت من القبض عليهم، فعاقبهم، إذْ قطّع أيديهم وأرجلهم، وسمل أعينهم، وتركهم ينزفون حتى ماتوا (الطبري ٨: ٣٦١ - ٣٦٦، قارن: النحاس ١٢٣ - ١٢٤)، وفي رواية أخرى قيل إن محمداً أحرقهم (الطبري ٨: ٣٦٣) فجاءت هذه الآية لتنسخ ما قام به محمد، وتشرع لسلسلة عقوبات في حالات مشابهة (الطبري ٨: ٣٦٨).

المقرر بالآية هو القتل أو الصلب أو تقطيع الأوصال أو النفي. ولكن ثمة خلاف بين الفقهاء بشأن هذه العقوبات المقترحة، هل هي على الترتيب أم على التخيير (الإيضاح ٢٧٠ - ٢٧١)؛ يناقش العلماء المسلمون هذه العقوبات، ومتى يجب القتل ومتى الصلب ومتى تقطيع الأوصال (ابن الجوزي ٣١٠، النحاس ١٢٤ - ١٢٥).

إن حكم الآية ليس منسوخاً وفقاً لأقوال

وَالسَّارِقُ وَالسَّارِقَةُ فَاقْطَعُواْ أَيْدِيَهُمَا جَزَاءً بِمَا كَسَبَا نَكَالاً مِّنَ اللهِ وَاللّهُ عَزِيزٌ حَكِيمٌ (٣٨)
فَمَن تَابَ مِن بَعْدِ ظُلْمِهِ وَأَصْلَحَ فَإِنَّ اللّهَ يَتُوبُ عَلَيْهِ إِنَّ اللّهَ غَفُورٌ رَّحِيمٌ (٣٩)
أَلَمْ تَعْلَمْ أَنَّ اللّهَ لَهُ مُلْكُ السَّمَاوَاتِ وَالأَرْضِ يُعَذِّبُ مَن يَشَاءُ وَيَغْفِرُ لِمَن يَشَاءُ وَاللّهُ عَلَى كُلِّ شَيْءٍ قَدِيرٌ (٤٠)
يَا أَيُّهَا الرَّسُولُ لاَ يَحْزُنكَ الَّذِينَ يُسَارِعُونَ فِي الْكُفْرِ مِنَ الَّذِينَ قَالُواْ آمَنَّا بِأَفْوَاهِهِمْ وَلَمْ تُؤْمِن قُلُوبُهُمْ وَمِنَ الَّذِينَ هِادُواْ سَمَّاعُونَ لِلْكَذِبِ سَمَّاعُونَ لِقَوْمٍ آخَرِينَ لَمْ يَأْتُوكَ يُحَرِّفُونَ الْكَلِمَ مِن بَعْدِ مَوَاضِعِهِ يَقُولُونَ إِنْ أُوتِيتُمْ هَذَا فَخُذُوهُ وَإِن لَّمْ تُؤْتَوْهُ فَاحْذَرُواْ وَمَن يُرِدِ اللّهُ فِتْنَتَهُ فَلَن تَمْلِكَ لَهُ مِنَ اللّهِ شَيْئاً أُوْلَـئِكَ الَّذِينَ لَمْ يُرِدِ اللّهُ أَن يُطَهِّرَ قُلُوبَهُمْ

الفقهاء المسلمين، لكن بعضهم دفع بأنه يمكن أن يستثنى من الحكم ‹الَّذِينَ تَابُواْ مِن قَبْلِ أَن تَقْدِرُواْ عَلَيْهِمْ› (المائدة ٥: ٣٤) (ابن سلامة ٤١، النحاس ١٢٧، الإيضاح ٢٧٠، ابن حزم ٣٦). ويشكك ابن الجوزي في هذا الرأي (ابن الجوزي ٣١٠، الطبري ٨: ٣٩٦).

٥: ٣٨

تحدد الآية عقوبة السرقة بقطع اليد. ولا يدرك عامة المسلمين اليوم أن هذه العقوبة كانت تمارس قبل الإسلام، وأن أول من حَكَمَ بها كان الوليدُ بن المغيرة (القرطبي ٧: ٤٤٩ - ٤٥٠). وقد أخذ محمد هذه العقوبة عن الوليد بن المغيرة، الذى كان يعاديه، وكان يُعرف عنه أنه من أشد الناس سخرية بمحمد، ومع ذلك اقتبسها محمد منه، وسنّها تشريعاً في القرآن.

إن سنّ الوليد لهذه العقوبة مفهوم سببه؛ حيث كانت قريش مكونة من مجموعة قبائل ولم تكن فيها دولة ولا سجون، ويسرد لنا التاريخ ممارسة الشعوب البدائية لبعض العقوبات الوحشية على غرار قطع يد السارق. أما أن يأتي الإسلام – الذى يتشدق أتباعه أنه دين ودولة – ليتمثل بمجتمعات بدائية ويستلهم عقوبات من أعدائه، فإن ذلك يثير كثيراً من الشك في مصدر أو شخص الملهم الحقيقي لمحمد.

لَهُمْ فِي الدُّنْيَا خِزْيٌ وَلَهُمْ فِي الآخِرَةِ عَذَابٌ عَظِيمٌ (٤١)
سَمَّاعُونَ لِلْكَذِبِ أَكَّالُونَ لِلسُّحْتِ فَإِن جَآؤُوكَ فَاحْكُم بَيْنَهُم أَوْ أَعْرِضْ عَنْهُمْ وَإِن تُعْرِضْ عَنْهُمْ فَلَن يَضُرُّوكَ شَيْئاً وَإِنْ حَكَمْتَ فَاحْكُم بَيْنَهُمْ بِالْقِسْطِ إِنَّ اللّهَ يُحِبُّ الْمُقْسِطِينَ (٤٢)
وَكَيْفَ يُحَكِّمُونَكَ وَعِندَهُمُ التَّوْرَاةُ فِيهَا حُكْمُ اللّهِ ثُمَّ يَتَوَلَّوْنَ مِن بَعْدِ ذَلِكَ وَمَا أُوْلَئِكَ بِالْمُؤْمِنِينَ (٤٣)
إِنَّا أَنزَلْنَا التَّوْرَاةَ فِيهَا هُدًى وَنُورٌ يَحْكُمُ بِهَا النَّبِيُّونَ الَّذِينَ أَسْلَمُواْ لِلَّذِينَ هَادُواْ وَالرَّبَّانِيُّونَ وَالأَحْبَارُ بِمَا اسْتُحْفِظُواْ مِن كِتَابِ اللّهِ وَكَانُواْ عَلَيْهِ شُهَدَاءَ فَلاَ تَخْشَوُاْ النَّاسَ وَاخْشَوْنِ وَلاَ تَشْتَرُواْ بِآيَاتِي ثَمَناً قَلِيلاً وَمَن لَّمْ يَحْكُم بِمَا أَنزَلَ اللّهُ فَأُوْلَئِكَ هُمُ الْكَافِرُونَ (٤٤)

٥ : ٣٨

قرأها ابن مسعود وآخرون: «وَالسَّارِقُ وَالسَّارِقَةُ فَاقْطَعُواْ أَيْمانهم»، كما قرأ ابن مسعود: «أَيمانهُمَا» بالتثنية (الخطيب ٢: ٢٧٠).

قراءة المصحف لا تحدد أي يد ستقطع، مما يجعل النص محل تأويلات، بينما تحدد قراءة ابن مسعود أن اليد اليمنى هي التي ستقطع.

٥ : ٤٢

يروى أن يهوداً أتوا محمداً ليقضي بينهم بشأن شخص متهم بارتكاب ذنب، وقيل أن المتهم يهودي من علية القوم (وقيل يهودية)، وروايات أخرى تقول إحداها أن التهمة كانت ارتكاب الزنى، بينما تقول أخرى أن الاتهام كان جريمة قتل (الطبري ٨: ٤٣٦ - ٤٣٨)، فجاءت هذه الآية لتجيز لمحمد أن يقضي أو أن يرفض القضاء. وفي المراجع وجهتا نظر بشأن ما إذا كانت الآية منسوخة أم محكمة.

القول الأول: إنها منسوخة

منسوخة بآية: ‹فَاحْكُم بَيْنَهُم بِمَا أَنزَلَ اللّهُ› (٥: ٤٨) وبالآية التي تقول: ‹وَأَنِ احْكُم بَيْنَهُم بِمَا أَنزَلَ اللّهُ وَلاَ تَتَّبِعْ أَهْوَاءهُمْ› (المائدة ٥: ٤٩) (النحاس ١٢٩؛ الإيضاح ٢٧١ - ٢٧٢، ابن الجوزي ٣١١ - ٣١٢، الطبري ٨: ٤٤٢ - ٤٤٤).

وَكَتَبْنَا عَلَيْهِمْ فِيهَا أَنَّ النَّفْسَ بِالنَّفْسِ
وَالْعَيْنَ بِالْعَيْنِ وَالأَنفَ بِالأَنفِ وَالأُذُنَ
بِالأُذُنِ وَالسِّنَّ بِالسِّنِّ وَالْجُرُوحَ قِصَاصٌ
فَمَن تَصَدَّقَ بِهِ فَهُوَ كَفَّارَةٌ لَّهُ وَمَن لَّمْ يَحْكُم
بِمَا أنزَلَ اللّهُ فَأُوْلَئِكَ هُمُ الظَّالِمُونَ (٤٥)
وَقَفَّيْنَا عَلَى آثَارِهِم بِعَيسَى ابْنِ مَرْيَمَ مُصَدِّقاً
لِّمَا بَيْنَ يَدَيْهِ مِنَ التَّوْرَاةِ وَآتَيْنَاهُ الإِنجِيلَ فِيهِ
هُدًى وَنُورٌ وَمُصَدِّقاً لِّمَا بَيْنَ يَدَيْهِ مِنَ التَّوْرَاةِ
وَهُدًى وَمَوْعِظَةً لِّلْمُتَّقِينَ (٤٦)
وَلْيَحْكُمْ أَهْلُ الإِنجِيلِ بِمَا أَنزَلَ اللّهُ فِيهِ
وَمَن لَّمْ يَحْكُم بِمَا أَنزَلَ اللّهُ فَأُوْلَئِكَ هُمُ
الْفَاسِقُونَ (٤٧)
وَأَنزَلْنَا إِلَيْكَ الْكِتَابَ بِالْحَقِّ مُصَدِّقاً لِّمَا بَيْنَ
يَدَيْهِ مِنَ الْكِتَابِ وَمُهَيْمِناً عَلَيْهِ فَاحْكُم
بَيْنَهُم بِمَا أَنزَلَ اللّهُ وَلاَ تَتَّبِعْ أَهْوَاءهُمْ عَمَّا
جَاءكَ مِنَ الْحَقِّ لِكُلٍّ جَعَلْنَا مِنكُمْ شِرْعَةً
وَمِنْهَاجاً وَلَوْ شَاء اللّهُ لَجَعَلَكُمْ أُمَّةً وَاحِدَةً
وَلَكِن لِّيَبْلُوَكُمْ فِي مَا آتَاكُم فَاسْتَبِقُوا
الخَيْرَاتِ إِلَى الله مَرْجِعُكُمْ جَمِيعاً فَيُنَبِّئُكُم
بِمَا كُنتُمْ فِيهِ تَخْتَلِفُونَ (٤٨)
وَأَنِ احْكُم بَيْنَهُم بِمَا أَنزَلَ اللّهُ وَلاَ تَتَّبِعْ
أَهْوَاءهُمْ وَاحْذَرْهُمْ أَن يَفْتِنُوكَ عَن بَعْضِ
مَا أَنزَلَ اللّهُ إِلَيْكَ فَإِن تَوَلَّوْاْ فَاعْلَمْ أَنَّمَا يُرِيدُ
اللّهُ أَن يُصِيبَهُم بِبَعْضِ ذُنُوبِهِمْ وَإِنَّ كَثِيراً
مِّنَ النَّاسِ لَفَاسِقُونَ (٤٩)
أَفَحُكْمَ الْجَاهِلِيَّةِ يَبْغُونَ وَمَنْ أَحْسَنُ مِنَ
اللّهِ حُكْماً لِّقَوْمٍ يُوقِنُونَ (٥٠)
يَا أَيُّهَا الَّذِينَ آمَنُواْ لاَ تَتَّخِذُواْ الْيَهُودَ
وَالنَّصَارَى أَوْلِيَاء بَعْضُهُمْ أَوْلِيَاء بَعْضٍ
وَمَن يَتَوَلَّهُم مِّنكُمْ فَإِنَّهُ مِنْهُمْ إِنَّ اللّهَ لاَ
يَهْدِي الْقَوْمَ الظَّالِمِينَ (٥١)
فَتَرَى الَّذِينَ فِي قُلُوبِهِم مَّرَضٌ يُسَارِعُونَ

القول الثاني: إنها محكمة

يعتقد أصحاب هذا الرأي أن لحاكم المسلمين حقَ الاختيار بين أن يحكم بين أهل الذّمة أو يرفض القضاء بينهم (ابن الجوزي ٣١٣ - ٣١٤، الطبري ٨ :٤٤٠ - ٤٤١)، ولكن إذا كانت القضية بين مسلمٍ وذمي، فيجب على الحاكم أن يقضي (الإيضاح ٢٧٢).

٥ :٤٨

كان مدوناً في مصحف عثمان، المصحف الرسمي: «لِكُلّ جَعَلْنَا مِنكُمْ شريعةً وَمِنْهَاجاً»، فغيرها الحجاج (٤٠ - ٩٥ هـ: ٦٦٠ - ٧١٤ م) إلى ‹شِرْعَة› (الخطيب ٢: ٢٨٦، السجستاني ٥٩ و١٣٠)، والشِرْعة والشريعة بمعنى

فِيهِمْ يَقُولُونَ نَخْشَى أَن تُصِيبَنَا دَآئِرَةٌ
فَعَسَى اللّهُ أَن يَأْتِيَ بِالْفَتْحِ أَوْ أَمْرٍ مِّنْ
عِندِهِ فَيُصْبِحُواْ عَلَى مَا أَسَرُّواْ فِي
أَنْفُسِهِمْ نَادِمِينَ (٥٢)
وَيَقُولُ الَّذِينَ آمَنُواْ أَهَؤُلاء الَّذِينَ أَقْسَمُواْ
بِاللّهِ جَهْدَ أَيْمَانِهِمْ إِنَّهُمْ لَمَعَكُمْ حَبِطَتْ
أَعْمَالُهُمْ فَأَصْبَحُواْ خَاسِرِينَ (٥٣)
يَا أَيُّهَا الَّذِينَ آمَنُواْ مَن يَرْتَدَّ مِنكُمْ عَن دِينِهِ
فَسَوْفَ يَأْتِي اللّهُ بِقَوْمٍ يُحِبُّهُمْ وَيُحِبُّونَهُ
أَذِلَّةٍ عَلَى الْمُؤْمِنِينَ أَعِزَّةٍ عَلَى الْكَافِرِينَ
يُجَاهِدُونَ فِي سَبِيلِ اللّهِ وَلاَ يَخَافُونَ
لَوْمَةَ لآئِمٍ ذَلِكَ فَضْلُ اللّهِ يُؤْتِيهِ مَن يَشَاءُ
وَاللّهُ وَاسِعٌ عَلِيمٌ (٥٤)
إِنَّمَا وَلِيُّكُمُ اللّهُ وَرَسُولُهُ وَالَّذِينَ آمَنُواْ
الَّذِينَ يُقِيمُونَ الصَّلاَةَ وَيُؤْتُونَ الزَّكَاةَ وَهُمْ
رَاكِعُونَ (٥٥)
وَمَن يَتَوَلَّ اللّهَ وَرَسُولَهُ وَالَّذِينَ آمَنُواْ فَإِنَّ
حِزْبَ اللّهِ هُمُ الْغَالِبُونَ (٥٦)
يَا أَيُّهَا الَّذِينَ آمَنُواْ لاَ تَتَّخِذُواْ الَّذِينَ
اتَّخَذُواْ دِينَكُمْ هُزُواً وَلَعِباً مِّنَ الَّذِينَ أُوتُواْ
الْكِتَابَ مِن قَبْلِكُمْ وَالْكُفَّارَ أَوْلِيَاء وَاتَّقُواْ
اللّهَ إِن كُنتُم مُّؤْمِنِينَ (٥٧)
وَإِذَا نَادَيْتُمْ إِلَى الصَّلاَةِ اتَّخَذُوهَا هُزُواً
وَلَعِباً ذَلِكَ بِأَنَّهُمْ قَوْمٌ لاَّ يَعْقِلُونَ (٥٨)
قُلْ يَا أَهْلَ الْكِتَابِ هَلْ تَنقِمُونَ مِنَّا إِلاَّ أَنْ
آمَنَّا بِاللّهِ وَمَا أُنزِلَ إِلَيْنَا وَمَا أُنزِلَ مِن قَبْلُ
وَأَنَّ أَكْثَرَكُمْ فَاسِقُونَ (٥٩)
قُلْ هَلْ أُنَبِّئُكُم بِشَرٍّ مِّن ذَلِكَ مَثُوبَةً عِندَ
اللّهِ مَن لَّعَنَهُ اللّهُ وَغَضِبَ عَلَيْهِ
وَجَعَلَ مِنْهُمُ الْقِرَدَةَ وَالْخَنَازِيرَ وَعَبَدَ
الطَّاغُوتَ أُوْلَئِكَ شَرٌّ مَّكَاناً وَأَضَلُّ
عَن سَوَاء السَّبِيلِ (٦٠)

واحد، ولكن هذا التفصيل يخبرنا كيف أن عملية مراجعة القرآن بقيت مستمرةً حتى بعد نصف قرن من وفاة محمد.

٥: ٦٠

قرأها ابن مسعود بصيغة مختلفة: «من غضب الله عليهم وجعلهم قردةً وخنازيرَ» (الخطيب ٢: ٣٠١).

٥: ٦٤

تنسب الآية إلى اليهود القول: ‹يَدُ اللّهِ مَغْلُولَةٌ›. وعبارة «غل اليد» مجاز يدل على

وَإِذَا جَآؤُوكُمْ قَالُوَاْ آمَنَّا وَقَد دَّخَلُواْ بِالْكُفْرِ وَهُمْ قَدْ خَرَجُواْ بِهِ وَاللّهُ أَعْلَمُ بِمَا كَانُواْ يَكْتُمُونَ (٦١)
وَتَرَى كَثِيراً مِّنْهُمْ يُسَارِعُونَ فِي الإِثْمِ وَالْعُدْوَانِ وَأَكْلِهِمُ السُّحْتَ لَبِئْسَ مَا كَانُواْ يَعْمَلُونَ (٦٢)
لَوْلاَ يَنْهَاهُمُ الرَّبَّانِيُّونَ وَالأَحْبَارُ عَن قَوْلِهِمُ الإِثْمَ وَأَكْلِهِمُ السُّحْتَ لَبِئْسَ مَا كَانُواْ يَصْنَعُونَ (٦٣)
وَقَالَتِ الْيَهُودُ يَدُ اللّهِ مَغْلُولَةٌ غُلَّتْ أَيْدِيهِمْ وَلُعِنُواْ بِمَا قَالُواْ بَلْ يَدَاهُ مَبْسُوطَتَانِ يُنفِقُ كَيْفَ يَشَاءُ وَلَيَزِيدَنَّ كَثِيراً مِّنْهُم مَّا أُنزِلَ إِلَيْكَ مِن رَّبِّكَ طُغْيَاناً وَكُفْراً وَأَلْقَيْنَا بَيْنَهُمُ الْعَدَاوَةَ وَالْبَغْضَاءَ إِلَى يَوْمِ الْقِيَامَةِ

البخل. إذاً، فالآية تتهم اليهود بأنهم يجدفون ويدّعون أن الله بخيل.

ووفقاً لما تذكره التفاسير:

‹وَقَالَتِ الْيَهُودُ يَدُ اللّهِ مَغْلُولَةٌ›: «يعنون إن خيرَ اللّهِ مُمْسكٌ، وعطاءَه مَحبوسٌ عن الاتساعِ عليهم». و«يعني بذلك أنهم قالوا: إن الله يَبْخَلُ علينا ويَمْنَعُنا فضلَه فلا يُفْضِلُ، كالمغلولة يدُه الذي لا يَقْدرُ أنْ يَبْسُطَها بعَطاءٍ ولا بَذْلِ معروفٍ». و«يقولون: إنه بَخيلٌ ليس بجَوادٍ» (الطبري ٨: ٥٥٣-٥٥٤).

وتشرح التفاسير سبب نعت اليهود لله بالبخل، فتذكر أن يهودياً يدعى فنحاص بن عازوراء، وأصحابه، كانوا ذوي ثراء، وعندما رفضوا الإيمان بنبوة محمد، قلّ مالهم؛ عندها جدفوا وقالوا: «إن الله بخيلٌ، ويد الله مقبوضةٌ عنا في العطاء». ولأن سائر اليهود التزموا الصمت، اعتبرت الآية صمتهم تصديقاً على هذا الافتراء، فوجهت لليهود تهمة التجديف على الله (القرطبي ٨: ٨١).

إن ما يُنسب لليهود في هذا الصدد يتعارض مع عقيدتهم، فاليهود ينظرون إلى الله على أنه «قُدُّوسٌ» (إشعياء ٦: ٣) واسمه «الْقُدُّوسُ» (عاموس ٢: ٧؛ اشعياء ٥٧: ١٥). هو كالراعي نحو غنمه (حزقيال ٣٤: ١٥)، يكن لشعب إسرائيل الصغير عطف الكرّام لِكَرْمة (إشعياء ٥: ١-٧)، وحنان الأب (هُوشَع ١١: ١-٤).

من ينظر إلى الله من هذا المنطلق يتعذر أن

كُلَّمَا أَوْقَدُواْ نَاراً لِّلْحَرْبِ أَطْفَأَهَا اللّهُ وَيَسْعَوْنَ فِي الأَرْضِ فَسَاداً وَاللّهُ لاَ يُحِبُّ الْمُفْسِدِينَ (٦٤)
وَلَوْ أَنَّ أَهْلَ الْكِتَابِ آمَنُواْ وَاتَّقَوْاْ لَكَفَّرْنَا عَنْهُمْ سَيِّئَاتِهِمْ وَلأدْخَلْنَاهُمْ جَنَّاتِ النَّعِيمِ (٦٥)
وَلَوْ أَنَّهُمْ أَقَامُواْ التَّوْرَاةَ وَالإِنجِيلَ وَمَا أُنزِلَ إِلَيهِم مِّن رَّبِّهِمْ لأكَلُواْ مِن فَوْقِهِمْ وَمِن تَحْتِ أَرْجُلِهِم مِّنْهُمْ أُمَّةٌ مُّقْتَصِدَةٌ وَكَثِيرٌ مِّنْهُمْ سَاء مَا يَعْمَلُونَ (٦٦)
يَا أَيُّهَا الرَّسُولُ بَلِّغْ مَا أُنزِلَ إِلَيْكَ مِن رَّبِّكَ وَإِن لَّمْ تَفْعَلْ فَمَا بَلَّغْتَ رِسَالَتَهُ وَاللّهُ يَعْصِمُكَ مِنَ النَّاسِ إِنَّ اللّهَ لاَ يَهْدِي الْقَوْمَ الْكَافِرِينَ (٦٧)

يجدف عليه بقوله أنه بخيل. وإنْ قبلنا جدلاً أن يهودياً جدف ونعت الله بالبخل، فهذا سلوك شخصي، لا يتوافق مع فكر التوراة، ويخالف سيرة أنبياء بني إسرائيل. ولهذا، فالاتهام الوارد افتراءٌ.

ولدينا رواية أخرى – أقل شهرةً – تقول بأن اليهود بعد أن طلب محمد «الاستعانة بهم في الدِّيات (مفردها دية)، قالوا: إنَّ إله محمد فقيرٌ، وربما قالوا: بخيل» (القرطبي ٨: ٨٢). وكان محمد قد تلا عليهم الآية: ﴿مَّن ذَا الَّذِي يُقْرِضُ اللّهَ قَرْضاً حَسَناً﴾ (البقرة ٢: ٢٤٥).

إنْ كانت هذه الرواية صحيحة، ومن واقع ما ذكره القرطبي، فإن اليهود لم يكونوا يجدفون، بل كانوا يردون على محمد بنفس اللغة المجازية وعلى نفس المستوى؛ فعندما طلب محمد أن «يقرضوا» الله، أنزل محمد الله بهذا السؤال إلى مستوى البشر، فجاء ردهم نقداً للصورة التي رسم بها محمد الله، وليس تجديفاً على الله. وبموجب هذا الرد اللاذع كان المعلقون اليهود ينتقدون مفهوم محمد للإلوهية والمفردات التي استخدمها في هذا السياق.

ولكنا نسأل:

لماذا جاء سؤال محمد في البقرة (٢: ٢٤٥) والدفاع في المائدة (٥: ٦٤)؟

ثم إن محمداً كان يحصل على غنائم وفيرة، فلماذا كان يسأل باسم الله؟

قُلْ يَا أَهْلَ الْكِتَابِ لَسْتُمْ عَلَى شَيْءٍ حَتَّىَ
تُقِيمُواْ التَّوْرَاةَ وَالإِنجِيلَ وَمَا أُنزِلَ إِلَيْكُم مِّن
رَّبِّكُمْ وَلَيَزِيدَنَّ كَثِيراً مِّنْهُم مَّا أُنزِلَ إِلَيْكَ
مِن رَّبِّكَ طُغْيَاناً وَكُفْراً فَلاَ تَأْسَ عَلَى
الْقَوْمِ الْكَافِرِينَ (٦٨)
إِنَّ الَّذِينَ آمَنُواْ وَالَّذِينَ هَادُواْ
وَالصَّابِؤُونَ وَالنَّصَارَى مَنْ آمَنَ بِاللّهِ
وَالْيَوْمِ الآخِرِ وعَمِلَ صَالِحاً فَلاَ خَوْفٌ
عَلَيْهِمْ وَلاَ هُمْ يَحْزَنُونَ (٦٩)
لَقَدْ أَخَذْنَا مِيثَاقَ بَنِي إِسْرَائِيلَ
وَأَرْسَلْنَا إِلَيْهِمْ رُسُلاً كُلَّمَا جَاءهُمْ
رَسُولٌ بِمَا لاَ تَهْوَى أَنْفُسُهُمْ فَرِيقاً
كَذَّبُواْ وَفَرِيقاً يَقْتُلُونَ (٧٠)
وَحَسِبُواْ أَلاَّ تَكُونَ فِتْنَةٌ فَعَمُواْ وَصَمُّواْ
ثُمَّ تَابَ اللّهُ عَلَيْهِمْ ثُمَّ عَمُواْ وَصَمُّواْ
كَثِيرٌ مِّنْهُمْ وَاللّهُ بَصِيرٌ بِمَا يَعْمَلُونَ (٧١)
لَقَدْ كَفَرَ الَّذِينَ قَالُواْ إِنَّ اللّهَ هُوَ الْمَسِيحُ
ابْنُ مَرْيَمَ وَقَالَ الْمَسِيحُ يَا بَنِي إِسْرَائِيلَ
اعْبُدُواْ اللّهَ رَبِّي وَرَبَّكُمْ إِنَّهُ مَن يُشْرِكْ
بِاللّهِ فَقَدْ حَرَّمَ اللّهُ عَلَيهِ الْجَنَّةَ وَمَأْوَاهُ
النَّارُ وَمَا لِلظَّالِمِينَ مِنْ أَنصَارٍ (٧٢)
لَّقَدْ كَفَرَ الَّذِينَ قَالُواْ إِنَّ اللّهَ ثَالِثُ ثَلاَثَةٍ
وَمَا مِنْ إِلَـهٍ إِلاَّ إِلَـهٌ وَاحِدٌ وَإِن لَّمْ يَنتَهُواْ
عَمَّا يَقُولُونَ لَيَمَسَّنَّ الَّذِينَ كَفَرُواْ مِنْهُمْ
عَذَابٌ أَلِيمٌ (٧٣)
أَفَلاَ يَتُوبُونَ إِلَى اللّهِ وَيَسْتَغْفِرُونَهُ
وَاللّهُ غَفُورٌ رَّحِيمٌ (٧٤)
مَّا الْمَسِيحُ ابْنُ مَرْيَمَ إِلاَّ رَسُولٌ قَدْ
خَلَتْ مِن قَبْلِهِ الرُّسُلُ وَأُمُّهُ صِدِّيقَةٌ
كَانَا يَأْكُلاَنِ الطَّعَامَ انظُرْ كَيْفَ نُبَيِّنُ

٥ : ٦٩

جاءت مفردة ‹وَالصَّابِئُونَ› بالرفع بالواو، وحقها النصب، مثلما ورد في آيات أخرى: ‹إِنَّ الَّذِينَ آمَنُواْ وَالَّذِينَ هَادُواْ وَالنَّصَارَى وَالصَّابِئِينَ› (سورة البقرة ٢ : ٦٢)؛ و‹إِنَّ الَّذِينَ آمَنُوا وَالَّذِينَ هَادُوا وَالصَّابِئِينَ وَالنَّصَارَى وَالْمَجُوسَ› (سورة الحج ٢٢ : ١٧).

يعود اللحن هنا إلى أخطاء نحوية وقع فيها محررو القرآن. راجع اعترافات العلماء بوجود اللحن في تعليقنا على (سورة طه ٢٠ : ٦٣).

٥ : ٧٩

قراءة معظم القرّاء كانت ‹لاَ يَتَنَاهَوْنَ›، من « التناهي ». بينما قرأها زيد بن علي « لا

لَهُمُ الآيَاتِ ثُمَّ انظُرْ أَنَّى يُؤْفَكُونَ (٧٥)
قُلْ أَتَعْبُدُونَ مِن دُونِ اللّهِ مَا لاَ يَمْلِكُ
لَكُمْ ضَرّاً وَلاَ نَفْعاً وَاللّهُ هُوَ السَّمِيعُ
الْعَلِيمُ (٧٦)
قُلْ يَا أَهْلَ الْكِتَابِ لاَ تَغْلُواْ فِي دِينِكُمْ
غَيْرَ الْحَقِّ وَلاَ تَتَّبِعُواْ أَهْوَاء قَوْمٍ قَدْ
ضَلُّواْ مِن قَبْلُ وَأَضَلُّواْ كَثِيراً وَضَلُّواْ
عَن سَوَاء السَّبِيلِ (٧٧)
لُعِنَ الَّذِينَ كَفَرُواْ مِن بَنِي إِسْرَائِيلَ
عَلَى لِسَانِ دَاوُودَ وَعِيسَى ابْنِ مَرْيَمَ
ذَلِكَ بِمَا عَصَوا وَّكَانُواْ يَعْتَدُونَ (٧٨)
كَانُواْ لاَ يَتَنَاهَوْنَ عَن مُّنكَرٍ فَعَلُوهُ
لَبِئْسَ مَا كَانُواْ يَفْعَلُونَ (٧٩)
تَرَى كَثِيراً مِّنْهُمْ يَتَوَلَّوْنَ الَّذِينَ كَفَرُواْ لَبِئْسَ
مَا قَدَّمَتْ لَهُمْ أَنفُسُهُمْ أَن سَخِطَ اللّهُ
عَلَيْهِمْ وَفِي الْعَذَابِ هُمْ خَالِدُونَ (٨٠)
وَلَوْ كَانُوا يُؤْمِنُونَ بِالله والنَّبِيِّ وَمَا
أُنزِلَ إِلَيْهِ مَا اتَّخَذُوهُمْ أَوْلِيَاء وَلَكِنَّ
كَثِيراً مِّنْهُمْ فَاسِقُونَ (٨١)
لَتَجِدَنَّ أَشَدَّ النَّاسِ عَدَاوَةً لِّلَّذِينَ آمَنُواْ
الْيَهُودَ وَالَّذِينَ أَشْرَكُواْ وَلَتَجِدَنَّ أَقْرَبَهُمْ
مَّوَدَّةً لِّلَّذِينَ آمَنُواْ الَّذِينَ قَالُوَاْ إِنَّا نَصَارَى
ذَلِكَ بِأَنَّ مِنْهُمْ قِسِّيسِينَ وَرُهْبَاناً وَأَنَّهُمْ لاَ
يَسْتَكْبِرُونَ (٨٢)
وَإِذَا سَمِعُواْ مَا أُنزِلَ إِلَى الرَّسُولِ
تَرَى أَعْيُنَهُمْ تَفِيضُ مِنَ الدَّمْعِ مِمَّا
عَرَفُواْ مِنَ الْحَقِّ يَقُولُونَ رَبَّنَا آمَنَّا
فَاكْتُبْنَا مَعَ الشَّاهِدِينَ (٨٣)
وَمَا لَنَا لاَ نُؤْمِنُ بِاللّهِ وَمَا جَاءنَا مِنَ
الْحَقِّ وَنَطْمَعُ أَن يُدْخِلَنَا رَبَّنَا مَعَ الْقَوْمِ
الصَّالِحِينَ (٨٤)
فَأَثَابَهُمُ اللّهُ بِمَا قَالُواْ جَنَّاتٍ تَجْرِي

ينتهون» من «انتهى» (الخطيب ٢: ٣٣٠، قارن: العكبري ١: ٤٥٤-٤٥٥).

تناهى القوم عن فعل ما: نهى بعضهم بعضاً عنه. بينما انتهوا عن الشيء: كفوا عنه. وبهذا، فقراءة المصحف تقول إن المذكورين بالآية لا ينهون بعضهم عن المنكر، في حين تعني قراءة زيد بن علي أنهم لا يكفون عن فعل المنكر. فأيهما تصح؟

٥: ٨٤

قرأ ابن مسعود الآية بصيغة مختلفة: «وَمَا لَنَا لاَ نُؤْمِنُ بِاللّهِ وَمَا أنزل علينا رَبُّنا من الحقِّ» (الخطيب ٢: ٣٣٢).

مِن تَحْتِهَا الأَنْهَارُ خَالِدِينَ فِيهَا وَذَلِكَ
جَزَاء المُحْسِنِينَ (٨٥)
وَالَّذِينَ كَفَرُواْ وَكَذَّبُواْ بِآيَاتِنَا أُوْلَئِكَ
أَصْحَابُ الجَحِيمِ (٨٦)
يَا أَيُّهَا الَّذِينَ آمَنُواْ لاَ تُحَرِّمُواْ طَيِّبَاتِ
مَا أَحَلَّ اللّهُ لَكُمْ وَلاَ تَعْتَدُواْ إِنَّ اللّهَ
لاَ يُحِبُّ المُعْتَدِينَ (٨٧)
وَكُلُواْ مِمَّا رَزَقَكُمُ اللّهُ حَلاَلاً طَيِّباً
وَاتَّقُواْ اللّهَ الَّذِيَ أَنتُم بِهِ مُؤْمِنُونَ (٨٨)
لاَ يُؤَاخِذُكُمُ اللّهُ بِاللَّغْوِ فِي أَيْمَانِكُمْ وَلَكِن
يُؤَاخِذُكُم بِمَا عَقَّدتُّمُ الأَيْمَانَ فَكَفَّارَتُهُ إِطْعَامُ
عَشَرَةِ مَسَاكِينَ مِنْ أَوْسَطِ مَا تُطْعِمُونَ
أَهْلِيكُمْ أَوْ كِسْوَتُهُمْ أَوْ تَحْرِيرُ رَقَبَةٍ فَمَن لَّمْ
يَجِدْ فَصِيَامُ ثَلاَثَةِ أَيَّامٍ ذَلِكَ كَفَّارَةُ أَيْمَانِكُمْ
إِذَا حَلَفْتُمْ وَاحْفَظُواْ أَيْمَانَكُمْ كَذَلِكَ يُبَيِّنُ
اللّهُ لَكُمْ آيَاتِهِ لَعَلَّكُمْ تَشْكُرُونَ (٨٩)
يَا أَيُّهَا الَّذِينَ آمَنُواْ إِنَّمَا الْخَمْرُ وَالْمَيْسِرُ
وَالأَنصَابُ وَالأَزْلاَمُ رِجْسٌ مِّنْ عَمَلِ
الشَّيْطَانِ فَاجْتَنِبُوهُ لَعَلَّكُمْ تُفْلِحُونَ (٩٠)
إِنَّمَا يُرِيدُ الشَّيْطَانُ أَن يُوقِعَ بَيْنَكُمُ
الْعَدَاوَةَ وَالْبَغْضَاء فِي الْخَمْرِ وَالْمَيْسِرِ
وَيَصُدَّكُمْ عَن ذِكْرِ اللّهِ وَعَنِ الصَّلاَةِ
فَهَلْ أَنتُم مُّنتَهُونَ (٩١)
وَأَطِيعُواْ اللّهَ وَأَطِيعُواْ الرَّسُولَ
وَاحْذَرُواْ فَإِن تَوَلَّيْتُمْ فَاعْلَمُواْ أَنَّمَا
عَلَى رَسُولِنَا الْبَلاَغُ الْمُبِينُ (٩٢)
لَيْسَ عَلَى الَّذِينَ آمَنُواْ وَعَمِلُواْ
الصَّالِحَاتِ جُنَاحٌ فِيمَا طَعِمُواْ إِذَا مَا
اتَّقَواْ وَّآمَنُواْ وَعَمِلُواْ الصَّالِحَاتِ ثُمَّ
اتَّقَواْ وَّآمَنُواْ ثُمَّ اتَّقَواْ وَّأَحْسَنُواْ وَاللّهُ

٨٩ : ٥

بعد أن كان الإسلام يحرّم نقض اليمين: ﴿وَلاَ تَنقُضُواْ الأَيْمَانَ بَعْدَ تَوْكِيدِهَا﴾ (النحل ١٦: ٩١)، جاءت هذه الآية لتنسخ هذا الحكم «ثم أجاز نقضها بالكفارة تخفيفاً ورحمةً» (الإيضاح ٢٧٣).

٨٩ : ٥

قرأها ابن مسعود وأُبي بن كعب: «فَصِيَامُ ثَلاثَةِ أَيَّامٍ متتابعات» (الخطيب ٢: ٣٣٧)، بإضافة «متتابعات». وهذه الإضافة تفرض صيام الكفارة بشكل متصل؛ مع أنه، حسب قراءة المصحف، يجوز الصيام بشكل متقطع، وهذا خلاف فقهي.

يُحِبُّ الْمُحْسِنِينَ (٩٣)
يَا أَيُّهَا الَّذِينَ آمَنُواْ لَيَبْلُوَنَّكُمُ اللّهُ
بِشَيْءٍ مِّنَ الصَّيْدِ تَنَالُهُ أَيْدِيكُمْ
وَرِمَاحُكُمْ لِيَعْلَمَ اللّهُ مَن يَخَافُهُ
بِالْغَيْبِ فَمَنِ اعْتَدَى بَعْدَ ذَلِكَ فَلَهُ
عَذَابٌ أَلِيمٌ (٩٤)
يَا أَيُّهَا الَّذِينَ آمَنُواْ لاَ تَقْتُلُواْ الصَّيْدَ
وَأَنتُمْ حُرُمٌ وَمَن قَتَلَهُ مِنكُم مُّتَعَمِّداً
فَجَزَاء مِّثْلُ مَا قَتَلَ مِنَ النَّعَمِ يَحْكُمُ
بِهِ ذَوَا عَدْلٍ مِّنكُمْ هَدْياً بَالِغَ الْكَعْبَةِ
أَوْ كَفَّارَةٌ طَعَامُ مَسَاكِينَ أَو عَدْلُ ذَلِكَ
صِيَاماً لِّيَذُوقَ وَبَالَ أَمْرِهِ عَفَا اللّهُ
عَمَّا سَلَف وَمَنْ عَادَ فَيَنتَقِمُ اللّهُ مِنْهُ
وَاللّهُ عَزِيزٌ ذُو انْتِقَامٍ (٩٥)
أُحِلَّ لَكُمْ صَيْدُ الْبَحْرِ وَطَعَامُهُ مَتَاعاً
لَّكُمْ وَلِلسَّيَّارَةِ وَحُرِّمَ عَلَيْكُمْ صَيْدُ
الْبَرِّ مَا دُمْتُمْ حُرُماً وَاتَّقُواْ اللّهَ الَّذِيَ
إِلَيْهِ تُحْشَرُونَ (٩٦)
جَعَلَ اللّهُ الْكَعْبَةَ الْبَيْتَ الْحَرَامَ
قِيَاماً لِّلنَّاسِ وَالشَّهْرَ الْحَرَامَ وَالْهَدْيَ
وَالْقَلاَئِدَ ذَلِكَ لِتَعْلَمُواْ أَنَّ اللّهَ يَعْلَمُ مَا
فِي السَّمَاوَاتِ وَمَا فِي الأَرْضِ وَأَنَّ
اللّهَ بِكُلِّ شَيْءٍ عَلِيمٌ (٩٧)
اعْلَمُواْ أَنَّ اللّهَ شَدِيدُ الْعِقَابِ وَأَنَّ
اللّهَ غَفُورٌ رَّحِيمٌ (٩٨)
مَّا عَلَى الرَّسُولِ إِلاَّ الْبَلاَغُ وَاللّهُ يَعْلَمُ مَا
تُبْدُونَ وَمَا تَكْتُمُونَ (٩٩)
قُل لاَّ يَسْتَوِي الْخَبِيثُ وَالطَّيِّبُ وَلَوْ
أَعْجَبَكَ كَثْرَةُ الْخَبِيثِ فَاتَّقُواْ اللّهَ يَا
أُوْلِي الأَلْبَابِ لَعَلَّكُمْ تُفْلِحُونَ (١٠٠)

٥ : ٩٩

تقول الآية إن مهمة محمد أن يبلغ الرسالة فحسب، وقد اُختلف فيها:

القول الأول: إنها منسوخة بآية السيف: ‹فَاقْتُلُواْ الْمُشْرِكِينَ حَيْثُ وَجَدتُّمُوهُمْ› (التوبة ٩ : ٥) (ابن الجوزي ٣١٥، ابن سلامة ٤٢، ابن حزم ٣٦).

القول الثاني: إنها محكمة على أساس أن مهمة محمد هى تبليغ الدعوة وأنه ليس عليه أن يهدي (ابن الجوزي ٣١٥، زاد المسير ٢ : ٤٣٢).

والقول بالإحكام يتنافي مع سياق القرآن والرؤية الإسلامية، ولهذا فالقائلون به هم أقلية من المسلمين.

يَا أَيُّهَا الَّذِينَ آمَنُواْ لاَ تَسْأَلُواْ عَنْ أَشْيَاء إِن تُبْدَ لَكُمْ تَسُؤْكُمْ وَإِن تَسْأَلُواْ عَنْهَا حِينَ يُنَزَّلُ الْقُرْآنُ تُبْدَ لَكُمْ عَفَا اللّهُ عَنْهَا وَاللّهُ غَفُورٌ حَلِيمٌ (١٠١)

قَدْ سَأَلَهَا قَوْمٌ مِّن قَبْلِكُمْ ثُمَّ أَصْبَحُواْ بِهَا كَافِرِينَ (١٠٢)

مَا جَعَلَ اللّهُ مِن بَحِيرَةٍ وَلاَ سَآئِبَةٍ وَلاَ وَصِيلَةٍ وَلاَ حَامٍ وَلَكِنَّ الَّذِينَ كَفَرُواْ يَفْتَرُونَ عَلَى اللّهِ الْكَذِبَ وَأَكْثَرُهُمْ لاَ يَعْقِلُونَ (١٠٣)

وَإِذَا قِيلَ لَهُمْ تَعَالَوْاْ إِلَى مَا أَنزَلَ اللّهُ وَإِلَى الرَّسُولِ قَالُواْ حَسْبُنَا مَا وَجَدْنَا عَلَيْهِ آبَاءنَا أَوَلَوْ كَانَ آبَاؤُهُمْ لاَ يَعْلَمُونَ شَيْئاً وَلاَ يَهْتَدُونَ (١٠٤)

يَا أَيُّهَا الَّذِينَ آمَنُواْ عَلَيْكُمْ أَنفُسَكُمْ لاَ يَضُرُّكُم مَّن ضَلَّ إِذَا اهْتَدَيْتُمْ إِلَى اللّهِ مَرْجِعُكُمْ جَمِيعاً فَيُنَبِّئُكُم بِمَا كُنتُمْ

٥: ١٠٥

اختلف العلماء بشأن هذه الآية على قولين:

القول الأول: إنها منسوخة

بما أن الآية تتضمن مبدأ عدم التعرض لمن لا يؤمن بالإسلام، و«تتضمن كف الأيدي عن قتال» غير المسلمين فإن الآية منسوخة بالأمر بالمعروف والنهي عن المنكر (الإيضاح ٢٧٤، ابن الجوزي ٣١٥)، كما قيل أنها نُسخت على النحو التالي:

أ. أن الآية نسخت بآية السيف: ‹فَاقْتُلُواْ الْمُشْرِكِينَ حَيْثُ وَجَدتُّمُوهُمْ› (التوبة ٩: ٥) (ابن الجوزي ٣١٥)؛

ب. أن الجزء الثاني من الآية قد نسخ جزءها الأول، وإن عبارة ‹لا يَضُرُّكُم مَن ضَلَّ› قد نُسخت بعبارة ‹إِذَا اهْتَدَيْتُمْ›، حيث قيل أن العبارة النّاسخة تعني: «الأمر بالمعروف والنهى عن المنكر» (ابن سلامة ٤٢، ابن الجوزي ٣١٦، ابن حزم ٣٦، أحكام القرآن ٢: ٢٢٩).

ويلاحظ أنها الآية الوحيدة في القرآن التي تحتوي على ناسخ ومنسوخ (ابن سلامة ٤٢).

القول الثاني: إنها محكمة

لكن اُشترط لاعتبارها محكمة أن تُفهم على الشكل التالي: «معناها إنما ألزمكم الله أمر أنفسكم لا يؤاخذكم بذنوب غيركم... وهذه الآية لا توجب ترك الأمر بالمعروف؛ لأن المؤمن إذا تركه وهو مستطيع له، فهو ضالٌ وليس بمهتدٍ» (ابن الجوزي ٣١٦، قارن: الإيضاح ٢٧٤ وزاد

تَعْمَلُونَ (١٠٥)
يا أَيُّها الَّذينَ آمَنُواْ شَهادَةُ بَيْنِكُمْ إِذَا
حَضَرَ أَحَدَكُمُ الْمَوْتُ حِينَ الْوَصِيَّةِ
اثْنانِ ذَوا عَدْلٍ مِّنكُمْ أَوْ آخَرانِ مِنْ
غَيْرِكُمْ إِنْ أَنتُمْ ضَرَبْتُمْ فِي الأَرْضِ
فَأَصابَتْكُم مُّصيبَةُ الْمَوْتِ تَحْبِسُونَهُمَا
مِن بَعْدِ الصَّلاةِ فَيُقْسِمانِ بِاللّهِ إِنِ
ارْتَبْتُمْ لا نَشْتَرِي بِهِ ثَمَناً وَلَوْ كانَ
ذا قُرْبى وَلا نَكْتُمُ شَهادَةَ اللّهِ إِنَّا إِذاً
لَّمِنَ الآثِمِينَ (١٠٦)
فَإِنْ عُثِرَ عَلى أَنَّهُمَا اسْتَحَقَّا إِثْماً
فَآخَرانِ يَقُومانُ مَقامَهُما مِنَ الَّذِينَ
اسْتَحَقَّ عَلَيْهِمُ الأَوْلَيانِ فَيُقْسِمانِ
بِاللّهِ لَشَهادَتُنا أَحَقُّ مِن شَهادَتِهِما
وَما اعْتَدَيْنا إِنَّا إِذاً لَّمِنَ الظَّالِمِينَ (١٠٧)
ذلِكَ أَدْنى أَن يَأْتُواْ بِالشَّهادَةِ عَلى
وَجْهِها أَوْ يَخافُواْ أَن تُرَدَّ أَيْمانٌ بَعْدَ
أَيْمانِهِمْ وَاتَّقُوا اللّهَ وَاسْمَعُواْ وَاللّهُ لا

المسير ٢ : ٤٤٣). والمسلمون يؤكدون أن من شرط الاهتداء أن يسعى المسلم لتغيير الواقع بما يلائم الشروط الإسلامية (ابن الجوزي ٣١٧ - ٣١٨).

٥ : ١٠٦

تنصح الآية المسلم إن كان على سفر وشعر بأن منيته قد دنت، وقرر أن يوصي، فعليه أن يوصي بحضور شاهدين صفتهما أنهما ‹ذَوَا عَدْلٍ مِّنكُمْ›، و يعني هذا أنه يجب أن يكون الشاهدان مسلميْن (الطبري ٩ : ٥٥ - ٥٨، ابن الجوزي ٣١٩)، ويمكن أن يكونا من عشيرة الموصي وقبيلته ولكن بشرط الإسلام (أحكام القرآن ٢ : ٢٤٠؛ الإيضاح ٢٧٥، ابن الجوزي ٣٢٠).

يقول الجزء الثاني من الآية: ‹أَوْ آخَرَانِ مِنْ غَيْرِكُمْ›: أي يمكن أنْ يكونا من غير المسلمين، ولكن الفقهاء اشترطوا جواز ذلك فقط في حالة عدم تواجد مسلمين، فنقلوا عن ابن عباس: بأن ‹أَوْ› ليست للتخيير بل إنها تعني مجازاً: «أَوْ آخَرانِ مِنْ غَيْرِكُمْ إنْ لم تجدوا منكم» (ابن الجوزي ٣٢٠). وثمة قولان بشأن هذا الجزء بدوره:

القول الأول: إنه منسوخ
قالوا بما أن غير المسلمين ليسوا بعادلين، فإنّ ما ورد فيه قد نسخ بآية: ‹وَأَشْهِدُوا ذَوَيْ عَدْلٍ مِنْكُمْ› (الطلاق ٦٥ : ٢) وكذلك نسخ بالآية التي تقول: ‹مِمَّن تَرْضَوْنَ مِنَ الشُّهَدَاءِ› (البقرة ٢ : ٢٨٢) وغير المسلم لا يُرضى به (الإيضاح ٢٧٧).

يَهْدِي الْقَوْمَ الْفَاسِقِينَ (١٠٨)
يَوْمَ يَجْمَعُ اللّهُ الرُّسُلَ فَيَقُولُ مَاذَا
أُجِبْتُمْ قَالُواْ لاَ عِلْمَ لَنَا إِنَّكَ أَنتَ
عَلاَّمُ الْغُيُوبِ (١٠٩)
إِذْ قَالَ اللّهُ يَا عِيسى ابْنَ مَرْيَمَ
اذْكُرْ نِعْمَتِي عَلَيْكَ وَعَلَى وَالِدَتِكَ
إِذْ أَيَّدتُّكَ بِرُوحِ الْقُدُسِ تُكَلِّمُ النَّاسَ
فِي الْمَهْدِ وَكَهْلاً وَإِذْ عَلَّمْتُكَ الْكِتَابَ
وَالْحِكْمَةَ وَالتَّوْرَاةَ وَالإِنجِيلَ وَإِذْ تَخْلُقُ
مِنَ الطِّينِ كَهَيْئَةِ الطَّيْرِ بِإِذْنِي فَتَنفُخُ
فِيهَا فَتَكُونُ طَيْراً بِإِذْنِي وَتُبْرِئُ
الأَكْمَهَ وَالأَبْرَصَ بِإِذْنِي وَإِذْ تُخْرِجُ
الْمَوتَى بِإِذْنِي وَإِذْ كَفَفْتُ بَنِي إِسْرَائِيلَ
عَنكَ إِذْ جِئْتَهُمْ بِالْبَيِّنَاتِ فَقَالَ الَّذِينَ
كَفَرُواْ مِنْهُمْ إِنْ هَذَا إِلاَّ سِحْرٌ مُّبِينٌ (١١٠)
وَإِذْ أَوْحَيْتُ إِلَى الْحَوَارِيِّينَ أَنْ آمِنُواْ
بِي وَبِرَسُولِي قَالُوَاْ آمَنَّا وَاشْهَدْ بِأَنَّنَا
مُسْلِمُونَ (١١١)
إِذْ قَالَ الْحَوَارِيُّونَ يَا عِيسَى ابْنَ مَرْيَمَ
هَلْ يَسْتَطِيعُ رَبُّكَ أَن يُنَزِّلَ عَلَيْنَا
مَآئِدَةً مِّنَ السَّمَاءِ قَالَ اتَّقُواْ اللّهَ إِن

القول الثاني: إنها محكمة

وقالوا إن العمل بها باقٍ، ويعلل ابن الجوزي سبب الإحكام «لأن هذا موضع ضرورة فجاز كما يجوز في بعض الأماكن شهادة نساء لا رجل معهنّ بالحيض، والنفاس» (الإيضاح ٢٧٥، ابن الجوزي ٣٢١).

٥: ١١٢

السؤال في الآية يقول: ‹هَلْ يَسْتَطِيعُ رَبُّكَ›، ولكن لدينا قراءة تعود إلى ابن عباس، وعلي بن أبي، وعائشة، وجماعة من صحابة محمد والتابعين، وبعض القرّاء من الجيل اللاحق، تقول: «هَلْ تَسْتَطِيعُ رَبَّكَ» بالتاء، ونصب الباء في «رَبَّكَ». وهذه القراءة كان يقرأ بها محمد نفسه (الخطيب ٢: ٣٦٩)، وقالوا إنها تعني: هل تستطيع أيها المسيح سؤال ربك. وقيل ربما كان

كُنتُم مُّؤْمِنِينَ (١١٢)
قَالُواْ نُرِيدُ أَن نَّأْكُلَ مِنْهَا وَتَطْمَئِنَّ قُلُوبُنَا وَنَعْلَمَ أَن قَدْ صَدَقْتَنَا وَنَكُونَ عَلَيْهَا مِنَ الشَّاهِدِينَ (١١٣)
قَالَ عِيسَى ابْنُ مَرْيَمَ اللَّهُمَّ رَبَّنَا أَنزِلْ عَلَيْنَا مَائِدَةً مِّنَ السَّمَاءِ تَكُونُ لَنَا عِيداً لِّأَوَّلِنَا وَآخِرِنَا وَآيَةً مِّنكَ وَارْزُقْنَا وَأَنتَ خَيْرُ الرَّازِقِينَ (١١٤)
قَالَ اللّهُ إِنِّي مُنَزِّلُهَا عَلَيْكُمْ فَمَن يَكْفُرْ بَعْدُ مِنكُمْ فَإِنِّي أُعَذِّبُهُ عَذَاباً لاَّ أُعَذِّبُهُ أَحَداً مِّنَ الْعَالَمِينَ (١١٥)
وَإِذْ قَالَ اللّهُ يَا عِيسَى ابْنَ مَرْيَمَ أَأَنتَ قُلتَ لِلنَّاسِ اتَّخِذُونِي وَأُمِّيَ إِلَهَيْنِ مِن دُونِ اللّهِ قَالَ سُبْحَانَكَ مَا يَكُونُ لِي أَنْ أَقُولَ مَا لَيْسَ لِي بِحَقٍّ إِن كُنتُ قُلْتُهُ فَقَدْ عَلِمْتَهُ تَعْلَمُ مَا فِي نَفْسِي وَلاَ أَعْلَمُ مَا فِي نَفْسِكَ إِنَّكَ أَنتَ عَلاَّمُ الْغُيُوبِ (١١٦)
مَا قُلْتُ لَهُمْ إِلاَّ مَا أَمَرْتَنِي بِهِ أَنِ اعْبُدُواْ اللّهَ رَبِّي وَرَبَّكُمْ وَكُنتُ عَلَيْهِمْ شَهِيداً مَّا دُمْتُ فِيهِمْ فَلَمَّا تَوَفَّيْتَنِي كُنتَ أَنتَ الرَّقِيبَ عَلَيْهِمْ وَأَنتَ عَلَى كُلِّ شَيْءٍ شَهِيدٌ (١١٧)

المعنى: «هل تستطيع أن تدعو رَبَّك» (الخطيب ٢: ٣٦٩).

الخلاف بين القراءتين هو أن قراءة المصحف تطرح سؤالاً على لسان الحواريين حول ما إذا كان يمكن لله أن يُنزّل مائدة، وهذا ما اعتبره بعض القرّاء تجديفاً؛ فالله ليس عاجزاً بالطبع عن إنزال المائدة، ولهذا قرأوا: «هَلْ تَسْتَطِيعُ رَبَّكَ»، بأن جعلوا السؤال موجهاً للمسيح، وهذه القراءة تزيل طابع التجديف عن سؤال الحواريين، لكن تركيبها اللغوي ركيك.

٥: ١١٢-١١٥

ذكر النص أن الْحَوَارِيّين سألوا المسيح أن ينزل اللهُ عليهم ﴿مَآئِدَةً مِّنَ السَّمَاءِ﴾. وبعد أن بيّن الْحَوَارِيُّونَ أسباب طلبهم، فإن المسيح سأل الله أن ينزل عليهم المائدة، فاستجاب الله له (المائدة ٥: ١١٢-١١٥).

لم يرد ذكر هذه المعجزة في الأناجيل، ولا في المصادر التاريخية. ويبدو أن الحكاية تعود إلى قصص محرفة سمعها محمدٌ. ولكن من أين جاءت القصة؟

إن تُعَذِّبْهُمْ فَإِنَّهُمْ عِبَادُكَ وَإِن تَغْفِرْ لَهُمْ فَإِنَّكَ أَنتَ الْعَزِيزُ الْحَكِيمُ (١١٨) قَالَ اللّهُ هَذَا يَوْمُ يَنفَعُ الصَّادِقِينَ صِدْقُهُمْ لَهُمْ جَنَّاتٌ تَجْرِي مِن تَحْتِهَا الأَنْهَارُ خَالِدِينَ فِيهَا أَبَداً رَّضِيَ اللّهُ عَنْهُمْ وَرَضُواْ عَنْهُ ذَلِكَ الْفَوْزُ الْعَظِيمُ (١١٩) لِلّهِ مُلْكُ السَّمَاوَاتِ وَالأَرْضِ وَمَا فِيهِنَّ وَهُوَ عَلَى كُلِّ شَيْءٍ قَدِيرٌ (١٢٠)

لا شك إنّ الحكاية القرآنية نشأت عن فهم خاطي للعشاء الرباني (متى ٢٦: ٢٦-٢٩؛ مرقس ١٤: ٢٢-٢٥؛ لوقا ٢٢: ١٤-٢٠)، حيث اشترك المسيح مع الْحَوارِيّين في العشاء عشية صلبه (The Original Sources of the Qur'an 176-179).

تكشف القصة القرآنية أن محمداً لم يكن مطلعاً على التوراة والإنجيل، وأن البيانات التي لديه مجزأة ومحرفة.

٥: ١١٨

كُتبت الآية في مصحف ابن مسعود: «إن تُعَذِّبْهُمْ فَإِنَّهُمْ عِبَادُكَ وَإِن تَغْفِرْ لَهُمْ فَإِنَّكَ أَنتَ الْغفور الرّحيم»، وقد قرأ بها جماعة من القراء

الركاكة في الآية ٥: ١١٥

واللّه في القرآن يعبّر عن نفسه باسم الجلالة [...] حيناً: ‹فَاذْكُرُوا اللّهَ كَذِكْرِكُمْ آبَاءَكُم› (٢: ٢٠٠)، وبصيغة المتكلّم المفرد حيناً آخر: ‹فاذكروني أذكركم› (٢: ١٥٢)، وبصيغة الغائب أحياناً: ‹ثمّ استوى إلى السماء وهي دخان، فقال لها وللأرض إئتيا طَوعاً أو كَرهاً، قالتا أتَينا طائعين› (٤١: ١١)، وبصيغة المتكلّم الجمع أحياناً أخرى: ‹إنّا أنزلناه قرآناً عربيًّا› (١٢: ٢)، كما قد يجمع في الآية الواحدة أكثر من صيغة: ‹قال اللّه إنّي منزّلها عليكم› (٥: ١١٥)، فقد جمع في هذه الآية بين اسم الجلالة (اللّه) [...] وضمير المتكلّم (إنّي). ضمير الهاء [هنا] في ‹منزّلها› تعود إلى المائدة التي سألَ الحواريّون عيسى بنَ مريم أن يدعو اللّه بتنزيلها عليهم من السماء!
(مِحْنَتِي مَعَ القُرْآن وَمَعَ اللّهِ فِي القُرْآن ٥٩-٦٠)

من منطلق أن السياق يجب أن يكون « الغفور الرّحيم » بعد عبارة : ﴿وَإِن تَغْفِرْ لَهُمْ﴾ (الخطيب ٢ : ٣٧٨). وكان ابن شَنَّبُوذ قد قرأ بها، لكنه أُجبر على التراجع عنها (الخطيب٢ : ٣٧٨).

هامش: محنة ابن شَنَّبُوذ

ابن شَنَّبُوذ (ت ٣٢٨ هـ/ ٩٣٩ م) قارئ بغداد في عصره، لم يكن يلتزم بنص المصحف الرسمي، أي مصحف عثمان، فكان يقرأ بقراءات ابن مسعود وأبي بن كعب، فاُستدعي من جانب السلطات وحُقق معه بمحضر من قضاة وفقهاء وقرّاء بغداد، فاعترف أنه يقرأ بالقراءات غير الرسمية، فُجلد وحُبس. فأعلن في سجنه توبته، فأُفرج عنه بعد أن كتب إقراراً بتوبته واعترف بشرعية مصحف عثمان (مقدمة شوقي ضيف لكتاب السبعة في القراءات لابن مجاهد١٨، قارن: Encyclopedia of the Qur'an 4: 356).

[أنظر ابن شنبوذ بمقال « في القراءات المختلفة »، صفحة ٦٣]

جاءت
تسمية هذه السورة من
تكرار لفظة «أنعام» ست مرات في آياتها
(ابن عاشور ٧: ١٢١) [١٣٦، ١٣٨ (٣ مرات)،
١٣٩، ١٤٢].

وتحكي المصادر الإسلامية أن هذه السورة تنزّلت دفعةً واحدةً في مكة (ابن عاشور ٧: ١٢١).

ويعيّن زمن السورة عشية الهجرة، حيث يبدو محمد محبطاً كليةً من مقاومة قريش: ‹وَأَعْرِضْ [يا محمد] عَنِ الْمُشْرِكِينَ› (١٠٦).

إلاّ أن في السورة أجزاءً مدنية، إذ تؤيد الروايات الإسلامية أن الآيات (٩١-٩٣، ١٥١-١٥٢) مدنية. كما يعتبر بعض العلماء المسلمين الآية (١١١) مدنية أيضاً (ابن عاشور ٧: ١٢١، قارن: نولدكه ١٤٦).

اشتملت السورة على حكم برفض ذبائح قريش الوثنية (١٣٩، ١٤٣-١٤٤)، لكننا نجد فيها أيضاً قواعداً وأحكاماً تتعلق بالأطعمة المحللة والمحرمة، تعود إلى عهد المدينة (١٤٥-١٤٦). وربما طور محمد الجزء الخاص بالذبائح، وأعاد صياغة الآيات في المدينة تحت تأثير اليهود.

الْحَمْدُ لله الَّذِي خَلَقَ السَّمَاوَاتِ وَالأَرْضَ
وَجَعَلَ الظُّلُمَاتِ وَالنُّورَ ثُمَّ الَّذِينَ كَفَرُواْ
بِرَبِّهِم يَعْدِلُونَ (١)
هُوَ الَّذِي خَلَقَكُم مِّن طِينٍ ثُمَّ قَضَى أَجَلاً
وَأَجَلٌ مُّسمًّى عِندَهُ ثُمَّ أَنتُمْ تَمْتَرُونَ (٢)
وَهُوَ اللّهُ فِي السَّمَاوَاتِ وَفِي الأَرْضِ يَعْلَمُ
سِرَّكُمْ وَجَهرَكُمْ وَيَعْلَمُ مَا تَكْسِبُونَ (٣)
وَمَا تَأْتِيهِم مِّنْ آيَةٍ مِّنْ آيَاتِ رَبِّهِمْ إِلاَّ كَانُواْ
عَنْهَا مُعْرِضِينَ (٤)
فَقَدْ كَذَّبُواْ بِالْحَقِّ لَمَّا جَاءهُمْ فَسَوْفَ
يَأْتِيهِمْ أَنبَاء مَا كَانُواْ بِهِ يَسْتَهْزِئُونَ (٥)
أَلَمْ يَرَوْاْ كَمْ أَهْلَكْنَا مِن قَبْلِهِم مِّن قَرْنٍ
مَّكَّنَّاهُمْ فِي الأَرْضِ مَا لَمْ نُمَكِّن لَّكُمْ
وَأَرْسَلْنَا السَّمَاء عَلَيْهِم مِّدْرَاراً وَجَعَلْنَا
الأَنْهَارَ تَجْرِي مِن تَحْتِهِمْ فَأَهْلَكْنَاهُم بِذُنُوبِهِمْ
وَأَنْشَأْنَا مِن بَعْدِهِمْ قَرْناً آخَرِينَ (٦)
وَلَوْ نَزَّلْنَا عَلَيْكَ كِتَاباً فِي قِرْطَاسٍ فَلَمَسُوهُ
بِأَيْدِيهِمْ لَقَالَ الَّذِينَ كَفَرُواْ إِنْ هَذَا إِلاَّ سِحْرٌ
مُّبِينٌ (٧)
وَقَالُواْ لَوْلا أُنزِلَ عَلَيْهِ مَلَكٌ وَلَوْ أَنزَلْنَا مَلَكاً
لَّقُضِيَ الأَمْرُ ثُمَّ لاَ يُنظَرُونَ (٨)
وَلَوْ جَعَلْنَاهُ مَلَكاً لَّجَعَلْنَاهُ رَجُلاً وَلَلَبَسْنَا
عَلَيْهِم مَّا يَلْبِسُونَ (٩)
وَلَقَدِ اسْتُهْزِئَ بِرُسُلٍ مِّن قَبْلِكَ فَحَاقَ
بِالَّذِينَ سَخِرُواْ مِنْهُم مَّا كَانُواْ بِهِ
يَسْتَهْزِئُونَ (١٠)

١٥:٦

تصوّر الآية خشيةَ محمد من ارتكاب الذنوب، ولكنها نسخت بآية: ‹لِيَغْفِرَ لَكَ اللَّهُ مَا تَقَدَّمَ مِن ذَنبِكَ وَمَا تَأَخَّرَ› (الفتح ٤٨ : ٢) (ابن الجوزي ٣٢٣، ابن حزم ٣٧، ابن سلامة ٤٤، شعلة ١٣٦).

١٦:٦

قرأها بعض القرّاء ‹يُصْرَفْ› بصيغة المبني للمجهول (الخطيب ٢: ٣٩٧)، والمقصود هو العذاب الوارد في الآية السابقة.

و قرأها البعض الآخر: «يَصْرِف»: بصيغة الفاعل، إشارة إلى الله، ولكن الفاعل محذوف،

قُلْ سِيرُواْ فِي الأَرْضِ ثُمَّ انظُرُواْ كَيْفَ
كَانَ عَاقِبَةُ الْمُكَذِّبِينَ (١١)
قُل لِّمَن مَّا فِي السَّمَاوَاتِ وَالأَرْضِ قُل لِلّهِ
كَتَبَ عَلَى نَفْسِهِ الرَّحْمَةَ لَيَجْمَعَنَّكُمْ إِلَى
يَوْمِ الْقِيَامَةِ لاَ رَيْبَ فِيهِ الَّذِينَ خَسِرُواْ
أَنفُسَهُمْ فَهُمْ لاَ يُؤْمِنُونَ (١٢)
وَلَهُ مَا سَكَنَ فِي اللَّيْلِ وَالنَّهَارِ وَهُوَ
السَّمِيعُ الْعَلِيمُ (١٣)
قُلْ أَغَيْرَ اللّهِ أَتَّخِذُ وَلِيّاً فَاطِرِ السَّمَاوَاتِ
وَالأَرْضِ وَهُوَ يُطْعِمُ وَلاَ يُطْعَمُ قُلْ إِنِّيَ
أُمِرْتُ أَنْ أَكُونَ أَوَّلَ مَنْ أَسْلَمَ وَلاَ تَكُونَنَّ
مِنَ الْمُشْرِكِينَ (١٤)
قُلْ إِنِّيَ أَخَافُ إِنْ عَصَيْتُ رَبِّي عَذَابَ
يَوْمٍ عَظِيمٍ (١٥)
مَّن يُصْرَفْ عَنْهُ يَوْمَئِذٍ فَقَدْ رَحِمَهُ وَذَلِكَ
الْفَوْزُ الْمُبِينُ (١٦)
وَإِن يَمْسَسْكَ اللّهُ بِضُرٍّ فَلاَ كَاشِفَ لَهُ
إِلاَّ هُوَ وَإِن يَمْسَسْكَ بِخَيْرٍ فَهُوَ عَلَى كُلِّ
شَيْءٍ قَدُيرٌ (١٧)
وَهُوَ الْقَاهِرُ فَوْقَ عِبَادِهِ وَهُوَ الْحَكِيمُ
الْخَبِيرُ (١٨)
قُلْ أَيُّ شَيْءٍ أَكْبَرُ شَهَادةً قُلِ اللّهِ شَهِيدٌ
بِيْنِي وَبَيْنَكُمْ وَأُوحِيَ إِلَيَّ هَذَا الْقُرْآنُ
لأُنذِرَكُم بِهِ وَمَن بَلَغَ أَئِنَّكُمْ لَتَشْهَدُونَ أَنَّ
مَعَ اللّهِ آلِهَةً أُخْرَى قُل لاَّ أَشْهَدُ قُلْ إِنَّمَا هُوَ
إِلَـهٌ وَاحِدٌ وَإِنَّنِي بَرِيءٌ مِّمَّا تُشْرِكُونَ (١٩)

ويرجح الطبري هذه الصيغة (الخطيب ٢: ٣٩٧ - ٣٩٨). وكان أُبي بن كعب يقرأ: «من يَصْرِفه الله عنه»، وورد أنه قرأ: «من يصرف الله عنه» (الخطيب ٢: ٣٩٨).

في كلتا الصيغتين، الله هو الذي يصرف العذاب، ولكن الصيغة الثانية -أي صيغة الفاعل- أكثر قوةً ووضوحاً. فإن كانت العبارة أكثر قوة بذكر الفاعل، فلماذا دُونت في المصحف بالصيغة الأضعف؟

٦: ١٩

تخبرنا المصادر التاريخية أن زعماء قريشٍ أخبروا محمداً أنهم لا يصدقون دعوى نبوته، وأعلموه أنهم تحققوا من كذب دعاويه من اليهود والمسيحيين، ذلك أن كلا الفريقين أفاد بأنه لا يملك في مصادره ما يشير إلى صدق نبوته. وعلى ذلك، طلب القرشيون من محمد، بما أنه ليس لديهم ما يبرهن على صحة دعوته،

الَّذِينَ آتَيْنَاهُمُ الْكِتَابَ يَعْرِفُونَهُ كَمَا يَعْرِفُونَ أَبْنَاءهُمُ الَّذِينَ خَسِرُواْ أَنفُسَهُمْ فَهُمْ لاَ يُؤْمِنُونَ (٢٠)

وَمَنْ أَظْلَمُ مِمَّنِ افْتَرَى عَلَى اللّهِ كَذِباً أَوْ كَذَّبَ بِآيَاتِهِ إِنَّهُ لاَ يُفْلِحُ الظَّالِمُونَ (٢١)

وَيَوْمَ نَحْشُرُهُمْ جَمِيعاً ثُمَّ نَقُولُ لِلَّذِينَ أَشْرَكُواْ أَيْنَ شُرَكَآؤُكُمُ الَّذِينَ كُنتُمْ تَزْعُمُونَ (٢٢)

ثُمَّ لَمْ تَكُن فِتْنَتُهُمْ إِلاَّ أَن قَالُواْ وَاللّهِ رَبِّنَا مَا كُنَّا مُشْرِكِينَ (٢٣)

أن يأتي ببرهان (آية او معجزة) يشهد بصدقه. عندها جاءت الآية ترد عليهم كالآتي: ‹قلْ (يا محمد) أي شيء أكبر شهادة›، من الله حتى يعترفوا بالنبوة، ... قلْ: إن الله شهيد لي بالنبوة لأنه أوحي إلى هذا القرآن وهذا القرآن معجز» (الرازي ١٢: ١٨٥؛ قارن: الطبري ٩: ١٨١).

ونقرأ في مصدر آخر: ‹قُلْ أَيُّ شَيْءٍ أَكْبَرُ شَهَادةً›: وذلك أن المشركين قالوا لمحمد: «مَن يَشْهَدُ لكَ بأنك رسولُ الله؟ فنزلت الآية» (القرطبي ٨: ٣٣٦).

إذاً، يجمل محمد في الآية المعاني التالية:

- أن الله شاهدٌ على نبوته وصدق ما جاء به
- أن القرآن حجة ملموسةٌ على نبوته

ولنناقش ما إذا كانت هاتان الحجتان كافيتين للرد على زعماء قريش.

أولاً: تقول الآية إن الله يشهد لصالح محمد، وهذه ليست بحجة، لأنه بوسع أي مدعي نبوة أن يكتفي برده أن الله شاهدٌ على نبوته.

ثانيا: قدمت الآيةُ القرآنَ كحجة قاطعة شاهدة بصدق محمد وكبرهان على علاقته بالله. ونقول مجدداً، دعنا نتصور مدعياً للنبوة قدم نصاً كبرهان نبوته، هل كان ليُقبل منه؟ فبوسع أي مدعي نبوة أن يحجج على نبوته بهذه الوسيلة (تقديم نص أدبي).

إضافة لذلك، أشرنا من قبل إلى حقيقة مؤداها أن محمداً اقتبس أفكاراً وتشريعات من الوثنيين وغير الوثنيين [أنظر قراءات إضافية أدناه]، وبالتالي فإن فكرة مصدر القرآن السماوي لا تقوم على أساس فعلي، بل إن هذه الاقتباسات الموجودة في القرآن تشهد ضد أصالته.

قراءات إضافية:

هناك قصص اقتبسها القرآن وقدمها بشكل محرف، [على سبيل المثال راجع التعليقات على (البقرة ٢: ١٢٥ - ١٢٩)، صفحة ١٣٣؛ (البقرة ٢: ٢٤٧ - ٢٥١)، صفحة ١٦٣].

انظُرْ كَيْفَ كَذَبُواْ عَلَى أَنفُسِهِمْ وَضَلَّ عَنْهُم مَّا كَانُواْ يَفْتَرُونَ (٢٤)
وَمِنْهُم مَّن يَسْتَمِعُ إِلَيْكَ وَجَعَلْنَا عَلَى قُلُوبِهِمْ أَكِنَّةً أَن يَفْقَهُوهُ وَفِي آذَانِهِمْ وَقْراً وَإِن يَرَوْاْ كُلَّ آيَةٍ لاَّ يُؤْمِنُواْ بِهَا
حَتَّى إِذَا جَآؤُوكَ يُجَادِلُونَكَ يَقُولُ الَّذِينَ كَفَرُواْ إِنْ هَذَا إِلاَّ أَسَاطِيرُ الأَوَّلِينَ (٢٥)
وَهُمْ يَنْهَوْنَ عَنْهُ وَيَنْأَوْنَ عَنْهُ وَإِن يُهْلِكُونَ إِلاَّ أَنفُسَهُمْ وَمَا يَشْعُرُونَ (٢٦)

كما أخذت بعض الطقوس من ديانات أخرى، مثلاً إدماج طقس الحج الوثني في الإسلام [انظر التعليق على سورة البقرة (٢: ١٥٨ و١٩٦)، صفحة ١٣٨، صفحة ١٤٩].

٦ : ٢١

افْتَرى القَوْلَ: اختَلَقَه. والفِرْيَةُ: الكذِبُ. والآية تقول: ‹افْتَرَى عَلَى اللّهِ كَذِباً›، فهل يوجد افْتِراء صادقٌ؟

إن لفظة ‹كَذِباً› في الآية ليست تأكيداً، بل هي شرح ما لا يلزم شرحه، وهذا يتعارض مع البلاغة.

٦ : ٢٣

تقول الآية إن «المشركين» سينكرون يوم القيامة شركهم: ‹رَبِّنَا مَا كُنَّا مُشْرِكِينَ› (الأنعام ٦: ٢٣)؛ وفي موضع آخر من السورة عينها، نقرأ أنهم سيقرون بكفرهم: ‹وَشَهِدُواْ عَلَى أَنفُسِهِمْ أَنَّهُمْ كَانُواْ كَافِرِينَ› (الأنعام ٦: ١٣٠)، وهذا ما تؤكده آية أخرى: ‹وَلاَ يَكْتُمُونَ اللّهَ حَدِيثاً› (النساء ٤: ٤٢).

والسؤال هنا، هل يتنكر الكافرون لكفرهم أم يشهدون على أنفسهم ولا يكتمون أحوالهم في الدنيا؟

٦ : ٢٥

روي أن علي بن أبي طالب وابن مسعود قرأها: «وَجَعَلْنَا عَلَى قُلُوبِهِمْ أَكِنَّةً أَن يَفْقَهُوهُ وعلى أعينهم غطاء»، بزيادة «وعلى أعينهم غطاء» (الخطيب ٢: ٤٠٧-٤٠٨).

وَلَوْ تَرَى إِذْ وُقِفُواْ عَلَى النَّارِ فَقَالُواْ يَا لَيْتَنَا نُرَدُّ وَلاَ نُكَذِّبَ بِآيَاتِ رَبِّنَا وَنَكُونَ مِنَ الْمُؤْمِنِينَ (٢٧)
بَلْ بَدَا لَهُم مَّا كَانُواْ يُخْفُونَ مِن قَبْلُ وَلَوْ رُدُّواْ لَعَادُواْ لِمَا نُهُواْ عَنْهُ وَإِنَّهُمْ لَكَاذِبُونَ (٢٨)
وَقَالُواْ إِنْ هِيَ إِلاَّ حَيَاتُنَا الدُّنْيَا وَمَا نَحْنُ بِمَبْعُوثِينَ (٢٩)
وَلَوْ تَرَى إِذْ وُقِفُواْ عَلَى رَبِّهِمْ قَالَ أَلَيْسَ هَذَا بِالْحَقِّ قَالُواْ بَلَى وَرَبِّنَا قَالَ فَذُوقُواْ الْعَذَابَ بِمَا كُنتُمْ تَكْفُرُونَ (٣٠)
قَدْ خَسِرَ الَّذِينَ كَذَّبُواْ بِلِقَاء اللّهِ حَتَّى إِذَا جَاءتْهُمُ السَّاعَةُ بَغْتَةً قَالُواْ يَا حَسْرَتَنَا عَلَى مَا فَرَّطْنَا فِيهَا وَهُمْ يَحْمِلُونَ أَوْزَارَهُمْ عَلَى ظُهُورِهِمْ أَلاَ سَاء مَا يَزِرُونَ (٣١)
وَمَا الْحَيَاةُ الدُّنْيَا إِلاَّ لَعِبٌ وَلَهْوٌ وَلَلدَّارُ الآخِرَةُ خَيْرٌ لِّلَّذِينَ يَتَّقُونَ أَفَلاَ تَعْقِلُونَ (٣٢)
قَدْ نَعْلَمُ إِنَّهُ لَيَحْزُنُكَ الَّذِي يَقُولُونَ

٦ : ٣٢

قراءة المصحف: ‹تَعْقِلون› وهي خطاب لمن كان حاضراً لدى محمد من منكري البعث (الخطيب ٢: ٤١٥-٤١٦).

بينما قرأها بعض القرّاء: «يَعقلون»، والكلام يعود على الذين يتقون (الخطيب ٢: ٤١٦).

فهل تخاطب الآية المتقين أم منكري البعث؟

٦ : ٣٧ و ٥٠

كثيراً ما كان معارضو محمد يطلبون منه الإتيان بمعجزةً تبرهن على نبوته، ويبدو أن حواراً ما قد دار بينهم يفيد بأنه لو كان محمد نبياً لكان قد جاء بمعجزة أو أُنزلت عليه آية (الرازي ١٢: ٢٢٠).

كان أهل مكة يعتقدون أنه لو كان محمد نبياً لأنزل الله عليه آيةً، إذ كان لديهم تصور عن النبوة وهو أن النبي يأتي بالآيات برهاناً على مصداقيته، وهذا التصور قد جاءهم من الاتصال باليهود من حولهم.

لما سمع محمد التعريض به، أقر بذلك وقال: ‹إِنَّ اللّهَ قَادِرٌ عَلَى أَن يُنَزِّلَ آيَةً› (الأنعام ٦: ٣٧). ولكنه قد اكتفى بهذا القول دون أى

فَإِنَّهُمْ لاَ يُكَذِّبُونَكَ وَلَكِنَّ الظَّالِمِينَ
بِآيَاتِ اللّهِ يَجْحَدُونَ (٣٣)
وَلَقَدْ كُذِّبَتْ رُسُلٌ مِّن قَبْلِكَ فَصَبَرُواْ
عَلَى مَا كُذِّبُواْ وَأُوذُواْ حَتَّى أَتَاهُمْ
نَصْرُنَا وَلاَ مُبَدِّلَ لِكَلِمَاتِ اللّهِ وَلَقدْ
جَاءكَ مِن نَّبَإِ الْمُرْسَلِينَ (٣٤)
وَإِن كَانَ كَبُرَ عَلَيْكَ إِعْرَاضُهُمْ فَإِنِ
اسْتَطَعْتَ أَن تَبْتَغِيَ نَفَقاً فِي الأَرْضِ
أَوْ سُلَّماً فِي السَّمَاء فَتَأْتِيَهُم بِآيَةٍ وَلَوْ
شَاء اللّهُ لَجَمَعَهُمْ عَلَى الْهُدَى فَلاَ
تَكُونَنَّ مِنَ الْجَاهِلِينَ (٣٥)
إِنَّمَا يَسْتَجِيبُ الَّذِينَ يَسْمَعُونَ وَالْمَوْتَى
يَبْعَثُهُمُ اللّهُ ثُمَّ إِلَيْهِ يُرْجَعُونَ (٣٦)
وَقَالُواْ لَوْلاَ نُزِّلَ عَلَيْهِ آيَةٌ مِّن رَّبِّهِ قُلْ
إِنَّ اللّهَ قَادِرٌ عَلَى أَن يُنَزِّلٍ آيَةً وَلَكِنَّ
أَكْثَرَهُمْ لاَ يَعْلَمُونَ (٣٧)
وَمَا مِن دَآبَّةٍ فِي الأَرْضِ وَلاَ طَائِرٍ
يَطِيرُ بِجَنَاحَيْهِ إِلاَّ أُمَمٌ أَمْثَالُكُم مَّا
فَرَّطْنَا فِي الكِتَابِ مِن شَيْءٍ ثُمَّ إِلَى
رَبِّهِمْ يُحْشَرُونَ (٣٨)

فعل. ويظهر أن بعضهم طلب من محمد أن يعيش في رغد كبرهان على النبوة، فاستكمل محمد الدفاع مقراً أنه لا يملك ثروات ولا يعلم الغيب: ﴿لاَّ أَقُولُ لَكُمْ عِندِي خَزَآئِنُ اللّهِ﴾ (الأنعام ٥٠).

هاتان الآيتان تعلنان صراحةً بأن محمداً لم يأت بأي معجزة، وتؤكدان عدم قدرته على الإتيان بالمعجزات.

ونسأل، هل كان الرد بعبارة﴿إِنَّ اللّهَ قَادِرٌ عَلَى أَن يُنَزِّلٍ آيَةً﴾ ليقبل من أي مدعي نبوة كحجة على صدق ما جاء به، وهل يكتفى بقوله: ﴿إِنَّ اللّهَ قَادِرٌ﴾ دون أن يأتي بمعجزة عملية ولا أن يترتب على ذلك أي أثر؟

ولربما قال أحد المدافعين: «إن القرآن معجزة محمد»، فندعوه لأن يقرأ ما في صفحتنا هذه، وليقلْ رأيه بعدها في هذه «المعجزة»!

٦ : ٣٨

ثلاث ملاحظات بصدد هذه الآية:

١. في الآية حشو، نجده في القول: ﴿طَائِرٍ يَطِيرُ بِجَنَاحَيْهِ﴾، فلماذا تبين الآية ما لا حاجة لبيانه، فكل طائر يطير بجناحيه.

ولأن تبرير الحشو في عبارة ﴿طَائِرٍ يَطِيرُ بِجَنَاحَيْهِ﴾ يحتاج إلى تكلف، فقد كلف الرازي نفسه في تفسيره عناء الجواب، فدفع بأن ثمة

عدة احتمالات (الرازي ١٢: ٢٢٣):

- احتمال أن قد يكون التكرار للتأكيد؛

ونعلق: التكرار هنا وإن كان للتأكيد، فهو يمجّه الذوق اللغوي.

- احتمال أن يكون التكرار لبيان أن المقصود هو الطيران بمعناه الحقيقي، ذلك أن العرب أحيانا يستعملون لفظة الطيرانَ لغير الطائر؛ تقول للرجل: «طِرْ في حاجتي»، أي أَسْرِع، فذكرت الآية ‹بِجَنَاحَيْهِ› ليُعرف أن المقصود هو الطيران الحقيقي.

ونعلق: هل يمكن للسامع أن يختلط عليه الأمر فلا يميز المجاز من الحقيقي ولاسيما إذا كان سياق الحديث يتعلق بطائر!؟ إن هذا التأويل يستخف بالسامع.

- احتمال أن يزيل هذا التكرار ما قد يلتبس على القارئ إذا اعتقد أن المقصود هنا الملائكة، فعقبت الآية بكلمة: ‹بِجَنَاحَيْهِ›.

نعلق: إن كانت الأمور ستختلط على القارئ، فيظن أن الطائر في الآية هو ملاك، فسوف لا تتضح له الصورة بإضافة لفظة ‹بِجَنَاحَيْهِ›، لأن الشائع في ذهن بعض القراء أن الملاك أيضا يطير بِجَنَاحَيْه.

٢. بعد أن تذكر الآية الدواب والطيور، تصفها للمخاطبين على أنها: ‹أُمَمٌ أَمْثَالُكُم›.

فأين وجه المماثلة بين الإنسان وهذه الحيوانات؟ لدينا التفسيرات التالية التي أوردها الرازي (١٢: ٢٢٤-٢٢٥) والقرطبي (٨: ٣٧٠-٣٧١):

أ. المراد أنه كما أحصى الله في الكتاب كل ما يتعلق بأحوال البشر، من العمر والرزق والأجل والسعادة والشقاوة، فكذلك أحصى في الكتاب جميع الأحوال ذاتها في كل الحيوانات [اكتفى به الزمخشري (٢: ٣٤٣)].

نعلق: هذا التأويل يسبغ على الآية شيئاً من المنطق، ولهذا اقتصر عليه الزمخشري، المفسر المعتزلي، ولكن لا نجده يتطابق مع سياق الآية.

ب. أراد الله بـ ‹أمثالكم›، أمثال الناس حين تحشر يوم القيامة.

نعلق: لا يتطابق هذا التأويل أبداً مع سياق الآية، وهو تأويل شديد التعسف.

ج. المقصود أنه ما في الأرض من آدمي إلاّ وفيه شبه من بعض البهائم، فمنهم من يُقدم إقدام الأسد، ومنهم من يعدو عدو الذئب، ومنهم من ينبح نباح الكلب، ومنهم من يتطوس كفعل الطاووس، ومنهم من يشبه الخنزير فإنه لو ألقي إليه الطعام الطيب تركه.

نعلق: قالت الآية: ‹أُمَمٌ أَمْثَالُكُم›، ولم تقل: «أنتم أمثالها» أي أن الآية هنا تقارن الحيوان بالبشر وليس العكس.

٣. ثم ختمت الآية بالقول: ‹مَّا فَرَّطْنَا فِي

وَالَّذِينَ كَذَّبُواْ بِآيَاتِنَا صُمٌّ وَبُكْمٌ فِي الظُّلُمَاتِ مَن يَشَإِ اللّهُ يُضْلِلْهُ وَمَن يَشَأْ يَجْعَلْهُ عَلَى صِرَاطٍ مُّسْتَقِيمٍ (٣٩)

قُلْ أَرَأَيْتُكُم إِنْ أَتَاكُمْ عَذَابُ اللّهِ أَوْ أَتَتْكُمُ السَّاعَةُ أَغَيْرَ اللّهِ تَدْعُونَ إِن كُنتُمْ صَادِقِينَ (٤٠)

بَلْ إِيَّاهُ تَدْعُونَ فَيَكْشِفُ مَا تَدْعُونَ إِلَيْهِ إِنْ شَاء وَتَنسَوْنَ مَا تُشْرِكُونَ (٤١)

وَلَقَدْ أَرْسَلنَا إِلَى أُمَمٍ مِّن قَبْلِكَ فَأَخَذْنَاهُمْ بِالْبَأْسَاء وَالضَّرَّاء لَعَلَّهُمْ يَتَضَرَّعُونَ (٤٢)

فَلَوْلا إِذْ جَاءهُمْ بَأْسُنَا تَضَرَّعُواْ وَلَكِن قَسَتْ قُلُوبُهُمْ وَزَيَّنَ لَهُمُ الشَّيْطَانُ مَا كَانُواْ يَعْمَلُونَ (٤٣)

فَلَمَّا نَسُواْ مَا ذُكِّرُواْ بِهِ فَتَحْنَا عَلَيْهِمْ أَبْوَابَ كُلِّ شَيْءٍ حَتَّى إِذَا فَرِحُواْ بِمَا أُوتُواْ أَخَذْنَاهُم بَغْتَةً فَإِذَا هُم مُّبْلِسُونَ (٤٤)

فَقُطِعَ دَابِرُ الْقَوْمِ الَّذِينَ ظَلَمُواْ وَالْحَمْدُ لِلّهِ رَبِّ الْعَالَمِينَ (٤٥)

قُلْ أَرَأَيْتُمْ إِنْ أَخَذَ اللّهُ سَمْعَكُمْ وَأَبْصَارَكُمْ وَخَتَمَ عَلَى قُلُوبِكُم مَّنْ إِلَهٌ غَيْرُ اللّهِ يَأْتِيكُم بِهِ انظُرْ كَيْفَ نُصَرِّفُ الآيَاتِ ثُمَّ هُمْ يَصْدِفُونَ (٤٦)

قُلْ أَرَأَيْتَكُمْ إِنْ أَتَاكُمْ عَذَابُ اللّهِ بَغْتَةً أَوْ جَهْرَةً هَلْ يُهْلَكُ إِلاَّ الْقَوْمُ الظَّالِمُونَ (٤٧)

وَمَا نُرْسِلُ الْمُرْسَلِينَ إِلاَّ مُبَشِّرِينَ

الكِتَابِ مِن شَيْءٍ›. وهذا يعني أن القرآن يشتمل على كل الأمور والعلوم. ولأن الحقيقة العلمية تنفي صحة أن القرآن يحتوي على كل ‹شَيْءٍ›، فإن التأويلات ادعت أن ‹الكِتَاب› يعني اللوح المحفوظ (الزمخشري ٢: ٣٤٢)، ولكن بما أن السياق يدل بشكل قاطع على أن المقصود هنا هو القرآن، فإن القرطبي (٨: ٣٧١) اكتفى بالقول: «أي ما تركنا شيئاً من أمر الدين إلاّ وقد دَللنا عليه في القرآن».

٦: ٤٧

قرأها البعض: «بَغْتَةً وجَهْرَةً»، بواو العطف بدلاً من «أو» (الخطيب ٢: ٤٣٠). فهل يحلّ العذاب بإحدى الصورتين دون الأخرى: ‹بَغْتَةً [فجأةً] أَوْ جَهْرَةً [عياناً]› على أساس أن «أو» حرف عطف للتخيير؟ أم يأتي العذاب فجأةً وأيضاً عِياناً، بالقراءة «بالواو» كحرف عطف يفيد الجمع؟

وَمُنذِرِينَ فَمَنْ آمَنَ وَأَصْلَحَ فَلاَ خَوْفٌ
عَلَيْهِمْ وَلاَ هُمْ يَحْزَنُونَ (٤٨)
وَالَّذِينَ كَذَّبُواْ بِآيَاتِنَا يَمَسُّهُمُ الْعَذَابُ بِمَا
كَانُواْ يَفْسُقُونَ (٤٩)
قُل لاَّ أَقُولُ لَكُمْ عِندِي خَزَآئِنُ اللّهِ
وَلاَ أَعْلَمُ الْغَيْبَ وَلاَ أَقُولُ لَكُمْ إِنِّي
مَلَكٌ إِنْ أَتَّبِعُ إِلاَّ مَا يُوحَى إِلَيَّ قُلْ
هَلْ يَسْتَوِي الأَعْمَى وَالْبَصِيرُ أَفَلاَ
تَتَفَكَّرُونَ (٥٠)
وَأَنذِرْ بِهِ الَّذِينَ يَخَافُونَ أَن يُحْشَرُواْ
إِلَى رَبِّهِمْ لَيْسَ لَهُم مِّن دُونِهِ وَلِيٌّ وَلاَ
شَفِيعٌ لَّعَلَّهُمْ يَتَّقُونَ (٥١)
وَلاَ تَطْرُدِ الَّذِينَ يَدْعُونَ رَبَّهُم بِالْغَدَاةِ وَالْعَشِيِّ
يُرِيدُونَ وَجْهَهُ مَا عَلَيْكَ مِنْ حِسَابِهِم مِّن
شَيْءٍ وَمَا مِنْ حِسَابِكَ عَلَيْهِم مِّن شَيْءٍ
فَتَطْرُدَهُمْ فَتَكُونَ مِنَ الظَّالِمِينَ (٥٢)
وَكَذَلِكَ فَتَنَّا بَعْضَهُم بِبَعْضٍ لِّيَقُولُواْ
أَهَؤُلاء مَنَّ اللّهُ عَلَيْهِم مِّن بَيْنِنَا أَلَيْسَ
اللّهُ بِأَعْلَمَ بِالشَّاكِرِينَ (٥٣)
وَإِذَا جَاءكَ الَّذِينَ يُؤْمِنُونَ بِآيَاتِنَا فَقُلْ
سَلاَمٌ عَلَيْكُمْ كَتَبَ رَبُّكُمْ عَلَى نَفْسِهِ
الرَّحْمَةَ أَنَّهُ مَن عَمِلَ مِنكُمْ سُوءاً
بِجَهَالَةٍ ثُمَّ تَابَ مِن بَعْدِهِ وَأَصْلَحَ فَأَنَّهُ
غَفُورٌ رَّحِيمٌ (٥٤)

وَكَذَلِكَ نفَصِّلُ الآيَاتِ وَلِتَسْتَبِينَ سَبِيلُ
الْمُجْرِمِينَ (٥٥)
قُلْ إِنِّي نُهِيتُ أَنْ أَعْبُدَ الَّذِينَ تَدْعُونَ
مِن دُونِ اللّهِ قُل لاَّ أَتَّبِعُ أَهْوَاءكُمْ قَدْ
ضَلَلْتُ إِذاً وَمَا أَنَاْ مِنَ الْمُهْتَدِينَ (٥٦)
قُلْ إِنِّي عَلَى بَيِّنَةٍ مِّن رَّبِّي وَكَذَّبْتُم بِهِ مَا
عِندِي مَا تَسْتَعْجِلُونَ بِهِ إِنِ الْحُكْمُ إِلاَّ لِلّهِ
يَقُصُّ الْحَقَّ وَهُوَ خَيْرُ الْفَاصِلِينَ (٥٧)
قُل لَّوْ أَنَّ عِندِي مَا تَسْتَعْجِلُونَ بِهِ
لَقُضِيَ الأَمْرُ بَيْنِي وَبَيْنَكُمْ وَاللّهُ أَعْلَمُ
بِالظَّالِمِينَ (٥٨)
وَعِندَهُ مَفَاتِحُ الْغَيْبِ لاَ يَعْلَمُهَا إِلاَّ هُوَ
وَيَعْلَمُ مَا فِي الْبَرِّ وَالْبَحْرِ وَمَا تَسْقُطُ
مِن وَرَقَةٍ إِلاَّ يَعْلَمُهَا وَلاَ حَبَّةٍ فِي
ظُلُمَاتِ الأَرْضِ وَلاَ رَطْبٍ وَلاَ يَابِسٍ
إِلاَّ فِي كِتَابٍ مُّبِينٍ (٥٩)
وَهُوَ الَّذِي يَتَوَفَّاكُم بِاللَّيْلِ وَيَعْلَمُ مَا
جَرَحْتُم بِالنَّهَارِ ثُمَّ يَبْعَثُكُمْ فِيهِ لِيُقْضَى
أَجَلٌ مُّسَمًّى ثُمَّ إِلَيْهِ مَرْجِعُكُمْ ثُمَّ
يُنَبِّئُكُم بِمَا كُنتُمْ تَعْمَلُونَ (٦٠)
وَهُوَ الْقَاهِرُ فَوْقَ عِبَادِهِ وَيُرْسِلُ عَلَيْكُم
حَفَظَةً حَتَّىَ إِذَا جَاء أَحَدَكُمُ الْمَوْتُ
تَوَفَّتْهُ رُسُلُنَا وَهُمْ لاَ يُفَرِّطُونَ (٦١)
ثُمَّ رُدُّواْ إِلَى اللّهِ مَوْلاَهُمُ الْحَقِّ أَلاَ لَهُ

الْحُكْمُ وَهُوَ أَسْرَعُ الْحَاسِبِينَ (٦٢)
قُلْ مَن يُنَجِّيكُم مِّن ظُلُمَاتِ الْبَرِّ وَالْبَحْرِ
تَدْعُونَهُ تَضَرُّعاً وَخُفْيَةً لَّئِنْ أَنجَانَا مِنْ
هَذِهِ لَنَكُونَنَّ مِنَ الشَّاكِرِينَ (٦٣)
قُلِ اللَّهُ يُنَجِّيكُم مِّنْهَا وَمِن كُلِّ كَرْبٍ ثُمَّ
أَنتُمْ تُشْرِكُونَ (٦٤)
قُلْ هُوَ الْقَادِرُ عَلَى أَن يَبْعَثَ عَلَيْكُمْ
عَذَاباً مِّن فَوْقِكُمْ أَوْ مِن تَحْتِ أَرْجُلِكُمْ
أَوْ يَلْبِسَكُمْ شِيَعاً وَيُذِيقَ بَعْضَكُم بَأْسَ
بَعْضٍ انظُرْ كَيْفَ نُصَرِّفُ الآيَاتِ لَعَلَّهُمْ
يَفْقَهُونَ (٦٥)
وَكَذَّبَ بِهِ قَوْمُكَ وَهُوَ الْحَقُّ قُل لَّسْتُ
عَلَيْكُم بِوَكِيلٍ (٦٦)
لِّكُلِّ نَبَإٍ مُّسْتَقَرٌّ وَسَوْفَ تَعْلَمُونَ (٦٧)

٦ : ٥٥

[أنظر تعليقنا على الآية ٦ : ٣٧، صفحة ٣١٠]

٦ : ٥٦

قرأها بعض القرّاء:

«قُل لاَّ أَتَّبِعُ أَهْوَاءكُمْ قَدْ صَلَلْتُ إِذاً»، بالصاد، وصلُّ اللحم: أنْتن (الخطيب ٢ : ٤٤٠).

٦ : ٥٧

قرأها ابن مسعود وأُبي بن كعب وابن عباس وآخرون بصيغة مختلفة:

«إِنِ الْحُكْمُ إِلاَّ لِلَّهِ يَقْضِي بِالْحَقِّ» (الخطيب ٢ : ٤٤١).

٦ : ٦٦

هذه الآية يوجد قولان بشأنها:

القول الأول: إنها منسوخة

يعلن محمد في الآية أن مهمته أنْ ينذر ويبلغ الرسالة الإسلامية فحسب، ثم إنّ هذا الإعلان «السلمي» نُسخ بآية السيف: «فَاقْتُلُواْ الْمُشْرِكِينَ حَيْثُ وَجَدتُّمُوهُمْ» (التوبة ٩ : ٥) (ابن الجوزي ٣٢٤، الإيضاح ٢٨١، ابن سلامة ٤٤، النحاس ١٣٦).

القول الثاني: إنها محكمة

فهم البعض أن الآية تعني أن محمداً ليس مسئولاً ولا رقيباً على أحدٍ، وأن عليه أن يأخذ بظاهر الأعمال، وهذا خبر، والخبر محكم (ابن الجوزي ٣٢٤، الإيضاح ٢٨١، النحاس ١٣٧).

وَإِذَا رَأَيْتَ الَّذِينَ يَخُوضُونَ فِي آيَاتِنَا فَأَعْرِضْ عَنْهُمْ حَتَّى يَخُوضُوا فِي حَدِيثٍ غَيْرِهِ وَإِمَّا يُنسِيَنَّكَ الشَّيْطَانُ فَلَا تَقْعُدْ بَعْدَ الذِّكْرَى مَعَ الْقَوْمِ الظَّالِمِينَ (٦٨)

وَمَا عَلَى الَّذِينَ يَتَّقُونَ مِنْ حِسَابِهِم مِّن شَيْءٍ وَلَكِن ذِكْرَى لَعَلَّهُمْ يَتَّقُونَ (٦٩)

٦ : ٦٨

كان محمد يجالس مجموعةً أفراد من قريش ليدعوهم إلى الإسلام، فلقي منهم استهزاءً بالقرآن، عندها جاءت الآية تأمر محمداً بالابتعاد عن كل من يعرّض بالقرآن (القرطبي ٨: ٤١٨).

لا يحكي لنا القرآن عن ماهية الاستهزاءات، ولكن ما يلفت نظرنا في الرواية أن هذه الجماعة سخرت من القرآن، في حين كان يجب عليها أن تُدهش من بلاغة القرآن وفق المقولة الإسلامية عن إعجاز القرآن اللغوي، لا سيما أن أهل قريش كانوا معروفين بالفصاحة.

يقول المفسرون بأن الآية طلبت من محمد الابتعاد عنهم لأنهم كانوا يسخرون من القرآن؛ ولكن الفعل المستخدم في الآية «يخوضون»: ‹الَّذِينَ يَخُوضُونَ فِي آيَاتِنَا›. ولا يعني فعل «يخوض» السخرية او الاستهزاء، ولاسيما أنه قد تم تكرار المفردة ذاتها في نفس الآية التي طالبت محمداً بالابتعاد عنهم: ‹حَتَّى يَخُوضُواْ فِي حَدِيثٍ غَيْرِهِ›. فإن قبلنا قول المفسرين بأن معنى ‹الَّذِينَ يَخُوضُونَ فِي آيَاتِنَا› هم الذين يسخرون من آياتنا، ففي هذا الحال يصبح معنى الآية: ابتعد عن الذين يستهزئون بالقرآن حتى يستهزئوا بأمورٍ أخرى!!!

لا نعتقد أن هذا هو الحال! كل ما في الأمر، أن محمداً، لما عجز عن مجادلتهم عندما خاضوا في أمور عويصة، قرر أن يبتعد عنهم وينسحب؛ وُيعتقد أن هذا هو نفس المنهج الذي اتبعه في موقف مماثل ونفس ما قام به لاحقاً مع حبر يهودي أراد مناقشة الاتهامات التي وجهها لمحمد، لكن محمداً أعرض عنه [انظر بهذا الصدد تعليقنا على الآية ١٥ من سورة المائدة، صفحة ٢٨٣].

هؤلاء القرشيون الفصحاء البلغاء نقدوا القرآن، فقرر محمد النأي عنهم. ولنا أن نسأل،

وَذَرِ الَّذِينَ اتَّخَذُواْ دِينَهُمْ لَعِباً وَلَهْواً وَغَرَّتْهُمُ الْحَيَاةُ الدُّنْيَا وَذَكِّرْ بِهِ أَن تُبْسَلَ نَفْسٌ بِمَا كَسَبَتْ لَيْسَ لَهَا مِن دُونِ اللّهِ وَلِيٌّ وَلاَ شَفِيعٌ وَإِن تَعْدِلْ كُلَّ عَدْلٍ لاَّ يُؤْخَذْ مِنْهَا أُوْلَئِكَ الَّذِينَ أُبْسِلُواْ بِمَا كَسَبُواْ لَهُمْ شَرَابٌ مِّنْ حَمِيمٍ وَعَذَابٌ أَلِيمٌ بِمَا كَانُواْ يَكْفُرُونَ (٧٠)

هل الابتعاد عنهم كان حجةً في صالح محمد، أم حجة عليه؟

ثم تنصح الآية محمداً بأنه في حالة أن جلس معهم وأنساه الشيطان ما يجب قوله، فيتعين أن يقوم ويغادر إلى أن يتذكر. ويعترف هذا الشطر من الآية بالنسيان المحمدي المتكرر [انظر عرض ظاهرة النسيان في تعليقنا على الآية ١٠٦ من سورة البقرة، صفحة ١٢٦].

٦ : ٦٨

تطلب الآية من محمد الإعراض عمن يكذّب برسالته، ولكنها منسوخة بالنصوص التالية:

أ. آية السيف ‹فَاقْتُلُواْ الْمُشْرِكِينَ حَيْثُ وَجَدتُّمُوهُمْ› (التوبة ٩: ٥) (ابن الجوزي ٣٢٤، شعلة ١٣٧).

ب. قالوا أيضا إنها قد نسخت بالآية: ‹فَلاَ تَقْعُدُواْ مَعَهُمْ حَتَّى يَخُوضُواْ فِي حَدِيثٍ غَيْرِهِ› (النساء ٤: ١٤٠) (ابن حزم ٣٧، ابن سلامة ٤٤-٤٥).

٦ : ٦٩

لم يكن محرّماً على المسلمين في مكة مجالسة الوثنيين، لكن هذه الرخصة نُسخت بآية: ‹وَقَدْ نَزَّلَ عَلَيْكُمْ فِي الْكِتَابِ أَنْ إِذَا سَمِعْتُمْ آيَاتِ اللّهِ يُكَفَرُ بِهَا وَيُسْتَهْزَأُ بِهَا فَلاَ تَقْعُدُواْ مَعَهُمْ› (النساء ٤: ١٤٠) حيث لم يعد يجوز للمسلم أن يجالس من ينتقد الإسلام (ابن الجوزي ٣٢٥، الإيضاح ٢٨٢، شعلة ١٣٧، النحاس ١٣٧).

٦ : ٧٠

القول الأول: إنها منسوخة

أ. في الآية دعوة لترك المشركين على دينهم، وقد نسخت بآية السيف: ‹فَاقْتُلُواْ الْمُشْرِكِينَ

قُلْ أَنَدْعُو مِن دُونِ اللَّهِ مَا لاَ يَنفَعُنَا وَلاَ يَضُرُّنَا وَنُرَدُّ عَلَى أَعْقَابِنَا بَعْدَ إِذْ هَدَانَا اللَّهُ كَالَّذِي اسْتَهْوَتْهُ الشَّيَاطِينُ فِي الأَرْضِ حَيْرَانَ لَهُ أَصْحَابٌ يَدْعُونَهُ إِلَى الْهُدَى ائْتِنَا قُلْ إِنَّ هُدَى اللَّهِ هُوَ الْهُدَى وَأُمِرْنَا لِنُسْلِمَ لِرَبِّ الْعَالَمِينَ (٧١)

وَأَنْ أَقِيمُواْ الصَّلاةَ وَاتَّقُوهُ وَهُوَ الَّذِي إِلَيْهِ تُحْشَرُونَ (٧٢)

وَهُوَ الَّذِي خَلَقَ السَّمَاوَاتِ وَالأَرْضَ بِالْحَقِّ وَيَوْمَ يَقُولُ كُن فَيَكُونُ قَوْلُهُ الْحَقُّ وَلَهُ الْمُلْكُ يَوْمَ يُنفَخُ فِي الصُّوَرِ عَالِمُ الْغَيْبِ وَالشَّهَادَةِ وَهُوَ الْحَكِيمُ الْخَبِيرُ (٧٣)

وَإِذْ قَالَ إِبْرَاهِيمُ لأَبِيهِ آزَرَ أَتَتَّخِذُ أَصْنَاماً آلِهَةً إِنِّي أَرَاكَ وَقَوْمَكَ فِي ضَلاَلٍ مُّبِينٍ (٧٤)

وَكَذَلِكَ نُرِي إِبْرَاهِيمَ مَلَكُوتَ السَّمَاوَاتِ وَالأَرْضِ وَلِيَكُونَ مِنَ الْمُوقِنِينَ (٧٥)

فَلَمَّا جَنَّ عَلَيْهِ اللَّيْلُ رَأَى كَوْكَباً قَالَ هَذَا رَبِّي فَلَمَّا أَفَلَ قَالَ لا أُحِبُّ الآفِلِينَ (٧٦)

فَلَمَّا رَأَى الْقَمَرَ بَازِغاً قَالَ هَذَا رَبِّي

حَيْثُ وَجَدتُّمُوهُمْ› (التوبة ٩: ٥) (ابن الجوزي ٣٢٦، الإيضاح ٢٨٢، النحاس ١٣٧).

ب. قال فريق من العلماء إن الآية تشير إلى اليهود والمسيحيين، وبالتالي فقد نُسخت بآية: ‹قَاتِلُواْ الَّذِينَ لاَ يُؤْمِنُونَ بِاللَّهِ وَلاَ بِالْيَوْمِ الآخِرِ...› (التوبة ٩: ٢٩) (ابن حزم ٣٧، ابن سلامة ٤٥).

القول الثاني: إنها محكمة

قال بعضهم إن الآية محكمة لأنها تتضمن تهديداً، وليس دعوةً للسلم (ابن الجوزي ٣٢٦ -

فَلَمَّا أَفَلَ قَالَ لَئِن لَّمْ يَهْدِنِي رَبِّي
لأَكُونَنَّ مِنَ الْقَوْمِ الضَّالِّينَ (٧٧)
فَلَمَّا رَأَى الشَّمْسَ بَازِغَةً قَالَ هَذَا
رَبِّي هَذَا أَكْبَرُ فَلَمَّا أَفَلَتْ قَالَ يَا
قَوْمِ إِنِّي بَرِيءٌ مِّمَّا تُشْرِكُونَ (٧٨)
إِنِّي وَجَّهْتُ وَجْهِيَ لِلَّذِي فَطَرَ
السَّمَاوَاتِ وَالأَرْضَ حَنِيفاً وَمَا أَنَاْ
مِنَ الْمُشْرِكِينَ (٧٩)
وَحَآجَّهُ قَوْمُهُ قَالَ أَتُحَاجُّونِّي فِي
اللّهِ وَقَدْ هَدَانِ وَلاَ أَخَافُ مَا
تُشْرِكُونَ بِهِ إِلاَّ أَن يَشَاءَ رَبِّي شَيْئاً
وَسِعَ رَبِّي كُلَّ شَيْءٍ عِلْماً أَفَلاَ
تَتَذَكَّرُونَ (٨٠)
وَكَيْفَ أَخَافُ مَا أَشْرَكْتُمْ وَلاَ
تَخَافُونَ أَنَّكُمْ أَشْرَكْتُم بِاللّهِ مَا
لَمْ يُنَزِّلْ بِهِ عَلَيْكُمْ سُلْطَاناً فَأَيُّ
الْفَرِيقَيْنِ أَحَقُّ بِالأَمْنِ إِن كُنتُمْ
تَعْلَمُونَ (٨١)
الَّذِينَ آمَنُواْ وَلَمْ يَلْبِسُواْ إِيمَانَهُم
بِظُلْمٍ أُوْلَـئِكَ لَهُمُ الأَمْنُ وَهُم
مُّهْتَدُونَ (٨٢)
وَتِلْكَ حُجَّتُنَا آتَيْنَاهَا إِبْرَاهِيمَ عَلَى
قَوْمِهِ نَرْفَعُ دَرَجَاتٍ مَّن نَّشَاءُ إِنَّ رَبَّكَ
حَكِيمٌ عَلِيمٌ (٨٣)

٣٢٧، الإيضاح ٢٨٣، شعلة ١٣٨، النحاس ١٣٧).

٦ : ٧٤-٧٩

يتناول النص جانباً من سيرة إِبْرَاهِيم [أنظر تعليقنا على سورة البقرة، الآية ٢٥٨، صفحة ١٦٧].

٦ : ٧٥

كانت قراءة غالبية القرّاء هي: ‹نُرِي› والفاعل هو الله (الخطيب ٢ : ٤٦٤).

بينما قرأها فريق ثانٍ: «تُرِي إبرهيمَ ملكوتُ» برفع الملكوت، أي أن «الملكوت» هو الفاعل (الخطيب ٢ : ٤٦٤).

وَوَهَبْنَا لَهُ إِسْحَاقَ وَيَعْقُوبَ كُلاًّ هَدَيْنَا
وَنُوحاً هَدَيْنَا مِن قَبْلُ وَمِن ذُرِّيَّتِهِ دَاوُودَ
وَسُلَيْمَانَ وَأَيُّوبَ وَيُوسُفَ وَمُوسَى
وَهَارُونَ وَكَذَلِكَ نَجْزِي الْمُحْسِنِينَ (٨٤)
وَزَكَرِيَّا وَيَحْيَى وَعِيسَى وَإِلْيَاسَ كُلٌّ
مِّنَ الصَّالِحِينَ (٨٥)
وَإِسْمَاعِيلَ وَالْيَسَعَ وَيُونُسَ وَلُوطاً
وَكُلاًّ فَضَّلْنَا عَلَى الْعَالَمِينَ (٨٦)
وَمِنْ آبَائِهِمْ وَذُرِّيَّاتِهِمْ وَإِخْوَانِهِمْ
وَاجْتَبَيْنَاهُمْ وَهَدَيْنَاهُمْ إِلَى صِرَاطٍ

وقرأها فريق ثالث: «يَرى إبراهيمُ»: فيكون إبراهيم هو الفاعل (الخطيب ٢: ٤٦٤).

فمن الفاعل بالضبط: الله أم الملكوت أم إبراهيم؟

٦: ٨٤-٨٦

تذكر الآية بعض الشخصيات الكتابية بالترتيب التالي:

- إِسْحَاق
- يَعْقُوب
- نُوح
- دَاوُد
- سُلَيْمَان
- أَيُّوب
- يُوسُف
- مُوسَى
- هَارُون
- زَكَرِيَّا
- يَحْيَى (يوحنا)
- عيسَى
- إِلْيَاس
- إِسْمَاعِيل
- الْيَسَع (أليشع)
- يُونُس (يونان)
- لُوط

ما يلاحظه القارئ أن هذه الشخصيات ذُكرت بشكل عشوائي، إذ لا وجود لترتيب زمني أو أبجدي.

ورغم أنه كان بوسع محمدٍ الاستعانة بالترتيب التاريخي لهذه الشخصيات كما وردت في التوراة والإنجيل، وأيده التاريخ إلاّ أن غياب الترتيب يكشف أن محمداً كان يجهل الكتاب.

مُّسْتَقِيم (٨٧)
ذَلِكَ هُدَى اللّهِ يَهْدِي بِهِ مَن يَشَاءُ
مِنْ عِبَادِهِ وَلَوْ أَشْرَكُواْ لَحَبِطَ عَنْهُم مَّا
كَانُواْ يَعْمَلُونَ (٨٨)
أُوْلَئِكَ الَّذِينَ آتَيْنَاهُمُ الْكِتَابَ وَالْحُكْمَ
وَالنُّبُوَّةَ فَإِن يَكْفُرْ بِهَا هَؤُلاء فَقَدْ وَكَّلْنَا
بِهَا قَوْماً لَّيْسُواْ بِهَا بِكَافِرِينَ (٨٩)
أُوْلَـئِكَ الَّذِينَ هَدَى اللّهُ فَبِهُدَاهُمُ
اقْتَدِهْ قُل لاَّ أَسْأَلُكُمْ عَلَيْهِ أَجْراً إِنْ
هُوَ إِلاَّ ذِكْرَى لِلْعَالَمِينَ (٩٠)

وفيما يلي الترتيب التاريخي الصحيح لتلك الشخصيات:

- أَيُّوب، وليس لنا أن نحدد بدقة بأي عصر، لكن وفق الافتراضات المرجحة، عاش قبل موسى بكثير. (عصر البطاركة أغلب الظن في الحقبة: من القرن الحادي و العشرين ق.م. إلى القرن التاسع عشر ق. م)
- إبراهيم (القرن التاسع عشر ق. م.) ولُوط (كان معاصراً لإبراهيم)
- إِسْمَاعِيل وإِسْحَاق (ابنا إبراهيم)
- يَعْقُوبَ (حفيد إبراهيم)
- يُوسُف (ابن يعقوب، القرن الثامن عشر ق. م.)
- مُوسَى (القرن السادس عشر ق. م.) وهَارُون (كان معاصراً لُموسى)
- دَاوُد (القرن الحادي عشر ق. م.)
- سُلَيْمَان (ابن دَاوُد).
- إِلْيَاس (إيليا) (حوالي القرن العاشر ق. م.)
- الْيَسَع (أليشع) (القرن التاسع ق. م.)
- يُونُس (يونان) (القرن الثامن ق. م.)
- زَكَرِيَّا
- يَحْيَى (يوحنا) (٦ أشهر ق. م.)
- عِيسَى (يسوع) (ميلادي)

تذكر الآية أن أيُّوبَ من نسل إبراهيم (الآية ٨٤)، وهذا خطأ واضح، لأن أيوب من أرض عوص الواقعة بين اليهودية جنوباً وشمال الجزيرة العربية؛ في حين أن منشأ إبراهيم جغرافيا يقع خارج الجزيرة العربية [راجع تعليقنا على سورة البقرة، الآية ٢٥٨، صفحة ١٦٧]، علاوة على أن أيّوب لا ينتمي للشعب اليهودي.

وتقول الآية عن إبراهيم: ‹وَوَهَبْنَا لَهُ إِسْحَاقَ وَيَعْقُوبَ› (٨٤)، وأغفلت ذكر إِسْمَاعِيل، مع أنه كان الابن الأكبر، ثم جاء ذكره بعد ثلاثة عشر اسماً في الآية (٨٦) بدون الإشارة إلى أنه ابن إبراهيم.

وَمَا قَدَرُواْ اللّهَ حَقَّ قَدْرِهِ إِذْ قَالُواْ مَا
أَنزَلَ اللّهُ عَلَى بَشَرٍ مِّن شَيْءٍ قُلْ مَنْ
أَنزَلَ الْكِتَابَ الَّذِي جَاء بِهِ مُوسَى
نُوراً وَهُدًى لِّلنَّاسِ تَجْعَلُونَهُ قَرَاطِيسَ
تُبْدُونَهَا وَتُخْفُونَ كَثِيراً وَعُلِّمْتُم مَّا لَمْ
تَعْلَمُواْ أَنتُمْ وَلاَ آبَاؤُكُمْ قُلِ اللّهُ ثُمَّ
ذَرْهُمْ فِي خَوْضِهِمْ يَلْعَبُونَ (٩١)
وَهَذَا كِتَابٌ أَنزَلْنَاهُ مُبَارَكٌ مُّصَدِّقُ الَّذِي
بَيْنَ يَدَيْهِ وَلِتُنذِرَ أُمَّ الْقُرَى وَمَنْ حَوْلَهَا
وَالَّذِينَ يُؤْمِنُونَ بِالآخِرَةِ يُؤْمِنُونَ بِهِ وَهُمْ
عَلَى صَلاَتِهِمْ يُحَافِظُونَ (٩٢)
وَمَنْ أَظْلَمُ مِمَّنِ افْتَرَى عَلَى اللّهِ كَذِباً
أَوْ قَالَ أُوْحِيَ إِلَيَّ وَلَمْ يُوحَ إِلَيْهِ شَيْءٌ
وَمَن قَالَ سَأُنزِلُ مِثْلَ مَا أَنَزلَ اللّهُ وَلَوْ
تَرَى إِذِ الظَّالِمُونَ فِي غَمَرَاتِ الْمَوْتِ
وَالْمَلآئِكَةُ بَاسِطُواْ أَيْدِيهِمْ أَخْرِجُواْ
أَنفُسَكُمُ الْيَوْمَ تُجْزَوْنَ عَذَابَ الْهُونِ
بِمَا كُنتُمْ تَقُولُونَ عَلَى اللّهِ غَيْرَ الْحَقِّ
وَكُنتُمْ عَنْ آيَاتِهِ تَسْتَكْبِرُونَ (٩٣)
وَلَقَدْ جِئْتُمُونَا فُرَادَى كَمَا خَلَقْنَاكُمْ
أَوَّلَ مَرَّةٍ وَتَرَكْتُم مَّا خَوَّلْنَاكُمْ وَرَاء
ظُهُورِكُمْ وَمَا نَرَى مَعَكُمْ شُفَعَاءكُمُ
الَّذِينَ زَعَمْتُمْ أَنَّهُمْ فِيكُمْ شُرَكَاء لَقَد
تَّقَطَّعَ بَيْنَكُمْ وَضَلَّ عَنكُم مَّا كُنتُمْ
تَزْعُمُونَ (٩٤)
إِنَّ اللّهَ فَالِقُ الْحَبِّ وَالنَّوَى يُخْرِجُ الْحَيَّ
مِنَ الْمَيِّتِ وَمُخْرِجُ الْمَيِّتِ مِنَ الْحَيِّ ذَلِكُمُ
اللّهُ فَأَنَّى تُؤْفَكُونَ (٩٥)
فَالِقُ الإِصْبَاحِ وَجَعَلَ اللَّيْلَ سَكَناً
وَالشَّمْسَ وَالْقَمَرَ حُسْبَاناً ذَلِكَ تَقْدِيرُ
الْعَزِيزِ الْعَلِيمِ (٩٦)
وَهُوَ الَّذِي جَعَلَ لَكُمُ النُّجُومَ لِتَهْتَدُواْ
بِهَا فِي ظُلُمَاتِ الْبَرِّ وَالْبَحْرِ قَدْ فَصَّلْنَا
الآيَاتِ لِقَوْمٍ يَعْلَمُونَ (٩٧)
وَهُوَ الَّذِيَ أَنشَأَكُم مِّن نَّفْسٍ وَاحِدَةٍ
فَمُسْتَقَرٌّ وَمُسْتَوْدَعٌ قَدْ فَصَّلْنَا الآيَاتِ
لِقَوْمٍ يَفْقَهُونَ (٩٨)
وَهُوَ الَّذِيَ أَنزَلَ مِنَ السَّمَاءِ مَاءً
فَأَخْرَجْنَا بِهِ نَبَاتَ كُلِّ شَيْءٍ
فَأَخْرَجْنَا مِنْهُ خَضِراً نُّخْرِجُ مِنْهُ
حَبّاً مُّتَرَاكِباً وَمِنَ النَّخْلِ مِن طَلْعِهَا
قِنْوَانٌ دَانِيَةٌ وَجَنَّاتٍ مِّنْ أَعْنَابٍ
وَالزَّيْتُونَ وَالرُّمَّانَ مُشْتَبِهاً وَغَيْرَ
مُتَشَابِهٍ انظُرُواْ إِلِى ثَمَرِهِ إِذَا أَثْمَرَ

وَيَنْعِه إِنَّ فِي ذَلِكُمْ لآيَاتٍ لِّقَوْمٍ
يُؤْمِنُونَ (٩٩)
وَجَعَلُواْ لِلّهِ شُرَكَاء الْجِنَّ وَخَلَقَهُمْ
وَخَرَقُواْ لَهُ بَنِينَ وَبَنَاتٍ بِغَيْرِ عِلْمٍ
سُبْحَانَهُ وَتَعَالَى عَمَّا يَصِفُونَ (١٠٠)
بَدِيعُ السَّمَاوَاتِ وَالأَرْضِ أَنَّى يَكُونُ لَهُ
وَلَدٌ وَلَمْ تَكُن لَّهُ صَاحِبَةٌ وَخَلَقَ كُلَّ
شَيْءٍ وهُوَ بِكُلِّ شَيْءٍ عَلِيمٌ (١٠١)
ذَلِكُمُ اللّهُ رَبُّكُمْ لا إِلَهَ إِلاَّ هُوَ خَالِقُ
كُلِّ شَيْءٍ فَاعْبُدُوهُ وَهُوَ عَلَى كُلِّ
شَيْءٍ وَكِيلٌ (١٠٢)
لاَّ تُدْرِكُهُ الأَبْصَارُ وَهُوَ يُدْرِكُ الأَبْصَارَ
وَهُوَ اللَّطِيفُ الْخَبِيرُ (١٠٣)
قَدْ جَاءكُم بَصَآئِرُ مِن رَّبِّكُمْ فَمَنْ أَبْصَرَ
فَلِنَفْسِهِ وَمَنْ عَمِيَ فَعَلَيْهَا وَمَا أَنَاْ عَلَيْكُم
بِحَفِيظٍ (١٠٤)

٦ : ٩١

القول الأول : إنها منسوخة

ففي الآية مبدأ عدم التعرّض للمشركين، وقد نسخ هذا المبدأ بآية السيف : ‹فَاقْتُلُواْ الْمُشْرِكِينَ حَيْثُ وَجَدتُّمُوهُمْ› (التوبة ٩ : ٥) (ابن الجوزي ٣٢٧، ابن حزم ٣٧، ابن سلامة ٤٥).

القول الثاني : إنها محكمة

قال فريق من العلماء إن الآية محكمة لأنها تشتمل على وعيد، لا على مبدأ عمليّ (ابن الجوزي ٣٢٧).

٦ : ١٠٤

القول الأول : إنها منسوخة

تعلن الآية أن الإيمان بالإسلام متروك لاختيار الفرد، ولكن هذا الحق نُسخ بآية السيف : ‹فَاقْتُلُواْ الْمُشْرِكِينَ حَيْثُ وَجَدتُّمُوهُمْ› (التوبة ٩ : ٥) (ابن الجوزي ٣٢٧، ابن حزم ٣٧، ابن سلامة ٤٥).

القول الثاني : إنها محكمة

قال فريق من العلماء إن الآية تعني أن محمداً ليس رقيباً يحصي الأعمال، وهذا وصف والوصف لا ينسخ (ابن الجوزي ٣٢٨).

وَكَذَلِكَ نُصَرِّفُ الآيَاتِ وَلِيَقُولُواْ
دَرَسْتَ وَلِنُبَيِّنَهُ لِقَوْمٍ يَعْلَمُونَ (١٠٥)
اتَّبِعْ مَا أُوحِيَ إِلَيْكَ مِن رَّبِّكَ لا إِلَهَ
إِلاَّ هُوَ وَأَعْرِضْ عَنِ الْمُشْرِكِينَ (١٠٦)
وَلَوْ شَاءَ اللَّهُ مَا أَشْرَكُواْ وَمَا
جَعَلْنَاكَ عَلَيْهِمْ حَفِيظاً وَمَا أَنتَ

٦: ١٠٥

الكلام في هذه الآية منسوب لخصوم محمد، الذين قالوا له: ‹دَرَسْتَ›، ومعنى الآية أنهم قالوا: يا محمد أنت دَرَسْتَ «في الكتب القديمة ما تجيئنا به». ويعتبر الطبري أن هذه القراءة هي الصائبة (الخطيب ٢: ٥١٠ - ٥١١).

ولكلمة درست هناك قراءات كثيرة أبرزها ما يلي:

- «دارَسْتَ»: قرأ بها ابن عباس وآخرون «أيْ دَارَسْتَ يا محمد غيرك في هذه الأشياء، أي قارَأْتَهُ، إشارة منهم إلى سليمان [سلمان الفارسي] وغيره من الأعاجم واليهود» (الخطيب ٢: ٥١١، قارن: العكبري ١: ٥٠٤).
- «دارَسْتُ» بالضم: والمعنى الذي قصدوه أن الله دارس محمداً، وهي عبارة سخرية واستهزاء لمحمد (الخطيب ٢: ٥١٢، قارن: العكبري ١: ٥٠٦). واعتقد آخرون أن الآية اقتباس عن رجل من أهل الكتاب يقول: «دارستُ محمداً»، أي علمته (العكبري ١: ٥٠٧).
- «دَرَّسْتَ» بالتشديد: أي دَرَّسْتَ يا محمد الكتب القديمة (الخطيب ٢: ٥١٢).
- «دُرِّسْتَ» بصيغة المبني للمجهول (الخطيب ٢: ٥١٢، العكبري ١: ٥٠٦)، أي ثمة من درسك الكتب القديمة يا محمد.
- «دَرَسَ»: أي درسَ محمد الكتب السابقة (العكبري ١: ٥٠٦).
- «دَرَسَتْ»: وقرأ بها ابن مسعود وعبد الله بن الزبير وآخرون: «أي دَرَست الآياتُ، أي ترددت على أسماعهم حتى بليت» (الخطيب ٢: ٥١٢، قارن: العكبري ١: ٥٠٥، وابن خالويه ١: ١٦٦).

فما المقصود إذاً:

تدارست يا محمد مع أحدهم دَرست الكتب يا محمد درّسك أحدهم يا محمد أو أن آيات القرآن ترددت على أسماع غير المسلمين حتى

عَلَيْهِم بِوَكِيلٍ (١٠٧)
وَلَا تَسُبُّوا الَّذِينَ يَدْعُونَ مِن دُونِ اللَّهِ فَيَسُبُّوا اللَّهَ عَدْوًا بِغَيْرِ عِلْمٍ كَذَلِكَ زَيَّنَّا لِكُلِّ أُمَّةٍ عَمَلَهُمْ ثُمَّ إِلَى رَبِّهِم مَّرْجِعُهُمْ فَيُنَبِّئُهُم بِمَا كَانُوا يَعْمَلُونَ (١٠٨)

اندرست؟

١٠٦:٦

نسختها الآيات التالية:

أ. الآية التي تقول: ﴿فَاقْتُلُواْ الْمُشْرِكِينَ حَيْثُ وَجَدتُّمُوهُمْ﴾ (التوبة ٩: ٥) (ابن الجوزي ٣٢٨، الإيضاح ٢٨٦، ابن حزم ٣٧).

ب. قال آخرون نُسخت بآية: ﴿قَاتِلُواْ الَّذِينَ لاَ يُؤْمِنُونَ بِاللّهِ...﴾ (التوبة ٩: ٢٩) (النحاس ١٤٨).

١٠٧:٦

الآية منسوخة بآية السيف: ﴿فَاقْتُلُواْ الْمُشْرِكِينَ حَيْثُ وَجَدتُّمُوهُمْ﴾ (التوبة ٩: ٥) (ابن الجوزي ٣٢٨، ابن حزم ٣٨، ابن سلامة ٤٥).

١٠٨:٦

نُسخت هذه الآية بآية السيف: ﴿فَاقْتُلُواْ الْمُشْرِكِينَ حَيْثُ وَجَدتُّمُوهُمْ﴾ (التوبة ٩: ٥) (ابن الجوزي ٣٢٩، ابن حزم ٣٨، ابن سلامة ٤٦).

١٠٨:٦

تقول الآية إن الله يزين للناس أعمالهم السيئة.

فإذا كان الله يُحسّن في عيون الناس أعمالهم السيئة، فلماذا يحاسبهم عليها؟ [انظر نقاشنا لهذه الإشكالية في سورة آل عمران ٣: ١٤، صفحة ١٨٣].

وَأَقْسَمُواْ بِاللّه جَهْدَ أَيْمَانِهِمْ لَئِن جَاءتْهُمْ آيَةٌ لَّيُؤْمِنُنَّ بِهَا قُلْ إِنَّمَا الآيَاتُ عِندَ اللّه وَمَا يُشْعِرُكُمْ أَنَّهَا إِذَا جَاءتْ لاَ يُؤْمِنُونَ (١٠٩)

وَنُقَلِّبُ أَفْئِدَتَهُمْ وَأَبْصَارَهُمْ كَمَا لَمْ يُؤْمِنُواْ بِهِ أَوَّلَ مَرَّةٍ وَنَذَرُهُمْ فِي طُغْيَانِهِمْ يَعْمَهُونَ (١١٠)

وَلَوْ أَنَّنَا نَزَّلْنَا إِلَيْهِمُ الْمَلآئِكَةَ وَكَلَّمَهُمُ الْمَوْتَى وَحَشَرْنَا عَلَيْهِمْ كُلَّ شَيْءٍ قُبُلاً مَّا كَانُواْ لِيُؤْمِنُواْ إِلاَّ أَن يَشَاءَ اللّهُ وَلَكِنَّ أَكْثَرَهُمْ يَجْهَلُونَ (١١١)

وَكَذَلِكَ جَعَلْنَا لِكُلِّ نِبِيٍّ عَدُوّاً شَيَاطِينَ الإِنسِ وَالْجِنِّ يُوحِي بَعْضُهُمْ إِلَى بَعْضٍ زُخْرُفَ الْقَوْلِ غُرُوراً وَلَوْ شَاء رَبُّكَ مَا فَعَلُوهُ فَذَرْهُمْ وَمَا يَفْتَرُونَ (١١٢)

وَلِتَصْغَى إِلَيْهِ أَفْئِدَةُ الَّذِينَ لاَ يُؤْمِنُونَ بِالآخِرَةِ وَلِيَرْضَوْهُ وَلِيَقْتَرِفُواْ مَا هُم مُّقْتَرِفُونَ (١١٣)

٦ : ١٠٩

وردت هذه العبارة في مصحف أُبي بن كعب بصيغة أخرى: «وما أدراكم لعلها إذا جاءتهم لا يؤمنون» (الخطيب ٢: ٥٢١).

٦ : ١١٢

القول الأول: إنها منسوخة

قال العلماء لما كانت الآية تعني ترك غير المسلمين على دينهم، وأيضاً كونها تتضمن دعوة لعدم القتال، فهي منسوخة بآية السيف: ﴿فَاقْتُلُواْ الْمُشْرِكِينَ حَيْثُ وَجَدتُّمُوهُمْ﴾ (التوبة ٩: ٥) (ابن الجوزي ٣٢٩، ابن حزم ٣٨، ابن سلامة ٤٦).

القول الثاني: إنها محكمة

رأى بعضهم أن الآية لا تتضمن قاعدةً، بل تتضمن تهديداً، والتهديد خبر، وبهذا فهي محكمة (ابن الجوزي ٣٢٩).

٦ : ١١٤

في خضم الجدل مع مشركي مكة، وبعد أن رفض – أو عجز – محمد تقديم آيات تبرهن على نبوته، بات مركزه الاعتباري في مكة مزعزعاً، فقال لقريش أن الله حكم بنبوته، وأن شهادة الله كافية. ولنقرأ:

أَفَغَيْرَ اللَّهِ أَبْتَغِي حَكَماً وَهُوَ الَّذِي أَنزَلَ إِلَيْكُمُ الْكِتَابَ مُفَصَّلاً وَالَّذِينَ آتَيْنَاهُمُ الْكِتَابَ يَعْلَمُونَ أَنَّهُ مُنَزَّلٌ مِّن رَّبِّكَ بِالْحَقِّ فَلاَ تَكُونَنَّ مِنَ الْمُمْتَرِينَ (١١٤)

وَتَمَّتْ كَلِمَتُ رَبِّكَ صِدْقاً وَعَدْلاً لاَّ مُبَدِّلِ لِكَلِمَاتِهِ وَهُوَ السَّمِيعُ الْعَلِيمُ (١١٥)

وَإِن تُطِعْ أَكْثَرَ مَن فِي الأَرْضِ يُضِلُّوكَ عَن سَبِيلِ اللَّهِ إِن يَتَّبِعُونَ إِلاَّ الظَّنَّ وَإِنْ هُمْ إِلاَّ يَخْرُصُونَ (١١٦)

إِنَّ رَبَّكَ هُوَ أَعْلَمُ مَن يَضِلُّ عَن سَبِيلِهِ وَهُوَ أَعْلَمُ بِالْمُهْتَدِينَ (١١٧)

فَكُلُواْ مِمَّا ذُكِرَ اسْمُ اللَّهِ عَلَيْهِ إِن كُنتُم بِآيَاتِهِ مُؤْمِنِينَ (١١٨)

وَمَا لَكُمْ أَلاَّ تَأْكُلُواْ مِمَّا ذُكِرَ اسْمُ اللَّهِ عَلَيْهِ وَقَدْ فَصَّلَ لَكُم مَّا حَرَّمَ عَلَيْكُمْ إِلاَّ مَا اضْطُرِرْتُمْ إِلَيْهِ وَإِنَّ كَثِيراً لَّيُضِلُّونَ بِأَهْوَائِهِم بِغَيْرِ عِلْمٍ إِنَّ رَبَّكَ هُوَ أَعْلَمُ بِالْمُعْتَدِينَ (١١٩)

‹أَفَغَيْرَ اللَّهِ أَبْتَغِي حَكَماً›: «قلْ [يا محمد]: إن الله تعالى حكم بصحة نبوتي حيث خصني بمثل هذا الكتاب المفصل الكامل البالغ إلى حد الإعجاز» (الرازي ١٣: ١٦٧).

وقد أشرنا، في تعليقنا على الآية ١٩ من سورة الأنعام، إلى أنّ رد محمد اقتصر على أن جعل الله شاهداً على نبوته، وكأنه بوسع أي من كان أن يدعي النبوة قائلاً أن الله شاهد لصالحه، ولكن الجديد في الآية الحالية أنها ادعت أن هناك شاهداً آخر: ‹الَّذِينَ آتَيْنَاهُمُ الْكِتَابَ›. فهل كان محمد يقصد اليهود أم اليهود والمسيحيين؟ إن التحديد ليس مهما، بقدر ما يهم أن ‹الَّذِينَ آتَيْنَاهُمُ الْكِتَابَ› سواءً كانوا يهوداً أم مسيحيين، لم يشهدوا قط، ولا يشهدون، ولن يشهدوا لصالحه.

في الواقع، إنّ ‹الَّذِينَ آتَيْنَاهُمُ الْكِتَابَ› كانوا شهوداً ضد نبوة محمد، ذلك أن بقاءهم على دينهم وتمسكهم بكتابهم يبرهن على أنهم لم يروا في محمد نبياً.

٦: ١١٩

قرأها بعض القرّاء: ‹لِيُضِلُّونَ›، من «أَضَلَّ»، بمعنى لِيُضلّون غيرهم (الخطيب ٢: ٥٣٤). وقرأ آخرون: «لَيَضِلُّون»، بفتح الياء، من «ضلّ»، يقال: ضَلّ نفسه (الخطيب ٢: ٥٣٥). فهل الصيغة

وَذَرُواْ ظَاهِرَ الإِثْمِ وَبَاطِنَهُ إِنَّ الَّذِينَ
يَكْسِبُونَ الإِثْمَ سَيُجْزَوْنَ بِمَا كَانُواْ
يَقْتَرِفُونَ (١٢٠)
وَلاَ تَأْكُلُواْ مِمَّا لَمْ يُذْكَرِ اسْمُ اللّهِ عَلَيْهِ وَإِنَّهُ
لَفِسْقٌ وَإِنَّ الشَّيَاطِينَ لَيُوحُونَ إِلَى
أَوْلِيَآئِهِمْ لِيُجَادِلُوكُمْ وَإِنْ أَطَعْتُمُوهُمْ
إِنَّكُمْ لَمُشْرِكُونَ (١٢١)
أَوَ مَن كَانَ مَيْتاً فَأَحْيَيْنَاهُ وَجَعَلْنَا لَهُ
نُوراً يَمْشِي بِهِ فِي النَّاسِ كَمَن مَّثَلُهُ
فِي الظُّلُمَاتِ لَيْسَ بِخَارِجٍ مِّنْهَا كَذَلِكَ
زُيِّنَ لِلْكَافِرِينَ مَا كَانُواْ يَعْمَلُونَ (١٢٢)
وَكَذَلِكَ جَعَلْنَا فِي كُلِّ قَرْيَةٍ أَكَابِرَ
مُجَرِمِيهَا لِيَمْكُرُواْ فِيهَا وَمَا يَمْكُرُونَ
إِلاَّ بِأَنفُسِهِمْ وَمَا يَشْعُرُونَ (١٢٣)
وَإِذَا جَاءتْهُمْ آيَةٌ قَالُواْ لَن نُّؤْمِنَ حَتَّى
نُؤْتَى مِثْلَ مَا أُوتِيَ رُسُلُ اللّهِ اللّهُ أَعْلَمُ
حَيْثُ يَجْعَلُ رِسَالَتَهُ سَيُصِيبُ الَّذِينَ
أَجْرَمُواْ صَغَارٌ عِندَ اللّهِ وَعَذَابٌ
شَدِيدٌ بِمَا كَانُواْ يَمْكُرُونَ (١٢٤)
فَمَن يُرِدِ اللّهُ أَن يَهْدِيَهُ يَشْرَحْ صَدْرَهُ
لِلإِسْلاَمِ وَمَن يُرِدْ أَن يُضِلَّهُ يَجْعَلْ
صَدْرَهُ ضَيِّقاً حَرَجاً كَأَنَّمَا يَصَّعَّدُ فِي

المقصودة: يضلون آخرين أم يضلون أنفسهم؟ وما أبعد الفرق بينهما.

بمخرج، فقال: «يُكره أكل ذبيحة الكتابي إذا علم أنه يُسَمّ مَتَعَمِّداً» (الإيضاح ٢٨٧).

٦ : ١٢١

القول الأول: إنها منسوخة

نسخت بالآية: ‹وَطَعَامُ الَّذِينَ أُوتُواْ الْكِتَابَ حِلٌّ لَّكُمْ› (المائدة ٥ : ٥) (ابن الجوزي ٣٢٩ - ٣٣٠، ابن سلامة ٤٦).

القول الثاني: إنها محكمة

قال فريق من العلماء إنه لا يجوز أكل الذبيحة التي لم يُذكَر اسم الله عليها، وبالتالي فالآية محكمة. وقد تقدم أحد علماء التفسير

٦ : ١٢٣

جاءت قراءة المصحف: ‹أَكَابِر›، وقرأ فريق ثان اللفظة: «أَكْبر»، بصيغة المفرد؛ بينما قرأها فريق ثالث: «أَكْثر» (الخطيب ٢ : ٥٣٧).

فأي القراءات هي الصحيحة: ‹أَكَابر›: أي جميع الأكابر؛ أم «أَكْبر»: أي فرد واحد منهم؛ أم «أكثر»: أي أغلب الأكابر؟

السَّمَاء كَذَلِكَ يَجْعَلُ اللّهُ الرِّجْسَ
عَلَى الَّذِينَ لاَ يُؤْمِنُونَ (١٢٥)
وَهَـذَا صِرَاطُ رَبِّكَ مُسْتَقِيماً قَدْ
فَصَّلْنَا الآيَاتِ لِقَوْمٍ يَذَّكَّرُونَ (١٢٦)
لَهُمْ دَارُ السَّلاَمِ عِندَ رَبِّهِمْ وَهُوَ وَلِيُّهُم
بِمَا كَانُواْ يَعْمَلُونَ (١٢٧)
وَيَوْمَ يِحْشُرُهُمْ جَمِيعاً يَا مَعْشَرَ
الْجِنِّ قَدِ اسْتَكْثَرْتُم مِّنَ الإِنسِ وَقَالَ
أَوْلِيَآؤُهُم مِّنَ الإِنسِ رَبَّنَا اسْتَمْتَعَ
بَعْضُنَا بِبَعْضٍ وَبَلَغْنَا أَجَلَنَا الَّذِيَ
أَجَّلْتَ لَنَا قَالَ النَّارُ مَثْوَاكُمْ خَالِدِينَ
فِيهَا إِلاَّ مَا شَاء اللّهُ إِنَّ رَبَّكَ حَكِيمٌ
عَلِيمٌ (١٢٨)
وَكَذَلِكَ نُوَلِّي بَعْضَ الظَّالِمِينَ بَعْضاً بِمَا
كَانُواْ يَكْسِبُونَ (١٢٩)
يَا مَعْشَرَ الْجِنِّ وَالإِنسِ أَلَمْ يَأْتِكُمْ
رُسُلٌ مِّنكُمْ يَقُصُّونَ عَلَيْكُمْ آيَاتِي
وَيُنذِرُونَكُمْ لِقَاء يَوْمِكُمْ هَـذَا قَالُواْ
شَهِدْنَا عَلَى أَنفُسِنَا وَغَرَّتْهُمُ الْحَيَاةُ
الدُّنْيَا وَشَهِدُواْ عَلَى أَنفُسِهِمْ أَنَّهُمْ
كَانُواْ كَافِرِينَ (١٣٠)
ذَلِكَ أَن لَّمْ يَكُن رَّبُّكَ مُهْلِكَ الْقُرَى

٦ : ١٣٠

تذكر الآية أن رسلاً قد جاءوا إلى الْجِنّ وَالإِنسِ. وحسب منطوق الآية، فإن الله أرسل أنبياءً إلى الجن من جنسهم، ولكن الشارحين المسلمين انقسموا حول هذه المسألة إلى رأيين:

الرأي الأول: يفسرها بأن الله أرسل رسلاً إلى الناس منهم، ورسلاً إلى الجن منهم؛

الرأي الثاني: يقول بأن الرسل كانوا من الإنس إلى الْجِنِّ وَالإِنسِ معاً (انظر الطبري ٩ : ٥٦٠).

ولدينا هنا سؤالان:

هل وجود الجن حقيقة علمية؟

وإن قبلنا جدلاً بوجود الجن، فهل سُمع من قبل أن أحد الأنبياء قد أرسل إلى الجن؟

وفقاً لهذه الآية، يفترض أن عالم الجن منقسم دينياً، وعليه، فإن الصراع الديني الذين يجري في العالم، يشارك فيه الجن وفقاً لانتماءاتهم؛ فطائفة من الجن تساند أتباع دين ما، وطائفة أخرى تدعم ديناً آخر.

وثمة تعارض:

استناداً على الرأي الأول فإن آية (الأنعام ٦ : ١٣٠) تتضمن فكرة أن الله يرسل رسلاً من الجن، إلاّ أن لدينا في آيات أخرى نصوصا تجزم ببشرية كل الرسل:

‹وَمَا أَرْسَلْنَا مِن قَبْلِكَ إِلاَّ رِجَالاً نُّوحِي

بِظُلْمٍ وَأَهْلُهَا غَافِلُونَ (١٣١)
وَلِكُلٍّ دَرَجَاتٌ مِّمَّا عَمِلُواْ وَمَا رَبُّكَ بِغَافِلٍ
عَمَّا يَعْمَلُونَ (١٣٢)
وَرَبُّكَ الْغَنِيُّ ذُو الرَّحْمَةِ إِن يَشَأْ يُذْهِبْكُمْ
وَيَسْتَخْلِفْ مِن بَعْدِكُم مَّا يَشَاءُ كَمَا
أَنشَأَكُم مِّن ذُرِّيَّةِ قَوْمٍ آخَرِينَ (١٣٣)
إِنَّ مَا تُوعَدُونَ لَآتٍ وَمَا أَنتُم بِمُعْجِزِينَ (١٣٤)
قُلْ يَا قَوْمِ اعْمَلُواْ عَلَى مَكَانَتِكُمْ إِنِّي
عَامِلٌ فَسَوْفَ تَعْلَمُونَ مَن تَكُونُ لَهُ عَاقِبَةُ
الدَّارِ إِنَّهُ لاَ يُفْلِحُ الظَّالِمُونَ (١٣٥)
وَجَعَلُواْ لِلّهِ مِمَّا ذَرَأَ مِنَ الْحَرْثِ وَالأَنْعَامِ
نَصِيباً فَقَالُواْ هَـذَا لِلّهِ بِزَعْمِهِمْ وَهَـذَا
لِشُرَكَآئِنَا فَمَا كَانَ لِشُرَكَآئِهِمْ فَلاَ يَصِلُ إِلَى
اللّهِ وَمَا كَانَ لِلّهِ فَهُوَ يَصِلُ إِلَى شُرَكَآئِهِمْ

إِلَيْهِم› (يوسف ١٢: ١٠٩)، وتشابه هذه الآية لفظاً: ‹وَمَا أَرْسَلْنَا قَبْلَكَ إِلاَّ رِجَالاً نُّوحِي إِلَيْهِمْ› (الأنبياء ٢١: ٧)؛ و‹وَما أَرْسَلْنَا قَبْلَكَ مِنَ الْمُرْسَلِينَ إِلَّا إِنَّهُمْ لَيَأْكُلُونَ الطَّعَامَ وَيَمْشُونَ فِي الْأَسْوَاقِ› (الفرقان ٢٥: ٢٠).

٦: ١٣٥

القول الأول: إنها منسوخة

فمن فسرها على أنها تعني عدم الإكراه على الإسلام، قال إنها منسوخة بآية السيف: ‹فَاقْتُلُواْ الْمُشْرِكِينَ حَيْثُ وَجَدتُّمُوهُمْ› (التوبة ٩: ٥) (ابن الجوزي ٣٣٠، ابن حزم ٣٨، ابن سلامة ٤٦).

القول الثاني: إنها محكمة

ومن قال إنها تتضمن تهديداً، اعتبرها مُحكمةً (ابن الجوزي ٣٣١).

٦: ١٣٧

قراءة جمهور القرّاء: ‹زَيَّنَ لِكَثِيرٍ›. والفاعل ‹شُرَكَاؤُهُمْ›، و‹قَتْلَ›: مفعول به مقدم، و‹أَوْلَادِهِمْ›: مضاف إليه. والمعنى أن الشركاء هم الذين زينوا للمشركين قتل أولادهم. و يرد نفس المعنى في قراءة علي بن أبي طالب، على أنه قرأ ‹زُين› بصيغة المبني للمجهول، فقرأ هو وآخرون: «زُيِّن... قَتْلُ أولادِهم شركاؤُهم» (الخطيب ٢: ٥٥٢-٥٥٣).

وقرأت فرقة أخرى: «زُيِّن... قَتْلُ أولادِهم شركائِهم»، حيث «زُين»: مبني للمجهول، و«شركائِهم»: بالجر على البدل من الأولاد. وتعني هذه القراءة أن الأولاد هم الشركاء في الحياة، وهم المقتولون (الخطيب ٢: ٥٥٣-٥٥٤).

سَاء مَا يَحْكُمُونَ (١٣٦)
وَكَذَلِكَ زَيَّنَ لِكَثِيرٍ مِّنَ الْمُشْرِكِينَ قَتْلَ
أَوْلادِهِمْ شُرَكَآؤُهُمْ لِيُرْدُوهُمْ وَلِيَلْبِسُواْ
عَلَيْهِمْ دِينَهُمْ وَلَوْ شَاء اللَّهُ مَا فَعَلُوهُ فَذَرْهُمْ
وَمَا يَفْتَرُونَ (١٣٧)
وَقَالُواْ هَـذِهِ أَنْعَامٌ وَحَرْثٌ حِجْرٌ لاَّ
يَطْعَمُهَا إِلاَّ مَن نَّشَاء بِزَعْمِهِمْ وَأَنْعَامٌ
حُرِّمَتْ ظُهُورُهَا وَأَنْعَامٌ لاَّ يَذْكُرُونَ
اسْمَ اللَّهِ عَلَيْهَا افْتِرَاء عَلَيْهِ سَيَجْزِيهِم
بِمَا كَانُواْ يَفْتَرُونَ (١٣٨)
وَقَالُواْ مَا فِي بُطُونِ هَـذِهِ الأَنْعَامِ
خَالِصَةٌ لِّذُكُورِنَا وَمُحَرَّمٌ عَلَى
أَزْوَاجِنَا وَإِن يَكُن مَّيْتَةً فَهُمْ فِيهِ شُرَكَاء
سَيَجْزِيهِمْ وَصْفَهُمْ إِنَّهُ حِكِيمٌ عَلِيمٌ (١٣٩)

فهل الشركاء هم من يزينون القتل أم هم ضحايا القتل؟

٦ : ١٣٩

في الآية جاءت لفظةُ ‹خالِصَة› بصيغة التأنيث، و‹مُحَرَّم› بصيغة التذكير. فلماذا جاءت الصفتان بصيغتين مختلفتين: مرة بالتّأنيث ومرة بالتذكير.

طرح المفسرون تعليلات لغوية لسبب تأنيث «خَالِصَة»، منها:

- أن ما في بطون الأنعام مؤنث، مثلُها مثل الأنعام؛
- أو أن ‹مَا› تشير الى الأجنة؛
- أو أن التاء في ‹خَالِصَة› هي للمبالغة (الرازي ١٣ : ٢١٩، القرطبي ٩ : ٤٦).

وقال المفسرون إن سبب اختيار التذكير في ‹مُحَرَّم› يرجع إلى أن المفردة تعود إلى ‹مَا›، «فذكرت على اللفظ ولو راعى المعنى لقال: ومُحَرّمة» (القرطبي ٩ : ٤٧).

ويبدو أن عبد الله بن مسعود رأي خللاً في الآية، فدون في نسخته للقرآن: «خالِصٌ» (بالتذكير) (الطبري ٩ : ٥٨٦، الزمخشري ٢ : ٤٠٣).

الجدير بالملاحظة أنه عندما يصادف العلماء المسلمون لحناً لغوياً، فإنهم يقدمون التبريرات والتسويغات، لكن هذا لا يعزز من بيان القرآن، بل يظهر التعسف في اللغة وليّ النص، وكان بوسع محررو القرآن أن يوفروا على الشارحين، في المثال الذي نحن بصدده الآن، عناءً كبيراً لو أخذوا بقراءة ابن مسعود: «خالِصٌ»

قَدْ خَسِرَ الَّذِينَ قَتَلُواْ أَوْلاَدَهُمْ سَفَهاً بِغَيْرِ
عِلْمٍ وَحَرَّمُواْ مَا رَزَقَهُمُ اللّهُ افْتِرَاء عَلَى
اللّهِ قَدْ ضَلُّواْ وَمَا كَانُواْ مُهْتَدِينَ (١٤٠)
وَهُوَ الَّذِي أَنشَأَ جَنَّاتٍ مَّعْرُوشَاتٍ
وَغَيْرَ مَعْرُوشَاتٍ وَالنَّخْلَ وَالزَّرْعَ
مُخْتَلِفاً أُكُلُهُ وَالزَّيْتُونَ وَالرُّمَّانَ مُتَشَابِهاً
وَغَيْرَ مُتَشَابِهٍ كُلُواْ مِن ثَمَرِهِ إِذَا أَثْمَرَ
وَآتُواْ حَقَّهُ يَوْمَ حَصَادِهِ وَلاَ تُسْرِفُواْ إِنَّهُ
لاَ يُحِبُّ الْمُسْرِفِينَ (١٤١)
وَمِنَ الأَنْعَامِ حَمُولَةً وَفَرْشاً كُلُواْ مِمَّا
رَزَقَكُمُ اللّهُ وَلاَ تَتَّبِعُواْ خُطُوَاتِ الشَّيْطَانِ
إِنَّهُ لَكُمْ عَدُوٌّ مُّبِينٌ (١٤٢)
ثَمَانِيَةَ أَزْوَاجٍ مِّنَ الضَّأْنِ اثْنَيْنِ وَمِنَ الْمَعْزِ
اثْنَيْنِ قُلْ آلذَّكَرَيْنِ حَرَّمَ أَمِ الأُنثَيَيْنِ أَمَّا

(بالتذكير).

١٤٠:٦

قرئت من قبل البعض: «قَدْ ضَلُّواْ قبل ذلك وَمَا كَانُواْ مُهْتَدِينَ»، بإضافة «قبل ذلك» (الخطيب ٢: ٥٦٨).

١٤١:٦

اختلف رأي العلماء فيما إذا كانت الآية منسوخة أم محكمة بحسب فهمهم لمغزى كلمة «الحقّ» هنا، ولدينا الآراء التالية:

أ. قال بعضهم إن «الحقّ» هو الزكاة المفروضة على المحاصيل، وعلى هذا، فالآية محكمة (ابن الجوزي ٣٣١ - ٣٣٣، شعلة ١٣٨، النحاس ١٣٨ - ١٤١، الطبري ٩: ٥٩٥)؛ واستناداً على أن سورة الأنعام مكية، وأن مبدأ الزكاة لم يسنّ إلا في المدينة، وبالتالي، إن كانت الآية تشير إلى الزكاة، فهذا يعني أن الآية قد أضيفت للسورة.

ب. قال بعضهم إن «الحقّ» لا يعني الزكاة لأن «الزكاة لا تجب وقت الحصاد، إنما تجب بعد الكيل» (الإيضاح ٢٨٤)، إن «الحقّ» المذكور هنا كان واجباً على الحصاد، فكان يُعطى من حضر ما تيَسَّر (الطبري ٩: ٦٠٠ ـ ٦٠١، ٦٠٧، ٦١١، قارن: الرازي ١٣: ٢٢٥)، وقد نُسخ هذا العطاء بفرض الزكاة (النحاس ١٣٨).

ج. قيل أن «الحقّ» يعني إطعام من حضر الحصاد وترك ما سقط من الزرع، وقد نُسخ ذلك بالزكاة والعُشْر، ونصفُ العشرِ الوارد في الأحاديث المنسوبة لمحمد (ابن الجوزي ٣٣٣-٣٣٤،

اشْتَمَلَتْ عَلَيْهِ أَرْحَامُ الأُنْثَيَيْنِ نَبِّؤُونِي بِعِلْمٍ
إِن كُنتُمْ صَادِقِينَ ﴿١٤٣﴾
وَمِنَ الإِبْلِ اثْنَيْنِ وَمِنَ الْبَقَرِ اثْنَيْنِ قُلْ آلذَّكَرَيْنِ
حَرَّمَ أَمِ الأُنْثَيَيْنِ أَمَّا اشْتَمَلَتْ عَلَيْهِ أَرْحَامُ
الأُنْثَيَيْنِ أَمْ كُنتُمْ شُهَدَاءَ إِذْ وَصَّاكُمُ اللّهُ
بِهَذَا فَمَنْ أَظْلَمُ مِمَّنِ افْتَرَى عَلَى اللّهِ كَذِباً
لِيُضِلَّ النَّاسَ بِغَيْرِ عِلْمٍ إِنَّ اللّهَ لاَ يَهْدِي
الْقَوْمَ الظَّالِمِينَ ﴿١٤٤﴾
قُل لاَّ أَجِدُ فِي مَا أُوْحِيَ إِلَيَّ مُحَرَّماً
عَلَى طَاعِمٍ يَطْعَمُهُ إِلاَّ أَن يَكُونَ مَيْتَةً
أَوْ دَماً مَّسْفُوحاً أَوْ لَحْمَ خِنْزِيرٍ فَإِنَّهُ
رِجْسٌ أَوْ فِسْقاً أُهِلَّ لِغَيْرِ اللّهِ بِهِ فَمَنِ
اضْطُرَّ غَيْرَ بَاغٍ وَلاَ عَادٍ فَإِنَّ رَبَّكَ
غَفُورٌ رَّحِيمٌ ﴿١٤٥﴾

الإيضاح ٢٨٣، النحاس ١٤٠، الطبري ٩: ٦٠٩-٦١١).

المعروش وأخرى تشير إلى المغروس.

٦: ١٤١

قرأها علي بن أبي طالب: «وَهُوَ الَّذِي أَنشَأَ جَنَّاتٍ مَغْرُوسَاتٍ وَغَيْرَ مَغْرُوسَاتٍ» (الخطيب ٢: ٥٦٨).

الـ ‹مَعْرُوشات› من فعل «عَرَشَ»: أي بنى بناءً من خشب. ويقال اعترش العريش، إذا ارتفع على العراش. والجنات المَعْروشَات في الآية هي الكروم. أما الـ «مَغْروسَات»، من فعل غَرس الشّجر في الأرض. وهذا فرق في التصوير الفني للآية. ولو كانت القراءة من مصدر واحد لما وجدنا هذا الفرق: فقراءة تسلط الأضواء على

٦: ١٤٥

القول الأول: إنها محكمة

أجاز محمد في الآية تناول أطعمة أهل قريش، ما عدا بعض الاستثناءات: ‹إِلاَّ أَن يَكُونَ مَيْتَةً أَوْ دَماً مَّسْفُوحاً أَوْ لَحْمَ خِنْزِيرٍ›، إذْ قال: «لا أَجِدُ فيما أُوحي إليَّ محرماً مما كنتم تَسْتَحِلُّون إلاَّ هذا. وكانت أشياءَ يُحَرِّمونها، فهي حرامٌ الآن». (الطبري ٩: ٦٣٢)

ولما كانت هذه الاستثناءات قد بقيت محرمةً في الإسلام، فإنّ فريقاً من العلماء قال إن الآية محكمة (ابن الجوزي ٣٣٥، الإيضاح ٢٨٨).

وَعَلَى الَّذِينَ هَادُواْ حَرَّمْنَا كُلَّ ذِي
ظُفُرٍ وَمِنَ الْبَقَرِ وَالْغَنَمِ حَرَّمْنَا عَلَيْهِمْ
شُحُومَهُمَا إِلاَّ مَا حَمَلَتْ ظُهُورُهُمَا
أَوِ الْحَوَايَا أَوْ مَا اخْتَلَطَ بِعَظْمٍ ذَلِكَ
جَزَيْنَاهُم بِبَغْيِهِمْ وِإِنَّا لَصَادِقُونَ (١٤٦)
فَإِن كَذَّبُوكَ فَقُل رَّبُّكُمْ ذُو رَحْمَةٍ وَاسِعَةٍ
وَلاَ يُرَدُّ بَأْسُهُ عَنِ الْقَوْمِ الْمُجْرِمِينَ (١٤٧)
سَيَقُولُ الَّذِينَ أَشْرَكُواْ لَوْ شَاء اللّهُ مَا
أَشْرَكْنَا وَلاَ آبَاؤُنَا وَلاَ حَرَّمْنَا مِن شَيْءٍ
كَذَلِكَ كَذَّبَ الَّذِينَ مِن قَبْلِهِم حَتَّى ذَاقُواْ
بَأْسَنَا قُلْ هَلْ عِندَكُم مِّنْ عِلْمٍ فَتُخْرِجُوهُ
لَنَا إِن تَتَّبِعُونَ إِلاَّ الظَّنَّ وَإِنْ أَنتُمْ إَلاَّ
تَخْرُصُونَ (١٤٨)
قُلْ فَلِلّهِ الْحُجَّةُ الْبَالِغَةُ فَلَوْ شَاء
لَهَدَاكُمْ أَجْمَعِينَ (١٤٩)
قُلْ هَلُمَّ شُهَدَاءكُمُ الَّذِينَ يَشْهَدُونَ أَنَّ اللّهَ
حَرَّمَ هَذَا فَإِن شَهِدُواْ فَلاَ تَشْهَدْ مَعَهُمْ وَلاَ
تَتَّبِعْ أَهْوَاء الَّذِينَ كَذَّبُواْ بِآيَاتِنَا وَالَّذِينَ لاَ
يُؤْمِنُونَ بِالآخِرَةِ وَهُم بِرَبِّهِمْ يَعْدِلُونَ (١٥٠)
قُلْ تَعَالَوْاْ أَتْلُ مَا حَرَّمَ رَبُّكُمْ عَلَيْكُمْ أَلاَّ
تُشْرِكُواْ بِهِ شَيْئاً وَبِالْوَالِدَيْنِ إِحْسَاناً وَلاَ
تَقْتُلُواْ أَوْلاَدَكُم مِّنْ إمْلاَقٍ نَّحْنُ نَرْزُقُكُمْ
وَإِيَّاهُمْ وَلاَ تَقْرَبُواْ الْفَوَاحِشَ مَا ظَهَرَ مِنْهَا
وَمَا بَطَنَ وَلاَ تَقْتُلُواْ النَّفْسَ الَّتِي حَرَّمَ اللّهُ إِلاَّ
بِالْحَقِّ ذَلِكُمْ وَصَّاكُمْ بِهِ لَعَلَّكُمْ تَعْقِلُونَ (١٥١)
وَلاَ تَقْرَبُواْ مَالَ الْيَتِيمِ إِلاَّ بِالَّتِي هِيَ
أَحْسَنُ حَتَّى يَبْلُغَ أَشُدَّهُ وَأَوْفُواْ الْكَيْلَ
وَالْمِيزَانَ بِالْقِسْطِ لاَ نُكَلِّفُ نَفْساً إِلاَّ

القول الثاني: إنها منسوخة

لكن فريقا آخرا قال إن الآية منسوخة، وإنها نُسخت بالنصوص التالية:

أ. الآية التي تقول: ‹الْمُنْخَنِقَةُ وَالْمَوْقُوذَةُ وَالْمُتَرَدِّيَةُ وَالنَّطِيحَةُ وَمَا أَكَلَ السَّبُعُ› (المائدة ٥: ٣) (ابن الجوزي ٣٣٦).

ب. حديث لمحمد يتطرق فيه لتحريم الحمر الأهلية، وكلّ ذي نابٍ من السّباع، ومخلب من الطير (شعلة ١٤٠، النحاس ١٤٤).

٦: ١٥٨

القول الأول: إنها منسوخة

حيث إن في الآية دعوة لتفادي قتال غير المسلمين، وقد نُسخ هذا المبدأ بآية السيف: ‹فَاقْتُلُواْ الْمُشْرِكِينَ حَيْثُ وَجَدتُّمُوهُمْ› (التوبة ٩: ٥) (ابن الجوزي ٣٣٧، ابن سلامة ٤٦)؛

القول الثاني: إنها محكمة

إذ قال بعضهم إنّ الآية تتضمن تهديداً، لا دعوةً

وُسْعَهَا وَإِذَا قُلْتُمْ فَاعْدِلُواْ وَلَوْ كَانَ ذَا قُرْبَى وَبِعَهْدِ اللّهِ أَوْفُواْ ذَلِكُمْ وَصَّاكُم بِهِ لَعَلَّكُمْ تَذَكَّرُونَ (١٥٢)

وَأَنَّ هَذَا صِرَاطِي مُسْتَقِيماً فَاتَّبِعُوهُ وَلاَ تَتَّبِعُواْ السُّبُلَ فَتَفَرَّقَ بِكُمْ عَن سَبِيلِهِ ذَلِكُمْ وَصَّاكُم بِهِ لَعَلَّكُمْ تَتَّقُونَ (١٥٣)

ثُمَّ آتَيْنَا مُوسَى الْكِتَابَ تَمَاماً عَلَى الَّذِيَ أَحْسَنَ وَتَفْصِيلاً لِّكُلِّ شَيْءٍ وَهُدًى وَرَحْمَةً لَّعَلَّهُم بِلِقَاء رَبِّهِمْ يُؤْمِنُونَ (١٥٤)

وَهَذَا كِتَابٌ أَنزَلْنَاهُ مُبَارَكٌ فَاتَّبِعُوهُ وَاتَّقُواْ لَعَلَّكُمْ تُرْحَمُونَ (١٥٥)

أَن تَقُولُواْ إِنَّمَا أُنزِلَ الْكِتَابُ عَلَى طَآئِفَتَيْنِ مِن قَبْلِنَا وَإِن كُنَّا عَن دِرَاسَتِهِمْ لَغَافِلِينَ (١٥٦)

أَوْ تَقُولُواْ لَوْ أَنَّا أُنزِلَ عَلَيْنَا الْكِتَابُ لَكُنَّا أَهْدَى مِنْهُمْ فَقَدْ جَاءكُم بَيِّنَةٌ مِّن رَّبِّكُمْ وَهُدًى وَرَحْمَةٌ فَمَنْ أَظْلَمُ مِمَّن كَذَّبَ بِآيَاتِ اللّهِ وَصَدَفَ عَنْهَا سَنَجْزِي الَّذِينَ يَصْدِفُونَ عَنْ آيَاتِنَا سُوءَ الْعَذَابِ بِمَا كَانُواْ يَصْدِفُونَ (١٥٧)

هَلْ يَنظُرُونَ إِلاَّ أَن تَأْتِيهُمُ الْمَلآئِكَةُ أَوْ يَأْتِيَ رَبُّكَ أَوْ يَأْتِيَ بَعْضُ آيَاتِ رَبِّكَ يَوْمَ يَأْتِي بَعْضُ آيَاتِ رَبِّكَ لاَ يَنفَعُ نَفْساً إِيمَانُهَا لَمْ تَكُنْ آمَنَتْ مِن قَبْلُ أَوْ كَسَبَتْ فِي إِيمَانِهَا خَيْراً قُلِ انتَظِرُواْ إِنَّا مُنتَظِرُونَ (١٥٨)

إِنَّ الَّذِينَ فَرَّقُواْ دِينَهُمْ وَكَانُواْ شِيَعاً لَّسْتَ مِنْهُمْ فِي شَيْءٍ إِنَّمَا أَمْرُهُمْ إِلَى اللّهِ ثُمَّ يُنَبِّئُهُم بِمَا كَانُواْ يَفْعَلُونَ (١٥٩)

للسلم، وبذلك فهي محكمة (ابن الجوزي ٣٣٧).

٦ : ١٥٨

قرأها أبو هريرة: «أَوْ كَسَبَتْ فِي إِيمَانِهَا صالحاً» (الخطيب ٢: ٥٩٥). وهذا تصرف من جانب أبي هريرة في صياغة الجملة.

٦ : ١٥٩

لدينا بشأنها قولان:

القول الأول: إنها منسوخة

لأن فيها دعوة لتجنب القتال، وهذه الدعوة نُسخت بما يلي:

أ. آية السيف: ‹فَاقْتُلُواْ الْمُشْرِكِينَ حَيْثُ وَجَدتُّمُوهُمْ› (التوبة ٩: ٥) (ابن الجوزي ٣٣٧، ابن حزم ٣٨، شعلة ١٤٠).

مَن جاء بالْحَسَنَة فَلَه عَشْرُ أَمْثَالِهَا وَمَن جَاء بالسَّيِّئَة فَلاَ يُجْزَى إِلاَّ مِثْلَهَا وَهُمْ لاَ يُظْلَمُونَ (١٦٠)
قُلْ إِنَّنِي هَدَانِي رَبِّي إِلَى صِرَاطٍ مُّسْتَقِيمٍ دِيناً قِيَماً مِّلَّةَ إِبْرَاهِيمَ حَنِيفاً وَمَا كَانَ مِنَ الْمُشْرِكِينَ (١٦١)
قُلْ إِنَّ صَلاَتِي وَنُسُكِي وَمَحْيَايَ وَمَمَاتِي لِلّهِ رَبِّ الْعَالَمِينَ (١٦٢)
لاَ شَرِيكَ لَهُ وَبِذَلِكَ أُمِرْتُ وَأَنَاْ أَوَّلُ الْمُسْلِمِينَ (١٦٣)
قُلْ أَغَيْرَ اللّهِ أَبْغِي رَبّاً وَهُوَ رَبُّ كُلِّ شَيْءٍ وَلاَ تَكْسِبُ كُلُّ نَفْسٍ إِلاَّ عَلَيْهَا وَلاَ تَزِرُ وَازِرَةٌ وِزْرَ أُخْرَى ثُمَّ إِلَى رَبِّكُم مَّرْجِعُكُمْ فَيُنَبِّئُكُم بِمَا كُنتُمْ فِيهِ تَخْتَلِفُونَ (١٦٤)
وَهُوَ الَّذِي جَعَلَكُمْ خَلاَئِفَ الأَرْضِ وَرَفَعَ بَعْضَكُمْ فَوْقَ بَعْضٍ دَرَجَاتٍ لِّيَبْلُوَكُمْ فِي مَا آتَاكُمْ إِنَّ رَبَّكَ سَرِيعُ الْعِقَابِ وَإِنَّهُ لَغَفُورٌ رَّحِيمٌ (١٦٥)

ب. الآية التي تقول: ‹قَاتِلُواْ الَّذِينَ لاَ يُؤْمِنُونَ بِاللّهِ...› (التوبة ٩: ٢٩) (النحاس ١٤٦).

القول الثاني: إنها محكمة

قال فريق من العلماء إنَّ الآية تخبر عن حال محمد، فتذكر أنه لا ينتمي إلى المشركين كما أنهم لا ينتمون إليه، وبهذا فهي محكمة (ابن الجوزي ٣٣٧-٣٣٨، قارن: شعلة ١٤٠).

٦: ١٦٤

تقول الآية إن كل إنسان آثم يتحمل عواقب أفعاله، فلا تؤاخذ نفس بحمل ذنب نفس أخرى، ولا يُعاقب أحد نيابةً عن أحد: ‹وَلاَ تَزِرُ وَازِرَةٌ وِزْرَ أُخْرَى› (الأنعام ٦: ١٦٤).

ولكن هناك آية تنص على أن الآثمين سيتحملون عواقب أفعالهم كاملة إضافة لبعض أوزار كل مَن تبعهم أو أطاعهم (النحل ١٦: ٢٥): ‹لِيَحْمِلُواْ أَوْزَارَهُمْ كَامِلَةً يَوْمَ الْقِيَامَةِ وَمِنْ أَوْزَارِ الَّذِينَ يُضِلُّونَهُم بِغَيْرِ عِلْمٍ›.

في حين تهدد آية ثالثة الآثمين بأنهم سيتحملون أوزارهم الخاصة وأوزار آخرين ايضا: ‹وَلَيَحْمِلُنَّ أَثْقَالَهُمْ وَأَثْقَالاً مَّعَ أَثْقَالِهِمْ› (العنكبوت ٢٩: ١٣).

جاءت تسمية السورة من لفظة ‹الأَعْرَافِ› (الآية ٤٦ و٤٨)، وهي اسم الحاجز الفاصل بين الجنة والنار. ولم ترد لفظة «الأعراف» إلاّ في هذه السورة فقط.

السورة مكية، تتخللها آيات مدنية نوجزها كما يلي:

١٥٧-١٥٨ : مقطع مدني، **أولاً**، فيه نعت ‹النَّبِيَّ الأُمِّيَّ›، وقد ورد هذا النعت في المدينة لتمييز محمد عن أنبياء اليهود والمسيحيين؛ **ثانياً**، عبارة ‹التَّوْرَاةِ وَالإِنْجِيلِ›، وهي عبارة وردت في القرآن المدني فحسب؛ **ثالثاً**، تشير عبارة ‹الَّذِينَ آمَنُواْ بِهِ وَعَزَّرُوهُ وَنَصَرُوهُ› إلى الأنصار في المدينة؛ **رابعاً**، يشكل هذا الجزء (أيْ ١٥٧ و١٥٨) خروجاً عن سياق الآيات، حيث يعود السياق بعد ذلك في الآية (١٥٩) (Wherry 2:201. قارن: نولدكه ١٤٤).

١٦٣-١٧٢ : مقطع مدني حسب الروايات الإسلامية (ابن عاشور ٩: ١٤٦-١٦٦).

في السورة إشارة إلى حالة غلاء سادت في مكة آنذاك (الآية ٩٤) (نولدكه ١٤٣)، وهذه المعلومة، علاوة على الأسلوب العام للسورة، تشير إلى أنَّ وحيها كان عشية الهجرة (Wherry 2:201).

تتناول السورة تاريخ البشرية وقصص الأنبياء، ويمكن أن نوجز الحديث فيها كما يلي:

- بداية الخليقة، واستسلام آدم للإغواء (١-٥٨).
- تاريخ الأنبياء: نوح وصالح وشعيب (٥٩-١٠٢)، وموسى (١٠٣-١٧٤).
- محاولة فهم خاتمة التاريخ ونهاية الدنيا، أو الساعة الأخيرة (١٨٧-٢٠٦).

الهدف العام للسورة يتركز في بيان وإثبات دعاوي محمد النبوية. وأما استعراض قصص الأنبياء وتجاربهم، والعواقب التي حلت بالذين رفضوا تصديق رسالتهم فتهدف إلى دفع المستمعين من أهل قريش للإيمان بمحمد. يُلاحظ أن صورة هؤلاء الأنبياء كما قدمتها الآيات تم انتقاء عناصرها بحيث تعكس سمات طبق الأصل من ملامح محمد نفسه، وذلك من حيث صفاتهم ورسائلهم، وكذلك فيما لقوه من معارضة قومهم (Wherry 2:201).

المص (١)
كِتَابٌ أُنزِلَ إِلَيْكَ فَلاَ يَكُن فِي صَدْرِكَ
حَرَجٌ مِّنْهُ لِتُنذِرَ بِهِ وَذِكْرَى لِلْمُؤْمِنِينَ (٢)
اتَّبِعُواْ مَا أُنزِلَ إِلَيْكُم مِّن رَّبِّكُمْ وَلاَ تَتَّبِعُواْ
مِن دُونِهِ أَوْلِيَاء قَلِيلاً مَّا تَذَكَّرُونَ (٣)
وَكَم مِّن قَرْيَةٍ أَهْلَكْنَاهَا فَجَاءهَا
بَأْسُنَا بَيَاتاً أَوْ هُمْ قَآئِلُونَ (٤)
فَمَا كَانَ دَعْوَاهُمْ إِذْ جَاءهُمْ بَأْسُنَا إِلاَّ أَن
قَالُواْ إِنَّا كُنَّا ظَالِمِينَ (٥)
فَلَنَسْأَلَنَّ الَّذِينَ أُرْسِلَ إِلَيْهِمْ وَلَنَسْأَلَنَّ
الْمُرْسَلِينَ (٦)
فَلَنَقُصَّنَّ عَلَيْهِم بِعِلْمٍ وَمَا كُنَّا غَآئِبِينَ (٧)
وَالْوَزْنُ يَوْمَئِذٍ الْحَقُّ فَمَن ثَقُلَتْ مَوَازِينُهُ
فَأُوْلَئِكَ هُمُ الْمُفْلِحُونَ (٨)

٧ : ٣

القراءة الشائعة التي تلا بها معظم القرّاء: ‹اتَّبِعُواْ... وَلاَ تَتَّبِعُواْ›، أي من الاتباع، بينما قرأت مجموعة من القرّاء: «ابْتَغُواْ... ولا تبتغوا» من الابتغاء (الخطيب ٣: ٤، العكبري ١: ٥٢٩).

تأمر قراءة المصحف باتباع ‹مَا أُنزِلَ›، أي اتباع التعاليم التي أصبحت في متناول أياديهم؛ بينما تدعو القراءة الثانية للابتغاء، وابتغى الشيء أي أراده وطلبه. وتفيد هذه العبارة أن ‹مَا أُنزِلَ› ليس متوفراً لديهم، وعليهم أن يسعوا في طلبه.

٧ : ٤

كيف جاء الإهلاك أولاً، ثم البأس ثانياً، والإهلاك يتم منطقيا بعد حلول البأس (أيْ العذاب)؟ ويُلاحظ أن بناء الفعل على الصيغة الصرفية كان على «إفعال» (فهو إهلاك مقصود وليس هلاكاً)

يجيبنا عالم مسلمٌ أن في الآية تقديماً وتأخيراً، «فكأنه قال: «وكم من قرية جاءَها بأسُنا فأهلَكناهَا»» (تنزيه القرآن عن المطاعن ١٤٣). في حين أن الزمخشري (٢: ٤٢٤) قال إن المقصود نية الإهلاك، لا فعل الإهلاك نفسه. وثمة تأويل مقارب يقول إن الإهلاك هو غرق القرية في المعصية، «فيكونُ إهلاكُ اللهِ إياها خذلانه لها عن طاعته، ويكونُ مجيءُ بأس اللهِ إياهم جزاءً لمعصيتهم ربّهم بخذلانه إياهم» (الطبري ١٠: ٥٩).

يبذل الشارحون جهداً للبرهنة على أن لا خطأ في ترتيب الألفاظ، ولكن تعدد الاجتهادات والشروح يشير إلى أن المفسرين أنفسهم كانوا غير مقتنعين بأجوبتهم.

وَمَنْ خَفَّتْ مَوَازِينُهُ فَأُوْلَئِكَ الَّذِينَ خَسِرُواْ أَنفُسَهُم بِمَا كَانُواْ بِآيَاتِنَا يَظْلِمُونَ (٩)
وَلَقَدْ مَكَّنَّاكُمْ فِي الأَرْضِ وَجَعَلْنَا لَكُمْ فِيهَا مَعَايِشَ قَلِيلاً مَّا تَشْكُرُونَ (١٠)
وَلَقَدْ خَلَقْنَاكُمْ ثُمَّ صَوَّرْنَاكُمْ ثُمَّ قُلْنَا لِلْمَلآئِكَةِ اسْجُدُواْ لآدَمَ فَسَجَدُواْ إِلاَّ إِبْلِيسَ لَمْ يَكُن مِّنَ السَّاجِدِينَ (١١)
قَالَ مَا مَنَعَكَ أَلاَّ تَسْجُدَ إِذْ أَمَرْتُكَ قَالَ أَنَاْ خَيْرٌ مِّنْهُ خَلَقْتَنِي مِن نَّارٍ وَخَلَقْتَهُ مِن طِينٍ (١٢)
قَالَ فَاهْبِطْ مِنْهَا فَمَا يَكُونُ لَكَ أَن تَتَكَبَّرَ فِيهَا فَاخْرُجْ إِنَّكَ مِنَ الصَّاغِرِينَ (١٣)
قَالَ أَنظِرْنِي إِلَى يَوْمِ يُبْعَثُونَ (١٤)
قَالَ إِنَّكَ مِنَ المُنظَرِينَ (١٥)

أيضاً، لُوحظ أن الحديث يدور في الآية عن الناس، فنشأ سؤال عن سبب عدم استخدام الضمير «هم» بدلاً من «ها»: «فَجَاءهَم بَأْسُنَا»؟ وعلى ذلك رد الرازي: «في الآية محذوف والتقدير: وكم من أهل قرية». ولكن الزجاج قال: «لو قال: «فَجَاءهَم بَأْسُنَا» لكان صواباً» (الرازي ١٤: ٢٣). في قول الزجاج إقرار ضمني بوجود تعقيد في الآية، إنْ لم يكن لحناً لغوياً، وقد سبّب هذا إحراجاً لبعض المفسرين، فدفعوا بأن لا محذوف في الآية، بل المراد هو إهلاك القرية نفسها (الطبري ١٠: ٦١).

٧ : ٦

قرأ ابن مسعود الآية بصيغة مختلفة: «فَلَنَسْأَلَنَّ الَّذِينَ أُرْسِلنا إِلَيْهِمْ قبلك رُسُلنا وَلَنَسْأَلَنَّ الْمُرْسَلِينَ» (الخطيب ٣: ٧).

٧ : ١٣

يأمرُ اللهُ إبليسَ بالخروج من السماء، لأنه لا يجوز له أن يتكبر فيها، وكأن الآية تقول إنه يحق لإبليس التكبر في الأرض. ويرد الطبري (١٠: ٨٨ - ٨٩) على هذا الغموض: «إن معنى ذلك بخلافِ ما إليه ذهبتَ، وإنما معنى ذلك: فاهبط من الجنةِ؛ فإنه لا يسكُنُ الجنةَ مُتَكَبِّرٌ عن أمرِ اللهِ، فأما غيرُها، فإنه قد يُسْكنُها المستكبرُ عن أمر اللهِ والمستكين لطاعتِه».

يطرح الطبريُّ تأويله الذي لا يستند إلى منطوق الآية، لأن الله في الآية حظر التكبر في مكان محددٍ هو الجنة فحسب، وترك الفعل ممكناً في مواقع أخرى.

قَالَ فَبِمَا أَغْوَيْتَنِي لأَقْعُدَنَّ لَهُمْ صِرَاطَكَ
الْمُسْتَقِيمَ (١٦)
ثُمَّ لآتِيَنَّهُم مِّن بَيْنِ أَيْدِيهِمْ وَمِنْ خَلْفِهِمْ
وَعَنْ أَيْمَانِهِمْ وَعَن شَمَآئِلِهِمْ وَلاَ تَجِدُ
أَكْثَرَهُمْ شَاكِرِينَ (١٧)
قَالَ اخْرُجْ مِنْهَا مَذْؤُوماً مَّدْحُوراً
لَّمَن تَبِعَكَ مِنْهُمْ لأَمْلأَنَّ جَهَنَّمَ مِنكُمْ
أَجْمَعِينَ (١٨)
وَيَا آدَمُ اسْكُنْ أَنتَ وَزَوْجُكَ الْجَنَّةَ
فَكُلاَ مِنْ حَيْثُ شِئْتُمَا وَلاَ تَقْرَبَا هَـذِهِ
الشَّجَرَةَ فَتَكُونَا مِنَ الظَّالِمِينَ (١٩)
فَوَسْوَسَ لَهُمَا الشَّيْطَانُ لِيُبْدِيَ لَهُمَا
مَا وُورِيَ عَنْهُمَا مِن سَوْءَاتِهِمَا
وَقَالَ مَا نَهَاكُمَا رَبُّكُمَا عَنْ هَـذِهِ
الشَّجَرَةِ إِلاَّ أَن تَكُونَا مَلَكَيْنِ أَوْ
تَكُونَا مِنَ الْخَالِدِينَ (٢٠)
وَقَاسَمَهُمَا إِنِّي لَكُمَا لَمِنَ النَّاصِحِينَ (٢١)
فَدَلاَّهُمَا بِغُرُورٍ فَلَمَّا ذَاقَا الشَّجَرَةَ بَدَتْ

٧ : ١٦

بعد أنْ أمرَ اللهُ إبليسَ بالخروج من الجنة، اتهم إبليسُ اللهَ أنه هو من أغواه، فقال: «لأَصُدَّنَّ بني آدمَ عن عبادتك وطاعتك، ولأُغْوِينَّهم كما أَغْويتَني، ولأُضِلَّنَّهم كما أَضْلَلْتَني» (الطبري ١٠ : ٩٣).

تجعل الآيةُ اللهَ محرضاً لإبليس على الضلال، لأنها لا تفند ادعاءات إبليس، و لا تنفي عن الله تهمة الإغواء. تكرر الآية ادعاءً قرآنياً مؤداه أن الله يزين الشر للناس. [انظر نقاشنا لهذه المسألة في سورة آل عمران ٣ : ١٤، صفحة ١٨٣؛ وقارن: الأنعام ٦ : ١٠٨، صفحة ٣٢٥].

٧ : ١٦

قرأها أحد القراء: «قَالَ فَبِمَا أَغْوَيْتَنِي لأجلسنَّ لَهُمْ صِرَاطَكَ الْمُسْتَقِيمَ» (الخطيب ٣ : ١٤)، صحيح أن «الجلوس والقعود» لفظتان مترادفتان، إلاّ أن هذا الترادف يبرهن على دور القارئ في اختيار الألفاظ، ولو كان الناظم واحداً لما وجدنا هذا التعدد. وتكررت حالات الترادف في سورة الأعراف:

- ‹وَإِذَا صُرِفَتْ أَبْصَارُهُمْ تِلْقَاء أَصْحَابِ النَّارِ› (الأعراف ٧ : ٤٧)، قرأها ابن مسعود وآخرون: «وَإِذَا قُلِبَتْ أَبْصَارُهُمْ تِلْقَاء أَصْحَابِ النَّارِ» (الخطيب ٣ : ٦٠).

لَهُمَا سَوْءَاتُهُمَا وَطَفِقَا يَخْصِفَانِ عَلَيْهِمَا
مِن وَرَقِ الْجَنَّةِ وَنَادَاهُمَا رَبُّهُمَا أَلَمْ
أَنْهَكُمَا عَن تِلْكُمَا الشَّجَرَةِ وَأَقُل لَّكُمَا
إِنَّ الشَّيْطَآنَ لَكُمَا عَدُوٌّ مُّبِينٌ (٢٢)
قَالَا رَبَّنَا ظَلَمْنَا أَنفُسَنَا وَإِن لَّمْ تَغْفِرْ لَنَا
وَتَرْحَمْنَا لَنَكُونَنَّ مِنَ الْخَاسِرِينَ (٢٣)
قَالَ اهْبِطُواْ بَعْضُكُمْ لِبَعْضٍ عَدُوٌّ وَلَكُمْ
فِي الأَرْضِ مُسْتَقَرٌّ وَمَتَاعٌ إِلَى حِينٍ (٢٤)
قَالَ فِيهَا تَحْيَوْنَ وَفِيهَا تَمُوتُونَ وَمِنْهَا
تُخْرَجُونَ (٢٥)
يَا بَنِي آدَمَ قَدْ أَنزَلْنَا عَلَيْكُمْ لِبَاساً
يُوَارِي سَوْءَاتِكُمْ وَرِيشاً وَلِبَاسُ
التَّقْوَى ذَلِكَ خَيْرٌ ذَلِكَ مِنْ آيَاتِ اللّهِ
لَعَلَّهُمْ يَذَّكَّرُونَ (٢٦)
يَا بَنِي آدَمَ لاَ يَفْتِنَنَّكُمُ الشَّيْطَانُ كَمَا أَخْرَجَ
أَبَوَيْكُم مِّنَ الْجَنَّةِ يَنزِعُ عَنْهُمَا لِبَاسَهُمَا
لِيُرِيَهُمَا سَوْءَاتِهِمَا إِنَّهُ يَرَاكُمْ هُوَ وَقَبِيلُهُ
مِنْ حَيْثُ لاَ تَرَوْنَهُمْ إِنَّا جَعَلْنَا الشَّيَاطِينَ

- ‹إِن تُصِبْهُمْ سَيِّئَةٌ يَطَّيَّرُواْ› (الأعراف ٧: ١٣١)، قرئت: «إِن تُصِبْهُمْ سَيِّئَةٌ تشاءموا» (الخطيب ٣: ١٤٠).

- ‹وَلَمَّا سَكَتَ عَن مُّوسَى الْغَضَبُ› (الأعراف ٧: ١٥٤)، قرأها ابن مسعود وآخرون: «وَلَمَّا سَكَنَ عَن مُّوسَى الْغَضَبُ» (الخطيب ٣: ١٧٤، العكبري ١: ٥٦٥).

- ‹إِنَّ الَّذِينَ اتَّقَواْ إِذَا مَسَّهُمْ طَائِفٌ مِّنَ الشَّيْطَانِ› (الأعراف ٧: ٢٠١)، وردت في مصحف أبي بن كعب: «إِنَّ الَّذِينَ اتَّقَواْ إِذَا طَافَ طَائِفٌ مِّنَ الشَّيْطَانِ» (الخطيب ٣: ٢٤٨).

٧: ٢٦

تقول الآية إن الله أنزل ملابس تستر عوراتكم، وأضافت معلنةً أن الكساءَ علامةٌ أو من الآيات الدالة على قدرة الله وعلى رحمته، ليتذكر الناس بها عظمته واستحقاقه. فمن الواضح أن عجز محمد عن الإتيان بأية معجزة للبرهنة على صدق دعاويه النبوية قد جعله يقول إن اللباس آيةً (أي معجزة!).

٧: ٢٦

روي أن محمداً قرأها بالجمع «رِيَاشاً». وقرأ

أَوْلِيَاء لِلَّذِينَ لاَ يُؤْمِنُونَ (٢٧)
وَإِذَا فَعَلُواْ فَاحِشَةً قَالُواْ وَجَدْنَا عَلَيْهَا آبَاءنَا
وَاللّهُ أَمَرَنَا بِهَا قُلْ إِنَّ اللّهَ لاَ يَأْمُرُ بِالْفَحْشَاء
أَتَقُولُونَ عَلَى اللّهِ مَا لاَ تَعْلَمُونَ (٢٨)
قُلْ أَمَرَ رَبِّي بِالْقِسْطِ وَأَقِيمُواْ وُجُوهَكُمْ
عِندَ كُلِّ مَسْجِدٍ وَادْعُوهُ مُخْلِصِينَ لَهُ
الدِّينَ كَمَا بَدَأَكُمْ تَعُودُونَ (٢٩)
فَرِيقاً هَدَى وَفَرِيقاً حَقَّ عَلَيْهِمُ
الضَّلاَلَةُ إِنَّهُمُ اتَّخَذُوا الشَّيَاطِينَ
أَوْلِيَاء مِن دُونِ اللّهِ وَيَحْسَبُونَ أَنَّهُم
مُّهْتَدُونَ (٣٠)
يَا بَنِي آدَمَ خُذُواْ زِينَتَكُمْ عِندَ كُلِّ مَسْجِدٍ
وكُلُواْ وَاشْرَبُواْ وَلاَ تُسْرِفُواْ إِنَّهُ لاَ يُحِبُّ
الْمُسْرِفِينَ (٣١)
قُلْ مَنْ حَرَّمَ زِينَةَ اللّهِ الَّتِيَ أَخْرَجَ لِعِبَادِهِ
وَالْطَّيِّبَاتِ مِنَ الرِّزْقِ قُلْ هِي لِلَّذِينَ آمَنُواْ
فِي الْحَيَاةِ الدُّنْيَا خَالِصَةً يَوْمَ الْقِيَامَةِ كَذَلِكَ
نُفَصِّلُ الآيَاتِ لِقَوْمٍ يَعْلَمُونَ (٣٢)
قُلْ إِنَّمَا حَرَّمَ رَبِّيَ الْفَوَاحِشَ مَا ظَهَرَ
مِنْهَا وَمَا بَطَنَ وَالإِثْمَ وَالْبَغْيَ بِغَيْرِ
الْحَقِّ وَأَن تُشْرِكُواْ بِاللّهِ مَا لَمْ يُنَزِّلْ
بِهِ سُلْطَاناً وَأَن تَقُولُواْ عَلَى اللّهِ مَا
لاَ تَعْلَمُونَ (٣٣)
وَلِكُلِّ أُمَّةٍ أَجَلٌ فَإِذَا جَاء أَجَلُهُمْ لاَ
يَسْتَأْخِرُونَ سَاعَةً وَلاَ يَسْتَقْدِمُونَ (٣٤)
يَا بَنِي آدَمَ إِمَّا يَأْتِيَنَّكُمْ رُسُلٌ مِّنكُمْ
يَقُصُّونَ عَلَيْكُمْ آيَاتِي فَمَنِ اتَّقَى وَأَصْلَحَ
فَلاَ خَوْفٌ عَلَيْهِمْ وَلاَ هُمْ يَحْزَنُونَ (٣٥)

أُبي بن كعب: «سَوْءَاتِكُمْ وزينة...» بدلاً من ‹سَوْءَاتِكُمْ وَرِيشاً› (الخطيب ٣: ٢٦، قارن: العكبري ١: ٥٣٣-٥٣٤).

ونلاحظ ما يلي:

أولاً: أنه لم يتم تدوين صيغة الجمع، التي كان يقرأ بها محمد، في المصحف.

ثانياً: ثمة فرق بين الريش والزينة؛ فـ «الريش» الوارد ذكره في الآية يفيد معنين: المتاع والأموال، وفي أقوال أخرى يفيد الثياب فحسب (المحتسب ١: ٢٤٦)، بينما تعني «الزينة» كل ما يُتزين به أو الحلي.

٧: ٢٩-٣٠

قرأها أُبي بن كعب: «كَمَا بَدَأَكُمْ تَعُودُونَ فَرِيقَيْنِ فَرِيقاً هَدَى وَفَرِيقاً حَقَّ عَلَيْهِمُ الضَّلاَلَةُ»، وتستند قراءة ابن كعب إلى أن عبارة ‹تَعُودُونَ

وَالَّذِينَ كَذَّبُواْ بِآيَاتِنَا وَاسْتَكْبَرُواْ
عَنْهَا أُوْلَـئِكَ أَصْحَابُ النَّارِ هُمْ فِيهَا
خَالِدُونَ (٣٦)
فَمَنْ أَظْلَمُ مِمَّنِ افْتَرَى عَلَى اللّهِ كَذِباً أَوْ
كَذَّبَ بِآيَاتِهِ أُوْلَـئِكَ يَنَالُهُمْ نَصِيبُهُم مِّنَ
الْكِتَابِ حَتَّى إِذَا جَاءتْهُمْ رُسُلُنَا يَتَوَفَّوْنَهُمْ
قَالُواْ أَيْنَ مَا كُنتُمْ تَدْعُونَ مِن دُونِ اللّهِ
قَالُواْ ضَلُّواْ عَنَّا وَشَهِدُواْ عَلَى أَنفُسِهِمْ
أَنَّهُمْ كَانُواْ كَافِرِينَ (٣٧)
قَالَ ادْخُلُواْ فِي أُمَمٍ قَدْ خَلَتْ مِن قَبْلِكُم
مِّن الْجِنِّ وَالإِنسِ فِي النَّارِ كُلَّمَا دَخَلَتْ
أُمَّةٌ لَّعَنَتْ أُخْتَهَا حَتَّى إِذَا ادَّارَكُواْ فِيهَا
جَمِيعاً قَالَتْ أُخْرَاهُمْ لأُولاَهُمْ رَبَّنَا هَـؤُلاء
أَضَلُّونَا فَآتِهِمْ عَذَاباً ضِعْفاً مِّنَ النَّارِ قَالَ
لِكُلٍّ ضِعْفٌ وَلَـكِن لاَّ تَعْلَمُونَ (٣٨)
وَقَالَتْ أُولاَهُمْ لأُخْرَاهُمْ فَمَا كَانَ لَكُمْ
عَلَيْنَا مِن فَضْلٍ فَذُوقُواْ الْعَذَابَ بِمَا كُنتُمْ
تَكْسِبُونَ (٣٩)
إِنَّ الَّذِينَ كَذَّبُواْ بِآيَاتِنَا وَاسْتَكْبَرُواْ عَنْهَا لاَ
تُفَتَّحُ لَهُمْ أَبْوَابُ السَّمَاء وَلاَ يَدْخُلُونَ الْجَنَّةَ
حَتَّى يَلِجَ الْجَمَلُ فِي سَمِّ الْخِيَاطِ وَكَذَلِكَ
نَجْزِي الْمُجْرِمِينَ (٤٠)
لَهُم مِّن جَهَنَّمَ مِهَادٌ وَمِن فَوْقِهِمْ غَوَاشٍ
وَكَذَلِكَ نَجْزِي الظَّالِمِينَ (٤١)
وَالَّذِينَ آمَنُواْ وَعَمِلُواْ الصَّالِحَاتِ لاَ
نُكَلِّفُ نَفْساً إِلاَّ وُسْعَهَا أُوْلَـئِكَ أَصْحَابُ
الْجَنَّةِ هُمْ فِيهَا خَالِدُونَ (٤٢)
وَنَزَعْنَا مَا فِي صُدُورِهِم مِّنْ غِلٍّ تَجْرِي مِن

فَرِيقاً هَدَى...› تعني: «تعودون فريقين: سعداء وأشقياء» (القرطبي ٩: ١٩٠ - ١٩١، قارن: المحرر الوجيز ٢: ٣٩٢).

نتيجتان للاختلاف في القراءة:

أولاً: لا يجوز الوقوف عند ‹تَعُودُونَ› (الخطيب ٣: ٣١)، بل يجب قراءة الآيتين كآية واحدة.

ثانياً: قراءة أبي بن كعب أكثر وضوحاً.

٧: ٣٥

قرأ أُبي بن كعب وآخرون: «تأتينَّكُم» بالتأنيث على الجماعة، بينما وردت في المصحف بالياء على التذكير لأن بعدها ‹رُسُلٌ› (الخطيب ١: ٣٧، قارن: المحتسب ١: ٢٤٧).

الاختلاف هنا يشير إلى تقدير شخصي للقارئ، فمجموعة أعادت الضمير إلى الجماعة، وأخرى أعادته الى الرسل.

تَحْتِهِمُ الأَنْهَارُ وَقَالُواْ الْحَمْدُ لِلّهِ الَّذِي هَدَانَا
لِهَذَا وَمَا كُنَّا لِنَهْتَدِيَ لَوْلا أَنْ هَدَانَا اللّهُ لَقَدْ
جَاءتْ رُسُلُ رَبِّنَا بِالْحَقِّ وَنُودُواْ أَن تِلْكُمُ
الْجَنَّةُ أُورِثْتُمُوهَا بِمَا كُنتُمْ تَعْمَلُونَ (٤٣)
وَنَادَى أَصْحَابُ الْجَنَّةِ أَصْحَابَ النَّارِ أَن
قَدْ وَجَدْنَا مَا وَعَدَنَا رَبُّنَا حَقًّا فَهَلْ وَجَدتُّم
مَّا وَعَدَ رَبُّكُمْ حَقًّا قَالُواْ نَعَمْ فَأَذَّنَ مُؤَذِّنٌ
بَيْنَهُمْ أَن لَّعْنَةُ اللّهِ عَلَى الظَّالِمِينَ (٤٤)
الَّذِينَ يَصُدُّونَ عَن سَبِيلِ اللّهِ وَيَبْغُونَهَا
عِوَجًا وَهُم بِالآخِرَةِ كَافِرُونَ (٤٥)
وَبَيْنَهُمَا حِجَابٌ وَعَلَى الأَعْرَافِ
رِجَالٌ يَعْرِفُونَ كُلاًّ بِسِيمَاهُمْ وَنَادَوْاْ
أَصْحَابَ الْجَنَّةِ أَن سَلاَمٌ عَلَيْكُمْ لَمْ
يَدْخُلُوهَا وَهُمْ يَطْمَعُونَ (٤٦)
وَإِذَا صُرِفَتْ أَبْصَارُهُمْ تِلْقَاء
أَصْحَابِ النَّارِ قَالُواْ رَبَّنَا لاَ تَجْعَلْنَا
مَعَ الْقَوْمِ الظَّالِمِينَ (٤٧)
وَنَادَى أَصْحَابُ الأَعْرَافِ رِجَالاً

٧ : ٤٤

قراءة أغلب القرّاء: ‹نَعَمْ›، ويؤيدها الطبري لأنها القراءة الأكثر شيوعاً في البلدان الإسلامية آنذاك. وقد قرأ بعض القرّاء: «نَعِم» بكسر العين. وقيل أن محمداً وعمر بن الخطاب وعلي بن أبي طالب كانوا يقرءونها بصيغة الكسر، تمييزاً بينها وبين «نَعَم»: الذي هو اسم للأبل والبقر والغنم (الخطيب ٣: ٥٧، قارن: العكبري ١: ٥٤١ - ٥٤٢). وقرأ ابن مسعود «نَحَم»، بإبدال العين حاءً (الخطيب ٣: ٥٧).

تكررت هذه الإشكالية في نفس السورة حيث كُتب: ‹قَالَ نَعَمْ وَإِنَّكُمْ لَمِنَ الْمُقَرَّبِينَ› (الأعراف ٧: ١١٤).

٧ : ٤٦

إضافة لقراءة المصحف: ‹يَطْمَعُونَ›، قرأها البعض: «يطامعون» (العكبري ١: ٥٤٣). ولدينا قراءات أخرى تقول: «طامعون» و«ساخطون» (الخطيب ٣: ٦٠).

إن قراءة المصحف: ‹يَطْمَعُون› تعني يرجون أمراً ما. و تعني قراءة «يطامعون»، يُطمِعُ بعضهم بعضاً، أما قراءة: «ساخطون» فتعبر عن حالة تختلف عن حالة الطمع.

٧ : ٤٨

تلت فرقة من القرّاء: «تستكثرون»، من

يَعْرِفُونَهُم بِسِيمَاهُمْ قَالُواْ مَا أَغْنَى عَنكُمْ
جَمْعُكُمْ وَمَا كُنتُمْ تَسْتَكْبِرُونَ (٤٨)
أَهَـؤُلاء الَّذِينَ أَقْسَمْتُمْ لاَ يَنَالُهُمُ اللّهُ
بِرَحْمَةٍ ادْخُلُواْ الْجَنَّةَ لاَ خَوْفٌ عَلَيْكُمْ
وَلاَ أَنتُمْ تَحْزَنُونَ (٤٩)
وَنَادَى أَصْحَابُ النَّارِ أَصْحَابَ الْجَنَّةِ أَنْ
أَفِيضُواْ عَلَيْنَا مِنَ الْمَاء أَوْ مِمَّا رَزَقَكُمُ اللّهُ
قَالُواْ إِنَّ اللّهَ حَرَّمَهُمَا عَلَى الْكَافِرِينَ (٥٠)
الَّذِينَ اتَّخَذُواْ دِينَهُمْ لَهْواً وَلَعِباً وَغَرَّتْهُمُ
الْحَيَاةُ الدُّنْيَا فَالْيَوْمَ نَنسَاهُمْ كَمَا نَسُواْ
لِقَاء يَوْمِهِمْ هَـذَا وَمَا كَانُواْ بِآيَاتِنَا
يَجْحَدُونَ (٥١)
وَلَقَدْ جِئْنَاهُم بِكِتَابٍ فَصَّلْنَاهُ عَلَى عِلْمٍ
هُدًى وَرَحْمَةً لِّقَوْمٍ يُؤْمِنُونَ (٥٢)
هَلْ يَنظُرُونَ إِلاَّ تَأْوِيلَهُ يَوْمَ يَأْتِي تَأْوِيلُهُ
يَقُولُ الَّذِينَ نَسُوهُ مِن قَبْلُ قَدْ جَاءتْ
رُسُلُ رَبِّنَا بِالْحَقِّ فَهَل لَّنَا مِن شُفَعَاء
فَيَشْفَعُواْ لَنَا أَوْ نُرَدُّ فَنَعْمَلَ غَيْرَ الَّذِي

الكثرة (الخطيب ٣: ٦١).

ويظهر الفرق في أن قراءة المصحف تعني الاستكبار، والقراءة الثانية تعني الاستكثار.

وتكرر هذا الاختلاف في نفس السورة: ﴿قَالُواْ مَا أَغْنَى عَنكُمْ جَمْعُكُمْ وَمَا كُنتُمْ تَسْتَكْبِرُونَ﴾ (الأعراف ٧: ٤٨).

حيث قرأها البعض: «تستكثرون» (الخطيب ٣: ٦١).

تعليق على الآية ٥٠ من الأعراف

ليت شعري، أين ما تَنْسِب إليهم الآية [الأسراء ١٧: ٩٧] من العمي والبكم والصم؟ ... إنّهم رغم ما هم فيه من عذاب جهنّم وأهوال الجحيم قادرون على رؤية أهل الجنّة وما هم فيه من النعيم، والطلب إليهم بلسان عربيّ مبين أن يُفيضوا عليهم من الماء أو مما رزقهم اللّه:

«ونادى أصحابُ النارِ أصحابَ الجنّة أنْ أَفيضوا علينا من الماء أو ممّا رزقَكُمُ اللّهُ. قالوا: إنَّ اللّهَ حرَّمَهما على الكافرِينَ».

(مِحْنتي مَعَ القُرآن وَمَعَ اللّهِ في القُرآن ١٧٤ - ١٧٥)

كُنَّا نَعْمَلُ قَدْ خَسِرُواْ أَنفُسَهُمْ وَضَلَّ
عَنْهُم مَّا كَانُواْ يَفْتَرُونَ (٥٣)
إِنَّ رَبَّكُمُ اللّهُ الَّذِي خَلَقَ السَّمَاوَاتِ
وَالأَرْضَ فِي سِتَّةِ أَيَّامٍ ثُمَّ اسْتَوَى
عَلَى الْعَرْشِ يُغْشِي اللَّيْلَ النَّهَارَ يَطْلُبُهُ
حَثِيثاً وَالشَّمْسَ وَالْقَمَرَ وَالنُّجُومَ
مُسَخَّرَاتٍ بِأَمْرِهِ أَلاَ لَهُ الْخَلْقُ وَالأَمْرُ
تَبَارَكَ اللّهُ رَبُّ الْعَالَمِينَ (٥٤)
ادْعُواْ رَبَّكُمْ تَضَرُّعاً وَخُفْيَةً إِنَّهُ لاَ
يُحِبُّ الْمُعْتَدِينَ (٥٥)
وَلاَ تُفْسِدُواْ فِي الأَرْضِ بَعْدَ إِصْلاَحِهَا
وَادْعُوهُ خَوْفاً وَطَمَعاً إِنَّ رَحْمَتَ اللّهِ
قَرِيبٌ مِّنَ الْمُحْسِنِينَ (٥٦)
وَهُوَ الَّذِي يُرْسِلُ الرِّيَاحَ بُشْراً بَيْنَ
يَدَيْ رَحْمَتِهِ حَتَّى إِذَا أَقَلَّتْ سَحَاباً
ثِقَالاً سُقْنَاهُ لِبَلَدٍ مَّيِّتٍ فَأَنزَلْنَا بِهِ الْمَاء
فَأَخْرَجْنَا بِهِ مِن كُلِّ الثَّمَرَاتِ كَذَلِكَ
نُخْرِجُ الْموْتَى لَعَلَّكُمْ تَذَكَّرُونَ (٥٧)
وَالْبَلَدُ الطَّيِّبُ يَخْرُجُ نَبَاتُهُ بِإِذْنِ رَبِّهِ
وَالَّذِي خَبُثَ لاَ يَخْرُجُ إِلاَّ نَكِداً كَذَلِكَ
نُصَرِّفُ الآيَاتِ لِقَوْمٍ يَشْكُرُونَ (٥٨)
لَقَدْ أَرْسَلْنَا نُوحاً إِلَى قَوْمِهِ فَقَالَ يَا قَوْمِ

٧: ٥٤

تقول الآية عن الله إن ‹لَهُ الْخَلْقُ وَالأَمْرُ›، فتضع تمييزاً بين الخلق والأمر، وقد سمحت هذه الآية لأصحاب علم الكلام بالقول إن كلام الله قديم لا محدث، وإن الله «ميّز بين الخَلْقِ وبين الأَمْرِ، ولو كان الأمْرُ مخلُوقاً لما صحّ التمييز». وقد رفض أهل السنة هذه المقولة، فنشأت عن العبارة القرآنية مناقشة لاهوتية بخصوص كلام الله تجدها في تفسير الرازي ١٤: ١٢٨-١٣٢.

إن الآية مثال على عدم صفاء تصور وحدانية الله في القرآن.

٧: ٥٥

إضافة لقراءة المصحف ‹خُفْيَةً›، قرأ البعض «خِفْيَةً» (الخطيب ٣: ٧٤)، و«ادْعُواْ... خُفْيَةً»، يعني ادعوه سراً، و«ادْعُواْ... خِفْيَةً»، أي ادعوه بخوف وخشوع. والدعاء لله يجب أن يكون بخشوع، سواءً أكان الدعاء سراً أم جهراً، ولكن القراءتين لا تطلبان الشرطين معاً، فواحدة تأمر بالخشوع والأخرى بالسر، ولهذا قد يأخذ

اعْبُدُواْ اللّهَ مَا لَكُم مِّنْ إِلَـهٍ غَيْرُهُ إِنِّيَ أَخَافُ عَلَيْكُمْ عَذَابَ يَوْمٍ عَظِيمٍ (٥٩)
قَالَ الْمَلأُ مِن قَوْمِهِ إِنَّا لَنَرَاكَ فِي ضَلاَلٍ مُّبِينٍ (٦٠)
قَالَ يَا قَوْمِ لَيْسَ بِي ضَلاَلَةٌ وَلَكِنِّي رَسُولٌ مِّن رَّبِّ الْعَالَمِينَ (٦١)
أُبَلِّغُكُمْ رِسَالاَتِ رَبِّي وَأَنصَحُ لَكُمْ وَأَعْلَمُ مِنَ اللّهِ مَا لاَ تَعْلَمُونَ (٦٢)
أَوَعَجِبْتُمْ أَن جَاءكُمْ ذِكْرٌ مِّن رَّبِّكُمْ عَلَى رَجُلٍ مِّنكُمْ لِيُنذِرَكُمْ وَلِتَتَّقُواْ وَلَعَلَّكُمْ تُرْحَمُونَ (٦٣)
فَكَذَّبُوهُ فَأَنجَيْنَاهُ وَالَّذِينَ مَعَهُ فِي الْفُلْكِ وَأَغْرَقْنَا الَّذِينَ كَذَّبُواْ بِآيَاتِنَا إِنَّهُمْ كَانُواْ قَوْماً عَمِينَ (٦٤)
وَإِلَى عَادٍ أَخَاهُمْ هُوداً قَالَ يَا قَوْمِ اعْبُدُواْ اللّهَ مَا لَكُم مِّنْ إِلَـهٍ غَيْرُهُ أَفَلاَ تَتَّقُونَ (٦٥)
قَالَ الْمَلأُ الَّذِينَ كَفَرُواْ مِن قَوْمِهِ إِنَّا لَنَرَاكَ فِي سَفَاهَةٍ وِإِنَّا لَنَظُنُّكَ مِنَ الْكَاذِبِينَ (٦٦)
قَالَ يَا قَوْمِ لَيْسَ بِي سَفَاهَةٌ وَلَكِنِّي رَسُولٌ مِّن رَّبِّ الْعَالَمِينَ (٦٧)

المسلم بظاهر النص، فيدعو الله سراً بدون حالة الخشوع.

تكررت هذه القراءة في آية: ‹وَاذْكُر رَّبَّكَ فِي نَفْسِكَ تَضَرُّعاً وَخِيفَةً› (الأعراف ٧: ٢٠٥)، حيث قرأها البعض: «وَاذْكُر رَّبَّكَ فِي نَفْسِكَ تَضَرُّعاً وَخُفيةً» (الخطيب ٣: ٢٥٣).

٧ : ٥٧

تلت مجموعة من القراء: ‹بُشْراً›. ولهذه القراءة صيغ مختلفة: بُشُراً، بَشْراً، بُشْرَى (الخطيب ٣: ٧٦ - ٧٧، قارن: المحتسب ١: ٢٥٥). وهذه القراءات تعني البشارة (العكبري ١: ٥٤٨)، والريح البُشر في الآية تلك التي تبشر بالمطر.

قرأ ابن مسعود وابن عباس وآخرون: «نُشْراً» (الخطيب ٣: ٧٨)؛ ولهذه القراءة صيغ مختلفة: نُشُراً، نُشْراً، نَشَراً (المحتسب ١: ٢٥٥، العكبري ١: ٥٤٦ _ ٥٤٧)، وتفيد كلها معاني الانتشار.

فهل الريح تنشر المطر أم تبشر به؟

أُبَلِّغُكُمْ رِسَالاتِ رَبِّي وَأَنَاْ لَكُمْ نَاصِحٌ
أَمِينٌ (٦٨)
أَوَعَجِبْتُمْ أَن جَاءكُمْ ذِكْرٌ مِّن رَّبِّكُمْ
عَلَى رَجُلٍ مِّنكُمْ لِيُنذِرَكُمْ وَاذكُرُواْ
إِذْ جَعَلَكُمْ خُلَفَاء مِن بَعْدِ قَوْمِ نُوحٍ
وَزَادَكُمْ فِي الْخَلْقِ بَسْطَةً فَاذْكُرُواْ
آلاء اللّهِ لَعَلَّكُمْ تُفْلِحُونَ (٦٩)
قَالُواْ أَجِئْتَنَا لِنَعْبُدَ اللّهَ وَحْدَهُ وَنَذَرَ
مَا كَانَ يَعْبُدُ آبَاؤُنَا فَأْتِنَا بِمَا تَعِدُنَا إِن
كُنتَ مِنَ الصَّادِقِينَ (٧٠)
قَالَ قَدْ وَقَعَ عَلَيْكُم مِّن رَّبِّكُمْ رِجْسٌ
وَغَضَبٌ أَتُجَادِلُونَنِي فِي أَسْمَاء
سَمَّيْتُمُوهَا أَنتُمْ وَآبَآؤُكُم مَّا نَزَّلَ اللّهُ
بِهَا مِن سُلْطَانٍ فَانتَظِرُواْ إِنِّي مَعَكُم
مِّنَ الْمُنتَظِرِينَ (٧١)
فَأَنجَيْنَاهُ وَالَّذِينَ مَعَهُ بِرَحْمَةٍ مِّنَّا
وَقَطَعْنَا دَابِرَ الَّذِينَ كَذَّبُواْ بِآيَاتِنَا وَمَا
كَانُواْ مُؤْمِنِينَ (٧٢)
وَإِلَى ثَمُودَ أَخَاهُمْ صَالِحاً قَالَ يَا قَوْمِ
اعْبُدُواْ اللّهَ مَا لَكُم مِّنْ إِلَـهٍ غَيْرُهُ قَدْ
جَاءتْكُم بَيِّنَةٌ مِّن رَّبِّكُمْ هَـذِهِ نَاقَةُ اللّهِ
لَكُمْ آيَةً فَذَرُوهَا تَأْكُلْ فِي أَرْضِ اللّهِ وَلاَ
تَمَسُّوهَا بِسُوَءٍ فَيَأْخُذَكُمْ عَذَابٌ أَلِيمٌ (٧٣)
وَاذْكُرُواْ إِذْ جَعَلَكُمْ خُلَفَاء مِن بَعْدِ
عَادٍ وَبَوَّأَكُمْ فِي الأَرْضِ تَتَّخِذُونَ
مِن سُهُولِهَا قُصُوراً وَتَنْحِتُونَ الْجِبَالَ
بُيُوتاً فَاذْكُرُواْ آلاء اللّهِ وَلاَ تَعْثَوْا فِي
الأَرْضِ مُفْسِدِينَ (٧٤)
قَالَ الْمَلأُ الَّذِينَ اسْتَكْبَرُواْ مِن قَوْمِهِ
لِلَّذِينَ اسْتُضْعِفُواْ لِمَنْ آمَنَ مِنْهُمْ
أَتَعْلَمُونَ أَنَّ صَالِحاً مُّرْسَلٌ مِّن رَّبِّهِ
قَالُواْ إِنَّا بِمَا أُرْسِلَ بِهِ مُؤْمِنُونَ (٧٥)
قَالَ الَّذِينَ اسْتَكْبَرُواْ إِنَّا بِالَّذِيَ آمَنتُمْ
بِهِ كَافِرُونَ (٧٦)
فَعَقَرُواْ النَّاقَةَ وَعَتَوْاْ عَنْ أَمْرِ رَبِّهِمْ
وَقَالُواْ يَا صَالِحُ ائْتِنَا بِمَا تَعِدُنَا إِن
كُنتَ مِنَ الْمُرْسَلِينَ (٧٧)
فَأَخَذَتْهُمُ الرَّجْفَةُ فَأَصْبَحُواْ فِي
دَارِهِمْ جَاثِمِينَ (٧٨)
فَتَوَلَّى عَنْهُمْ وَقَالَ يَا قَوْمِ لَقَدْ أَبْلَغْتُكُمْ
رِسَالَةَ رَبِّي وَنَصَحْتُ لَكُمْ وَلَكِن لاَّ
تُحِبُّونَ النَّاصِحِينَ (٧٩)
وَلُوطاً إِذْ قَالَ لِقَوْمِهِ أَتَأْتُونَ الْفَاحِشَةَ مَا
سَبَقَكُم بِهَا مِنْ أَحَدٍ مِّن الْعَالَمِينَ (٨٠)

إِنَّكُمْ لَتَأْتُونَ الرِّجَالَ شَهْوَةً مِّن دُونِ
النِّسَاء بَلْ أَنتُمْ قَوْمٌ مُّسْرِفُونَ ﴿٨١﴾
وَمَا كَانَ جَوَابَ قَوْمِهِ إِلاَّ أَن قَالُواْ
أَخْرِجُوهُم مِّن قَرْيَتِكُمْ إِنَّهُمْ أُنَاسٌ
يَتَطَهَّرُونَ ﴿٨٢﴾
فَأَنجَيْنَاهُ وَأَهْلَهُ إِلاَّ امْرَأَتَهُ كَانَتْ مِنَ
الْغَابِرِينَ ﴿٨٣﴾
وَأَمْطَرْنَا عَلَيْهِم مَّطَراً فَانظُرْ كَيْفَ
كَانَ عَاقِبَةُ الْمُجْرِمِينَ ﴿٨٤﴾
وَإِلَى مَدْيَنَ أَخَاهُمْ شُعَيْباً قَالَ يَا قَوْمِ
اعْبُدُواْ اللّهَ مَا لَكُم مِّنْ إِلَـهٍ غَيْرُهُ
قَدْ جَاءتْكُم بَيِّنَةٌ مِّن رَّبِّكُمْ فَأَوْفُواْ
الْكَيْلَ وَالْمِيزَانَ وَلاَ تَبْخَسُواْ النَّاسَ
أَشْيَاءهُمْ وَلاَ تُفْسِدُواْ فِي الأَرْضِ
بَعْدَ إِصْلاَحِهَا ذَلِكُمْ خَيْرٌ لَّكُمْ إِن
كُنتُم مُّؤْمِنِينَ ﴿٨٥﴾
وَلاَ تَقْعُدُواْ بِكُلِّ صِرَاطٍ تُوعِدُونَ
وَتَصُدُّونَ عَن سَبِيلِ اللّهِ مَنْ آمَنَ
بِهِ وَتَبْغُونَهَا عِوَجاً وَاذْكُرُواْ إِذْ كُنتُمْ
قَلِيلاً فَكَثَّرَكُمْ وَانظُرُواْ كَيْفَ كَانَ
عَاقِبَةُ الْمُفْسِدِينَ ﴿٨٦﴾
وَإِن كَانَ طَآئِفَةٌ مِّنكُمْ آمَنُواْ بِالَّذِي
أُرْسِلْتُ بِهِ وَطَآئِفَةٌ لَّمْ يْؤْمِنُواْ
فَاصْبِرُواْ حَتَّى يَحْكُمَ اللّهُ بَيْنَنَا وَهُوَ
خَيْرُ الْحَاكِمِينَ ﴿٨٧﴾
قَالَ الْمَلأُ الَّذِينَ اسْتَكْبَرُواْ مِن قَوْمِهِ
لَنُخْرِجَنَّكَ يَا شُعَيْبُ وَالَّذِينَ آمَنُواْ
مَعَكَ مِن قَرْيَتِنَا أَوْ لَتَعُودُنَّ فِي مِلَّتِنَا
قَالَ أَوَلَوْ كُنَّا كَارِهِينَ ﴿٨٨﴾
قَدِ افْتَرَيْنَا عَلَى اللّهِ كَذِباً إِنْ عُدْنَا
فِي مِلَّتِكُم بَعْدَ إِذْ نَجَّانَا اللّهُ مِنْهَا وَمَا
يَكُونُ لَنَا أَن نَّعُودَ فِيهَا إِلاَّ أَن يَشَاءَ
اللّهُ رَبُّنَا وَسِعَ رَبُّنَا كُلَّ شَيْءٍ عِلْماً
عَلَى اللّهِ تَوَكَّلْنَا رَبَّنَا افْتَحْ بَيْنَنَا وَبَيْنَ
قَوْمِنَا بِالْحَقِّ وَأَنتَ خَيْرُ الْفَاتِحِينَ ﴿٨٩﴾
وَقَالَ الْمَلأُ الَّذِينَ كَفَرُواْ مِن قَوْمِهِ لَئِنِ
اتَّبَعْتُمْ شُعَيْباً إِنَّكُمْ إِذاً لَّخَاسِرُونَ ﴿٩٠﴾
فَأَخَذَتْهُمُ الرَّجْفَةُ فَأَصْبَحُواْ فِي
دَارِهِمْ جَاثِمِينَ ﴿٩١﴾
الَّذِينَ كَذَّبُواْ شُعَيْباً كَأَن لَّمْ يَغْنَوْاْ
فِيهَا الَّذِينَ كَذَّبُواْ شُعَيْباً كَانُواْ هُمُ
الْخَاسِرِينَ ﴿٩٢﴾
فَتَوَلَّى عَنْهُمْ وَقَالَ يَا قَوْمِ لَقَدْ أَبْلَغْتُكُمْ
رِسَالاَتِ رَبِّي وَنَصَحْتُ لَكُمْ فَكَيْفَ

آسَى عَلَى قَوْمٍ كَافِرِينَ (٩٣)
وَمَا أَرْسَلْنَا فِي قَرْيَةٍ مِّن نَّبِيٍّ إِلاَّ
أَخَذْنَا أَهْلَهَا بِالْبَأْسَاء وَالضَّرَّاء لَعَلَّهُمْ
يَضَّرَّعُونَ (٩٤)
ثُمَّ بَدَّلْنَا مَكَانَ السَّيِّئَةِ الْحَسَنَةَ حَتَّى
عَفَواْ وَّقَالُواْ قَدْ مَسَّ آبَاءنَا الضَّرَّاء
وَالسَّرَّاء فَأَخَذْنَاهُم بَغْتَةً وَهُمْ لاَ
يَشْعُرُونَ (٩٥)
وَلَوْ أَنَّ أَهْلَ الْقُرَى آمَنُواْ وَاتَّقَواْ
لَفَتَحْنَا عَلَيْهِم بَرَكَاتٍ مِّنَ السَّمَاءِ
وَالأَرْضِ وَلَكِن كَذَّبُواْ فَأَخَذْنَاهُم بِمَا
كَانُواْ يَكْسِبُونَ (٩٦)
أَفَأَمِنَ أَهْلُ الْقُرَى أَن يَأْتِيَهُم بَأْسُنَا
بَيَاتاً وَهُمْ نَآئِمُونَ (٩٧)
أَوَ أَمِنَ أَهْلُ الْقُرَى أَن يَأْتِيَهُمْ بَأْسُنَا
ضُحًى وَهُمْ يَلْعَبُونَ (٩٨)
أَفَأَمِنُواْ مَكْرَ اللّهِ فَلاَ يَأْمَنُ مَكْرَ اللّهِ
إِلاَّ الْقَوْمُ الْخَاسِرُونَ (٩٩)
أَوَلَمْ يَهْدِ لِلَّذِينَ يَرِثُونَ الأَرْضَ مِن بَعْدِ
أَهْلِهَا أَن لَّوْ نَشَاء أَصَبْنَاهُم بِذُنُوبِهِمْ
وَنَطْبَعُ عَلَى قُلُوبِهِمْ فَهُمْ لاَ يَسْمَعُونَ (١٠٠)
تِلْكَ الْقُرَى نَقُصُّ عَلَيْكَ مِنْ أَنبَآئِهَا وَلَقَدْ
جَاءتْهُمْ رُسُلُهُم بِالْبَيِّنَاتِ فَمَا كَانُواْ
لِيُؤْمِنُواْ بِمَا كَذَّبُواْ مِن قَبْلُ كَذَلِكَ يَطْبَعُ
اللّهُ عَلَى قُلُوبِ الْكَافِرِينَ (١٠١)
وَمَا وَجَدْنَا لأَكْثَرِهِم مِّنْ عَهْدٍ وَإِن
وَجَدْنَا أَكْثَرَهُمْ لَفَاسِقِينَ (١٠٢)
ثُمَّ بَعَثْنَا مِن بَعْدِهِم مُّوسَى بِآيَاتِنَا إِلَى
فِرْعَوْنَ وَمَلَئِهِ فَظَلَمُواْ بِهَا فَانظُرْ كَيْفَ
كَانَ عَاقِبَةُ الْمُفْسِدِينَ (١٠٣)
وَقَالَ مُوسَى يَا فِرْعَوْنُ إِنِّي رَسُولٌ مِّن
رَّبِّ الْعَالَمِينَ (١٠٤)
حَقِيقٌ عَلَى أَن لاَّ أَقُولَ عَلَى اللّهِ
إِلاَّ الْحَقَّ قَدْ جِئْتُكُم بِبَيِّنَةٍ مِّن رَّبِّكُمْ
فَأَرْسِلْ مَعِيَ بَنِي إِسْرَائِيلَ (١٠٥)
قَالَ إِن كُنتَ جِئْتَ بِآيَةٍ فَأْتِ بِهَا إِن
كُنتَ مِنَ الصَّادِقِينَ (١٠٦)
فَأَلْقَى عَصَاهُ فَإِذَا هِيَ ثُعْبَانٌ مُّبِينٌ (١٠٧)
وَنَزَعَ يَدَهُ فَإِذَا هِيَ بَيْضَاء لِلنَّاظِرِينَ (١٠٨)
قَالَ الْمَلأُ مِن قَوْمِ فِرْعَوْنَ إِنَّ هَذَا
لَسَاحِرٌ عَلِيمٌ (١٠٩)
يُرِيدُ أَن يُخْرِجَكُم مِّنْ أَرْضِكُمْ فَمَاذَا
تَأْمُرُونَ (١١٠)
قَالُواْ أَرْجِهْ وَأَخَاهُ وَأَرْسِلْ فِي الْمَدَآئِنِ

حَاشِرِينَ (١١١)
يَأْتُوكَ بِكُلِّ سَاحِرٍ عَلِيمٍ (١١٢)
وَجَاءَ السَّحَرَةُ فِرْعَوْنَ قَالُواْ إِنَّ لَنَا
لأَجْرًا إِن كُنَّا نَحْنُ الْغَالِبِينَ (١١٣)
قَالَ نَعَمْ وَإِنَّكُمْ لَمِنَ الْمُقَرَّبِينَ (١١٤)
قَالُواْ يَا مُوسَى إِمَّا أَن تُلْقِيَ وَإِمَّا أَن
نَّكُونَ نَحْنُ الْمُلْقِينَ (١١٥)
قَالَ أَلْقُوْاْ فَلَمَّا أَلْقَوْاْ سَحَرُواْ أَعْيُنَ
النَّاسِ وَاسْتَرْهَبُوهُمْ وَجَاءُوا بِسِحْرٍ
عَظِيمٍ (١١٦)
وَأَوْحَيْنَا إِلَى مُوسَى أَنْ أَلْقِ عَصَاكَ
فَإِذَا هِيَ تَلْقَفُ مَا يَأْفِكُونَ (١١٧)
فَوَقَعَ الْحَقُّ وَبَطَلَ مَا كَانُواْ يَعْمَلُونَ (١١٨)
فَغُلِبُواْ هُنَالِكَ وَانقَلَبُواْ صَاغِرِينَ (١١٩)
وَأُلْقِيَ السَّحَرَةُ سَاجِدِينَ (١٢٠)
قَالُواْ آمَنَّا بِرَبِّ الْعَالَمِينَ (١٢١)
رَبِّ مُوسَى وَهَارُونَ (١٢٢)
قَالَ فِرْعَوْنُ آمَنتُم بِهِ قَبْلَ أَن آذَنَ لَكُمْ إِنَّ
هَذَا لَمَكْرٌ مَّكَرْتُمُوهُ فِي الْمَدِينَةِ لِتُخْرِجُواْ
مِنْهَا أَهْلَهَا فَسَوْفَ تَعْلَمُونَ (١٢٣)
لأُقَطِّعَنَّ أَيْدِيَكُمْ وَأَرْجُلَكُم مِّنْ خِلاَفٍ
ثُمَّ لأُصَلِّبَنَّكُمْ أَجْمَعِينَ (١٢٤)
قَالُواْ إِنَّا إِلَى رَبِّنَا مُنقَلِبُونَ (١٢٥)
وَمَا تَنقِمُ مِنَّا إِلاَّ أَنْ آمَنَّا بِآيَاتِ رَبِّنَا
لَمَّا جَاءَتْنَا رَبَّنَا أَفْرِغْ عَلَيْنَا صَبْرًا
وَتَوَفَّنَا مُسْلِمِينَ (١٢٦)

٧: ١١٧ـ ١٢٢

تقول الرواية إن فرعون نظّم مبارزةً بين موسى ومجموعة من السحرة، انتهت بانتصار موسى، فأعلن السحرة إيمانهم (الأعراف ٧: ١١٧ ـ ١٢٢؛ طه ٢٠: ٦٩ ـ ٧٣؛ الشعراء ٢٦: ٤٥ ـ ٤٨).

وورد ذكر المبارزة في مكان آخر، حيث يقول النص:

إنه ما آمن «إِلاَّ ذُرِّيَّةٌ مِّن قَوْمِهِ»، أي بني إسرائيل (يونس ١٠: ٨٣).

فهل آمن السحرة أم لم يؤمنوا بعد المبارزة؟

وَقَالَ الْمَلأُ مِن قَوْمِ فِرْعَونَ أَتَذَرُ مُوسَى وَقَوْمَهُ لِيُفْسِدُواْ فِي الأَرْضِ وَيَذَرَكَ

٧ : ١٢٧

تخبرنا الآية (١٢٧) من سورة الأعراف أنّ بعض المصريين سألوا فرعون إنْ كان سيبقى ساكناً في مواجهة موسى وبني إسرائيل؛ معبرين عن خشيتهم مما سينتج عن تجاهل نشاط موسى من آثار سلبية على دينهم وعلى وضع دولتهم السياسي، فقال فرعون: ‹سَنُقَتِّلُ أَبْنَاءَهُمْ وَنَسْتَحْيِي نِسَاءَهُمْ، وَإِنَّا فَوْقَهُمْ قَاهِرُونَ!› (سورة الأعراف ٧ : ١٢٧).

يتضح من الآية أن فرعون قد قرر قتل أولاد بني إسرائيل واسترقاق نسائهم بعد شروع موسى بالرسالة، وهو الأمر الذي تؤكده آية أخرى تقول: ‹فَلَمَّا جَاءَهُم [أي موسى] بِالْحَقِّ مِنْ عِندِنَا قَالُوا: «اقْتُلُوا أَبْنَاءَ الَّذِينَ آمَنُوا مَعَهُ، وَاسْتَحْيُوا نِسَاءَهُمْ»› (سورة غافر ٤٠ : ٢٥).

يظهر من هاتيْن الآيتيْن أنّ أمر قتل الأبناء كان تالياً لمجيئ موسى ‹بِالْحَقِّ›. ولكننا نقرأ في موضع آخر أن فرعون أمر بقتل الأولاد قبل ذلك بكثير، حينما كان موسى بعد بالمهد:

‹إِذْ أَوْحَيْنَا إِلَى أُمِّكَ مَا يُوحَى: أَنِ اقْذِفِيهِ فِي التَّابُوتِ فَاقْذِفِيهِ فِي الْيَمِّ، فَلْيُلْقِهِ الْيَمُّ بِالسَّاحِلِ، يَأْخُذْهُ عَدُوٌّ لِّي وَعَدُوٌّ لَّهُ› (سورة طه ٢٠ : ٣٨-٣٩).

ويكرر القرآن هذه الرواية، فيقول: ‹وَأَوْحَيْنَا إِلَى أُمِّ مُوسَى: «أَنْ أَرْضِعِيهِ، فَإِذَا خِفْتِ عَلَيْهِ، فَأَلْقِيهِ فِي الْيَمِّ، وَلَا تَخَافِي وَلَا تَحْزَنِي. إِنَّا رَادُّوهُ إِلَيْكِ وَجَاعِلُوهُ مِنَ الْمُرْسَلِينَ› (سورة القصص ٢٨ : ٧).

تارةً يصرح القرآنُ أنَّ فرعون قرر قتل الأولاد عندما كان موسى رضيعا، وتارة يذكر أن أمر القتل صدر بعد أن بدأ موسى بالدعوة.

إن أغلب المفسرين المسلمين قد غضوا الطرف عن تباين الآيات، في حين أن الطبري (٢٠ : ٣٠٨)، أشار إلى أن ثمة تناقضاً بين الآيات، فحاول الخروج من المتاهة، فكيّف ذلك على أن قرار قتل الأولاد بعد مجيء موسى ‹بِالْحَقِّ› كان القرار الثاني، وأن فرعون استهدف بقراره «أبناء

وَآلِهَتَكَ قَالَ سَنُقَتِّلُ أَبْنَاءهُمْ وَنَسْتَحْيِي نِسَاءهُمْ وَإِنَّا فَوْقَهُمْ قَاهِرُونَ (١٢٧)

الذين آمنوا مع موسى». ومع هذا، لم يبرز الطبري النص القرآني الذي يفيد أن هذا القتل هو القتل الثاني؛ وعلاوة على ذلك، ليس في الآيات أية إشارة، ولو ضمنية، إلى طرح الطبري القائل إنّ الأمر الثاني خاص «بقتلِ أبناء الذين آمنوا مع موسى». وأما الزمخشري (٥: ٣٤٠) وفي تعليقه على (غافر ٤٠: ٢٥)، فذكر أنّ قرار القتل كان القرار الثاني دون أن يفصّل حكايته أو يدعم قوله.

إن تبرير ذلك التناقض كما قدمه الطبري والزمخشري لا سند له في القرآن، ولهذا لم يتمكن المفسران من تعزيز طرحهما بآية ما، فبقي التناقض لغزا قائماً.

قراءة مقترحة

Was there a second period of slaying the sons of the Israelites? By Jochen Katz: <http://answering-islam.org/Quran/Contra/pharaoh_slaying_sons.html>

٧: ١٢٧

جاءت قراءة أغلب القرّاء: ‹آلِهَتَكَ›، جمع إله، والإشارة إلى آلهة كان يعبدها فرعون (الخطيب ٣: ١٣٦).

قرأ ابن مسعود وعلي بن أبي طالب وابن عباس وآخرون: «وإلهتَكَ». وفُسّرت هذه القراءة على معنييْن:

أ. ترك عبادتك يا فرعون. وهذا رأي ابن عباس الذي نقد قراءة المصحف وكان يقول إن فرعون «كان يُعْبَدُ ولا يَعْبُد»؛

ب. قالوا «وإلهتَكَ» هي الشمس التي كان يعبدها فرعون (الخطيب ٣: ١٣٦).

فهل الحديث هنا عن فرعون كمعبود أم عن آلهة يعبدها فرعون؟

قَالَ مُوسَى لِقَوْمِهِ اسْتَعِينُوا بِاللَّهِ وَاصْبِرُواْ إِنَّ الأَرْضَ لِلَّهِ يُورِثُهَا مَن يَشَاءُ مِنْ عِبَادِهِ وَالْعَاقِبَةُ لِلْمُتَّقِينَ (١٢٨)
قَالُواْ أُوذِينَا مِن قَبْلِ أَن تَأْتِينَا وَمِن بَعْدِ مَا جِئْتَنَا قَالَ عَسَى رَبُّكُمْ أَن يُهْلِكَ عَدُوَّكُمْ وَيَسْتَخْلِفَكُمْ فِي الأَرْضِ فَيَنظُرَ كَيْفَ تَعْمَلُونَ (١٢٩)
وَلَقَدْ أَخَذْنَا آلَ فِرْعَونَ بِالسِّنِينَ وَنَقْصٍ مِّن الثَّمَرَاتِ لَعَلَّهُمْ يَذَّكَّرُونَ (١٣٠)
فَإِذَا جَاءتْهُمُ الْحَسَنَةُ قَالُواْ لَنَا هَذِهِ وَإِن تُصِبْهُمْ سَيِّئَةٌ يَطَّيَّرُواْ بِمُوسَى وَمَن مَّعَهُ أَلا إِنَّمَا طَائِرُهُمْ عِندَ اللَّهُ وَلَكِنَّ أَكْثَرَهُمْ لاَ يَعْلَمُونَ (١٣١)
وَقَالُواْ مَهْمَا تَأْتِنَا بِهِ مِن آيَةٍ لِّتَسْحَرَنَا بِهَا فَمَا نَحْنُ لَكَ بِمُؤْمِنِينَ (١٣٢)
فَأَرْسَلْنَا عَلَيْهِمُ الطُّوفَانَ وَالْجَرَادَ وَالْقُمَّلَ وَالضَّفَادِعَ وَالدَّمَ آيَاتٍ مُّفَصَّلاَتٍ فَاسْتَكْبَرُواْ وَكَانُواْ قَوْماً مُّجْرِمِينَ (١٣٣)
وَلَمَّا وَقَعَ عَلَيْهِمُ الرِّجْزُ قَالُواْ يَا مُوسَى ادْعُ لَنَا رَبَّكَ بِمَا عَهِدَ عِندَكَ لَئِن كَشَفْتَ

٧: ١٢٨-١٢٩

يتناول النص وعداً أطلقه موسى لبني إسرائيل بأنهم سيرثون أرض مصر. ولنقرأ ما ورد لدى بعض المفسرين تعريفاً للوعد:

البيضاوي (٤: ٢٧٨): «هو وعد لهم بالنصرة وتذكير لما وعدهم من إهلاك القبط وتوريثهم ديارهم، وتحقيق له، وقد روي أن مصر إنما فتح لهم في عهد داود عليه السلام».

الرازي (١٤: ٢٢١): «وهذا إطماع من موسى قومه في أن يورثهم الله أرض فرعون بعد إهلاكه».

الطبري (١٠: ٣٧١): «يقول [موسى]: لعلّ الله يُورِثُكم إنْ صَبَرتم على ما نالكم من مكروهٍ في أنفسكم وأولادِكم مِن فرعونَ، واحتسبتُم ذلك، واستقمْتم مِن دِينكم على السدادِ أرضَ فرعونَ وقومه».

لا يرد هذا الوعد في التوراة ولا في أي مصدر آخر، بل الوعد كان بخصوص الأرض المقدسة (أرض كنعان). والقرآن نفسه قد أشار إلى ذلك بعد عدة آيات: ﴿وَأَوْرَثْنَا الْقَوْمَ الَّذِينَ كَانُواْ يُسْتَضْعَفُونَ مَشَارِقَ الأَرْضِ وَمَغَارِبَهَا﴾ (الأعراف

عَنَّا الرِّجْزَ لَنُؤْمِنَنَّ لَكَ وَلَنُرْسِلَنَّ مَعَكَ
بَنِي إِسْرَائِيلَ (١٣٤)
فَلَمَّا كَشَفْنَا عَنْهُمُ الرِّجْزَ إِلَى أَجَلٍ هُم
بَالِغُوهُ إِذَا هُمْ يَنكُثُونَ (١٣٥)
فَانتَقَمْنَا مِنْهُمْ فَأَغْرَقْنَاهُمْ فِي الْيَمِّ
بِأَنَّهُمْ كَذَّبُواْ بِآيَاتِنَا وَكَانُواْ عَنْهَا
غَافِلِينَ (١٣٦)
وَأَوْرَثْنَا الْقَوْمَ الَّذِينَ كَانُواْ يُسْتَضْعَفُونَ
مَشَارِقَ الأَرْضِ وَمَغَارِبَهَا الَّتِي بَارَكْنَا
فِيهَا وَتَمَّتْ كَلِمَتُ رَبِّكَ الْحُسْنَى عَلَى بَنِي
إِسْرَائِيلَ بِمَا صَبَرُواْ وَدَمَّرْنَا مَا كَانَ يَصْنَعُ
فِرْعَوْنُ وَقَوْمُهُ وَمَا كَانُواْ يَعْرِشُونَ (١٣٧)
وَجَاوَزْنَا بِبَنِي إِسْرَائِيلَ الْبَحْرَ فَأَتَوْاْ
عَلَى قَوْمٍ يَعْكُفُونَ عَلَى أَصْنَامٍ لَّهُمْ قَالُواْ
يَا مُوسَى اجْعَل لَّنَا إِلَهاً كَمَا لَهُمْ آلِهَةٌ قَالَ
إِنَّكُمْ قَوْمٌ تَجْهَلُونَ (١٣٨)
إِنَّ هَـؤُلاءِ مُتَبَّرٌ مَّا هُمْ فِيهِ وَبَاطِلٌ مَّا
كَانُواْ يَعْمَلُونَ (١٣٩)
قَالَ أَغَيْرَ اللّهِ أَبْغِيكُمْ إِلَهاً وَهُوَ فَضَّلَكُمْ
عَلَى الْعَالَمِينَ (١٤٠)

٧ : ١٣٧)، وهي الأرض التي يقول المفسرون إنها في الشام (الطبري ١٠ : ٤٠٤).

١٣٣ : ٧

تذكر الآية خمس ضربات فقط نزلت على المصريين: ‹الطُّوفَانَ وَالْجَرَادَ وَالْقُمَّلَ وَالضَّفَادِعَ وَالدَّمَ› (الأعراف ٧ : ١٣٣). أما في الواقع، فقد نزل على المصريين عشر ضربات:

الدَّمُ، الضَّفَادِعِ، الْبَعُوضُ، الذُّبَّان، موت المواشي، الدَّمَامِل، الْبَرَدُ، الْجَرَاد، الظَّلاَمُ، موت الأبكار (سِفر الخروج، من الإِصْحَاح السّابع إلى الإِصْحَاح الْحَادِي عَشَرَ).

وتقول الآية إن ‹الطُّوفَانَ› من معجزات موسى، وهذا الحدث الخطير المشهور جرى في الواقع في أيام نوحٍ.

إن اقتصار تعداد الضربات على أربع فحسب، وعزو ‹الطُّوفَانَ› إلى موسى بدلا من نوح يبرهن على معلومات تاريخية وكتابية منقوصة.

وَإِذْ أَنجَيْنَاكُم مِّنْ آلِ فِرْعَوْنَ يَسُومُونَكُمْ
سُوءَ الْعَذَابِ يُقَتِّلُونَ أَبْنَاءَكُمْ وَيَسْتَحْيُونَ
نِسَاءَكُمْ وَفِي ذَٰلِكُم بَلَاءٌ مِّن رَّبِّكُمْ عَظِيمٌ (١٤١)

وَوَاعَدْنَا مُوسَىٰ ثَلَاثِينَ لَيْلَةً وَأَتْمَمْنَاهَا
بِعَشْرٍ فَتَمَّ مِيقَاتُ رَبِّهِ أَرْبَعِينَ لَيْلَةً وَقَالَ
مُوسَىٰ لِأَخِيهِ هَارُونَ اخْلُفْنِي فِي قَوْمِي
وَأَصْلِحْ وَلَا تَتَّبِعْ سَبِيلَ الْمُفْسِدِينَ (١٤٢)
وَلَمَّا جَاءَ مُوسَىٰ لِمِيقَاتِنَا وَكَلَّمَهُ رَبُّهُ
قَالَ رَبِّ أَرِنِي أَنظُرْ إِلَيْكَ قَالَ لَن تَرَانِي
وَلَٰكِنِ انظُرْ إِلَى الْجَبَلِ فَإِنِ اسْتَقَرَّ مَكَانَهُ
فَسَوْفَ تَرَانِي فَلَمَّا تَجَلَّىٰ رَبُّهُ لِلْجَبَلِ
جَعَلَهُ دَكًّا وَخَرَّ مُوسَىٰ صَعِقًا فَلَمَّا
أَفَاقَ قَالَ سُبْحَانَكَ تُبْتُ إِلَيْكَ وَأَنَا أَوَّلُ
الْمُؤْمِنِينَ (١٤٣)
قَالَ يَا مُوسَىٰ إِنِّي اصْطَفَيْتُكَ عَلَى
النَّاسِ بِرِسَالَاتِي وَبِكَلَامِي فَخُذْ مَا
آتَيْتُكَ وَكُن مِّنَ الشَّاكِرِينَ (١٤٤)
وَكَتَبْنَا لَهُ فِي الْأَلْوَاحِ مِن كُلِّ شَيْءٍ
مَّوْعِظَةً وَتَفْصِيلًا لِّكُلِّ شَيْءٍ فَخُذْهَا
بِقُوَّةٍ وَأْمُرْ قَوْمَكَ يَأْخُذُوا بِأَحْسَنِهَا
سَأُرِيكُمْ دَارَ الْفَاسِقِينَ (١٤٥)
سَأَصْرِفُ عَنْ آيَاتِيَ الَّذِينَ يَتَكَبَّرُونَ فِي
الْأَرْضِ بِغَيْرِ الْحَقِّ وَإِن يَرَوْا كُلَّ آيَةٍ لَّا
يُؤْمِنُوا بِهَا وَإِن يَرَوْا سَبِيلَ الرُّشْدِ لَا
يَتَّخِذُوهُ سَبِيلًا وَإِن يَرَوْا سَبِيلَ الْغَيِّ
يَتَّخِذُوهُ سَبِيلًا ذَٰلِكَ بِأَنَّهُمْ كَذَّبُوا بِآيَاتِنَا
وَكَانُوا عَنْهَا غَافِلِينَ (١٤٦)
وَالَّذِينَ كَذَّبُوا بِآيَاتِنَا وَلِقَاءِ الْآخِرَةِ
حَبِطَتْ أَعْمَالُهُمْ هَلْ يُجْزَوْنَ إِلَّا مَا
كَانُوا يَعْمَلُونَ (١٤٧)
وَاتَّخَذَ قَوْمُ مُوسَىٰ مِن بَعْدِهِ مِنْ حُلِيِّهِمْ

١٤١:٧

قراءة أغلب القرّاء: ﴿أَنجَيْنَاكُم﴾ بنون العظمة، وعلى ذلك سارت المدرسة العراقية. وفي مصاحف المدرسة الشامية والحجازية وردت: «أَنجَاكُم» (الخطيب ٣: ١٤٨). والفرق أن القراءة الأولى بنون العظمة حديث على لسان الله، والثانية خبر عن الله.

١٤٥:٧

تقول الآية إن الله كتب لموسى ﴿فِي الأَلْوَاحِ مِن كُلِّ شَيْءٍ﴾؛ ولكن من المعروف أن ما دُونَ كان على لَوحيْن فقط، لا ألْوَاح، وأن الوصايا

عِجْلاً جَسَداً لَّهُ خُوَارٌ أَلَمْ يَرَوْاْ أَنَّهُ لاَ يُكَلِّمُهُمْ وَلاَ يَهْدِيهِمْ سَبِيلاً اتَّخَذُوهُ وَكَانُواْ ظَالِمِينَ (١٤٨)

وَلَمَّا سُقِطَ فَي أَيْدِيهِمْ وَرَأَوْاْ أَنَّهُمْ قَدْ ضَلُّواْ قَالُواْ لَئِن لَّمْ يَرْحَمْنَا رَبُّنَا وَيَغْفِرْ لَنَا لَنَكُونَنَّ مِنَ الْخَاسِرِينَ (١٤٩)

وَلَمَّا رَجَعَ مُوسَى إِلَى قَوْمِهِ غَضْبَانَ أَسِفاً قَالَ بِئْسَمَا خَلَفْتُمُونِي مِن بَعْدِيَ أَعَجِلْتُمْ أَمْرَ رَبِّكُمْ وَأَلْقَى الأَلْوَاحَ وَأَخَذَ بِرَأْسِ أَخِيهِ يَجُرُّهُ إِلَيْهِ قَالَ ابْنَ أُمَّ إِنَّ الْقَوْمَ اسْتَضْعَفُونِي وَكَادُواْ يَقْتُلُونَنِي فَلاَ تُشْمِتْ بِيَ الأعْدَاء وَلاَ تَجْعَلْنِي مَعَ الْقَوْمِ الظَّالِمِينَ (١٥٠)

قَالَ رَبِّ اغْفِرْ لِي وَلأَخِي وَأَدْخِلْنَا فِي رَحْمَتِكَ وَأَنتَ أَرْحَمُ الرَّاحِمِينَ (١٥١)

إِنَّ الَّذِينَ اتَّخَذُواْ الْعِجْلَ سَيَنَالُهُمْ غَضَبٌ مِّن رَّبِّهِمْ وَذِلَّةٌ فِي الْحَياةِ الدُّنْيَا وَكَذَلِكَ نَجْزِي الْمُفْتَرِينَ (١٥٢)

وَالَّذِينَ عَمِلُواْ السَّيِّئَاتِ ثُمَّ تَابُواْ مِن بَعْدِهَا وَآمَنُواْ إِنَّ رَبَّكَ مِن بَعْدِهَا لَغَفُورٌ رَّحِيمٌ (١٥٣)

وَلَمَّا سَكَتَ عَن مُّوسَى الْغَضَبُ أَخَذَ الأَلْوَاحَ وَفِي نُسْخَتِهَا هُدًى وَرَحْمَةٌ لِّلَّذِينَ هُمْ لِرَبِّهِمْ يَرْهَبُونَ (١٥٤)

وَاخْتَارَ مُوسَى قَوْمَهُ سَبْعِينَ رَجُلاً لِّمِيقَاتِنَا فَلَمَّا أَخَذَتْهُمُ الرَّجْفَةُ قَالَ رَبِّ لَوْ شِئْتَ أَهْلَكْتَهُم مِّن قَبْلُ وَإِيَّايَ أَتُهْلِكُنَا بِمَا فَعَلَ السُّفَهَاء مِنَّا إِنْ هِيَ إِلاَّ فِتْنَتُكَ تُضِلُّ بِهَا مَن تَشَاء وَتَهْدِي مَن تَشَاء أَنتَ وَلِيُّنَا فَاغْفِرْ لَنَا وَارْحَمْنَا وَأَنتَ خَيْرُ الْغَافِرِينَ (١٥٥)

وَاكْتُبْ لَنَا فِي هَذِهِ الدُّنْيَا حَسَنَةً وَفِي

(الكلمات) العشر فقط هي التي كُتبت دون تفصيل (سِفْرُ الْخُرُوجِ ٣١: ١٨ و٣٤: ١).

١٤٨:٧

تورد الآية تفصيل صناعة قوم موسى لعجل من الحُلي، وتقول إنه جَسَدٌ ‹لَهُ خُوَارٌ›، والخوارُ: صوتُ البقرِ (الطبري ١٠: ٤٤٧).

وثمة قراءة منسوبة لعلي بن أبي طالب تُتلى: «لهُ جؤار» بالجيم والهمزة، من جار إذا صاح (الرازي ١٥: ٨). ولكن جزئية الصوت لم ترد في النص التوراتي الذى استوحيت منه القصة، ولعلها مأخوذة من القصص الشفهية ليهود الجزيرة العربية (قارن: سِفْرُ الخُروجِ ٣٢: ١-٤).

إِلَيْكَ قَالَ عَذَابِي الآخِـرَةِ إِنَّا هُدْنَا إِلَيْكَ قَالَ عَذَابِي
أُصِيبُ بِهِ مَنْ أَشَاءُ وَرَحْمَتِي وَسِعَتْ
كُلَّ شَيْءٍ فَسَأَكْتُبُهَا لِلَّذِينَ يَتَّقُونَ وَيُؤْتُونَ
الزَّكَاةَ وَالَّذِينَ هُم بِآيَاتِنَا يُؤْمِنُونَ (١٥٦)
الَّذِينَ يَتَّبِعُونَ الرَّسُولَ النَّبِيَّ الأُمِّيَّ الَّذِي
يَجِدُونَهُ مَكْتُوباً عِندَهُمْ فِي التَّوْرَاةِ
وَالإِنْجِيلِ يَأْمُرُهُم بِالْمَعْرُوفِ وَيَنْهَاهُمْ عَنِ
الْمُنكَرِ وَيُحِلُّ لَهُمُ الطَّيِّبَاتِ وَيُحَرِّمُ عَلَيْهِمُ
الْخَبَآئِثَ وَيَضَعُ عَنْهُمْ إِصْرَهُمْ وَالأَغْلاَلَ
الَّتِي كَانَتْ عَلَيْهِمْ فَالَّذِينَ آمَنُواْ بِهِ
وَعَزَّرُوهُ وَنَصَرُوهُ وَاتَّبَعُواْ النُّورَ الَّذِيَ
أُنزِلَ مَعَهُ أُوْلَئِكَ هُمُ الْمُفْلِحُونَ (١٥٧)
قُلْ يَا أَيُّهَا النَّاسُ إِنِّي رَسُولُ اللّهِ إِلَيْكُمْ
جَمِيعاً الَّذِي لَهُ مُلْكُ السَّمَاوَاتِ وَالأَرْضِ
لا إِلَهَ إِلاَّ هُوَ يُحْيِـي وَيُمِيتُ فَآمِنُواْ بِاللّهِ
وَرَسُولِهِ النَّبِيِّ الأُمِّيِّ الَّذِي يُؤْمِنُ بِاللّهِ
وَكَلِمَاتِهِ وَاتَّبِعُوهُ لَعَلَّكُمْ تَهْتَدُونَ (١٥٨)
وَمِن قَوْمِ مُوسَى أُمَّةٌ يَهْدُونَ بِالْحَقِّ وَبِهِ
يَعْدِلُونَ (١٥٩)
وَقَطَّعْنَاهُمُ اثْنَتَيْ عَشْرَةَ أَسْبَاطاً أُمَماً
وَأَوْحَيْنَا إِلَى مُوسَى إِذِ اسْتَسْقَاهُ قَوْمُهُ
أَنِ اضْرِب بِّعَصَاكَ الْحَجَرَ فَانبَجَسَتْ
مِنْهُ اثْنَتَا عَشْرَةَ عَيْناً قَدْ عَلِمَ كُلُّ أُنَاسٍ
مَّشْرَبَهُمْ وَظَلَّلْنَا عَلَيْهِمُ الْغَمَامَ وَأَنزَلْنَا
عَلَيْهِمُ الْمَنَّ وَالسَّلْوَى كُلُواْ مِن طَيِّبَاتِ
مَا رَزَقْنَاكُمْ وَمَا ظَلَمُونَا وَلَكِن كَانُواْ
أَنفُسَهُمْ يَظْلِمُونَ (١٦٠)
وَإِذْ قِيلَ لَهُمُ اسْكُنُواْ هَذِهِ الْقَرْيَةَ وَكُلُواْ
مِنْهَا حَيْثُ شِئْتُمْ وَقُولُواْ حِطَّةٌ وَادْخُلُواْ
الْبَابَ سُجَّداً نَّغْفِرْ لَكُمْ خَطِيئَاتِكُمْ
سَنَزِيدُ الْمُحْسِنِينَ (١٦١)
فَبَدَّلَ الَّذِينَ ظَلَمُواْ مِنْهُمْ قَوْلاً غَيْرَ الَّذِي

٧ : ١٦٠

[راجع التعليق على سورة البقرة، الآية ٦٠، صفحة ١١٦].

٧ : ١٦١

جاء في الآية: ‹وَقُولُواْ: «حِطَّةٌ»، وَادْخُلُواْ الْبَابَ سُجَّداً!› (الأعراف ٧: ١٦١)، في الآية تقديم وتأخير، ولكن الترتيب قد ورد في موضع آخر: ‹وَادْخُلُواْ الْبَابَ سُجَّداً وَقُولُواْ: «حِطَّةٌ»!› (البقرة ٢: ٥٨).

ويعلق الزمخشري (٢: ٥٢٣) على هذا الاختلاف بقوله: «لا بأس باختلاف العبارتين، إذا لم يكن هناك تناقض».

نعم، لا تناقض! ولكن أي العبارتين أصح

قِيلَ لَهُمْ فَأَرْسَلْنَا عَلَيْهِمْ رِجْزاً مِّنَ
السَّمَاءِ بِمَا كَانُواْ يَظْلِمُونَ (١٦٢)
وَاسْأَلْهُمْ عَنِ الْقَرْيَةِ الَّتِي كَانَتْ
حَاضِرَةَ الْبَحْرِ إِذْ يَعْدُونَ فِي السَّبْتِ
إِذْ تَأْتِيهِمْ حِيتَانُهُمْ يَوْمَ سَبْتِهِمْ شُرَّعاً
وَيَوْمَ لاَ يَسْبِتُونَ لاَ تَأْتِيهِمْ كَذَلِكَ نَبْلُوهُم
بِمَا كَانُوا يَفْسُقُونَ (١٦٣)
وَإِذَ قَالَتْ أُمَّةٌ مِّنْهُمْ لِمَ تَعِظُونَ قَوْماً اللّهُ
مُهْلِكُهُمْ أَوْ مُعَذِّبُهُمْ عَذَاباً شَدِيداً قَالُواْ
مَعْذِرَةً إِلَى رَبِّكُمْ وَلَعَلَّهُمْ يَتَّقُونَ (١٦٤)
فَلَمَّا نَسُواْ مَا ذُكِّرُواْ بِهِ أَنجَيْنَا الَّذِينَ
يَنْهَوْنَ عَنِ السُّوءِ وَأَخَذْنَا الَّذِينَ ظَلَمُواْ
بِعَذَابٍ بَئِيسٍ بِمَا كَانُواْ يَفْسُقُونَ (١٦٥)
فَلَمَّا عَتَوْاْ عَن مَّا نُهُواْ عَنْهُ قُلْنَا لَهُمْ
كُونُواْ قِرَدَةً خَاسِئِينَ (١٦٦)
وَإِذْ تَأَذَّنَ رَبُّكَ لَيَبْعَثَنَّ عَلَيْهِمْ إِلَى يَوْمِ
الْقِيَامَةِ مَن يَسُومُهُمْ سُوءَ الْعَذَابِ إِنَّ رَبَّكَ
لَسَرِيعُ الْعِقَابِ وَإِنَّهُ لَغَفُورٌ رَّحِيمٌ (١٦٧)
وَقَطَّعْنَاهُمْ فِي الأَرْضِ أُمَماً مِّنْهُمُ الصَّالِحُونَ
وَمِنْهُمْ دُونَ ذَلِكَ وَبَلَوْنَاهُمْ بِالْحَسَنَاتِ
وَالسَّيِّئَاتِ لَعَلَّهُمْ يَرْجِعُونَ (١٦٨)
فَخَلَفَ مِن بَعْدِهِمْ خَلْفٌ وَرِثُواْ
الْكِتَابَ يَأْخُذُونَ عَرَضَ هَـذَا الأدْنَى
وَيَقُولُونَ سَيُغْفَرُ لَنَا وَإِن يَأْتِهِمْ عَرَضٌ
مِّثْلُهُ يَأْخُذُوهُ أَلَمْ يُؤْخَذْ عَلَيْهِم مِّيثَاقُ
الْكِتَابِ أَن لاَّ يِقُولُواْ عَلَى اللّهِ إِلاَّ الْحَقَّ
وَدَرَسُواْ مَا فِيهِ وَالدَّارُ الآخِرَةُ خَيْرٌ
لِّلَّذِينَ يَتَّقُونَ أَفَلاَ تَعْقِلُونَ (١٦٩)
وَالَّذِينَ يُمَسَّكُونَ بِالْكِتَابِ وَأَقَامُواْ
الصَّلاَةَ إِنَّا لاَ نُضِيعُ أَجْرَ الْمُصْلِحِينَ (١٧٠)
وَإِذ نَتَقْنَا الْجَبَلَ فَوْقَهُمْ كَأَنَّهُ ظُلَّةٌ وَظَنُّواْ
أَنَّهُ وَاقِعٌ بِهِمْ خُذُواْ مَا آتَيْنَاكُم بِقُوَّةٍ

على سلم الإعجاز اللغوي؟ وبعد أن نعرف الجواب نسأل: ولماذا تأتي عبارة بليغة وأخرى دونها في البلاغة؟

٧ : ١٦٦

[راجع التعليق على سورة البقرة ٢ : ٦٥، صفحة ١١٩].

٧ : ١٦٩

قرأ ابن مسعود وآخرون: «وادَّكروا» (الخطيب ٣ : ٢١١، قارن: المحتسب ١ : ٢٦٧-٢٦٨). وتعنى ادّكر: تذكر وحفظ، بينما تعني قراءة المصحف قرءوا، فهل تطلب الآية التذكّر أم القراءة.

وَاذْكُرُواْ مَا فِيهِ لَعَلَّكُمْ تَتَّقُونَ (١٧١)
وَإِذْ أَخَذَ رَبُّكَ مِن بَنِي آدَمَ مِن ظُهُورِهِمْ
ذُرِّيَّتَهُمْ وَأَشْهَدَهُمْ عَلَى أَنفُسِهِمْ أَلَسْتُ
بِرَبِّكُمْ قَالُواْ بَلَى شَهِدْنَا أَن تَقُولُواْ يَوْمَ
الْقِيَامَةِ إِنَّا كُنَّا عَنْ هَذَا غَافِلِينَ (١٧٢)
أَوْ تَقُولُواْ إِنَّمَا أَشْرَكَ آبَاؤُنَا مِن قَبْلُ
وَكُنَّا ذُرِّيَّةً مِّن بَعْدِهِمْ أَفَتُهْلِكُنَا بِمَا فَعَلَ
الْمُبْطِلُونَ (١٧٣)
وَكَذَلِكَ نُفَصِّلُ الآيَاتِ وَلَعَلَّهُمْ يَرْجِعُونَ
(١٧٤)
وَاتْلُ عَلَيْهِمْ نَبَأَ الَّذِيَ آتَيْنَاهُ آيَاتِنَا
فَانسَلَخَ مِنْهَا فَأَتْبَعَهُ الشَّيْطَانُ فَكَانَ
مِنَ الْغَاوِينَ (١٧٥)
وَلَوْ شِئْنَا لَرَفَعْنَاهُ بِهَا وَلَكِنَّهُ أَخْلَدَ إِلَى
الأَرْضِ وَاتَّبَعَ هَوَاهُ فَمَثَلُهُ كَمَثَلِ الْكَلْبِ
إِن تَحْمِلْ عَلَيْهِ يَلْهَثْ أَوْ تَتْرُكْهُ يَلْهَث ذَّلِكَ
مَثَلُ الْقَوْمِ الَّذِينَ كَذَّبُواْ بِآيَاتِنَا فَاقْصُصِ
الْقَصَصَ لَعَلَّهُمْ يَتَفَكَّرُونَ (١٧٦)
سَاء مَثَلاً الْقَوْمُ الَّذِينَ كَذَّبُواْ بِآيَاتِنَا
وَأَنفُسَهُمْ كَانُواْ يَظْلِمُونَ (١٧٧)
مَن يَهْدِ اللّهُ فَهُوَ الْمُهْتَدِي وَمَن يُضْلِلْ
فَأُوْلَئِكَ هُمُ الْخَاسِرُونَ (١٧٨)
وَلَقَدْ ذَرَأْنَا لِجَهَنَّمَ كَثِيراً مِّنَ الْجِنِّ وَالإِنسِ
لَهُمْ قُلُوبٌ لاَّ يَفْقَهُونَ بِهَا وَلَهُمْ أَعْيُنٌ لاَّ
يُبْصِرُونَ بِهَا وَلَهُمْ آذَانٌ لاَّ يَسْمَعُونَ بِهَا
أُوْلَئِكَ كَالأَنْعَامِ بَلْ هُمْ أَضَلُّ أُوْلَئِكَ هُمُ
الْغَافِلُونَ (١٧٩)
وَلِلّهِ الأَسْمَاء الْحُسْنَى فَادْعُوهُ بِهَا وَذَرُواْ

٧ : ١٧٦

تشير الآية إلى رجل، تقول عنه إن مثلَ هذا الرجل مثل الكلْب، إنْ تطرده أو تتركه يُخْرج لسانه لاهثاً: ‹فَمَثَلُهُ كَمَثَلِ الْكَلْبِ إِن تَحْمِلْ عَلَيْهِ يَلْهَثْ أَوْ تَتْرُكْهُ يَلْهَث› (الأعراف ٧ : ١٧٦). والآية تستعمل تشبيهاً يُقصد به الإيحاء بخسة المنعوت. ويقولون إن الآية اختارت هذا النعت لأن «كلّ شيء يلهث فإنّما يَلهثُ مِن إعْياءٍ أو عطش، إلاّ الكلبَ فإنَّه يَلهثُ في حال الكَلالِ وحال الراحةِ، وحال المرضِ وحال الصِّحةِ، وحال الريِّ وحال العطش، فضربه الله مثلاً لمن كذّب بآياته» (القرطبي ٩ : ٣٨٧).

ونسأل: هل هذا التشبيه ينم عن بلاغة مصدرها الله، أم عن «بلاغة» مصدرها ابن البادية؟

الَّذِينَ يُلْحِدُونَ فِي أَسْمَآئِهِ سَيُجْزَوْنَ مَا
كَانُواْ يَعْمَلُونَ (١٨٠)
وَمِمَّنْ خَلَقْنَا أُمَّةٌ يَهْدُونَ بِالْحَقِّ وَبِهِ
يَعْدِلُونَ (١٨١)
وَالَّذِينَ كَذَّبُواْ بِآيَاتِنَا سَنَسْتَدْرِجُهُم مِّنْ
حَيْثُ لاَ يَعْلَمُونَ (١٨٢)
وَأُمْلِي لَهُمْ إِنَّ كَيْدِي مَتِينٌ (١٨٣)
أَوَلَمْ يَتَفَكَّرُواْ مَا بِصَاحِبِهِم مِّن جِنَّةٍ إِنْ
هُوَ إِلاَّ نَذِيرٌ مُّبِينٌ (١٨٤)
أَوَلَمْ يَنظُرُواْ فِي مَلَكُوتِ السَّمَاوَاتِ
وَالأَرْضِ وَمَا خَلَقَ اللّهُ مِن شَيْءٍ وَأَنْ
عَسَى أَن يَكُونَ قَدِ اقْتَرَبَ أَجَلُهُمْ فَبِأَيِّ
حَدِيثٍ بَعْدَهُ يُؤْمِنُونَ (١٨٥)
مَن يُضْلِلِ اللّهُ فَلاَ هَادِيَ لَهُ وَيَذَرُهُمْ فِي
طُغْيَانِهِمْ يَعْمَهُونَ (١٨٦)
يَسْأَلُونَكَ عَنِ السَّاعَةِ أَيَّانَ مُرْسَاهَا قُلْ
إِنَّمَا عِلْمُهَا عِندَ رَبِّي لاَ يُجَلِّيهَا لِوَقْتِهَا
إِلاَّ هُوَ ثَقُلَتْ فِي السَّمَاوَاتِ وَالأَرْضِ
لاَ تَأْتِيكُمْ إِلاَّ بَغْتَةً يَسْأَلُونَكَ كَأَنَّكَ حَفِيٌّ
عَنْهَا قُلْ إِنَّمَا عِلْمُهَا عِندَ اللّهِ وَلَكِنَّ أَكْثَرَ
النَّاسِ لاَ يَعْلَمُونَ (١٨٧)
قُل لاَّ أَمْلِكُ لِنَفْسِي نَفْعاً وَلاَ ضَرّاً إِلاَّ
مَا شَاء اللّهُ وَلَوْ كُنتُ أَعْلَمُ الْغَيْبَ
لاَسْتَكْثَرْتُ مِنَ الْخَيْرِ وَمَا مَسَّنِيَ السُّوءُ
إِنْ أَنَاْ إِلاَّ نَذِيرٌ وَبَشِيرٌ لِّقَوْمٍ يُؤْمِنُونَ (١٨٨)
هُوَ الَّذِي خَلَقَكُم مِّن نَّفْسٍ وَاحِدَةٍ
وَجَعَلَ مِنْهَا زَوْجَهَا لِيَسْكُنَ إِلَيْهَا
فَلَمَّا تَغَشَّاهَا حَمَلَتْ حَمْلاً خَفِيفاً

٧ : ١٨٠

تأمر الآية بترك الوثنيين لشأنهم. ويرى أغلب العلماء أنها قد نسخت بآية السيف: ‹فَاقْتُلُواْ الْمُشْرِكِينَ حَيْثُ وَجَدتُّمُوهُمْ› (التوبة ٩ : ٥) (ابن الجوزي ٣٣٩، الإيضاح ٢٩١، ابن حزم ٣٨).

بينما رأى آخرون أن الآية لا تأمر بترك الوثنيين و شأنهم بل إنها تتضمن تهديداً ووعيداً، وعلى ذلك فليس هناك نسخ (ابن الجوزي ٣٣٩، الإيضاح ٢٩١).

٧ : ١٨٣

القول الأول: إنها منسوخة

قيل أن معنى ‹وَأُمْلِي لَهُمْ›: خلّ عنهم يا محمد ودعهم لحالهم وسأمد لهم فى الحياة غير مُهملِ لسيئاتهم، وسأجازيهم عن سيئاتهم التى كثرت بتماديهم، ولكن هذا المعنى قد نُسخ بآية

فَمَرَّتْ به فَلَمَّا أَثْقَلت دَّعَوَا اللّهَ
رَبَّهُمَا لَئِنْ آتَيْتَنَا صَالِحاً لَّنَكُونَنَّ مِنَ
الشَّاكِرِينَ (١٨٩)
فَلَمَّا آتَاهُمَا صَالِحاً جَعَلاَ لَهُ شُرَكَاء
فِيمَا آتَاهُمَا فَتَعَالَى اللّهُ عَمَّا يُشْرِكُونَ (١٩٠)
أَيُشْرِكُونَ مَا لاَ يَخْلُقُ شَيْئاً وَهُمْ
يُخْلَقُونَ (١٩١)
وَلاَ يَسْتَطِيعُونَ لَهُمْ نَصْراً وَلاَ أَنفُسَهُمْ
يَنصُرُونَ (١٩٢)
وَإِن تَدْعُوهُمْ إِلَى الْهُدَى لاَ يَتَّبِعُوكُمْ
سَوَاء عَلَيْكُمْ أَدَعَوْتُمُوهُمْ أَمْ أَنتُمْ
صَامِتُونَ (١٩٣)
إِنَّ الَّذِينَ تَدْعُونَ مِن دُونِ اللّهِ عِبَادٌ

السيف: ﴿فَاقْتُلُواْ الْمُشْرِكِينَ حَيْثُ وَجَدتُّمُوهُمْ﴾ (التوبة ٩ : ٥) (ابن سلامة ٤٧).

ثمة رأي واحد يقول إن «معنى الآية الأمرُ [لمحمد] بمشاركتهم»، وقد قال صاحبه إن الآية نُسخت بآية السيف: ﴿فَاقْتُلُواْ الْمُشْرِكِينَ حَيْثُ وَجَدتُّمُوهُمْ﴾ (التوبة ٩ : ٥)، ويرفض ابن الجوزي هذا الرأي ويعتبره صادراً عن فهم مغلوط لمعنى الآية (ابن الجوزي ٣٣٩-٣٤٠).

القول الثاني: إنها محكمة

قال مفسرون إنه يُقصَد بـ «الكَيْد» التهديد بمجازاة أهل المكر، وهذا خبر، وبالتالي فالآية محكمة (ابن الجوزي ٣٣٩).

٧ : ١٩٠

تشير الآية إلى آدم وحواء، وتحكي أنه بعد أن رُزقا بولد، جعلا لله شركاء. وقد أشارت الآية إلى الزوجين بصيغة التثنية: «آتَاهُمَا جَعَلاَ»، لكن في ختام الآية ورد: ﴿يُشْرِكُونَ﴾ بصيغة الجمع، وكان يجب أن يأتي الفعل بصيغة التثنية: «يُشْرِكَان».

ما هو المخرج في الأدب الدفاعي؟ جاءت بعض التفسيرات قائلةً:

«عما يُشرك المشركون، ولم يَعْنِهما [أي آدم وحواء]» (الطبري ١٠ : ٦٣٠).

«وقال معظم المفسرين: ﴿فَتَعَالَى اللّهُ عَمَّا

أَمْثَالُكُمْ فَادْعُوهُمْ فَلْيَسْتَجِيبُواْ لَكُمْ إِن كُنتُمْ صَادِقِينَ (١٩٤)
أَلَهُمْ أَرْجُلٌ يَمْشُونَ بِهَا أَمْ لَهُمْ أَيْدٍ يَبْطِشُونَ بِهَا أَمْ لَهُمْ أَعْيُنٌ يُبْصِرُونَ بِهَا أَمْ لَهُمْ آذَانٌ يَسْمَعُونَ بِهَا قُلِ ادْعُواْ شُرَكَاءكُمْ ثُمَّ كِيدُونِ فَلاَ تُنظِرُونِ (١٩٥)
إِنَّ وَلِيِّيَ اللّهُ الَّذِي نَزَّلَ الْكِتَابَ وَهُوَ يَتَوَلَّى الصَّالِحِينَ (١٩٦)
وَالَّذِينَ تَدْعُونَ مِن دُونِهِ لاَ يَسْتَطِيعُونَ نَصْرَكُمْ وَلا أَنفُسَهُمْ يَنْصُرُونَ (١٩٧)
وَإِن تَدْعُوهُمْ إِلَى الْهُدَى لاَ يَسْمَعُواْ وَتَرَاهُمْ يَنظُرُونَ إِلَيْكَ وَهُمْ لاَ يُبْصِرُونَ (١٩٨)

‹يُشْرِكُونَ› في مشركي العرب خاصة، وهو منقطع عن قصة آدم وحواء» (من غرائب آي التنزيل ١٥٢).

نجد في الآية غياب وحدة الفكر، فإذا كان يمكن إيجاد مبرر للقفزات داخل السورة الواحدة بين مختلف طوائف البشر والعصور، فكيف يمكن تبرير عدم مراعاة الترتيب المنطقي التاريخي في نفس الآية، إذ حينما يدور حديث الآية عن آدم وحواء، فلماذا تقحم الآية أمر العرب الوثنيين، لا سيما أن هؤلاء الذين ‹يُشْرِكُونَ› يعيشون في عصر آخر لاحق بفارق زمني غير مختلف عليه، ولديهم قناعات تختلف عن آدم وحواء.

و دون أن يقصدوا ذلك، فإن المدافعين المسلمين قد وجهوا نقداً لبلاغة القرآن إذ أكدوا حدوث الانقطاع في الآية الواحدة.

٧ : ١٩٦

قرأ ابن مسعود: «إِنَّ وَلِيِّيَ اللَّهُ الَّذِي نَزَّلَ الْكِتَابَ بالحقِّ» (الخطيب ٣: ٢٤٦)، بإضافة «بالحقِّ».

خُذِ الْعَفْوَ وَأْمُرْ بِالْعُرْفِ وَأَعْرِضْ عَنِ الْجَاهِلِينَ (١٩٩)
وَإِمَّا يَنزَغَنَّكَ مِنَ الشَّيْطَانِ نَزْغٌ فَاسْتَعِذْ بِاللَّهِ إِنَّهُ سَمِيعٌ عَلِيمٌ (٢٠٠)
إِنَّ الَّذِينَ اتَّقَوْا إِذَا مَسَّهُمْ طَائِفٌ مِّنَ الشَّيْطَانِ تَذَكَّرُوا فَإِذَا هُم مُّبْصِرُونَ (٢٠١)
وَإِخْوَانُهُمْ يَمُدُّونَهُمْ فِي الْغَيِّ ثُمَّ لَا يُقْصِرُونَ (٢٠٢)
وَإِذَا لَمْ تَأْتِهِم بِآيَةٍ قَالُوا لَوْلَا اجْتَبَيْتَهَا قُلْ إِنَّمَا أَتَّبِعُ مَا يُوحَى إِلَيَّ مِن رَّبِّي هَذَا بَصَائِرُ مِن رَّبِّكُمْ وَهُدًى وَرَحْمَةٌ لِّقَوْمٍ يُؤْمِنُونَ (٢٠٣)
وَإِذَا قُرِئَ الْقُرْآنُ فَاسْتَمِعُوا لَهُ وَأَنصِتُوا لَعَلَّكُمْ تُرْحَمُونَ (٢٠٤)
وَاذْكُر رَّبَّكَ فِي نَفْسِكَ تَضَرُّعاً وَخِيفَةً وَدُونَ الْجَهْرِ مِنَ الْقَوْلِ بِالْغُدُوِّ وَالْآصَالِ وَلَا تَكُن مِّنَ الْغَافِلِينَ (٢٠٥)
إِنَّ الَّذِينَ عِندَ رَبِّكَ لَا يَسْتَكْبِرُونَ عَنْ عِبَادَتِهِ وَيُسَبِّحُونَهُ وَلَهُ يَسْجُدُونَ (٢٠٦)

٧: ١٩٩

١. ‹خُذِ الْعَفْوَ وَأْمُرْ بِالْعُرْفِ›

وردت في المصادر ثلاثة أقوال بشأن معنى ‹الْعَفْوَ›:

المعنى الأول: قالوا إن الآية تدعو لقبول «الميسور من أخلاق الناس»، أي عدم التشدد فيما يتعلق بالشروط والمتطلبات الأخلاقية؛ وعلى هذا فالآية محكمة (ابن الجوزي ٣٤٠، الإيضاح ٢٩٢، النحاس ١٤٧).

المعنى الثاني: قالوا إن ‹الْعَفْوَ› يعني المال، وانقسم أصحاب هذا القول إلى الآراء التالية:

أ. قالوا إن ‹الْعَفْوَ› هو الزكاة، فالآية محكمة (ابن الجوزي ٣٤١، الإيضاح ٢٩٢، النحاس ١٤٧).

ب. وقالوا إن ‹الْعَفْوَ› «صدقة كانت تُؤخذ قبل فرض الزكاة»، وبهذا فالآية منسوخة بفريضة الزكاة (ابن الجوزي ٣٤١).

ج. وقالوا أيضا هو أمر للمسلمين بتقديم ما يزيد عن حاجتهم من المال، وقد نسخ هذا المبدأ بالزكاة (ابن حزم ٣٨، ابن سلامة ٤٧، النحاس ١٤٧، شعلة ١٤١).

المعنى الثالث: وينقسم إلى قولين:

أ. قيل أن المقصود بالآية التساهل مع غير المسلمين وتركهم لحالهم، وهو الحكم الذي نُسخ بآية السيف: ﴿فَاقْتُلُواْ الْمُشْرِكِينَ حَيْثُ وَجَدتُّمُوهُمْ﴾ (التوبة ٩: ٥) (ابن الجوزي ٣٤١، الإيضاح ٢٩٢، شعلة ١٤١).

ب. وقيل أنها منسوخة بالأمر بالغلظة عليهم بحكم الآية التي تقول: ﴿يَا أَيُّهَا النَّبِيُّ جَاهِدِ الْكُفَّارَ وَالْمُنَافِقِينَ، وَاغْلُظْ عَلَيْهِمْ﴾ (التوبة ٩: ٧٣)، وكذلك في آية: ﴿يَا أَيُّهَا الَّذِينَ آمَنُواْ قَاتِلُواْ الَّذِينَ يَلُونَكُم مِّنَ الْكُفَّارِ، وَلْيَجِدُواْ فِيكُمْ غِلْظَةً﴾ (التوبة ٩: ١٢٣) (النحاس ١٤٧).

٢. ﴿وَأَعْرِضْ عَنِ الْجَاهِلِينَ﴾

لدينا قولان بصدد كلمة ﴿الْجَاهِلِينَ﴾:

أ. إنه يُقصد بـ ﴿الْجَاهِلِينَ﴾ المشركين، أي إن الآية تأمر بالإعراض عن المشركين، وقد نسخ أمر الإعراض عنهم بآية السيف: ﴿فَاقْتُلُواْ الْمُشْرِكِينَ حَيْثُ وَجَدتُّمُوهُمْ﴾ (التوبة ٩: ٥) (ابن الجوزي ٣٤١، الإيضاح ٢٩٣، ابن حزم ٣٨، ابن سلامة ٤٧).

ب. إنه يُقصد بـ ﴿الْجَاهِلِينَ﴾ السّفهاء، وعلى هذا فالآية محكمة (ابن الجوزي ٣٤١ - ٣٤٢)، وهو الرأي الذي يميل إليه ابن أبي طالب المكي في كتابه الإيضاح (ص ٢٩٣).

سُميت السورة بـ «الأَنفَال»، أيْ الغنائم، لاستهلالها بالحديث عنها، ولأنها تشتمل على بيان أحكام توزيعها.

ويسميها بعض الرواة سُورةَ بَدْرٍ لأنها تنزلت بعد هذه المعركة (ابن عاشور ٩ : ٢٤٥).

يأتي الجزء الأكبر من السورة عقب معركة بدر مباشرةً (Wherry 2:249)، لكن لدينا نصاً في السورة: (الآيات ٦٤ ـ ٦٥) قد أُوحي قبل المعركة (ابن عاشور ٩ : ٢٤٦)، ويلاحظ أنه مدوّن في الجزء الختامي منها، أي أن آيات السورة غير مرتبة زمنياً. من المحتمل أن الآية (٦٤) مكية، إذ رُوي أنها تشير إلى إسلام عمر بن الخطاب (البيضاوي ٤ : ٤١٤).

تتخلل السورة نبرة مرتفعة معتدة، نتجت عن نشوة الانتصار في بدر، فبعد أن خفت صوت المعارضين، جعل محمد انتصاره برهاناً إلهياً على صحة دعواه.

وتشكل هذه السورة اختلافاً حاداً مع السورة الثالثة (آل عمران) التي تنزّلت عقب هزيمة أُحد [راجع مقدمة آل عمران، صفحة ١٧٧]. و« مثل هذه المقارنة يجب أن تبرهن للمسلمين أن الوحي لم يتنزّل من اللوح المحفوظ، بل جاء من قلب محمدٍ » (Wherry 2:249).

يَسْأَلُونَكَ عَنِ الأَنفَالِ قُلِ الأَنفَالُ لِلّه
وَالرَّسُولِ فَاتَّقُواْ اللّهَ وَأَصْلِحُواْ ذَاتَ
بِيْنِكُمْ وَأَطِيعُواْ اللّهَ وَرَسُولَهُ إِن كُنتُم
مُّؤْمِنِينَ (١)
إِنَّمَا الْمُؤْمِنُونَ الَّذِينَ إِذَا ذُكِرَ اللّهُ
وَجِلَتْ قُلُوبُهُمْ وَإِذَا تُلِيَتْ عَلَيْهِمْ
آيَاتُهُ زَادَتْهُمْ إِيمَاناً وَعَلَى رَبِّهِمْ
يَتَوَكَّلُونَ (٢)
الَّذِينَ يُقِيمُونَ الصَّلاَةَ وَمِمَّا رَزَقْنَاهُمْ
يُنفِقُونَ (٣)
أُوْلَئِكَ هُمُ الْمُؤْمِنُونَ حَقّاً لَّهُمْ دَرَجَاتٌ
عِندَ رَبِّهِمْ وَمَغْفِرَةٌ وَرِزْقٌ كَرِيمٌ (٤)
كَمَا أَخْرَجَكَ رَبُّكَ مِن بَيْتِكَ بِالْحَقِّ
وَإِنَّ فَرِيقاً مِّنَ الْمُؤْمِنِينَ لَكَارِهُونَ (٥)
يُجَادِلُونَكَ فِي الْحَقِّ بَعْدَ مَا تَبَيَّنَ كَأَنَّمَا
يُسَاقُونَ إِلَى الْمَوْتِ وَهُمْ يَنظُرُونَ (٦)
وَإِذْ يَعِدُكُمُ اللّهُ إِحْدَى الطَّائِفَتِيْنِ أَنَّهَا
لَكُمْ وَتَوَدُّونَ أَنَّ غَيْرَ ذَاتِ الشَّوْكَةِ
تَكُونُ لَكُمْ وَيُرِيدُ اللّهُ أَن يُحِقَّ الحَقَّ
بِكَلِمَاتِهِ وَيَقْطَعَ دَابِرَ الْكَافِرِينَ (٧)
لِيُحِقَّ الْحَقَّ وَيُبْطِلَ الْبَاطِلَ وَلَوْ كَرِهَ
الْمُجْرِمُونَ (٨)

١ : ٨

تقول الآية إن الأنفال – اى الغنائم– هى ‹لِلّهِ وَالرَّسُولِ›، و يعني هذا أن محمداً هو صاحب القرار في كيفية توزيعها، لكن ذلك قد نُسخ بآية لاحقة: ‹وَاعْلَمُواْ أَنَّمَا غَنِمْتُم مِّن شَيْءٍ فَأَنَّ لِلّهِ خُمُسَهُ وَلِلرَّسُولِ. . .› (الأنفال ٨: ٤١) حيث تقرر الآية أن يتصرّف محمد بالخُمس (ابن الجوزي ٣٤٣، الإيضاح ٢٩٥، ابن سلامة ٤٩، النحاس ١٤٩).

دفع فريق آخر بأنه لا نسخ هنا، بل ما جاء في الآية الثانية هو مجرد إيضاح لما ورد فى الآية الأولى (ابن الجوزي ٣٤٤، الإيضاح ٢٩٥).

هامش

قال علماء الإسلام تعليقاً على هذه الآية إن «الغنائم كانت حراماً في شرائع الأنبياء المتقدمين» فأُبطل التّحريم مع مجئ محمد (ابن الجوزي ٣٤٣).

إِذْ تَسْتَغِيثُونَ رَبَّكُمْ فَاسْتَجَابَ لَكُمْ أَنِّي مُمِدُّكُم بِأَلْفٍ مِّنَ الْمَلآئِكَةِ مُرْدِفِينَ (٩)
وَمَا جَعَلَهُ اللّهُ إِلاَّ بُشْرَى وَلِتَطْمَئِنَّ بِهِ قُلُوبُكُمْ وَمَا النَّصْرُ إِلاَّ مِنْ عِندِ اللّهِ إِنَّ اللّهَ عَزِيزٌ حَكِيمٌ (١٠)
إِذْ يُغَشِّيكُمُ النُّعَاسَ أَمَنَةً مِّنْهُ وَيُنَزِّلُ عَلَيْكُم مِّن السَّمَاء مَاء لِّيُطَهِّرَكُم بِهِ وَيُذْهِبَ عَنكُمْ رِجْزَ الشَّيْطَانِ وَلِيَرْبِطَ عَلَى قُلُوبِكُمْ وَيُثَبِّتَ بِهِ الأَقْدَامَ (١١)
إِذْ يُوحِي رَبُّكَ إِلَى الْمَلآئِكَةِ أَنِّي مَعَكُمْ فَثَبِّتُواْ الَّذِينَ آمَنُواْ سَأُلْقِي فِي قُلُوبِ الَّذِينَ كَفَرُواْ الرَّعْبَ فَاضْرِبُواْ فَوْقَ الأَعْنَاقِ وَاضْرِبُواْ مِنْهُمْ كُلَّ بَنَانٍ (١٢)
ذَلِكَ بِأَنَّهُمْ شَآقُّواْ اللّهَ وَرَسُولَهُ وَمَن يُشَاقِقِ اللّهَ وَرَسُولَهُ فَإِنَّ اللّهَ شَدِيدُ الْعِقَابِ (١٣)
ذَلِكُمْ فَذُوقُوهُ وَأَنَّ لِلْكَافِرِينَ عَذَابَ النَّارِ (١٤)
يَا أَيُّهَا الَّذِينَ آمَنُواْ إِذَا لَقِيتُمُ الَّذِينَ كَفَرُواْ زَحْفاً فَلاَ تُوَلُّوهُمُ الأَدْبَارَ (١٥)

٨ : ٢

قرأها ابن مسعود « فَرِقَت »، وقرأ أُبي بن كعب « فَزِعَتْ » (الخطيب ٣ : ٢٥٨). وفَرِقَ وفَزِع: خاف.

تشير اللفظة المستخدمة في المصحف إلى شعور الخشية والإجلال الذي يتأتى من إدراك عظمة الله؛ بينما تدل قراءة ابن مسعود وأُبي بن كعب على الخوف والفزع.

فعند ذكر الله هل يشعر المسلم بجلال الله أم ينتابه الخوف منه؟

٨ : ٦

قرأها ابن مسعود « بَعْدما بُين » بصيغة المبنى للمجهول (الخطيب ٣ : ٢٦٠).

تعني صيغة قراءة المصحف: بعدما ظهر لهم بأنفسهم، بينما تعني قراءة ابن مسعود: بعدما أظهر شخص ما الأمرَ لهم.

وَمَن يُوَلِّهِمْ يَوْمَئِذٍ دُبُرَهُ إِلاَّ مُتَحَرِّفاً لِّقِتَالٍ أَوْ مُتَحَيِّزاً إِلَى فِئَةٍ فَقَدْ بَاءَ بِغَضَبٍ مِّنَ اللّهِ وَمَأْوَاهُ جَهَنَّمُ وَبِئْسَ الْمَصِيرُ (١٦)
فَلَمْ تَقْتُلُوهُمْ وَلَكِنَّ اللّهَ قَتَلَهُمْ وَمَا رَمَيْتَ إِذْ رَمَيْتَ وَلَكِنَّ اللّهَ رَمَى وَلِيُبْلِيَ الْمُؤْمِنِينَ مِنْهُ بَلاءً حَسَناً إِنَّ اللّهَ سَمِيعٌ عَلِيمٌ (١٧)
ذَلِكُمْ وَأَنَّ اللّهَ مُوهِنُ كَيْدِ الْكَافِرِينَ (١٨)
إِن تَسْتَفْتِحُواْ فَقَدْ جَاءكُمُ الْفَتْحُ وَإِن تَنتَهُواْ فَهُوَ خَيْرٌ لَّكُمْ وَإِن تَعُودُواْ نَعُدْ وَلَن تُغْنِيَ عَنكُمْ فِئَتُكُمْ شَيْئاً وَلَوْ كَثُرَتْ وَأَنَّ اللّهَ مَعَ الْمُؤْمِنِينَ (١٩)
يَا أَيُّهَا الَّذِينَ آمَنُواْ أَطِيعُواْ اللّهَ وَرَسُولَهُ وَلاَ تَوَلَّوْا عَنْهُ وَأَنتُمْ تَسْمَعُونَ (٢٠)
وَلاَ تَكُونُواْ كَالَّذِينَ قَالُوا سَمِعْنَا وَهُمْ لاَ يَسْمَعُونَ (٢١)

٨ : ١٦

أشارت الآية إلى المشاركين في معركة بدر (ابن الجوزي ٣٤٤-٣٤٥)، فأنذرت الفارين من القتال بعقوبة النار (الإيضاح ٢٩٦)، ولكن بما أن حديث الآية يتصل بقواعد المعركة لدى المسلمين، فقد أُختلف بشأنها على قولين:

القول الأول: إنها منسوخة

قال بعض العلماء إن الآية منسوخة بالآية اللاحقة في السورة ذاتها: ‹وَعَلِمَ أَنَّ فِيكُمْ ضَعْفاً فَإِن يَكُن مِّنكُم مِّئَةٌ صَابِرَةٌ يَغْلِبُواْ مِئَتَيْنِ› (الأنفال ٨ : ٦٦)، حيث سُمح للمقاتل المسلم بالانسحاب حينما يربو تعداد العدو عن الضعف (ابن الجوزي ٣٤٥، الإيضاح ٢٩٧، النحاس ١٥٢).

القول الثاني: إنها محكمة

وهذا لسبب من اثنين:

١. في الآية أمرٌ بعدم الفرار من المعركة، وهذا الأمرُ قاعدةٌ قتالية، وبالتالي فهي محكمة (ابن الجوزي ٣٤٦، الإيضاح ٢٩٧، النحاس ١٥٢).
٢. رأى أحد المفسرين أنه لما كان الحديث يتعلق بأهل بدر، فالآية خاصة بهم، وليس لها سمة العموم، وبالتالي فهي محكمة (الإيضاح ٢٩٧، النحاس ١٥٢).

٨ : ٢٢ و٥٥

كان محمدٌ يتعرض للنقد من جانب أهل مكة، ويبدو أن مجموعة من بني عبد الدار

إِنَّ شَرَّ الدَّوَابِّ عِندَ اللّهِ الصُّمُّ الْبُكْمُ الَّذِينَ لاَ يَعْقِلُونَ (٢٢)
وَلَوْ عَلِمَ اللّهُ فِيهِمْ خَيْراً لَّأسْمَعَهُمْ وَلَوْ أَسْمَعَهُمْ لَتَوَلَّواْ وَّهُم مُّعْرِضُونَ (٢٣)
يَا أَيُّهَا الَّذِينَ آمَنُواْ اسْتَجِيبُواْ لِلّهِ وَلِلرَّسُولِ إِذَا دَعَاكُم لِمَا يُحْيِيكُمْ وَاعْلَمُواْ أَنَّ اللّهَ يَحُولُ بَيْنَ الْمَرْءِ وَقَلْبِهِ وَأَنَّهُ إِلَيْهِ تُحْشَرُونَ (٢٤)
وَاتَّقُواْ فِتْنَةً لاَّ تُصِيبَنَّ الَّذِينَ ظَلَمُواْ مِنكُمْ خَآصَّةً وَاعْلَمُواْ أَنَّ اللّهَ شَدِيدُ الْعِقَابِ (٢٥)
وَاذْكُرُواْ إِذْ أَنتُمْ قَلِيلٌ مُّسْتَضْعَفُونَ فِي الأَرْضِ تَخَافُونَ أَن يَتَخَطَّفَكُمُ النَّاسُ فَآوَاكُمْ وَأَيَّدَكُم بِنَصْرِهِ وَرَزَقَكُم مِّنَ الطَّيِّبَاتِ لَعَلَّكُمْ تَشْكُرُونَ (٢٦)
يَا أَيُّهَا الَّذِينَ آمَنُواْ لاَ تَخُونُواْ اللّهَ وَالرَّسُولَ وَتَخُونُواْ أَمَانَاتِكُمْ وَأَنتُمْ تَعْلَمُونَ (٢٧)

أفحمته بالسجال، فرد عليهم واصفاً إياهم أنهم ‹شَرَّ الدَّوَابِّ... الصُّمُّ الْبُكْمُ الَّذِينَ لاَ يَعْقِلُونَ› (الطبري ١١ : ١٠٠، القرطبي ٩ : ٤٨٢). ونقرأ أن التشبيه «بالدواب لجهلهم وعدولهم عن الانتفاع بما يقولون ويُقال لهم»، و«بل هم من الدّواب لأنه اسم لما دبّ على الأرض ولم يذكره في معرض التشبيه، بل وصفهم بصفة تليق بهم على طريقة الذّم» (الرازي ١٥ : ١٤٩).

وتمعن الآية في الذّم فتنعتهم بـ ‹الدَّوَابِّ... الصُّمّ الْبُكم›. ثم تختم الآية هجاءها، فتصفهم بالدوّاب ‹الَّذِينَ لاَ يَعْقِلُونَ›، وكأن ثمة دواباً ينطقون ودواباً يعقلون!

إن وصف الآية لمساجلي محمد بأنهم ‹شَرّ الدَّوَابِّ... الصُّمُّ الْبُكْمُ الَّذِينَ لاَ يَعْقِلُونَ› تشبيه يبتغي الشتم، مما يبرهن على أن مؤلف القرآن بشرٌ، لا يطيق أن يرفضه أحد ولا أن يخالفه الرأي، كما يشير إلى سوء مزاجه حينها فيسب مقاوميه. ويُعاد الذّم بعد عدة آيات، حيث يُوصف الذين رفضوا قبول دعوة محمد أنهم ‹شَرّ الدَّوَابِّ› على الإطلاق (الأنفال ٨ : ٥٥).

[قارن مع التعليق على سورة الأعراف، الآية ١٧٦ ، صفحة ٣٦٢].

٨ : ٢٧

قرأها ابن مسعود: «... ولاَ تَخُونُواْ أَمَانَاتِكُمْ»، بتكرار «لا» (الخطيب ٣ : ٢٨٣).

وَاعْلَمُواْ أَنَّمَا أَمْوَالُكُمْ وَأَوْلاَدُكُمْ فِتْنَةٌ
وَأَنَّ اللّهَ عِندَهُ أَجْرٌ عَظِيمٌ (٢٨)
يَا أَيُّهَا الَّذِينَ آمَنُواْ إَن تَتَّقُواْ اللّهَ يَجْعَل
لَّكُمْ فُرْقَاناً وَيُكَفِّرْ عَنكُمْ سَيِّئَاتِكُمْ
وَيَغْفِرْ لَكُمْ وَاللّهُ ذُو الْفَضْلِ الْعَظِيمِ (٢٩)
وَإِذْ يَمْكُرُ بِكَ الَّذِينَ كَفَرُواْ لِيُثْبِتُوكَ أَوْ
يَقْتُلُوكَ أَوْ يُخْرِجُوكَ وَيَمْكُرُونَ وَيَمْكُرُ
اللّهُ وَاللّهُ خَيْرُ الْمَاكِرِينَ (٣٠)
وَإِذَا تُتْلَى عَلَيْهِمْ آيَاتُنَا قَالُواْ قَدْ
سَمِعْنَا لَوْ نَشَاء لَقُلْنَا مِثْلَ هَذَا إِنْ
هَذَا إِلاَّ أَسَاطِيرُ الأوَّلِينَ (٣١)
وَإِذْ قَالُواْ اللَّهُمَّ إِن كَانَ هَذَا هُوَ الْحَقَّ

٨ : ٣٠

تلاها أغلب القرّاء: ‹لِيُثْبِتُوكَ›، أي ليحبسوك (الخطيب ٣: ٢٨٤). قرأ البعض: «لِيُبَيِّتُوك»، من البيات: الغارة بالليل. وقرأ ابن عباس «لِيقيِّدُوك»، من قيّد (الخطيب ٣: ٢٨٤). كما جاءت تلاوة مجموعة من القرّاء: «لِيُعْبِدُوك»، من «أَعْبَدَ» (الخطيب ٣: ٢٨٥)، وأَعْبَد الرجل: صيّره عبداً. وأعَبْدتُ فلاناً أي استعْبَدْتُه.

فهل كان أعداء محمد يخططون لحبسه، أم لمهاجمته ليلاً، أم لتقييده، أم لاستعباده وجعله مسترقا؟

٨ : ٣١-٣٣

كان محمد يتلو على القرشيين النصوص القرآنية، وكان يقص عليهم حكايات وأخباراً قديمة، كبرهان على صحة دعواه بالنبوة، لكن ذلك لم يكن مقنعاً لكثير من القرشيين، فقالوا بأن ما سمعوه من محمد ليس جديداً، وأنه يعيد على مسامعهم أقاصيص الأزمنة الغابرة: ‹إِنْ هَذَا إِلاَّ أَسَاطِيرُ الأَوَّلِينَ› (الأنفال ٨: ٣١).

لم يرَ القرشيون في القرآن معجزةً لغوية أو قصصية، بل رأوا فيه إبداعاً يمكن محاكاته، ‹لَوْ نَشَاء لَقُلْنَا مِثْلَ هَذَا›، وربما مضاهاته. ولما كانت الآيات القرآنية تكرر ما يعرفونه من ‹أَسَاطِير الأَوَّلِينَ›، فقد وجّهوا نداءً لإله محمد أن يبرهن لهم حتى لو تعرضوا للعذاب على صدق محمد: ‹اللَّهُمَّ! إِنْ كَانَ هَذَا هُوَ الْحَقَّ مِنْ عندكَ فَأَمْطِرْ عَلَيْنَا حِجَارَةً مِّنَ السَّمَاءِ، أَوِ ائْتِنَا بِعَذَابٍ أَلِيمٍ› (الأنفال ٨: ٣٢).

كان ذلك تحدياً كبيراً. ولمّا كان محمد يعرف أن البرهان الإلهي لن يأتي، فإنه تخلص من التحدي بذكاءٍ، فقال للقرشيين إن الله لن

مِنْ عِندِكَ فَأَمْطِرْ عَلَيْنَا حِجَارَةً مِّنَ
السَّمَاءِ أَوِ ائْتِنَا بِعَذَابٍ أَلِيمٍ (٣٢)
وَمَا كَانَ اللَّهُ لِيُعَذِّبَهُمْ وَأَنتَ فِيهِمْ وَمَا كَانَ
اللَّهُ مُعَذِّبَهُمْ وَهُمْ يَسْتَغْفِرُونَ (٣٣)
وَمَا لَهُمْ أَلَّا يُعَذِّبَهُمُ اللَّهُ وَهُمْ يَصُدُّونَ
عَنِ الْمَسْجِدِ الْحَرَامِ وَمَا كَانُوا أَوْلِيَاءَهُ
إِنْ أَوْلِيَاؤُهُ إِلَّا الْمُتَّقُونَ وَلَكِنَّ أَكْثَرَهُمْ لَا
يَعْلَمُونَ (٣٤)
وَمَا كَانَ صَلَاتُهُمْ عِندَ الْبَيْتِ إِلَّا
مُكَاءً وَتَصْدِيَةً فَذُوقُوا الْعَذَابَ بِمَا
كُنتُمْ تَكْفُرُونَ (٣٥)
إِنَّ الَّذِينَ كَفَرُوا يُنفِقُونَ أَمْوَالَهُمْ لِيَصُدُّوا

يعذبهم لأنه مقيم بين ظهرانيهم: ‹وَمَا كَانَ اللَّهُ لِيُعَذِّبَهُمْ وَأَنتَ [يا محمد!] فِيهِمْ› (الأنفال ٨: ٣٣). ثم استدركت الآية: ‹وَمَا كَانَ اللَّهُ مُعَذِّبَهُمْ وَهُمْ يَسْتَغْفِرُونَ›، مع أن القرشيين لم يكونوا مسلمين، ولم يقبلوا دعوة محمدٍ، فكيف كانوا يستغفرون؟ ويسارع احد المفسرين لتبرير ما لا يُبرر، فيقول:

كان القرشيون الوثنيون «يقولون في الطواف: «غفرانك»، وقيل: إن الاستغفار راجع إلى المسلمين الذين هم بين أظهرهم: أي ما كان الله معذّبهم وفيهم مَن يستغفر من المسلمين» (القرطبي ٩: ٤٩٧).

ونسأل: إن كان وجود محمد والمسلمين هو الواقي لقريش من عذاب الله، فلماذا لم ينزل الله بهم العذاب بعد أن هاجر محمد وأصحابه، ألم يحرق الله سدوم وعمورة بعدما أخرج لوطاً منها؟!

٨: ٣٣

تقول الآية إن العذاب لن ينزل على قريش لأن محمداً مقيم بين ظهرانيهم، وهذا ما نُسخ بالآية التي تليها: ‹وَمَا لَهُمْ أَلَّا يُعَذِّبَهُمُ اللَّهُ› (الأنفال ٨: ٣٤) (ابن الجوزي ٣٤٦، الإيضاح ٢٩٨، ابن حزم ٣٩، ابن سلامة ٤٩، النحاس ١٥٤، شعلة ١٤٢).

رأى فريق آخر أن منطوق الآية يعني أن العذاب لن يحل ومحمد ‹فِيهِمْ›، وإنهم وإنْ كانوا يستحقون العذاب، إلا أن وجود محمد والمسلمين بينهم «منع من تعجيل ذلك»، وهذا خبر، وبالتالي فالآية ليست منسوخة (ابن الجوزي ٣٤٦ - ٣٤٧، قارن: الإيضاح ٢٩٨، النحاس ١٥٣، شعلة ١٤٢).

عَن سَبِيلِ اللّهِ فَسَيُنفِقُونَهَا ثُمَّ تَكُونُ
عَلَيْهِمْ حَسْرَةً ثُمَّ يُغْلَبُونَ وَالَّذِينَ كَفَرُواْ إِلَى
جَهَنَّمَ يُحْشَرُونَ (٣٦)
لِيَمِيزَ اللّهُ الْخَبِيثَ مِنَ الطَّيِّبِ وَيَجْعَلَ الْخَبِيثَ
بَعْضَهُ عَلَى بَعْضٍ فَيَرْكُمَهُ جَمِيعاً فَيَجْعَلَهُ فِي
جَهَنَّمَ أُوْلَئِكَ هُمُ الْخَاسِرُونَ (٣٧)
قُل لِلَّذِينَ كَفَرُواْ إِن يَنتَهُواْ يُغَفَرْ لَهُم مَّا
قَدْ سَلَفَ وَإِنْ يَعُودُواْ فَقَدْ مَضَتْ سُنَّةُ
الأَوَّلِينِ (٣٨)
وَقَاتِلُوهُمْ حَتَّى لاَ تَكُونَ فِتْنَةٌ وَيَكُونَ
الدِّينُ كُلُّهُ لِلّه فَإِنِ انتَهَوْاْ فَإِنَّ اللّهَ بِمَا
يَعْمَلُونَ بَصِيرٌ (٣٩)
وَإِن تَوَلَّوْاْ فَاعْلَمُواْ أَنَّ اللّهَ مَوْلاَكُمْ نِعْمَ
الْمَوْلَى وَنِعْمَ النَّصِيرُ (٤٠)
وَاعْلَمُواْ أَنَّمَا غَنِمْتُم مِّن شَيْءٍ فَأَنَّ لِلّهِ
خُمُسَهُ وَلِلرَّسُولِ وَلِذِي الْقُرْبَى وَالْيَتَامَى
وَالْمَسَاكِينِ وَابْنِ السَّبِيلِ إِن كُنتُمْ آمَنتُمْ بِاللّهِ
وَمَا أَنزَلْنَا عَلَى عَبْدِنَا يَوْمَ الْفُرْقَانِ يَوْمَ الْتَقَى
الْجَمْعَانِ وَاللّهُ عَلَى كُلِّ شَيْءٍ قَدِيرٌ (٤١)
إِذْ أَنتُم بِالْعُدْوَةِ الدُّنْيَا وَهُم بِالْعُدْوَةِ
الْقُصْوَى وَالرَّكْبُ أَسْفَلَ مِنكُمْ وَلَوْ
تَوَاعَدتَّمْ لاَخْتَلَفْتُمْ فِي الْمِيعَادِ وَلَكِن

٨ : ٣٨

قيل أن الآية منسوخة بالأمر التالي: ‹وَقَاتِلُوهُمْ حَتَّى لاَ تَكُونَ فِتْنَةٌ وَيَكُونَ الدِّينُ كُلُّهُ لِلّه...› (الأنفال ٨: ٣٩) (ابن حزم ٣٩، ابن سلامة ٥٠).

وقال آخرون إن ما جاء في الآية تهديد ووعيد، وهذا مبدأ لا يُنسخ (ابن سلامة ٥٠).

٨ : ٤١

تحدد الآية الفئات المستفيدة من «الخُمس»، وتنص على أن جزءاً من الخُمس يذهب ‹لِلرَّسُولِ›، أيْ: لمحمد.

ما هو الخُمس؟

الخُمس: يُقصد به خُمس الغَنَائِم، وخُمس ما يكشفه الأفراد من المعادن والكنوز الأثرية. ويعود قانون الخُمس بجذوره إلى التقاليد العربية في الجزيرة العربية قبل الإسلام، إذْ كان يحق لسيد القبيلة أن يأخذ نسبةً من الغنائم، كما كان يحق له أن يبسط سلطانه على أي قطعة أرض، فيعلن حمايته، وعندها لا يجوز لأحد الاقتراب من الموقع المحمي إلاّ بموافقته.

إذاً، نلاحظ أن الآية تكرس إحدى الممارسات الشائعة لدى العرب الجاهليين، مع أنهم هم أنفسهم من وصفهم القرآن بالكفار والضالين الذين أتاهم محمد ليهديهم إلى

لِّيَقْضِيَ اللّهُ أَمْراً كَانَ مَفْعُولاً لِّيَهْلِكَ مَنْ
هَلَكَ عَن بَيِّنَةٍ وَيَحْيَى مَنْ حَيَّ عَن بَيِّنَةٍ
وَإِنَّ اللّهَ لَسَمِيعٌ عَلِيمٌ (٤٢)
إِذْ يُرِيكَهُمُ اللّهُ فِي مَنَامِكَ قَلِيلاً وَلَوْ أَرَاكَهُمْ
كَثِيراً لَّفَشِلْتُمْ وَلَتَنَازَعْتُمْ فِي الأَمْرِ وَلَكِنَّ
اللّهَ سَلَّمَ إِنَّهُ عَلِيمٌ بِذَاتِ الصُّدُورِ (٤٣)
وَإِذْ يُرِيكُمُوهُمْ إِذِ الْتَقَيْتُمْ فِي أَعْيُنِكُمْ قَلِيلاً
وَيُقَلِّلُكُمْ فِي أَعْيُنِهِمْ لِيَقْضِيَ اللّهُ أَمْراً كَانَ
مَفْعُولاً وَإِلَى اللّهِ تُرْجَعُ الأُمُورُ (٤٤)
يَا أَيُّهَا الَّذِينَ آمَنُواْ إِذَا لَقِيتُمْ فِئَةً فَاثْبُتُواْ
وَاذْكُرُواْ اللّهَ كَثِيراً لَّعَلَّكُمْ تُفْلَحُونَ (٤٥)

وَأَطِيعُواْ اللّهَ وَرَسُولَهُ وَلاَ تَنَازَعُواْ
فَتَفْشَلُواْ وَتَذْهَبَ رِيحُكُمْ وَاصْبِرُواْ إِنَّ
اللّهَ مَعَ الصَّابِرِينَ (٤٦)
وَلاَ تَكُونُواْ كَالَّذِينَ خَرَجُواْ مِن دِيَارِهِم
بَطَراً وَرِئَاء النَّاسِ وَيَصُدُّونَ عَن سَبِيلِ
اللّهِ وَاللّهُ بِمَا يَعْمَلُونَ مُحِيطٌ (٤٧)
وَإِذْ زَيَّنَ لَهُمُ الشَّيْطَانُ أَعْمَالَهُمْ وَقَالَ لاَ
غَالِبَ لَكُمُ الْيَوْمَ مِنَ النَّاسِ وَإِنِّي جَارٌ لَّكُمْ
فَلَمَّا تَرَاءتِ الْفِئَتَانِ نَكَصَ عَلَى عَقِبَيْهِ
وَقَالَ إِنِّي بَرِيءٌ مِّنكُمْ إِنِّي أَرَى مَا لاَ تَرَوْنَ
إِنِّيَ أَخَافُ اللّهَ وَاللّهُ شَدِيدُ الْعِقَابِ (٤٨)

التوبة من ظلمات الضلال! فهل النبي الحق يقوم بالحروب ويحتفظ بنسبة من الأسلاب وفق تقاليد الجاهلية؟

انظر بصدد الخُمس

- كتاب الأموال لأَبِي عُبَيْدَةَ.
- الأَحْكَامُ السُّلطَانيَّة والولايَات الدِينيّة للمَاوَرْدي.
- المُفَصَّل في تاريخ العرب قبل الإِسلام، الجزء الخامس:

فصل «الحروب» وفصل «في الفقه الجاهلي».

٨ : ٤٢

قرأها ابن مسعود: «إِذْ أَنتُم بِالْعُدْوَةِ الدُّنْيَا وَهُم بِالْعُدْوَةِ السّفلى» (الخطيب ٣: ٢٩٨).

فهل هم في المنطقة ‹القصوى›، أي: البعيدة، أم السّفلى؟

٨ : ٤٨

تقول الآية إن الشيطان زّين لقريش محاربة المسلمين، فلما نشبت المعركة في بَدْرٍ، ومالت الكفة لصالح المسلمين، فإن الشيطان قد تراجع قائلاً: ‹إِنِّي بَرِيءٌ مِّنكُمْ! إِنِّي أَرَى مَا لاَ تَرَوْنَ.

إِذْ يَقُولُ الْمُنَافِقُونَ وَالَّذِينَ فِي قُلُوبِهِم
مَّرَضٌ غَرَّ هَـؤُلاء دِينُهُمْ وَمَن يَتَوَكَّلْ
عَلَى اللّهِ فَإِنَّ اللّهَ عَزِيزٌ حَكِيمٌ (٤٩)
وَلَوْ تَرَى إِذْ يَتَوَفَّى الَّذِينَ كَفَرُواْ
الْمَلآئِكَةُ يَضْرِبُونَ وُجُوهَهُمْ وَأَدْبَارَهُمْ
وَذُوقُواْ عَذَابَ الْحَرِيقِ (٥٠)
ذَلِكَ بِمَا قَدَّمَتْ أَيْدِيكُمْ وَأَنَّ اللّهَ لَيْسَ
بِظَلاَّمٍ لِّلْعَبِيدِ (٥١)
كَدَأْبِ آلِ فِرْعَوْنَ وَالَّذِينَ مِن قَبْلِهِمْ
كَفَرُواْ بِآيَاتِ اللّهِ فَأَخَذَهُمُ اللّهُ بِذُنُوبِهِمْ
إِنَّ اللّهَ قَوِيٌّ شَدِيدُ الْعِقَابِ (٥٢)
ذَلِكَ بِأَنَّ اللّهَ لَمْ يَكُ مُغَيِّراً نِّعْمَةً
أَنْعَمَهَا عَلَى قَوْمٍ حَتَّى يُغَيِّرُواْ مَا
بِأَنفُسِهِمْ وَأَنَّ اللّهَ سَمِيعٌ عَلِيمٌ (٥٣)
كَدَأْبِ آلِ فِرْعَوْنَ وَالَّذِينَ مِن قَبْلِهِمْ كَذَّبُواْ
بآيَاتِ رَبِّهِمْ فَأَهْلَكْنَاهُم بِذُنُوبِهِمْ وَأَغْرَقْنَا
آلَ فِرْعَوْنَ وَكُلٌّ كَانُواْ ظَالِمِينَ (٥٤)
إِنَّ شَرَّ الدَّوَابِّ عِندَ اللّهِ الَّذِينَ كَفَرُواْ

إِنِّيَ أَخَافُ اللّهَ› (الأنفال ٨: ٤٨).

إنْ قبلنا تصوير الآية للشيطان أنه قادر على رؤية ما يجري خلف مسرح المعركة، وأنه يتبرأ من أعداء محمد، فكيف نصدق ما جاء فيها من إعلان إبليس براءته من قريش وخشيته من الله؟

ثم إن سلمنا بما ورد في الآية بأن إبليس قد أعلن مخافته لله، لرأينا بالتالي تحولاً في مسار التاريخ بأسره.

ويتدخل مؤلف «من غرائب آي التنزيل» (ص ١٦٠-١٦١)، لتوضيح ما خفي علينا، فيقول:

- إما أن الشيطان لمّا رأي نزول الملائكة بهذا الشكل الفريد، خشي قيام الساعة، وحلول العذاب عليه.
- وإما أنه خاف أن يلحق به الأذى من الملائكة، ولم يكن يخاف من الهلاك.

أياً كان سبب خوف إبليس، كان يجب عليه لو صحت الآية أن يتوب بعد هذه التجربة، فلماذا لم يتب إبليس؟ عن هذا السؤال تصمت التفاسير وتسكت الدفاعيات.

٨: ٥٥

[أنظر التحليل النقدي للآية ٢٢، صفحة ٣٧٢]

٨: ٦١

لدينا أربعة أقوال بخصوص هذه الآية:

أ. رأت بعض التفسيرات أن الآية تقصد

فَهُمْ لاَ يُؤْمِنُونَ (٥٥)
الَّذِينَ عَاهَدتَّ مِنْهُمْ ثُمَّ يَنقُضُونَ عَهْدَهُمْ
فِي كُلِّ مَرَّةٍ وَهُمْ لاَ يَتَّقُونَ (٥٦)
فَإِمَّا تَثْقَفَنَّهُمْ فِي الْحَرْبِ فَشَرِّدْ بِهِم مَّنْ
خَلْفَهُمْ لَعَلَّهُمْ يَذَّكَّرُونَ (٥٧)
وَإِمَّا تَخَافَنَّ مِن قَوْمٍ خِيَانَةً فَانبِذْ إِلَيْهِمْ
عَلَى سَوَاء إِنَّ اللّهَ لاَ يُحِبُّ الخَائِنِينَ (٥٨)
وَلاَ يَحْسَبَنَّ الَّذِينَ كَفَرُواْ سَبَقُواْ إِنَّهُمْ
لاَ يُعْجِزُونَ (٥٩)
وَأَعِدُّواْ لَهُم مَّا اسْتَطَعْتُم مِّن قُوَّةٍ
وَمِن رِّبَاطِ الْخَيْلِ تُرْهِبُونَ بِهِ عَدْوَّ
اللّهِ وَعَدُوَّكُمْ وَآخَرِينَ مِن دُونِهِمْ
لاَ تَعْلَمُونَهُمُ اللّهُ يَعْلَمُهُمْ وَمَا تُنفِقُواْ
مِن شَيْءٍ فِي سَبِيلِ اللّهِ يُوَفَّ إِلَيْكُمْ
وَأَنتُمْ لاَ تُظْلَمُونَ (٦٠)
وَإِن جَنَحُواْ لِلسَّلْمِ فَاجْنَحْ لَهَا وَتَوَكَّلْ
عَلَى اللّهِ إِنَّهُ هُوَ السَّمِيعُ الْعَلِيمُ (٦١)
وَإِن يُرِيدُواْ أَن يَخْدَعُوكَ فَإِنَّ حَسْبَكَ اللّهُ

المشركين، وبالتالي فإنها قد نُسخت بآية السيف: ﴿فَاقْتُلُواْ الْمُشْرِكِينَ حَيْثُ وَجَدتُّمُوهُمْ﴾ (التوبة ٩: ٥)؛ وقال آخرون إنها منسوخة بآية: ﴿قَاتِلُواْ الَّذِينَ لاَ يُؤْمِنُونَ بِاللّهِ﴾ (التوبة ٩: ٢٩) (ابن الجوزي ٣٤٧ - ٣٤٨، قارن: الإيضاح ٣٠٠).

ب. قال البعض إن الآية تتحدث عن يهود المدينة، وقد نُسخت أيضاً بآية: ﴿قَاتِلُواْ الَّذِينَ لاَ يُؤْمِنُونَ بِاللّهِ﴾ (التوبة ٩: ٢٩) (ابن حزم ٣٩، ابن سلامة ٤٩).

ج. وقال بعضهم إنها منسوخة بآية: ﴿فَلَا تَهِنُوا وَتَدْعُوا إِلَى السَّلْمِ وَأَنتُمُ الْأَعْلَوْنَ﴾ (محمد ٤٧: ٣٥). ولم يحدد أصحاب هذا الرأي من هم الذين ﴿إِن جَنَحُواْ لِلسَّلْمِ﴾ (الإيضاح ٣٠٠، النحاس ١٥٦، شعلة ١٤٢).

د. قال آخرون إن الآية تتناول قضية السلم مع أهل الكتاب ومهادنتهم، وقد نُسخت هذه الموادعة بفرض الجزية: ﴿قَاتِلُواْ الَّذِينَ لاَ يُؤْمِنُونَ بِاللّهِ... حَتَّى يُعْطُواْ الْجِزْيَةَ عَن يَدٍ وَهُمْ صَاغِرُونَ﴾ (التوبة ٩: ٢٩) (ابن الجوزي ٣٤٨ - ٣٤٩، قارن: الإيضاح ٣٠٠).

ملاحظة

لدينا تفسير توفيقي يتفرع عن الرأى الأخير (د) يفيد بأن الآية تقصد أهل الكتاب، وأنها محكمة، ولكن بشرط أداء الجزية: ﴿حَتَّى يُعْطُواْ الْجِزْيَةَ عَن يَدٍ وَهُمْ صَاغِرُونَ﴾ (التوبة ٩: ٢٩) (ابن الجوزي ٣٤٨).

هُوَ الَّذِيَ أَيَّدَكَ بِنَصْرِهِ وَبِالْمُؤْمِنِينَ (٦٢) وَأَلَّفَ بَيْنَ قُلُوبِهِمْ لَوْ أَنفَقْتَ مَا فِي الأَرْضِ جَمِيعاً مَّا أَلَّفَتْ بَيْنَ قُلُوبِهِمْ وَلَكِنَّ اللّهَ أَلَّفَ بَيْنَهُمْ إِنَّهُ عَزِيزٌ حَكِيمٌ (٦٣) يَا أَيُّهَا النَّبِيُّ حَسْبُكَ اللّهُ وَمَنِ اتَّبَعَكَ مِنَ الْمُؤْمِنِينَ (٦٤)

يَا أَيُّهَا النَّبِيُّ حَرِّضِ الْمُؤْمِنِينَ عَلَى الْقِتَالِ إِن يَكُن مِّنكُمْ عِشْرُونَ صَابِرُونَ يَغْلِبُواْ مِئَتَيْنِ وَإِن يَكُن مِّنكُم مِّئَةٌ يَغْلِبُواْ أَلْفاً مِّنَ الَّذِينَ كَفَرُواْ بِأَنَّهُمْ قَوْمٌ لاَّ يَفْقَهُونَ (٦٥) الآنَ خَفَّفَ اللّهُ عَنكُمْ وَعَلِمَ أَنَّ فِيكُمْ ضَعْفاً فَإِن يَكُن مِّنكُم مِّئَةٌ صَابِرَةٌ يَغْلِبُواْ

٨: ٦٥

رأى بعض المفسرين أنّ الآية تأمر بالصمود في القتال مهما كان عدد العدو، لكنها نُسخت بالآية التي تقول: ‹الآنَ خَفَّفَ اللّهُ عَنكُمْ وَعَلِمَ أَنَّ فِيكُمْ ضَعْفاً› (الأنفال ٨: ٦٦)، حيث «فرض على الرجل أن يثبت لرجليْن، فإنْ زاد جاز له الفرار» (ابن الجوزي ٣٤٩ ـ ٣٥١، قارن: الإيضاح ٣٠٠ ـ ٣٠١، ابن حزم ٣٩، ابن سلامة ٤٩، النحاس ١٥٧، شعلة ١٤٣) [قارن مع الآية ١٦ من هذه السورة، صفحة ٣٧٢].

٨: ٦٧

تخلص الآية إلى أنه من المشروع للنبي أن يأخذ أسرى، «لكن بشرط سبق الإثخان في الأرض، والمراد بالإثخان هو القتل والتخويف الشديد» (الرازي ١٥: ٢٠٥). الآية تقول إن النبي هو من يعمل السيف في أعدائه قبل أن يأسر، وتختم القول بأن هذا الشرط يدل على أن الله ‹يُرِيدُ الآخِرَةَ›.

ونسأل

هل الله الرحمن، سيرسل نبياً لا يكتفي بأخذ الأسرى إلاّ بعد الإيغال بالقتل؟

وهل الله الرحيم سيقبل إعزاز دينه بسفك دماء الرافضين؟

وهل الطريق لتنفيذ خطة خلاص الله معبدة بجماجم الناس؟

٨: ٦٧

بعد أنْ حقق المسلمون نصراً على قريش في معركة بَدْرٍ (٢ هجرية/ ٦٢٤ ميلادية)، وتمكنوا من أسر عددٍ من القرشيين، دار جدل داخل القيادة الإسلامية بشأن التعامل مع الأسرى،

مِئَتَيْنِ وَإِن يَكُن مِّنكُمْ أَلْفٌ يَغْلِبُواْ أَلْفَيْنِ
بِإِذْنِ اللّهِ وَاللّهُ مَعَ الصَّابِرِينَ (٦٦)
مَا كَانَ لِنَبِيٍّ أَن يَكُونَ لَهُ أَسْرَى حَتَّى
يُثْخِنَ فِي الأَرْضِ تُرِيدُونَ عَرَضَ الدُّنْيَا
وَاللّهُ يُرِيدُ الآخِرَةَ وَاللّهُ عَزِيزٌ حَكِيمٌ (٦٧)
لَّوْلاَ كِتَابٌ مِّنَ اللّهِ سَبَقَ لَمَسَّكُمْ فِيمَا
أَخَذْتُمْ عَذَابٌ عَظِيمٌ (٦٨)
فَكُلُواْ مِمَّا غَنِمْتُمْ حَلاَلاً طَيِّباً وَاتَّقُواْ اللّهَ
إِنَّ اللّهَ غَفُورٌ رَّحِيمٌ (٦٩)
يَا أَيُّهَا النَّبِيُّ قُل لِّمَن فِي أَيْدِيكُم مِّنَ
الأَسْرَى إِن يَعْلَمِ اللّهُ فِي قُلُوبِكُمْ خَيْراً
يُؤْتِكُمْ خَيْراً مِّمَّا أُخِذَ مِنكُمْ وَيَغْفِرْ لَكُمْ

فانقسمت الآراء إلى فريقيْن، دعا الفريق الأول، ويمثله أبو بكر، الى إطلاق سراح الأسرى وأخذ الفدية منهم؛ وفي المقابل، الرأي القائل بوجوب قتل الأسرى، ويتبناه عمر بن الخطاب. غير أن محمداً انحاز إلى جانب الفريق الأول، فوافق على أخذ الفدية؛ مدفوعاً بعوامل مالية وقبلية. ولكن محمداً كان يدرك التشكيك المتوقع من بعض المسلمين في صواب تصرفه، وقدّر بأن التيار الذي يمثله عمر بن الخطاب قد يسبب له بعض المتاعب، فاستدرك قائلاً: ‹مَا كَانَ لِنَبِيٍّ أَن يَكُونَ لَهُ أَسْرَى حَتَّى يُثْخِنَ فِي الأَرْضِ› (الأنفال ٨: ٦٧)، إي إنه اعترف بأنه كان يجب عليه ألا يقبل الفدية، بل بالأحرى أن يقتل الأسرى (الطبري ١١: ٢٧١-٢٧٤).

وتعبر هذه الآية عن براجماتية محمد السياسية، فهو قد أرضى عملياً الطرف المطالب بأخذ الفدية، كما دغدغ معنوياً الطرف المعارض باعترافه بأن القتل كان أولى. على أية حال، لقي هذا النقاش صداه لاحقاً في الاختلاف بشأن ما إذا كانت هذه الآية منسوخة أم لا:

فقد رأى بعضهم أن الآية منسوخة بمبدأ: ‹فَإِمَّا مَنّاً بَعْدُ وَإِمَّا فِدَاء› (محمد ٤٧: ٤) (ابن الجوزي ٣٥٢، الإيضاح ٣٠١، الطبري ١١: ٢٧٢).

رفض أغلب العلماء نسخ الآية ودفعوا بأنه يشترط قبل أخذ الأسرى أن يوغل المسلمون في قتل العدو (ابن الجوزي ٣٥٢-٣٥٣، الإيضاح ٣٠٢).

٨: ٦٩

يعتقد بعض العلماء أن هذه الآية قد نسخت قاعدةً سار عليها الأنبياء السابقون ألا وهي تحريم الاستفادة من الغنائم، وأنه في عهد محمد صار الاستغنام جائزاً، ويوردون حديثاً لمحمد، يقول فيه: «لم تحلّ الغنائم لأحدٍ قبلنا» (الإيضاح ٣٠٣، النحاس ١٥٨). ويلاحظ أن هذه

وَاللّهُ غَفُورٌ رَّحِيمٌ (٧٠)
وَإِن يُرِيدُواْ خِيَانَتَكَ فَقَدْ خَانُواْ اللّهَ
مِن قَبْلُ فَأَمْكَنَ مِنْهُمْ وَاللّهُ عَلِيمٌ
حَكِيمٌ (٧١)
إِنَّ الَّذِينَ آمَنُواْ وَهَاجَرُواْ وَجَاهَدُواْ
بِأَمْوَالِهِمْ وَأَنفُسِهِمْ فِي سَبِيلِ اللّهِ
وَالَّذِينَ آوَواْ وَّنَصَرُواْ أُوْلَـئِكَ بَعْضُهُمْ
أَوْلِيَاء بَعْضٍ وَالَّذِينَ آمَنُواْ وَلَمْ
يُهَاجِرُواْ مَا لَكُم مِّن وَلاَيَتِهِم مِّن شَيْءٍ
حَتَّى يُهَاجِرُواْ وَإِنِ اسْتَنصَرُوكُمْ فِي
الدِّينِ فَعَلَيْكُمُ النَّصْرُ إِلاَّ عَلَى قَوْمٍ
بَيْنَكُمْ وَبَيْنَهُم مِّيثَاقٌ وَاللّهُ بِمَا تَعْمَلُونَ

الآية لم تنسخ آيةً قرآنية، بل نسخت قاعدة كان يُعتقد أنها سائدة قبل الإسلام، وبالتالي ليس محلها الناسخ والمنسوخ، بل سياقها الأدق هو علم الدين المقارن، ولكن بما إنها وردت في مرجع إسلامي على أنها من النسخ، فقد رأينا انها جديرة بالذكر هنا.

قارن مع تعليق ابن الجوزي على الآية الأولى من سورة الأنفال (ابن الجوزي ٣٤٣ - ٣٤٤).

٨ : ٧٢

١. ﴿إِنَّ الَّذِينَ آمَنُواْ وَهَاجَرُواْ... حَتَّى يُهَاجِرُواْ.﴾

قدم المفسرون آراء مختلفة بخصوصها:

الرأي الأول: إذا كان المسلمون قد تقيدوا، لفترة من الزمن، بقاعدة تنص على أنّ المسلم المهاجر يتوارث فقط مع المسلم المهاجر، بينما يُستبعد من الميراث المسلم الذي لم يهاجر، إلا أنه قد تم نسخ هذه القاعدة بآية: ﴿وَأُوْلُواْ الأَرْحَامِ بَعْضُهُمْ أَوْلَى بِبَعْضٍ﴾ (الأنفال ٨ : ٧٥) (ابن الجوزي ٣٥٣ - ٣٥٤، الإيضاح ٣٠٤، قارن: ابن حزم ٣٩، ابن سلامة ٥٠، النحاس ١٥٨، شعلة ١٤٣).

الرأي الثاني: أنه كان لا يجوز التوارث بين الإعرابي (البدوي) والمهاجر، فأُبطل هذا المبدأ بآية: ﴿وَأُوْلُواْ الأَرْحَامِ بَعْضُهُمْ أَوْلَى بِبَعْضٍ﴾ (الأنفال ٨ : ٧٥) (ابن الجوزي ٣٥٥، الإيضاح ٣٠٥، النحاس ١٥٩ - ١٦٠).

الرأي الثالث: أن الآية تشير إلى المؤاخاة التي قام بها محمد بعد وصوله للمدينة بين المهاجرين والأنصار، فكان المتآخون يتوارثون حتى جاءت الآية: ﴿وَأُوْلُواْ الأَرْحَامِ بَعْضُهُمْ أَوْلَى بِبَعْضٍ﴾ (الأنفال ٨ : ٧٥)، فعاد التوارث ليقوم على قاعدة القرابة فقط (الإيضاح ٣٠٥).

بَصِيرٌ (٧٢)
وَالَّذينَ كَفَرُواْ بَعْضُهُمْ أَوْلِيَاء بَعْض إِلاَّ تَفْعَلُوهُ تَكُن فِتْنَةٌ فِي الأَرْضِ وَفَسَادٌ كَبِيرٌ (٧٣)
وَالَّذِينَ آمَنُواْ وَهَاجَرُواْ وَجَاهَدُواْ فِي سَبِيلِ اللّهِ وَالَّذِينَ آوَواْ وَّنَصَرُواْ أُولَـئِكَ هُمُ الْمُؤْمِنُونَ حَقًّا لَّهُم مَّغْفِرَةٌ وَرِزْقٌ كَرِيمٌ (٧٤)
وَالَّذِينَ آمَنُواْ مِن بَعْدُ وَهَاجَرُواْ وَجَاهَدُواْ مَعَكُمْ فَأُوْلَـئِكَ مِنكُمْ وَأُوْلُواْ الأَرْحَامِ بَعْضُهُمْ أَوْلَى بِبَعْضٍ فِي كِتَابِ اللّهِ إِنَّ اللّهَ بِكُلِّ شَيْءٍ عَلِيمٌ (٧٥)

٢. ‹وَإِنِ اسْتَنصَرُوكُمْ فِي الدِّينِ فَعَلَيْكُمُ النَّصْرُ› تشير الآية إلى اتفاقيات كانت تُعقد بين محمد وبعض القبائل العربية، على المسالمة والنصرة، وقد نُسخت بآية السيف: ‹فَاقْتُلُواْ الْمُشْرِكِينَ حَيْثُ وَجَدتُّمُوهُمْ› (التوبة ٩ : ٥) (ابن سلامة ٥٠).

القرآن
وأتباع الديانات الآخرى

القرآن وأتباع الديانات الأخرى

أهمية سورة التوبة أنها وضعت قواعد التعامل الإسلامية مع أتباع الديانات الأخرى الذين كان محمد على صلة معهم:

أولاً: قدمت السورة أحكاماً قيمية تجاه الأديان الأخرى.

ثانياً: نظمت قواعد التعامل مع أصحابها.

ثالثاً: أرست نهائياً مفهوم الجهاد بوصفه أداة التعامل معهم.

والسورة عموماً مصبوغة بنزعة قتالية، كما يدل على ذلك أمران:

أ. أسماء السورة

تورد مصادر التفسير أسماءً مختلفة للسورة، أشهر هذه الأسماء: «البراءة» و«التوبة»، على أن للسورة أسماءً أخرى. وتعتبر هذه الأسماء بمثابة تعريفات وأوصاف تجسد روح السورة الحربية، مثل: «المُخزية والمُنلكة والمُشرِّدة» (المنار ١٠: ١٧٥). ويُروى أن الصحابي حذيفة قال: «إنّكم تسمونها سورة التوبة، وإنّما هي سورة العذاب» (الجلالين: ١٨٧).

ب . إسقاط «البسملة»

سورة التوبة هي السورة الوحيدة في القرآن التي لا تُكتب «البسملة» في مطلعها. وقد طرحت آراءٌ مختلفة تعليلاً لإسقاط «البسملة»، أبرزها:

١. إنّ «البسملة» تشير إلى الرّحمة والأمان، ولما كانت هذه السورة تحتوي على آيات تحث على القتال، أُسقطت «البسملة» منها.

٢. الرأي الثاني ليس بعيداً عن الرأي الأول، ويعلل بأنه في ذلك العصر كان العرب إذا كتبوا كتاباً يحتوي على نقض عَهدٍ أسقطوا منه «البسملة». وقد قُرِئت السورة بدون «البسملة» حسب هذا التقليد (الشنقيطي ٢: ٥٠١).

يعود اتسام السورة بنزعة الحرب إلى أنها صِيغت في مراحل زمنية من التاريخ الإسلامي كانت حافلة بحملات وغزوات، أهمها:

- الاستعداد لاجتياح مكة (الآيات ١٣ ـ ١٥)؛ ثم فتح مكة في السنة الثامنة الهجرية (٦٣٠ م)، ومعركة حُنَيْنَ التي جرت بعد فتح مكة مباشرة (الآية ٢٥).
- القيام بغزوة تَبُوكَ على مشارف الحدود السورية في السنة التاسعة الهجرية (٦٣١ م)، وهي أول غزوة عسكرية للمسلمين ضد أطراف خارج الجزيرة العربية.
- في السنة التاسعة الهجرية (٦٣١ م)، أرسل محمد أبا بكر إلى مكة ليؤم الحجيج، ولم يكد يصل أبو بكر مكة حتى كان علي بن أبي طالب قد لحق به بأمر من محمد ليقرأ على الحجاج الجزء الأول من سورة التوبة (البيضاوي ٤: ٤٢٦)، وقد اشتمل هذا الجزء على إبطال كل ميثاق سلام عقده محمد مع القبائل العربية المشركة، وعلى حظر تعدد الأديان في وسط الجزيرة العربية ليصبح الإسلام الدين الوحيد.

تقسم سورة التوبة أهل الأديان الأخرى إلى قسمين

١ . **المشركون**: وهم اتباع الديانات غير الكتابية.
٢ . **أهل الكتاب**: وهم اليهود والمسيحيون.

وبناءً على هذا التقسيم تحدد السورة قواعد معاملتهم.

أولاً: المشركون
[الآيات: ١ ـ ٢٨]

أ. حملة التصفية [الآيات: ١ ـ ٦]

تبطل السورة كل عَهْدٍ كان بين محمد والمسلمين من جهة، وبين المشركين من جهة أخرى (آية ١)، ثم تعطي في (الآية٢) إنذاراً مدته ﴿أَرْبَعَةَ أَشْهُرٍ﴾ للمشركين يتمتعون فيها بحرية الحركة، وبعدها يغدون أهدافاً لسيوف المسلمين. وقد أراد محمد من منح مهلة الأربعة أشهر أن يدخل في نفوس المشركين الرعب، وليكون «لهم فيها سعة من الوقت للنظر في أمرهم، والتفكير في عاقبتهم، والتخيير بين الإسلام والاستعداد للمقاومة والصّدام» (المنار ١٠: ١٨١). ثم تطلق

(الآية ٣) التهديد بأنه حتى وإنْ مُنح المشركون مهلة، فإن الله سينزل بهم القتل والأسر في الدنيا والعذاب في الآخرة. بعد ذلك، تنصح الآية المشركين باعتناق الإسلام، وتقول إن ذلك خير لهم. أي أن (الآية٣) تخيِّر المشركين بين أمريْن: إما قبول الإسلام وإما الحرب.

تأتي (الآية٥) لتعلن أنه بعد انقضاء مهلة الأشهر الأربعة، يحلّ سفك دماء المشركين أينما وُجدوا في الجزيرة العربية وحتى لو كانوا في محيط الكعبة، وُيعفى من القتل كل من اعتنق دين الإسلام. كما تأمر الآية المسلمين بالترصد للمشركين في كافة دروبهم، وقتلهم أينما وحيثما وجدوا. وبهذا الأمر أوجبت الآية على المسلمين اعتبار اتباع الأديان غير الكتابية أعداءً، وحددت قواعد القتال التالية:

- في حالة وقوع شخص مشرك بين أيدي المسلمين، يجب قتله فوراً.
- محاصرة المشركين في ديارهم لمنعهم من الحركة.
- الترصد للمشركين في كل مكان، بحيث يستحيل عليهم التحرك بدون رقابة المسلمين. وقد قال المفسرون إن الترصد للمشركين حكم «عام» (المنار ١٠: ١٩٩)، لا ينحصر في الجزيرة العربية في ذلك العصر فحسب، بل في كل مكان وزمان.

إن خضعَ المشركون وتخلوا عن دينهم فاعتنقوا الإسلام، والتزموا بأداء الصلاة والزكاة، يتم منحهم الحرية، ويبعد عنهم سيف الحرب.

وشددت آية تالية على أن اعتناق الإسلام يجب أن يقترن بالصلاة والزكاة: ﴿فَإِن تَابُواْ وَأَقَامُواْ الصَّلاَةَ وَآتَوُاْ الزَّكَاةَ﴾ (التوبة ٢: ١١)، وقد شُدّد على شرطيْ الصلاة والزكاة في هذا الصدد لأن الصلاة هي التعبير الرمزي عن خضوع الفرد لإله الإسلام، وأداء الزكاة تعبير عن الخضوع للدولة الإسلامية والإقرار بشرعية تلك الدولة.

في ختام (الآية٥) يُعلن أن اعتناق المشرك للإسلام (أو استسلامه) يحول بينه وبين القتل، لأن ﴿الله غَفُورٌ رَّحِيمٌ﴾. فالغفران والرحمة مشروطان بالاستسلام لإرادة المسلمين فحسب.

ثمة حالة في (الآية٦) يجوز فيها منح المشرك أماناً مؤقتاً، إن جاء يريد الاسْتَجارَة (أَيْ طلب الأمن) فَيجِبُ على المسلم أن يُلبي طِلْبَه حَتَّى يتعرف على الإسلام، ولكن إن رفض المشرك قبول الإسلام، فيُسمَح له بالمغادرة آمناً، ثم تُشن الحرب عليه مجدداً. وهذا التساهل يهدف إلى توصيل رسالة الإسلام فحسب.

ب. التشكيك في مصداقية المشركين [الآيات: ٧، ٨، ١٠]

تشكك السورة في مصداقية المشركين، فتطرح (الآية ٧) هذا التساؤل الاستنكارى: كيف يحق لهم أن يحصلوا على عَهْدِ المسلمين، في حين أنه حسب اتهام الآية؛ لو غلبوا المسلمين فلن يولّوا أهمية لقرابةٍ ولا لِعَهْدٍ. وتتكرر الفكرة في (الآية ١٠). وتستمر السورة في شيطنة المشركين، فتقول (الآية ٨) إنهم يمارسون سياسة التقية فى وقت الضعف، بينما قلوبهم

مليئة بالبغضاء والكراهية. وتهدف هذه الآيات إلى إضفاء هيئة الشر على المشركين بحيث يرى المسلم أن من واجبه تنفيذ المهام التي عيّنتها الآيات السابقة: الترصد والحصار والقتل.

ج. الْمُشْرِكُونَ نَجَسٌ [آية ٢٨]

ثم يُستأنَف التحريض ضد المشركين بالقول: ‹إِنَّمَا الْمُشْرِكُونَ نَجَسٌ› (آية ٢٨). ونَجَسٌ مصدر «والوصف بالمصدر يستوي فيه المذكّر والمؤنّث والمفرد والمثنّى والجمع... **ويُراد به المبالغة في الوصف بجعل الموصوف كأنّه عَين الصّفة**» (المنار ١٠: ٣٢٢. التشديد لنا). ولم تردْ هذه اللفظة فى اى مكان آخر من القرآن. وقد طرح العلماء المسلمون رأييْن بشأن معنى «النَّجَس»:

- الرأي الأول، ويقول إن الوصف «بالنَّجَس» تعبير مجازي للتحقير، وقال آخرون إن المشركين وُصفوا «بالنَّجَس» لأنهم لا يتقيدون بطقوس التطهر الإسلامية (الزمخشري ٣: ٣٠).
- الرأي الثاني، ويقول إن طبيعة المشركين نجس، إذْ رُويَ عن ابن عباس قوله: «إن أعيانهم نجسة كالكلاب والخنازير» (الزمخشري ٣: ٣٠، قارن: Encyclopaedia of the Qur'ān 1:410). وفي مكان آخر نقرأ إنه قال: «إنّ أعيانهم نجسة كالكلاب» (البيضاوي ٤: ٤٤٨).

كما قال أهل الشيعة الإثنتا عشرية إن غير المسلمين نَجَسٌ بالمعنى الحرفي للكلمة (Encyclopaedia of the Qur'ān 1:343).

إن الوصف «بالنَّجَس» يخلق في ذهن المسلم جملة تداعيات:

١. النجاسة، بمعنى عدم النظافة، والقذارة، وهي فكرة تهدف لخلق نفور مرضي من الآخر.
٢. النجاسة المعنوية، أي فساد الأخلاق، وهي تلعب دوراً في تغذية الكراهية نحو الآخر، بتصويره في هيئة الفاسد الذي يجب تطهير العالم منه.

كما تستخدم السورة لفظة مترادفة هي «الرِّجْسُ»، والتي تعني: القَذَر، الشيء القَذِر، الفعل القبيح؛ حيث جاءت هذه اللفظة وصفاً للذين رفضوا تصديق محمد (الآية ١٢٥)، كما جاءت اللفظة وصفاً لفريق رفض المشاركة في غزوة تبوك، فقالت عنهم (الآية ٩٥): ‹إِنَّهُمْ رِجْسٌ›.

ثانياً: أهل الكتاب
[الآيات: ٢٩ ـ ٣٥]

أ. الجِزْيَة أو القتل [آية ٢٩]

ورد قانون الإسلام بشأن أهل الكتاب في (الآية ٢٩)، حيث احتوت الآية على جملة اتهامات لتبرير طريقة التعامل معهم، إذ قالت الآية إن وجوب مقاتلة أهل الكتاب يعود إلى أنهم:

١. لا يؤمنون بالله.
٢. لا يؤمنون بالآخرة.
٣. لا يلتزمون بتحريمات الإسلام: ‹مَا حَرَّمَ اللهُ وَرَسُولُهُ›.
٤. لا يعتنقون الإسلام: ‹لاَ يَدِينُونَ دِينَ

الْحَقِّ›.

إن البندين: الأول والثاني يدلان على جهل بعقائد اليهودية والمسيحية. وما ورد في هذه الآية أشبه بالبيان السياسي الذي يهدف للتحريض على القتال لا تعريف المسلم بهاتين الديانتيْن، ولا فتح حوار مع المؤمنين بهما.

أما إذا لم يعتنق أهلُ الكتابِ الإسلامَ، فإن (الآية ٢٩) تشترط عليهم، للكف عن مقاتلتهم، دفع الجِزْيَة: ‹عَن يَدٍ، وَهُمْ صَاغِرُونَ›.

ماذا يعني هذا الحكم؟

١. ‹عَن يَدٍ›

- أن يدفع الكتابي الجزية بنفسه، ولا يجوز أن ينوب عنه أحد (القرطبي ١٠: ١٧٠).
- أن يدفعها أهل الكتاب عن قَهرٍ، أي عن غلبة من أمرهم (القرطبي ١٠: ١٧٠).
- والمقصود هو: أن أخذ الجزْيَة منهم إنْعَام [أي: عَطَاءٌ وعَطيَّة] من جانب المسلمين على دافعي الجزية (القرطبي ١٠: ١٧٠).

٢. ‹وَهُمْ صَاغِرُونَ›

أي أذلَّاء مَقْهُورون. و«يقالُ للذليلِ الحقير: صاغِرٌ» (الطبري ١١: ٤٠٧). ومعاني حالة «الصغار» حسب المفسرين:

- أن يُعْطيَ الكتابي الجزية وهو قائمٌ، والآخذُ جالسٌ (الطبري ١١: ٤٠٨). وعندما يصل مؤد الجِزْيَة إلى المتسلم، فإن المتسلّم المسلم يأخذه بتَلْبيبه [يمسك بخُنَّاقِه]، ويقول له: «أدِّ الجِزْيَة» (الزمخشري ٣: ٣٢). وقال آخرون: «إذا أعطى صُفع في قفاه». وقيل يؤخذ بلحيته ويضرب في لِهْزَمَتَيه. وقيل يؤخذ بطوق ثيابه ويُجر إلى موضع الإعطاء بعنف (البغوي ٤: ٣٣ - ٣٤). [اللِّهْزِمَةُ: عظمٌ ناتئٌ في اللّحى تحت الحَنَك. وهما لِهْزِمَتانِ، ج: لَهازِم].
- إن الصغار هو تقديم الكتابي للجزية عن كرهٍ منه (الطبري ١١: ٤٠٨).

تقول الشروحات على هذه الآية إنه لا يجوز احترام أهل الكتاب المقيمين في الدولة الإسلامية ولا تقديرهم أكثر من المسلمين، ومثال على ذلك ما أمر به محمد المسلمين، حين قال: «لا تبدءوا اليهود والنصارى بالسلام، وإذا لقيتم أحدهم في طريقٍ فاضطره إلى أضيقه» (ابن كثير ٧: ١٧٦).

ب. زرع الكراهية

مثلما هدفت آيات سابقة في هذه السورة إلى تصوير الوثنيين في هيئة شيطانية، فإن آيات آخرى دفعت بالعديد من الادعاءات لخلق صورة سلبية عن أهل الكتاب:

١. اعتبرت عقائدهم باطلة (آية ٢٩).
٢. نسبت للْيَهُودِ الادعاء بأن: «عُزَيْرٌ ابْنَ اللهِ» (آية ٣٠).
٣. عزت للمسيحيين القول إن: «الْمَسِيحُ ابْنَ اللهِ» (آية ٣٠).

٤. ادعت أن اليهود ﴿اتَّخَذُواْ أَحْبَارَهُمْ... أَرْبَاباً﴾ والمسيحيين: ﴿اتَّخَذُواْ... رُهْبَانَهُمْ... وَالْمَسِيحَ ابْنَ مَرْيَمَ﴾ أرباباً (آية ٣١).
٥. قالت إن نسبة كبيرة ﴿مِّنَ الأَحْبَارِ وَالرُّهْبَانِ﴾ يأخذون ﴿أَمْوَالَ النَّاسِ بِالْبَاطِلِ﴾، ويحولون بينهم وبين اعتناق الإسلام (آية ٣٤).
٦. وأضافت أن هؤلاء الأَحْبَار وَالرُّهْبَان ﴿يُرِيدُونَ أَن يُطْفِئُواْ نُورَ اللهِ بِأَفْوَاهِهِمْ﴾ (آية ٣٢).

والهدف من وراء هذه الاتهامات هو خلق المبرر لمحاربة أهل الكتاب، وهذا ما يقوله ابن كثير صراحةً في تعليقه على الآيتيْن (٣٠ - ٣١): «**وهذا إغراء من اللهِ تعالى للمؤمنين على قتال المشركين الكفار من اليهود والنصارى**؛ لمقالتهم هذه المقالة الشنيعة والفرية على الله» (ابن كثير ٧: ١٧٨. التشديد لنا). ثم يأتي التجني على الرهبان في الآيتين (٣٤ - ٣٥) ليشكل المقدمة للآيات التالية المحرّضة على قتال أهل الكتاب. ويعيدنا وصف ابن كثير لليهود والمسيحيين أنهم من المشركين إلى (الآية ٢٨) السابقة التي وصفت المشركين بأنهم نَجَسٌ، والنتيجة المنطقية أن الوصف بالنَجَس لا يقتصر على اتباع الأديان غير الكتابية، بل يشمل أهل الكتاب أيضا، لأنهم، حسب ابن كثير، مشركون. وقد نعت القرآن في إحدى آياته اليهود بأنهم ﴿الَّذِينَ أَشْرَكُواْ﴾ (البقرة ٢: ٩٦). واتهم المسيحيين بإنكار وحدانية الله والقول بثلاثة آلهة (المائدة ٥: ٧٣، قارن: النساء ٤: ١٧١). وفي مكان آخر اتهم اليهود والمسيحيين بأنهم يشركون بالله (آل عمران ٣: ٦٤). وبناءً على هذه التعريفات القرآنية صاغ المعجم العربي شرحه لكلمة «شرك» كالآتي:

«أَشْرَكَ باللهِ: جَعَلَ لَهُ شَرِيكاً في مُلْكه... والاسْمُ الشِّرْكُ... والشِّرْكُ: أنْ يَجعَلَ للهِ شَرِيكاً في رُبُوبِيَّته... وقد أشْرَكَ فُلانٌ باللهِ. فَهُوَ مُشْرِكٌ ومُشْرِكيٌّ» (ابن منظور ٢٢٤٩).

إذاً، إن مصطلح «الشِّرْك» في القرآن يشمل الأديان الوثنية الموجودة في الجزيرة العربية آنذاك وكذلك الأديان الكتابية، أى اليهودية والمسيحية. وعلى هذا، قال المشرعون المسلمون إن أهل الكتاب «بمنزلة الأعيان النجسة في وجوب الاجتناب عنهم» (البيضاوي ٤: ٤٤٩، هامش زاده). وقال الحسن بن علي: «من صافح مشركاً توضأ» (ابن كثير ٧: ١٧٤؛ الزمخشري ٣: ٣٠ - ٣١). وعلى هذا القول يتفق الظّاهرية، والشيعة الإثنا عشرية، والسّنة (المنار ١٠: ٣٢٤)، وهؤلاء يشكلون التيارات الكبرى في الإسلام. ويقول مفسر حديث: «شرّيرون خبثاء، بسبب الشرك والظلم وقبح الأخلاق» (الزحيلي١٩٢). كما أن هذا التشكيك في غير المسلم خُلقاً وأخلاقاً قد أسّس مبدأ «الولاء والبراءة»:

ج. الولاء والبراءة [٢٣، ٢٤، ٧١، ١١٣، ١١٤]

تأمر السورة المسلمين بعدم تأسيس روابطهم على قاعدة القرابة، بل على أساس الحزبية

الدينية، وتقول أن ليس ثمة موالاة بين المسلم وآبائه وإخوانه، وإن المسلم الذي يصادق غير المسلم لهو من الظالمين. وقد أشار القرآن في موضع آخر إلى ضرورة معاداة كل من يعادي الإسلام، ﴿وَلَوْ كَانُوا آبَاءَهُمْ أَوْ أَبْنَاءَهُمْ أَوْ إِخْوَانَهُمْ أَوْ عَشِيرَتَهُمْ﴾ (المجادلة ٥٨ : ٢٢).

إن القرآن يشدد على أنه لا يجوز قيام علاقة بين مسلم وغير مسلم (الممتحنة ٦٠ : ١٦)، وينهي بشكل قاطع عن موالاة [مصادقة] أهل الكتاب (المائدة ٥ : ٣٥). فلا ولاء للمسلم إلا نحو المسلم فحسب (التوبة ٩ : ٧١). وعلى المستوى النفسي، لا يجوز حتى مجرد التفكير بالاستغفار ﴿لِلْمُشْرِكِينَ، وَلَوْ كَانُواْ أُوْلِي قُرْبَى﴾ (آية ١١٣). وجاء في التفاسير أن هذه الآية أُوحيت في مكة كي تمنع محمداً من الاستغفار لعمه الذي مات للتو (المنار ١٠ : ١٧٤)، إذْ رُوي أن محمداً جاء أبا طالب لدى احتضاره وطلب منه النطق بعبارة «لا إله إلاَّ الله» فرفض أبو طالب، فجاءت الآية عقب موته، «ثم أُلحقت بهذه السورة المدنية لمناسبتها لأحكامها... ورُوي من طرق أنها نزلت حين زار [محمد] قبر أمه واستغفر لها» (المنار ١١ : ٥٧).

إذاً، لا يجوز للمسلم أن يطلب الغفران لغير المسلم، ولو لأمه الميتة! وقد جعلت السورة إبراهيم مثالاً يجب أن يحتذى، فقالت إن إبراهيم لَمَّا تَبَيَّنَ لَهُ أَنَّ أباه لا يؤمن بدينه ﴿تَبَرَّأَ مِنْهُ﴾ (آية ١١٤).

ثالثاً الجهاد كمنهج للتعامل مع الآخر

أ. وجوب قتال غير المسلمين [الآيات: ١٤ - ١٦]

على المسلم أن يحارب كل من ليس بمسلم. هذا ما قرره القرآن لدى تحريضه المسلمين على اقتحام مكة. آنذاك قالت سورة التوبة إن الله سيذيق قريشاً عذاباً بأيدي المسلمين، وأضافت أن القتل فيهم سيثلج قلوب المسلمين (آية ١٤ و١٥). وقد لاحظ أحد المفسرين أن للقتل في العدو فائدة نفسية للمسلمين: «هي إذهاب كرب أو غم قلوب المؤمنين الذين تأذوا بنقض المشركين العهد» (الزحيلي: ١٩٠).

ويمنح الإيغالُ في القتل المسلمين متعة الانتقام و«يُبْرِئُ داءَ صدورِ [المسلمين] بقَتْلِ هؤلاء المشركين». كما أن إذْلال المشركين على يد المسلمين يشفي الغضب والحقد اللذين كانا في قلوب المسلمين بسبب ما لحقهم «من الأَذَى والمَكْرُوهِ» (الطبري ١١ : ٣٦٩). وبناءً على هذه الآيات صار القتل في سبيل الإسلام متعة بالنسبة للمقاتل المسلم في كل زمان ومكان.

إن الجهاد واجب على المسلم لأنه يكشف المسلم الخالص من الذي يشوب إيمانه شوائب (آية ١٦، قارن: العنكبوت ٢٩ : ٢ ـ ٣). والهدف من القتال أن يسود الإسلام على جميع الأديان ﴿وَلَوْ كَرِهَ الْمُشْرِكُونَ﴾ (آية ٣٣). و لقد ورد وجوب القتال لأجل إعلاء راية الإسلام على كل دينٍ في أكثر من مكان، ولكن أشهر الآيات في هذه السورة هي:

الآية ٥: ‹فَاقْتُلُواْ الْمُشْرِكِينَ حَيْثُ وَجَدتُّمُوهُمْ، وَخُذُوهُمْ وَاحْصُرُوهُمْ، وَاقْعُدُواْ لَهُمْ كُلَّ مَرْصَدٍ›. وقد كانت هذه الآية تتعلق بالمشركين العرب في الجزيرة العربية، لكنها صارت قاعدة فقهية تخص كل من ليس بمسلم.

الآية ٢٩: ‹قَاتِلُواْ الَّذِينَ لاَ يُؤْمِنُونَ بِاللّهِ... وَلاَ يَدِينُونَ دِينَ الْحَقِّ، مِنَ الَّذِينَ أُوتُواْ الْكِتَابَ، حَتَّى يُعْطُواْ الْجِزْيَةَ عَن يَدٍ وَهُمْ صَاغِرُونَ›. وتطالب هذه الآية بقتال أهل الكتاب اليهود والمسيحيين إما لإخضاعهم وفرض الجِزْيَة عليهم، وإما لإجبارهم على اعتناق الإسلام.

الآية ٣٦: ‹وَقَاتِلُواْ الْمُشْرِكِينَ كَآفَّةً كَمَا يُقَاتِلُونَكُمْ كَآفَّةً›. وهي تطالب بمحاربة كل من هو ليس بمسلم، وتعتبر غير المسلمين معسكراً واحداً معادياً للإسلام.

ب. تحريض على الغزو الخارجي

في السنة التاسعة الهجرية، قرر محمد شن حملة على الحدود السورية، عُرفت بغزوة تَبُوكَ (٩ هـ/ ٦٣١ م)، وكانت تلك هي أول مناوشة عسكرية خارج الجزيرة العربية، وقد وردت في سورة التوبة آيات تحرض على الغزو، وتهدد المحجمين بالعقوبة في الآخرة (الآيات: ٣٨ - ٣٩). وإمعاناً في التحريض، أثنت السورة على المقاتلين ووعدتهم بالجنات (الآيات: ٨٨ - ٨٩). وبقي التحريض على الغزو فاعلاً في العقيدة الإسلامية والفكر الإسلامي.

الآية ٧٣: لدينا هنا أمر موجه لمحمد بمحاربة ‹الْكُفَّارَ وَالْمُنَافِقِينَ›، ولقد طُلب منه أن يكون في حربه شديداً خشناً. وهذا ما أصبح واجباً على المسلمين في كل زمان ومكان. ويعلق ابن مسعود على (الآية ٧٣) بأنه يجب على المسلم الجهاد «بيده، فإن لم يستطع فبلسانه، فإن لم يستطع فبقلبه، فإن لم يستطع فليكفهر في وجهه» (ابن كثير ٧: ٢٣٧).

الآية ١١١: تقول إن الله قد أبرم صفقة مع المسلمين، هي أنه اشترى من المسلمين ‹أَنفُسَهُمْ وَأَمْوَالَهُم بِأَنَّ لَهُمُ الجَنَّةَ›، أي على المسلمين تقديم الحياة والمال في سبيل رفع راية الإسلام على المعمورة، ومقابل ذلك يُعطون الجنة. وفي نص العقد نقرأ أن المسلمين ملزمون بأن يقاتلوا ‹فَيَقْتُلُونَ وَيُقْتَلُونَ›.

ج. تصفية كل من يناقش في الإسلام

في القسم الثاني من (الآية ١٢) هناك أمر بمحاربة كل من يوجه نقداً للإسلام. وعلى ذلك، اُعتبر مبدأ المناقشة في الإسلام أو تناول سيرة محمد بالنقد بمثابة جريمة يُعاقب عليها بالقتل (ابن كثير ٧: ١٥٥). وقال مفسرٌ حديث إن أي مناقشة في القرآن والإسلام وسيرة محمد، شكل من أشكال الحرب على الإسلام (المنار ١٠: ٢٢٩). وإذا تجرأ الكتابي المقيم في حدود الدولة الإسلامية على مناقشة مواضيع تتصل بالإسلام «جاز قتله لأن العهد معقود معه على أن لا يطعن فإذا طعن فقد نكث عهده وخرج من

الذمة» (المنار ١٠: ٢٣٠). ويعتبر نفس المفسّر في شرحه للآية (١٣) أن التبشير صنو الاستعمار السياسي (المنار ١٠: ٢٣٠)، فيضفي على حظر التبشير في العالم الإسلامي مبررات وطنية زائفة.

خاتمة

قسمت السورة أتباع الأديان الأخرى إلى مجموعتيْن:

المجموعة الأولى: أصحاب الديانات غير الكتابية. ويتوجب على المسلمين محاربتهم حتى يعتنقوا الإسلام أو يُقتلوا. وكان هذا الحكم ينطبق على وثنيي الجزيرة العربية، لكنه صار يشمل كل الأديان غير الكتابية، بما فيها الأديان الكبرى: الهندوسية، والبوذية، والكونفوشسية،...الخ. كما يشمل هذا الحكم فريق اللادينيين. وقد حددت السورة قاعدة ثابتة هي أنه ليس أمام تلك المجموعة إلا خياران: الإسلام أو القتل.

المجموعة الثانية: أهل الكتاب. اعتبر القرآن أن محمداً خاتم الأنبياء، وأن الإسلام نسخ كل الأديان السابقة عليه، ولهذا صاغت السورة قاعدة تقول إنه يجب على أهل الكتاب إما قبول الإسلام أو دفع الجزية.

وقد قسم الإسلام المجتمع الإسلامي إلى طبقتيْن:

- الطبقة الأولى (المسلمون).
- الطبقة الثانية (أهل الكتاب).

وعلى مستوى العلاقات بين الدول، قسمت العقيدة الإسلامية العالم إلى قسميْن: دار الإسلام، حيث يحكم الإسلام؛ ودار الحرب، وهو كل بلد لم يخضع للحكم الإسلامي، بغض النظر إن كان في حالة حرب فعلية مع المسلمين أم لا، وبغض النظر عن الدين السائد فيه. ويفرض القرآن على المسلمين القتال لرفع راية الإسلام في كل القارات، وقد جاء فرض الجهاد في سورة التوبة كأمر مطلق، غير خاضع لاعتبارات الدفاع، بل لاعتبار واحد: هو إكراه العالم على قبول الإسلام ولو بقوة السيف (الآيات: ٥، ٢٩، ٣٣، ٣٦، ٧٣، ١١١، ١٢٣). ويأمر القرآن المسلمين ببدء حربهم المقدسة على دول الجوار: ‹قَاتِلُواْ الَّذِينَ يَلُونَكُم مِّنَ الْكُفَّارِ› (آية ١٢٣)، وهذا أرفع شكل من أشكال حسن الجوار بين الدول!

تجسّد
السورة انتصار محمد على
أهل مكة وعلى القبائل العربية المجاورة
لمكة، حيث جاء في سياقها قرار منع ممارسة
الطقوس الوثنية في قلب الجزيرة العربية، عندما أرسل
محمد علي بن أبي طالب في السنة التاسعة هجرية إلى موسم
الحج ليتلو الآيات الأولى من سورة التوبة. وتتضمن السورة أيضاً
موقف الإسلام النهائي من اليهود والمسيحيين.

حسب المأثورات الإسلامية، فإن سورة التوبة هي آخر سور القرآن، وإن كان بعضهم قد رأى أن آخر سورة هي المائدة. وقال معظم علماء القرآن إن هذه السورة تنزّلت دفعةً واحدةً (ابن عاشور ١٠: ٩٧)، ولكن تحليل السورة يقودنا إلى استنتاج مفاده أنها نُظمت على فترات مختلفة؛ أي أنها ليست آخر سورة بالمعنى الحرفي، كما أنها لم تأتِ دفعةً واحدةً، فمع أن تاريخ الجزء الأول يعود إلى السنة التاسعة هجرية، إلا إن التحليل المدقق للسورة يستنبط ما يلي:

- **الآيات ١٣-١٦** : تعود إلى قبل السنة التاسعة هجرية بما لا يقل عن سنة، إذْ نقرأ فيها حثاً على غزو مكة لأن قريشاً لم تلتزم ببنود صلح الحديبية (نولدكه ٢٠٠، أطوار الدعوة القرآنية ٩٦٦ _ ٩٦٧).
- **الآية ٢٥** : إشارة إلى معركة حنين، التي جرت بعد فتح مكة مباشرةً (٨ هجرية).
- **الآية ٤٠** : ‹ثَانِيَ اثْنَيْنِ إِذْ هُمَا فِي الْغَارِ› : في الآية تقريظ لأبي بكر لمشاركته محمداً في الهجرة، وهذا النص يثير جدلاً سنناقشه لاحقاً.
- **الآية ١١٣** : مكية تحكي عن رغبة محمد في الاستغفار لعمه أبي طالب (ابن عاشور ١٠: ٩٧) وكان أبو طالب قد مات قبل الهجرة.
- **الآيتان ١٢٨-١٢٩** : مكيتان حسب بعض العلماء (ابن عاشور ١٠: ٩٧)، ولغتهما مكية.

ويمكن أن نلخص المواضيع والأحكام التي تطرقت إليها السورة كما يلي:

- حظر ممارسة الطقوس الوثنية، ونعت غير المسلمين بالنجاسة: ‹إِنَّمَا الْمُشْرِكُونَ نَجَسٌ› (٢٨).
- وجوب شن الحملات ضد اليهود والمسيحيين (الآيات ٢٩-٣٥).
- الأمر بالالتزام بالتقويم القمري فحسب، ومنع النَّسِيءُ (الآيات ٣٦-٣٧). والنَّسِيء: هو تأخير الأشهر القمرية لكي تتطابق السنة القمرية مع السنة الشمسية.
- التحريض على «الجهاد» في أغلب الآيات (مثلاً ١١١).

بَرَاءَةٌ مِّنَ اللّهِ وَرَسُولِهِ إِلَى الَّذِينَ عَاهَدتُّم مِّنَ الْمُشْرِكِينَ (١)

فَسِيحُواْ فِي الأَرْضِ أَرْبَعَةَ أَشْهُرٍ وَاعْلَمُواْ أَنَّكُمْ غَيْرُ مُعْجِزِي اللّهِ وَأَنَّ

٩ : ١

لا تُستهل سورة التوبة بالبسملة، خلافاً لبقية سور القرآن. ووفقاً للمصادر التفسيرية الإسلامية فإن حذف البسملة في هذه السورة يعود إلى أحد الاحتمالات التالية:

١. أن البسملة رحمة وأمان، وليس في هذه السورة أمان لوجود آية السيف وآيات تحرض على القتال، ولهذا استوجب حذف البسملة (الشّنْقيطيّ ٢ : ٥٠١).

٢. يقال أن خلافاً قد نشبَ بين الصحابة إنْ كانت التوبة سورةً مستقلة أم قسماً من سورة الأنفال، ولّما كان كل فريق متمسكا بموقفه، فإنهم توصلوا إلى حل وسط، وهو أن تُكتب سورتا التوبة والأنفال مستقلتيْن لكن بدون تدوين البسملة في التوبة (ابن كثير ٧ : ١٣٥ ـ ١٣٦، الشّنْقيطيّ ٢ : ٥٠١ ...).

٣. أن السورة تعرضت للنسخ فسقطت البسملة مع الجزء المنسوخ. ورُوي عن سعيد بن جبير أنها «كانت تعدل سورة البقرة» (الشّنْقيطيّ ٢ : ٥٠١ ـ ٥٠٢).

نعلق

إن القول بأن البسملة إعلان أمان، مما لا يستقيم ذكره في مستهل سورة تأمر بإعمال السيف في الأعداء، ليس مبرراً لحذف البسملة في سورة التوبة، لأن لدينا سوراً تحتوي على آيات تأمر بإعمال السيف في الأعداء أيضاً، ومع ذلك تبتدئ بالبسملة (مثلا: البقرة ٢ : ١٩١؛ النساء ٤ : ٩٠؛ المائدة ٥ : ٣٣).

أما ما جاء في المصادر بأن الصحابة كانوا منقسمين في الرأي إلى فريقين: فريق يرى أن سورة التوبة سورةً مستقلةً، وفريق آخر يرى أن سورة التوبة وسورة الأنفال تشكلان في الأصل سورةً واحدة، ومن ثم، جاء حذف البسملة على سبيل الحل التوفيقي، لهو مثال على أنه حتى في عصر الإسلام «الذهبي»، لم يكن المسلمون الأوائل متفقين على القرآن. ويثبت كيف خضع تدوين القرآن لاعتبارات، وآراء، وقرارات الأفراد.

وأخيراً، فإن الاعتقاد بأنّ سورة التوبة «كانت

اللّهِ مُخْزِي الْكَافِرِينَ (٢)
وَأَذَانٌ مِّنَ اللّهِ وَرَسُولِهِ إِلَى النَّاسِ
يَوْمَ الْحَجِّ الأَكْبَرِ أَنَّ اللّهَ بَرِيءٌ مِّنَ
الْمُشْرِكِينَ وَرَسُولُهُ فَإِن تُبْتُمْ فَهُوَ

تعادل سورة البقرة »، فهذا يعني أن الجزء الأكبر من السورة محذوف، فأين ذلك من القول بأن القرآن بنصوصه وكلماته وحروفه محفوظ من الله كما ورد في القرآن: ‹إِنَّا نَحْنُ نَزَّلْنَا الذِّكْرَ وَإِنَّا لَهُ لَحَافِظُونَ› (الحجر ١٥: ٩)؟

٩ : ٢

اختلف المفسرون حول الفئة التي أُعطيت مهلة الأشهر الأربعة:

أ. رأى بعضهم أن الآية أعطت الأمان لمن كان بينه وبين محمد عهد، وقالوا إن مدة الأمان ‹أَرْبَعَةَ أَشْهُرٍ›، لا يُزاد عليها ولا يُنقص منها. أما من لم يكن له عهد مع محمد، فمنح مهلة خمسين ليلة (التوبة ٩: ٥) (ابن الجوزي ٣٥٧، الإيضاح ٣٠٧، ابن سلامة ٥١، النحاس ١٦١-١٦٢).

ب. قال آخرون إن الآية منحت الأمان ‹أَرْبَعَةَ أَشْهُرٍ› لكافة المشركين، لمن كان معاهداً ولمن ليس معه عهد (ابن الجوزي ٣٥٨).

ج. قالوا أيضاً إن في الآية أماناً أعطاه محمد لكل من عقد معه عهداً، لمن كان أمانه دون الأربعة أشهر ولمن كان مفعول أمانه يتعدى أربعة أشهر، فجعل مدة الأربعة أشهر لكلا الفريقين. وأعلن الحرب المقدسة ضد من لم يعقد معه عهداً (ابن الجوزي ٣٥٨، الإيضاح ٣٠٧-٣٠٨، النحاس ١٦٢).

د. وقالوا إن الآية أعطت الأمان لمن لم يكن معه عهد، أما من له عهد فيبقي العهد ساري المفعول إلى انقضاء المدة المنصوص عليها في الوثيقة (ابن الجوزي ٣٥٨، قارن: الإيضاح ٣٠٨).

بغض النظر عن اختلاف المفسرين حول الفئة المقصودة في الآية، إلاَّ أنهم اتفقوا على أنها نُسخت، وقالوا إنها نُسخت بآية السيف: ‹فَاقْتُلُواْ الْمُشْرِكِينَ حَيْثُ وَجَدتُّمُوهُمْ› (التوبة ٩: ٥).

وقال بعضهم إنها نُسخت بآية: ‹وَإِمَّا تَخَافَنَّ مِن قَوْمٍ خِيَانَةً فَانبِذْ إِلَيْهِمْ عَلَى سَوَاء› (الأنفال ٨: ٥٨) (ابن الجوزي ٣٥٧).

خَيْرٌ لَّكُمْ وَإِن تَوَلَّيْتُمْ فَاعْلَمُواْ أَنَّكُمْ
غَيْرُ مُعْجِزِي اللَّهِ وَبَشِّرِ الَّذِينَ كَفَرُواْ
بِعَذَابٍ أَلِيمٍ (٣)
إِلَّا الَّذِينَ عَاهَدتُّم مِّنَ الْمُشْرِكِينَ ثُمَّ لَمْ
يَنقُصُوكُمْ شَيْئاً وَلَمْ يُظَاهِرُواْ عَلَيْكُمْ
أَحَداً فَأَتِمُّواْ إِلَيْهِمْ عَهْدَهُمْ إِلَى مُدَّتِهِمْ إِنَّ
اللَّهَ يُحِبُّ الْمُتَّقِينَ (٤)
فَإِذَا انسَلَخَ الأَشْهُرُ الْحُرُمُ فَاقْتُلُواْ الْمُشْرِكِينَ
حَيْثُ وَجَدتُّمُوهُمْ وَخُذُوهُمْ وَاحْصُرُوهُمْ
وَاقْعُدُواْ لَهُمْ كُلَّ مَرْصَدٍ فَإِن تَابُواْ وَأَقَامُواْ

٩ : ٤

قراءة المصحف تقول ‹يَنقُصُوكُمْ›؛ ورأى أصحابها أنها تناسب ‹فَأَتِمُّواْ إِلَيْهِمْ›، بينما تلتها طائفة أخرى من القرّاء: «يَنقُضُوكُمْ»، وقالوا إن هذه اللفظة تناسب ذكر العهد (الخطيب ٣: ٣٤٦، قارن: العكبري ١: ٦٠٧-٦٠٨).

إن تنوع الألفاظ يعكس اختلاف القرّاء، فالمجموعة التي اعتبرت السياق ضمن فعل التمام، قد قرأت على ‹يَنقُصُوكُمْ›؛ بينما رأت المجموعة الثانية أن اللفظة يجب أن تناسب العهد فقرأت «يَنقُضُوكُمْ». إن هذا التباين ناتج عن اختلاف في الفهم، الأمر الذى تكرر في أكثر من موضع في سورة التوبة:

- ‹إِنَّمَا الْمُشْرِكُونَ نَجَسٌ› (التوبة ٩: ٢٨)، أي قذرون، وقرأها آخرون: «إِنَّمَا الْمُشْرِكُونَ نِجْسٌ»، بمعنى: جنس نجس. كما قرأها فريق ثالث: «أنجاس»، بصيغة الجمع (الخطيب ٣: ٣٦٦).
- ‹قُلْ نَارُ جَهَنَّمَ أَشَدُّ حَرّاً لَّوْ كَانُوا يَفْقَهُونَ› (التوبة ٩: ٨١)، قرأها ابن مسعود «يعلمون» (الخطيب ٣: ٤٣٢).

٩ : ٥

جاء بشأن هذه الآية ثلاثة أقوال:

القول الأول: إنها منسوخة

فبحسب الآية، كان يجب قتل الأسرى، ولكن هذا الحكم قد نُسخ بالآية التي تقرر: ‹وَإِمَّا مَنّاً بَعْدُ وَإِمَّا فِدَاء› (محمد ٤٧: ٤) (ابن الجوزي ٣٥٩، الإيضاح ٣٠٩، النحاس ١٦٥).

القول الثاني: إنها ناسخة

يقول أصحاب هذا الرأي: «كان الحكم في الأسرى، أنه لا يجوز قتلهم صَبْراً [قتله صَبْراً: اى حبسه حتى موته]، وإنما يجوز المن والفداء» حسب ما ورد في الآية: ‹وَإِمَّا مَنّاً بَعْدُ وَإِمَّا فِدَاء›

الصَّلاَةَ وَآتَوُاْ الزَّكَاةَ فَخَلُّواْ سَبِيلَهُمْ إِنَّ اللّهَ غَفُورٌ رَّحِيمٌ (٥)
وَإِنْ أَحَدٌ مِّنَ الْمُشْرِكِينَ اسْتَجَارَكَ فَأَجِرْهُ حَتَّى يَسْمَعَ كَلاَمَ اللّهِ ثُمَّ أَبْلِغْهُ مَأْمَنَهُ ذَلِكَ بِأَنَّهُمْ قَوْمٌ لاَّ يَعْلَمُونَ (٦)

كَيْفَ يَكُونُ لِلْمُشْرِكِينَ عَهْدٌ عِندَ اللّهِ وَعِندَ رَسُولِهِ إِلاَّ الَّذِينَ عَاهَدتُّمْ عِندَ الْمَسْجِدِ الْحَرَامِ فَمَا اسْتَقَامُواْ لَكُمْ فَاسْتَقِيمُواْ لَهُمْ إِنَّ اللّهَ يُحِبُّ الْمُتَّقِينَ (٧)

(محمد ٤٧ : ٤)، ثم نسخ ذلك بحكم الآية التي تقول: ‹فَاقْتُلُواْ الْمُشْرِكِينَ› (التوبة ٩ : ٥)، حيث صار حكم الأسرى القتل، ولا يقبل منهم فدية (ابن الجوزي ٣٦٠، الإيضاح ٣٠٩، قارن ابن سلامة ٥١، النحاس ١٦٤). وتقدم عالم مسلم برأي مفاده أنه ليس أمام الأسرى إلا خيارين: «إما السَّيْفُ وإما الإِسلام» (الإيضاح ٣٠٩).

القول الثالث:

يرى أصحابه أن الآيتين محكمتان؛ فآية التوبة تأمر بالقتل والأسر، وحينما يتم الأسر، فمن حق الحاكم أن يمنّ على الأسير بالحرية أو يقبل الفداء وفق آية سورة محمدٍ، أو يقتله وفق الاعتبارات السياسية (ابن الجوزي ٣٦٠، الإيضاح ٣٠٩).

٩ : ٧

لدينا ثلاثة آراء بشأن أولئك المشار إليهم بهذه «المعاهدة»:

١. أنهم بنو ضمرة.
٢. أنهم القرشيون.
٣. أنهم خزاعة الذين انضموا إلى محمد في اتفاق الحديبية (ابن الجوزي ٣٦١-٣٦٢).

وقد نُسخ العهد معهم بآية السيف: ‹فَاقْتُلُواْ الْمُشْرِكِينَ حَيْثُ وَجَدتُّمُوهُمْ› (التوبة ٩: ٥) (ابن الجوزي ٣٦٢، ابن سلامة ٥١).

٩ : ٧

تلاها ابن مسعود بصيغة مختلفة: «كَيْفَ يَكُونُ لِلْمُشْرِكِينَ عَهْدٌ عِندَ اللّهِ ولا ذمة». وقيل أنه قرأ: «كَيْفَ يَكُونُ لهم عَهْدٌ عِندَ اللّهِ ولا ذِمَّة» (الخطيب ٣ : ٣٤٨).

كَيْفَ وَإِن يَظْهَرُوا عَلَيْكُمْ لاَ يَرْقُبُواْ
فِيكُمْ إِلاًّ وَلاَ ذِمَّةً يُرْضُونَكُم بِأَفْوَاهِهِمْ
وَتَأْبَى قُلُوبُهُمْ وَأَكْثَرُهُمْ فَاسِقُونَ (٨)
اشْتَرَوْاْ بِآيَاتِ اللّهِ ثَمَناً قَلِيلاً
فَصَدُّواْ عَن سَبِيلِهِ إِنَّهُمْ سَاء مَا
كَانُواْ يَعْمَلُونَ (٩)
لاَ يَرْقُبُونَ فِي مُؤْمِنٍ إِلاًّ وَلاَ ذِمَّةً
وَأُوْلَئِكَ هُمُ الْمُعْتَدُونَ (١٠)
فَإِن تَابُواْ وَأَقَامُواْ الصَّلاَةَ وَآتَوُاْ
الزَّكَاةَ فَإِخْوَانُكُمْ فِي الدِّينِ وَنُفَصِّلُ
الآيَاتِ لِقَوْمٍ يَعْلَمُونَ (١١)
وَإِن نَّكَثُواْ أَيْمَانَهُم مِّن بَعْدِ عَهْدِهِمْ
وَطَعَنُواْ فِي دِينِكُمْ فَقَاتِلُواْ أَئِمَّةَ
الْكُفْرِ إِنَّهُمْ لاَ أَيْمَانَ لَهُمْ لَعَلَّهُمْ
يَنتَهُونَ (١٢)
أَلاَ تُقَاتِلُونَ قَوْماً نَّكَثُواْ أَيْمَانَهُمْ وَهَمُّواْ
بِإِخْرَاجِ الرَّسُولِ وَهُم بَدَؤُوكُمْ أَوَّلَ
مَرَّةٍ أَتَخْشَوْنَهُمْ فَاللّهُ أَحَقُّ أَن تَخْشَوْهُ
إِن كُنتُم مُّؤُمِنِينَ (١٣)
قَاتِلُوهُمْ يُعَذِّبْهُمُ اللّهُ بِأَيْدِيكُمْ
وَيُخْزِهِمْ وَيَنصُرْكُمْ عَلَيْهِمْ وَيَشْفِ
صُدُورَ قَوْمٍ مُّؤْمِنِينَ (١٤)
وَيُذْهِبْ غَيْظَ قُلُوبِهِمْ وَيَتُوبُ اللّهُ عَلَى
مَن يَشَاءُ وَاللّهُ عَلِيمٌ حَكِيمٌ (١٥)
أَمْ حَسِبْتُمْ أَن تُتْرَكُواْ وَلَمَّا يَعْلَمِ
اللّهُ الَّذِينَ جَاهَدُواْ مِنكُمْ وَلَمْ
يَتَّخِذُواْ مِن دُونِ اللّهِ وَلاَ رَسُولِهِ
وَلاَ الْمُؤْمِنِينَ وَلِيجَةً وَاللّهُ خَبِيرٌ بِمَا
تَعْمَلُونَ (١٦)
مَا كَانَ لِلْمُشْرِكِينَ أَن يَعْمُرُواْ مَسَاجِدَ
الله شَاهِدِينَ عَلَى أَنفُسِهِمْ بِالْكُفْرِ
أُوْلَئِكَ حَبِطَتْ أَعْمَالُهُمْ وَفِي النَّارِ

٩ : ١٧

قرأها ابن عباس ومجموعة من القرّاء: «مَسْجِد» بصيغة المفرد (الخطيب ٣: ٣٥٦). وقد تكرر ذلك في الآية التى تلتها: ﴿إِنَّمَا يَعْمُرُ مَسَاجِدَ اللّهِ﴾ (التوبة ٩: ١٨) حيث قرأها البعض: «إِنَّمَا يَعْمُرُ مَسَجِدَ اللّهِ» (الخطيب ٣: ٣٥٧).

إن الذين فضّلوا قراءتها بصيغة المفرد، قد رأوا أن المقصود هو المسجد الحرام (الطبري ١١: ٣٧٥). فهل الكلام عن مسجد محدد، أم الكلام عن مجموعة مساجد حسبما جاء في المصحف؟

هُمْ خَالِدُونَ (١٧)
إِنَّمَا يَعْمُرُ مَسَاجِدَ اللّهِ مَنْ آمَنَ بِاللّهِ
وَالْيَوْمِ الآخِرِ وَأَقَامَ الصَّلاَةَ وَآتَى
الزَّكَاةَ وَلَمْ يَخْشَ إِلاَّ اللّهَ فَعَسَى
أُوْلَئِكَ أَن يَكُونُواْ مِنَ الْمُهْتَدِينَ (١٨)
أَجَعَلْتُمْ سِقَايَةَ الْحَاجِّ وَعِمَارَةَ
الْمَسْجِدِ الْحَرَامِ كَمَنْ آمَنَ بِاللّهِ
وَالْيَوْمِ الآخِرِ وَجَاهَدَ فِي سَبِيلِ اللّهِ
لاَ يَسْتَوُونَ عِندَ اللّهِ وَاللّهُ لاَ يَهْدِي
الْقَوْمَ الظَّالِمِينَ (١٩)
الَّذِينَ آمَنُواْ وَهَاجَرُواْ وَجَاهَدُواْ
فِي سَبِيلِ اللّهِ بِأَمْوَالِهِمْ وَأَنفُسِهِمْ
أَعْظَمُ دَرَجَةً عِندَ اللّهِ وَأُوْلَئِكَ هُمُ
الْفَائِزُونَ (٢٠)
يُبَشِّرُهُمْ رَبُّهُم بِرَحْمَةٍ مِّنْهُ وَرِضْوَانٍ
وَجَنَّاتٍ لَّهُمْ فِيهَا نَعِيمٌ مُّقِيمٌ (٢١)
خَالِدِينَ فِيهَا أَبَداً إِنَّ اللّهَ عِندَهُ أَجْرٌ
عَظِيمٌ (٢٢)
يَا أَيُّهَا الَّذِينَ آمَنُواْ لاَ تَتَّخِذُواْ آبَاءكُمْ
وَإِخْوَانَكُمْ أَوْلِيَاء إَنِ اسْتَحَبُّواْ
الْكُفْرَ عَلَى الإِيمَانِ وَمَن يَتَوَلَّهُم مِّنكُمْ
فَأُوْلَئِكَ هُمُ الظَّالِمُونَ (٢٣)
قُلْ إِن كَانَ آبَاؤُكُمْ وَأَبْنَآؤُكُمْ
وَإِخْوَانُكُمْ وَأَزْوَاجُكُمْ وَعَشِيرَتُكُمْ
وَأَمْوَالٌ اقْتَرَفْتُمُوهَا وَتِجَارَةٌ تَخْشَوْنَ
كَسَادَهَا وَمَسَاكِنُ تَرْضَوْنَهَا أَحَبَّ
إِلَيْكُم مِّنَ اللّهِ وَرَسُولِهِ وَجِهَادٍ
فِي سَبِيلِهِ فَتَرَبَّصُواْ حَتَّى يَأْتِيَ
اللّهُ بِأَمْرِهِ وَاللّهُ لاَ يَهْدِي الْقَوْمَ
الْفَاسِقِينَ (٢٤)
لَقَدْ نَصَرَكُمُ اللّهُ فِي مَوَاطِنَ كَثِيرَةٍ
وَيَوْمَ حُنَيْنٍ إِذْ أَعْجَبَتْكُمْ كَثْرَتُكُمْ فَلَمْ
تُغْنِ عَنكُمْ شَيْئاً وَضَاقَتْ عَلَيْكُمُ
الأَرْضُ بِمَا رَحُبَتْ ثُمَّ وَلَّيْتُم مُّدْبِرِينَ (٢٥)
ثُمَّ أَنَزلَ اللّهُ سَكِينَتَهُ عَلَى رَسُولِهِ
وَعَلَى الْمُؤْمِنِينَ وَأَنزَلَ جُنُوداً لَّمْ
تَرَوْهَا وَعذَّبَ الَّذِينَ كَفَرُواْ وَذَلِكَ
جَزَاء الْكَافِرِينَ (٢٦)
ثُمَّ يَتُوبُ اللّهُ مِن بَعْدِ ذَلِكَ عَلَى مَن
يَشَاءُ وَاللّهُ غَفُورٌ رَّحِيمٌ (٢٧)
يَا أَيُّهَا الَّذِينَ آمَنُواْ إِنَّمَا الْمُشْرِكُونَ
نَجَسٌ فَلاَ يَقْرَبُواْ الْمَسْجِدَ الْحَرَامَ بَعْدَ
عَامِهِمْ هَذَا وَإِنْ خِفْتُمْ عَيْلَةً فَسَوْفَ
يُغْنِيكُمُ اللّهُ مِن فَضْلِهِ إِن شَاء إِنَّ اللّهَ
عَلِيمٌ حَكِيمٌ (٢٨)

٩ : ٢٨

تصف الآية المشركين بأنهم ﴿نَجَسٌ﴾، وقد رأى بعض المفسرين أن وصفَهم بالنجاسة وصفٌ مجازيٌّ لتحقيرهم. وقال آخرون بأن سبب نعتهم بالنجس، أنهم يهملون قواعد النظافة! لكن فئة من العلماء قالت بأن غير المسلم نجس بتكوينه البيولوجي (البيضاوي ٤: ٤٤٨)! وأفتى بعض الفقهاء بحرمة مصافحتهم، «ومن صافحَهم فليتوضَّأ» (الزمخشري ٣: ٣٠-٣١).

ونسأل: هل يتماشى هذا النعت، وهذا الحكم الصادر بصورة مطلقة على غير المسلمين بأنهم نجس، مع القول أن القرآن كتاب سماوي؟

٩ : ٣٠

أولاً: تتهم الآية اليهود أنهم يقولون إن عُزَيْراً (عزرا) ابن الله، وهذا اتهام زائف، وغير وارد أساساً في التوراة ولا في العهد القديم. أما من الناحية التاريخية، فالحقيقة أن عزرا الكاهن الملقَّب بالكاتب تكريماً، كان اليهود يجلوّنه ويعتبرونهُ في مقام موسى لمعرفته بالتوراة. وقد لعب دوراً مهماً في تاريخ بني إسرائيل في القرن الخامس قبل الميلاد. أما الاتهام التقريري المذكور في الآية القرآنية بأن اليهود قالوا عنه إنه ابن الله، فهو اختلاق محض من لدن ناظم القرآن.

بصدد عزرا: انظر Encyclopaedia Judaica, EZRA 6:652

ثانياً: في الآية خطاب معادٍ للمسيحيين، وهو خطاب مناقض للقرآن المكي، فبعد

أنا أستحي أنْ ألفظَ هذه الكلمة

وكم كنتُ أربأ بالقرآن أنْ يصف المشرك بأنّه «نَجَسٌ»، وهي كلمة نابية كنت أعتقد أنّ القرآن أكبر وأسمى من أن يذكرها بين مفرداته، فضلاً عن أن يُطلِقُها على أحدِ خصومه. أنا أستحي أنْ ألفظَ هذه الكلمة، وأرفض أن ترد في كتاباتي رفضاً قاطعاً، فكيف أُطلقها على إنسانٍ مثلي له كلُّ الحقِّ في ممارسة حرِّيَّته في التفكّر وإبداء الرّأي، مهما خالفَني هذا الرّأي. أمّا أنْ يَنطق اللّٰه بهذه الكلمة ويُنزِّل بها قرآناً من السماء نتلوه ونتعبّدُ به في صلواتنا وشعائرنا، فهذا ما لا أفهمه أبداً، ويجب تنزيه اللّٰه عنه.

لقد كان من الممكن جداً استبدال هذه الكلمة بأخرى أكثر دلالة منها وأقل صفاقة لكي تنسجمَ مع ما يُنسب إلى القرآن من إعجاز لا تسمو إليه أذواقُ البشر ولا تبلغه قدراتهم ومواهبهم. أوَبهذه اللّفظة القذرة وأمثالها يريدنا القرآنُ أن نتصوَّر غيرَنا ونصنع مشروع نهضتنا؟ أوَبهذه اللّفظة القذرة يقرّر لنا القرآن مستقبلَ علاقتنا بالآخَر، وطريقةَ تعاملنا مع الآخر، لا لشيء إلاّ لأنّه مجرّدُ آخَر، مخالِفٌ لنا في الدين والعقيدة؟.

(مِحْنَتِي مَعَ القُرْآن وَمَعَ اللّٰهِ فِي القُرْآن ٢٣٢-٢٣٣)

قَاتِلُواْ الَّذِينَ لاَ يُؤْمِنُونَ بِاللّهِ وَلاَ بِالْيَوْمِ الآخِرِ وَلاَ يُحَرِّمُونَ مَا حَرَّمَ اللّهُ وَرَسُولُهُ وَلاَ يَدِينُونَ دِينَ الْحَقِّ مِنَ الَّذِينَ أُوتُواْ الْكِتَابَ حَتَّى يُعْطُواْ الْجِزْيَةَ عَن يَدٍ وَهُمْ صَاغِرُونَ (٢٩)

وَقَالَتِ الْيَهُودُ عُزَيْرٌ ابْنُ اللّهِ وَقَالَتْ النَّصَارَى الْمَسِيحُ ابْنُ اللّهِ ذَلِكَ قَوْلُهُم بِأَفْوَاهِهِمْ يُضَاهِؤُونَ قَوْلَ الَّذِينَ كَفَرُواْ مِن قَبْلُ قَاتَلَهُمُ اللّهُ أَنَّى يُؤْفَكُونَ (٣٠)

اتَّخَذُواْ أَحْبَارَهُمْ وَرُهْبَانَهُمْ أَرْبَاباً مِّن دُونِ اللّهِ وَالْمَسِيحَ ابْنَ مَرْيَمَ وَمَا أُمِرُواْ إِلاَّ لِيَعْبُدُواْ إِلَهاً وَاحِداً لاَّ إِلَهَ إِلاَّ هُوَ سُبْحَانَهُ عَمَّا يُشْرِكُونَ (٣١)

يُرِيدُونَ أَن يُطْفِؤُواْ نُورَ اللّهِ بِأَفْوَاهِهِمْ وَيَأْبَى اللّهُ إِلاَّ أَن يُتِمَّ نُورَهُ وَلَوْ كَرِهَ الْكَافِرُونَ (٣٢)

هُوَ الَّذِي أَرْسَلَ رَسُولَهُ بِالْهُدَى وَدِينِ الْحَقِّ لِيُظْهِرَهُ عَلَى الدِّينِ كُلِّهِ وَلَوْ كَرِهَ الْمُشْرِكُونَ (٣٣)

أن كان ودياً مهادناً، صار خطاب محمد بشأن المسيحيين، بعدما استنصر بأعوانه في المدينة، تحريضياً ومليئاً بالكراهية. إن الآية تتهم المسيحيين بالكفر، وهي تتعارض مع آيات أخرى، انظر التعليقات على الآيات التالية:

- البقرة ٢ : ٦٢، صفحة ١١٧
- البقرة ٢ : ٢٢١ ، صفحة ١٥٥
- آل عمران ٣ : ٥٥، صفحة ١٩٣
- آل عمران ٣ : ٥٩، صفحة ١٩٥
- النساء ٤ : ١٥٧ـ١٥٨ ، صفحة ٢٦٦
- النساء ٤ : ١٧١، صفحة ٢٧١

ولكن بات من الواضح أن السياق السياسي الذي ترد فيه السورة يحدد اتجاهها ونبرتها وألفاظها.

٩ : ٣١

بخصوص الاتهام ‹اتَّخَذُواْ أَحْبَارَهُمْ وَرُهْبَانَهُمْ أَرْبَاباً مِّن دُونِ اللّهِ› [قارن التعليق على سورة النساء ٤ : ٥١، صفحة ٢٤٩].

٩ : ٣٤

تحرّم الآية كنز الأموال، ولدينا الأقوال التالية

يَا أَيُّهَا الَّذِينَ آمَنُواْ إِنَّ كَثِيراً مِّنَ الأَحْبَارِ وَالرُّهْبَانِ لَيَأْكُلُونَ أَمْوَالَ النَّاسِ بِالْبَاطِلِ وَيَصُدُّونَ عَن سَبِيلِ اللّهِ وَالَّذِينَ يَكْنِزُونَ الذَّهَبَ وَالْفِضَّةَ وَلاَ يُنفِقُونَهَا فِي سَبِيلِ اللّهِ فَبَشِّرْهُم بِعَذَابٍ أَلِيمٍ (٣٤)

بصددها:

القول الأول: إن التحريم ينطبق على أهل الكتاب والمسلمين على حد سواء (ابن الجوزي ٣٦٢).

القول الثاني: إنها خاصة بأهل الكتاب فقط (ابن الجوزي ٣٦٣).

القول الثالث: إنها خاصة بالمسلمين عامة (ابن الجوزي ٣٦٣)، ويتفرع عن هذا القول الآراء التالية المتعلقة بنسخ الآية من عدمه:

أ. إما أن يكون المقصود بالإنفاق الزكاة، وهو رأي معظم المفسرين؛ وعلى هذا فالآية محكمة (ابن الجوزي ٣٦٣).

ب. وإما أن المراد بالإنفاق إخراج ما زاد عن الحاجة؛ وعلى هذا، فالآية منسوخة بأمرالزكاة الوارد في آية: ‹خُذْ مِنْ أَمْوَالِهِمْ صَدَقَةً› (التوبة ٩: ١٠٣) (ابن الجوزي ٣٦٣ - ٣٦٤، الإيضاح ٣١٤، قارن: ابن حزم ٤٠، ابن سلامة ٥١).

٩: ٣٤

أولاً: تتهم الآية معظم علماء اليهود والمسيحيين جزافاً بأنهم يستولون على أموال الناس ‹بِالْبَاطِلِ›، وأنهم يبعدون أتباعهم عن ‹سَبِيلِ اللّهِ›.

توجه الآية هذا الاتهام البغيض بغاية تشويه صورة ‹الأَحْبَارِ وَالرُّهْبَانِ›، والسبب الحقيقي ورد أيضاً في نص الآية ألا وهو أنهم: ‹يَصُدُّونَ (الناس) عَن سَبِيلِ اللّهِ (عن الإسلام)›، أي أنهم قادرون على مناظرة الإسلام ودحض آرائه.

ثمة عدم منطقية في الآية لأنه لو كان علماء اليهود والرهبان يستحلون أموال الناس بغير حق، ويستغلون ثقة الناس فيهم لكان أولى بهؤلاء الذين تنهب أموالهم أن يسارعوا بالدخول في الإسلام ليستنصروا به ضد أحبارهم ورهبانهم «الظالمين» ويكون الإسلام طوق النجاة بالنسبة لهم. ثم كيف يقتنع الناس بآراء أحبارهم الذين يصدونهم عن الدخول في الإسلام وهم يعانون

التلاعب بالآية !

كان نسخ تحريم الكنز تنازلاً لأغنياء الصحابة. وفي تاريخ السيرة وصدر الإسلام وقائع من هذا القبيل تنم عن [الانتهازية] في سياسة مؤسسي الإسلام. لكن الصراع لم يتوقف رغم أنه أصبح محسوماً في مجال التشريع. ومن المؤشرات الهادية في هذا السبيل أن آيتيْ العفو والكنز لم تُحذفا من القرآن بعد النسخ وكان حكمهما في ذلك هو حكمُ الآيات المنسوخة الحكمِ الباقيةُ التلاوة.

[. . .]

يظهر أبو ذر [الغفاري] بدعوته إلى تحريم الاقتناء مستنداً إلى منطوق الآية. وقد تمسك أبو ذر بحكم الآية رغم ثبوت نسخها واتجاه الشريعة من ثم إلى تقرير الأحكام على أساس إباحة الاقتناء. وكان في ذلك يستند إلى قاعدته الاجتماعية وتأييد علي بن أبي طالب بثقله الديني والاجتماعي. وهو ما ساعده على الوقوف [. . .] ضد التفسير الرسمي. وكان للفريق الآخر حججه الأوجه هنا: آية الزكاة وآيات الموروث [. . .] على أن بقاء الآية في القرآن [. . .] أعطى أبا ذر ورقة رابحة في المجابهة. وهو ما شكل من جهته إحراجاً شديداً لخصومه دفعهم إلى البحث عن مخرج. وقد ساعدهم سياق الآية على اقتراح تأويلٍ يخرج أغنياء المسلمين من حكمها ويحصرها في أغنياء أهل الكتاب: اليهود والنصارى [. . .]. ولكي يستقيم لهم تأويلهم حاولوا استغلال خطة جمع القرآن لإجراء تغيير في صياغة الآية تقربها من المعنى المراد. وقد ورد في الدر المنثور للسيوطي عن مؤلف قديم هو ابن الضريس أنهم لما جلسوا لجمع القرآن أرادوا أن يلقوا «الواو» التي في سورة براءة: ‹وَالَّذِينَ يَكْنِزُونَ..› فنهض أُبيّ بن كعب وقال: لأضعن سيفي على عاتقي أو لتثبتنها... فاثبتوها.

[. . .]

ولو [أن الواو] حذفت لاتصل شطرا الآية وصار اسم الموصول «الذين» متعلقاً بالأحبار والرهبان على سبيل البدل أو عطف البيان ويكون حكم الآية بذلك منصرفاً إلى اليهود ممثلين في الأحبار والنصارى ممثلين في الرهبان. ومع «الواو» تكون العبارة مستقلة عما قبلها ويكون حكم الآية شاملاً.

(من قاموس التراث ٨٢ - ٨٤)

من ظلمهم وسطوتهم ويرون نفاقهم؟

اتهام الآية للرُّهْبَان بأنهم ﴿يَأْكُلُونَ أَمْوَالَ النَّاسِ﴾ يتناقض مع آية أخرى تحمل وداً، حيث جاء إن بين المسيحيين: ﴿قِسِّيسِينَ وَرُهْبَاناً وَأَنَّهُمْ لاَ يَسْتَكْبِرُونَ﴾ (المائدة ٥: ٨٢).

ثانياً: نقرأ في الجزء الثاني من الآية: ﴿الَّذِينَ يَكْنِزُونَ الذَّهَبَ وَالْفِضَّةَ وَلاَ يُنفِقُونَهَا﴾، حيث جاء الضمير في لفظة ﴿يُنفِقُونَهَا﴾ بالمفرد وكان حقه التثنية، فإلى أيهما يعود الضمير إذا: إلى الذهب أم الفضة؟

ثمة عدة احتمالات، أوردها كتاب «من غرائب آي التنزيل» (ص ١٦٦):

أ. أن الضمير عائد على الفضة، لأنها أقرب المذكورين.

ب. أن الضمير عائد على المعنى، لأن المكنوز دنانير ودراهم وأموال.

ج. أن العرب إن ذكرت شيئيْن يشتركان في المعنى تكتفي بإعادة الضمير على أحدهما.

إنّ المؤلف قد قام بالتعمية على اللّحن اللغوي في لفظة ﴿يُنفِقُونَهَا﴾ بجعل الضمير حمَّال أوجه (خاضعاً لأوجه تفسيرية متعددة).

ثالثاً: نلاحظ أيضاً وجود موضوعيْن في الآية: الأول، الاتهام الموجه إلى الأحبار والرهبان، والثاني، الموضوع المتصل بتحريم كنز الأموال. فأي بلاغة في التطرق إلى قضيتين مختلفتين في آية واحدة؟

ملاحظة

في الآية تحذير من كنز الذَّهَب وَالْفِضَّة، وتتوعد من يفعل ذلك ﴿بِعَذَابٍ أَلِيم﴾، إلاّ أن الآية قد نُسخت بآية أخرى: ﴿خُذْ مِنْ أَمْوَالِهِمْ صَدَقَةً تُطَهِّرُهُمْ وَتُزَكِّيهِم﴾ (التوبة ٩: ١٠٣).

٩: ٣٥

قرأها أُبيّ بن كعبٍ بشكل مختلف: «وبطونهم» (الخطيب ٣: ٣٧٧)، فجعل العقوبة على البطن، في حين أن قراءة المصحف تجعل العقوبة على الظهر.

٩: ٣٦-٣٧

كان التقويم في الجَزيْرة العَرَبيّة، قبل الإسلام، يعتمد على الشّهور القمريّة، ومجموع الشهور العربية القمريّة ثلاثمائة وأربعة وخمسون يوماً، وهي أقل من الشهور الميلادية بأحد عشر يوماً، ولهذا كان العرب يكبسون في كل ثلاث سنين شهراً ويسمونه النَّسِيء. كان النَّسِيءُ يُمارس لدواعي المواسم الزراعية والتجارية، بحيث يتطابق التقويم القمري العربي مع السنة الشمسيّة.

من المرجح أن محمداً قرر أنْ يجعل للمسلمين زمناً مقدساً، فاختار الالتزام بالنظام القمري، لأنه كان يدرك صعوبة التعامل مع نظام مزدوج: شمسي: قمري. ومثلما جعل محمد شعائر الحج الوثنية إسلامية واقتبسها، فإنه فعل نفس الشيء مع التقويم القمري، وجعله مقدساً،

يَوْمَ يُحْمَى عَلَيْهَا فِي نَارِ جَهَنَّمَ فَتُكْوَى بِهَا جِبَاهُهُمْ وَجُنوبُهُمْ وَظُهُورُهُمْ هَذَا مَا كَنَزْتُمْ لأَنفُسِكُمْ فَذُوقُواْ مَا كُنتُمْ تَكْنِزُونَ (٣٥)
إِنَّ عِدَّةَ الشُّهُورِ عِندَ اللّهِ اثْنَا عَشَرَ شَهْراً فِي كِتَابِ اللّهِ يَوْمَ خَلَقَ السَّمَاوَات وَالأَرْضَ مِنْهَا أَرْبَعَةٌ حُرُمٌ ذَلِكَ الدِّينُ الْقَيِّمُ فَلاَ تَظْلِمُواْ فِيهِنَّ أَنفُسَكُمْ وَقَاتِلُواْ الْمُشْرِكِينَ كَآفَّةً كَمَا يُقَاتِلُونَكُمْ كَآفَّةً وَاعْلَمُواْ أَنَّ اللّهَ مَعَ الْمُتَّقِينَ (٣٦)
إِنَّمَا النَّسِيءُ زِيَادَةٌ فِي الْكُفْرِ يُضَلُّ بِهِ الَّذِينَ كَفَرُواْ يُحِلُّونَهُ عَاماً وَيُحَرِّمُونَهُ عَاماً لِّيُوَاطِؤُواْ عِدَّةَ مَا حَرَّمَ اللّهُ فَيُحِلُّواْ مَا حَرَّمَ اللّهُ زُيِّنَ لَهُمْ سُوءُ أَعْمَالِهِمْ وَاللّهُ لاَ يَهْدِي الْقَوْمَ الْكَافِرِينَ (٣٧)

ثم أبطل نظام النسيء.

إن إلغاء نظام النسيء قد يكون مفهوماً بهذا الاعتبار، ولكن إن كان عجز العرب عن التعامل مع تقويم ثنائي قمري: شمسي مبرراً لإلغاء النسيء، فلماذا لم يكتفِ محمد بالقول إن الأمر معقد فحسب؟ ولماذا اعتبره كفرا؟ لا بل اعتبر ‹النَّسِيء زِيَادَةٌ فِي الْكُفْرِ› (التوبة ٩ : ٣٧).

قراءات مقترحة بصدد النسيء

- مُرُوج الذَّهب ومَعَادِن الجَوْهَر للمسعودي.
- بُنى المقدَّس عند العرب قبل الإسلام وبعده، يُوسف شُلْحُد.
- المواسم وحساب الزمن عند العرب قبل الإسلام، عرفان محمد حمّور.

بخصوص دمج شعائر الحج الوثنية في الإسلام

[راجع التعليقات على سورة البقرة ٢ : ١٥٨، صفحة ١٣٨؛ البقرة ٢ : ١٩٦، صفحة ١٤٩].

٩ : ٣٧

أولاً: بجانب قراءة المصحف ‹يُضَلُّ›، والتي تعني أن النّسيء ضلّ ‹الَّذِينَ كَفَرُواْ›، لدينا قراءتان مختلفتان:

- «يُضِلُّ»: أي يُضِلّ به ‹الَّذين كَفَرُوا› أتباعهم (الخطيب ٣ : ٣٨٢).
- «نُضِلُّ»: بنون (الخطيب ٣ : ٣٨٣)، أى أن الذي يضل هنا هو الله.

فهل يضل النسيءُ أهل الجاهلية، أم أن ‹الَّذِينَ كَفَرُواْ› يوظفونه لإضلال الناس، أم أن الله هو الذي يستعمله للضلال؟

ثانياً: قرأها معظم القرّاء: ‹زُيِّنَ›، بصيغة المبني للمجهول؛ وقيل أن الله هو المزين، وقيل الشيطان. بينما قرأها ابن مسعود وآخرون:

يَا أَيُّهَا الَّذِينَ آمَنُواْ مَا لَكُمْ إِذَا قِيلَ لَكُمُ
انفِرُواْ فِي سَبِيلِ اللّهِ اثَّاقَلْتُمْ إِلَى الأَرْضِ
أَرَضِيتُم بِالْحَيَاةِ الدُّنْيَا مِنَ الآخِرَةِ فَمَا مَتَاعُ
الْحَيَاةِ الدُّنْيَا فِي الآخِرَةِ إِلاَّ قَلِيلٌ (٣٨)
إِلاَّ تَنفِرُواْ يُعَذِّبْكُمْ عَذَاباً أَلِيماً وَيَسْتَبْدِلْ
قَوْماً غَيْرَكُمْ وَلاَ تَضُرُّوهُ شَيْئاً وَاللّهُ عَلَى
كُلِّ شَيْءٍ قَدِيرٌ (٣٩)
إِلاَّ تَنصُرُوهُ فَقَدْ نَصَرَهُ اللّهُ إِذْ أَخْرَجَهُ
الَّذِينَ كَفَرُواْ ثَانِيَ اثْنَيْنِ إِذْ هُمَا فِي الْغَارِ إِذْ
يَقُولُ لِصَاحِبِهِ لاَ تَحْزَنْ إِنَّ اللّهَ مَعَنَا فَأَنزَلَ
اللّهُ سَكِينَتَهُ عَلَيْهِ وَأَيَّدَهُ بِجُنُودٍ لَّمْ تَرَوْهَا
وَجَعَلَ كَلِمَةَ الَّذِينَ كَفَرُواْ السُّفْلَى وَكَلِمَةُ
اللّهِ هِيَ الْعُلْيَا وَاللّهُ عَزِيزٌ حَكِيمٌ (٤٠)
انفِرُواْ خِفَافاً وَثِقَالاً وَجَاهِدُواْ بِأَمْوَالِكُمْ
وَأَنفُسِكُمْ فِي سَبِيلِ اللّهِ ذَلِكُمْ خَيْرٌ لَّكُمْ
إِن كُنتُمْ تَعْلَمُونَ (٤١)
لَوْ كَانَ عَرَضاً قَرِيباً وَسَفَراً قَاصِداً
لاَّتَّبَعُوكَ وَلَكِن بَعُدَتْ عَلَيْهِمُ الشُّقَّةُ

«زَيَّن» (الخطيب ٣: ٣٨٤ - ٣٨٥)، وبحسب قراءة ابن مسعود يكون الفاعل هو الله. قارن مع التعليق على ﴿زُيِّنَ لِلنَّاسِ حُبُّ الشَّهَوَاتِ﴾ آل عمران ٣: ١٤، صفحة ١٨٣.

٩: ٣٩

رأى المفسرون أنها منسوخة بآية: ﴿وَمَا كَانَ الْمُؤْمِنُونَ لِيَنفِرُواْ كَآفَّةً﴾ (التوبة ٩: ١٢٢) (ابن الجوزي ٣٦٤ - ٣٦٥، الإيضاح ٣١٤، ابن حزم ٤٠، ابن سلامة ٥٢، النحاس ١٦٧)، ولا يوافق ابن الجوزي على القول بالنسخ، بل يرى أن كل آية تعالج حالة خاصة ويدعم رأيه بذكر أسماء من يشاركونه الرأي (ابن الجوزي ٣٦٥ - ٣٦٦).

٩: ٤٠

أولاً: كان مكتوباً في مصحف حفصة، إحدى زوجات محمد، النص التالي: «فَأَنزَلَ اللّهُ سَكِينَتَهُ عَلَيْهِما وَأَيَّدَهُما بِجُنُودٍ لَّمْ تَرَوْهَا». والقراءة بالمفرد تعني أن السكينة نزلت على شخص واحد، رجح الشارحون كل حسب رؤيته، أنه إما محمد وإما أبو بكر، بينما القراءة بالتثنية، أي قراءة حفصة، فتعني أن السكينة نزلت على الاثنين معاً: محمد وأبي بكر (الخطيب ٣: ٣٨٨).

ثانياً: وردت في مصحف أُبيّ بن كعب بصيغة مختلفة: «وَجَعَلَ كَلِمَةَ الَّذِينَ كَفَرُواْ السُّفْلَى وَجعل كَلِمَته هِيَ الْعُلْيَاء» (الخطيب ٣: ٣٩٠).

وَسَيَحْلِفُونَ بِاللّهِ لَوِ اسْتَطَعْنَا لَخَرَجْنَا
مَعَكُمْ يُهْلِكُونَ أَنفُسَهُمْ وَاللّهُ يَعْلَمُ إِنَّهُمْ
لَكَاذِبُونَ (٤٢)
عَفَا اللّهُ عَنكَ لِمَ أَذِنتَ لَهُمْ حَتَّى يَتَبَيَّنَ
لَكَ الَّذِينَ صَدَقُواْ وَتَعْلَمَ الْكَاذِبِينَ (٤٣)
لاَ يَسْتَأْذِنُكَ الَّذِينَ يُؤْمِنُونَ بِاللّهِ وَالْيَوْمِ
الآخِرِ أَن يُجَاهِدُواْ بِأَمْوَالِهِمْ وَأَنفُسِهِمْ
وَاللّهُ عَلِيمٌ بِالْمُتَّقِينَ (٤٤)
إِنَّمَا يَسْتَأْذِنُكَ الَّذِينَ لاَ يُؤْمِنُونَ بِاللّهِ
وَالْيَوْمِ الآخِرِ وَارْتَابَتْ قُلُوبُهُمْ فَهُمْ فِي
رَيْبِهِمْ يَتَرَدَّدُونَ (٤٥)
وَلَوْ أَرَادُواْ الْخُرُوجَ لأَعَدُّواْ لَهُ عُدَّةً
وَلَكِن كَرِهَ اللّهُ انبِعَاثَهُمْ فَثَبَّطَهُمْ وَقِيلَ
اقْعُدُواْ مَعَ الْقَاعِدِينَ (٤٦)
لَوْ خَرَجُواْ فِيكُم مَّا زَادُوكُمْ إِلاَّ خَبَالاً
ولأَوْضَعُواْ خِلاَلَكُمْ يَبْغُونَكُمُ الْفِتْنَةَ
وَفِيكُمْ سَمَّاعُونَ لَهُمْ وَاللّهُ عَلِيمٌ
بِالظَّالِمِينَ (٤٧)

٩ : ٤١

أوجبت هذه الآية المشاركة المباشرة في القتال، على جميع المسلمين: أصحاء وسقماء (شعلة ١٤٥). ودفع المفسرون بأنها منسوخة بآية: ‹وَمَا كَانَ الْمُؤْمِنُونَ لِيَنفِرُواْ كَآفَّةً› (التوبة ٩: ١٢٢) (ابن الجوزي ٣٦٦، الإيضاح ٣١٥، شعلة ١٤٥).

وقيل أيضا أنها نُسخت بالآية التي تفصّل الاستثناءات: ‹لَّيْسَ عَلَى الضُّعَفَاء وَلاَ عَلَى الْمَرْضَى وَلاَ عَلَى الَّذِينَ لاَ يَجِدُونَ مَا يُنفِقُونَ حَرَجٌ› (التوبة ٩: ٩١) (ابن الجوزي ٣٦٦).

ويكرر ابن الجوزي ملاحظته الواردة بصدد الآية السابقة، إذ يرى أنه ليست هناك علاقة نسخ بين الآيات، فكل واحدة تختص بظرف عملي مختلف (ابن الجوزي ٣٦٦-٣٦٧، قارن: شعلة ١٤٥).

٩ : ٤٣

ذُكر أنها منسوخة بآية: ‹فَإِذَا اسْتَأْذَنُوكَ لِبَعْضِ شَأْنِهِمْ فَأْذَن لِّمَن شِئْتَ مِنْهُمْ› (النور ٢٤: ٦٢) (ابن حزم ٤٠).

٩ : ٤٤

رأى المفسرون أنها منسوخة بآية: ‹فَإِذَا اسْتَأْذَنُوكَ لِبَعْضِ شَأْنِهِمْ فَأْذَن لِّمَن شِئْتَ مِنْهُمْ› (النور ٢٤: ٦٢) (ابن الجوزي ٣٦٧-٣٦٨، الإيضاح ٣١٦، ابن سلامة ٥٢، النحاس ١٦٨).

لَقَد ابْتَغَوُا الْفِتْنَةَ مِن قَبْلُ وَقَلَّبُواْ لَكَ الأُمُورَ حَتَّى جَاء الْحَقُّ وَظَهَرَ أَمْرُ اللّهِ وَهُمْ كَارِهُونَ (٤٨)
وَمِنْهُم مَّن يَقُولُ ائْذَن لِّي وَلاَ تَفْتِنِّي أَلاَ فِي الْفِتْنَةِ سَقَطُواْ وَإِنَّ جَهَنَّمَ لَمُحِيطَةٌ بِالْكَافِرِينَ (٤٩)
إِن تُصِبْكَ حَسَنَةٌ تَسُؤْهُمْ وَإِن تُصِبْكَ مُصِيبَةٌ يَقُولُواْ قَدْ أَخَذْنَا أَمْرَنَا مِن قَبْلُ وَيَتَوَلَّواْ وَّهُمْ فَرِحُونَ (٥٠)
قُل لَّن يُصِيبَنَا إِلاَّ مَا كَتَبَ اللّهُ لَنَا هُوَ مَوْلاَنَا وَعَلَى اللّهِ فَلْيَتَوَكَّلِ الْمُؤْمِنُونَ (٥١)
قُلْ هَلْ تَرَبَّصُونَ بِنَا إِلاَّ إِحْدَى الْحُسْنَيَيْنِ وَنَحْنُ نَتَرَبَّصُ بِكُمْ أَن يُصِيبَكُمُ اللّهُ بِعَذَابٍ مِّنْ عِندِهِ أَوْ بِأَيْدِينَا فَتَرَبَّصُواْ إِنَّا مَعَكُم مُّتَرَبِّصُونَ (٥٢)
قُلْ أَنفِقُواْ طَوْعاً أَوْ كَرْهاً لَّن يُتَقَبَّلَ مِنكُمْ إِنَّكُمْ كُنتُمْ قَوْماً فَاسِقِينَ (٥٣)
وَمَا مَنَعَهُمْ أَن تُقْبَلَ مِنْهُمْ نَفَقَاتُهُمْ إِلاَّ أَنَّهُمْ كَفَرُواْ بِاللّهِ وَبِرَسُولِهِ وَلاَ يَأْتُونَ الصَّلاَةَ إِلاَّ وَهُمْ كُسَالَى وَلاَ يُنفِقُونَ إِلاَّ وَهُمْ كَارِهُونَ (٥٤)
فَلاَ تُعْجِبْكَ أَمْوَالُهُمْ وَلاَ أَوْلاَدُهُمْ إِنَّمَا

٩ : ٥٥

كيف تكون الأموال والأولاد أدوات للعذاب في الدنيا حسب هذه الآية، مع أن القرآن نفسه يقرر في موضع آخر: ‹الْمَالُ وَالْبَنُونَ زِينَةُ الْحَيَاةِ الدُّنْيَا› (الكهف ١٨ : ٤٦)؟

يقر المفسرون واللغويون ضمناً بهذا التعارض، ولهذا قال فريق منهم إن الآية يجب أن تقرأ على الشكل التالي: «فَلاَ تُعْجِبكَ أَمْوَالُهُمْ وَلاَ أَوْلاَدُهُمْ فِي الْحَيَاةِ الدُّنْيَا، إِنَّمَا يُرِيدُ اللّهُ لِيُعَذِّبَهُم بِهَا فِي الآخرة». وهذا ما نقرؤه لدى الطبري (١١ : ٥٠٠): «قال بعضهم: فَلاَ تُعْجِبْكَ يا محمدُ أَمْوَالُ هؤلاء الْمُنافقينَ وَلاَ أَوْلاَدُهُمْ فِي الْحَيَاةِ الدُّنْيَا، إِنَّمَا يُرِيدُ اللّهُ لِيُعَذِّبَهُم بِهَا فِي الآخرة، وفي ذلك تقديم وتأخير». وأيد ابن عباس، حبر الأمة الإسلامية، هذا القول (القرطبي ١٠ : ٢٤٠).

والواقع هنا أن المفسرين ضلوا عن جادة الصواب، فلا تحتوي الآية على تأخير وتقديم، فمفردة «الآخرة» ليست موجودة في الآية، بل قدرها المفسرون. ولهذا قال أهل النحو إن في الآية محذوفاً، كأن قيل: «إنما يريد الله أن يملي لهم فيها ليعذبهم» (الرازي ١٦ : ٩٥).

فأي بلاغة إذاً عندما يتوجب لفهم الآية أن

يُرِيدُ اللّهُ لِيُعَذِّبَهُم بِهَا فِي الْحَيَاةِ الدُّنْيَا
وَتَزْهَقَ أَنفُسُهُمْ وَهُمْ كَافِرُونَ (٥٥)
وَيَحْلِفُونَ بِاللّهِ إِنَّهُمْ لَمِنكُمْ وَمَا هُم مِّنكُمْ
وَلَكِنَّهُمْ قَوْمٌ يَفْرَقُونَ (٥٦)
لَوْ يَجِدُونَ مَلْجَأً أَوْ مَغَارَاتٍ أَوْ مُدَّخَلاً
لَّوَلَّوْاْ إِلَيْهِ وَهُمْ يَجْمَحُونَ (٥٧)
وَمِنْهُم مَّن يَلْمِزُكَ فِي الصَّدَقَاتِ فَإِنْ
أُعْطُواْ مِنْهَا رَضُواْ وَإِن لَّمْ يُعْطَوْاْ مِنهَا
إِذَا هُمْ يَسْخَطُونَ (٥٨)
وَلَوْ أَنَّهُمْ رَضُوْاْ مَا آتَاهُمُ اللّهُ وَرَسُولُهُ
وَقَالُواْ حَسْبُنَا اللّهُ سَيُؤْتِينَا اللّهُ مِن فَضْلِهِ
وَرَسُولُهُ إِنَّا إِلَى اللّهِ رَاغِبُونَ (٥٩)
إِنَّمَا الصَّدَقَاتُ لِلْفُقَرَاء وَالْمَسَاكِينِ
وَالْعَامِلِينَ عَلَيْهَا وَالْمُؤَلَّفَةِ قُلُوبُهُمْ وَفِي
الرِّقَابِ وَالْغَارِمِينَ وَفِي سَبِيلِ اللّهِ وَابْنِ
السَّبِيلِ فَرِيضَةً مِّنَ اللّهِ وَاللّهُ عَلِيمٌ
حَكِيمٌ (٦٠)
وَمِنْهُمُ الَّذِينَ يُؤْذُونَ النَّبِيَّ وَيِقُولُونَ
هُوَ أُذُنٌ قُلْ أُذُنُ خَيْرٍ لَّكُمْ يُؤْمِنُ بِاللّهِ
وَيُؤْمِنُ لِلْمُؤْمِنِينَ وَرَحْمَةٌ لِّلَّذِينَ آمَنُواْ
مِنكُمْ وَالَّذِينَ يُؤْذُونَ رَسُولَ اللّهِ لَهُمْ
عَذَابٌ أَلِيمٌ (٦١)

نعود للتفاسير لنعرف المحذوف منها؟

٩: ٦٠

تقول الآية إن نصيباً من العطايا يجب أن يذهب إلى ‹الْمُؤَلَّفَةِ قُلُوبُهُمْ›. فمن هم الْمُؤَلَّفَة قُلُوبُهُمْ؟

بعد انتصار جيش محمد على ثقيف في معركة حُنَيْنَ، استولى المقاتلون على كمية كبيرة من الغنائم، وأسروا آلافاً من النساء والأطفال. ولما كانت كمية الغنائم وفيرة، قرر محمد أن يعطي نصيباً من الغنائم لزعماء بعض القبائل العربية، لاسيما لزعماء قريش، من أجل أن يضمن ولاءهم له (ابن سعد ٢: ١٣٩-١٤٢).

أعطى محمد مئة بعيرٍ لكل من أبي سفيان بن حرب وابنه معاوية، وصفوان بن أميّة عدوه الأكبر في مكة، والَّذي لم يقر بالإسْلام بعد وحكيم بن حِزام، والحارث بن الحارث بن كَلَدة، والأقرع بن حابس، وعُيَيْنَة بن حِصْن، والعبّاس بن مِرْداس. وقد قارب عدد الْمُؤَلَّفَةِ قُلُوبُهُمْ الأربعين (الطبري ١١: ٥١٩-٥٢٠، القرطبي ١٠: ٢٦٢-٢٦٥).

هؤلاء هم الْمُؤَلَّفَة قُلُوبُهُمْ، فهل يمكن لكتاب سماوي أن يبيح رشوة زعماء العشائر؟

يَحْلفُونَ بِاللّه لَكُمْ لِيُرْضُوكُمْ وَاللّهُ
وَرَسُولُهُ أَحَقُّ أَن يُرْضُوهُ إِن كَانُواْ
مُؤْمِنِينَ (٦٢)
أَلَمْ يَعْلَمُواْ أَنَّهُ مَن يُحَادِدِ اللّهَ وَرَسُولَهُ
فَأَنَّ لَهُ نَارَ جَهَنَّمَ خَالِداً فِيهَا ذَلِكَ الْخِزْيُ
الْعَظِيمُ (٦٣)
يَحْذَرُ الْمُنَافِقُونَ أَن تُنَزَّلَ عَلَيْهِمْ سُورَةٌ
تُنَبِّئُهُمْ بِمَا فِي قُلُوبِهِم قُلِ اسْتَهْزِئُواْ إِنَّ اللّهَ
مُخْرِجٌ مَّا تَحْذَرُونَ (٦٤)
وَلَئِن سَأَلْتَهُمْ لَيَقُولُنَّ إِنَّمَا كُنَّا نَخُوضُ
وَنَلْعَبُ قُلْ أَبِاللّهِ وَآيَاتِهِ وَرَسُولِهِ كُنتُمْ
تَسْتَهْزِئُونَ (٦٥)
لاَ تَعْتَذِرُواْ قَدْ كَفَرْتُم بَعْدَ إِيمَانِكُمْ إِن نَّعْفُ
عَن طَآئِفَةٍ مِّنكُمْ نُعَذِّبْ طَآئِفَةً بِأَنَّهُمْ كَانُواْ
مُجْرِمِينَ (٦٦)
الْمُنَافِقُونَ وَالْمُنَافِقَاتُ بَعْضُهُم مِّن بَعْضٍ
يَأْمُرُونَ بِالْمُنكَرِ وَيَنْهَوْنَ عَنِ الْمَعْرُوفِ
وَيَقْبِضُونَ أَيْدِيَهُمْ نَسُواْ اللّهَ فَنَسِيَهُمْ إِنَّ
الْمُنَافِقِينَ هُمُ الْفَاسِقُونَ (٦٧)
وَعَدَ الله الْمُنَافِقِينَ وَالْمُنَافِقَاتِ وَالْكُفَّارَ نَارَ
جَهَنَّمَ خَالِدِينَ فِيهَا هِيَ حَسْبُهُمْ وَلَعَنَهُمُ
اللّهُ وَلَهُمْ عَذَابٌ مُّقِيمٌ (٦٨)
كَالَّذِينَ مِن قَبْلِكُمْ كَانُواْ أَشَدَّ مِنكُمْ قُوَّةً
وَأَكْثَرَ أَمْوَالاً وَأَوْلاَداً فَاسْتَمْتَعُواْ بِخَلاقِهِمْ
فَاسْتَمْتَعْتُم بِخَلاَقِكُمْ كَمَا اسْتَمْتَعَ الَّذِينَ
مِن قَبْلِكُمْ بِخَلاَقِهِمْ وَخُضْتُمْ كَالَّذِي
خَاضُواْ أُوْلَئِكَ حَبِطَتْ أَعْمَالُهُمْ فِي الدُّنْيَا
وَالآخِرَةِ وَأُوْلَئِكَ هُمُ الْخَاسِرُونَ (٦٩)

٩ : ٦٣

جاءت في المصحف ‹يَعْلَمُواْ› بالياء، والحديث يشير الى أعداء محمد. بينما قرأها البعض: «تَعْلَمُواْ» بالتاء، وقيل أن المخاطب هم أعداء محمد، وقيل ايضا أنهم المسلمون (الخطيب ٣: ٤١٦).

وردت في مصحف أُبيّ بن كعبٍ: «أَلَمْ يَعلم» بالياء، وقرأها آخرون: «أَلَمْ تعلم».

ورأى الشارحون أن الخطاب في هاتين القراءتين هو لمحمد، بينما قال آخرون بل الخطاب للسامع (الخطيب ٣: ٤١٦).

فهل الخطاب في الآية هو لغيرالمسلمين، أم للمسلمين، أم لمحمد، أم لسامع الآية؟

٩ : ٧٣

قرأها الشيعة: «جَاهِدِ الْكُفَّارَ بِالْمُنَافِقِينَ»

أَلَمْ يَأْتِهِمْ نَبَأُ الَّذِينَ مِن قَبْلِهِمْ قَوْمِ نُوحٍ وَعَادٍ وَثَمُودَ وَقَوْمِ إِبْرَاهِيمَ وَأَصْحَابِ مَدْيَنَ وَالْمُؤْتَفِكَاتِ أَتَتْهُمْ رُسُلُهُم بِالْبَيِّنَاتِ فَمَا كَانَ اللّهُ لِيَظْلِمَهُمْ وَلَكِن كَانُواْ أَنفُسَهُمْ يَظْلِمُونَ (٧٠)

وَالْمُؤْمِنُونَ وَالْمُؤْمِنَاتُ بَعْضُهُمْ أَوْلِيَاء بَعْضٍ يَأْمُرُونَ بِالْمَعْرُوفِ وَيَنْهَوْنَ عَنِ الْمُنكَرِ وَيُقِيمُونَ الصَّلاَةَ وَيُؤْتُونَ الزَّكَاةَ وَيُطِيعُونَ اللّهَ وَرَسُولَهُ أُوْلَئِكَ سَيَرْحَمُهُمُ اللّهُ إِنَّ اللّهَ عَزِيزٌ حَكِيمٌ (٧١)

وَعَدَ اللّهُ الْمُؤْمِنِينَ وَالْمُؤْمِنَاتِ جَنَّاتٍ تَجْرِي مِن تَحْتِهَا الأَنْهَارُ خَالِدِينَ فِيهَا وَمَسَاكِنَ طَيِّبَةً فِي جَنَّاتِ عَدْنٍ وَرِضْوَانٌ مِّنَ اللّهِ أَكْبَرُ ذَلِكَ هُوَ الْفَوْزُ الْعَظِيمُ (٧٢)

يَا أَيُّهَا النَّبِيُّ جَاهِدِ الْكُفَّارَ وَالْمُنَافِقِينَ وَاغْلُظْ عَلَيْهِمْ وَمَأْوَاهُمْ جَهَنَّمُ وَبِئْسَ الْمَصِيرُ (٧٣)

يَحْلِفُونَ بِاللّهِ مَا قَالُواْ وَلَقَدْ قَالُواْ كَلِمَةَ الْكُفْرِ وَكَفَرُواْ بَعْدَ إِسْلاَمِهِمْ وَهَمُّواْ بِمَا لَمْ يَنَالُواْ وَمَا نَقَمُواْ إِلاَّ أَنْ أَغْنَاهُمُ اللّهُ وَرَسُولُهُ مِن فَضْلِهِ فَإِن يَتُوبُواْ يَكُ خَيْرًا لَّهُمْ وَإِن يَتَوَلَّوْا يُعَذِّبْهُمُ اللّهُ عَذَابًا أَلِيمًا فِي الدُّنْيَا وَالآخِرَةِ وَمَا لَهُمْ فِي الأَرْضِ مِن وَلِيٍّ وَلاَ نَصِيرٍ (٧٤)

وَمِنْهُم مَّنْ عَاهَدَ اللّهَ لَئِنْ آتَانَا مِن فَضْلِهِ لَنَصَّدَّقَنَّ وَلَنَكُونَنَّ مِنَ الصَّالِحِينَ (٧٥)

فَلَمَّا آتَاهُم مِّن فَضْلِهِ بَخِلُواْ بِهِ وَتَوَلَّواْ وَّهُم مُّعْرِضُونَ (٧٦)

(الخطيب ٣: ٤٢٥).

يبدو أن هذه القراءة هي محاولة للخروج من معضلة في الآية، إذْ ناقش المفسرون مسألة مجاهدة ‹الْمُنَافِقِينَ›، فقالوا إن محاربة غير المسلمين هو أمر قاطع لأنهم يرفضون الإسلام صراحةً، لكن ‹الْمُنَافِقِينَ›، هم الذين يعلنون الإسلام ظاهرياً، وبالتالي كيف يمكن محاربة من لم يجاهر بعدم إسلامه؟ ولهذا قدم الشارحون لقراءة المصحف التفسيرات التالية:

١. تنص الآية على محاربة الكفار وتغليظ القول مع المنافقين.

٢. توجب الآية مجاهدتهم، والجهاد لا يقتصر على السيف أو اللسان فحسب، بل له أدوات أخرى.

٣. يتحتم تطبيق عقوبات الإسلام على ‹الْمُنَافِقِينَ› (الرازي ١٦: ١٣٧ ـ ١٣٨، قارن: الطبري ١١: ٥٦٦-٥٦٧).

فَأَعْقَبَهُمْ نِفَاقاً فِي قُلُوبِهِمْ إِلَى يَوْمِ يَلْقَوْنَهُ بِمَا أَخْلَفُواْ اللّهَ مَا وَعَدُوهُ وَبِمَا كَانُواْ يَكْذِبُونَ (٧٧)
أَلَمْ يَعْلَمُواْ أَنَّ اللّهَ يَعْلَمُ سِرَّهُمْ وَنَجْوَاهُمْ وَأَنَّ اللّهَ عَلاَّمُ الْغُيُوبِ (٧٨)
الَّذِينَ يَلْمِزُونَ الْمُطَّوِّعِينَ مِنَ الْمُؤْمِنِينَ فِي الصَّدَقَاتِ وَالَّذِينَ لاَ يَجِدُونَ إِلاَّ جُهْدَهُمْ فَيَسْخَرُونَ مِنْهُمْ سَخِرَ اللّهُ مِنْهُمْ وَلَهُمْ عَذَابٌ أَلِيمٌ (٧٩)
اسْتَغْفِرْ لَهُمْ أَوْ لاَ تَسْتَغْفِرْ لَهُمْ إِن تَسْتَغْفِرْ لَهُمْ سَبْعِينَ مَرَّةً فَلَن يَغْفِرَ اللّهُ لَهُمْ ذَلِكَ بِأَنَّهُمْ كَفَرُواْ بِاللّهِ وَرَسُولِهِ وَاللّهُ لاَ يَهْدِي الْقَوْمَ الْفَاسِقِينَ (٨٠)
فَرِحَ الْمُخَلَّفُونَ بِمَقْعَدِهِمْ خِلاَفَ رَسُولِ اللّهِ وَكَرِهُواْ أَن يُجَاهِدُواْ بِأَمْوَالِهِمْ وَأَنفُسِهِمْ فِي سَبِيلِ اللّهِ وَقَالُواْ لاَ تَنفِرُواْ فِي الْحَرِّ قُلْ نَارُ جَهَنَّمَ أَشَدُّ حَرّاً لَّوْ كَانُوا يَفْقَهُونَ (٨١)
فَلْيَضْحَكُواْ قَلِيلاً وَلْيَبْكُواْ كَثِيراً جَزَاء بِمَا كَانُواْ يَكْسِبُونَ (٨٢)
فَإِن رَّجَعَكَ اللّهُ إِلَى طَآئِفَةٍ مِّنْهُمْ فَاسْتَأْذَنُوكَ لِلْخُرُوجِ فَقُل لَّن تَخْرُجُواْ مَعِيَ أَبَداً وَلَن تُقَاتِلُواْ مَعِيَ عَدُوّاً إِنَّكُمْ رَضِيتُم

لكن هذه الأقوال لم تحسم النقاش للأسباب التالية:

رداً على القولين الأول والثاني نجيب: إن المنافق لا يظهر رفضه للإسلام وبالتالي كيف يُوبخ أو يجاهد.

وبالنسبة للقول الثالث نعلق: إن تطبيق عقوبات الشريعة لا ينحصر في ‹الْمُنَافِقِينَ› وحسب، بل على كل من هو تحت سلطان الدولة الإسلامية.

إن كل هذه الاجتهادات التفسيرية تسقط مع القراءة الشيعية للآية والتي تقول: «جَاهِدِ الْكُفَّارَ بِالْمُنَافِقِينَ» (الخطيب ٣: ٤٢٥). ومع ذلك، لا تخلو هذه القراءة بدورها من إشكالية تنجم عنها، إذ كيف يمكن معرفة دوافع ‹الْمُنَافِقِينَ› ومن ثم استخدامهم لقتال ‹الكُفّار›. ثم لو فرضنا أنهم باتوا مكشوفين للمسلمين، ألا يخشى من احتمال انضمامهم إلى معسكر الأعداء بدلاً من أن يضحوا بحياتهم في سبيل قضية الإسلام التي لا يؤمنون بها أصلاً؟

بقيت الآية إذاً لغزاً في القراءتين: السنية والشيعية.

بِالْقُعُودِ أَوَّلَ مَرَّةٍ فَاقْعُدُواْ مَعَ الْخَالِفِينَ (٨٣)
وَلاَ تُصَلِّ عَلَى أَحَدٍ مِّنْهُم مَّاتَ أَبَداً وَلاَ
تَقُمْ عَلَىَ قَبْرِهِ إِنَّهُمْ كَفَرُواْ بِاللّهِ وَرَسُولِهِ
وَمَاتُواْ وَهُمْ فَاسِقُونَ (٨٤)
وَلاَ تُعْجِبْكَ أَمْوَالُهُمْ وَأَوْلاَدُهُمْ إِنَّمَا يُرِيدُ
اللّهُ أَن يُعَذِّبَهُم بِهَا فِي الدُّنْيَا وَتَزْهَقَ
أَنفُسُهُمْ وَهُمْ كَافِرُونَ (٨٥)
وَإِذَا أُنزِلَتْ سُورَةٌ أَنْ آمِنُواْ بِاللّهِ وَجَاهِدُواْ
مَعَ رَسُولِهِ اسْتَأْذَنَكَ أُوْلُواْ الطَّوْلِ مِنْهُمْ
وَقَالُواْ ذَرْنَا نَكُن مَّعَ الْقَاعِدِينَ (٨٦)
رَضُواْ بِأَن يَكُونُواْ مَعَ الْخَوَالِفِ وَطُبِعَ عَلَى
قُلُوبِهِمْ فَهُمْ لاَ يَفْقَهُونَ (٨٧)
لَكِنِ الرَّسُولُ وَالَّذِينَ آمَنُواْ مَعَهُ جَاهَدُواْ
بِأَمْوَالِهِمْ وَأَنفُسِهِمْ وَأُوْلَئِكَ لَهُمُ الْخَيْرَاتُ
وَأُوْلَئِكَ هُمُ الْمُفْلِحُونَ (٨٨)
أَعَدَّ اللّهُ لَهُمْ جَنَّاتٍ تَجْرِي مِن تَحْتِهَا الأَنْهَارُ
خَالِدِينَ فِيهَا ذَلِكَ الْفَوْزُ الْعَظِيمُ (٨٩)
وَجَاء الْمُعَذِّرُونَ مِنَ الأَعْرَابِ لِيُؤْذَنَ لَهُمْ
وَقَعَدَ الَّذِينَ كَذَبُواْ اللّهَ وَرَسُولَهُ سَيُصِيبُ
الَّذِينَ كَفَرُواْ مِنْهُمْ عَذَابٌ أَلِيمٌ (٩٠)
لَّيْسَ عَلَى الضُّعَفَاء وَلاَ عَلَى الْمَرْضَى وَلاَ
عَلَى الَّذِينَ لاَ يَجِدُونَ مَا يُنفِقُونَ حَرَجٌ إِذَا

٩ : ٧٨

تلاها جمهور القراء: ‹يَعْلَمُوا› بالياء، والحديث عن أعداء محمد، والعبارة بصيغة الاستفهام بقصد التوبيخ، بينما قرأها البعض الآخر: «تعلموا»، بالتاء، والخطاب للمسلمين (الخطيب ٣ : ٤٢٨).

فهل تخاطب الآية المسلمين أم أعداء المسلمين؟

٩ : ٧٩

تقول الآية إن الله يسخر من الذين يسخرون من المسلمين. فهل تصوير الله بالساخر يتسق مع تنزيه الله؟ قارن مع التعليق على آل عمران، الآية ٣ : ٥٤، صفحة ١٩٣، حيث يوصف الله بالمكر.

٩ : ٩٧-٩٨

‹الأَعْرَابُ أَشَدُّ كُفْراً وَنِفَاقاً› و‹وَمِنَ الأَعْرَابِ مَن يَتَّخِذُ مَا يُنفِقُ مَغْرَماً›

نَصَحواْ لله ورَسُوله مَا عَلَى المُحْسِنِينَ من
سَبِيل وَاللّهُ غَفُورٌ رَّحِيمٌ (٩١)
وَلاَ عَلَى الَّذِينَ إِذَا مَا أَتَوْكَ لِتَحْمِلَهُمْ قُلْتَ
لاَ أَجِدُ مَا أَحْمِلُكُمْ عَلَيْهِ تَوَلَّواْ وَّأَعْيُنُهُمْ
تَفِيضُ مِنَ الدَّمْعِ حَزَناً أَلاَّ يَجِدُواْ مَا
يُنفِقُونَ (٩٢)
إِنَّمَا السَّبِيلُ عَلَى الَّذِينَ يَسْتَأْذِنُونَكَ وَهُمْ
أَغْنِيَاء رَضُواْ بِأَن يَكُونُواْ مَعَ الْخَوَالِفِ
وَطَبَعَ اللّهُ عَلَى قُلُوبِهِمْ فَهُمْ لاَ يَعْلَمُونَ (٩٣)
يَعْتَذِرُونَ إِلَيْكُمْ إِذَا رَجَعْتُمْ إِلَيْهِمْ قُل لاَّ
تَعْتَذِرُواْ لَن نُّؤْمِنَ لَكُمْ قَدْ نَبَّأَنَا اللّهُ مِنْ
أَخْبَارِكُمْ وَسَيَرَى اللّهُ عَمَلَكُمْ وَرَسُولُهُ
ثُمَّ تُرَدُّونَ إِلَى عَالِمِ الْغَيْبِ وَالشَّهَادَةِ
فَيُنَبِّئُكُم بِمَا كُنتُمْ تَعْمَلُونَ (٩٤)
سَيَحْلِفُونَ بِاللّهِ لَكُمْ إِذَا انقَلَبْتُمْ إِلَيْهِمْ
لِتُعْرِضُواْ عَنْهُمْ فَأَعْرِضُواْ عَنْهُمْ إِنَّهُمْ
رِجْسٌ وَمَأْوَاهُمْ جَهَنَّمُ جَزَاء بِمَا كَانُواْ
يَكْسِبُونَ (٩٥)

نُسخ هذان الاتهامان بآية: ﴿وَمِنَ الأَعْرَابِ مَن يُؤْمِنُ بِاللّهِ وَالْيَوْمِ الآخِرِ﴾ (التوبة ٩ : ٩٩) (الإيضاح ٣١٨، ابن حزم ٤٠، ابن سلامة ٥٢).

وفي المقابل، قال آخرون إنه ليس بين الآيات علاقة نسخ، بل إن الآيات تتناول اتجاهات الأعراب الدينية (الإيضاح ٣١٨).

٩ : ٩٧، ٩٩، ١٠١

تتهم السورة الأعراب بأنهم ﴿أَشَدُّ كُفْراً وَنِفَاقاً﴾ (الآية ٩٧) ثم تعود السورة لتناقض نفسها بعد آيتين، فتستثني بعضاً منهم: ﴿وَمِنَ الأَعْرَابِ مَن يُؤْمِنُ بِاللّهِ وَالْيَوْمِ الآخِرِ﴾ (الآية ٩٩).

لحل هذا التناقض قال علماء الإسلام إنه ليس ثمة تناقض، بل ناسخ ومنسوخ. فإن كان في الأمر ناسخ ومنسوخ، فهذا أعجب ناسخ ومنسوخ، ذلك أن الآية (٩٩) ناسخة لما قبلها ﴿الأَعْرَابُ أَشَدُّ كُفْراً وَنِفَاقاً﴾ (٩٧) ولما بعدها: ﴿وَمِمَّنْ حَوْلَكُم مِّنَ الأَعْرَابِ مُنَافِقُونَ﴾ (١٠١).

ونسأل: كيف يتجاور الناسخ والمنسوخ بهذا الشكل، فتنسخ آية ما قبلها وما بعدها؟ وكيف يمكن أن نجد ناسخاً ومنسوخاً في سورة التوبة،

يَحْلِفُونَ لَكُمْ لِتَرْضَوْاْ عَنْهُمْ فَإِن تَرْضَوْاْ عَنْهُمْ فَإِنَّ اللّهَ لاَ يَرْضَى عَنِ الْقَوْمِ الْفَاسِقِينَ (٩٦)

الأَعْرَابُ أَشَدُّ كُفْراً وَنِفَاقاً وَأَجْدَرُ أَلاَّ يَعْلَمُواْ حُدُودَ مَا أَنزَلَ اللّهُ عَلَى رَسُولِهِ وَاللّهُ عَلِيمٌ حَكِيمٌ (٩٧)

وَمِنَ الأَعْرَابِ مَن يَتَّخِذُ مَا يُنفِقُ مَغْرَماً وَيَتَرَبَّصُ بِكُمُ الدَّوَائِرَ عَلَيْهِمْ دَآئِرَةُ السَّوْءِ وَاللّهُ سَمِيعٌ عَلِيمٌ (٩٨)

وَمِنَ الأَعْرَابِ مَن يُؤْمِنُ بِاللّهِ وَالْيَوْمِ الآخِرِ وَيَتَّخِذُ مَا يُنفِقُ قُرُبَاتٍ عِندَ اللّهِ وَصَلَوَاتِ الرَّسُولِ أَلا إِنَّهَا قُرْبَةٌ لَّهُمْ سَيُدْخِلُهُمُ اللّهُ فِي رَحْمَتِهِ إِنَّ اللّهَ غَفُورٌ رَّحِيمٌ (٩٩)

وَالسَّابِقُونَ الأَوَّلُونَ مِنَ الْمُهَاجِرِينَ وَالأَنصَارِ وَالَّذِينَ اتَّبَعُوهُم بِإِحْسَانٍ رَّضِيَ اللّهُ عَنْهُمْ وَرَضُواْ عَنْهُ وَأَعَدَّ لَهُمْ جَنَّاتٍ تَجْرِي تَحْتَهَا الأَنْهَارُ خَالِدِينَ فِيهَا أَبَداً ذَلِكَ الْفَوْزُ الْعَظِيمُ (١٠٠)

وهي آخر سور القرآن. وأين المعنى المقصود والرأي النهائي بين هذه الأحكام المتناقضة؟

إن تجاور الناسخ المنسوخ بهذا الشكل، ووجود منسوخ في آخر سورة يبرهن على عشوائية تدوين القرآن.

٩ : ١٠٠

كان عمر بن الخطاب يتلوها: «وَالأَنصَارِ الَّذِينَ اتَّبَعُوهُم» بدون حرف «الواو»، فتصير جملة الموصول ‹الَّذِينَ اتَّبَعُوهُم› صفة للأنصار

(الخطيب ٣: ٤٤٥-٤٤٦).

فالآية حسب رأى معظم القرّاء فإنها تعدد ثلاث فئات: المهاجرين، الأنصار، الذين ساروا على نهجهم واتبعوا محمداً. بينما يرى عمر بن الخطاب أن الآية تتناول فئتين فحسب: المهاجرين، الأنصار.

٩ : ١٠١

تلاوة أغلب القرّاء: ‹سَنُعَذِّبُهُم› بالنون حيث المتكلم هو الله. وكُتبت في مصحف

وَمِمَّنْ حَوْلَكُم مِّنَ الأَعْرَابِ مُنَافِقُونَ وَمِنْ
أَهْلِ الْمَدِينَةِ مَرَدُواْ عَلَى النِّفَاقِ لاَ تَعْلَمُهُمْ
نَحْنُ نَعْلَمُهُمْ سَنُعَذِّبُهُم مَّرَّتَيْنِ ثُمَّ يُرَدُّونَ إِلَى
عَذَابٍ عَظِيمٍ (١٠١)
وَآخَرُونَ اعْتَرَفُواْ بِذُنُوبِهِمْ خَلَطُواْ عَمَلاً
صَالِحاً وَآخَرَ سَيِّئاً عَسَى اللّهُ أَن يَتُوبَ
عَلَيْهِمْ إِنَّ اللّهَ غَفُورٌ رَّحِيمٌ (١٠٢)
خُذْ مِنْ أَمْوَالِهِمْ صَدَقَةً تُطَهِّرُهُمْ وَتُزَكِّيهِم
بِهَا وَصَلِّ عَلَيْهِمْ إِنَّ صَلاَتَكَ سَكَنٌ لَّهُمْ
وَاللّهُ سَمِيعٌ عَلِيمٌ (١٠٣)
أَلَمْ يَعْلَمُواْ أَنَّ اللّهَ هُوَ يَقْبَلُ التَّوْبَةَ عَنْ
عِبَادِهِ وَيَأْخُذُ الصَّدَقَاتِ وَأَنَّ اللّهَ هُوَ
التَّوَّابُ الرَّحِيمُ (١٠٤)
وَقُلِ اعْمَلُواْ فَسَيَرَى اللّهُ عَمَلَكُمْ وَرَسُولُهُ
وَالْمُؤْمِنُونَ وَسَتُرَدُّونَ إِلَى عَالِمِ الْغَيْبِ
وَالشَّهَادَةِ فَيُنَبِّئُكُم بِمَا كُنتُمْ تَعْمَلُونَ (١٠٥)
وَآخَرُونَ مُرْجَوْنَ لأَمْرِ اللّهِ إِمَّا يُعَذِّبُهُمْ وَإِمَّا
يَتُوبُ عَلَيْهِمْ وَاللّهُ عَلِيمٌ حَكِيمٌ (١٠٦)
وَالَّذِينَ اتَّخَذُواْ مَسْجِداً ضِرَاراً وَكُفْراً
وَتَفْرِيقاً بَيْنَ الْمُؤْمِنِينَ وَإِرْصَاداً لِّمَنْ حَارَبَ
اللّهَ وَرَسُولَهُ مِن قَبْلُ وَلَيَحْلِفَنَّ إِنْ أَرَدْنَا إِلاَّ
الْحُسْنَى وَاللّهُ يَشْهَدُ إِنَّهُمْ لَكَاذِبُونَ (١٠٧)
لاَ تَقُمْ فِيهِ أَبَداً لَّمَسْجِدٌ أُسِّسَ عَلَى
التَّقْوَى مِنْ أَوَّلِ يَوْمٍ أَحَقُّ أَن تَقُومَ فِيهِ
فِيهِ رِجَالٌ يُحِبُّونَ أَن يَتَطَهَّرُواْ وَاللّهُ يُحِبُّ
الْمُطَّهِّرِينَ (١٠٨)
أَفَمَنْ أَسَّسَ بُنْيَانَهُ عَلَى تَقْوَى مِنَ اللّهِ
وَرِضْوَانٍ خَيْرٌ أَم مَّنْ أَسَّسَ بُنْيَانَهُ عَلَى

أنس بن مالك: «سَيُعَذِّبهم» بالياء، والخبر عن الله. وقرأ أُبيّ بن كعبٍ: «سَتُعَذِّبهم»، بالتاء، والتقدير: ستعذبهم الملائكة، أو خَزَنَةُ النار (الخطيب ٣: ٤٤٧).

هناك إذا ثلاثة احتمالات فى تفسير الآية:

- الله يتحدث.
- الحديث عن الله.
- الحديث عن الملائكة.

٩: ١٠٦

قرأها ابن مسعود بصيغة مختلفة: «وَاللّهُ غفور رحيم» (الخطيب ٣: ٤٥٢).

٩: ١٠٩

قرئت الآية بصيغة مختلفة، إذ قرأها أُبيّ بن

شَفَا جُرُفٍ هَارٍ فَانْهَارَ بِهِ فِي نَارِ جَهَنَّمَ
وَاللَّهُ لاَ يَهْدِي الْقَوْمَ الظَّالِمِينَ (١٠٩)
لاَ يَزَالُ بُنْيَانُهُمُ الَّذِي بَنَوْاْ رِيبَةً فِي قُلُوبِهِمْ إِلاَّ
أَن تَقَطَّعَ قُلُوبُهُمْ وَاللَّهُ عَلِيمٌ حَكِيمٌ (١١٠)
إِنَّ اللَّهَ اشْتَرَى مِنَ الْمُؤْمِنِينَ أَنفُسَهُمْ
وَأَمْوَالَهُم بِأَنَّ لَهُمُ الجَنَّةَ يُقَاتِلُونَ فِي سَبِيلِ
اللَّهِ فَيَقْتُلُونَ وَيُقْتَلُونَ وَعْداً عَلَيْهِ حَقّاً فِي
التَّوْرَاةِ وَالإِنجِيلِ وَالْقُرْآنِ وَمَنْ أَوْفَى بِعَهْدِهِ
مِنَ اللَّهِ فَاسْتَبْشِرُواْ بِبَيْعِكُمُ الَّذِي بَايَعْتُم
بِهِ وَذَلِكَ هُوَ الْفَوْزُ الْعَظِيمُ (١١١)
التَّائِبُونَ الْعَابِدُونَ الْحَامِدُونَ السَّائِحُونَ
الرَّاكِعُونَ السَّاجِدونَ الآمِرُونَ بِالْمَعْرُوفِ
وَالنَّاهُونَ عَنِ الْمُنكَرِ وَالْحَافِظُونَ لِحُدُودِ
اللَّهِ وَبَشِّرِ الْمُؤْمِنِينَ (١١٢)

مَا كَانَ لِلنَّبِيِّ وَالَّذِينَ آمَنُواْ أَن يَسْتَغْفِرُواْ
لِلْمُشْرِكِينَ وَلَوْ كَانُواْ أُوْلِي قُرْبَى مِن بَعْدِ
مَا تَبَيَّنَ لَهُمْ أَنَّهُمْ أَصْحَابُ الْجَحِيمِ (١١٣)
وَمَا كَانَ اسْتِغْفَارُ إِبْرَاهِيمَ لأَبِيهِ إِلاَّ عَن
مَّوْعِدَةٍ وَعَدَهَا إِيَّاهُ فَلَمَّا تَبَيَّنَ لَهُ أَنَّهُ عَدُوٌّ
لِلَّهِ تَبَرَّأَ مِنْهُ إِنَّ إِبْرَاهِيمَ لأَوَّاهٌ حَلِيمٌ (١١٤)
وَمَا كَانَ اللَّهُ لِيُضِلَّ قَوْماً بَعْدَ إِذْ هَدَاهُمْ
حَتَّى يُبَيِّنَ لَهُم مَّا يَتَّقُونَ إِنَّ اللَّهَ بِكُلِّ
شَيْءٍ عَلِيمٌ (١١٥)
إِنَّ اللَّهَ لَهُ مُلْكُ السَّمَاوَاتِ وَالأَرْضِ يُحْيِي
وَيُمِيتُ وَمَا لَكُم مِّن دُونِ اللَّهِ مِن وَلِيٍّ وَلاَ
نَصِيرٍ (١١٦)
لَقَد تَّابَ اللَّهُ عَلَى النَّبِيِّ وَالْمُهَاجِرِينَ
وَالأَنصَارِ الَّذِينَ اتَّبَعُوهُ فِي سَاعَةِ الْعُسْرَةِ

كعبٍ: «فَانْهَارَت بِهِ قواعده فِي نَارِ جَهَنَّمَ». وقرأها ابن مسعود: «فَانْهَارَ بِهِ قواعده فِي نَارِ جَهَنَّمَ» (الخطيب ٣: ٤٦١).

٩: ١١١

قرأها عمر بن الخطاب وآخرون بصيغة مختلفة: «إِنَّ اللَّهَ اشْتَرَى مِنَ الْمُؤْمِنِينَ أَنفُسَهُمْ وَأَمْوَالَهُم بِالجَنَّةِ» (الخطيب ٣: ٤٦٥).

٩: ١١٧

قرأها ابن مسعود: «مِن بَعْدِ مَا زاغت قُلُوبُ طائفةٍ» بحذف ‹كادَ›، وبقراءة لفظة «طائفة» بدلاً من ‹فَرِيقٍ› (الخطيب ٣: ٤٧٢).

تعني «كَادَ»: همّ وقارب لكنه لم يفعل،

مِن بَعْدِ مَا كَادَ يَزِيغُ قُلُوبُ فَرِيقٍ مِّنْهُمْ ثُمَّ
تَابَ عَلَيْهِمْ إِنَّهُ بِهِمْ رَؤُوفٌ رَّحِيمٌ (١١٧)
وَعَلَى الثَّلاَثَةِ الَّذِينَ خُلِّفُواْ حَتَّى إِذَا
ضَاقَتْ عَلَيْهِمُ الأَرْضُ بِمَا رَحُبَتْ
وَضَاقَتْ عَلَيْهِمْ أَنفُسُهُمْ وَظَنُّواْ أَن لاَّ
مَلْجَأَ مِنَ اللّهِ إِلاَّ إِلَيْهِ ثُمَّ تَابَ عَلَيْهِمْ
لِيَتُوبُواْ إِنَّ اللّهَ هُوَ التَّوَّابُ الرَّحِيمُ (١١٨)
يَا أَيُّهَا الَّذِينَ آمَنُواْ اتَّقُواْ اللّهَ وَكُونُواْ مَعَ
الصَّادِقِينَ (١١٩)
مَا كَانَ لأَهْلِ الْمَدِينَةِ وَمَنْ حَوْلَهُم مِّنَ
الأَعْرَابِ أَن يَتَخَلَّفُواْ عَن رَّسُولِ اللّهِ
وَلاَ يَرْغَبُواْ بِأَنفُسِهِمْ عَن نَّفْسِهِ ذَلِكَ بِأَنَّهُمْ
لاَ يُصِيبُهُمْ ظَمَأٌ وَلاَ نَصَبٌ وَلاَ مَخْمَصَةٌ
فِي سَبِيلِ اللّهِ وَلاَ يَطَؤُونَ مَوْطِئاً يَغِيظُ
الْكُفَّارَ وَلاَ يَنَالُونَ مِنْ عَدُوٍّ نَّيْلاً إِلاَّ كُتِبَ
لَهُم بِهِ عَمَلٌ صَالِحٌ إِنَّ اللّهَ لاَ يُضِيعُ أَجْرَ

والمعنى في الآية من بعد ما قاربت قلوبهم على الزيغان، لكنها لم تزغ بعد. وحسب قراءة ابن مسعود، فإن قلوبهم مالت بالفعل عن الحق. وشتان الفارق بين كاد أن أو زاغ بالفعل؛ وشتان الحالة والآثار المترتبة عليها بين التلاوتين.

٩ : ١١٩

تلاوة معظم القرّاء: ‹مَعَ الصَّادِقِينَ›، بصيغة الجمع. وهناك تلاوة لبعض القرّاء تقول: «مَعَ الصَّادِقَين» بصيغة المثنى، وقيل أن المقصود بهما الله ومحمد، وقيل أيضا أن المقصود بهما أبو بكر وعمر بن الخطاب (الخطيب ٣: ٤٧٥).

إلى جانب ذلك، توجد قراءة نُسِبَت لابن عباس ولابن مسعود: مَعَ «الصَّادِفِينَ»، بالفاء، وتعني هذه القراءة الذين أعرضوا عن الباطل وأهله (الخطيب ٣: ٤٧٥).

وهكذا تختلف القراءات في الأمر الموجه للمسلمين: فالأولى تطلب من المسلمين أن يكونوا مع الصَّادِقِينَ بصفة عامة، والثانية مع الله ومحمد، أو مع أبي بكر وعمر بن الخطاب، والثالثة مع الذين يعرضون عن الباطل. لكن ثمة من رفض هذه القراءات كلها، إذْ قرأ ابن مسعود وابن عباس، نقلاً عن محمد: «مِن الصَّادِقِينَ»

الْمُحْسِنِينَ (١٢٠)
وَلاَ يُنفِقُونَ نَفَقَةً صَغِيرَةً وَلاَ كَبِيرَةً وَلاَ يَقْطَعُونَ وَادِياً إِلاَّ كُتِبَ لَهُمْ لِيَجْزِيَهُمُ اللّهُ أَحْسَنَ مَا كَانُواْ يَعْمَلُونَ (١٢١)
وَمَا كَانَ الْمُؤْمِنُونَ لِيَنفِرُواْ كَآفَّةً فَلَوْلاَ نَفَرَ مِن كُلِّ فِرْقَةٍ مِّنْهُمْ طَآئِفَةٌ لِّيَتَفَقَّهُواْ فِي الدِّينِ وَلِيُنذِرُواْ قَوْمَهُمْ إِذَا رَجَعُواْ إِلَيْهِمْ لَعَلَّهُمْ يَحْذَرُونَ (١٢٢)
يَا أَيُّهَا الَّذِينَ آمَنُواْ قَاتِلُواْ الَّذِينَ يَلُونَكُم مِّنَ الْكُفَّارِ وَلْيَجِدُواْ فِيكُمْ غِلْظَةً وَاعْلَمُواْ أَنَّ اللّهَ مَعَ الْمُتَّقِينَ (١٢٣)
وَإِذَا مَا أُنزِلَتْ سُورَةٌ فَمِنْهُم مَّن يَقُولُ أَيُّكُمْ زَادَتْهُ هَذِهِ إِيمَاناً فَأَمَّا الَّذِينَ آمَنُواْ فَزَادَتْهُمْ إِيمَاناً وَهُمْ يَسْتَبْشِرُونَ (١٢٤)
وَأَمَّا الَّذِينَ فِي قُلُوبِهِم مَّرَضٌ فَزَادَتْهُمْ رِجْساً إِلَى رِجْسِهِمْ وَمَاتُواْ وَهُمْ كَافِرُونَ (١٢٥)

(الخطيب ٣ : ٤٧٥)، لأنهم اعتبروا أنه يمكن للرجل أن يكون ‹مَعَ الصَّادِقِينَ›، لكنه ليس صادقاً، بينما القراءة: «مِن الصَّادِقِينَ» تعني أن يكون الرجل معهم ومنهم (جولدتسهر ٤٥ ـ ٤٦).

٩ : ١٢٠

رأت طائفة من المفسرين أن الآية تعني أنه لا يجوز لأحد من ساكني المدينة ومحيطها أن يتخلّف عن معارك محمد، وهذا ما نسخ بآية: ‹وَمَا كَانَ الْمُؤْمِنُونَ لِيَنفِرُواْ كَآفَّةً› (التوبة ٩ : ١٢٢) (ابن الجوزي ٣٧٠، الإيضاح ٣٢١ ـ ٣٢٢، شعلة ١٤٥، النحاس ١٧٦).

بينما قال فريق آخر إنها محكمة لأنها تتضمن أمراً للمسلمين آنذاك بتلبية نداء محمد للحرب، «إذا احتاج إليهم واسْتَنْفَرَهُم، ولا يَسَعُ أحداً التَّخلُّفُ عنه» (الإيضاح ٣٢٢، قارن شعلة ١٤٥، النحاس ١٧٦).

٩ : ١٢٦

إن قراءة المصحف ‹أَوَلاَ يَرَوْنَ›، تعود إلى ‹الَّذِينَ فِي قُلُوبِهِم مَّرَضٌ› (التوبة ٩ : ١٢٥) (الخطيب

أَوَلاَ يَرَوْنَ أَنَّهُمْ يُفْتَنُونَ فِي كُلِّ عَامٍ مَّرَّةً أَوْ مَرَّتَيْنِ ثُمَّ لاَ يَتُوبُونَ وَلاَ هُمْ يَذَّكَّرُونَ (١٢٦)
وَإِذَا مَا أُنزِلَتْ سُورَةٌ نَّظَرَ بَعْضُهُمْ إِلَى بَعْضٍ هَلْ يَرَاكُم مِّنْ أَحَدٍ ثُمَّ انصَرَفُواْ صَرَفَ اللّهُ قُلُوبَهُم بِأَنَّهُمْ قَوْمٌ لاَّ يَفْقَهُون (١٢٧)
لَقَدْ جَاءكُمْ رَسُولٌ مِّنْ أَنفُسِكُمْ عَزِيزٌ عَلَيْهِ مَا عَنِتُّمْ حَرِيصٌ عَلَيْكُم بِالْمُؤْمِنِينَ رَؤُوفٌ رَّحِيمٌ (١٢٨)
فَإِن تَوَلَّوْاْ فَقُلْ حَسْبِيَ اللّهُ لا إِلَهَ إِلاَّ هُوَ عَلَيْهِ تَوَكَّلْتُ وَهُوَ رَبُّ الْعَرْشِ الْعَظِيمِ (١٢٩)

٣: ٤٨١ - ٤٨٢).

بينما قرأها ابن مسعود وآخرون: «أَوَلاَ تَرَى»، والخطاب لمحمد.

وقيل أن ابن مسعود كتب في مصحفه: «أولم تَرَ أَنَّهُمْ يُفْتَنُونَ»، والخطاب أيضا لمحمد (الخطيب ٣: ٤٨٢).

فلمن الخطاب هنا: لمحمد أم للذين ‹فِي قُلُوبِهِم مَّرَضٌ›؟

٩: ١٢٨

تلاوة معظم القرّاء: ‹مِنْ أَنفُسِكُمْ›، بينما قرأها ابن عباس ومجموعة أخرى «مِنْ أَنفَسِكُمْ»، بفتح الفاء أي أشرفكم، وقالوا إن محمداً وابنته فاطمة وزوجته عائشة كانوا يقرؤون بها (الخطيب ٣: ٤٨٤).

هل من المعقول أن ما دُوّن في المصحف يكون مخالفاً لقراءة محمد نفسه ولقراءة ابنته وزوجته؟ فبعد أن كان محمد يقرأ: «مِنْ أَنفَسِكُمْ»، أي أنه الأعلى مقاماً، كتب محررو القرآن: ‹مِنْ أَنفُسِكُمْ›، أي منكم. ويبدو أن ذلك يعود إلى إدراك لجنة تحرير القرآن أن محمداً لم يكن من نخبة قريش الاجتماعية أو المالية، فصححوا الادعاء المحمدي بجعله منهم لا من أشرفهم، وإلا كان هذا الادعاء سيتأكد ويترسخ مع قراءة الكلمة على طريقة محمد وأهل بيته.

٩: ١٢٩

تلاوة جمهور القرّاء: ‹الْعَظِيمِ› بالكسر، أي صفةً للعرش تتبعه في الإعراب. وقرأها البعض: «وَهُوَ رَبُّ الْعَرْشِ الْعَظِيمُ» بالضم صفةً للرب (الخطيب ٣: ٤٨٤ - ٤٨٥).

فهل صفة «العظيم» للرب أم للعرش؟ و لابد

هنا أن يُطرح السؤال التالي: هل يجوز أن يذكر الرب بدون صفة التعظيم، بينما يذكر العرش بالعظمة؟ فإن كانت الإجابة بالنفي، فلماذا يقرأ المسلمون إلى يومنا هذا بقراءة المصحف التي تجعل العظمة للعرش، ويهملون القراءة التي تجعل العظمة للرب؟

يتبكي

تعريفات

الأبوكريفا Apocrypha

(صفحات: ١٨٩، ١٩١)

هي الأناجيل المنحولة المزيفة، أبوكريفا كلمة يونانية (ἀπόκρυφα) تعني السري أو الزائف. وتطلق على الكتب التي لم تعترف بها الكنيسة فى كونها جزءاً من الكتب المقدسة «القانونية»، مثل إنجيل «توما المنحول». والأبوكريفا هي النصوص التي كتبها أصحاب البدع أو دُونت بعد الكتب المقدسة القانونية. وبدءاً من القرن الثامن عشر، شرع الباحثون في الغرب في جمع وتصنيف نصوص أبوكريفا العهد القديم وأبوكريفا العهد الجديد لإخضاعها للفحص والتقصي العلمي.

الأبولونية Apollinarianism

(صفحة: ٢٦٨)

هى هرطقة مسيحية جاء اسمها من أبوليناريوس لاوديسيا (حوالي ٣١٥ - ٩٢). وتقول الأبولونية إنه كان لدي المسيح جسد بشري ونفس ذات حواس، وإن كان له لوغوس إلهي عوضاً عن الروح (أي أن روحه كإنسان قد استبدلت بالكلمة أى الأقنوم الثانى من الثالوث الإلهى) والأبولونية مثلها مثل الدوستية (Docetism) تنكر ناسوت (بشرية) المسيح.

وقد أدانت مختلف المجامع المسيحية هذه البدعة، وكتب ضدها آباء الكنيسة الأوائل.

الأحبار

(صفحة: ٤٠٧، ٤٠٨)

سميت سورة المائدة بسورة الأحبار، والأحبار هم العلماء. وفي العربية: الحَبْرُ واحد من أحبار اليهود (علماء اليهود)، ومن الحُبُور وهو السرور، وكذلك معناه النعمة، ويقال: حَبَّرتُ الشيء تَحْبيراً إذا حَسَّنْتَه.

والحبر، حاخام، وهو مجرد معلم وأحيانا زعيم روحي، شخص يمتلك كفاءة في تعليم الـ «الهالاخا» (القانون اليهودي) وفي إصدار تعليمات بخصوص تقاليد المجتمع كما الاجابه على الأسئلة وتسوية المنازعات فيما يتعلق بالـ «هالاخا». والحاخام ليس لديه سلطة في فرض أداء طقوس صلاة على أي فئة من الاعضاء الذكور البالغين من الطائفة اليهودية.

في اليهودية، شعائر الصلاة الدينية لا يقودها بالضروره الحاخامات.

الـ «حاخام» هو زعيم ديني يهودي، كلمة حاخام العربية ترجع إلى الكلمة العبرية חכם أي «حكيم» وهي اللقب الذي أطلق على زعماء اليهود في البلدان العربية والإسلامية. أما اللقب الأكثر انتشاراً لدى اليهود، وباللغة العبرية فهو «راڤ» (רב) أو «رابي» (רבי)، ويعني بالعبرية القديمة «سيد» أو «معلم».

الأدب الحبري Rabbinical Literature

(صفحات: ١٤، ٢١٤)

يُقصد بهذا المصطلح المعاصر «الهالاخا»، أي القانون اليهودي، وهي مجموعة التقاليد التي تستند على القانون الشفهى اليهودي. وأما في الدراسات التاريخية ـ وأيضا في كتابنا هذا ـ فالمصطلح يشير إلى تفاسير الأحبار الأوائل للكتب المقدسة قبل القرن السابع الميلادي، إذْ كان الأحبار يفسرون الكتب المقدسة وكان تلاميذهم الذين يصبحون بدورهم أحباراً ينقلون هذه الشروح ويضيفون إليها شروحاتهم الخاصة. وقد ظلت هذه الشروحات شفهية حتى بداية القرن الثاني حيث دخلت حيز التدوين.

الأدب الدفاعي Apologetics

(صفحات: ٢٧٧، ٣٦٤)

يضم الخطب والكتابات التي تدافع عن عقيدة معينة أو فكر معين.

الأنصار

(صفحات: ٣٤، ٣٥، ٣٩، ٥٧، ١٢٥، ١٣٧، ١٣٨، ١٥٣، ١٥٩، ٢٢٧، ٣٣٩، ٣٨٢، ٤١٩)

هم كل من ناصر النبي محمد من سكان المدينة (يثرب)، من الأوس والخزرج، بعد أن هاجر إليهم محمد من مكة وكل من معه من المهاجرين. وقد ناصروه باعتناقهم للإسلام وانضمامهم له في غزواته ضد قريش، وكانوا عونًا له في بناء الدولة «السياسية المحمدية». وقد طمعوا في الخلافة بعده نظرًا للدور الكبير الذي لعبوه في نشر دعوته، فقُتل زعيمهم سعد بن عبادة الأنصاري، في اجتماع السقيفة حيث تم مبايعة أبي بكر الصديق، وقيل أن الجن رمته بالسهام.

البسملة

(صفحات: ٩٣، ٩٥، ٣٨٧، ٣٩٨)

جاء في لسان العرب: بسمل الرجل إذا كتب باسم الله، ويقال: قد أكثرتَ من البسملة أي منْ قولِ باسم اللهِ. وقد أجمع فقهاء الإسلام على أن البسملةَ هي القول: بسم الله الرحمن الرحيم. وهذه البسملة موجودة في أول كل سورة قرآنية إلا سورة التوبة لأنها تدعو للقتال، أي أن عدم ذكرها جاء تمشياً مع عادة العرب أنهم كانوا لا يُبسملون عند كتابة خطاب يدعو إلى الحرب، أما سورة النمل فقد تكررت البسملة فيها مرتان في أول السورة وفي الآية الثلاثين منها.

الترجوم

(صفحة: ٩٥)

كلمة عبرية آرامية تعني الترجمة والتفسير للتوراة من أجل المجامع، وكان الترجوم لفترة طويلة يتناقل بطريقة شفهية، فيتكيف مع الجمهور أو الوضع الذي يعيش فيه المؤمنون (اليهود)، لهذا نحن أمام عدد من النسخ الترجومية لأسفار موسى الخمسة. أما التفسير الذي نجده في الترجوم، فهو يرتبط بالنشاط التأويلي القديم لدى اليهود. ويسمى المدراش.

التقية

(صفحات: ١٨٧، ٣٨٨، ٤٣٢)

التقية هي أن تقول شيئًا وتُضمر شيئًا آخر، أو تقوم بعمل تعبدي أمام أصحاب الاعتقاد السائد في مكان ما وأنت لا تعتقد به. وقد أجاز القرآن العمل بأسلوب التقية في حالات رد الأذى عن المسلم؛ فقد لجأ الشيعة لأسلوب التقية في أوقات اضطهادهم حتى يومنا هذا، كما اتبعت بعض الفرق السنية هذا الأسلوب في العهد العباسي حين أثيرت قضية خلق القرآن، إذ كان يُقتل كل من يقول بعدم خلق القرآن من المسلمين.

فالتقية إذاً هي كذب ونفاق وغش مشروع ومُباح، نفاق حلال.

الحنِفية

(صفحات: ١٨٥، ١٩٧، ١٩٨)

من حنيف جمع حنفاء وأحناف وهم مجموعة من العرب عزفوا عن عبادة الأصنام، وبحثوا عن دين إبراهيم، فآمنوا بوحدانية الله واستقبلوا في صلواتهم البيت الحرام (الكعبة)، وأدوا الحج، ومارسوا الختان والطهارة من النجاسة، وحرموا على أنفسهم أكل الخنزير والدم وما ذبح لغير الله، فلم يُنْعَتوا باليهود ولا النصارى.

من الحنفاء من خرج عن هذه العقيدة الجديدة إلى اعتناق النصرانية كورقة بن نوفل الذي لعب دورًا أساسيًا في ظهور الإسلام على يد محمد بن عبد الله (نبي الإسلام) مُعتبرًا نفسه واحدًا من الأحناف إلا أنه يتميز عنهم «بالنبوة».

الأحناف حسب القرآن هم الذين ابتعدوا عن عبادة الأصنام، وليسوا يَهُوْداً أو مَسِيْحِيّين. ويورد القرآن ذكر الأحناف بالارتباط مع إبراهيم.

وأما الحنيف في اللغة: فهو الشيء عندما يميل عن موضعه، والحنفية هي الميل من الضلال إلى الحق حسب اعتقادهم. اسم الأحناف مشتق من الجذر حنف، ونقرأ في معاجم اللغة العربية: **حنفَ**: مال، والحَنَفُ: الميل عن الضّلال إِلَى الاستقامة، والحنف أيضاً ميل عن الاستقامة إِلَى الضلال. وبالتالي فالجذر العربي لا يعطي معنى إيجابياً دائماً، إذْ قد يكون الحنفي مائلاً عن الاستقامة إلى الضلال. وقد كشف علم اللغات المقارن أن المفردة ذات جذر سرياني. وأصل الكلمة حنيف باللغة السريانية ومعناها كافر ووثني.

فالمفردة إذاً في اللغة السريانية ذات معنى سلبي، إذ نقرأ:

حِنفَا: وثني، كافر، عابد الأوثان.
حِنفُوتو: وثَنيّة، الكُفُر، عبادة الأوثان.
أحنُف: كفرَ.

الدية

(صفحة: ٢٥٨)

هي الفدية أو الكفارة التي يجب أن تُعطى لورثة القتيل، ولا تكون إلا في القتل الخطأ، أما القتل العمد فيجب فيه القصاص حسب الشريعة الإسلامية. فبحسب القرآن، من قتل شخصًا خطأً فيجب عليه عتقُ رقبة مسلمة، وتقديم ما يُعادل مائة من الإبل بمُواصفات خاصة شرعها الإسلام لورثة القتيل، هذا إذا كان القتيل ليس من قوم أعداء، أما إذا كان مسلمًا من قوم أعداء فتحرير رقبة مسلمة ولا دية تُسلم إلى أهله. أما إذا كان ذمياً (يهودياً أو نصرانياً) ففدية لأهله ثلث دية المؤمن وثلثا عُشرها إن كان مجوسيًا، فمن لم يجد، فصيام شهرين متتابعين وتوبة من الله بحسب الشافعية، كما يدفع بيت مال المسلمين الدية لمن لم يجد.

الذكر

(صفحات: ١٣، ١٤)

هو الشيء الذي يجري على اللسان، وجاء في القرآن بعدة معانٍ منها الكتاب (التوراة، والزابور، والإنجيل)، حيث أنه في سورة النحل والأنبياء أُنزل (الذكر) على رجال قبل الإسلام.

ورد معنى الذكر بكل وضوح في أواخر سورة الأنبياء بما ليس فيه شك أنه التوراة، أو الكتاب الذي أنزل قبل الزبور، وقد ميز القرآن بينه وبين الذكر حيث قال: «ص والقرآن ذي الذكر» وبالتالي، فالذكر هو الأصل والقرآن هو الفرع.

الذين هادوا

(صفحات: ١١٦، ١١٨، ٢٤٨، ٢٦٧، ٢٨٩، ٢٩٤، ٣٣٤)

بحسب العقيدة الإسلامية، (الذين هادوا) هم بنو إسرائيل، ومعنى هادوا كانوا يهودًا أو دانوا بدين اليهود. وأصل اسم اليهود منقول في العربية من العبرانية وهو في العبرانية بذال معجمة في آخره (يهوذا) وهو اسم أحد أسباط إسرائيل. وقد انقسمت مملكة إسرائيل بعد موت الملك سليمان بن داود سنة ٩٧٥ ق م، إلى مملكتين: مملكة يهوذا (وعاصمتها أورشليم)، ومملكة

إسرائيل (وعاصمتها السامرة)، وقد أخبرنا ابن عاشور أن قوم مملكة السامرة انحرفوا عن الديانة الموسوية وعبدوا الأوثان إلى أن قُهِروا على يد ملوك الآشوريين واستعبدوا بنقلهم إلى بلاد آشور. أما مملكة يهوذا فقد بقيت إلى سنة ١٢٠ ق م.

الزبور

(صفحات: ٥٧، ٩٧، ١٧٤، ١٧٩، ٤٣١)

هو كتاب الله المُنزَّل على نبي الله داود بحسب القرآن وقد أخبرنا القرطبي على أن الزبور كتاب داود وكان مائة وخمسين سورة ليس فيها حكم ولا حلال ولا حرام، وإنما هو حِكَم ومواعظ، والزبر الكتابة، والزبور بمعنى المزبور أي المكتوب. وكان داود عليه السلام حسن الصوت؛ وفي المعتقد الإسلامي، كان إذا أخذ داود في قراءة الزبور، اجتمع إليه الإنس والجن والطير والوحش لحسن صوته.

الشيعة

(صفحات: ٣٨، ٣٩، ٦٣، ٨٤، ٩٥، ١٨٧، ٢٢٧، ٢٤٣، ٢٥٨، ٢٨١، ٤١٤، ٤٣٠، ٤٣٥، ٤٣٨، ٤٤٥)

الشيعة يعدون من أقدم الفرق الإسلامية، ظهروا بمذهبهم في آخر عصر عثمان بن عفان الخليفة الثالث، ثم اشتد أمرهم فى عهد، علي بن أبي طالب، الخليفة الرابع.

ظهرت نحلتهم عقب وفاة النبي (صلعم) وقد رأوا أن علي بن أبي طالب أحق بالخلافة من أبي بكر لأنه كان الخليفة المختار من النبي.

وقد ضمت طائفة الشيعة فرقاً مختلفة - بعضها خرج عن الإسلام - في تعظيمهم لعلى بن أبي طالب؛ فمن هؤلاء: السبئين، نسبة لعبد الله بن سبأ الذين ألّهوا عليًا، ومنهم الغرابية الذين نسبوا النبوّة لعلي بن أبي طالب ونادوا بأن جبريل قد أنزلها خطأً على محمد. أما الفرق الشيعية التي لم تنحرف عن الإسلام فهى كثيرة وكلها تشيعت لآل البيت.

الشيعة الإثنا عشرية الجعفرية

(صفحات: ٣٨٩، ٣٩١)

من أكبر طوائف الشيعة، و هي طائفة تعتنق المذهب الجعفري، نسبة للإمام السادس أبي جعفر الصادق (٨٣هـ - ١٤٨هـ) لهذا سميت بالإمامية. استطاعت هذه الفرقة الشيعية أن تنجو من بطش الحكومات الإسلامية المتعاقبة باتباعها مبدأ التقية (إخفاء حقيقة الانتماء الديني والمذهبي).

تعتقد هذه الطائفة أن أصحاب محمد قد انحرفوا عن الدين الصحيح إلا قلة منهم مثل: المقداد بن الأسود وأبو ذر الغفاري وسلمان الفارسي، وذلك لما جاء في سورة آل عمران (٢). كما تعتقد بعصمة الأئمة الإثني عشر، إلى جانب فاطمة وأبيها محمد بن عبد الله. ومن معتقدات هذه الطائفة كذلك أن الإمام الثانى عشر، محمد بن الحسن العسكري (٢٥٥هـ)، قد نزل في سرداب خوفًا من بطش العباسيين وغاب عن الأنظار حتى يومنا وهو حي يُرزق ولا يحظى بلقائه سوى الخالص

من أصحابه، فقد ذكر قصة ولادته العلامة المجلسي في كتابه بحار الأنوار. ومن أشهر كتب الإمامية، كتاب الكافي للشيخ محمد بن يعقوب الكُليني وهو عندهم بمثابة صحيح البخاري لدى السُنة.

الصابئون

(صفحات: ١١٦، ١١٧، ١١٨، ٢٩٤)

هم أتباع الديانة الصابئية (المندائية)، يعيشون على ضفاف الأنهار (دجلة والفرات). أما الصابئة الذين ذكروا في القرآن فقد عاشوا قبل الإسلام في مصر والجزيرة العربية، فانقرضوا وانقطعت أخبارهم. أما الصابئة الحاليون فلهم تقاليدهم وعاداتهم ولغتهم. وقيل أنهم كانوا يعبدون النجوم ثم تبعوا النبي يحيى بن زكريا (يُوحنا المعمدان). يؤمنون أن الخالق أزلي منزه عن عالم المادة، وأن للكون وجودين: سري وعلني وأن للوجود السري امتيازًا على الوجود العلني. كما يعتقدون أن الخير والشر مصدرهما الإنسان، والموت انتقال وفناء فالنفس تعيش في عالم الأنوار.

أركان عقيدتهم: التوحيد والصوم والصلاة والتعميد في المياه الجارية (الوضوء في كل شيء). وأهم كتبهم المقدسة (الكنزاربّا) أي الكتاب العظيم أو الكتاب المنزل على آدم ؛ وكتاب (أدرافشه ديهى) أي تعليم يحيى، وكتب آخرى. أما الانتماء إلى دينهم فيتطلب شروطًا شبه تعجيزية مما يُفسر عددهم الضئيل.

الصراط المستقيم

(صفحة: ٩٧)

هو الطريق، (الذي يؤدي إلى الاستقامة والبُعد عن الانحراف، وهو كذلك الطريق الذي يؤدي إلى الحق وبالتالي إلى الله). وضده صراط الجحيم الذي يؤدى بصاحبه إلى الباطل والبعد عن الله وبالتالي إلى جهنم. وقد ذكر وصف الصراط يوم القيامة في الصحيحين على أنه جسر يضرب بين ظهراني جهنم فيمر عليه الناس: فمن كان عاصيًا لربه يسقط في جهنم ومن كان مؤمنًا تقيًّا يُنجيه ربه. وفي القرآن: ﴿وَإِن مِّنكُمْ إِلَّا وَارِدُهَا كَانَ عَلَى رَبِّكَ حَتْماً مَّقْضِيّاً. ثُمَّ نُنَجِّي الَّذِينَ اتَّقَوا وَّنَذَرُ الظَّالِمِينَ فِيهَا جِثِيّاً﴾ (مريم ١٩: ٧١-٧٢).

أما المشهور عن وصف الصراط، فقد جاء في حديث، ضَعفه بعض الفقهاء، يذكر أن الصراط: «أدق من الشعرة وأحد من السيف».

الطاغوت

(صفحة: ٢٥٠)

ذكرت هذه الكلمة في ست آيات من القرآن.

- فسرها ابن جرير بمعنى: الأنداد، والأوثان الذين يُعبدونهم من دون الله.
- قال مجاهد وابن زيد: هو الشيطان.
- وقال الضحاك والسدي: المعنى هو الأوثان.
- وقيل: أنه الكاهن.
- وقيل أنه اسم أعجمي مثل طالوت وجالوت وهاروت وماروت.

• وقيل: أنه اسم عربي مشتق من الطغيان.
• وقال الأخفش: الطاغوت جمع ويجوز أن تكون الكلمة مذكرة أو مؤنثة.
• وقد كشف علم اللغات المقارن أن المفردة ذات جذر سرياني، ومعناها: التعليم الفاسد.

العدة

(صفحات: ١٦٠، ٢٢٦، ٢٤٤، ٤٣٨)

العدة هي الفترة التي يجب على المطلقة أو الأرملة مراعاتها قبل الشروع في الزواج بآخر، وتسمى كذلك باستبراء الرحم (حتى لا تختلط الأنساب). في حالة الطلاق، يجب على المرأة أن تلتزم العدة، جاء في سورة البقرة (٢: ٢٢٨) ‹وَالْمُطَلَّقَاتُ يَتَرَبَّصْنَ بِأَنفُسِهِنَّ ثَلاَثَةَ قُرُوَءٍ وَلاَ يَحِلُّ لَهُنَّ أَن يَكْتُمْنَ مَا خَلَقَ اللّهُ فِي أَرْحَامِهِنَّ إِن كُنَّ يُؤْمِنَّ بِاللّهِ وَالْيَوْمِ الآخِرِ وَبُعُولَتُهُنَّ أَحَقُّ بِرَدِّهِنَّ فِي ذَلِكَ إِنْ أَرَادُواْ إِصْلاَحاً›.

وتختلف مدة العدة تبعاً لسن المرأة: فتبلغ ثلاثة أشهر فيما يخص المرأة كبيرة السن التي انقطع عنها الحيض (سن اليأس) وكذلك الصغيرة التي لم تحض (لم تصل سن البلوغ). أما المرأة الحامل فعدتها بقية فترة الحمل.

في حالة وفاة الزوج، تكون عدة الأرملة أربعة أشهر وعشرة أيام، جاء في سورة البقرة (٢: ٢٣٤) ‹وَالَّذِينَ يُتَوَفَّوْنَ مِنكُمْ وَيَذَرُونَ أَزْوَاجاً يَتَرَبَّصْنَ بِأَنفُسِهِنَّ أَرْبَعَةَ أَشْهُرٍ وَعَشْراً›، أو فترة الحمل إذا كانت حاملاً، فلا يجوز لها التزين طول فترة العدة.

لم تكن للمطلقة عدة في العصر «الجاهلي»، أما الأرملة فكانت عدتها سنة كاملة: حيث ذكر الدكتور جواد علي في كتابه المفصل ما يلي: وأما (عدة) المتوفى عنها زوجها عند الجاهليين، فهي مدة حدادها حولاً كاملاً.

الفاحشة

(صفحة: ٢٤٠)

هي كل قبيح من القول والفعل، وكل أمرٍ لا يكون مُوافقًا للحق. وغالبًا ما تُعرفُ الفاحشة بفعل الزنى، وعرفت كذلك بالمنكر والمكروه من التقليد والمعاصي.

الفرق بين الصدقة والزكاة

(صفحات: ١٠٥، ١١٣، ١٢٢، ١٢٩، ١٤١، ١٥٣، ١٥٥، ١٧١، ٢٥٣، ٢٦٩، ٢٨٢، ٢٩١، ٣٣٢، ٣٣٢، ٣٦٠، ٣٦٦، ٣٨٨، ٤٠١، ٤٠٣، ٤٠٦، ٤٠٧، ٤١٥)

الصدقة: هي عطاء غير مفروض على الشخص المتصدق بل هي عمل تطوعي، يقوم به الفرد من باب التقرب إلى الله، والتودد إلى المعطى له. وهنا تصبح الصدقة أقرب إلى الهدية؛ لذلك كان محمد لايقبل الصدقة بل يقبل الهدية.

أما الزكاة فهي عطاء (ربع العشر بمعنى اثنين ونصف في المائة) مفروض. وتقترن الزكاة بالصلاة في القرآن (وأقيموا الصلاة وآتوا الزكاة).

والزكاة الركن الثالث من أركان الإسلام الخمسة. ولاتجوز إلا لمن جاء ذكرهم في القرآن،

﴿إنما الصدقات للفقراء والمساكين والعاملين عليها والمؤلفة قلوبهم وفى الرقاب والغارمين وفى سبيل الله وابن السبيل فريضة من الله والله عليم حكيم﴾ (التوبة ٩: ٦٠).

وعليه، فمصارف الزكاة ثمانية أصناف محصورة في قول القرآن، وهم:

- الفقراء
- ومساكين
- والعاملون عليها: الذين يجمعون الزكاة.
- والمؤلفة قلوبهم: هم صنف من الكفار يُعْطَون ليتألفوا على الإسلام وكانوا لا يسلمون بالقهر والسيف ولكن يسلمون بالعطاء والإحسان.
- والرِّقاب: وتؤدى لتحرير العبد المسلم.
- والغارمون: المديونون الذين لا يستطيعون تسديد القروض.
- كما تؤدى الزكاة في سبيل الله: الغزوات والجهاد.
- ولصالح ابن السبيل: عابر السبيل المسلم ليعود إلى بيته.

الفرقان

(صفحات: ١٤، ٦٢)

هو اسم السورة الخامسة والعشرين بحسب ترتيب المصحف، . وجاء (الفرقان) بمعنى:

- الكتاب.
- ما يُفرِّقُ بين الحق والباطل.
- كتابٌ أُنزِلَ على موسى بمعنى التوراة.

القرامطة

(صفحة: ٤٣٦)

تنتسب هذه الفرقة إلى الشيعة الإسماعِيلية، والتي استطاعت أن تنشئ دولة القرمطية، وعاشت في شرق الجزيرة العربية. مؤسس مذهبها هو حمدان الأشعت الذي لقب «بقرمط» الذي هاجر من الأحواز إلى الكوفة وأقام بها سنة ٢٧٨هـ / ٨٩١م، واعتنق المذهب الإسماعيلي على يد حسين الأحوازي.

وقد عرف عن القرامطة قيامهم بثورة ضد الخلافة العباسية في أواخِر القرن التاسع الميلادي؛ وانتهاكهم حرمات الإسلام بقتل الحجيج ليلة التروية إذ اقتحموا الكعبة ونزعوا الحجرالأسود ونقلوه إلى البحرين على يد أبي طاهر سليمان بن أبي سعيد الجنابي سنة ٣١٧هـ لمدة إثنين وعشرين عاما.

المتكلمون

(صفحة: ١٠٣)

يقصد بهم أهل فلسفة الكلام الإسلامية الذين اعتمدوا على العقليات في تقرير العقيدة؛ كالكلابية والأشاعرة والماتريدية والجهمية والمعتزلة.

علم الكلام يعتبر من قبل البعض البدايات الأولى نحو نشوء الفلسفة الإسلامية، كان علم الكلام مختصًا بموضوع الإيمان العقلي بالله، وكان غرضه الانتقال بالمسلم من التقليد إلى اليقين وإثبات أصول الدين الإسلامي بالأدلة المفيدة لليقين بها.

كانت نشأة علم الكلام في التاريخ الإسلامي نتيجة ما اعتقد المسلمون أنه ضرورة للرد على ما اعتبروه بدعة من قبل بعض «الفرق الضالة». ويعتقد البعض إن جذور علم الكلام يرجع إلى الصحابة والتابعين.

الكتابات التدمرية

(صفحة: ٩٥)

الخط التدمري فرع من الخط الآرامي. وفي نيسان (إبريل) ١٩٠٤ اُكتشفت الكتابات التدميرية (Palmyrene Inscriptions).

الكعبة

(صفحات: ١٣٠، ١٣١، ١٣٣، ١٣٤، ١٣٥، ١٣٨، ١٤٩، ٣٨٨، ٤٣٠، ٤٣٥، ٤٤٣)

هو بناء مربع موجود فى مكة، ويعود تاريخ بنائه، حسب التراث الإسلامي، إلى عهد أبي الأنبياء إبراهيم الذي قام ببنائه بمساعدة ابنه إسماعيل، بل ومن العلماء المسلمين من يُرجع بناء الكعبة إلى عهد أبينا آدم، وفيهم من قال إن الملائكة قد بنتها قبل خلق الإنسان.

فالكعبة إذاً هي قبلة المسلمين في صلاتهم وحولها يطوفون في حجهم وإلى زيارتها تشتاق قلوبهم. سميت بالبيت الحرام لأن الله حرم القتال فيها [رغم أن جنود بني أمية استحلوا فيها قتل المسلمين أتباع عبد الله بن الزبير فيها ٧٣هـ؛ وفي عهد أبي طاهر زعيم القرامطة سنة ٣١٧هـ/ ٩٣٠م، أستبيحت الكعبة فقتل القرامطة الحجيج، وسرقوا الحجر الأسود يوم التروية].

كما أن لكعبة مكة اسماً آخر: «الكعبة الشامية».

الكعبة اليمانية

(صفحة: ١٣٤)

يذكر الدكتور جواد علي، في كتابه المفصل في تاريخ العرب قبل الإسلام، أسماء العديد من الكعبات في الجزيرة العربية، ومن بينها الكعبة اليمانية ويُقال لها بيت ذي الخلصة، بيت مربّع على سفوح جبال سراة الحجاز بين مكّة واليمن، كان في الجاهليّة قبلة ومحجّة لقبائل خثعم وبجيلة ودوس، ومن جاورها من سكّان منطقة «تبالة» اليمنيّة. وقد كان البيت مخصّصا لعبادة الإله «ذي الخَلَصة» ممثّلا بمروة (صخرة من الرّخام) بيضاء منقوش عليها كهيئة التّاج. وقد هدم البيت والصنم بأمر الرسول، وصار مكانه موضع عتبة باب مسجد تبالة.

اللَّحْنُ اللغوي

(صفحة: ٢٩٤)

هو تعبير يُطلق على ترك الصواب في قراءة القرآن وتلاوته وتجويده.

قال ابن الأثير: اللحْنُ الميلُ عن جهة الاستقامة، يُقال لَحَنَ فلان في كلامه إذا مال عن صحيح المنطق.

قال ابن بري وغيره، للحن ستة معانٍ، وهو الخطأ في:

- الإعراب

- اللغة
- الغناء
- الفطنة
- التعريض
- المعنى

الليتورجيا

(صفحات: ٩٥، ٩٦)

كلمة مركّبة يونانية: (ليتو) بمعنى الجماعة، الشعب أو الجمهور. (رجيا): بمعنى العمل، الوظيفة أو الخدمة. وإجمالاً معناها اللفظي: عمل الشعب، أو المهمة الموكولة إليه والخدمة التي يقوم بها. أما المعنى الروحي (عمل الله الذي يقوم به الشعب) فيُقصدُ بها الصلوات الجماعية بكل أنواعها .ولكن استقر الرأي على إطلاق هذا الاصطلاح على القداس الإلهي تحديدًا.

المتشابهات

(صفحة: ١٨٣)

لقد فسر الفقهاء معنى الآيات المتشابهات على عدة أوجه، وذكرالفخر الرازي قرابة عشرين قولا تتلخص في أربعة اتجاهات:

أولاً: الحروف المقطعة النازلة في أوائل السور، مثل: ألم وألر وحم.

ثانيًا: الآيات التي اختلط على العلماء تفسيرها بمعنى أنها تحتمل عدة أوجه من التفسير.

ثالثًا: تلك التي تحتاج لآيات محكمات لتبين معناها (آيات فرعية)

ورابعًا: تلك التي لايعلم تأويلها إلا الله.

وكمثال على المتشابه: ما جاء في سورة الأعراف: «استوى على العرش» وقد جاء هذا الاستواء في خمس آيات أخرى من القرآن:

- يونس ١٠: ٣
- الرعد ١٣: ٢
- الفرقان ٢٥: ٥٩
- السجدة ٣٢: ٤
- وأخيرًا الحديد ٥٧: ٤

فيقول الفقهاء: آية لا يعلم تأويلها إلا الله فالاستواء معلوم والكيف مجهول، والإيمان به واجب، والسؤال عنه بدعة، وكل بدعة ضلالة وكل ضلالة في النار.

المجوسية

(صفحات: ٦٩، ١٨٥)

المجوس بالنسبة للعرب هم القائلون بمبدأين للعالم: النور (الخير) والظلمة (الشر). وتعود أصول المجوس إلى فارس، وكانوا يعبدون النار. كان المجوس منتشرين في مناطق: عُمان، والبحرين، واليمامة. وقد جاء ذكرهم في القرآن ﴿إِنَّ الَّذِينَ آمَنُوا وَالَّذِينَ هَادُوا وَالصَّابِئِينَ وَالنَّصَارَى وَالْمَجُوسَ﴾ (الحج ٢٢: ١٧) (المفصل ٦: ٦٩١-٦٩٤).

المتعة

(صفحات: ٨٤، ٢٢٧، ٢٤٤)

المتعة هي زواج مؤقت بالاتفاق بين الزوج والزوجة (ساعة، يوم، أسبوع ...)، يقوم على

عقد النكاح والمهر (أجر المدة) والعدة، مثله مثل الزواج العادي إلا أنه ينتهي بانتهاء المدة المتفق عليها في العقد، ولا ميراث بينهما.

يرى السنة أن هذا الزواج كان في بداية الإسلام مُباحًا استناداً على أن الرسول قد نسخ المتعة بحديث أخبرهم فيه أن المتعة أصبحت حراماً، في حين أن كل المعطيات التاريخية تشير إلى أن عمر بن الخطاب هو أول من حرم المتعة إبان خلافته. وقد استمتع بعض صحابة الرسول بعد خلافة عمر بن الخطاب بل وطالبوا المؤمنين بالاستمتاع، من بينهم خالد بن عبد الله الأنصاري، وزيد بن ثابت (جامع مصحف عثمان)، وسلمة بن الأكوع (القائل: أنا سلمة بن الأكوع واليوم يوم الرُّضع في موضوع رضاعة الكبير)، وعمران بن الحصن الخزاعي، وكذلك عبد الله بن عباس (إبن عم الرسول).

وما زال الشيعة إلى اليوم متمسكين بشريعة المتعة. ولا يقتصر عدد زوجات المتعة على أربع نساء، فالعدد مفتوح حسب طاقة الزوج.

المُحْصَنات

(صفحات: ١٥٥، ٢٣٩، ٢٤٣، ٢٤٤، ٢٧٩، ٤٤٠)

لقد جاء في القرآن ثلاثة تعريفات لكلمة المحصنات:

أولاً: المرأة العفيفة الشريفة، فشرفها وأخلاقها يكونان حصنًا لها من الرذيلة، وأعطى كمثال مريم العذراء.

ثانيًا: المرأة المتزوجة التي يكون زوجُها حاميًا لها، أما المحصنة التي وقعت في السبي فيجوز وطؤها بعد استبراء الرحم.

ثالثا: الحرائر من النساء.

أما الرجل المحصن فهو الرجل المتزوج.

المذهب الظاهري

(صفحة: ٣٩١)

نشأ هذا المذهب ببغداد في منتصف القرن الثالث الهجري، على يد أبي سليمان داود بن علي بن خلف الأصفهاني (٢٠٢هـ - ٢٧٠هـ).

يُعتبر المذهب الخامس السني (بعد المذاهب الأربعة)، فهو منهج فكري وفقهي يُنادي بالتمسك بالقرآن والسنة النبوية وإجماع الصحابة رافضًا كل الأمور الظنية [كالرأي والقياس الفقهي والاستحسان (العمل بأقوى الدليلين) والمصالح المرسلة (المصلحة المطلقة التي قصدها الله لعباده) وسد الذرائع (أمر غير ممنوع لنفسه يخاف من ارتكابه مثل عدم سب المشركين لكي لا يسبوا الله بدورهم) وغيرها من الأمور الظنية].

ويُعتبر ابن حزم الأندلسي (٣٨٤هـ - ٤٥٦هـ) هو المجدد لهذا المذهب بعد تراجعه في القرن الخامس الهجري؛ رافضًا القياس الفقهي (قياس ظني مذموم) لينتقل عنه إلى القياس الأرسطي (قياس برهاني مقبول).

المشناه

(صفحة: ١٥)

المشناه هو المصدر الأساسي للنصوص

الدينية اليهودية الحاخامية (حاخام هو زعيم دين يهودي)، ويعتبر أول سجل للشريعة الشفهية لليهود، وأيضًا لجماعة الفريسيين، ويعتبر العمل الأول ضمن اليهودية الحاخامية

تدوين الشريعة اليهودية الشفاهية إبتدأ إثر خراب الهيكل عام ٧٠ للميلاد. ويعرف حاخامو المشناه باسم المعلمين (التنائيم) .

تتألف المشناه من ستة مباحث (سِداريم) وكل مبحث منها يتألف من سبع إلى إثنتاعشرة مقالة (مسِّخْتوت). وتتضمن المشناه آراء فقهية محسومة، وكثيرًا ما تضم خلافات في وجهة النظر بين التنائيم (المعلمين)، وبها القليل من الحوار.

إن معظم المشناه مكتوب بالعبرية باستثناء بعض العبارات المكتوبة بالآرامية. التعليقات الحاخامية على المشناه خلال القرون الثلاثة التالية سجلت جميعها تقريبًا بالآرامية ووضعت بشكل مشابه الجمارا (الجمارا تعني : التكملة وبالآرامية تعني : درس).

يشكل المشناه مع الجمارا سوياً التلمود (كتاب اليهود المقدس).

المعتزلة

(صفحات : ٨٤، ١٢٨، ١٨٤، ١٩٤، ٢٠٦، ٤٣٥)

هم فرقة كلامية اختارت لنفسها هذا الاسم (المعتزلة) أو تقبلته حتى تكون فرقة مُحايدة، ولا تُناصر أحد الفريقين المتنازعين (أهل السنة، والخوارج) على الآخر في مسألة السياسة الدينية. ظهرت هذه الفرقة في بداية القرن الثاني الهجري (٨٠هـ - ١٣١هـ) في البصرة، وقد ازدهرت في العصر العباسي. من أشهر المعتزلة : الجاحظ والخليفة المأمون والرازي وابن الراوندي. وقد سميت هذه الفرقة (المعتزلة) كذلك باسم القدرية (يقولون إن الله غيرُ خالقٍ لأكساب الناس)، والعدلية، والموحِّدة.

من أهم أقوال المعتزلة ما يلي :

أن الله تعالى قديم الذات وليس الصفات، كلامه مُحدَث وبالتالي فالقرآن مخلوق، وإرادته والسمع والبصر ليست معاني قائمة بذاتها، ورؤية الله تعالى بالإبصار في دار القرار (دار الآخرة) دون تشبيه أو تجسيم. وأوجبوا تأويل الآيات المتشابهة، وسموا هذا النمط توحيدًا (الموحِّدة)، واتفقوا كذلك على أن العبد قادر خالق لأفعاله خيرها وشرّها (القدرية) .. والمعتزلة يجمعون على القول بأصول خمسة وهي : التوحيد، العدل، الوعد والوعيد، المنزلة بين المنزلتين، الأمر بالمعروف والنهي عن المنكر.

المهاجرون

(صفحات : ٣٤، ٣٥، ٣٩، ٥٧، ٣٨٢، ٣٨٢، ٤١٩، ٤٢١، ٤٢٩)

هم أتباع محمد الذين هاجروا من مكة إلى الحبشة في المرة الأولى حيث أن دعوته لم تجد أذانًا صاغية فاشتد الصراع بين أهل قريش والقلة التي تبعته. أما في المرة الثانية فكانت الهجرة معه إلى المدينة (يثرب)، حيث تحول من الجهاد الديني إلى الجهاد السياسي بعد أن

قويت شوكته.

النسيء

(صفحات: ٣٩٧، ٤٠٨، ٤٠٩، ٤٠٩)

هو أحد الشهور القمرية، كانت العرب تكبسه (تزيده) مرة في كل ثلاث سنوات حتى يُقيموا الفرق بين السنة الشمسية والقمرية، لأن السنة القمرية تقل بأحد عشر يوماً عن السنة الشمسية.

كان النسيء يمارس لدواعي المواسم الزراعية والتجارية، وقد ذكر في القرآن أنه كُفر لأن بموجبه كان العرب في الجاهلية يحلون الشهر من الأشهر الحرم، ويحرمون مكانه الشهر من أشهر الحل ويؤخرون ذلك الشهر.

أهل الكتاب

(صفحات: ٥٧، ٨٢، ٩٧، ١٢٩، ١٣٥، ١٦٦، ١٨١، ٢٠١، ٢٠٤، ٢٥٠، ٢٦٤، ٢٧٩، ٢٨٥، ٣٢٤، ٣٧٩، ٣٧٩، ٣٨٧، ٣٨٩، ٣٩٠، ٣٩١، ٣٩٢، ٣٩٣، ٣٩٤، ٤٠٦، ٤٠٧)

أجمع فقهاء الإسلام على أن أهل الكتاب هم اليهود والنصارى ومنهم من زاد عليهم المجوس والصابئة (روى الجصاص عن أبي حنيفة أن الصابئة أهل الكتاب) وطالبوا بمعاملتهم كذِميين، وأخذ الجزية منهم دون القتل. وفي بداية الدعوة الإسلامية، أحل محمد للمسلمين ذبائح أهل الكتاب، والزواج من نسائهم (المائدة ٥) وعندما قويت شوكته، فرض عليهم الإسلام أو دفع الجزية (العنكبوت ٤٦).

آية الرجم

(صفحات: ٨٢، ٢٣٩، ٢٨٤)

في الشريعة الإسلامية، حكم الزاني المحصن (المتزوج) والزانية المحصنة هو الرجم حتى الموت، والمُحصَنات هن من أُحْصِنَّ بأَزْواجِهنَّ، والمُحْصَنات هن أيضاً العَفائِفُ من النساء.

فمن أين جاء هذا الحكم؟ جاء في تفسير ابن كثير حديث رواه النسائي عن آية الرجم هذا نصها: «الشيخ والشيخة إذا زنيا فارجموهما البتة نكالا من الله والله عزيز حكيم»؛ فهي من الآيات التي كانت متضمنة في سورة الأحزاب، فنسخ حرفها وبقي حكمها بقول أهل السُنة.

وقد تمنى عمر بن الخطاب أن يُضيف هذه الآية للقرآن إلا أنه خاف أن يُتهم بالزيادة فيه؛ وبالتالي تكون هذه الآية مما أسقط عمدًا من القرآن.

آية منسوخة

(صفحات: ٨٠، ١١٩، ١٢١، ١٢٢، ١٢٢، ١٢٨، ١٢٩، ١٣٥، ١٣٩، ١٤١، ١٤٣، ١٤٤، ١٤٥، ١٤٦، ١٤٧، ١٤٨، ١٥٣، ١٥٣، ١٥٥، ١٥٦، ١٥٨، ١٦٠، ١٦٦، ١٧٢، ١٧٢، ١٧٤، ١٨٧، ٢٠٢، ٢٠٤، ٢٠٧، ٢٠٨، ٢٣٤، ٢٣٥، ٢٣٦، ٢٣٧، ٢٤٠، ٢٤٤، ٢٤٥، ٢٤٨، ٢٥٦، ٢٥٨، ٢٥٩، ٢٧٧، ٢٧٨، ٢٨٢، ٢٨٩، ٢٩٧، ٢٩٨، ٣١٥، ٣١٧، ٣٢٣، ٣٢٥، ٣٢٦، ٣٢٨، ٣٣٠، ٣٣٢، ٣٣٤، ٣٣٥، ٣٦٣، ٣٦٦، ٣٦٧، ٣٧٢، ٣٧٥، ٣٧٦، ٣٧٩، ٣٨١، ٤٠٠، ٤٠٦، ٤١١)

الآيات المنسوخة هي ثلاثة أنواع:

النوع الأول: آية بقي حرفها في القرآن وألغي حكمها أي استبدل به حكم غيره.

النوع الثاني: آية ألغي حرفها وبقي حكمها، بمعنى أنها لم تعد مدونة في القرآن لكن حكمها موجود في الشريعة الإسلامية.

النوع الثالث: آية ألغي حرفها وحكمها، بمعنى أنها لم تعد مدونة في القرآن ولا حكمها في الشريعة.

إن الأخبار الخالصة والأحكام الإلهية لا يجوز أن يدخلها النسخ؛ ولو دخلها النسخ لكان هذا كذبا، وكمثال: لو قلنا إن فلاناً جاء البارحة، هذا خبر، فإذا نسخناه بقولنا: فلان لم يأت البارحة بل أتى اليوم فيصبح ما قلناه سابقًا كذبًا، وبالتالي لا يجوز أن ينعت كلام الله بالكذب. وكذلك صفات الله لا يجوز فيها النسخ.

أما الآيات المحكمات: فهي الآيات الواضحة التي لا التباس فيها ولا غموض ولا نقاش (كآيات العقيدة، وآيات الأحكام).. وهي كذلك ما لا يحتمل إلا وجهًا واحدًا، وعليها بنيت الشريعة الإسلامية، وتسمى بأم الكتاب (الآيات الأصلية). والمحكم ما كان ثابتًا في دلالته ولا يحتمل الشبهة.

خزنة النار

(صفحة: ٤٢٠)

هم الملائكة القائمون على جهنم؛ لا يعصون لله أمرًا، ويمتازون بالغلظة والشدة، ويبلغ عددهم، بحسب المفهوم الإسلامي، تسعة عشر. فهؤلاء الملائكة هم قادة لجنود من ملائكة أسماهم القرآن بأصحاب النار، أي القائمين على خدمة جهنم.

رمضان

(صفحات: ١٠٥، ١٤٤، ٤٤٢)

هو شهر من الأشهر القمرية، يصوم فيه المسلمون منذ السنة الثانية للهجرة المحمدية (٦٢٤ م). والصيام في اللغة مطلق الإمساك عن الشيء، وأما في الاصطلاح الشرعي فهو الإمساك عن المفطرات يومًا كاملاً، من طلوع الفجر إلى غروب الشمس. ورمضان هو الشهر الذي أنزل فيه القرآن بحسب الآية.

جاء في لسان العرب أن مُطَرِّزٌ قال: كان مجاهد يكره أن يُجمَعَ رمضان، ويقول: بلغني أنه اسم من أسماء الله عز وجل؛ قال ابن دُرَيْدٍ: لما نقلوا أسماء الشهور عن اللغة القديمة سمَّوها بالأزمنة التي هي فيها، فوافق رمضان أيامَ رَمَضِ الحرِّ وشدَّتهِ، فسُمِّي به.

زواج المتعة

[أنظر تعريف المتعة، صفحة ٤٣٧]

صلح الحديبية

(صفحات: ٩٩، ٣٩٧)

صلح الحديبية اتفاق سياسي كان يهدف لإقامة هدنة بين قريش والمسلمين لمدة عشر سنوات (والتي لم تدم في الحقيقة سوى سنتين). أبرم هذا الاتفاق في مكان يدعى الحديبية، في ذي القعدة من السنة السادسة للهجرة (٦٢٨ م)، كان يرجى من جرائه التفرغ

إلى فتح جبهات توسعية أخرى؛ مما يُفسر تحرش المسلمين اللاحق بالعالم الخارجي بإرسال رسائل التهديد (إسلم تسلم) بعد أن أمّنوا الجانب الداخلي بهذه الاتفاقية، فشرع في غزوة مؤتة ـ مثلاً ـ في جمادى الأول سنة ثمانية للهجرة (أغسطس ٦٢٩م).

تحتوي هذه الاتفاقية على أربعة بنود وهي:

أولاً: تأخير العمرة للعام التالي.

ثانياً: ترك الحرب بين الفريقين عشر سنوات.

ثالثا: بموجبه يستطيع الفريقان قبول عهد من شاء.

رابعاً: يُردُّ القادم إلى المسلمين (ولو كان مسلمًا) وليس العكس.

وقد انتهت هذه الاتفاقية بدخول المسلمين إلى مكة (فتح مكة) في ٢٠ رمضان للسنة الثامنة للهجرة، دخول المنتصر (المستعمر).

صيام عاشوراء

(صفحة: ١٤٤)

هو صيام اليوم العاشر من محرم. كان أهل قريش واليهود على حد سواء يصومونه في الجاهلية، فلما هاجر محمد (نبي الإسلام) إلى المدينة (يثرب)، وجد اليهود يصومونه فسألهم عن سبب صيامهم له فأجابوه: هو اليوم الذي أنقذ الله فيه موسى وقومه من فرعون. فقال لهم: نحن أحق منكم بموسى. فصامه وأمر بصيامه.

و فيما بعد لما فرض شهر رمضان قال عن صوم عاشوراء: من شاء صامه ومن شاء تركه.

ومن المفارقات أن محمداً لم يكن يعرف سبب صيام عاشوراء ولم يسأل الله عن هذا اليوم بل اكتفى بسؤال اليهود وتصديقهم بل وشرّع للمسلمين صيامه إلى اليوم دون الرجوع إلى جبريل!

كعبة شدّاد

(صفحة: ١٣٤)

هي كعبة لقبيلة إياد، إحدى القبائل العربية التي كانت تسكن بالعراق (بسنداد ما بين الكوفة والبصرة)، ذكرها الأسود بن يعفر (شاعر من العصر الجاهلي) في شعره، لم يصلنا أخبار عن هذه الكعبة إلا الشيء القليل، كل ما نعرفه أنها لم تكن بيتاً للعبادة إنما كانت منزلا شريفا.

كعبة غطفان

(صفحة: ١٣٤)

هي بيت لعبادة العزى، أحد اصنام قريش. كان يتعبد لها بنو سليم وغطفان وجشم ونصر وسعد بن بكر وغني وباهلة وخزاعة وبنو كنانة. وقد تعبدت لها ثقيف كذلك. فاتخذوها حرماً، كحرم مكة، لايقتل صيده، ولايقطع شجره، وتولاها بنو مُرّة بن عوف. كان لهذه الكعبة سدنة، ولها بئر يسمى «بس». يذكر خالد بن الوليد أن أباه كان يقدم لهذه الكعبة النذور والهدايا، ومن المعروف أن خالد بن الوليد هو الذي أحرقها بعد فتح مكة.

كعبة نجران

(صفحة: ١٣٤)

وهو بناءٌ شيد على هيأة الكعبة. وفي رواية تنسب لابن الكلبي أنها كانت قُبة من أدم من ثلاث مئة جلد، كان اذا جاءها الخائف أمن، أو طالب الحاجة قضيت، أو المسترفد رفد.

ويستخلص من الأخبار الواردة عن هذه الكعبة ومن أسماء أصحابها ومن كونهم أساقفة أنها كانت بيعة أسسها النصارى في نجران، مركز النصرانية في اليمن. ويذكر الأخباريون أن بني عبد المدان، ابن الديّان الحارثي، أقاموها هناك، مضاهاةً للكعبة.

وقد ذكر «ابن الكلبي» ان كعبة نجران لم تكن كعبة عبادة، وإنما كانت غرفة يعظمها القوم من بني الحارث بن كعب، وهم رؤساء نصارى نجران. وذكر بعض أهل الأخبار أن كعبة نجران كانت لقبيلة مذحج القحطانية وبني الحارث بن كعب، وكانت تُعرف ببيت الربة.

وقداعترفت مؤخرًا المملكة العربية السعودية على لسان الدكتور محمد آل زلفة عضو مجلس الشورى السعودي، أن كعبة نجران هي أقدم كنيسة مسيحية في منطقة نجران.

لجنة عثمان

(صفحات: ٣٦، ٥٠، ٦٧، ٩٦)

لجنة عثمان هي مجموعة كلفها عثمان بن عفان بتدوين المصحف إبان فتوحات أرمينية وأذربيجان (٢٥هـ) حيث حذر حذيفة بن اليمان الخليفة من اختلاف المسلمين في قراءاتهم للقرآن، فأرسل الخليفة لحفصة بنت عمر (زوج الرسول) أن ترسل له الصحف التي جُمِعت في عهد أبي بكر وعمر لنسخ مصحف على أن يردها إليها. إثر موافقة حفصة على هذا الطلب، استدعى عثمان رهطًا من قريش هم زيد بن ثابت، وسعيد بن العاص، وعبد الرحمن بن الحارث بن هشام، وعبد الله بن الزبير وطلب منهم أن يكتبوا النص بلسان قريش في حالة اختلاف زيد بن ثابت مع الثلاثة الباقين.

عند انتهاء اللجنة من تدوين المصحف، أرسل عثمان بن عفان نسخًا للأمصار ثم أحرق المصاحف التي كانت بين أيدي المسلمين مثل مصحف ابن مسعود، وأبي بن كعب، وغير ذلك من المصاحف الأخرى. اعترض ابن مسعود على مصحف عثمان بن عفان وقال عن زيد بن ثابت، المسؤول الرئيسى عن جمع المصحف: «فكيف تأمروني أنْ أقرأ قراءة زيد، ولقد قرأت من فِيِّ رسولِ اللّهِ بضعاً وسبعين سورة ولزيد ذؤابتان يلعب بين الصّبيان» (السجستاني ٢٢).

مدارس القراءات

(صفحات: ٦٤، ٩٣، ٢١٠، ٣٥٨، ٤٤٣)

كان لكل مدينة مركزية في الإسلام علماؤها الذين اشتغلوا في المسائل الفكرية، ففي مجال النحو مثلاً، برزت مدرستان: مدرسة البصرة ومدرسة الكوفة. وأما في حقل قراءة القرآن فظهرت مدارس في المدن الرئيسة. وكانت مدارس المصحف العثماني خمس مدارس، هي:

- البصرة: قراءة أبو عُمرو بن العلاء.
- الكوفة: قراءة عاصم بن أبي النجود، وقراءة حمزة بن حبيب، وقراءة علي بن حمزة.
- دمشق: عبد الله بن عامر.
- مكة: قراءة عبد الله بن كثير، وقراءة محمد بن عبد الرحمن بن محيصن.
- المدينة: نافع بن أبي نعيم [مقال «في القراءات المختلفة»، صفحة ٦١].

مدراش ربّا

(صفحات: ١٦٧، ١٦٨، ٤٣٠)

مدراش في القاموس العبري ـ العربي معناه: تفسير، تأويل، شرح، بحث، دراسة. أما كلمة مدراش ربّا فمعناها: مجموعة التفاسير والأساطير حول الأسفار الخمسة الأولى من الكتاب المقدس المعروفة بالتوراة. وتم تدوين هذه التفاسير وجعلها سفرًا ضخمًا بعدما كانت شفاهية قبل أواخر القرن الثالث الميلادي. وأشهر من دونها الربّاني «بارنحماني».

وهناك مدراش آخر يدعى «مدراش تنحوما»، جمعه الرّباني تنحوما بعد قرن من ظهور مدراش بارنحماني.

مصحف ابن مسعود

(صفحات: ١٥، ٣٥، ٥٠، ٥٨، ٨٢، ٩٤، ١٠٧، ١٢٠، ١٢٦، ١٢٧، ١٣٢، ١٣٦، ١٣٩، ١٥٣، ١٥٥، ١٨٩، ٢٣٧، ٢٥٤، ٣٠٢، ٤٤٣)

تتفق المصادر الإسلامية على أن مصحف ابن مسعود هو مصحف موجود قبل مصحف عثمان بن عفان. ويتطابق ترتيب السور بينهما في ثمانية مواضع بحسب الإتقان للسيوطي، إلا أن مصحف ابن مسعود لا يحتوي على فاتحة الكتاب ولا المعوذتين (الفاتحة ١، الفلق ١١٣،الناس ١١٤). حيث جاء في الإتقان للسيوطي بإيجاز: وليس فيه الحمد ولا المعوذتان. ولقد حذف ابن مسعود سورة الفاتحة من مصحفه لأنه اعتبرها تعويذة لختمها بقول «آمين»، أما المعوذتان فقد اعتبرهما مما كان الرسول (صلعم) يتعوذ بها من الجان وعين الإنسان.

مصحف أُبيّ بن كعب

(صفحات: ١٥، ٣٣، ٣٧، ٣٨، ٥٠، ١٠٦، ١٥٢، ١٥٥، ٣٢٦، ٣٤٣، ٤١٠، ٤١٤)

يعتبر من المصاحف التي كانت موجودة قبل مصحف عثمان بن عفان، حيث يحتوي على سورتين لا نجدهما في مصحف عثمان. وترد هاتان السورتان تارةً باسميهما الخاصّين: سورة الخلع، وسورة الحفد وتارة باسم الاختصار: سورتا القنوت، أو «دعاء القنوت» أو «دعاء الفجر».

رجاء مراجعة سورة الخلع وسورة الحفد في هذا الكتاب في الصفحات التالية:

- سورة الخلع: (صفحة: ٣٨).
- سورة الحفد: (صفحة: ٣٩).

إن دفعنا بأن هاتين السورتين دعاء، فماذا نسمي سورة الفاتحة؟ خصوصًا أنها تنتهي بقول «آمين»؟ وهو السبب الذي جعل ابن مسعود يحذفها من مصحفه!

مصحف عائشة

(صفحة: ٣٧)

أَمَرَتْ عائشة بكتابة مصحف حتى تكون على مستوى ضُرتها (حفصة) حيث ورثت صحف القرآن التي جمعت في عهد أبيها (عمر بن الخطاب) وعهد أبي بكر، إن لم تكن تتفوق عليها بمعرفتها للقرآن وما نقص منه في هذه الصحف! غير أن عثمان بن عفان لم يعبأ بمصحفها بل أحرقه مع باقي المصاحف وأمر بالأخذ بصحف حفصة.

يذكر لنا السجستاني، في كتابه المصاحف، أن عائشة كان لها مصحفًا أمرت أحد مواليها أن يكتبه لها وأمرته أن يتوقف عند بعض الآيات لتمليه ما هو غير موجود في صحف حفصة الذي اعتمد عليه عثمان بن عفان في جمعه للقرآن، مثل:

(حَافِظُوا عَلَى الصَّلَوَاتِ وَالصَّلَاةِ الْوُسْطَى) إذ أمرته أن يُضيف: « والصلاة العصر ». ثم قالت: سمعتها من رسول الله (صلعم).

وكذلك (إِنَّ اللَّهَ وَمَلَائِكَتَهُ يُصَلُّونَ عَلَى النَّبِيِّ) ثم أضافت: « وعلى الذين يصلّون الصفوف الأُولى ».

مصحف علي بن أبي طالب

(صفحات: ٣٧، ٣٨، ٥١، ٥٢، ٥٨)

يعتقد الشيعة الإمامية أن مصحف علي موجود لا محالة، إلا أنهم اختلفوا في ما يحتويه، فمنهم من قال إن فيه كل ما يحتاج إليه الناس من الأحكام الشرعية، اعتقاداً منهم أن محمداً هو من أملاه إياه. ويُسمونه بالجامعة وهي الصحيفة التي طولها سبعون ذراعاً.

ومنهم من قال إن عليًا تفرغ لكتابته مباشرة بعد وفاة محمد، وهو قرآن بحسب الناسخ والمنسوخ وقام بترتيبه بحسب النزول، وهذا ما لم يصدقه نولدكه في كتابه تاريخ القرآن حيث يقول: كتابة علي بن أبي طالب لمصحفه بحسب ترتيب السور زمنياً رواية لا تستحق التصديق. ذلك لأن هذا الترتيب يفترض فترة عمل تفسيريّ علميّ طويلة. كما أن القيام بهذا الترتيب ضرب من المستحيل لأنّ محمد نفسه، في التدوين الذي أمر به، كان يربط الآيات الحديثة بالقديمة.

أما أهل السنة فلا يعتقدون بوجود مثل هذا المصحف لأنه حتى ولو كان عليًّا بالفعل قد كتبه، فلابد أن عثمان بن عفان قد أمر بحرقه.

ܬܘܕܝܐ ܠܫܡܗ

معجم الأعلام

أُبَيّ بن كَعْب بن قَيْس

(ت حوالي ٢١ هـ/ ح ٦٤٢ م)

(صفحات: ١٥، ٣١، ٣٣، ٣٧، ٥٣، ٦٣، ٦٧، ١٠٦، ١٣١، ١٤٥، ١٤٥، ١٥٢، ١٥٥، ١٥٩، ١٦٦، ١٨٣، ١٨٥، ١٨٧، ٢٠٠، ٢١٢، ٢٣٨، ٢٤٠، ٢٥٤، ٢٦٢، ٢٦٩، ٢٩٦، ٣٠٠، ٣٠٣، ٣١٥، ٣٢٦، ٣٤٣، ٣٤٤، ٣٤٥، ٣٧١، ٤٠٨، ٤١٠، ٤١٤، ٤٢٠، ٤٤٣، ٤٤٤)

من الأنصار من قبيلة الخزرج، وله إطلاع على الكتب المقدسة. ومن القلائل الذين كانوا يجيدون الكتابة في مجتمعه آنذاك. وبعد أن اعتنق الإسلام، صار يكتب لمحمد آيات الوحي، واعتبره محمد واحد من الأربعة الذين إئتمنهم على القرآن.

أبو إسحاق الزجاج

(٢٤١-٣١١ هـ/ ٨٥٥-٩٢٣ م)

(صفحات: ١٣٣، ٢٤١، ٣٤١)

هو إبراهيم بن السريّ بن سهل، عالم لغوي كبير، عاش في بغداد. له تصنيفات كثيرة في علوم اللغة العربية وأيضا في علوم القرآن، أشهرها: «معاني القرآن وإعرابه».

أَبُو حنيفة

(٨٠-١٥٠هـ/ ٦٩٩-٧٦٩ م)

(صفحة: ٢٣٤)

اسمه النعمان بن ثابت، من الكوفة ينحدر من أصول فارسية، مؤسس المذهب الحنفي، أحد المذاهب السنية الأربعة. وكان محل

تقدير رفيع من علماء المسلمين في زمانه. رفض العملَ في قضاء الدولة، فسجن إلى أن مات في سجن.

أبو ذر الغفاري

(ت حوالي ٣٢ هـ/ ٦٥٢م)

(صفحة: ٤٠٧)

اسمه جُندب بن جُنادة، من قبيلة بني غِفار، كان من أوائل الذين اعتنقوا الإسلام، ويحكى أنه أحد الخمسة الأوائل الذين التحقوا بمحمدٍ. انتقد بذخ السلطات في خلافة عثمان بن عفان، فنُفي إلى الربذة، خارج المدينة، وقد مات هناك.

أَبو هُرَيْرة

(ت ٥٩ هـ/ ٦٧٩ م)

(صفحة: ٣٣٥)

عبد الرحمن بن صخر الدوسي. روي أن اسمه الأصلى كان «عبد شمس» قبلما اعلن اسلامه فى المدينة، ولما أسلم سماه محمد «عبد الرحمن»، فكان يصاحب محمداً ويجالسه وقتاً طويلاً. ولهذا عُرف عنه حفظه للأحاديث المحمدية. ثمة جدل بشأنه، فأهل السنة يرونه محل ثقةً، بينما ينظر إليه الشيعة بعين الشك، وفي المصادر التاريخية تفاصيل عن عدم أمانته حينما تولى إدارة البحرين أيام عمر بن الخطاب.

الحَارِثُ بن سُوَيْد التَّيْمِي / الحَارِثُ بن سُوَيْد بن الصَّامِت

(صفحات: ٢٠٠، ٢٠١)

الحارثُ بن سويد التَّيْمي، هو قرشي جاء ذكره في المصادر على أنه كان مسلماً، ثم ارتد عن الإسلام ولحق بقريشٍ، ثم بعد ذلك عاد إلى الإسلام. وليس له ذكر في المصادر غير هذا التفصيل. وبعض الروايات تقول إن الذي ارتدّ ثم عاد للإسلام هو الحَارِثُ بنُ سُوَيدِ بن الصَّامت، وهو من الأنصار، من قبيلة أوس.

الحجاج بن يوسف الثقفي

(٤٠-٩٥ هـ/ ٦٦٠-٧١٤م)

(صفحات: ٣٥، ٣٦، ٢٩٠، ٣٨٧)

الحجاج بن يوسف بن الحكم الثقفي، وُلد في الطّائف. عمل الحجاج في شرطة الدولة الأموية، وتدرج في المناصب إلى أن أصبح والياً على العراق، فحكمها بالحديد والنار وله فضل ترسيخ سلطة الأمويين فيها. عُرف عنه فصاحة اللسان. وذكرت المصادر أنه أدخل بعض التعديلات على أحد عشر موضِعاً في القرآن.

الحسن البصري

(٢١هـ-١١٠هـ/ ٦٤٢-٧٢٨م)

(صفحات: ٧٠، ٩٣)

هو الحسنُ بن يِسار، ويلقب بأبي سعيد، ولد في المدينة، ثم انتقل إلى البصرة حيث تلقى العلم، وبعد سنوات أصبح أشهر فقهاء عصره. أثناء حياته كانت الفتن منتشرة في العراق، لكن

الحسن أيد سياسة السلم بين الاهالى.

الوَليدُ بن المُغِيرَة

(ت ١ هـ/ ٦٢٢ م)

(صفحة: ٢٨٨)

هو ابن عبد الله بن عمرو، من زعماء قريش، واشتهر بجودة الرأي، فكان يحتكم إليه الناس في نزاعاتهم. وهو أحد الذين حرّموا شرب الخمر قبل الإسلام، ولما أعلن محمد نبوته، رفض الوليد اتباعه. ومات بعد هجرة محمد للمدينة.

جواد علي

(١٩٠٧-١٩٨٧ م)

(صفحات: ١٣٥، ١٥٠، ٤٣٤، ٤٣٦)

مؤرخ عراقي كبير، كان قد حصل على درجة الدكتوراه من جامعة هامبورغ سنة ١٩٣٩ عن رسالته بعنوان «المهدي وسفرائه الأربعة». وبعد عودته إلى العراق صار أمين سر لجنة التأليف والترجمة. وفي سنة ١٩٥٦ أصبح عضواً في المجمع العلمي العراقي. كما عمل استاذاً في قسم التاريخ بكلية التربية ببغداد. وعمل أستاذاً زائراً في جامعة هارفارد (١٩٥٧-١٩٥٨).

من أشهر مؤلفاته العمل الموسوعي المسمى: «تاريخ العرب قبل الإسلام» (ثمانية مجلدات)، الذي صدر عن المجمع العلمي العراقي بين ١٩٥٦-١٩٦٠.

زيد بن ثابت

(ت حوالي ٤٥ هـ/ ٦٥٥ م)

(صفحات: ٣١، ٣٢، ٣٤، ٣٥، ٤٢، ٩٥، ٢٢٧، ٤٣٨، ٤٤٣)

زيد بن ثابت من قبيلة الخزرج الأنصارية. كان واحدا من الذين يكتبون الوحي لمحمد، ويحكى أن محمداً طلب منه تعلم العبرية والسريانية، فقيل انه تعلمهما فى اسابيع قليلة. وليس لدينا ما يشير إلى أنه كان بالفعل يتقن أحدى هاتين اللغتين.

شارك زيد بن ثابت في جميع لجان جمع القرآن من عهد أبي بكر إلى عهد عثمان. وتواترت الأخبار عن انتقاد ابن مسعود لتعيينه في رئاسة آخر اللجان - لجنة عثمان.

سَعْدُ بنُ أَبي وقاص

(ت حوالي ٥٥ هـ/ ٦٧٥ م)

(صفحات: ٨٢، ١٢٦، ١٢٧، ٢٣٨)

هو سعد بن مالك، ويُعرف أيضاً باسم سعد بن أبي وقاص، واسم أبي وقاص هو مالك بن وُهيب. وكان سعد من أوائل العشرة الذين اتبعوا محمداً. شارك في جميع معارك محمد. وكان قائداً عسكرياً اثناء خلافة عمر بن الخطاب، فقاد اجتياح العراق ومدائن فارس. وتسلم في عهد عمر ولاية الكوفة، ثم عزله عثمان عنها، ومات في منطقة العقيق قرب المدينة.

سَعِيد بن جُبَيْر

(٤٥-٩٥ هـ/ ٦٦٥-٦١٤ م)

(صفحات: ٣٧، ١٠٢، ٢٣٢، ٣٩٨)

من الجيل الثاني من المسلمين، ذو أصل حبشي، سكن الكوفة، واشتغل بتدريس العلوم الدينية الإسلامية. ولما نشبت ثورة ضد الأمويين بقيادة عبد الرحمن بن الأشعث، انخرط بها. وبعد فشل الثورة، توارى عن الأنظار، لكن قُبض عليه لاحقا، وأُعدم بأمر من الحجاج بن يوسف الثقفي.

سَلْمان الفارسي

(ت حوالي ٣٦ هـ/ ٦٥٦ م)

(صفحات: ٣٢٤، ٤٣٢)

ينحدر سلمان الفارسي من إيران، ويروى أنه كان مجوسياً. وأنه ارتحل من بلد إلى آخر، وبينما كان في جزيرة العرب تعرض للخطف وبيع رقيقاً في المدينة وهناك أسلم. عُرف عنه بساطة العيش. وهو محل تقدير المسلمين كافة، سنة وشيعةً. وقد حِيكت حول شخصيته ورحلاته الكثير من الأساطير.

عائِشة بنت أبي بكرٍ

(٩ ق هـ-٥٨ هـ/ ٦١٣-٦٧٨ م)

(صفحات: ٢٣، ٢٤، ٢٦، ٣٧، ٨١، ١١٢، ١٦٢، ١٨٣، ٢٣٢، ٢٤٤، ٢٦٩، ٣٠٠، ٤٢٤، ٤٤٥، ٤٤٥، ٤٥١)

ابنة أبي بكر، صاحب محمد ورفيق دعوته، تزوجها محمد وليس لها من العمر إلا ست سنوات، بينما تجاوز هو الخمسين.

وقد استحوزت على قلب محمد، ربما لأنه لم يتزوج بكراً سواها. ولها مكانة كبيرة لدى السنة، أما الشيعة فيطعنون فيها لأنها أسفرت عن توجيه العداء لعلي بن أبي طالب.

عبدُ اللهِ بن الزّبير

(١-٧٣ هـ/ ٦٢٢-٦٩٢)

(صفحات: ٣٤، ٣٧، ٣٢٤، ٤٤٣)

عبد الله بن الزبير، من أسرة أسد القرشية. وهو أول مولود في المدينة من المهاجرين. ناصر علي بن أبي طالب في حربه ضد عائشة. وبعد وفاة مؤسس الدولة الأموية معاوية، رفض ابن الزّبير مبايعة يزيد ابن معاوية. وفي أتون المعارك الدامية التي بلغت حد إصابة الكعبة بحجارة المنجنيق، جاء خبر وفاة يزيد بن معاوية، اعترفت به أغلب البلدان خليفةً للمسلمين، فصار حاكماً للجزء الأكبر من الدولة الإسلامية، ما عدا بلاد الشام التي بقيت حصناً قوياً للأمويين، وبقيت رحى المعارك تدور إلى أن تمكن الحجاج بن يوسف أيام حكم عبد الملك بن مروان من القضاء على ابن زبير في مكة.

عبد الله بن جَحْشٍ

(ت ٣ هـ/ ٦٢٥ م)

(صفحة: ١٥٣)

هو عبد الله بن جحش بن رئاب، من قبيلة أسد القرشية. ومن صحابة محمد المعروفين. وهو أخو زينب زوجة محمد. و قد قُتل في معركة أُحدٍ.

عبد الله بنُ عبّاس

(٣ ق هـ - ٦٨ هـ/ ٦١٩ - ٦٨٧ م)

(صفحات: ٣٤، ٣٦، ٤٨، ٤٩، ١٠٢، ١١٠، ١١٩، ١٣٥، ١٣٥، ١٣٦، ١٣٩، ١٥٠، ١٨٣، ١٨٧، ٢٠٠، ٢٠٣، ٢٠٥، ٢٠٩، ٢١٢، ٢٣٢، ٢٣٦، ٢٤١، ٢٤٣، ٢٤٦، ٢٥٤، ٢٩٩، ٣٠٠، ٣١٥، ٣٢٤، ٣٤٩، ٣٥٥، ٣٧٤، ٣٨٩، ٤٠٢، ٤١٢، ٤٢٢، ٤٢٢، ٤٢٤، ٤٣٨)

هو عبد الله بن عباس بن عبد المطلب، ويُعرف في المصادر الإسلامية بلقبه فحسب، «ابن عباس». وُلد ابن عباس في مكة، ورافق محمداً في فتاويه، فاُشتهر برواية الأحاديث المحمدية. لقبه البعض «ترجمان القرآن».

عَبْدُ الله بنُ مَسْعودِ

(ت حوالي ٣٢ هجرية/ ٦٥٣ م)

(صفحات: ١٤، ١٥، ٣١، ٣٣، ٣٤، ٣٥، ٣٧، ٤٢، ٥٠، ٥٣، ٥٨، ٦٣، ٦٧، ٨٢، ٩٤، ٩٥، ٩٦، ١٠٢، ١٠٧، ١١٠، ١١٣، ١١٧، ١٢٠، ١٢٦، ١٢٧، ١٣٠، ١٣١، ١٣٢، ١٣٢، ١٣٦، ١٣٩، ١٥٠، ١٥٢، ١٥٥، ١٧١، ١٧٤، ١٨٣، ١٨٥، ١٨٩، ١٩١، ٢٠٠، ٢٠٣، ٢٠٥، ٢٠٩، ٢١٢، ٢١٧، ٢٣٧، ٢٣٨، ٢٤١، ٢٤٣، ٢٤٧، ٢٥١، ٢٥٣، ٢٥٤، ٢٥٥، ٢٦٩، ٢٧٧، ٢٨٦، ٢٨٩، ٢٩١، ٢٩٥، ٢٩٦، ٣٠٢، ٣٠٣، ٣٠٩، ٣١٥، ٣٢٤، ٣٤٩، ٣٥٥، ٣٦١، ٣٦٥، ٣٧١، ٣٧٣، ٣٧٧، ٣٩٣، ٤٠٠، ٤٠١، ٤٠٩، ٤٢٠، ٤٢١، ٤٢١، ٤٢٢، ٤٢٤، ٤٤٣، ٤٤٤، ٤٥٠)

من كبار صحابة محمدٍ، وكان ابن مسعود شجاعاً في إيمانه، إذ رُوي أنه أول من قرأ القرآن جهراً في مكة. وقد خدم ابن مسعود محمداً، فصار أمين أسراره ورفيقه في رحلاته. وشارك في جميع معارك محمدٍ. ولكن لم يُطلب منه المشاركة في لجان جمع القرآن، وما أثار حنقه أن عثمان بن عفان لما شكل لجنة لإصدار نسخة رسمية، استبعده منها.

عبيد بن عمير

(ت ٦٨هـ)

(صفحات: ٣٧، ١٦٢، ٢٦٠)

هو عبيد بن عمير بن قتادة المكي. وُلد اثناء حياة محمدٍ، كان مفسراً وواعظاً. وهو من كبار التابعين، أي الجيل الثاني من المسلمي.

علي بن أبي طالب

(حوالي ٢٣ ق هـ - ٤٠هـ/ ٦٠٠ - ٦٦١ م)

(صفحات: ٣٤، ٣٧، ٣٨، ٥١، ٥٢، ١٠٢، ٢٠١، ٢٢٦، ٢٥٩، ٣٠٩، ٣٣٠، ٣٣٣، ٣٤٦، ٣٥٥، ٣٥٩، ٣٨٧، ٣٩٢، ٣٩٧، ٤٠٧، ٤٣٢، ٤٤٥، ٤٥١)

هو ابن أبي طالب بن عبد المطلب. وابن عم محمدٍ، وصهره، ذلك أن فاطمة بنت محمد كانت زوجته. يعتبر أول الفتيان إسلاماً. وقد شارك في أغلب معارك محمدٍ. يعتقد الشيعة أنه الخليفة الشرعي لمحمدٍ، وأن الخلفاء الثلاثة الأوائل اغتصبوا حقه في الخلافة. اعتلى كرسي الخلافة سنة (٣٥ هـ/ ٦٥٦ م). وحفلت سنوات خلافته بالفتن والنزاعات بين المسلمين. وهذا ما أدى إلى اغتياله في الكوفة. وقد جمعت خطبه وأقواله في كتاب «نهج البلاغة». وموثوقية الكتاب محل نقاش بين

الباحثين الحياديين.

عَمْرو بن عُبيد

(٨٠-١٤٤هـ/ ٦٩٩-٧٦١م)

(صفحة: ٢٦٩)

عمرو بن عبيد هو من أصول فارسية، ويلقب بأبي عثمان البصري، من أئمة المعتزلة. عُرف عنه الزهد. وله مؤلفات مختلفة، منها «التفسير»، و«الرد على القدرية». لاقته المنية بينما كان مسافراً من البصرة إلى مكة.

فِنْحاص بن عازورا

(صفحات: ٢١٣، ٢٩٢)

زعيم قبيلة قينقاع اليهودية، وقينقاع هي إحدى قبائل المدينة التي هجّرها محمد. و قد ساد الاعتقاد على أنه عدو لدود لمحمدٍ. ولهذا كالت عليه المصادر الإسلامية متهمة إياه بالبخل.

قَتادَة بُن النُّعْمَان

(ت ٢٣هـ/ ٦٤٤م)

(صفحات: ١٢٧، ١٣٢، ٢٣٢)

قتادة من قبيلة أوس الأنصارية. شارك في جميع معارك محمدٍ. ولدى فتح مكة كان يحمل راية بني ظَفر، وهي فرع من قبيلة الأوس.

كعب بن الأشرَف

(صفحات: ٢١٣، ٢٥٠)

شاعر وشخصية بارزة في قبيلة بني النضير اليهودية. وقد كان من الذين يوجهون الإنتقادات لمحمد. ولما انهزمت قريش في معركة بدر، وقُتل بعض من كبارها، فإن ابن الأشرف عبر عن حزنه بأن نعت المسلمين بسياط الهجاء. ثم ذهب لمكة ليحرض قريشاً على الثأر لهزيمة بدر، فأمر محمد بتصفيته، وبعد قتله جاءت سرية الاغتيال برأسه إلى محمدٍ.

مُسَيْلمة بن حبيب

(ت ١٢هـ/ ٦٣٣م)

(صفحات: ٣١، ٩٥)

هو مسيلمة بن ثمامة بن حبيب من بني حنيفة في اليمامة، وكان مشهوراً باسم «رحمان اليمامة»، لأنه كان يبشر بالرحمان. لا يُعرف بدقة متى ابتدأ مسيلمة نشاطه الديني. وتروي المصادر التاريخية الإسلامية ان مراسلات جرت بينه وبين محمدٍ، يطلب فيها من محمد أن يتقاسم معه مناطق النفوذ. كما تورد المصادر نفسها شذرات من الوحي الذي كان يلقيه، ولكن كون المصادر تصب عليه كراهية ظاهرة، وتذكر اسمه دائماً باسم «مُسيلمة الكّذّاب»، فمن الصعب الأخذ بأي من رواياتها عن مسيلمة.

أرسل أبو بكر جيشاً ضخماً بقيادة خالد بن الوليد للقضاء على حركة مُسيلمة، فسقط مئات القتلى من الجانبين، بمن فيهم مُسيلمة،

وبذلك استتب الأمر للمسلمين.

نصر حامد أبو زيد

(ولد في ١٩٤٣)

(صفحة: ٨٢)

هو أكاديمي مصري، باحث في علوم اللغة. كان أستاذاً بكلية الآداب، جامعة القاهرة. وفي منتصف التسعينات من القرن الماضي، رُفعت دعوى حسبة ضده من جانب إسلاميين، كان نص الدعوة يتهم نصر حامد بالردة، وتطلب الدعوة بإصدار حكم قضائي بالتفريق بينه وبين زوجته، ابتهال يونس، الأستاذة في الأدب الفرنسي.

عندما اشتدت الحملة ضده، وظهر أن القضاء منحاز إلى جانب المتطرفين، غادر نصر حامد وزوجته مصر إلى المنفى الاختياري في هولندا.

له الكثير من الأعمال المتصلة بالقرآن، أشهرها: «مفهوم النص: دراسة في علوم القرآن».

قائمة المراجع

قائمة المراجع

تفاسير

- **ابن عاشور**، محمد الطّاهر، **تفسير التَّحرير والتّنوير**، الدار التونسية للنشر، تونس، ١٩٨٤.
- **ابن عطية الأندلسي**، أبي محمد عبد الحق بن غالب، **المحرر الوجيز في تفسير الكِتاب العزيز**، دار الكتب العلمية، بيروت، ١٤٢٢ هـ/ ٢٠٠١ م.
- **ابن قتيبة**، أبي محمد عبد الله بن مسلم، **تفسير غريب القرآن**، تحقيق: السيد أحمد صقر، دار الكتب العلمية، ١٣٩٨ هـ/ ١٩٧٨ م.
- **ابن كثير**، الحافظ عماد الدين أبي الفداء، **تفسير القُرْآن العظيم**، تحقيق: مصطفى السَّيد محمَّد، مُحمَّد السَّيد رشاد، مُحمَّد فضل العجمَاويّ، علي أحمد عبد الباقي، حسن عبّاس قطب، مؤسسة قرطبة، جيزة، ١٤٢١ هـ/ ٢٠٠٠ م.
- **أبو حيان الأندلسي**، محمد بن يوسف، **تفسير البحر المحيط**، تحقيق مجموعة علماء،

دار الكتب العلمية، بيروت، ١٤١٣ هـ/ ١٩٩٣ م.

- **الرازي محمد**، تفسير الفَخْر الرّازي المشتهر **بالتفسير الكبير ومفاتيح الغيب**، دار الفكر، بيروت، ١٤٠١ هـ/ ١٩٨١ م.
- **الزحيلي**، الدكتور وهبة، **التفسير الوجيز على هامش القرآن العظيم**، دار الفكر، دمشق، ط ٢، ١٤١٥ هـ/ ١٩٩٤ م.
- **الزمخشري**، جار اللّه أبي القاسم محمود بن عمر، **الكشاف عن حقائق غوامض التنزيل وعيون الأقاويل في وجوه التأويل**، تحقيق: عادل أحمد عبد الموجود، علي محمد معوض، مكتبة العبيكان، الرياض، ١٤١٨ هـ/ ١٩٩٨ م.
- **السيوطي**، جلال الدين عبد الرحمن بن أبي بكر، ومحمد بن أحمد، **تفسير الإمامين الجليلين (الجلالان)**، دار ابن كثير، دمشق، ١٤٠٧ هـ.
- **السيوطي**، جلال الدين عبد الرحمن بن أبي بكر، **الدُّرُّ المنثورِ في التّفسير بالمأثور**، تحقيق: د. عبد الله بن عبد المحسن التركي، مركز هجر للبحوث والدّراسات العربية والإسلامية، القاهرة، ١٤٢٤ هـ/ ٢٠٠٣ م.
- **الطبري**، أبي جعفر محمد بن جرير، **جامع البيان عن تأويل آي الْقُرْآن (تفسير الطبري)**، تحقيق: د. عبد اللّه بن عبد المحسن التركي، مركز هجر للطباعة والنشر والتوزيع والإعلان، القاهرة، ١٤٢٢ هـ/ ٢٠٠١ م.
- **القُرطُبِّي**، أبي عبد اللّه ـ محمد بن أحمد، **الجامع لأحكام الْقُرْآن** والمبين لما تضمنّه من السنة آي الفرقان، تحقيق: عبد اللّه بن عبد المحسن التركي، مؤسسة الرسالة، بيروت، ١٤٢٧ هـ/ ٢٠٠٦ م.
- **عَبْده**، محمد، الإمام، **تفسير القرآن الحكيم**، المشتهر باسم **تفسير المنار**، تأليف محمد رشيد رضا، القاهرة ١٣٦٦ هـ/ ١٩٤٧ م.

مراجع عربية

- **ابن أبي طالب**، أبي محمد مكي، **الإيضاح لناسخ القرآن ومنسوخه ومعرفة أصوله واختلاف الناس فيه**، تحقيق د. أحمد حسن فرحات، دار المنارة، جدّة، ١٤٠٦ هـ/ ١٩٨٦ م.
- **ابن الجزري الدِّمَشقي**، **شَرحُ طيِّبةِ النَّشر في القِراءَاتِ العَشْر**، تعليق: أنس مهرة، دار الكتب العلمية، بيروت، ط ٢، ١٤٢٠ هـ/ ٢٠٠٠ م.
- **ابن الجوزي**، أبو الفرج عبد الرحمن، **نَواسخ القرآن**، تحقيق محمد أشرف علي الملباري، المجلس العلمي، المدينة المنورة، ١٤٠٤ هـ/ ١٩٨٤ م.
- **ابن الجوزي**، عبد الرحمن، **فُنوُن الأفنان في عُيون عُلوُم القُرْآن**، دار البشائر الإسلامية، بيروت، ١٤٠٨ هـ/ ١٩٨٧ م.
- **ابن الخطيب**، **الفُرقَان**، دار الكتب العلمية، بيروت، د. ت.
- **ابن الضُّريس البجلي**، أبي عبد اللّه محمد بن أيوب، **فَضائل القُرآن وما أنزل من القُرآن بمكّة ومَا أنزِلَ بالمَدِينَة**، تحقيق: عروة بديْر، دار

الفكر، دمشق ١٤٠٨ هـ/ ١٩٨٧ م.

- **ابن العربي**، أبو بكر محمد بن عبد الله، **أحكام القرآن**، دار الكتب العلمية، بيروت، تحقيق محمد عبد القادر عطا، د. ت.
- **ابن النديم**، محمد بن أبي يعقوب، **الفهرست**، تحقيق رضا ـ تجدّد، أُنجزت في طهران، سنة ١٩٧١ م.
- **ابن حزم الأندلسي**، أبو عبد الله محمد، **الناسخ والمنسوخ في القرآن الكريم**، تحقيق د. عبد الغفار سُليمان البنداري، دار الكتب العلمية، بيروت، ١٤٠٦ هـ/ ١٩٨٦ م.
- **ابن سعد**، **الطبقات الكبرى**، تحقيق: د. علي محمد عمير، مكتبة الخانجي بالقاهرة، ١٤٢١ هـ/ ٢٠٠١ م.
- **ابن سلامة**، أبي القاسم هبة الله، **الناسخ والمنسوخ**، تحقيق الشيخ ماهر عبد العظيم الطنطاوي، دار اليوسف، بيروت، لبنان، د. ت.
- **ابن قتيبة**، **تأويل مشكل القرآن**، تحقيق: السيد أحمد صقر، القاهرة، ١٩٧٣.
- **ابن مجاهد**، **كتاب السبعة في القراءات**، تحقيق شوقي ضيف، ط ٣، دار المعارف، القاهرة، ١٩٨٨.
- **ابن منظور**، **لسان العرب**، تحقيق دار المعارف، دار المعارف، القاهرة، د. ت.
- **أبو خليل**، شوقي، **الإسلام في قفص الاتهام**، دار الفكر، دمشق، ١٤٠٦ هـ/ ١٩٨٦ م.
- **أبو زيد**، نصر حامد، **مَفهوم النَّصِ** ـ دراسة في عُلومِ القرآن، المركز الثقافي العربي، بيروت، ط ٢، ١٩٩٤.
- **أبو موسى الحريري** (الأب جوزيف قزي)، **عالم المعجزات**، سلسلة الحقيقة الصعبة (٣)، بيروت، ١٤٠٢ هـ/ ١٩٨٢ م.
- **الأشعري**، أبي الحسن علي بن إسماعيل، **مَقالاتُ الإِسْلاميين واختْلافُ المُصَلِّين**، تحقيق محمد محي الدين عبد الحميد، مكتبة النهضة المصرية، القاهرة، ١٣٦٩ هـ/ ١٩٥٠ م.
- **الأشوح**، صبري، **إعجاز القراءات القرآنية** ـ دراسة في تاريخ القراءات واتجاهات القرّاء، القاهرة، ١٤١٩ هـ/ ١٩٩٨ م.
- **الباقِلاني**، أبو بكر ابن الطّيّب، **الانتِصارُ لِلقُرآن**، تحقيق: محمد عِصَام القُضَاة، دار الفتح، عَمّان، الأردنّ، دار ابن حزم، بيروت، ١٤٢٢ هـ/ ٢٠٠١ م.
- **البخاري**، أبو عبد الله محمد بن إسماعيل، **الجامع الصحيح (صحيح البخاري)**، تحقيق: محب الدين الخطيب، محمد فؤاد عبد الباقي، قصي محب الدين الخطيب، المطبعة السلفية، القاهرة، ١٤٠٠ هجرية.
- **البغدادي**، أبي منصور عبد القاهر بن طاهر بن محمد، **النّاسخ والمنسوخ**، تحقيق: د. حلمي كامل أسعد عبد الهادي، دار العدوي، عمَان ـ الأردن، د. ت.
- **الحداد**، يوسف درّة، **إعجاز القرآن**، منشورات المكتبة البولسية، جونيه، ط ٢، ١٩٨٢.
- **الحداد**، يوسف درّة، **القرآن والكتاب** ـ الكتاب الثاني: **أطوار الدعوة القرآنية**، المكتبة

البولسية، جونيه، ط ٢، ١٩٨٦.

- **الداني**، أبي عمرو، **البَيان في عدِّ آي القُرآن**، تحقيق د. غانم قدوري الحَمد، مركز المخطوطات والتراث والوثائق، الكويت، ١٤١٤ هـ/ ١٩٩٤ م.
- **الدمياطي**، أحمد بن محمد البَنَّا، **إتحافُ فضلاء البشر بالقِراءاتِ الأربعة عَشَر**، تحقيق: د. شعبان محمد إسماعيل، عالم الكتب، بيروت، مكتبة الكليات الأزهرية، القاهرة، ١٤٠٧ هـ/ ١٩٨٧ م.
- **الذّهبي**، شمس الدين أبي عبد الله، **طبقات القرّاء**، تحقيق: أحمد خان، الرياض، ١٤١٨ / ١٩٩٧.
- **الرازي**، محمد بن أبي بكر بن عبد القادر، **من غرائب آي التنزيل** (أو أسئلة القرآن المجيد وأجوبتها)، المكتبة العصرية، صيدا ـ بيروت، ١٤٢٣ هـ/ ٢٠٠٣ م.
- **الرافعي**، مصطفى صادق، **إعجاز القرآن والبلاغة النبوية**، دار الكتاب، بيروت، ١٤٢٥ هـ/ ٢٠٠٥.
- **الرّصافي**، معروف، **كتاب الشخصية المحمدية** أو حل اللغز المقدس، منشورات الجمل، ألمانيا، ٢٠٠٢.
- **الزركشي**، بدر الدين محمد، **البُرهان في عُلوم القُرآن**، تحقيق: محمد أبو افضل إبراهيم، دار التراث، القاهرة، ط ٣، ١٤٠٤ هـ/ ١٩٨٤ م.
- **الزِركلي**، خير الدّين، **الأعلام**، دار العلم للملايين، بيروت، ط ١٥، آيار (مايو) ٢٠٠٢ م.
- **السجستاني**، أبي بكر عبد الله بن أبي داود سليمان بن الأشعث، **كِتابُ المصاحف**، دَار الكتبِ العلميَّة، بيروت، بدون تاريخ.
- **السهيلي**، عبد الرحمن بن عبد الله، **الرّوضُ الأُنف** في تفسير السيرة النبوية لابن هِشام، دار الكتب العلمية، بيروت، د. ت.
- **السيوطي**، جلال الدين عبد الرحمن بن أبي بكر، **لُبَابُ النُقول في أسباب النّزول**، دار الكتاب العربي، بيروت، ١٤٢٦ هـ/ ٢٠٠٦ م.
- **السُّيوطيّ**، جلال الدين عبد الرحمن، **أَسْرارُ تَرتيب القرآن**، دار الاعتصام، مصر، ط ٢، ١٣٩٨ هـ/ ١٩٧٨.
- **السُّيوطيّ**، جلال الدين عبد الرحمن، **الإتقَان في عُلومِ القُرآنِ**، تحقيق: مركز الدّراسات الإسلامية، وزارة الشؤون الإسلامية والأوقاف والدعوة، المملكة العربية السعودية، د. ت.
- **الشعرواي**، محمد متولي، **المرأة في القرآن الكريم**، مؤسسة أخبار اليوم، القاهرة، ١٩٩٨.
- **العقاد**، عباس محمود، **المرأة في القرآن**، ضمن: موسوعة عباس محمود العقاد الإسلامية، المجلد الرابع، دار الكتاب العربي، بيروت، ١٣٩٠ هـ/ ١٩٧١ م.
- **العلوي**، هادي، **فصول عن المرأة**، دار الكنوز الأدبية، بيروت، ١٩٩٦.
- **العلوي**، هادي، **من قاموس التّراث**، دار الأهالي، دمشق، ١٩٨٨.
- **الغزالي**، أبو حامد، **آداب النّكاح وكسر**

الشهوتين، دار المعارف للطباعة والنشر، سوسة/ تونس، ١٩٩٠.

- **القرداحي**، جبرائيل، اللُّبَاب: **قاموس سرياني ـ عربي**، يوحنّان إبراهيم، دار ماردين، حلب، ط ٢، ١٩٩٤.
- **الكندي**، **رسالة الكندي**، دمشق، د. ت. قارن الترجمة الإنجليزية: *The Apology of Al Kindy* .by Sir William Muir, London, 1887
- **النّحاس**، أبي جعفر محمد بن أحمد، **الناسخ والمنسوخ في كتاب الله عز وجل واختلاف العلماء في ذلك**، تحقيق الدكتور سليمان إبراهيم بن عبد الله اللّاحمُ، مؤسسة الرسالة، الطبعة الأولى، مصر، ١٤١٢ هـ/ ١٩٩١ م.
- **الهمداني**، عبد الجبار بن أحمد، **تنزيه القرآن عن المطاعن**، دار النهضة الحديثة، بيروت، لبنان، د.ت.
- **اليَعْقوبي**، أحمد بن أبي يعقوب، **تاريخ اليَعْقوبي**، دار صادر، بيروت، د. ت.
- **امرؤ القيس**، **ديوان امرئ القيس**، تحقيق محمد أبو الفضل إبراهيم، دار المعارف، مصر، سلسلة ذخائر العرب ٢٤، الطبعة الخامسة، ١٩٩٠.
- **بدوي**، عبد الرحمن، **من تاريخ الإلحاد في الإسلام**، سينا للنشر، مصر، الطبعة الثانية ١٩٩٣.
- **بروكلمان**، كارل، **تاريخ الأدب العربي**، ترجمة عبد الحليم النجار، دار المعارف، مصر، ط ٥.
- **جفري**، آثر، مقدمة آثر جِفري لِكتَاب المَصَاحِف أُعيد نشرها في طبعة دمشق لكتاب المصاحف، تأليف: أبي بكر عبد الله بن أبي داود سليمان بن الأشعث السجستاني (ت٣١٦ هـ)، دار التكوين، دمشق، ٢٠٠٤، ص ٣-١٧.
- **جواد علي**، **المفصل في تاريخ العرب قبل الإسلام**، بيروت، الطبعة الثانية، ١٤١٣ هـ/ ١٩٩٣م.
- **جوزف قزّي**، **مَسيحُ القُرْآن وَمَسيحُ المُسْلمين**، سلسلة الحقيقة الصعبة (١٧)، بيروت، دار لأجل المعرفة، ٢٠٠٦.
- **جوزف قزّي**، **بَيْن المَسِيحيَّة والإِسْلَام**، سلسلة الحقيقة الصعبة (١٨)، بيروت، دار لأجل المعرفة، ٢٠٠٦.
- **جولدتسهر**، إجنتس، **مذاهب التفسير الإسلامي**، ت د. عبد الحليم النّجار، الناشر، مكتبة الخانجي بمصر ومكتبة المِثنّى ببَغداد، القاهرة، ١٣٧٤هـ/ ١٩٥٥ م.
- **خليل عبد الكريم**، **الجذور التاريخية للشريعة الإسلامية**، سينا للنشر، القاهرة، ١٩٩٠.
- **ستيبتشفيتش**، د. ألكسندر، **تاريخ الكتاب**، ترجمة: د. محمد الأرناؤوط، الكويت، ١٩٩٣، سلسلة عالم المعرفة، رقم: (١٦٩) و(١٧٠).
- **شعلة**، أبي عبد الله، **صفوة الراسخ في علم المنسوخ والناسخ**، تحقيق: د. محمد إبراهيم عبد الرحمن فارس، مكتبة الثقافة الدينية، مصر، ١٤١٥ هـ/ ١٩٩٥ م.
- **شيخو**، الأب لويس، **النّصرانيّة وآدابها**

بين عرب الجاهليّة، منشورات دار المشرق، بيروت، ط ٢، ١٩٨٩.

- **عبد اللطيف الخطيب**، **مُعجَمُ القِراءاتِ**، دار سعد الدين، دمشق، ١٤٢٢ هـ/ ٢٠٠٢ م.
- **عَزّوز**، محمد السّيّد أحمد، **موقف اللغويين من القراءات القرآنية الشّاذّة**، عالم الكتب، بيروت، ١٤٢٢ هـ/ ٢٠٠١ م.
- **كشك**، عبد الحميد كشك، **من وَصايا الرَّسول لِلنساء**، المكتبة التوفيقية، د.ت.
- **مجموعة**، **دائرة المعارف الإسلامية**، مركز الشارقة للإبداع الفكري، الطبعة الأولى ١٤١٨ هـ/ ١٩٩٨ م.
- **مجموعة**، **مُعْجَمُ اللاّهوْت الكِتابي**، دار المشرق، ط ٥، ٢٠٠٥.
- **مجهول**، **كتاب مرشد الطالبين إلى الكتاب المقدس الثمين**، بيروت، ١٨٦٩.
- **محَمَّد محَمَّد أبو شهبَة**، **المدخل لدراسة القرآن الكريم**، دار اللواء، الرياض، الطبعة الثالثة ١٤٠٧ هـ/ ١٩٨٧.
- **مروّة**، حسين، **النَّزعات المادية في الفلسفة العربية الإسلامية**، دار الفارابي، بيروت، ط ٦، ١٩٨٨.
- **مسلم**، أبو الحسين مسلم بن الحجاج، **مِنَّة المُنْعم في شَرح صحيح مسلم**، شرح المُباركفُوري، دار السلام، الرياض، ١٤٢٠ هـ/ ١٩٩٩ م.
- **نولدكه**، تيودر، **تاريخ القرآن**، ترجمة بإشراف جورج تامر، مؤسسة كونراد ـ أدناور الألمانية، بيروت ٢٠٠٤.

مراجع أجنبية

- **Arthur Jeffery**, *The Foreign Vocabulary of the Qu'ran*, Oriental Institute Baroda, 1938.
- **Arthur Jeffery**, *The Mystic Letters of the Koran*, The Muslim World, vol. 13: 1924, pp. 247-260.
- **François Déroche**, *'Written Transmission'* in The Blackwell Companion to the Qur'ān, by Blackwell Publishing, 2006.
- **Fred M. Donner**, *'The historical context'*, in The Cambridge Companion to the Qur'ān, Printed in the United Kingdom at the University Press, Cambridge, 2006.
- **Fred Skolnik & Michael Berenbaum**, *Encyclopaedia Judaica*, 2nd Edition, Macmillan, 2006.
- **Geiger Abraham**, *Judaism and Islám*, Translated by F. M. Young, Madras, 1898.
- **Gerhard Böwering**, *'Recent research on the construction of the Qur'ān'*, in The Qur'ān in Its Historical Context, Routledge, 1st published 2008.
- **Jan Dirk Blom**, *A Dictionary of Hallucinations*, Springer New York Dordrecht Heidelberg London, 2010.

T. & T. Clark, Edinburgh, Scotland. 1901.

- **Richard Bell**, *Who Were The Hanifes*, Muslim World, Volume XXIX, 1949.
- **Wherry**, Rev. E. M., *A Comprehensive Commentary on The Qurán*: Comprising Sale's Translation and Preliminary Discourse, With Additional Notes and Emendation, USA, 1882-1886.

websites مراجع على الإنترنت

- **Annaqed**, <www.annaqed.com>
- **Islam Explained**, <www.islamexplained.com>
- **Catholic Encyclopedia**, <http://www.newadvent.org/cathen/>
- **Wikipedia**, <http://en.wikipedia.org>

Resources

- **The Infancy Gospel Of Thomas**, <http://www.pseudepigrapha.com/LostBooks/TheInfancyGospelOfThomas.html>
- **Irenaeus**, Adversus Haereses, Book I, Chapter 24, *Doctrines of Saturninus and Basilides*: <http://www.newadvent.org/fathers/0103124.htm>
- **Lane**, Edward William, *Selections from the Kur-án*, with and introduction by Stanley Lance Poole, London, 1878.
- **Lundquist**, John M., *The Temple of Jerusalem: Past, Present, and Future*, Printed in the United States of America, 2008.
- **McAuliffe**, Jane Dammen, *Encyclopaedia of the Qur'ān*, Brill, Leiden–Boston–Koln 2001.
- **Muir**, Sir William, *Life of Mahomet*, London, 1861.
- **Nöldeke**, Theodor, *Sketches from Eastern History*, translated by John Sutherland Black, London and Edinburgh, 1892.
- **Norman Calder**, Jawid Mojaddedi and Andrew Rippin Classical Islam: *A Sourcebook of Religious Literature*, First published in USA and Canada, 2003 by Routledge.
- **Rev W St Clair-Tisdall**, *The Original Sources of the Qur'an*, Society for Promoting Christian Knowledge (S.P.C.K.), London, England, 1911.
- **Rev W St Clair-Tisdall**, *The Sources of Islam*, A Persian Treatise, translated and abridged by Sir William Muir,